Rechenberg
Was ist Informatik?

W0056696

Peter Rechenberg

Was ist Informatik?

Eine allgemeinverständliche Einführung

3., überarbeitete und erweiterte Auflage

HANSER

Der Autor:

Prof. em. Dr. Peter Rechenberg
Universität Linz

www.hanser.de

Die Deutsche Bibliothek – CIP-Einheitsaufnahme

Ein Titeldatensatz für diese Publikation
ist bei Der Deutschen Bibliothek erhältlich

© 2000 Carl Hanser Verlag München Wien
Lektorat: Margarete Metzger
Herstellung: Irene Weilhart
Umschlaggestaltung: Zentralbüro für Gestaltung, Augsburg
Datenbelichtung, Druck und Bindung: Kösel, Kempten
Printed in Germany

ISBN 3-446-21319-8

Herrn Prof. Dr. Curt Froboese
dem Wissenschaftler und Menschen
zu seinem hundertsten Geburtstag
am 3. Mai 1991
in verehrungsvoller Freundschaft gewidmet

Vorwort

Mit diesem Buch habe ich mir das Ziel gesetzt, eine Einführung in die *ganze* Informatik zu schreiben und jedes ihrer Teilgebiete in gleichmäßiger Ausführlichkeit darzustellen. Es war mein Bestreben, keinen überflüssigen fachlichen Ballast zu vermitteln, aber auch nicht unzulässig zu vereinfachen. Als Leser stellte ich mir hauptsächlich Studenten aller Fachrichtungen und andere gebildete Informatik-Laien vor. Es war somit in erster Linie für all jene gedacht, die noch nichts oder nur Oberflächliches von der Informatik wissen und sich einen umfassenden Überblick verschaffen wollen. Die ersten beiden Auflagen haben jedoch gezeigt, daß das Buch auch gern (und noch mehr als von Laien) von Studenten der Informatik gelesen und an Universitäten zur Einführung empfohlen wird. Deshalb habe ich in der 3. Auflage für Leser, die tiefer eindringen wollen, die Anmerkungen vermehrt.

Das Buch soll die *Denk- und Arbeitsweise* der Informatik vermitteln, nicht zu viele und unnötige Einzelheiten. Die Ideen und ihre Entfaltung in den einzelnen Zweigen der Informatik sind mir das Wichtige. Der Leser soll erfahren, wie Computer im Prinzip arbeiten, wozu man sie einsetzen kann und auch, wozu man sie *nicht* einsetzen kann; vor allem aber, daß sie nur komplizierte Maschinen sind, die *nicht* denken können und die keine Aura des Geheimnisses umgibt. Mathematik und Formalismus habe ich zu vermeiden versucht, aber nicht um jeden Preis. Von der Erläuterung einzelner Hardware- und Softwareprodukte habe ich so weit wie möglich abgesehen. Der Leser wird deshalb vergeblich nach Namen wie Windows, Corba, Phigs usw. suchen. Man lernt aus diesem Buch auch keine Techniken, etwa die Bedienung oder das Programmieren von Mikrocomputern.

Als Form hatte ich eine einsemestrige zweistündige Vorlesung für Hörer aller Fachrichtungen vor Augen. Das sind etwa 12 Doppelstunden, denen die 12 Kapitel entsprechen. Jedes Kapitel ist ein in sich abgeschlossenes Ganzes, das zwar zumeist die Lektüre der davorliegenden Kapitel voraussetzt, aber mit wenigen Ausnahmen nicht in engem Zusammenhang mit ihnen steht. Das erste Kapitel behandelt überblicksartig die Geschichte und den heutigen Stand der Informatik, das zweite bringt Grundbegriffe wie Daten, Codierung und Binärdarstellung. Darauf folgen neun Kapitel in der bewährten, wenn auch umstrittenen Einteilung der Informatik in Technische, Praktische, Theoretische und Angewandte Informatik. Das letzte Kapitel enthält Betrachtungen über die Beziehungen der Informatik zu anderen Wissenschaften, zur Allgemeinkultur und eine Bewertung ihrer Stellung insgesamt. Der Übergang von dem leicht lesbaren ersten Kapitel zu den technischen Einzelheiten des zweiten bildet eine Hürde. Ich hoffe, daß der Leser sie leichter nehmen wird, wenn ich ihn schon hier darauf hinweise. Kapitel 2 bis 4 sind für Nicht-Techniker die schwierigsten, danach wird es wieder einfacher. Kapitel 8 über die Theoretische Informatik setzt einige Abstraktionsfähigkeit und mathematisches Denken voraus; es kann übersprungen werden. Leser, die nur an den Anwendungen der Informatik interessiert sind, können versuchen, gleich mit Kapitel 9 anzufangen.

Die hochgestellten kleinen Zahlen verweisen auf die Anmerkungen, die kapitelweise zusammengefaßt am Ende des Buches stehen. Die Anmerkungen enthalten ergänzende Bemerkungen, schwierigere Einzelheiten, Zitate und Hinweise auf die Literatur.

Aus der Überzeugung heraus, daß man ein Gebiet nur versteht, wenn man mit seinen Begriffen klare Vorstellungen verbindet, habe ich mich um sorgfältige Begriffserläuterungen bemüht und die meisten der im Text eingeführten Fachbegriffe im Anhang „Kleines Begriffswörterbuch" noch einmal zusammengestellt. Weitere Anhänge enthalten Hinweise zum Literaturstudium und die im Text zitierte Literatur.

Bis auf wenige Ausnahmen wird jeder Fachbegriff bei seinem ersten Auftreten kursiv geschrieben und erklärt. Wo der Leser eine Erklärung vermißt, schlage er im „Kleinen Begriffswörterbuch" oder im Stichwortverzeichnis nach.

In der dritten Auflage kamen Abschnitte über folgende Themen hinzu:

- Kommunikation zwischen Zentraleinheit und Peripherie durch das Konzept der Programmunterbrechung (*interrupt*).
- Internet (an dem man nicht vorbei kann, auch wenn es nicht zum eigentlichen Gebiet des Buches gehört).
- Virtuelle Realität.
- Numerisches und symbolisches Rechnen.
- Dokumentsuche und Dokumenterschließung (die im Zusammenhang mit dem Suchen im Internet verstärkte Bedeutung bekommen haben).
- Neuronale Netze, Unscharfe Logik und Evolutionäre Algorithmen.
- Infotainment und Elektronischer Handel (die ebenfalls durch das Internet in aller Munde sind).

Im übrigen konnte der Stoff weitgehend gleich bleiben, da er zumeist grundlegende und damit dauerhafte, durch Fortschritte der Technik wenig beeinflußte Gegenstände behandelt. Trotzdem waren viele Daten zu aktualisieren und Akzente zu verschieben. Die dritte Auflage enthält deshalb auf fast jeder Seite Änderungen.

Bei der Herstellung hat mir Frau Monika Scholl mit der Übertragung des Textes in ein anderes Textverarbeitungssystem, dem Umzeichnen von Bildern, der Aktualisierung des Literaturverzeichnisses und der Bearbeitung des Stichwortverzeichnisses geholfen; meine Kollegen Gustav Pomberger, Hans Liebig, Günther Blaschek und die Herren Dr. R. Lischka und Dr. S. Schiffer haben mich in einigen Punkten beraten; Freund Pomberger hat mir Informationen über den Cave und Prof. Wegerbauer von der Kunstuniversität Linz ein Foto vom Cave des Linzer Ars Electronica Centers beschafft. Hierfür spreche ich allen meinen Dank aus. Ferner danke ich Frau M. Metzger vom Carl-Hanser-Verlag für die gute Zusammenarbeit.

Für Hinweise auf Fehler und Verbesserungsmöglichkeiten bin ich ebenso dankbar wie für Kritik oder Zustimmung. Meine Anschrift:

Universität Linz, Altenbergerstr. 69, A-4040 Linz, Österreich
E-Mail: rechbg@soft.uni-linz.ac.at

Linz, im Juli 2000   Peter Rechenberg

Inhalt

1
Das Werden der Informatik

> Wer nicht von dreitausend Jahren
> sich weiß Rechenschaft zu geben,
> bleib im Dunkeln unerfahren,
> mag von Tag zu Tage leben.
>
> J. W. v. Goethe

Die Informatik ist auf das engste mit dem Computer – zu deutsch: der „elektronischen Rechenanlage" oder, stark verkürzt, dem „Rechner" – verknüpft. Solange es keine Computer gab, gab es auch keine Informatik, und manchmal wird die Informatik sogar als die Wissenschaft vom Computer definiert. Das Wort „Informatik" ist ein Kunstwort, gebildet aus „Information" und in Analogie zu „Mathematik". Es wurde in den sechziger Jahren in Deutschland und Frankreich („informatique") geprägt und dann als Name für die neue, im Entstehen begriffene Wissenschaft freudig aufgegriffen. Im englischen Sprachraum hat der Begriff „informatics" bis heute noch kaum Eingang gefunden, sondern man verwendet die Bezeichnung „computer science", spricht also direkt von Computerwissenschaft. Die allzu enge Bindung an das Gerät Computer halten viele Informatiker allerdings für unangemessen, und sie sprechen deshalb lieber von „computing science", also etwa von der Wissenschaft vom mechanischen Rechnen. Ob das besser ist und was „computing" im Sinne der Informatik eigentlich bedeutet, sei jedoch im Augenblick dahingestellt. Das Buch als Ganzes soll darauf Antwort geben.

Der Computer als elektronische Rechenmaschine entstand in den vierziger Jahren unseres Jahrhunderts. Er hatte seine Vorläufer in den mechanischen Rechenmaschinen und in der Lochkartentechnik. Ebenso hat die Gedankenwelt der Informatik ihre Vorläufer, was sich in die Tiefe der Zeiten zurückverfolgen läßt. Wir können somit eine Vorgeschichte und eine Geschichte der Informatik unterscheiden, und wir wollen in diesem einleitenden Kapitel die wichtigsten Punkte dieser Entwicklung nachzeichnen. Das vermittelt nicht nur eine historische Perspektive, sondern gestattet auch die Einführung einiger zentraler Begriffe.

1.1 Vorgeschichte

Das Rechnen hat die Menschen seit jeher fasziniert, und es wurde – mehr noch als das Schreiben – bis zum Anfang der Neuzeit als Kunst angesehen, die wenigen Auserwählten vorbehalten war. Der schlafwandlerisch sichere Umgang mit den vier Grundrechenarten ist uns heute selbstverständlich, zumindest sofern es sich um ganze Zahlen handelt, und wir sind uns meist nicht darüber im klaren, daß das nicht immer so war, sondern erst eine Errungenschaft der letzten paar hundert Jahre ist. Wir sind uns auch nicht bewußt, welch komplizierter Vorgang bereits die einfachste Rechenoperation, die Addition, bei mehrstelligen Zahlen ist. Bis ins späte Mittelalter kam erschwerend hinzu, daß man nicht mit unserem dezimalen Stellenwertsystem rechnete, sondern mit römischen Zahlen, bei denen alles noch viel komplizierter ist. Erst 1524 veröffentlichte Adam Riese (1492–1559) ein „Rechenbuch", in dem er die Rechengesetze des aus Indien stammenden Dezimalsystems beschrieb. In dieser Zeit setzte sich das Dezimalsystem in Europa durch.

Wie kommt es, daß heute jeder die vier Grundrechenarten ausführen kann, ohne zu wissen, *warum* die von ihm angewandten Verfahren immer zu richtigen Ergebnissen führen? Müßte man nicht zum Beispiel das Verfahren der Division erst mathematisch „verstehen", um es anwenden zu können? – Es kommt daher, daß es sich hier um ein mechanisch ausführbares Verfahren handelt, das im Prinzip auch einer Maschine übertragen werden kann. Man braucht die dahinter stehende Mathematik nicht zu kennen und sich keine Sorgen um Sonderfälle zu machen, in denen das Verfahren versagen könnte, denn man weiß aus der Schule und aus der Erfahrung, daß es immer funktioniert.

Dieser Begriff des mechanisch ausführbaren Rechenverfahrens bildet den Kern der Informatik. Man nennt ein solches Verfahren „Algorithmus", nach dem persischen Mathematiker Al-Chowarizmi (etwa 780–850), der ein einflußreiches Buch über Algebra schrieb. Wenn wir im folgenden von Algorithmus sprechen – und wir werden das oft tun – meinen wir also immer ein mechanisch ausführbares Rechenverfahren.

Ein Beispiel mag das verdeutlichen. Einer der ältesten Algorithmen, der heute noch von Bedeutung ist, stammt von dem griechischen Mathematiker Euklid (um 300 v. Chr.). Mit ihm kann man aus zwei beliebigen natürlichen Zahlen ihren größten gemeinsamen Teiler berechnen, das ist die größte Zahl, die beide gegebene Zahlen ohne Rest teilt. Natürliche Zahlen sind die positiven ganzen Zahlen 0, 1, 2, 3, … . Zum Beispiel ist der größte gemeinsame Teiler von 24 und 18 die Zahl 6.

Wenn p und q die beiden Zahlen sind, deren größten gemeinsamen Teiler man sucht, besteht der Euklidische Algorithmus aus zwei Schritten:

Schritt 1:   Man dividiere p durch q. Dabei erhält man einen Rest r, der zwischen 0 und $q - 1$ liegt. (Hier ist die ganzzahlige Division gemeint. Zum Beispiel ergibt die Division von 24 durch 18 den Quotienten 1 und den Rest 6.)

Schritt 2:   Wenn $r = 0$ ist, dann ist q der gesuchte größte gemeinsame Teiler. Wenn $r \neq 0$ ist, dann benenne man das bisherige q in p um, das bisherige r in q und wiederhole Schritt 1 und Schritt 2 so lange, bis r = 0 geworden ist.

Nehmen wir als Beispiel die Zahlen 378 und 216. Wie lautet ihr größter gemeinsamer Teiler?

Am Anfang ist $p = 378, q = 216$.
Schritt 1 ergibt $r = 162$.
Schritt 2 ergibt $p = 216, q = 162$.
Schritt 1 ergibt $r = 54$.
Schritt 2 ergibt $p = 162, q = 54$.
Schritt 1 ergibt $r = 0$.

Damit ist das letzte q, also $q = 54$, der größte gemeinsame Teiler von 378 und 216. (Es ist $378 = 7 \cdot 54$ und $216 = 4 \cdot 54$.)

Dieses kleine Beispiel zeigt bereits das Wesen von Algorithmen: Es sind mechanische Verfahren, die aus mehreren Schritten bestehen. Die Schritte werden nacheinander ausgeführt, bis das Ergebnis gefunden ist. Einzelne Abschnitte des Verfahrens können dabei wiederholt durchlaufen werden, und das ist sogar der Normalfall. Wenn ein Algorithmus so gebaut ist, daß viele Schritte oft wiederholt werden müssen, ist der menschliche Rechner bald überfordert, dem Computer dagegen macht es nichts aus, eine Schrittfolge hundert- oder tausendmal ohne jeden Fehler zu wiederholen.

Die Lehre von den Algorithmen hat dann allerdings in der Mathematik ein Schattendasein gefristet. Nur wenige Mathematiker haben sich für mechanische Rechenverfahren interessiert, und bis in das 20. Jahrhundert hinein hat man bei dem Namen „Algorithmus" hauptsächlich an die Algorithmen für die vier Grundrechenarten gedacht. Ein Grund dafür ist der, daß die Mathematiker mehr an Gesetzen als an Verfahren interessiert waren, das heißt mehr an der Auffindung von Beziehungen zwischen mathematischen Größen als an der Berechnung von Zahlenwerten. Ein anderer Grund ist der, daß es erst der Computer erlaubte, komplizierte Algorithmen mit tausenden und Millionen von Schritten auszuführen. So wie das Fernrohr der Astronomie, das Mikroskop der Biologie und Medizin neue Welten erschlossen haben, hat der Computer der Algorithmik neue Welten erschlossen. Ein gewichtiger Unterschied besteht dabei jedoch: Fernrohr und Mikroskop, so epochemachend sie als Werkzeuge auch sind, haben keine neuen Wissenschaften begründet. Anscheinend ist der Computer mehr als bloß eine Rechenmaschine.

Wenn auch die Algorithmen als Gegenstand der mathematischen Forschung erfolglos blieben, haben doch einige Mathematiker vergangener Zeiten versucht, mechanische Rechenmaschinen für die vier Grundrechenarten zu konstruieren. Bekannt sind vor allem die Maschinen von Schickard (1592–1635), Pascal (1623–1662) und Leibniz (1646–1716). Allen war jedoch kein Erfolg beschieden, weil die Feinmechanik noch nicht weit genug entwickelt war, um die fehlerlose Wiederholung von Rechenschritten durch Präzisionsgetriebe über längere Zeit hinweg zu ermöglichen. Erst in unserem Jahrhundert kamen die mechanischen Bürorechenmaschinen auf, die in Banken, Ingenieurbüros und anderen Betrieben dem Menschen die Rechenarbeit erleichterten.

Allen diesen Maschinen fehlte aber ein wichtiges Element des Computers: die Programmierbarkeit. Sie konnten zwar die Algorithmen für die vier Grundrechenarten ausführen, aber keine anderen. Die Algorithmen manifestierten sich in ihrem Räderwerk, in ihrer Konstruktion und waren in ihnen damit sozusagen „fest eingebaut". Im Unterschied hierzu ist der Computer „frei programmierbar", das heißt, er hat einen *Programmspeicher*, in dem man beliebige Programme speichern kann, die der Computer dann ausführt. Was ist nun ein Programm? Im Augenblick mag es genügen, wenn wir die Begriffe „Programm" und „Algorithmus als gleichbedeutend ansehen. Ein *Programm* ist demnach die Beschreibung eines mechanischen Rechenverfahrens, und zwar in einer solchen Form, daß man es im Computer speichern und der Computer es ausführen kann. Die freie Programmierbarkeit ist es, die den Computer, ungleich dem Fernrohr oder Mikroskop, zu einem so vielseitigen, man möchte sagen, universellen Instrument macht, mit dem man die verschiedenartigsten Aufgaben lösen kann. Mit anderen Worten: Erst die Programmierung gibt dem Werkzeug „Computer" seine Funktion.

Auch die Programmierbarkeit und der Programmspeicher des Computers haben ihre Vorläufer. 1805 erfand Joseph-Marie Jacquard in Frankreich einen Webstuhl, der durch gelochte Holzplättchen gesteuert wurde, 1886 erfand Hermann Hollerith die Lochkarte, und die Programmsteuerung von Musikautomaten durch Walzen mit Nocken ist ebenfalls altbekannt. Löcher in Papier oder Nocken auf Walzen werden hier an mechanischen Fühlern vorbeibewegt und können von ihnen abgetastet werden. Das sind die ersten *Datenspeicher*: Die Daten werden einmal, bei der Herstellung, in Form der Lochung in das Papier „eingeschrieben" und können dann beliebig oft „abgelesen" werden. Man nennt solche Speicher deshalb auch *Lesespeicher*.

Der bedeutendste Vorläufer der Informatiker ist der englische Mathematikprofessor Charles Babbage (1791–1871). Er erfand nicht nur eine mechanische Rechenmaschine wie andere vor ihm, sondern er hatte schon die Idee, ihre Abläufe mit verschiedenen, nach dem Prinzip von Jacquard gespeicherten Programmen zu steuern. Aber auch seine Versuche scheiterten an Mängeln der technischen Ausführung und sind dann in Vergessenheit geraten.[1] Der Einsatz von Lochkarten breitete sich jedoch aus und führte zu neuen Anwendungen, die über die reine Datenspeicherung hinausgingen. Lochkartenmaschinen wurden bald auch zum Sortieren, Tabellieren und Addieren von Daten in Büros und Fabriken eingesetzt.

1.2 Geschichte

Einen Entwicklungssprung gab es erst wieder, als der deutsche Ingenieur Konrad Zuse (1910–1995) im Jahre 1934 die Idee hatte, das duale Zahlensystem zum maschinellen Rechnen zu verwenden. Bis dahin hatte man immer nur das uns selbstverständliche dezimale Zahlensystem benutzt, und das erforderte für jede Rechenstelle zehn verschiedene mechanische Positionen in Form von Zahnrädern oder Zahnstangen. Leibniz hatte sich zwar schon mit dem dualen Zahlensystem befaßt, aber das war Zuse nicht bekannt. Das duale Zahlensystem hat nur zwei Ziffern, 0 und 1, und das bedeutet eine große Vereinfachung. Dafür sind Dualzahlen länger als ihre dezimalen Gegenstücke, und man kann es dem Menschen nicht zumuten, sie zu schreiben oder zu lesen. (Wir kommen im nächsten Kapitel auf die Dualzahlen näher zu sprechen.) Zu dieser Zeit hatte die Relaistechnik, besonders durch das Telefonwesen, einen hohen Stand erreicht. Ein Relais ist, einfach ausgedrückt, ein ferngesteuerter elektromechanischer Schalter, der ein oder

mehrere Kontakte zugleich innerhalb von Bruchteilen einer Sekunde öffnen oder schließen kann. Und nun kommt eine große Erkenntnis: Die beiden Stellungen eines Relais-
kontaktes – Kontakt offen, Kontakt geschlossen – kann man als Entsprechungen der
Dualziffern 0 und 1 ansehen. Im zweiten Weltkrieg, am Anfang der vierziger Jahre, entwickelte Zuse einen auf diesem Prinzip beruhenden Relaisrechner mit einer Programmsteuerung durch endlose, nämlich zu Schleifen zusammengeklebte, Lochstreifen. Damit
fing das Zeitalter des Computers an.

Ebenfalls im zweiten Weltkrieg, 1944, wurde in den USA von Aiken eine ähnlich arbeitende Maschine mit dem Namen Mark I, allerdings noch mit dezimalem Zahlensystem,
fertiggestellt. Inzwischen hatte man gelernt, daß sich auch Elektronenröhren, wie sie
damals in der Radiotechnik üblich waren, als Schalter benutzen lassen. Bei ihnen fallen
alle mechanisch bewegten Teile weg, und die Zeit für die Ausführung eines Schaltvor-
gangs konnte von der Größenordnung 100 ms bei Relais (ms = Millisekunde = eine tausendstel Sekunde) auf 0.1 ms, also etwa um den Faktor 1000 verringert werden.[2] Nach
diesem Prinzip bauten 1946 Eckert und Mauchly an der Universität von Pennsylvania
den ersten Elektronenrechner Eniac. Er hatte 18 000 Elektronenröhren und 1 500 Relais
und war auf Grund dieser Komplexität sehr unzuverlässig. Der Name Eniac ist eine aus
den Anfangsbuchstaben von *electronic numerical integrator and computer* gebildete
Abkürzung, ein sogenanntes *Akronym*. Seitdem sind Akronyme in der Informatik Mode.

Wie schon manchmal in der Geschichte der Technik wurden hier an verschiedenen Stellen in der Welt zu fast derselben Zeit zwei ganz ähnliche Erfindungen gemacht. Somit
erhebt sich die Frage nach der Priorität. Wer ist der Erfinder des Computers? Zuses Entwicklungen gingen denen der Amerikaner voraus, aber die Amerikaner benutzten zum
erstenmal die Elektronik. Der großen Öffentlichkeit ist der Computer zuerst als eine rein
amerikanische Erfindung bekanntgeworden, weil die deutschen Arbeiten der Geheimhaltung unterlagen. Infolgedessen haben die Amerikaner Zuse lange ignoriert, und der
Weg zu den Großrechenanlagen der späteren Jahre ist von den amerikanischen Entwicklungen bestimmt worden.

Es fehlt aber noch eine Eigenschaft, die die Entwicklungen Zuses und der Amerikaner
von den heutigen Computern unterscheidet: die Art der Programmspeicherung. Wir
erinnern uns, daß das Programm gespeichert werden muß und daß dies bei Zuse mit
Lochstreifen geschah. Beim Eniac waren es Steckbretter, wie sie in Telefonzentralen zur
Handvermittlung benutzt wurden. Beides ist unbefriedigend, weil zu starr, und es hätte
der weiteren Entwicklung der Rechnertechnik enge Grenzen gesetzt, wäre man dabei
geblieben. Nun brauchten auch die ersten Rechner schon Speicher für Zwischenergebnisse, die wie die rechnenden Teile in Relais- oder Röhrentechnik ausgeführt waren; und
da hatte der amerikanische, aus Ungarn stammende Mathematiker John von Neumann
(1902–1957) die Idee, das *Programm im Speicher des Rechners* abzulegen. Der Zugriff
zu den einzelnen Schritten des Programms wurde dadurch nicht nur viel schneller als
über den langsamen Lochstreifenleser, sondern auch viel flexibler. Am bedeutsamsten
aber war, daß dadurch die Programme wie Zwischenergebnisse im Speicher standen,
vom Rechner direkt ausgeführt und sogar von einem Programm verändert werden konnten. Von Neumann hat diese Idee schon 1946 schriftlich festgehalten, sie wurde aber erst
1949 in der Rechenanlage Edsac der Universität Cambridge, England, verwirklicht. Und

erst durch die Unterbringung des Programms im Speicher der Maschine entstand das Gebilde, das wir heute Computer oder Rechner nennen, genauer den *v.Neumann-Rechner*, um ihn von Weiterentwicklungen abzugrenzen. Bild 1 zeigt die geschichtliche Entwicklung bis hierhin als Tabelle.

Jahr	Ereignis
1700 v.Chr.	Papyrus Rhind, Ägypten, älteste schriftliche Rechenaufgaben.
300 v.Chr.	Euklidischer Algorithmus.
5. Jh.n.Chr.	Erfindung des Dezimalsystems in Indien.
820 n.Chr.	Al-Chowarizmi (etwa 780–850), persischer Mathematiker und Astronom, schreibt ein Buch über Algebra.
1202	Leonardo von Pisa, genannt Fibonacci (etwa 1180–1240), italienischer Mathematiker, verfaßt den liber abaci, die erste systematische Einführung in das dezimale Zahlenrechnen.
1524	Adam Riese (1492–1559) veröffentlicht ein Rechenbuch, in dem er die Rechengesetze des Dezimalsystems beschreibt. Seit dieser Zeit setzt sich das Dezimalsystem in Europa durch.
1623	Wilhelm Schickard (1592–1635) konstruiert eine Maschine, die die vier Grundrechenarten ausführen kann. Sie bleibt unbeachtet.
1641	Blaise Pascal (1623–1662) konstruiert eine Maschine, mit der man sechsstellige Zahlen addieren kann.
1674	G. W. Leibniz (1646–1716) konstruiert eine Rechenmaschine mit Staffelwalzen für die vier Grundrechenarten. Er befaßt sich auch mit dem dualen Zahlensystem.
1774	P. M. Hahn (1739–1790) entwickelt die erste zuverlässig arbeitende mechanische Rechenmaschine.
Ab 1818	Rechenmaschinen nach dem Vorbild der Leibnizschen Maschine werden serienmäßig hergestellt und dabei ständig weiterentwickelt.
1822	Charles Babbage (1791–1871) plant seine Analytical Engine.
1886	Hermann Hollerith (1860–1929) erfindet die Lochkarte.
1934	Konrad Zuse (1910–1995) beginnt mit der Planung einer programmgesteuerten Rechenmaschine. Sie verwendet das duale Zahlensystem und die Gleitpunkt-Zahlendarstellung (siehe Kapitel 2).
1941	Der erste funktionsfähige programmgesteuerte Rechenautomat, die elektromechanische Anlage Z3 von Zuse, ist fertig.
1944	H. H. Aiken (1900–1973) erbaut Mark I. Additionszeit 1/3 s, Multiplikationszeit 6 s.
1946	J. P. Eckert und J. W. Mauchly erbauen Eniac, den ersten voll elektronischen Rechner (18000 Elektronenröhren). Multiplikationszeit 3 ms. John von Neumann schlägt das gespeicherte Programm vor.
1949	M. V. Wilkes baut Edsac, den ersten universellen Rechner mit gespeichertem Programm.
Ab 1950	Industrielle Rechnerproduktion.

Bild 1   Zur Geschichte der Informatik (Quelle: Duden Informatik)

Zusammenfassend können wir festhalten, daß es hauptsächlich drei Eigenschaften sind, die einen Rechner im heutigen Sinn von seinen Vorläufern unterscheiden:

• die Benutzung von zweiwertigen Zuständen anstelle von zehnwertigen;

- die Elektronik anstelle der Mechanik;
- das gespeicherte Programm.

Das ist der Stand der Dinge um 1950. Die Idee war geboren, die ersten Rechner zeigten, daß es im Prinzip geht, aber die Technik steckte noch in den Kinderschuhen. Die Rechner arbeiteten höchst unzuverlässig, sie waren zu langsam, hatten zu kleine Speicher und waren vor allem zu schwierig zu programmieren. Der weitere Verlauf ist durch zwei Entwicklungsstränge bestimmt: die Fortschritte im technischen Aufbau (der *Hardware*) und die Fortschritte in der Programmierung (der *Software*). Die Fortschritte der Hardware brachten uns immer kleinere und schnellere Bauelemente und immer größere und billigere Speicher, die Fortschritte der Software führten zu immer umfangreicheren und leistungsfähigeren Programmen. Dabei hat es sich gezeigt, daß die Hardware der Software immer voraus ist, negativ ausgedrückt, daß der Entwicklungsstand der Software den technischen Möglichkeiten, die die Hardware bietet, immer hinterher hinkt. Dieses Phänomen ist verständlich, denn zuerst muß die Hardware (zum Beispiel ein neues Speichermedium) entwickelt werden, erst danach lernt man, wie man es in Programmen einsetzen kann. Aber auch die Entwicklungszeit neuer Hardware ist oft kürzer als die der dazugehörigen Software. Das ist schwer zu erklären, da sich heute viel mehr Informatiker der Entwicklung neuer Software als der Entwicklung neuer Hardware widmen. Es hat den Anschein, daß man bei der Entwicklung von Software an die Grenzen des menschlichen Intellekts stößt und daß die Erweiterung dieser Grenzen mehr Zeit und Geduld kostet als die technische Weiterentwicklung des Rechners.

Die weitere Entwicklung von 1950 bis 2000 wollen wir nur grob skizzieren, indem wir die verschiedenen „Generationen" von Rechnern und ihre Kennzeichen zusammenstellen. Die Einteilung nach Generationen hat sich herausgebildet, als man Röhrenrechner (1. Generation), Transistorrechner (2. Generation) und Rechner mit integrierten Schaltkreisen (3. Generation) unterscheiden wollte (Bild 2).

Die *erste Generation* umspannt die Pionierzeit der fünfziger Jahre. Charakteristisch waren Elektronenröhren als Schaltelemente. Typische Additionszeiten lagen im Bereich von 100–1000 μs (μs = Mikrosekunde = eine millionstel Sekunde). Die Speicher hatten Kapazitäten von weniger als 100 Zahlen. Software gab es praktisch nicht. Programmiert wurde in äußerst mühevoller und umständlicher Weise mit Zahlenkolonnen.

Generation	Charakterisierung
1	**Bis Ende der fünfziger Jahre.** Elektronenröhren als Schaltelemente; Speicher von wenigen hundert Maschinenwörtern.
2	**Bis Ende der sechziger Jahre.** Transistorschaltkreise; Ferritkern-, Band-, Trommel-, Plattenspeicher.
3	**Seit Mitte der sechziger Jahre.** Teilweise integrierte Schaltkreise.
4	**Seit Mitte der siebziger Jahre.** Überwiegend hochintegrierte Schaltkreise; ein Prozessor auf einem Chip; 8-Bit-Architektur.
5	**Seit Anfang der achtziger Jahre.** Hochintegrierte Schaltkreise; mehrere Prozessoren auf einem Chip; 16- und 32-Bit-Architekturen; Rechnernetze. Seit den neunziger Jahren auch 64-Bit-Architekturen.

Bild 2   Einteilung in Generationen

Die *zweite Generation* ist durch den Ersatz der Röhren durch Transistoren gekennzeichnet und umfaßt das Ende der fünfziger und die erste Hälfte der sechziger Jahre. Dadurch wurden die Anlagen schneller, zuverlässiger, kleiner und preiswerter. Typische Additionszeiten lagen im Bereich von 1–10 μs. Als Arbeitsspeicher wurden *Ferritkernspeicher* eingesetzt mit einem Fassungsvermögen von nun schon einigen tausend Zahlen, dazu kamen zusätzliche sogenannte *Sekundärspeicher* in Form von Magnettrommeln und Magnetbändern. In der Programmierung entstanden die ersten maschinenunabhängigen Programmiersprachen wie *Fortran* und *Cobol*. Sie ermöglichten das Programmieren auf einer höheren Abstraktionsebene, vor allem aber unabhängig von einem bestimmten Computerfabrikat. Das brachte den großen Vorteil mit sich, daß beim Wechsel der Maschine nicht alle Programme neu geschrieben werden mußten. Ferner gab es bereits *Betriebssysteme*, das sind Programme, die dafür sorgen, daß die Maschine bestmöglich ausgenutzt wird. Während in der ersten Generation immer nur ein einzelner Programmierer die Maschine für sich belegte und währenddessen kein anderer sie benutzen konnte, sammelte man nun die Programme vieler Benutzer in Form von Lochkartenstapeln, und das Betriebssystem sorgte für ihre lückenlose Abarbeitung. Das hatte die Konsequenz, daß die Programmierer zeitlich und räumlich von der Rechenanlage getrennt arbeiteten. Sie gaben ihre Lochkartenstapel mit den Programmen, die sie rechnen lassen wollten, an einem Schalter ab und bekamen die Ergebnisse einige Stunden später wieder zurück. So konnten die Programme vieler Benutzer mehrmals an einem Tag durch einen Rechner geschleust werden.

Die *dritte Generation* ist schon nicht mehr so deutlich zu bestimmen. In der Mitte der sechziger Jahre entstanden sogenannte *Rechnerfamilien*, das sind nach ihrer Leistungsfähigkeit abgestufte Rechner, die verschieden aufgebaut sein können, sich aus der Sicht des Programmierers jedoch gleichen. Das hat den Vorteil, daß man eine kleinere Maschine durch eine größere Maschine derselben Familie ersetzen kann, ohne seine Programme ändern zu müssen. Ferner entstand die Betriebsart des sogenannten *time sharing*, was man mit „Teilnehmerbetrieb" übersetzt hat. Der Lochkartenleser – in der zweiten Generation das einzige Eingabemedium – wurde durch eine Vielzahl von Eingabetastaturen ersetzt, über die die Benutzer direkt mit dem Rechner kommunizieren konnten. Der Rechner muß dabei alle Benutzer so schnell nacheinander im Kreis bedienen, daß jeder die Illusion hat, der Rechner würde nur für ihn allein arbeiten, während er in Wirklichkeit seine Zeit auf alle Benutzer verteilt. Das ist eine hochentwickelte und äußerst komplizierte Art der Rechnerbenutzung, die bei Großrechenanlagen auch heute noch üblich ist. Die Schaltkreise und Speicher wurden auch immer schneller; die ersten integrierten Schaltungen wurden eingesetzt, und man begann, die Ausgabeschreibmaschinen durch Bildschirme zu ersetzen. Mit den Bildschirmen begann auch die grafische Datenverarbeitung.

Nach der dritten Generation hat man zu zählen aufgehört, es lassen sich aber durchaus noch weitere Generationen erkennen. Die nächste Hardware-Entwicklung, die die Informatik geprägt hat, war die Einführung der *Mikroprozessoren*. In den siebziger Jahren erschienen die ersten Rechenwerke „auf einem Chip", und heute sind wir so weit, daß hochkomplexe Rechner mit über 10 Millionen Transistorfunktionen auf einem Chip von wenigen Quadratzentimetern Fläche untergebracht werden. Das ermöglichte den Bau der „Computer am Arbeitsplatz" (*personal computers*, *PC*s) wie sie heute jeder kennt, und führte damit zu einer Dezentralisierung, von der man in den sechziger Jahren nicht einmal geträumt hat. Man ist nun nicht mehr auf ein Rechenzentrum angewiesen, sondern hat seinen eigenen Rechner auf dem Schreibtisch. Der kann alles, was „der Große" auch kann und vieles noch besser. Es gibt keine Wartezeiten mehr, und die Bedienung ist so bequem geworden, wie man es sich nur wünschen kann. Die Ausgabe über Bildschirme, die nach dem Fernseh-Prinzip arbeiten, ermöglicht eine Mensch-Maschine-Kommunikation eindrucksvollster Art. Nicht mehr Texte allein sind das Kommunikationsmedium, sondern Tabellen, grafische Darstellungen, Fotos und sogar Musik kann man eingeben, speichern, verändern und wieder ausgeben.

Mit der Fülle der Rechner entstand auch der Wunsch, sie miteinander zu Netzen zu verbinden. *Rechnernetze* versprechen mancherlei Vorteile. Daten- und Programmaustausch zwischen den Teilnehmern ist einer, die Versendung von elektronischer Post (*E-Mail*) ein anderer. Die Kleinheit und Billigkeit der Mikroprozessoren hat auch dazu geführt, Aufgaben, deren Schritte ein Großrechner nacheinander (seriell) ausführt, auf viele Mikroprozessoren zu verteilen, die die Schritte gleichzeitig (parallel) ausführen, sofern die Aufgabe es erlaubt. Die Parallelität ist zwar seit den sechziger Jahren bekannt und wird seitdem an bestimmten Stellen eingesetzt, die mit ihr verbundenen Probleme sind jedoch bis heute nicht zufriedenstellend gelöst. Auf der Hardware- wie auf der Softwareseite macht die Parallelität, wenn sie in größerem Umfang auftritt, immer noch Schwierigkeiten. Die Schaltkreisintegration hat auch zu Halbleiterspeichern von einer Kapazität, Kleinheit und Billigkeit geführt, die neue Dimensionen eröffnet. Ein Arbeitsspeicher, der dreißig Millionen Zahlen aufnimmt, ist bei Mikrocomputern schon nichts Besonderes mehr, und Großrechner verfügen oft über das Zehn- bis Hundertfache.

Das ist der Stand von heute. Es fällt vielleicht auf, daß hauptsächlich von technischen Errungenschaften die Rede war, nicht von wissenschaftlichen Erkenntnissen. Ist denn die Informatik nur Rechner-*Technik*? Wollen wir nicht über eine neue *Wissenschaft* sprechen? Die vorläufige Antwort auf diese Fragen lautet: Die Informatik versteht sich als beides, als Technik *und* Wissenschaft. Der Rechner steht dabei so sehr im Mittelpunkt, daß sich wissenschaftliche Erkenntnisse und technische Neuerungen nicht trennen lassen. In dieser Einleitung haben wir die technischen Errungenschaften in den Vordergrund gestellt, im weiteren Verlaufe des Buches wird jedoch klar werden, warum sich die Informatik als Wissenschaft versteht.

1.3 Einteilung

Jedes Wissensgebiet wird, wenn es an Umfang zunimmt, in Teilgebiete gegliedert. Um sich einen Überblick über den Umfang und die einzelnen Fragenkomplexe der Informatik zu verschaffen, ist es deshalb gut, sich ihre Gliederung anzusehen. Eine solche Gliederung ist bei alten, traditionsreichen Wissenschaften vielleicht konsolidiert, und es besteht allgemeine Übereinstimmung darüber. In einer so jungen Disziplin, wie es die Informatik ist, kann man das nicht erwarten. Die in diesem Buch benutzte Einteilung ist deshalb weder konsolidiert, noch herrscht allgemeine Übereinstimmung darüber; aber sie entspricht der zur Zeit vorherrschenden Auffassung der Informatiker im deutschsprachigen Raum.[3]

Bild 3 zeigt die Gliederung der Informatik. Man unterscheidet danach vier große Teilgebiete: *Technische, Praktische, Theoretische* und *Angewandte Informatik*.

INFORMATIK			
Technische	Praktische	Theoretische	Angewandte
Hardware-komponenten	Algorithmen, Datenstrukturen, Programmier-methoden	Automatentheorie	Computergrafik
Schaltnetze, Schaltwerke, Prozessoren		Formale Sprachen	Datenbanken
		Theorie der Berechenbarkeit	Künstliche Intelligenz
Mikro-programmierung	Programmier-sprachen und Übersetzer		Digitale Signalverarbeitung
		Komplexitätstheorie	Simulation und Modellierung
Rechnerorganisation und -architektur	Betriebssysteme	Formale Semantik	Textverarbeitung und Büroautomatisierung
Rechnernetze	Softwaretechnik	Automatische Programmsynthese	Spezifische Anwendungen in Wirtschaft, Verwaltung, Ingenieurwissenschaften, Naturwissenschaften, Medizin, Geisteswissenschaften, Kunst
	Mensch-Maschine-Kommunikation		
	Verteilte Systeme		

Bild 3   Eine Einteilung der Informatik

Technische Informatik. Die Technische Informatik befaßt sich mit dem Bau von Rechnern und allen damit verbundenen Problemen. Das beginnt mit den elektronischen Schaltungen zum Rechnen, Speichern und Signalübertragen. Es setzt sich fort in den Funktionsgruppen, aus denen Rechner bestehen, und endet zunächst beim vollständigen Rechner. Dabei sind die elektronischen Schaltungen weitgehend Sache der Elektrotechnik oder sogar der Halbleiterphysik und stehen deshalb eher am Rande als im Mittelpunkt der Technischen Informatik. Im Mittelpunkt steht vielmehr die Vielfalt, mit der man Schaltkreise und Baugruppen organisieren kann, um daraus Rechner mit verschiedenen Eigenschaften aufzubauen. Man nennt dieses Gebiet auch *Rechnerarchitektur*, weil die Tätigkeit des Technischen Informatikers der des Architekten ähnelt. Jenseits des einzelnen Rechners, dessen technischer Aufbau bereits kompliziert genug ist, geht es aber noch weiter zu höheren Gebilden mit der Verbindung mehrerer Rechner zu Rechnernetzen, deren bekanntestes Beispiel das weltumspannende *Internet* ist. Dabei spielt die elektrische Übertragungstechnik eine Rolle, vor allem aber sind es wieder Fragen der Organisation, die eine reibungslose Zusammenarbeit von Rechnern verschiedenster Bauarten ermöglichen soll.

Praktische Informatik. Das Teilgebiet der Informatik, das sich mit der Programmierung beschäftigt, also mit der Software, nennt man Praktische Informatik. Diese etwas unglückliche Bezeichnung ist in Analogie zur *Praktischen Mathematik* gebildet und nur im deutschen Sprachraum üblich. Da die Amerikaner jedoch dafür überhaupt keinen Namen haben und ein besserer im deutschen Sprachraum nicht in Sicht ist, müssen wir uns damit zufrieden geben. Fundament der Praktischen Informatik ist die Lehre von den Algorithmen und Datenstrukturen. Die damit eng verbundene Programmierungstechnik behandelt allgemeine methodische Fragen der Programmierung. Davon unterscheidet man die *Softwaretechnik*, die Fragen behandelt, die sich bei der Entwicklung sehr großer Programme ergeben, bei denen viele Programmierer zusammenarbeiten und deren Entwicklung sich über Jahre erstreckt. Das Programmieren vollzieht sich immer in einer *Programmiersprache*. Ein Programm besteht aus einem Text aus Wörtern und Zahlen. Wer noch keine Vorstellung davon hat, kann es sich im Augenblick als eine lange Folge mathematischer Formeln denken. In dieser Folge hat jedes Zeichen seine ganz bestimmte Bedeutung, und die Anordnung der Zeichen ist durch grammatische Regeln bestimmt, so daß hier tatsächlich die Bezeichnung „Sprache" angemessen ist, obwohl diese Sprache nicht gesprochen, sondern nur geschrieben und gelesen wird. Die Anzahl der Programmiersprachen geht in die Hunderte, womöglich Tausende, und wenn auch nur einige davon häufig verwendet werden, sind es doch genug, um Verwirrung anzurichten. Die Lehre von den Programmiersprachen ist deshalb ein weiteres Teilgebiet der Praktischen Informatik. Da die in Programmiersprachen geschriebenen Programme zwar für Menschen, nicht aber für den Rechner verständlich sind, müssen sie, bevor sie der Rechner ausführen kann, erst in die Maschinensprache des betreffenden Rechners übersetzt werden. Das machen spezielle Programme, die *Übersetzer* oder *Compiler* genannt werden. Weil solche Übersetzer kompliziert und wissenschaftlich interessant sind, bildet der Übersetzerbau ein Teilgebiet der Praktischen Informatik. Ein weiteres Teilgebiet sind die *Betriebssysteme*, die für den reibungslosen Ablauf der Programme sorgen.

Theoretische Informatik. Die Theoretische Informatik befaßt sich mit Grundlagenfragen. In dem Teilgebiet *Automatentheorie* wird zum Beispiel danach gefragt, welche einfachsten mathematischen Modelle dem Rechner zu Grunde liegen. Die *Theorie der Berechenbarkeit* untersucht, wie man das Berechenbare vom Nichtberechenbaren abgrenzen kann, indem man Probleme benennt, die ein Computer unter keinen Umständen lösen kann. Die *Komplexitätstheorie* fragt danach, welchen rechnerischen Aufwand die Lösung gewisser Probleme erfordert. In dem Teilgebiet *Formale Sprachen* wird der strukturelle Aufbau von Programmiersprachen untersucht, und in dem Teilgebiet *Formale Semantik* wird versucht, die Bedeutung der Konstruktionen von Programmiersprachen mathematisch exakt zu erfassen. Schließlich versucht man auch, Programme tatsächlich als mathematische Gebilde anzusehen und ihre Korrektheit wie die eines mathematischen Satzes zu beweisen, wobei man allerdings statt Beweis meist *Verifikation* sagt. Insgesamt ist die theoretische Informatik die mathematische Basis der Informatik und in vielem von der Mathematik nicht zu unterscheiden.

Angewandte Informatik. Technische, Praktische und Theoretische Informatik bilden die Informatik im engeren Sinn, und man hat sie im deutschen Sprachraum deshalb auch manchmal als *Kerninformatik* bezeichnet. Ihnen steht die Angewandte Informatik gegenüber, in der die Anwendungsmöglichkeiten des Computers erforscht werden.

Praktische und Angewandte Informatik sind mitunter schwer zu trennen, weil in beiden die Programmierung im Mittelpunkt steht. Man kann sie aber dadurch gegeneinander abgrenzen, daß man sagt, der Gegenstand der Praktischen Informatik ist das Programmieren an sich, das heißt die Entwicklung und Erweiterung der Rechner-Eigenschaften, die sich durch Programme aus der vorhandenen Hardware ergeben. In der Angewandten Informatik wird dagegen der Rechner als Werkzeug zur Lösung von Aufgaben eingesetzt, die außerhalb seiner Sphäre liegen, also für Anwendungen in allen anderen Bereichen.

Nun weiß jeder, daß der Computer wirklich in alle Bereiche unseres Lebens eingedrungen ist, so daß diese Anwendungen zahllos sind. Es fängt an mit der Datenverarbeitung in der Wirtschaft und öffentlichen Verwaltung, setzt sich fort mit Computern in der Automatisierungstechnik, zum Beispiel in Robotern, Maschinensteuerungen, Verkehrsleitsystemen und endet bei den Mikroprozessoren in Autos, Waschmaschinen und Armbanduhren. Völlig neue Arbeitsweisen sind durch die Angewandte Informatik entstanden, wie der Entwurf, die Entwicklung und die Herstellung von Maschinen mit Hilfe von Computern, gekennzeichnet durch die Begriffe *CAD* (computer aided design), *CAM* (computer aided manufacturing), *CIM* (computer integrated manufacturing), und die Ausnutzung von Datenbanken zur Speicherung von Informationen großen Umfangs aus allen Bereichen. Unter dem Schlagwort „Künstliche Intelligenz" versucht man sogar, Rechner so zu programmieren, daß sie sich ähnlich wie intelligente Wesen verhalten.

Ohne hier auch nur im mindesten erschöpfend sein zu wollen, haben wir mit den Stichworten Datenverarbeitung, Datenbanksysteme, Automatisierungstechnik und künstliche Intelligenz die wohl wichtigsten Anwendungsgebiete genannt. Allen übergeordnet und ebenso zur praktischen wie zur angewandten Informatik gehörig, kommen noch die Gebiete *Mensch-Maschine-Kommunikation* und *Computergrafik* hinzu. Beide hängen eng zusammen und betreffen fast alle Anwendungen, weil dem menschlichen Betrachter ein Bild oft mehr als tausend Worte sagt.

Damit sind wir am Ende des ersten Kapitels angekommen. Wir haben die Vorgeschichte und die Geschichte des maschinellen Rechnens betrachtet und zuletzt einen Blick auf die Teilgebiete der Informatik geworfen. In den weiteren Kapiteln soll nun dieses Bild verfeinert werden. Nach einer Einführung in die digitale Darstellung von Daten betrachten wir zuerst die Technische und dann die Praktische Informatik. Daran schließt sich die Theoretische Informatik an, und es folgen die Hauptgebiete der Angewandten Informatik. Im letzten Kapitel schließlich werden wir die Informatik noch einmal als Ganzes und von verschiedenen Standpunkten aus beleuchten.

2

Daten

Dinge und *Handlungen* sind es, aus denen das Begriffsnetz geknüpft ist, das der Mensch
der Welt überwirft, um sie zu verstehen und zu beschreiben. Dinge in dem hier gemein-
ten Sinn sind alle Objekte unserer Anschauung und unseres Denkens. Sie können real
existieren, wie der Baum vor meinem Fenster, real existiert haben, wie der Koloß von
Rhodos, oder nur in unserer Fantasie existieren, wie das Einhorn; und sie können
abstrakt sein, wie der Begriff „Geschwindigkeit" und die Idee „Freiheit". Ihnen allen ist
es gemeinsam, daß sie Gegenstände (im weitesten Sinn) sind, mit denen etwas geschieht
oder doch etwas geschehen könnte. Sie werden unterschieden und charakterisiert durch
Eigenschaften (zum Beispiel Volumen, Gewicht, Lebendigkeit oder Leblosigkeit, Wirklichkeit oder Gedachtheit, Wert oder Unwert und vieles andere), und sie stehen in vielfältigen *Beziehungen* zueinander. Handlungen können neue Dinge erschaffen und vorhandene zerstören oder verändern; sie können mehrere Gegenstände zu einem größeren
zusammenfügen und einen Gegenstand in seine Bestandteile zerlegen. Unsere gesamte
Art und Weise, die Welt zu sehen und zu ordnen, ruht auf diesen beiden Pfeilern: Dingen
und Handlungen, Objekten und Aktionen, Sein und Geschehen, Statik und Dynamik.
Unser intellektuelles Denken vollzieht sich in diesen Kategorien, und unsere Sprache ist
dementsprechend gebaut. Die Grundpfeiler ihrer Sätze sind Subjekte (Dinge) und Prädikate (Handlungen), Substantive und Verben.

Dieses Begriffsnetz ist auch das der Informatik. Auch sie ruht auf zwei Pfeilern: *Daten*
und *Algorithmen*. Daten sind die Dinge, die verarbeitet werden, und Algorithmen sind
die Handlungen, die verarbeiten. Die Eigenschaften der Daten nennt man in der Informatik *Attribute*, und die Beziehungen, in denen Daten zueinander stehen können, nennt
man *Relationen*. Bild 1 zeigt diese Entsprechungen als Tabelle.

Die Entsprechungen erklären, warum der Rechner eine so vielseitig einsetzbare, in
gewissem Sinn universelle Maschine ist: Die Struktur des mit Computerprogrammen

Ausdrückbaren ähnelt der Struktur der Welt, wie sie sich in unseren Köpfen darstellt, so weitgehend, daß man mit Computern große Teile der Welt modellieren kann.

Reale Welt	Informatik
Gegenstände	Daten
Handlungen	Algorithmen
Eigenschaften (von Gegenständen)	Attribute (von Daten)
Beziehungen (zwischen Gegenständen)	Relationen (zwischen Daten)

Bild 1   Entsprechungen zwischen Begriffen der realen Welt und der Informatik

Da Daten eine so bedeutende Rolle in der Informatik spielen, ist dieses Kapitel ihnen gewidmet: ihrem Aufbau, ihren Arten und einigen damit zusammenhängenden Fragen. Algorithmen kommen nur am Rande vor; sie werden später ausführlich behandelt.

Dieses Kapitel ist nicht so leicht zu verstehen wie das erste. Es erfordert von Lesern, die noch nichts von Computern wissen, daß sie sorgfältig mitdenken und vielleicht auch einmal den Bleistift zur Hand nehmen.

2.1 Symbole, Alfabete und Codierung

Daten (von lat. datum = gegeben) sind etwas Elementares, jedem Bekanntes, das wir undefiniert lassen wollen. Der tägliche Wetterbericht enthält Daten, die Börsenberichte ebenfalls, und auch die Namen der Abonnenten einer Zeitschrift sind Daten. Das Wort *Daten* existiert unglücklicherweise nur im Plural; der Singular *Datum* ist ungebräuchlich, weil man ihn so leicht mit dem Tagesdatum verwechseln kann. Wenn man ihn unbedingt braucht, kann man sich manchmal mit *Datenelement* behelfen.

Es ist üblich, eine Einführung in die Informatik mit langen Erläuterungen der Begriffe *Information* und *Nachricht* zu beginnen und aus ihnen den Begriff *Daten* abzuleiten. Aber das sind – trotz ihrer alltäglichen Verwendung und deshalb scheinbaren Einfachheit – schwierige Begriffe, deren Definitionen schillern, und die von Gebiet zu Gebiet in etwas verschiedener Bedeutung gebraucht werden. Sie spielen in der Informatik übrigens eine kleinere Rolle als man denkt, und wir versuchen deshalb, ohne sie auszukommen.[1]

Symbole und Alfabete. Bei Daten denkt man zuerst an Zahlen, aber jeder wird zugeben, daß auch Texte (wie die obengenannten Namen von Abonnenten) Daten sein können. Beide sind aus Zeichen zusammengesetzt. So besteht die Zahl 1000 aus einer Aneinanderreihung der Zeichen 0 und 1 und der Name *Franz Meier* aus der Aneinanderreihung der Zeichen a, e, F, i, M, n, r, z. Genaugenommen gehört auch der Wortzwischenraum zwischen z und M dazu (dem englischen Sprachgebrauch folgend, auch im Deutschen oft „Blank" genannt).

Es ist charakteristisch, daß die in den Daten vorkommenden Zeichen immer einer bestimmten Zeichen*menge* angehören. Zahlen bestehen nur aus Ziffern, eventuell noch einem Dezimalpunkt und einem Vorzeichen, Texte nur aus Buchstaben und Satzzeichen, also dem, was wir umgangssprachlich das *Alfabet* nennen.

Dem wissenschaftlichen Brauch, Wörter der Umgangssprache als Fachwörter mit speziell definierter Bedeutung zu verwenden, folgt auch die Informatik. So nennt man ein
Zeichen *Symbol* und verallgemeinert den Begriff *Alfabet* zu einer endlichen Menge
unterscheidbarer Symbole. Was man dabei als Symbol wählt und wie viele Symbole ein
Alfabet enthält, ist allein Sache der Definition. Da Alfabete Mengen sind, schreibt man
sie in Mengenklammern. Hier sind einige Beispiele:

$\{0, 1, 2, 3, 4, 5, 6, 7, 8, 9\}$	Das Alfabet der Dezimalziffern
$\{a, b, c, ..., A, B, C, ...\}$	Das Alfabet der Buchstaben
$\{rot, gelb, grün\}$	Das Alfabet der Verkehrsampelsignale
$\{Frühling, Sommer,$ $Herbst, Winter\}$	Das Alfabet der Jahreszeiten
$\{sehr\ gut, gut, befriedigend,$ $ausreichend, nicht\ ausreichend\}$	Das Alfabet der Schulnoten

Man erkennt hieran, daß man auch ganze Wörter und sogar Wortfolgen als Symbole
benutzen kann. In diesem Fall betrachtet man die Wörter oder Wortfolgen als Ganzes
und sieht davon ab, daß sie selbst wieder aus Buchstaben zusammengesetzt sind.

Von besonderem Interesse in der Informatik ist das kleinste Alfabet. Es besteht nur aus
zwei Symbolen und wird auch das *binäre Alfabet* genannt. Man schreibt die beiden
Symbole meist als 0 und 1. Da sie in manchen Zusammenhängen die Bedeutung von
falsch und *wahr* haben, wählt man mitunter auch die Symbole *false* und *true* oder *f* und
t für sie. Die Symbole 0 und 1 haben den Nachteil, daß sie wie die Dezimalziffern 0 und
1 aussehen und deshalb leicht mit ihnen verwechselt werden können. Man nennt die
Symbole des binären Alfabets auch „Binärzeichen" oder „Bits" (von *binary digit* =
Binärziffer).

Codierung. Es ist nun eine wichtige Erkenntnis, daß die Symbole aller denkbaren Alfabete sich durch Gruppen von Binärzeichen ausdrücken lassen. Um zum Beispiel das
deutsche Alfabet der Kleinbuchstaben mit Binärzeichen darzustellen, könnte man fünf
Binärzeichen zu einer Gruppe zusammenfassen und folgende Zuordnung festlegen:

00000	bedeutet	*a*
00001	bedeutet	*b*
00010	bedeutet	*c*
00011	bedeutet	*d*
00100	bedeutet	*e*
usw.		

Aus den Fünfergruppen lassen sich $2^5 = 32$ Kombinationen bilden. Das reicht für die
Kleinbuchstaben oder für die Großbuchstaben aus, aber nicht für beides. Je größer das
Alfabet, um so längere Binärzeichengruppen braucht man. Allgemein gilt, daß man mit
Gruppen aus n Binärzeichen 2^n Symbole codieren kann.

Die Verwendung von Binärzeichen ist nichts Neues, sondern in Form des Morsealfabets
lange bekannt. Auch die Morsezeichen – Punkt und Strich – bilden ein binäres Alfabet:

· —	bedeutet	*a*
— · · ·	bedeutet	*b*

— · — ·   bedeutet   *c*
— ··   bedeutet   *d*
·   bedeutet   *e*

Hier haben die Gruppen von Binärzeichen nicht die gleiche Länge. Das häufig vorkommende *e* wird durch einen einzelnen Punkt dargestellt, das seltener vorkommende *a* dagegen durch einen Punkt und einen Strich. Das macht die Nachrichten kurz.

Man nennt eine Zuordnungsvorschrift zwischen zwei Alfabeten einen „Code". Allgemein versteht man unter einem Code die Zuordnung einer Menge von Zeichenfolgen zu einer anderen Menge von Zeichenfolgen. Die beiden einander zugeordneten Zeichenfolgen können verschiedenen Alfabeten entstammen, müssen es aber nicht. Mathematiker und Informatiker sprechen lieber von *Abbildung* statt von Zuordnung. Die Abbildung geschieht durch eine Tabelle, die *Codetabelle*. Die folgende Codetabelle zeigt eine von vielen Möglichkeiten, das Alfabet der zehn Dezimalziffern durch Gruppen von vier Binärziffern zu codieren:

binär	0000	0001	0010	0011	0100	0101	0110	0111	1000	1001
dezimal	0	1	2	3	4	5	6	7	8	9

Die Vierergruppen 1010, 1011, 1100, 1101, 1110, 1111 kommen hierbei nicht vor. Die Codierung der Dezimalzahl 314 lautet damit 0011 0001 0100.[2]

Die Codierung irgendeines Alfabets durch Folgen von Binärzeichen nennt man *Binärcodierung*. Die Tatsache, daß alle denkbaren Alfabete (auch die ostasiatischen!) sich durch Folgen von Binärzeichen ausdrücken lassen, ermöglicht es, im Rechner nur die Binärzeichen 0 und 1 zu benutzen und aus ihnen die ganze Vielfalt der Daten aufzubauen.

2.2 Die Universalität binärcodierter Daten

Alles was zähl- oder meßbar ist, kann durch binärcodierte Daten ausgedrückt werden. Dazu gehören alle physikalischen Größen und ihre zeitlichen Verläufe, insbesondere optische und akustische Größen, also Bilder, Sprache und Musik. Das wiederum hat die Konsequenz, daß Bilder, Sprache und Musik von Rechnern erzeugt und verarbeitet werden können.

Die Binärcodierung von Texten und Zahlen haben wir schon kurz behandelt. Neu hinzu kommt jetzt die binärcodierte Darstellung physikalischer Größen mit stetigem Wertebereich.

Jedes Alfabet enthält definitionsgemäß nur endlich viele Symbole. Jedem Symbol kann man eine Zahl zuordnen (dem ersten die 1, dem zweiten die 2 und so weiter), so daß man ein Alfabet auch als eine endliche Menge von Zahlen ansehen kann. Fast alle physikalischen Größen sind jedoch stetig veränderlich und können somit unendlich viele Werte annehmen. Das gilt zum Beispiel für die Zeit, die Länge, das Gewicht, die Temperatur. Auch in den Formen und Farben eines Bildes und dem Ablauf eines Musikstücks gibt es unendlich viele Variationen. Wie kann man sie durch binärcodierte Daten darstellen?

Die Antwort ist so einfach wie brutal: indem man die unendlich vielen Werte durch endlich viele ersetzt. Bild 2 erläutert dieses Vorgehen am Beispiel einer Temperaturkurve, die ein Temperaturschreiber aufgezeichnet hat. In Bild 2a verlaufen sowohl die Zeit als auch die Temperatur stetig, das heißt zwischen zwei Punkten auf der Kurve, etwa dem Punkt (10 Uhr, 18.5 °C) und dem Punkt (14 Uhr, 21.5 °C) durchlaufen Zeit und Temperatur alle unendlich vielen Zwischenwerte. Diese Darstellung nennt man *analog*, denn die stetigen Größen Zeit und Temperatur werden hier auf die ihnen analoge Größe „Länge einer Strecke" abgebildet. In Bild 2b ist die Zeit nur in bestimmten Abständen (halbstündlich) und die Temperatur nur auf 1/2 °C genau aufgezeichnet. Das heißt, die stetige Zeit und die stetige Temperatur sind durch Zeit„punkte" und Temperatur„punkte" ersetzt. Damit hat man die unendlich vielen Werte der physikalischen Größen durch endlich viele ersetzt. Diesen Vorgang der Ersetzung eines unendlichen durch einen endlichen Wertebereich nennt man *Rasterung* oder *Diskretisierung*. (*Diskret* bedeutet im Sprachgebrauch von Mathematik und Informatik *unstetig, getrennt*.)

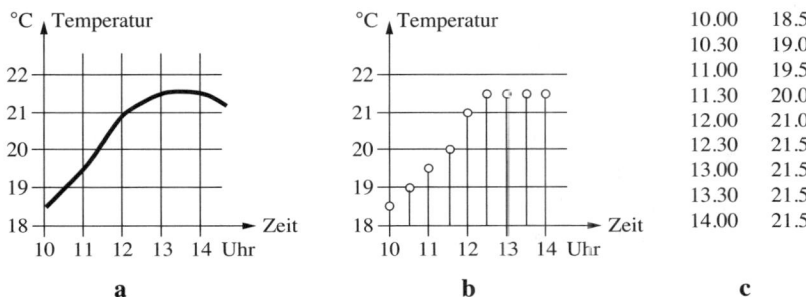

Bild 2   Eine Temperaturkurve, ihre Diskretisierung und Digitalisierung
  a   analoge
  b   diskretisierte
  c   digitalisierte Darstellung

Natürlich ist eine Ersetzung unendlich vieler Werte durch endlich viele im Prinzip ungenau und verfälschend, aber je feiner man die Abstufung wählt, desto kleiner wird der Fehler, den man macht. Bei genügend großem Wertebereich bleibt der Fehler unter der Wahrnehmungsgrenze.

Wenn man nun die endlich vielen Werte der diskretisierten Wertebereiche durch Symbolfolgen codiert, nennt man das *Digitalisierung* und das Ergebnis eine *digitale Darstellung*. Bild 2c zeigt eine digitale Darstellung des Temperaturverlaufs. Zeitpunkt und Temperatur stehen hier als Zahlen nebeneinander. „Digital" heißt „ziffernhaft" (lateinisch *digitus = Finger*, englisch *digit = Ziffer*), und „digital dargestellt" heißt „durch Zahlen oder Zahlentabellen dargestellt". Im Rechner sind alle Daten durch Binärcodierung digital dargestellt.

Man beachte, daß die Digitalisierung eines stetigen Wertebereichs als Zwischenschritt die Diskretisierung erfordert. Die diskretisierte Darstellung ist immer noch wesentlich analog, denn der höheren Temperatur entspricht die längere Strecke. In Bild 3 sind die Begriffe noch einmal zusammengestellt.[3]

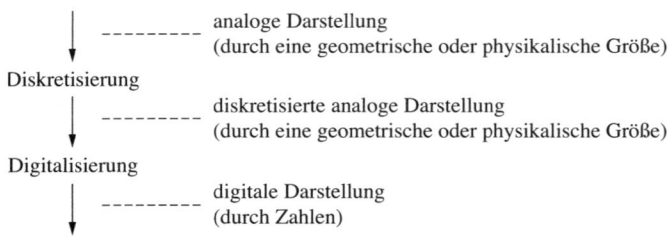

analoge Darstellung
(durch eine geometrische oder physikalische Größe)

Diskretisierung

diskretisierte analoge Darstellung
(durch eine geometrische oder physikalische Größe)

Digitalisierung

digitale Darstellung
(durch Zahlen)

Bild 3   Zusammenhang der Begriffe *analog*, *diskretisiert*, *digital*

Eine Zeichnung kann man, wie Bild 4 zeigt, so rastern, daß sie danach aus diskreten Bildpunkten besteht. Bei Schwarz-Weiß-Zeichnungen ist jeder Bildpunkt entweder schwarz oder weiß und kann unmittelbar durch die Symbole 0 und 1 codiert werden. Bei farbigen Zeichnungen lassen sich Farbe und Farb-Intensität durch Zahlen codieren.

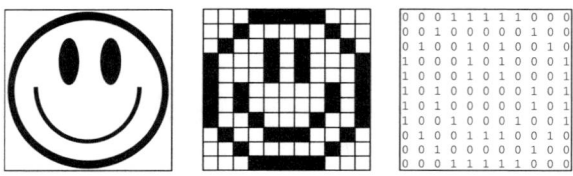

Bild 4   Ein Bild, seine diskretisierte und seine digitalisierte Darstellung

Sprache und Musik, also Schallereignisse, bestehen aus zeitlichen Veränderungen des Schalldrucks. Hier muß man die Zeit und den Schalldruck rastern, wie bei dem Beispiel der Temperaturkurve.

Das Ergebnis dieser Betrachtungen können wir folgendermaßen zusammenfassen:

- Alles, was zählbar oder meßbar ist, kann codiert werden.
- Alles, was codiert werden kann, kann ein Rechner verarbeiten.
- Die Codierung im Rechner ist immer binär, das heißt, sie geschieht mit den beiden Werten 0 und 1.

Die digitale Darstellung von Daten hat gegenüber der analogen folgende große Vorteile:

- *Genauigkeit*. Die digitale Darstellung kann man beliebig genau machen. Will man Temperaturen in einem Bereich von 100 °C auf ein Grad genau messen, braucht man 100 unterscheidbare Werte (7 Bit), will man sie auf 1/10 °C genau messen, braucht man 1000 unterscheidbare Werte (10 Bit), und so weiter.

- *Geringe Störempfindlichkeit*. Binäre Symbole können durch zweiwertige physikalische Größen dargestellt werden. Bild 5 zeigt die wichtigsten Möglichkeiten

  Wenn 0 und 1 durch Spannungen dargestellt werden, genügt es also zu wissen, ob eine Spannung vorhanden oder ob keine Spannung vorhanden ist. Auf den Wert der Spannung kommt es nicht an („Alles-oder-Nichts-Prinzip"). Störungen bei der

Signalübertragung, die eine Veränderung des Spannungspegels für das Binärzeichen 1 verursachen, spielen also keine Rolle, sofern nur „Spannung" noch von „keine Spannung" unterscheidbar bleibt.

1	0	Anwendungsgebiet
Spannung	keine Spannung	Schaltkreise
Elektrische Ladung	keine elektrische Ladung	Schaltkreise
Positive Magnetisierung	Negative Magnetisierung	Magnetspeicher
Loch	kein Loch	Lochkarten und Lochstreifen
hell	dunkel	Bildpunkt
Frequenz 1	Frequenz 2	Frequenzmodulation
Amplitude 1	Amplitude 2	Amplitudenmodulation

Bild 5   Physikalische Größen zur Darstellung von Binärzeichen

- *Verlustlose Speicherbarkeit.* Binäre Werte lassen sich einfach und sicher speichern; elektrisch in integrierten Schaltungen, magnetisch auf Magnetbändern, Magnetplatten und Disketten, mechanisch in Lochkarten und Lochstreifen. Im Gegensatz zur Speicherung physikalischer Größen mit stetigen Werten (z. B. auf Magnetband) ist die Speicherung binärer Werte *verlustlos*, denn wenn man eine Folge von Binärzeichen speichert und sie später wieder aus dem Speicher abruft, kann man sicher sein, daß man genau dieselbe Binärzeichenfolge, ohne den Verlust, die Hinzufügung oder die Änderung eines Bits zurückbekommt, während die Speicherung stetig veränderlicher Werte immer mit einem Genauigkeitsverlust verbunden ist.

2.3 Elementare Datentypen

Man teilt in der Informatik die Daten nach ihrer Struktur, ihrer Bedeutung und den Operationen, die man mit ihnen ausführen kann, in sogenannte *Datentypen* ein. Dabei unterscheidet man elementare und strukturierte Datentypen. Die elementaren sind Zeichen, natürliche Zahlen (ohne Vorzeichen), ganze Zahlen (mit Vorzeichen), Gleitpunktzahlen und boolesche Größen. Von ihnen handelt dieser Abschnitt. Die strukturierten Datentypen kommen in Kapitel 5 zur Sprache.

Zeichen, Byte und Wort. Ein Text im engeren Sinn besteht aus einer Folge von Zeichen des Alfabets der Umgangssprache. Die Frage ist nun, wie viele Binärzeichen man für die Darstellung eines Zeichen unseres Alfabets braucht und welche Codierungen dafür benutzt werden. Da sich mit n Bits 2^n Zeichen codieren lassen, reichen 4 Bits (16 Zeichen) für die 10 Ziffern aus und 6 Bits (64 Zeichen) für die Großbuchstaben, Ziffern und Satzzeichen. Deshalb hatte man in den ersten beiden Rechnergenerationen auch 6-Bit-Codes. Dann jedoch wollte man auch Kleinbuchstaben, Umlaute, mathematische und andere Zeichen darstellen und erweiterte den 6-Bit-Code zu einem 8-Bit-Code. Mit einem 8-Bit-Code kann man $2^8 = 256$ verschiedene Zeichen darstellen. Hierbei hat sich ein bestimmter Code international durchgesetzt, der sogenannte *ASCII* (= *American standard code for information interchange*).[4]

Man nennt die 8 Bits, die ein Zeichen darstellen, auch 1 *Byte* (englisches Kunstwort). Der Text „Wer da?" aus 5 Buchstaben, dem Wortzwischenraum und dem Fragezeichen, also 7 Zeichen insgesamt, ergibt codiert 7 Bytes, das sind 7·8 = 56 Binärzeichen:

```
01010111 01100101 01110010 00100000 01100100 01100001 00111111
   W        e        r                 d        a        ?
```

Aus bestimmten Gründen, die später klar werden, faßt man mehrere Bytes zu einem sogenannten *Maschinenwort*, kurz *Wort* genannt, zusammen. Die Anzahl der zu einem Wort zusammengefaßten Bytes oder Bits ist ein Charakteristikum des betreffenden Rechners. Ältere Heimcomputer haben Wortlängen von 2 Byte = 16 Bit, üblich sind heute aber 4 Byte = 32 Bit, und es gibt bereits Mikrocomputer mit 8 Byte = 64 Bit. Das Maschinenwort ist die sogenannte *Verarbeitungsbreite* der Daten im Rechner. Die Bits eines Wortes werden meist parallel (das heißt gleichzeitig) als Einheit von einer Stelle zur anderen im Rechner transportiert.

2.3.1 Ganze Zahlen

Dezimal- und Dualzahlen. Da Zahlen nichts anderes als Zeichenfolgen sind, kann man auch Dezimalzahlen im ASCII codieren, also zum Beispiel die Dezimalzahl 123 durch die ASCII-Bitfolge 00110001 00110010 00110011. Diese Darstellung ist zwar binär codiert, sie ist aber immer noch dezimal, denn die Ziffernfolge 123 bedeutet

$$1 \cdot 10^2 + 2 \cdot 10^1 + 3 \cdot 10^0 = 123$$

Es gibt aber auch noch die Möglichkeit, eine Zahl im *dualen Zahlensystem* darzustellen, das nur zwei Ziffern, 0 und 1, hat. Die Dezimalzahl 123 lautet in ihm 1111011, denn es ist

$$123_{dezimal} = 1 \cdot 2^6 + 1 \cdot 2^5 + 1 \cdot 2^4 + 1 \cdot 2^3 + 0 \cdot 2^2 + 1 \cdot 2^1 + 1 \cdot 2^0 = 1111011_{dual}$$

Die Dualzahl besteht also nur aus 7 Binärziffern, während die dezimale, im ASCII binärcodierte, 24 Binärziffern benötigt. Man erkennt daran, daß die Begriffe *binär* und *dual* Verschiedenes bedeuten: binär ist eine Darstellung von irgendwelchen Zeichen durch ein zweiwertiges Alfabet, gleichgültig, ob es sich um Ziffern, Buchstaben oder andere Zeichen handelt. Dual ist die Darstellung von Zahlen im dualen Zahlensystem, dessen Stellen von rechts nach links die Wertigkeit 1, 2, 4, 8, … haben. Die Ziffern von Dualzahlen sind immer binäre Zeichen. Obwohl dieser begriffliche Unterschied wesentlich ist, wird er oft nicht beachtet. Viele sprechen von Binärzahlen und meinen Dualzahlen.

Da Zweierpotenzen in der Informatik oft und in vielen Zusammenhängen vorkommen, weiß der Informatiker die Zweierpotenzen bis zu etwa 2^{16} auswendig.[5] Für die näherungsweise Berechnung größerer Zweierpotenzen im Kopf gibt es übrigens eine einfache Faustformel. Es ist nämlich $2^{10} \approx 10^3$. Man kann deshalb zum Beispiel den Wert von $2^{21} = 2\,097\,152$ näherungsweise so bestimmen:

$$2^{21} = 2^{10 \cdot 2} \cdot 2^1 \approx 10^{3 \cdot 2} \cdot 2 = 10^6 \cdot 2 = 2\,000\,000.$$

Die Kürze von Dualzahlen im Vergleich mit binärcodierten Dezimalzahlen und die Einfachheit der Rechenoperationen mit ihnen haben dazu geführt, daß die heutigen Rechner durchweg mit Dualzahlen arbeiten. Die Zahlenlänge ist dabei meist auf ein Maschinenwort beschränkt; die Zahlen, die der Rechner verarbeiten kann, können deshalb eine gewisse Größe nicht überschreiten. Wir haben nur folgende Fragen zu klären: (1) Welcher Zahlenbereich ist in Rechnern darstellbar, und (2) wie lauten die Rechengesetze für Dualzahlen?

Zahlenbereiche. Wenn wir einen Rechner mit einer Wortlänge von 32 Bit betrachten, liegen die in einem Wort darstellbaren ganzen Zahlen zwischen -2^{31} und $+2^{31}-1$, das heißt zwischen $-2\,147\,483\,648$ und $2\,147\,483\,647$. Das linkeste Bit wird zur Darstellung des Vorzeichens benutzt. Daß der Zahlenbereich bei den negativen Zahlen um eins größer als bei den positiven ist, liegt daran, daß negative Zahlen als sogenannte „Komplemente" dargestellt werden, das heißt $-x$ durch $2^{32}-x$. Aber darauf gehen wir hier nicht näher ein. Bild 6 zeigt Beispiele.

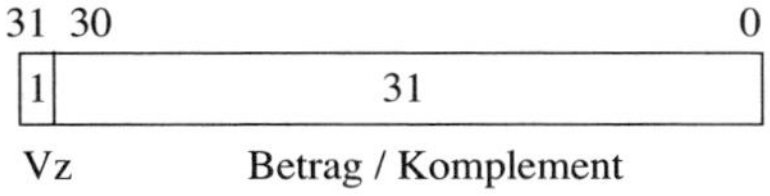

```
 31 30                          0
 ┌──┬──────────────────────────┐
 │1 │            31            │
 └──┴──────────────────────────┘
 Vz         Betrag / Komplement
```

$$0\ 0000000\ 00000000\ 00000000\ 00000000 = 0 \qquad\ \ \ = 0$$
$$0\ 0000000\ 00000000\ 00000000\ 00000001 = 2^0 \qquad = 1$$
$$0\ 1111111\ 11111111\ 11111111\ 11111111 = 2^{31}-1 \quad = 2\,147\,483\,647 \quad \text{Größte Zahl}$$
$$1\ 1111111\ 11111111\ 11111111\ 11111111 = 2^{32}-2^0 \ = -1$$
$$1\ 0000000\ 00000000\ 00000000\ 00000000 = 2^{32}-2^{31} = -2\,147\,483\,648 \ \text{Kleinste Zahl}$$

Bild 6   Darstellung ganzer Zahlen bei 32-Bit-Wortlänge

Bei älteren Mikrocomputern mit der Wortlänge von 16 Bit schrumpft der Zahlenbereich auf -2^{15} bis $2^{15}-1$, also auf -32768 bis 32767. Das ist eine recht starke Einschränkung. Wenn man keine negativen Zahlen braucht, kann man hier auch das Vorzeichenbit als Ziffer ausnutzen und bekommt dann den Zahlenbereich der natürlichen Zahlen von 0 bis $2^{16}-1 = 65535$.

Für größere und für gebrochene Zahlen gibt es eine weitere Zahlendarstellung. Bevor wir auf sie eingehen, wollen wir uns aber zuerst die Rechenoperationen mit natürlichen Dualzahlen ansehen.

Rechenoperationen mit natürlichen Dualzahlen. Wie schon Leibniz erkannte und Zuse es später ausnutzte, sind die Rechenoperationen im dualen Zahlensystem von unüberbietbarer Einfachheit. Die Addition zweier einstelliger Dualzahlen wird vollständig durch folgende Tabelle beschrieben:

$$0 + 0 =\ \ 0$$
$$1 + 0 =\ \ 1$$
$$0 + 1 =\ \ 1$$
$$1 + 1 = 10$$

Die 10 ist hier keine Zehn, sondern die zweistellige Dualzahl 10_{dual} mit dem Wert $1\cdot 2^1 + 0\cdot 2^0 = 2_{dezimal}$. Die Addition mehrstelliger Dualzahlen geht ganz wie im Dezimalsystem vor sich, indem man von rechts nach links jede Stelle für sich addiert und einen in einer Stelle entstehenden Übertrag in der nächsten Stelle hinzufügt. Beispiel:

Dezimal	77	Dual	1001101	
	+ 68		+ 1000100	
	145		10010001	
	11		1 11	(Überträge)

In einigen Stellen entstehen Überträge, die zur nächsthöheren Stelle addiert werden müssen.

Die Multiplikation zweier einstelliger Dualzahlen wird vollständig durch folgende Tabelle beschrieben:

$$0 \cdot 0 = 0$$
$$1 \cdot 0 = 0$$
$$0 \cdot 1 = 0$$
$$1 \cdot 1 = 1$$

Hier ist also das kleine Einmaleins wirklich nichts anderes als „$1 \cdot 1 = 1$". Die Rechnung mit der Hand wird auf die gleiche Weise wie im Dezimalsystem ausgeführt, indem man den Multiplikator mit den einzelnen Stellen des Multiplikanden multipliziert und die Ergebnisse addiert. Beispiel:

Dezimal	91·5	Dual	1011011·101
	455		1011011
			0000000
			1011011
			111000111

Zur Subtraktion und Division sei nur bemerkt, daß man durch die Komplementdarstellung negativer Zahlen die Subtraktion auf die Addition zurückführen kann und daß sich die Division durch wiederholte Subtraktionen, Additionen und Vergleiche ausführen läßt. Das Wesentliche von all dem ist, daß die Addition und die Multiplikation von Dualzahlen von äußerster Einfachheit sind.

Konvertierung. Wir Menschen sind natürlich nicht bereit, von unserem dezimalen auf das duale Zahlensystem überzugehen, also Dualzahlen zu schreiben und zu lesen; und das ist auch der Grund dafür, daß das Rechnen mit dem dualen Zahlensystem nach Leibniz so wenig Beachtung fand. Die Verwendung von Dualzahlen kann nur rechnerintern stattfinden. Bei der Eingabe müssen deshalb (ASCII-codierte) Dezimalzahlen in Dualzahlen umgewandelt und bei der Ausgabe Dualzahlen in (ASCII-codierte) Dezimalzahlen umgewandelt werden. Man nennt diesen Vorgang „Konvertierung". Um eine Dezimalzahl in eine Dualzahl zu konvertieren, zerlegt man sie in Potenzen der Basis 2:

$$77_{\text{dezimal}} = 1 \cdot 2^6 + 0 \cdot 2^5 + 0 \cdot 2^4 + 1 \cdot 2^3 + 1 \cdot 2^2 + 0 \cdot 2^1 + 1 \cdot 2^0 = 1001101_{\text{dual}}$$

Um eine Dualzahl in eine Dezimalzahl zu konvertieren, bildet man einfach ihre mit Zweierpotenzen gewichtete Quersumme:

$$1010110_{\text{dual}} = 1 \cdot 2^6 + 0 \cdot 2^5 + 1 \cdot 2^4 + 0 \cdot 2^3 + 1 \cdot 2^2 + 1 \cdot 2^1 + 0 \cdot 2^0 = 86_{\text{dezimal}}$$

Das sind Algorithmen, die der Rechner selbst ausführen kann, und so kommt es, daß der Benutzer einer Rechenanlage nichts davon merkt, daß die Zahlen im Rechner dual dargestellt werden. Der Programmierer muß sich freilich zur Fehlersuche manchmal die rechnerinterne Zahlendarstellung ansehen und darum mit dem dualen Zahlensystem vertraut sein.[6]

2.3.2 Gleitpunktzahlen

Wir kommen nun zu der Frage, wie man gebrochene Zahlen und Zahlen, die den durch die Wortlänge begrenzten Zahlenbereich überschreiten, im Rechner darstellt. Die Antwort ist verblüffend einfach und genial: *halblogarithmisch*. Man kann dezimale Zahlen jeder Art, große und kleine, ganze und gebrochene, in einer einheitlichen Weise schreiben, indem man sie mit einem Zehnerexponenten versieht. Beispiele:

$$3.14159 \quad = 0.314159 \cdot 10^1 \quad = 0.314159 \, E1$$
$$0.000021 \quad = 0.21 \quad \cdot 10^{-4} = 0.21 \quad E{-}4$$
$$1234000000 = 0.1234 \quad \cdot 10^{10} = 0.1234 \quad E10$$

(Zur „Punktschreibweise": Es hat sich, aus Amerika kommend, in der Informatik eingebürgert, statt des Dezimal*kommas* einen Dezimal*punkt* zu schreiben. Wir verfahren dementsprechend in dem ganzen Buch.) Jede Zahl setzt sich hier zusammen aus der *Mantisse*, die eine zwischen 0.1 und 1 liegende gebrochene Zahl ist, einem *E* (für *Exponent*) und dem *Exponenten*, der eine ganze Zahl ist. Wenn man statt der Dezimalzahlen nun Dualzahlen benutzt, hat man die sogenannte *Gleitpunktdarstellung* (*floating point representation,* im Deutschen früher auch *Gleitkommadarstellung* genannt). Mantisse und Exponent werden gemeinsam in einem Maschinenwort gespeichert.[7] Die vier Grundrechenoperationen sind mit Gleitpunktzahlen komplizierter und zeitraubender als mit ganzen Zahlen. Mantisse und Exponent müssen getrennt behandelt werden. Bei der Addition werden zuerst durch Verschiebung der einen Mantisse die Exponenten gleichgemacht und dann die Mantissen addiert. Bei der Multiplikation werden die Mantissen multipliziert und die Exponenten addiert. Da in technisch-wissenschaftlichen Rechnungen die Gleitpunkt-Operationen eine große Rolle spielen, gibt man manchmal die Leistungsfähigkeit von Rechenanlagen in Millionen von Gleitpunkt-Operationen pro Sekunde an (*Mega-Flops, MFlops = millions of floating point operations per second*). Einfache Maschinen bewegen sich im Bereich von 1 MFlop, Superrechner mit starker Parallelarbeit bringen es auf mehrere hundert oder sogar tausend MFlops. Das Maß ist allerdings sehr grob, vergleichbar etwa damit, daß man ein Auto nur durch seine Höchstgeschwindigkeit charakterisieren wollte.

Näherungsweise Zahlendarstellung. Nun noch ein Wort zur Umrechnung zwischen gebrochenen Dezimal- und Dualzahlen. Dem Dezimalbruch 0.5 entspricht der Dualbruch 0.1, denn es ist $0.5 = 1 \cdot 2^{-1}$. Umgekehrt ergibt sich aus dem Dualbruch 0.110101 der Dezimalbruch 0. 828125, weil

$$1 \cdot 2^{-1} + 1 \cdot 2^{-2} + 0 \cdot 2^{-3} + 1 \cdot 2^{-4} + 0 \cdot 2^{-5} + 1 \cdot 2^{-6} =$$
$$0.5 + 0.25 + 0.0625 + 0.015625 = 0.828125$$

Bedeutsam ist dabei, daß einfache Dezimalbrüche oft periodische Dualbrüche ergeben; zum Beispiel ist

$$0.1_{dezimal} = 0.000 \, 110 \, 011 \, ..._{dual}$$

mit der Periode 0011. Da die Mantissenlänge durch die Länge des Maschinenwortes beschränkt ist, bedeutet das, daß man alle gebrochenen Dezimalzahlen, die nicht zufällig die Summe negativer Zweierpotenzen sind, nur näherungsweise im Rechner darstellen kann. Wenn die Mantisse n Stellen hat, ist der durch das Weglassen weiterer Dualstellen entstehende Fehler (*Rundungsfehler*) im Mittel die Hälfte der letzten dargestellten Dualziffer, also $0.5 \cdot 2^{-n}$. Wenn zum Beispiel $n = 24$ ist (das ist ein typischer Wert), ergibt sich dadurch ein Rundungsfehler von $2.98 \cdot 10^{-8}$ oder eine Genauigkeit von rund 7 Dezimalstellen. Ein so kleiner Fehler spielt an sich keine Rolle, denn es gibt kaum eine Aufgabe, bei der man auf mehr als 7 Dezimalstellen genau rechnen müßte; bei den meisten technischen Rechnungen reichen vielmehr schon vier bis fünf richtige Ziffern aus. Also kein Anlaß zur Sorge, möchte man glauben. Aber im Rechner werden ja hunderte und tausende Rechenoperationen hintereinander ausgeführt, und dabei können sich die ursprünglich verschwindend kleinen Rundungsfehler so stark summieren, daß sie das Resultat völlig verfälschen. Deshalb erlebt es der mit Gleitpunktzahlen Arbeitende immer wieder, daß die Ergebnisse seiner Rechnungen unter Umständen mit großen Fehlern behaftet sind, und er muß danach trachten, diese Fehler auszuschalten. Eine Möglichkeit, die Rundungsfehler klein zu halten, ist das *Rechnen mit doppelter Genauigkeit*. Dabei werden zwei Maschinenworte zusammengekoppelt, um eine Gleitpunktzahl aufzunehmen. Dadurch wird die Mantisse etwa doppelt so lang, und die Rundungsfehler werden entsprechend kleiner.

2.3.3 Boolesche Daten

Außer Zahlen und Zeichen benutzt man in der Informatik noch einen dritten Datentyp, die *booleschen Daten*, auch *Wahrheitswerte* oder *logische Werte* genannt. Boolesche Daten (nach dem Schöpfer der Aussagenlogik, dem englischen Mathematiker George Boole 1815–1864 benannt) sind die beiden binären Werte 0 und 1, hier mit den Bedeutungen *falsch* und *wahr* oder *false* und *true*. Boolesche Werte werden zur Kennzeichnung von Aussagen benutzt, die wahr oder falsch sein können, insbesondere für mathematische Relationen. Beispiele:

Die Relation 3 < 4 hat den Wahrheitswert *true*.

Die Relation 4 < 3 hat den Wahrheitswert *false*.

Die Aussage „Der Mond ist bewohnt" hat den Wahrheitswert false.

Die Relation $x = 0$ hat den Wahrheitswert *true*, wenn x null ist und den Wahrheitswert *false*, wenn x nicht null ist.

Auf boolesche Daten kann man die Operationen der Aussagenlogik: Negation, Konjunktion, Disjunktion und andere anwenden. Näheres in einem späteren Kapitel.

Elementarer Datentyp	Typbezeichnung in Programmen
Natürliche Zahl	CARDINAL, NATURAL
Ganze Zahl	INTEGER
Gleitpunktzahl	REAL, FLOAT
Zeichen	CHAR, BYTE
Boolesche Größe, Wahrheitswert	BOOLEAN, BIT

Bild 7   Elementare Datentypen

Zusammenfassend ist festzuhalten, daß es fünf elementare Datentypen gibt: drei Zahlenarten, Zeichen und boolesche Größen. Bild 7 zeigt die deutschen Bezeichnungen für sie und die in Programmiersprachen zur Typbezeichnung häufig benutzten englischen Begriffe.

2.4 Die Speicherung binärcodierter Daten

Nachdem wir gesehen haben, wie man Daten der verschiedensten Art binär codieren kann, wollen wir mit einigen Worten auf die Organisation des Arbeitsspeichers eines Rechners zu sprechen kommen. In ihm können Daten für die Zeit, während der der Rechner eingeschaltet ist, aufbewahrt werden. Wie die Speicherung stattfindet, wird in Kapitel 3 erklärt. Mit dem Ausschalten geht der Inhalt des Arbeitsspeichers normalerweise verloren, weshalb man den Arbeitsspeicher auch als „flüchtigen" Speicher bezeichnet.

Ein Arbeitsspeicher ist, abstrakt gesehen, nichts anderes als eine lineare Anordnung von binären Speicherelementen. Jedes speichert ein Bit, hat also einen der Werte 0 oder 1. Acht aufeinander folgende Speicherelemente bilden ein Byte und 4 aufeinander folgende Bytes bilden bei 32-Bit-Maschinen ein Wort.

Adresse	Speicherinhalt				Klartext
0	01010111	01100001	01110011	00100000	Was
4	01101001	01110011	01110100	00100000	ist
8	01001001	01101110	01100110	01101111	Info
12	01110010	01101101	01100001	01110100	rmat
16	01101001	01101011	00111111	00100000	ik?
20	00000000	00000000	00000000	01111011	123 (Zahl)
24	00000000	00000000	00000011	11101000	1000 (Zahl)
28	. . . .	. . . .	. . . .	. . . .	

Bild 8   Arbeitsspeicher, aufgeteilt in adressierbare Zellen von Bytelänge
Byte 0 – 19 enthält den ASCII-Text „Was ist Informatik?".
Byte 20 – 27 enthält die Zahlen 123 und 1000.

Die Bytes sind, von 0 anfangend, numeriert, das heißt sie tragen „Hausnummern", die tatsächlich „Adressen" heißen. Man nennt den durch eine Adresse bezeichneten Speicherbereich auch eine „Speicherzelle". Bild 8 zeigt den Anfang des Arbeitsspeichers in Zeilen zu 4 Bytes eingeteilt, in Adresse 0 bis 19 den Text „Was ist Informatik? ", in Adresse 20 bis 23 die Zahl 123 und in Adresse 24 bis 27 die Zahl 1000.

Die Anzahl der Bytes, die in einem Speicher untergebracht werden können, nennt man seine „Kapazität". Es hat sich eingebürgert, Speicherkapazitäten in Zweierpotenzen auszudrücken. 1 Kilobyte (KByte) sind deshalb nicht 1000 Byte, sondern $2^{10} = 1024$ Byte. Der Unterschied ist nicht groß und spielt oft keine Rolle. Aber er ist vorhanden und kann zu Irrtümern Anlaß geben, weil ja üblicherweise die Vorsilbe *kilo* 1000 bedeutet. Mikrocomputer haben heute Arbeitsspeicher von einigen -zig bis über hundert Megabyte (MByte), wobei 1 MByte = $2^{20} = 1048576$ Byte ist. Die Kapazität der

Arbeitsspeicher von Großrechnern kann bis in den Gigabyte-Bereich gehen (GByte = Gigabyte = $2^{30} \approx 1$ Milliarde Byte).

Wieviel sich in einem Speicher von einem Megabyte unterbringen läßt, zeigt eine kleine Rechnung. Eine Schreibmaschinenseite, anderthalbzeilig beschrieben, enthält etwa 30 Zeilen mit je 60 Zeichen, also 1800 Zeichen oder rund 2000 Zeichen. Eine Million Zeichen entspricht damit 500 Schreibmaschinenseiten, also bereits dem Manuskript eines ausgewachsenen Buches.

In die einzelnen durch fortlaufende Adressen bezeichneten Speicherzellen kann der Programmierer ein Zeichen oder acht boolesche Daten oder in vier aufeinander folgende Zellen eine Zahl schreiben und diese Daten später wieder lesen. Er kann sich hundertprozentig darauf verlassen, beim Lesen genau dasselbe Bitmuster zurückzubekommen, das er gespeichert hat. Verfälschungen infolge technischer Störungen würden sofort von den Selbstprüfungseinrichtungen des Rechners angezeigt werden.

Ein weiteres Kennzeichen der Arbeitsspeicher besteht darin, daß der Zugriff zu allen Speicherzellen gleich schnell ist, also unabhängig von der Adresse. Man nennt das „wahlfreien Zugriff" (*random access*). Die Zeit für einen Zugriff, also für das Schreiben oder Lesen einer Speicherzelle, heißt die „Zugriffszeit" des Speichers. Die Zugriffszeiten heutiger Arbeitsspeicher liegen unterhalb von 100 Nanosekunden. Diese Zeit ist so klein, daß man einen Speicher von einem Megabyte, also ein Buch von 500 Schreibmaschinenseiten, in einer zehntel Sekunde elektronisch vollständig schreiben oder lesen kann.

2.5 Befehle und Programme

Im ersten Kapitel wurde gesagt, daß neben den Daten auch Programme im Speicher abgelegt werden. Das ist folgendermaßen zu verstehen. Ein Programm besteht aus *Befehlen*, die der Rechner der Reihe nach ausführen soll. Ohne auf Einzelheiten einzugehen, die einem späteren Kapitel vorbehalten bleiben, wollen wir hier nur zeigen, wie Befehle aussehen. Sie bestehen im wesentlichen aus zwei Teilen: dem *Operations-* und dem *Adreßteil*. Der Operationsteil gibt an, welche Operation ausgeführt werden soll, der Adreßteil gibt die Speicherzelle des Operanden an, mit dem die Operation ausgeführt werden soll. Die Befehle werden in einem Teil des Rechners ausgeführt, der „Rechenwerk" heißt (siehe Kapitel 3). Typische Befehle sind etwa:

LOAD   37531   Bringe den Inhalt von Zelle 37531 ins Rechenwerk.

STORE 90026   Speichere den im Rechenwerk stehenden Wert in Zelle 90026.

ADD   47836   Addiere den Inhalt von Zelle 47836 zu dem im Rechenwerk stehenden Wert.

Interessant hieran ist im Augenblick nur, daß diese Befehle eine einfache Struktur haben. Die Operationsteile kann man als Zahlen codieren, also zum Beispiel LOAD = 1, STORE = 2, ADD = 3; dann erhält man Befehle, die aus Zahlenpaaren bestehen, für unser Beispiel

1   37531
2   90026
3   47836

Die Befehle sind meist so gebaut, daß ein Befehl in einem Maschinenwort Platz hat. Unter der vereinfachenden Annahme, daß ein Befehl nur Operations- und Adreßteil enthält (in Wirklichkeit kommen noch weitere Teile hinzu, die aber hier keine Rolle spielen), wollen wir eine Einteilung in 1 Byte für den Operations- und 3 Bytes für den Adreßteil annehmen, wie es Bild 9 zeigt. Unsere obigen drei Befehle können deshalb wie Zahlen und Texte als Binärzeichenfolgen im Arbeitsspeicher abgelegt werden.

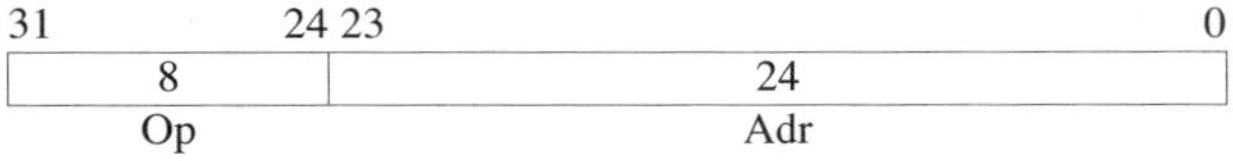

```
31            24 23                              0
┌──────────────┬─────────────────────────────────┐
│      8       │              24                  │
└──────────────┴─────────────────────────────────┘
      Op                      Adr
```

Bild 9   Vereinfachter Aufbau eines Befehls aus Operationsteil (*Op*) und Adreßteil (*Adr*)

2.6 Form und Bedeutung

Mit dem vorhergehenden Abschnitt haben wir die Behandlung der verschiedenen Strukturen binärcodierter Daten und Befehle, mit denen ein Rechner arbeitet, abgeschlossen. Am Ende dieses Kapitels wollen wir noch auf ein zentrales Phänomen der Informatik hinweisen, das sich daraus ergibt.

Wir sehen Texte, Zahlen, boolesche Größen und Befehle als verschiedene Dinge an. Texte bedeuten etwas anderes als Zahlen, Zahlen etwas anderes als Ja und Nein und Ja und Nein anderes als Befehle. Durch die Binärcodierung bekommen aber alle Daten die gleiche Form, und es ist ihnen dann nicht mehr anzusehen, was sie bedeuten. Um das auszudrücken, benutzt man für eine bloße Folge von Binärzeichen die neutrale Bezeichnung „Bitmuster".

Das Bitmuster ist eine Form und ohne jede Bedeutung an sich. Wer ein Bitmuster benutzt, muß ihm Bedeutung geben, das heißt, er muß es *interpretieren*. Wie im nächsten Kapitel gezeigt wird, interpretiert die Hardware des Rechners ein Bitmuster je nach dem Ort, an den es im Rechner gelangt, verschieden (Erläuterung in Kapitel 3). Gelangt es in das Steuerwerk, wird es als Befehl interpretiert, gelangt es in das Rechenwerk für ganze Zahlen, wird es als ganze Zahl interpretiert, gelangt es in das Rechenwerk für Gleitpunktzahlen, wird es als Gleitpunktzahl interpretiert.

Bild 10 zeigt vier verschiedene Deutungen ein und desselben Bitmusters aus 32 Bits.

01100001 01100010 01100011 01100100	Bitmuster
abcd	Folge von ASCII-Zeichen
1 633 837 924	Ganze Zahl
$0.7608150709... \cdot 2^{-30}$	Gleitpunktzahl
MUL 6447972	Befehl

Bild 10   Ein Bitmuster und seine Deutungen

Die Tatsache, daß Bitmuster sozusagen reine Formen ohne eine ihnen innewohnende Bedeutung sind, hat weitreichende Konsequenzen.

1 Der Programmierer muß dafür sorgen, daß der Rechner die Eingabedaten richtig, das
   heißt in dem vom Programmierer beabsichtigten Sinn interpretiert. Wenn er dem
   Rechner den Befehl erteilt, den Inhalt zweier Maschinenwörter zu addieren, muß er
   sicher sein, daß die Bitmuster dieser beiden Maschinenwörter auch tatsächlich ganze
   Zahlen bedeuten und nicht etwa Zeichenketten oder Befehle. Der Rechner merkt das
   nicht von selbst. Er führt nur Operationen mit Bitmustern aus. Das ist ein häufiger
   Anlaß zu Programmierfehlern.

2 Der Programmierer hat die Möglichkeit, ein Bitmuster umzudeuten, zum Beispiel
   indem er ein ASCII-Zeichen als Zahl zwischen 0 und 255 auffaßt. Das kann nützlich
   aber auch schwer durchschaubar sein. Interessant ist, daß man auf derartige Umdeu-
   tungen nicht ganz verzichten kann.

3 Der Programmierer kann sogar einen Befehl als Zahl oder Zeichenkette und eine
   Zahl oder Zeichenkette als Befehl interpretieren. Diese Aussage bedeutet nichts
   anderes als die formale Gleichheit von Daten und Algorithmen. Ein Programm ist ja
   nichts anderes als ein Algorithmus in computergerechter Form. Es besteht aus Befehlen, und die Befehle bestehen aus Bitmustern. Man kann deshalb Programme als
   Daten und Daten als Programme interpretieren. Es heißt ferner, daß man Programme
   mit dem Rechner so verarbeiten kann, als ob sie Daten wären, und da diese Verarbeitung mit einem Programm geschieht, heißt das, daß man Programme mit Programmen verarbeiten kann.

Die Informatik ist dadurch eine Wissenschaft, die ihre eigenen Arbeitsmittel zu ihrem
Untersuchungsgegenstand machen kann. Ihre Arbeitsmittel sind Algorithmen, und ihr
Untersuchungsgegenstand sind ebenfalls Algorithmen. Sie kann also mit Algorithmen
Algorithmen untersuchen, vorhandene Algorithmen in andere Formen transformieren
und sogar neue Algorithmen automatisch erzeugen. Die von einem Algorithmus erzeugten Daten oder Algorithmen gehören meist zu einer höheren oder niedrigeren Abstraktionsstufe als der sie erzeugende Algorithmus. Die Folge davon ist, daß es in der Informatik eine stufenweise Existenz von Daten und Algorithmen gibt, vom Bitmuster angefangen zu immer abstrakteren Darstellungen hin aufsteigend.

Diese Eigenschaft der Informatik ist einzigartig, es ist eine *Selbstbezüglichkeit*, wie es
sie in anderen Wissenschaften nicht gibt. Sie besagt, daß die Objekte, die man untersucht (in der Informatik die Daten), und die Untersuchungsmethoden, die man auf die
Objekte anwendet (in der Informatik die Algorithmen), *strukturgleich* sind, so daß man
sie *ineinander umdeuten* und sie *auf sich selbst anwenden* kann.In der Physik würde
Selbstbezüglichkeit bedeuten, daß die Experimente, mit denen man die Natur der Elektrizität zu verstehen versucht, selbst aus Elektrizität bestehen können; in der Technik
würde sie bedeuten, daß der Bau von Radiogeräten von Radiogeräten selbst ausgeführt
werden kann. Eine Ähnlichkeit ließe sich höchstens in der Vorstellung finden, daß Roboter vielleicht Roboter bauen könnten.

Nur in der Mathematik gibt es Vergleichbares. Hier sind zwar die Objekte, die man
untersucht (Zahlen, Variablen, Funktionen), und die Aussagen, die man über die Objekte
macht (Sätze und Beweise), normalerweise etwas ganz Verschiedenes. Aber man kann
Aussagen durch Zahlen ersetzen (sog. *Gödelisierung*), so daß auch hier eine Umdeutung
und Selbstanwendung möglich ist. In der *Metamathematik* wird mit den Mitteln der

Mathematik und in der Sprache der Mathematik die Mathematik selbst untersucht. Aber hier handelt es sich im wesentlichen nur um zwei Stufen, die durch ihre verschiedenen Namen deutlich unterschieden sind. In der Informatik dagegen ist die Anzahl der Stufen offen und das Umdeuten zwischen ihnen ständige Praxis.

3

Technische Informatik I

(Der von-Neumann-Rechner)

Dieses Kapitel behandelt die Frage, wie ein Computer „eigentlich funktioniert". Das ist schwierig und einfach zugleich. Schwierig, weil er aus tausenden, ja hunderttausenden von elektronischen Bauelementen besteht, die in komplizierter Weise zusammenwirken; einfach, weil sich die in ihm abspielenden Vorgänge im Prinzip nicht viel von der Tätigkeit unterscheiden, die ein Mensch ausübt, wenn er Berechnungen mit Papier und Bleistift durchführt. Schwierig auch deshalb, weil die Bauelemente, aus denen der Computer besteht, unvorstellbar schnell arbeiten, mikroskopisch klein und in ihrer physikalischen Wirkungsweise nicht leicht zu verstehen sind. Einfach wiederum, wenn man davon absieht, die physikalische Wirkungsweise der Bauelemente verstehen zu wollen und sich stattdessen mit vereinfachten Modellen zufrieden gibt (was übrigens die meisten Informatiker auch tun). Eine solche Vereinfachung ist sogar gerechtfertigt, weil die heute benutzten Bauelemente nur *eine* Verwirklichung der Funktionsweise von Computern unter mehreren möglichen darstellen. Das Wesentliche, worauf es für das Verständnis ankommt, ist die Erkenntnis, daß die Funktionsweise auf Ein-Aus-Schaltern und logischen Verknüpfungen boolescher Werte beruht. Ob die Schalter Relais, Elektronenröhren, Transistoren oder sogar pneumatische Elemente, die Speicher Ferritkerne, Halbleiter oder etwas anderes sind, ist dabei zweitrangig.

Dennoch enthält dieses Kapitel Einzelheiten, die vielleicht nicht jeder Leser versteht. Er möge dann zu Kapitel 5 übergehen und die Kapitel 3 und 4 später noch einmal studieren.

Wir werden im ersten Abschnitt ein stark vereinfachtes Gesamtbild vom Aufbau eines Computers geben und danach auf die Funktion seiner Schaltungen und auf seine einzelnen Bestandteile näher eingehen.

3.1 Prinzipieller Aufbau eines Computers

Man kann den Aufbau eines Computers mit dem Arbeitsplatz eines Menschen, der mit einem Taschenrechner arbeitet, vergleichen. Dieser Arbeitsplatz besteht aus dem Taschenrechner selbst, der zwar rechnet, aber immer nur *eine* Rechenoperation ausführt; dem Schreibblock des Menschen, in dem er den Gang der Rechnung (das Programm), die gegebenen Größen, Zwischenergebnisse und Resultate (die Daten) aufzeichnet und dem Menschen selbst, der den ganzen Ablauf steuert. Denkt man sich noch einen Eingangskorb hinzu, in dem die Aufgaben angeliefert werden und einen Ausgangskorb, in dem die Lösungen abgeholt werden, hat man eine vollständige Entsprechung zum Aufbau eines Computers.

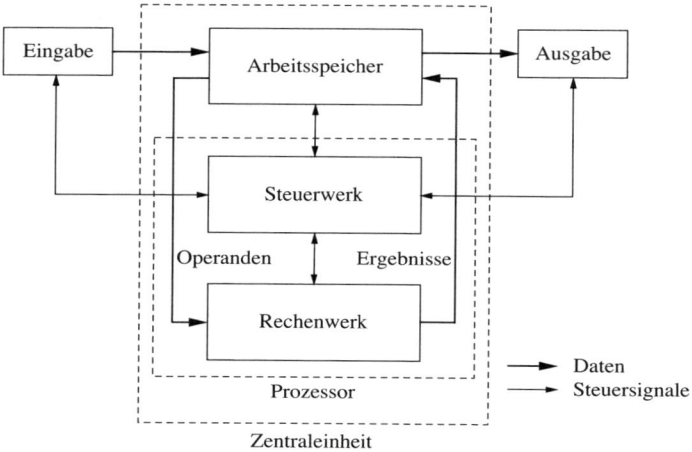

Bild 1   Bestandteile eines Computers

Bild 1 zeigt seine Bestandteile. Das *Rechenwerk* entspricht dem Taschenrechner und ist in gewisser Weise der wichtigste Teil des Rechners, denn in ihm werden alle Rechenoperationen ausgeführt. Es steht mit dem *Arbeitsspeicher* in Verbindung, holt sich die Operanden von dort, verknüpft sie und legt die Ergebnisse wieder im Arbeitsspeicher ab. Der Arbeitsspeicher entspricht dem Schreibblock und dient zur Aufbewahrung des Programms und der Daten. Die Daten nimmt der Arbeitsspeicher vor der Rechnung von den Eingabegeräten auf und gibt sie nach Rechnungsende an die Ausgabegeräte ab. Die *Ein-* und *Ausgabegeräte* sind mit Ein- und Ausgangskorb vergleichbar. Sie liefern die Daten an und geben sie aus; sie übersetzen sie auch in die binäre Darstellung im Rechner und umgekehrt. Sie haben von allen Teilen am wenigsten mit den inneren Abläufen zu tun und werden deshalb „periphere Geräte" genannt. Man zählt auch Speicher zur Aufnahme großer Datenmengen, wie Diskettenspeicher, Magnetplattenspeicher und Magnetbandspeicher zu den peripheren Geräten und nennt sie gemeinsam *Extern-* oder *Sekundärspeicher*. Das *Steuerwerk* schließlich ist das Abbild des Menschen, der alle an der Rechnung beteiligten Geräte bedient. Es holt sich das Programm Befehl für Befehl aus dem Arbeitsspeicher und führt die Befehle aus, indem es den Arbeitsspeicher veranlaßt, die jeweils erforderlichen Operanden dem Rechenwerk zuzuführen, das Rechenwerk anstößt, eine bestimmte Operation auszuführen und anschließend das Ergebnis in den Arbeitsspeicher bringt.

Rechenwerk und Steuerwerk hängen in ihrem technischen Aufbau besonders eng zusammen. Man nennt sie deshalb gemeinsam den „Prozessor". Der Arbeitsspeicher ist mit dem Prozessor eng verbunden. Deshalb bezeichnet man den Prozessor und den Arbeitsspeicher zusammen als „Zentraleinheit" (*CPU = central processing unit*). So gesehen, enthält jeder Rechner mindestens die Komponenten:

- Prozessor (zum Ausführen von Befehlen),
- Arbeitsspeicher (zum Speichern von Programmen und Daten),
- periphere Geräte (zur Ein-Ausgabe und zum dauerhaften Speichern von großen Datenmengen und von Programmen).

Bild 2 zeigt eine realistischere, aber weniger anschauliche Darstellung desselben Sachverhalts. Hier verbindet eine zentrale Leitung, ein *Bus*, alle Bestandteile miteinander. Man hat ihn sich als eine Sammelschiene vorzustellen, an die alle Werke angeschlossen sind. Er ermöglicht es, daß mit ein und demselben Leitungsbündel zu einem Zeitpunkt Daten vom Speicher ins Rechenwerk übertragen werden, zu einem anderen Daten vom Eingabegerät in den Speicher und so weiter. Besondere Vorrichtungen sorgen dafür, daß zu jedem Zeitpunkt nur *ein* Sender und *ein* Empfänger aktiv sind. Busse sparen damit Leitungen ein und bilden so etwas wie den zentralen Nervenstrang eines Rechners.

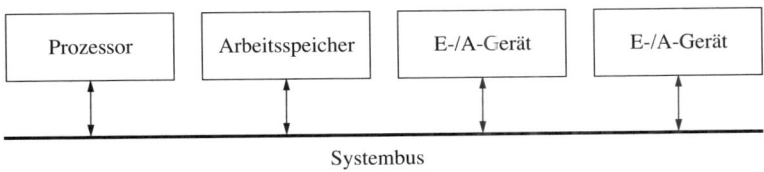

Systembus

Bild 2   Bestandteile eines Rechners mit Bus

Soviel zum strukturellen Aufbau eines Rechners. Wie ein Rechner *wirklich* aussieht, wie er sich dem Betrachter präsentiert, weiß jeder. Dennoch ist in Bild 3 ein typischer Mikrocomputer (kein Modell einer bestimmten Firma) dargestellt. Er besteht aus einem Gehäuse, das den Prozessor, den Arbeitsspeicher, einen Plattenspeicher zur Aufnahme großer Datenmengen, ein oder mehrere Externspeicherlaufwerke für Disketten und CDs und die Stromversorgung enthält, einem auf dem Gehäuse oder getrennt von ihm stehenden, drehbar gelagerten *Bildschirm*, einer *Tastatur* und einer *Maus* (Erläuterung weiter unten). Weitere Ein-Ausgabe-Geräte sind über Stecker anschließbar. Das wichtigste davon ist ein *Drucker* zur Ausgabe von Daten und Programmen. Über Stecker lassen sich auch Verbindungen zu anderen Computern und zum Telefonnetz herstellen. Prozessor und Arbeitsspeicher bestehen aus hochintegrierten Schaltkreisen; der Benutzer kommt mit ihnen nicht in Berührung. Die Tastatur ist das Eingabegerät des Benutzers.

Mit ihr gibt er Daten und Programme in den Rechner ein. Der Bildschirm ist das wichtigste Ausgabegerät für den Benutzer. Auf ihm erscheint alles, was der Benutzer über die Tastatur eingibt und auch alles, was ein laufendes Programm über den Bildschirm ausgibt. Die Maus ist ein weiteres Eingabegerät, das dazu dient, auf eine Stelle des Bildschirms zu zeigen. In Aktentaschencomputern (sog. *laptops* = auf dem Schoß) werden statt ihrer andere Bedienelemente (Rollkugeln, berührungsempfindliche Schaltflächen) benutzt.

Bild 3   Ansicht eines Mikrocomputers

Tastatur, Maus und Bildschirm bilden die Verbindung zwischen Rechner und Mensch, über sie läuft die Mensch-Maschine-Kommunikation, auf deren große Bedeutung wir aber erst in Kapitel 9 eingehen. Der Schlitz im Gehäuse dient zum Einführen einer Diskette, die man als leicht transportierbaren Programm- und Datenspeicher benutzt, um Daten von einem zum anderen Rechner zu übertragen oder um sie aufzuheben. Auf Disketten- und Plattenspeicher kommen wir später noch zu sprechen.

Ein Mikrocomputer hat keine Knöpfe zum Starten oder Anhalten von Programmen, nur einen Ein- und Ausschalter. Nach dem Einschalten lädt er selbständig ein Programm, das *Betriebssystem*, in den Arbeitsspeicher, zeigt auf dem Bildschirm an, daß er arbeitsbereit ist, und wartet auf die erste Eingabe des Benutzers. Alle übrige Bedienung, insbesondere das Starten von Programmen, spielt sich dann nur über Tastatur, Maus und Bildschirm ab.

Damit ist der Rechner von außen durch sein Erscheinungsbild und seine Bestandteile beschrieben. Wir machen nun einen großen Sprung in sein Inneres, und zwar zum elektrischen Aufbau seiner Schaltkreise.

3.2 Schaltkreise

Binäre Signale und Taktsteuerung. Alle Daten, die zwischen den einzelnen Teilen eines Rechners transportiert werden, sind durch binäre elektrische Spannungen darge-

stellt. Typische Spannungswerte sind 0 V (Masse) für die binäre 0 und 5 V für die binäre
1. Der zeitliche Verlauf der Spannung auf einer Leitung bewegt sich deshalb immer
sprunghaft zwischen diesen zwei Zuständen hin und her, 0 V und 5 V, 0 und 1, *niedrig*
und *hoch* (*low* und *high*), wie es Bild 4 für zwei Signale zeigt.

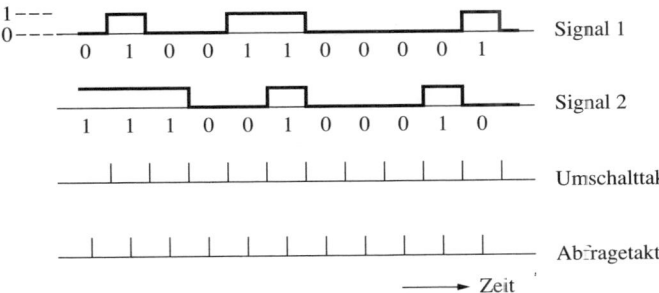

Bild 4   Signalverläufe und Taktsteuerung

Wir zeichnen solche zeitlichen Verläufe als Rechteckkurven, obwohl ein Blick durch die
Lupe (Bild 5) zeigt, daß die Übergänge zwischen den Zuständen 0 und 1 nicht abrupt
stattfinden, was aus physikalischen Gründen auch nicht möglich wäre. Es kommt deshalb darauf an, die Leitung zu einem Zeitpunkt abzufragen, in dem sie sich nicht im
Übergang befindet, sondern mit Sicherheit 0 oder 1 ist. Aus diesem Grund wird der
gesamte Rechner durch *Taktimpulse* gesteuert, das sind sehr kurze, ständig gleichmäßig
wiederholte Uhr-Impulse, die die Umschalt- und Abfrage-Zeitpunkte aller anderen
Signale bestimmen.

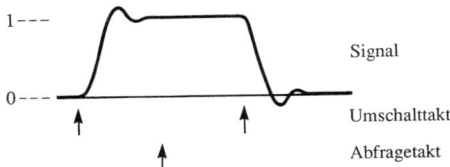

Bild 5   Übergangsverhalten von Rechtecksignalen

Man braucht zwei Takte, den *Umschalt-* und den *Abfragetakt*. Der Umschalttakt bewirkt
das Umschalten der Signale, deshalb findet das Umschalten, wie Bild 4 zeigt, gleichzeitig (oder fast gleichzeitig) mit dem Umschalttaktimpuls statt. Der Abfragetaktimpuls
tritt immer in der Mitte zwischen zwei Umschalttaktimpulsen auf. Zu diesem Zeitpunkt
kann man sicher sein, daß die Signale, die ihren Zustand beim letzten Umschalttaktimpuls verändert haben, inzwischen auf ihren Endwerten 0 oder 1 angekommen sind. In
ihm können deshalb alle Leitungen auf ihren Zustand abgefragt werden.

Es mag dem Leser vorkommen, als sei die Steuerung aller Vorgänge im Rechner durch diese beiden Takte ein nebensächliches Detail. Sie ist jedoch von zentraler Bedeutung, denn sie erlaubt es, von den Übergängen der Signale zwischen den Abfragetaktimpulsen zu abstrahieren und den Rechner immer nur in den Zeitpunkten zu betrachten, die durch den Abfragetaktimpuls bestimmt sind. Sie zeigt ferner, daß im Rechner alle Vorgänge *synchron* ablaufen. So wie ein Film mit 20 Bildern pro Sekunde ruckartig transportiert wird, verändern sich auch die Spannungen, die die Daten im Rechner repräsentieren, ruckartig zwischen den Impulsen des Abfragetaktes.

Das hat zur Folge, daß in der gesamten Rechnertechnik von einer bestimmten Abstraktionsebene an aufwärts alle Vorgänge nicht als kontinuierliche Funktionen der Zeit, $x(t)$, betrachtet werden, sondern als diskrete Folge $x_0, x_1, x_2, \dots$ von Werten zu den Zeitpunkten $0, 1, 2, \dots$. Welche Abstände diese Zeitpunkte haben, ob die Abstände gleich oder verschieden sind und was „zwischen" ihnen geschieht, ist irrelevant und bleibt von der Betrachtung ausgeschlossen.

Diese „Diskretisierung" der Zeit haben wir schon in Kapitel 2 bei der Darstellung stetig veränderlicher Funktionsverläufe kennengelernt. Dort war sie zur digitalen Datendarstellung erforderlich, hier koordiniert sie die Schaltvorgänge. Die Diskretisierung der Zeit hat eine wichtige Folge für die mathematische Beschreibung. In der Physik werden die Naturgesetze durch Differentialgleichungen ausgedrückt, die es gestatten, kontinuierliche Funktionen der Zeit zu beschreiben. In der Informatik spielt dieser Teil der Mathematik, die Analysis, keine bedeutende Rolle. An seine Stelle tritt die sogenannte *diskrete* Mathematik, die sich mit den Gesetzmäßigkeiten von zeitdiskreten Ereignissen und wertdiskreten Objekten befaßt. Weil dabei die Anzahl der Ereignisse und Objekte immer endlich ist, nennt man die diskrete auch *finite* Mathematik.

Wird der in Bild 4 eingezeichnete Abstand der Taktimpulse zu 4 Nanosekunden angenommen (eine Nanosekunde = eine Milliardstel Sekunde), entspricht das einer Taktfrequenz von 250 Megahertz, wie sie in Mikroprozessoren üblich ist und bereits vielfach überschritten wird (zum Beispiel mit einer Taktfrequenz von 1000 Megahertz).[1] Man versuche, sich klar zu machen, was das bedeutet. Es bedeutet, daß es in einer Sekunde 250 Millionen Taktimpulse gibt und daß sich von Taktimpuls zu Taktimpuls eine Zustandsänderung, ein Vorgang, im Rechner abspielt. Vorstellen kann man sich diese Zeitverhältnisse nicht, aber veranschaulichen kann man sie. Hierzu zwei Vorschläge.

Wenn man die Zeit gedanklich so dehnt, daß die 4 Nanosekunden einer Sekunde entsprechen, dann entsprechen die 250 Millionen Takte in einer Sekunde 2890 Tagen. Was sich in einem Rechner in einer Sekunde abspielt, würde also, wenn man Tag und Nacht in jeder Sekunde einen Schritt ausführte, mehr als siebeneinhalb Jahre dauern. Die zweite Veranschaulichung ergibt sich, wenn man sich fragt, welchen Weg wohl ein schnelles Fahrzeug in 4 Nanosekunden zurücklegen mag. Es ergibt sich für ein Auto mit einer Geschwindigkeit von 130 km/h eine Strecke von 0.14 tausendstel Millimeter und für ein Überschallflugzeug mit einer Geschwindigkeit von 1 300 km/h nur eine Strecke von 1.4 tausendstel Millimeter. Anders gerechnet: in der Zeit, in der das Überschallflugzeug einen Meter zurücklegt, laufen im Rechner rund 700 000 Takte ab. Und schließlich: das Schnellste, was wir kennen, das Licht, legt in einer Nanosekunde nur 30 cm, also in

4 Nanosekunden 1.2 Meter zurück. Der österreichische Informatikpionier Zemanek hat deshalb die Beziehung 1 Nanosekunde = 1 Lichtfuß aufgestellt.

Eine vollständige Rechenoperation, wie zum Beispiel die Addition zweier Zahlen, spielt sich je nach Art des Prozessors in einem Takt oder in einigen wenigen Takten ab; in jedem Fall bleibt diese Zeit schon bei den einfachsten Mikrocomputern unter 100 Nanosekunden.

Elektronische Schalter. Unsere nächste Frage lautet: wie *erzeugt* man rechteckförmige (oder nahezu rechteckförmige) Spannungsverläufe? Die Antwort ist frappierend einfach: durch Schalter. Bild 6 zeigt links einen einfachen elektrischen Stromkreis aus einem Schalter und einem Widerstand, rechts die Spannung u am Widerstand bei offenem und geschlossenem Schalter. Ist der Schalter offen, fließt kein Strom, und die Spannung u am Widerstand ist dementsprechend 0. Wird der Schalter geschlossen, liegt die gesamte Speisespannung U_0 am Widerstand, und es ist deshalb $u = U_0$. Denkt man sich das Schließen und Öffnen des Kontaktes zeitlos, was für einen elektronischen Schalter nahezu gilt, so ergeben sich, wie Bild 6 rechts zeigt, die zeitlosen Übergänge der Rechteckkurve.

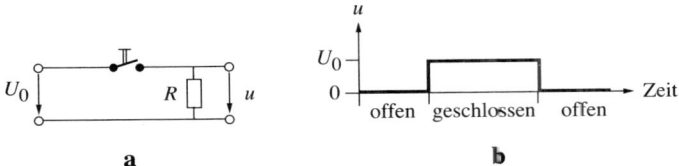

      a   **b**

Bild 6   Rechteckkurven werden von Schaltern erzeugt.
          a Elektrischer Schaltkreis mit Kontakt und Widerstand.
          b Spannungsverlauf am Widerstand bei offenem und geschlossenem Kontakt.

Unabhängig von seinem physikalischen Aufbau kann man einen Schalter als Element definieren, das nur zwei Zustände, „ein" – „aus" oder „offen" – „geschlossen" annehmen kann. Von einem Schalter werden zwei Eigenschaften gefordert: möglichst großer Widerstand im offenen Zustand (im Idealfall unendlich); möglichst kleiner Widerstand im geschlossenen Zustand (im Idealfall Null). Alle Signale im Rechner werden tatsächlich von Schaltern erzeugt. Während es bei Zuse in den vierziger Jahren mechanische Schalter in Form von Relaiskontakten waren, sind es heute elektronische Schalter aus Halbleitern, vor allem in Form von Transistoren.

Genaueres Eingehen auf die Funktionsweise von Halbleitern würde Kenntnisse der Elektronik und Festkörperphysik voraussetzen. Wir müssen uns deshalb hier mit einigen allgemeinen Erklärungen begnügen, die aber für ein prinzipielles Verständnis ausreichen. Ganz grob gesprochen, wird bei den Halbleitern der physikalische Effekt ausgenutzt, daß einige Materialien, wie Silizium, wenn sie wohldosierte Verunreinigungen enthalten, den elektrischen Strom nur in einer Richtung leiten.

Der Transistor ist ein Dreipol, das heißt, er hat drei „Klemmen", die je nach der Art des Transistors verschiedene Namen haben. Bei den sogenannten *bipolaren Transistoren* heißen sie *Basis*, *Emitter* und *Kollektor*, bei den sogenannten *MOS-Transistoren* (MOS = metal oxide semiconductor) heißen sie *Gate*, *Source* und *Drain*. Bild 7 zeigt Symbole für beide Transistorarten. Wir verwenden hier nur Schaltungen mit MOS-Transistoren, weil sie einfacher sind. Die Strecke Source-Drain stellt einen Widerstand dar, dessen Größe durch die Spannung am Gate verändert werden kann. Wenn die Spannung zwischen Gate und Source Null ist, ist der Widerstand der Source-Drain-Strecke (fast) unendlich groß; wenn sie gleich der Spannung des Drains ist, ist der Widerstand der Source-Drain-Strecke (fast) Null. Damit ist der Transistor ein Schalter, der durch die Spannung am Gate geöffnet oder geschlossen werden kann.

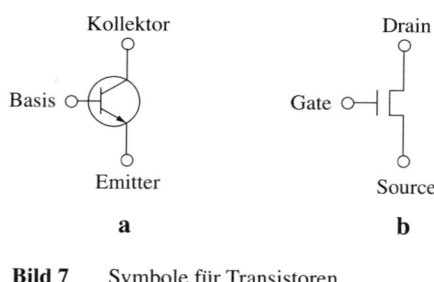

Bild 7   Symbole für Transistoren
      a   bipolarer Transistor
      b   MOS-Transistor

Bild 8 zeigt einen MOS-Transistor als Schalter in einem Stromkreis. Da in Bild 8a die am Gate liegende Spannung positiv ist, leitet der Transistor, das heißt, er verhält sich wie ein geschlossener Schalter, an dem keine Spannung abfällt. In Bild 8b liegt am Gate keine Spannung, und der Transistor sperrt, das heißt, er verhält sich wie ein offener Schalter. In beiden Fällen wirkt die Gesamtschaltung als *Inverter* (Signalumkehrer) und Verstärker. Als Inverter, weil sie beim Eingangssignal 1 das Ausgangssignal 0 und beim Eingangssignal 0 das Ausgangssignal 1 liefert; als Verstärker, weil eine kleine Eingangsspannung ausreicht, um einen großen Strom im Ausgangskreis zu schalten.

Bei der Technik der integrierten Schaltkreise werden Transistoren, Widerstände und die Verbindungsleitungen zwischen ihnen nicht mehr als getrennte Bauelemente gefertigt, sondern über hochkomplizierte Herstellungsprozesse zu Tausenden und sogar Millionen auf einem Halbleiterplättchen von wenigen Quadratmillimetern Fläche, dem *Chip*, durch Diffusionsvorgänge untrennbar vereinigt.[2]

So interessant die einzelnen Halbleiterbauelemente auch sind, haben die meisten Informatiker heute wenig mit ihnen zu tun, weil die Bauelementefirmen bereits vollständige Rechenwerke und sogar vollständige Prozessoren, die *Mikroprozessoren*, auf einem Chip zur Verfügung stellen. Dazu kommen noch Chips mit Speichern und Chips mit Hilfsfunktionen (zum Beispiel für die Ein- und Ausgabe), so daß die Informatiker sich darauf konzentrieren können, die Chips zu immer neuen Anwendungen zusammenzusetzen und die Mikroprozessoren zu programmieren. Die Schaltkreise spielen deshalb eine immer kleinere Rolle in der Informatik, obwohl die ganze Rechnertechnik auf ihnen beruht.

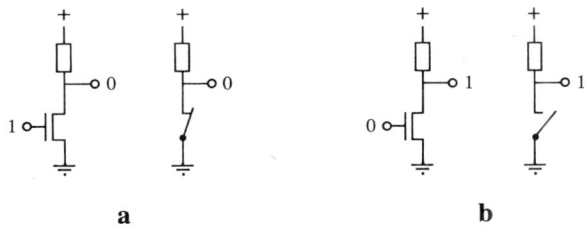

Bild 8   Zur Wirkung von Transistoren
      a   Transistor durch positive Gate-Spannung in Durchlaßrichtung gepolt = Schalter
         geschlossen.
      b   Transistor durch Gate-Spannung 0 in Sperrichtung gepolt = Schalter offen.

3.3 Schaltnetze und Schaltwerke

Wir verlassen nun die Ebene der Schaltkreise und der Elektronik (mit dem unangeneh-men Gefühl, beim Leser viele Fragen darüber zurückzulassen) und wenden uns der nächsthöheren Abstraktionsebene zu. In ihr setzen wir die Existenz elektronischer Schalter voraus und fragen, welche Wirkungen sich mit ihnen erzielen lassen, was schließlich zum Verständnis der Wirkungsweise des Rechners führen soll. Man unter-scheidet dabei zwei Arten von Schaltungen: solche ohne Speicherverhalten (*Schalt-netze*) und solche mit Speicherverhalten (*Schaltwerke*).

Schaltnetze. Grundlegend hierfür sind die sogenannten *Verknüpfungsschaltungen* oder *Gatter* (*gate* = Tor, Pforte, Sperre). Sie verknüpfen zwei binäre Signale und erzeugen damit ein neues binäres Signal. Es genügen drei Arten von Gattern, um auch die kom-pliziertesten Verknüpfungen aufzubauen: das *Nicht-Gatter*, das *Und-Gatter* und das *Oder-Gatter*. Bild 9 zeigt Schalterkombinationen und Symbole für Gatter.[3]

Das Nicht-Gatter (*Negation*) liefert das Ausgangssignal $A = 1$, wenn sein Eingang $E = 0$ ist, und das Ausgangssignal $A = 0$, wenn sein Eingang $E = 1$ ist. Obwohl es eigentlich keine Verknüpfung zweier Signale ist, rechnet man es zu den Verknüpfungsschaltungen. Das Und-Gatter (*Konjunktion*) liefert das Ausgangssignal $A = 1$, wenn sein Eingang $E_1 = 1$ *und* sein Eingang $E_2 = 1$ ist (das heißt, wenn *beide* 1 sind). Das Oder-Gatter (*Dis-junktion*) liefert das Ausgangssignal $A = 1$, wenn sein Eingang $E_1 = 1$ *oder* sein Eingang $E_2 = 1$ ist (das heißt, wenn *mindestens einer von beiden* 1 ist).

In Bild 9c ist die Wirkungsweise der Gatter durch eine Tabelle beschrieben. Jede Zeile gibt an, welcher Ausgang sich für eine der möglichen Kombinationen von Eingangs-signalen ergibt. Die Gatter üben Funktionen aus, die man *logische* oder *boolesche* Funk-tionen nennt. Eine Feststellung, wie der Satz

    „Wenn die Sonne scheint *und* es warm ist, *oder* wenn ich müde bin
    und nicht schlafen kann, gehe ich spazieren"   (1)

ist eine logische Aussage, die wahr oder falsch sein kann. Sie setzt sich aus den einfa-cheren Aussagen „die Sonne scheint", „es ist warm", „ich bin müde", „ich kann schla-fen", „ich gehe spazieren" zusammen, die, jede für sich, ebenfalls wahr oder falsch sein können. Die Art dieser Zusammensetzung läßt sich durch eine Gatterkombination beschreiben, wie sie Bild 10 zeigt. Man nennt die Zusammensetzungen von Gattern deshalb auch *logische Schaltungen* oder *Logikschaltungen*.

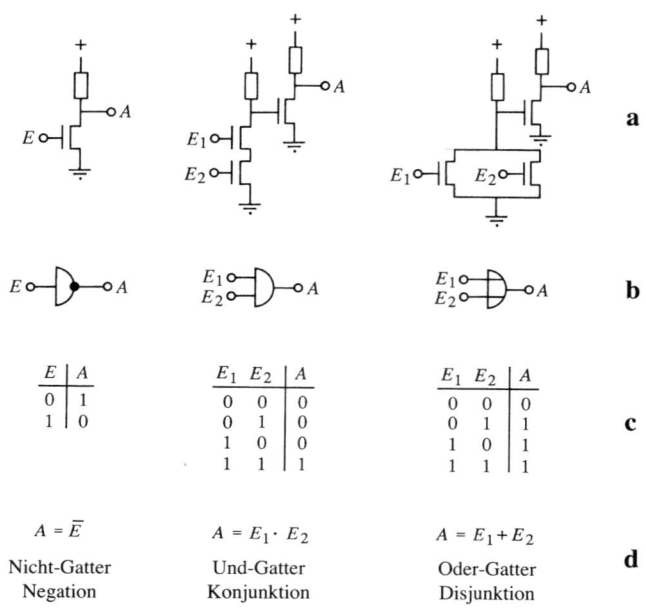

Bild 9   Wirkung und Symbole der wichtigsten Gatter
   a   Schaltung mit MOS-Transistoren
   b   Symbol
   c   Wertetabelle
   d   Namen und Beschreibung durch boolesche Ausdrücke

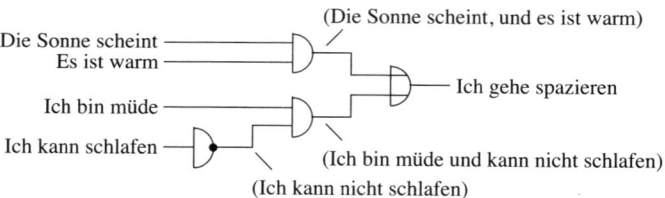

Bild 10   Grafische Darstellung einer logischen Verknüpfung durch Gattersymbole

Die grafische Darstellung einer logischen Verknüpfung durch Gattersymbole abstrahiert zwar vom technischen Aufbau der Schaltkreise, sie suggeriert aber immer noch Schaltelemente, die miteinander verbunden sind. Eine noch abstraktere Darstellung bilden die *booleschen Gleichungen*. Sie sind wie Gleichungen der Mathematik gebaut; die beteiligten Aussagen werden durch Variablen dargestellt und die logischen Verknüpfungen durch besondere Symbole. Wie Bild 9d zeigt, wird die Negation durch Überstreichung gekennzeichnet, die Konjunktion durch einen Punkt (wie die Multiplikation) und die Disjunktion durch ein Pluszeichen (wie die Addition).

Wenn man die gegebenen Aussagen durch die Variablen a, b, c, d so bezeichnet:

a = die Sonne scheint

b = es ist warm

c = ich bin müde

d = ich kann schlafen

und das Ergebnis der Aussage mit x, kann man den Satz (1) so schreiben:

$$x = (a \cdot b) + (c \cdot \bar{d})$$

Die Mehrdeutigkeit der Operatoren Punkt und Plus beschränkt ihre Verwendung in booleschen Gleichungen auf Gebiete, in denen boolesche und arithmetische Operationen nicht gemischt auftreten.[4]

Charakteristisch für Verknüpfungsschaltungen ist es, daß sie kein Speicherverhalten aufweisen. Das heißt, ihr momentanes Ausgangssignal ist gleich der logischen Verknüpfung der momentan anliegenden Eingangssignale. Ändern sich die Eingangssignale, so ändern sich auch die Ausgangssignale; ändern sich die Eingangssignale nicht, ändern sich auch die Ausgangssignale nicht. Solche Schaltungen faßt man, um sie von speichernden Schaltungen zu unterscheiden, unter dem Begriff *Schaltnetze* zusammen. Wir können definieren: Ein Schaltnetz ist eine Zusammensetzung von Verknüpfungsschaltungen ohne Speicherverhalten.[5]

Schaltwerke. Neben den Schaltnetzen braucht man auch Schaltungen mit *Speicherverhalten*. Bei ihnen hängt das Ausgangssignal nicht nur vom augenblicklichen Eingangssignal ab, sondern außerdem noch vom *Zustand* der Schaltung. Es ist charakteristisch für Speicherschaltungen, daß sie sich in verschiedenen Zuständen befinden können. Ein Eingangssignal ändert den Zustand der Schaltung, und die Schaltung behält den neuen Zustand solange bei, bis er durch ein neues Eingangssignal wieder geändert wird. Man kann sich den Unterschied zu einem Schaltnetz leicht an einem Getränkeautomaten klarmachen, bei dem man ein Glas unter den Auslauf stellt, einen Knopf drückt und das Glas daraufhin gefüllt wird. Zwei Ausführungen gibt es. Bei der einen muß man so lange auf den Knopf drücken, wie die Limonade laufen soll; läßt man ihn los, hört die Flüssigkeitszufuhr auf. Bei der anderen drückt man den Knopf nur kurz, und die Limonade läuft so lange, bis das Glas voll ist. Die zweite Ausführung hat Speicherverhalten: sie speichert den Knopfdruck, bis das Glas voll ist. Sie hat zwei Zustände: „Limonade läuft" und „Limonade läuft nicht". Ähnliche Paare von speichernden und nichtspeichernden „Schaltungen" begegnen uns immerzu im täglichen Leben. Beispiele sind: die Lichthupe (ohne Speicherverhalten) und die Fernlicht/Abblendlicht-Umschaltung (mit Speicherverhalten); die Tür, die sich feststellen oder nicht feststellen läßt.

Das einfachste Speicherelement hat nur zwei Zustände und kann dadurch gerade 1 Bit speichern. Viele physikalische Erscheinungen lassen sich zur Speicherung eines Bits ausnutzen: mechanische Klinken, magnetische Wirkungen und elektronische Rückkopplungsschaltungen. Hauptvertreter ist eine rückgekoppelte Gatterschaltung aus zwei Oder-Nicht-Verknüpfungen, wie sie in Bild 11 entwickelt wird.

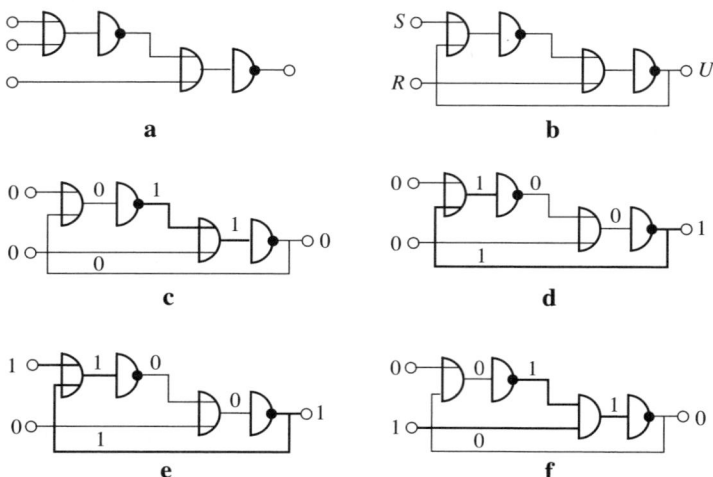

Bild 11   Elektronischer 1-Bit-Speicher (ungetaktetes Flipflop)
      a   Zwei Oder-Nicht-Verknüpfungen
      b   Rückkopplung macht die Schaltung zu einem Speicher
      c   Stabiler Zustand $U = 0$
      d   Stabiler Zustand $U = 1$
      e   Setzen des Speichers
      f   Rücksetzen des Speichers

In Bild 11a sind zwei Oder- und Nicht-Verknüpfungen hintereinandergeschaltet. Das ist
ein Schaltnetz ohne Speicherverhalten. Wenn man jedoch wie in Bild 11b den Ausgang
mit einem der Eingänge des ersten Oder verbindet, entsteht eine Rückkopplung, die die
Schaltung zu einem Speicher macht. Wenn die Eingänge S und R beide 0 sind, kann sich
die Schaltung in zwei Zuständen befinden: der Ausgang U kann 0 oder er kann 1 sein.
Beide Zustände sind stabil, das heißt, es gibt kein Hin- und Herschalten zwischen 0 und
1. Der Grund dafür ist die Rückkopplung: eine 0 am Ausgang „hält sich" über die Rückkopplung (Bild 11c), und eine 1 am Ausgang hält sich ebenfalls über die Rückkopplung
(Bild 11d). Wenn man den Eingang S auf 1 setzt (und R auf 0 läßt), wird der Ausgang in
den Zustand 1 gezwungen, wie Bild 11e zeigt; und er bleibt in diesem Zustand, auch
wenn S wieder zu 0 geworden ist. Wenn man dagegen den Eingang R auf 1 setzt (und S
auf 0 beläßt), wird der Ausgang in den Zustand 0 gezwungen, wie Bild 11f zeigt; und er
bleibt in diesem Zustand, auch wenn R wieder zu 0 geworden ist. Das heißt, der Eingang
S (= Setzen) „setzt" den Speicher auf den Zustand 1, der Eingang R (= Rücksetzen) setzt
ihn auf den Zustand 0 zurück. Der Ausgang U repräsentiert den augenblicklichen
Zustand des Speicherelements. Man nennt diese Schaltung „Flipflop" (genauer
„ungetaktetes Flipflop", weil sie ohne Taktsignale arbeitet). Sie ist die Grundlage der
meisten elektronischen Speicher.

Bild 12 zeigt eine symmetrische Darstellung des ungetakteten Flipflops (dabei ist das
Oder und das Nicht zu einem Oder-Nicht-Gatter verschmolzen), sein Signaldiagramm

und eine Wertetabelle. Die Wertetabelle definiert das Verhalten des Flipflops. Der Fall, daß die Eingänge S und R beide zugleich 1 sind, ist dabei verboten (das Flipflop würde daraufhin an beiden Ausgängen 0 liefern, was man vermeiden möchte). U_{alt} ist der alte Zustand des Flipflops, U_{neu} der sich durch die Änderung eines Eingangssignals ergebende neue Zustand.

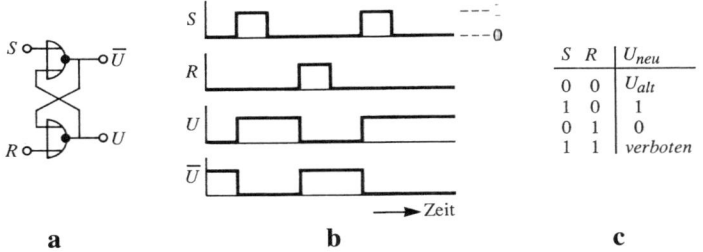

S	R	U_{neu}
0	0	U_{alt}
1	0	1
0	1	0
1	1	verboten

     a   **b**   **c**

Bild 12   Ungetaktetes Flipflop
         a   Symmetrischer Aufbau aus Oder-Nicht-Gattern,
         b   Signaldiagramm,
         c   Funktionstabelle

Neben dem ungetakteten Flipflop gibt es das für den Rechnerbau noch wichtigere *getaktete Flipflop*. Wie am Anfang dieses Kapitels erläutert, spielen sich die Änderungen aller Signale taktgesteuert ab, hervorgerufen durch die abwechselnden Impulse von Umschalt- und Abfragetakt. Bild 13a zeigt, wie man zwei ungetaktete Flipflops so hintereinanderschalten kann, daß das erste vom Abfragetakt, das zweite vom Umschalttakt gesteuert wird. Das vom Abfragetakt gesteuerte speichert die zum Abfragezeitpunkt an seinen Eingängen liegenden Signale; das vom Umschalttakt gesteuerte übernimmt sie zum nächsten Umschaltzeitpunkt. Durch diese Schaltung wird sichergestellt, daß die Ausgangssignale des ersten Flipflops sich einschwingen und stabil werden können, bevor sie – zum Beispiel von anderen Flipflops – abgefragt werden. Beide ungetaktete Flipflops zusammen bilden ein getaktetes Flipflop. Im Unterschied zum ungetakteten Flipflop wirken sich die Eingangssignale hier nicht sofort an den Ausgängen aus, sondern erst um eine Taktzeit verspätet. Man bezeichnet deshalb das getaktete Flipflop auch als *Verzögerungsglied*. Bild 13b zeigt das Symbol des getakteten Flipflops, wie es in einer von Details abstrahierten Darstellung benutzt wird. Die beiden Takte sind hier nicht mehr eingetragen, da sie, wie die Stromversorgung, zur Beschreibung der Funktion nicht erforderlich sind. Bild 13c zeigt das Signaldiagramm und Bild 13d die Wertetabelle des getakteten Flipflops.

Schaltungen, die sich aus Schaltnetzen und Speicherelementen zusammensetzen, nennt man *Schaltwerke* (genauer *Synchronschaltwerke*, wenn die Speicherelemente taktgesteuert sind). Ihr Kennzeichen ist, daß ihre Ausgangssignale nicht nur von den Eingangssignalen abhängen, sondern zusätzlich noch von dem Zustand der Schaltung, der sich in ihren Speicherelementen manifestiert. Da diese Zustände durch zurückliegende Eingangssignale entstanden sind, kann man auch sagen, daß bei Schaltwerken die Ausgangssignale nicht nur von den momentan vorhandenen Eingangssignalen abhängen, sondern auch von früheren Eingangssignalen. Schaltwerke haben damit ein „Erinnerungsvermögen". Man könnte sie auch „Schaltungen mit Gedächtnis" nennen. Der Zustandsbegriff ist nicht nur in der Hardware, sondern auch in der Software von Bedeutung, wie sich später zeigen wird.

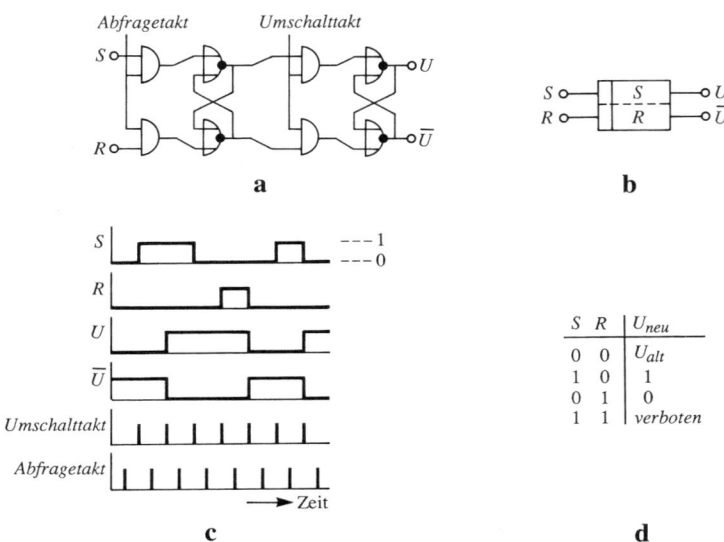

Bild 13   Getaktetes Flipflop
   a   Aufbau aus zwei ungetakteten Flipflops
   b   Symbol
   c   Signaldiagramm
   d   Funktionstabelle
   S und R sind die Signale in einem Abfragezeitpunkt
   U_{neu} ist das Signal ab dem auf den Abfragezeitpunkt folgenden Umschaltzeitpunkt

3.4 Rechenwerk

Das Verständnis von Gattern und Flipflops reicht bereits aus, um eine Vorstellung davon zu vermitteln, wie der Computer rechnet. Dazu müssen wir jedoch noch einige Schaltungen einführen: *Register*, *Halbaddierer*, *Volladdierer* und *Akkumulator*.

Register. Ein Register ist ein Speicher für eine Anzahl logisch zusammengehöriger Bits. Das ist meist ein Byte oder ein Maschinenwort, es kann aber auch im Grenzfall ein einzelnes Bit sein, das bestimmte Vorgänge in der Maschine steuert. Ein Register besteht aus unverbundenen Flipflops, wie es Bild 14a für ein Byte-Register zeigt.

Das Einspeichern der an den Eingängen liegenden Daten geschieht durch die Leitungen S_i und R_i, das Löschen des Registers durch die Leitungen R_i. Bild 14b zeigt eine abstrahierte Darstellung mit einem Eingang und einem Ausgang, wobei die Bündelung von 8

Leitungen (Setz- und Rücksetzeingang als eine Leitung gezählt) noch vermerkt ist. Die einzelnen Teile des Computers, Rechenwerk, Speicherwerk und Steuerwerk, enthalten alle mehrere Register zur kurzzeitigen Speicherung von Daten.

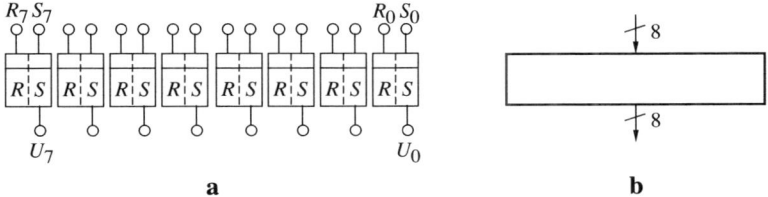

Bild 14   Byte-Register aus 8 getakteten Flipflops
      a   Feindarstellung mit den Setzeingängen S_0 bis S_7, den Löscheingängen R_0 bis R_7
           und den Ausgängen U_0 bis U_7
      b   Abstrahierte Darstellung

Halbaddierer. Wir kommen nun zur Ausführung der Addition und betrachten zuerst die Addition *ein*stelliger Dualzahlen. Die Addition $x + y$ mit dem Ergebnis z und dem Übertrag $\ddot{U}$ zur nächsthöheren Stelle wird in Bild 15a durch eine Wertetabelle beschrieben. Bild 15b zeigt eine Gatterschaltung, die der Wertetabelle entspricht. Man nennt sie „Halbaddierer". Der Leser mag sich durch das Ausprobieren aller vier Zeilen von Bild 15a davon überzeugen, daß Bild 15b tatsächlich das Gewünschte leistet. Bild 15c ist ein Symbol für den Halbaddierer.

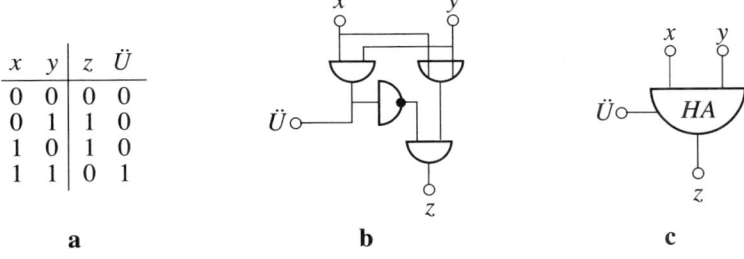

x	y	z	$\ddot{U}$
0	0	0	0
0	1	1	0
1	0	1	0
1	1	0	1

       a   **b**   **c**

Bild 15   Halbaddierer für $(z, \ddot{U}) = x + y$
      a   Wertetabelle
      b   Gatterschaltung
      c   Symbol

Volladdierer. Zur vollständigen Addition einer Stelle zweier *mehr*stelliger Dualzahlen muß man noch zusätzlich berücksichtigen, daß der Stelle ein Übertrag *ü* aus der vorhergehenden Stelle hinzugefügt werden muß, der 0 oder 1 sein kann. Das bedeutet aber nichts anderes, als daß, nachdem x und y mit einem Halbaddierer addiert worden sind, noch eine zweite Addition stattfinden muß, in der zu dem Ergebnis noch der Übertrag *ü* addiert wird. Zwei Halbaddierer können deshalb zu einem „Volladdierer" vereinigt werden, wie es Bild 16 zeigt.

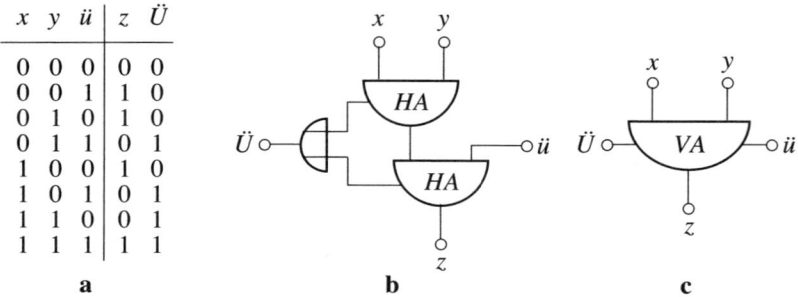

Bild 16   Volladdierer für $(z, \ddot{U}) = x + y + \ddot{u}$
     a   Wertetabelle
     b   Zusammensetzung aus Halbaddierern
     c   Symbol

Mit dem Volladdierer werden zwei *ein*stellige Dualzahlen addiert. Will man zwei n-stellige Dualzahlen addieren, braucht man n Volladdierer, die eine Kette bilden, in der der Ausgang $\ddot{U}$ einer Stelle mit dem Eingang $\ddot{u}$ der nächsthöheren Stelle verbunden ist, wie es Bild 17 zeigt.

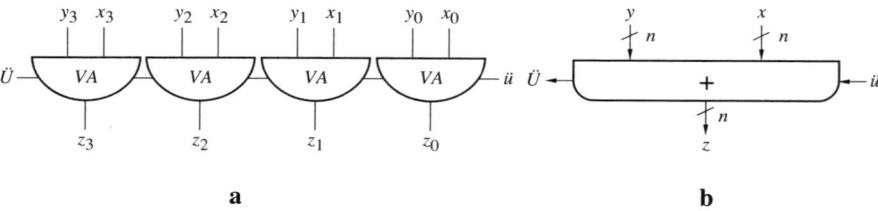

Bild 17 n-stellige Addiererkette zur Berechnung von $z := x + y$
     a   Feindarstellung für $n = 4$
     b   Abstrahierte Darstellung

Akkumulator. Zur Addition zweier im Speicher stehender Zahlen x und y kann man nun eine Addiererkette und ein Register so zusammenschalten, wie es Bild 18 zeigt. Der eine Summand, x, kommt vom Speicher, der zweite kommt aus dem Register. Die Summe liegt am Eingang des Registers und wird (einen Takt später) wieder im Register gespeichert. Das Register heißt aus Gründen, die bald klar werden, „Akkumulator" und wird mit AC bezeichnet. Die Gefahr, daß durch die Rückführung des Akkumulatorausgangs auf den Addierereingang die Schaltung zu „flattern" anfangen könnte, besteht nicht, da der Akkumulator aus getakteten Flipflops besteht, was eine unmittelbare Auswirkung einer Änderung am Eingang auf den Ausgang verhindert.

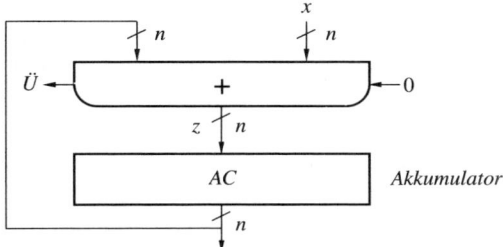

Bild 18   Additionsschaltung für n-stellige Dualzahlen
aus n-stelliger Addiererkette und n-stelligem Akkumulator

Zur Addition der Zahlen x und y geht man so vor. Im ersten Schritt löscht man den Akkumulator, das heißt, setzt ihn mit einem im Bild nicht gezeichneten Löscheingang auf 0, im zweiten Schritt holt man x aus dem Speicher und addiert es zum Akkumulatorinhalt; im dritten Schritt holt man y aus dem Speicher und addiert es zum Akkumulatorinhalt. Man führt also folgendes aus:

1 Lösche AC (danach ist $AC = 0$).

2 Addiere x zum Inhalt von AC (danach ist $AC = x$).

3 Addiere y zum Inhalt von AC (danach ist $AC = x + y$).

Wozu ist die Rückkopplung vom Ausgang des Akkumulators auf den Eingang der Addiererkette gut, wenn durch sie eine simple Addition drei Schritte erfordert? Ihr Sinn ist der, daß sie die fortgesetzte Addition *beliebig vieler* Zahlen ermöglicht. Will man zum Beispiel die Summe aus vier Zahlen bilden, $x_1 + x_2 + x_3 + x_4$, wird der Akkumulator zuerst gelöscht, und dann werden in vier aufeinander folgenden Schritten die Operanden aus dem Speicher geholt und dem Addierer zugeführt. Um diesen Ablauf durch Formeln beschreiben zu können, müssen wir das in Kapitel 5 ausführlich erläuterte *Zuweisungssymbol* „:=" hier vorwegnehmen. Die Schreibweise $AC := AC + x$ bedeutet: „Addiere den Inhalt von Speicherzelle x zum Inhalt des Akkumulators und schreibe das Ergebnis in den Akkumulator." Mit ihm kann man den Additionsvorgang so beschreiben:

Schritt 1:	$AC := 0$	(lösche AC)
Schritt 2:	$AC := AC + x_1$	(danach ist $AC = x_1$)
Schritt 3:	$AC := AC + x_2$	(danach ist $AC = x_1 + x_2$)
Schritt 4:	$AC := AC + x_3$	(danach ist $AC = x_1 + x_2 + x_3$)
Schritt 5:	$AC := AC + x_4$	(danach ist $AC = x_1 + x_2 + x_3 + x_4$)

Man erkennt an diesem Vorgang, was der Name „Akkumulator" bedeutet: der Akkumulator *sammelt* die Ergebnisse fortlaufender Additionen (lateinisch *accumulare* = anhäufen). Durch fortgesetztes Addieren immer weiterer Zahlen aus dem Speicher kann man Summen aus beliebig vielen Summanden im Akkumulator sammeln.

Die in Bild 18 dargestellte Additionsschaltung ist der Kern des Rechenwerks, da alle anderen Operationen mit ganzen Zahlen auf eine Folge von Additionen zurückgeführt werden können. Die Zeit für die Ausführung eines Schrittes, also zur Ausführung von

$AC := AC + x$ heißt die *Additionszeit* (genauer die Additionszeit für ganze Zahlen). Sie wird durch die Taktfrequenz bestimmt und diese wieder durch die Geschwindigkeit, mit der sich das Übertragssignal durch die Addiererkette hindurch fortpflanzt und durch die Umschaltzeit der Akkumulator-Flipflops. Die Additionszeit liegt bei modernen Mikroprozessoren unter 10 Nanosekunden. Sie ist eine wichtige Kenngröße für die Rechengeschwindigkeit eines Computers.

3.5 Arbeitsspeicher

Neben dem Rechenwerk, das durch Verknüpfung vorhandener Daten neue Daten erzeugt, ist das Speicherwerk eine weitere wichtige Komponente von Rechnern. Wir haben in Kapitel 2 schon ein abstraktes Speichermodell kennengelernt: eine lineare Anordnung von Speicherzellen, auf die durch Angabe einer Adresse zugegriffen werden kann. Als Arbeitsspeicher werden heute Halbleiterspeicher verwendet, also nichts anderes als Flipflops, die in großen Massen auf einem Chip untergebracht werden, und zwar so, daß man aus Millionen Bytes ein bestimmtes durch Angabe seiner Adresse auswählen kann. Wir begnügen uns damit, einen Arbeitsspeicher durch Bild 19 darzustellen.

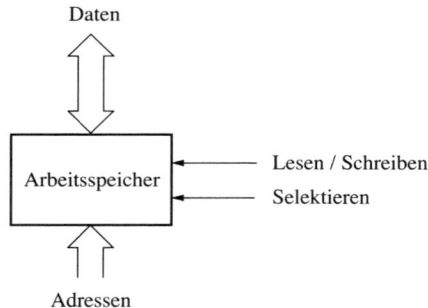

Bild 19   Arbeitsspeicher

Es gehen n Leitungen zur Adreßangabe in den Speicher hinein (zum Beispiel $n = 24$ zur Adressierung von 2^{24} Byte = 16 Megabyte), eine Steuerleitung zur Unterscheidung des Lesens und Schreibens und eine Selektionsleitung, die den Zeitpunkt des Lesens oder Schreibens bestimmt. Die Daten werden über m Leitungen zwischen Speicher und Prozessor übertragen (zum Beispiel $m = 32$ bei einer Wortlänge von 32 Bit).

Wie bei den Datenspeichern Buch und CD bleiben die im Speicher stehenden Daten über das Lesen hinaus im Speicher erhalten, weshalb ein und derselbe Datenwert beliebig oft gelesen werden kann (*nichtzerstörendes Lesen*). Um einen Datenwert aus dem Speicher zu entfernen, muß man ihn explizit löschen oder durch einen anderen überschreiben. Der Arbeitsspeicher ist jedoch ein „flüchtiger" Speicher, das heißt, beim Abschalten der Stromversorgung geht sein Inhalt verloren.

3.6 Steuerwerk und Programmausführung

Wir kommen nun zum „Gehirn" des Computers, dem Steuerwerk, das die Befehle ausführt. Wir wissen dazu schon aus Kapitel 2, daß die Befehle wie Daten im Speicher stehen, und zwar im allgemeinen in der Reihenfolge, in der sie ausgeführt werden sollen. Als Beispiel für das Aussehen eines Programms nehmen wir den Euklidischen Algorithmus aus Kapitel 1 und schreiben ihn als eine Folge von Befehlen nieder.

Zur Erinnerung: Gegeben sind zwei natürliche Zahlen p und q, gesucht ist ihr größter gemeinsamer Teiler.

Schritt 1:   Man dividiere p durch q. Dabei erhält man einen Rest r, der zwischen 0 und $q - 1$ liegt.

Schritt 2:   Wenn $r = 0$ ist, dann ist q der gesuchte größte gemeinsame Teiler. Wenn $r \neq 0$ ist, dann benenne man das bisherige q in p um, das bisherige r in q und wiederhole Schritt 1 und 2 solange, bis einmal $r = 0$ geworden ist.

Adresse	Befehl		Kommentar
			Speicherplatzreservierung
00	–		Ein Speicherplatz für p
04	–		Ein Speicherplatz für q
08	–		Ein Speicherplatz für r (am Anfang beliebig)
			Schritt 1
12	LOAD	00	Lade AC mit p
16	MODULO	04	Bilde den Rest von AC/q in AC
20	STORE	08	Speichere AC in r
			Schritt 2
24	IFZERO	48	Wenn $AC = 0$ dann gehe nach 48
28	LOAD	04	Lade AC mit q
32	STORE	00	Speicher AC nach p
36	LOAD	08	Lade AC mit r
40	STORE	04	Speichere AC nach q
44	JUMP	12	Springe zurück nach 12
48	STOP		Halte an; q enthält den größten gemeinsamen Teiler

Bild 20   Ein Programm zur Ausführung des Euklidischen Algorithmus

Bild 20 zeigt ein Programm, das diesen Algorithmus ausführt. Es steht in den Speicherzellen mit den Adressen 12 bis 51 (jede Zelle ist 4 Byte lang, aufeinander folgende Zellen haben deshalb durch 4 teilbare Adressen). Vor dem eigentlichen Programm, in den Zellen 0, 4 und 8, werden die Daten des Programms, also die Werte der Variablen p, q und r gespeichert. Das Programm enthält zusätzlich zu den schon früher erläuterten Befehlen *LOAD* und *STORE* und dem Befehl zur Restbildung *MODULO* noch die neuen Befehle *IFZERO*, *JUMP* und *STOP*. *IFZERO* und *JUMP* sind sogenannte Sprungbe-

fehle, die die aufeinander folgende Abarbeitung der Befehle durchbrechen. *JUMP adr*
bedeutet: „Springe nach *adr*", genauer: „Hole den nächsten Befehl aus der Zelle mit der
Adresse *adr*" oder „Setze das Programm an der Stelle *adr* fort". *IFZERO adr* bedeutet:
„Falls der Inhalt des Akkumulators Null ist, dann springe nach *adr*, sonst setze das Programm mit dem nächsten Befehl fort." Der Befehl *JUMP* heißt auch *unbedingter
Sprungbefehl* und *IFZERO bedingter Sprungbefehl*. *STOP* bewirkt, daß der Rechner
anhält. Das Ergebnis, der größte gemeinsame Teiler der anfänglichen Werte von p und
q, steht dann in q zur Verfügung.

Das Steuerwerk des Rechners hat die Aufgabe, das Programm auszuführen. Es hat dazu
ein *Befehlsregister BR* und ein *Befehlszählregister*, kurz *Befehlszähler*, *BZ*. Das Befehlsregister dient zur Zwischenspeicherung des gerade ausgeführten Befehls, der Befehlszähler enthält immer die Adresse des nächsten Befehls.[6]

Bild 21 zeigt eine schematische Darstellung aller Teile. Die waagerechten Leitungen
bilden den Bus, der hier in Datenbus und Adreßbus aufgeteilt ist. Alle Leitungen sind
vielfach, als Bündel, zu denken. Rechts ist der Arbeitsspeicher, der eine Adresse über
den Adreßbus bekommt und einen Datenwert an den Datenbus liefert oder von ihm
bekommt.

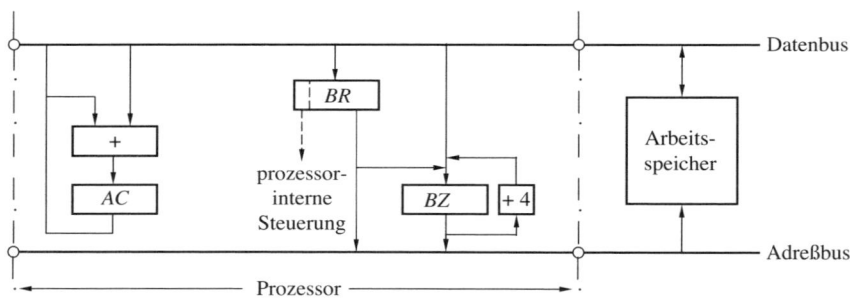

Bild 21   Aufbau eines einfachen Mikroprozessors

Links ist das Rechenwerk mit Akkumulator und Addierer. In der Mitte ist das Befehlsregister *BR* und der Befehlszähler *BZ*. Das Befehlsregister wird vom Datenbus aus mit
einem Befehl geladen. Der Operationsteil des Befehls (links im Befehlsregister)
bestimmt die Operation, die als nächste ausgeführt werden soll und veranlaßt über die
prozessorinterne Steuerung ihre Ausführung. Der Adreßteil (rechts im Befehlsregister)
geht auf den Adreßbus und damit an den Arbeitsspeicher zum Holen oder Speichern von
Operanden. Für die Ausführung von Sprungbefehlen besteht eine Verbindung vom
Befehlsregister zum Befehlszähler. Der Befehlszähler wird normalerweise durch Addition der Befehlslänge (in Bild 21 sind dafür 4 Byte angenommen) in jedem Befehlsaus-
führungszyklus erhöht. Er liefert seinen Inhalt an den Adreßbus (und damit an den
Arbeitsspeicher zum Holen des nächsten Befehls).

Der Befehlszyklus. Die Programmausführung ist, vom Steuerwerk aus gesehen, ein
zyklischer Vorgang, der abwechselnd den nächsten Befehl aus dem Speicher holt und

ihn anschließend ausführt, dann wieder den nächsten Befehl aus dem Speicher holt, ihn wieder ausführt und so weiter, bis er zu einem Stoppbefehl gelangt. Man kann diesen Vorgang in Form eines Algorithmus so beschreiben.

Anfangszustand: Der Befehlszähler enthält die Adresse des ersten Befehls.

Schritt 1: Bringe den Befehl, dessen Adresse im Befehlszähler steht, aus dem Speicher in das Befehlsregister und erhöhe zugleich den Inhalt des Befehlszählers um die Länge des Befehls.

Schritt 2: Führe den im Befehlsregister stehenden Befehl aus und gehe anschließend wieder nach Schritt 1 zurück.

Die Hauptsache dabei bildet natürlich die Ausführung des im Befehlsregister stehenden Befehls. Sie besteht je nach Befehlsart aus verschiedenen Aktionen:

- *Transportbefehle.* Bei Befehlen wie *LOAD* und *STORE* wird ein Wort aus dem Speicher in den Akkumulator oder aus dem Akkumultor in den Speicher übertragen.

- *Arithmetische Befehle.* Bei Befehlen wie *ADD* und *MODULO* wird ein Operand aus dem Speicher geholt und die entsprechende arithmetische Operation mit dem Akkumulatorinhalt als zweitem Operanden ausgeführt.

- *Unbedingter Sprungbefehl.* Beim Befehl *JUMP adr* wird der Adreßteil *adr* in den Befehlszähler gebracht (und damit der nächste Befehl aus *adr* geholt).

- *Bedingter Sprungbefehl.* Beim Befehl *IFZERO adr* wird geprüft, ob der Akkumulatorinhalt 0 ist. Wenn ja, wird der Adreßteil *adr* in den Befehlszähler gebracht, wenn nein, wird nichts ausgeführt, das heißt im Anschluß der nächste Befehl geholt.

Der Befehlszyklus ist der Schlüssel für das Verständnis der Arbeitsweise von Rechnern. Wir wiederholen deshalb den Grundgedanken noch einmal:

- Das Programm steht als Folge von Befehlen im Speicher.

- Der Programmablauf besteht aus einem Zyklus der Schritte *Befehl holen – Befehl ausführen*.

- Die Ausführung eines Befehls besteht typischerweise aus einem Datentransport und einer Operation im Rechenwerk oder nur aus einem Datentransport zwischen Speicher- und Rechenwerk oder dem Ändern des Befehlszählers, um einen Sprung auszuführen.

Mit dieser, sicherlich nicht einfachen, Beschreibung des Befehlsablaufs haben wir die Darstellung des Prozessors abgeschlossen und können uns nun der Peripherie zuwenden.

3.7 Periphere Geräte

Eine wichtige Frage haben wir bei allen unseren bisherigen Betrachtungen ausgespart: Wie kommen die Eingabedaten in den Arbeitsspeicher hinein, und wie kommen die Ergebnisse wieder aus ihm heraus? Anders ausgedrückt: Wie kommuniziert der Mensch oder ein Ein-Ausgabe-Gerät mit dem Rechner? Das ist ein umfangreicher Fragenkomplex. Man trennt ihn von den Vorgängen, die in der Zentraleinheit ablaufen, ab und nennt die Gesamtheit der Ein-Ausgabe-Geräte und der externen Speicher die *peripheren Geräte* oder kurz die *Peripherie*. Zur Peripherie gehören

- die eigentlichen Ein-Ausgabe-Geräte, wie Tastatur und Bildschirm, Drucker, Zeichengeräte;
- die externen Speicher, wie Disketten, Magnetplatten, optische Platten;
- Verbindungen mit anderen Rechnern und Verbindungen mit technischen Apparaturen zur Übernahme von Meßwerten in den Rechner und zur Ausgabe von Steuersignalen.

So interessant die Möglichkeiten der Ein-Ausgabe auch sind, stehen sie doch nicht im Zentrum der Informatik, und wir wollen hier nur einen Blick auf die Externspeicher *Diskette*, *Magnetplatte* und *optische Platte* werfen. Allen Externspeichern ist es gemeinsam, daß sie *nichtflüchtige Speicher* sind, das heißt, daß die in ihnen gespeicherten Daten beim Abschalten der Maschine (oder Stromausfall) nicht verloren gehen. Sie stellen aus diesem Grunde das „Langzeitgedächtnis" des Rechners dar. Alle Daten und Programme, also die gesamte Software, stehen in Externspeichern und müssen vor ihrer Benutzung vom Externspeicher in den Arbeitsspeicher übertragen werden. Die Kapazität der Externspeicher muß dementsprechend groß sein.

Der Datentransport zwischen Externspeichern und Arbeitsspeicher geschieht blockweise, das heißt, es wird mit einem Befehl nicht nur *ein* Byte oder *ein* Wort übertragen, sondern ein ganzer *Block* hintereinanderstehender Bytes, der hunderte oder tausende Bytes umfassen kann. Eine beliebig große logisch zusammengehörige Anzahl von Blöcken faßt man zu einer *Datei* zusammen. Von der Software her gesehen sind alle Daten auf externen Speichern in Form von Dateien organisiert. Wir kommen darauf in Kapitel 10 zurück.

Der Zugriff ist bei Externspeichern nicht mehr gleich schnell für alle gespeicherten Daten, sondern das Suchen der Daten kostet, je nachdem, wo sie auf dem Speichermedium stehen, unterschiedlich viel Zeit. Diese Zeit liegt bei Disketten- und Plattenspeichern im Bereich von tausendstel Sekunden, sie ist also, absolut gesehen, nicht lang. Relativ zur Zugriffszeit des Arbeitsspeichers, die weniger als eine Millionstel Sekunde beträgt, besteht aber ein Unterschied von 1 : 1000 oder mehr. Dieser Unterschied ist eine ständige Quelle von Problemen, denn viele Programme sind in ihrer Arbeitsgeschwindigkeit dadurch begrenzt, daß große Datenmengen zwischen Arbeitsspeicher und Externspeicher hin und her transportiert werden müssen.

Magnetische Disketten- und Plattenspeicher. Bild 22 zeigt den Diskettenspeicher. Disketten sind biegsame runde Kunststoffplatten (*floppy disk*) in einer fast quadratischen Kunststoffhülle, mit dem Durchmesser von 3.5 Zoll, also 8.9 cm. Ihre beiden Seiten haben eine magnetisierbare Oberfläche, die in konzentrische „Spuren" eingeteilt ist.

Die Spuren sind wiederum in Sektoren eingeteilt, und jeder Sektor ermöglicht in einer Spur die Speicherung eines „Blocks", das heißt einer festen Anzahl von Bytes. Wenn die Diskette rotiert, kann ein Schreib-Lese-Kopf, der an einer bestimmten Position über der Diskette steht, die unter ihm liegende Spur beschreiben oder lesen. Durch Bewegung in radialer Richtung kann er über jeder Spur positioniert werden.

Die Diskette ist ein einfaches und billiges Speichermedium. Sie dient zum Austausch von Daten und Software von Maschine zu Maschine. Sie läßt sich bequem mit der Post verschicken, und es ist noch nicht lange her, da bekam man gekaufte Software auf Disketten (manchmal vielen) geliefert. Heute haben für diesen Zweck Compact Disks (CDs) die Disketten weitgehend verdrängt, und Mikrocomputer sind mit einem Diskettenlaufwerk *und* einem CD-Laufwerk ausgestattet.

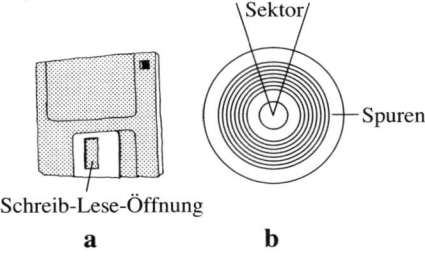

Bild 22 Diskettenspeicher
a 3.5-Zoll-Diskette
b Einteilung der Diskette in Spuren und Sektoren

Neuerdings gibt es einen Diskettenspeicher mit 120 MByte Kapazität, die sog. Super-Disk. Diese Diskette hat die gleichen Maße wie die 1.44-MByte-Diskette, aber die 80-fache Kapazität.[7]

Der Magnetplattenspeicher ist der größere Bruder des Diskettenspeichers. Die Platte ist hier nicht flexibel sondern steif, und manchmal liegen mehrere Platten übereinander, wodurch sich ein Platten*stapel* ergibt. Jede Plattenseite hat ihren eigenen Schreib-Lese-Kopf. Bild 23 zeigt den Aufbau und die kammartige Anordnung der Schreib-Lese-Köpfe, die in radialer Richtung vom Zugriffsmechanismus bewegt werden. Magnetplatten sind im Gegensatz zu Disketten in einem festen, luftdicht abgeschlossenen und mit Schutzgas gefüllten Gehäuse untergebracht, und ihre Rotationsgeschwindigkeit ist viel höher als die von Disketten.

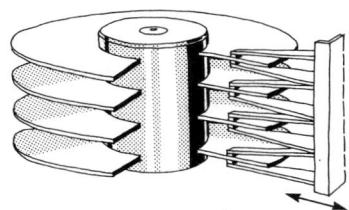

Bild 23 Magnetplattenstapel mit Zugriffskamm

Während der Schreib-Lese-Kopf bei Disketten auf der Diskette aufliegt und dadurch abgenutzt wird, schwebt er bei Plattenspeichern auf einem Luftpolster im Abstand von rund 1/1000 mm über der Oberfläche der Platte. Das erfordert eine kaum vorstellbare feinmechanische Präzision und Oberflächenglätte (ein Haar ist etwa 100 mal so dick wie das Luftpolster). In Bild 24 sind einige Vergleichsdaten über Disketten und Magnetplattenspeicher zusammengestellt.

Eigenschaft	Diskettenspeicher	Magnetplattenspeicher
Kapazität	1.44 MByte	Einige GByte
Mittlere Zugriffszeit	80 ms	10–40 ms
Umdrehungsgeschwindigkeit	5 Umdrehungen/s	Bis zu 150 Umdrehungen/s
Übertragungsgeschwindigkeit	0.5 MBit/s	Bis zu 30 MByte/s
Schreib-Lese-Kopf	Liegt auf Diskette auf	Schwebt auf Luftpoltster

Bild 24   Daten von Disketten- und Magnetplattenspeichern

Ein Magnetplattenspeicher mit einer Kapazität von einigen Gigabyte ist in Mikrocomputern fest eingebaut. Als Zusatzgeräte gibt es auch Wechselplattenspeicher

Optische Plattenspeicher. Durch den Laser, der es ermöglicht, energiereiche Lichtstrahlen von nur 1 μm (= ein tausendstel Millimeter) Durchmesser zu erzeugen und durch neue Materialien, deren Gefüge sich durch Laserstrahlen punktuell verändern läßt, wurde die optische Datenspeicherung möglich. Die Compact Disk (CD) ist das allbekannte Beispiel dafür.[8]

Die stürmische Entwicklung auf diesem Gebiet hat zu verschiedenen Speicherverfahren geführt. Die meisten benutzen eine Kombination von magnetischen und optischen Effekten und werden deshalb magnetoptisch genannt, andere arbeiten rein optisch. Sie sind alle rotierende Plattenspeicher wie die Compact Disk.

Optische Speicher haben generell eine viel größere Aufzeichnungsdichte als magnetische Speicher und daher auch eine viel größere Speicherkapazität. Dafür muß man bei ihnen teilweise größere Zugriffszeiten und kleinere Übertragungsgeschwindigkeiten in Kauf nehmen. Sie bieten aber noch einen anderen Vorteil: Während der Inhalt magnetischer Plattenspeicher durch starke magnetische Felder in ihrer Umgebung zerstört werden kann, ist das bei optischen Speichern nicht der Fall; sie sind dagegen unempfindlich.

Man unterscheidet nach ihren Eigenschaften drei Arten: Speicher, die nur gelesen werden können, Speicher, die einmal beschrieben und dann nur noch gelesen werden können, und Speicher, die beliebig oft beschrieben und gelesen werden können.

Optische Lesespeicher (*CD-ROM = compact disk read only memory*) sind Compact Disks mit einer Speicherkapazität von etwa 650 Megabyte. Wie Audio-CDs werden sie in einer einzigen, von innen nach außen verlaufenden spiralförmigen Spur einer Breite von 0.6 μm vom Hersteller beschrieben und zur Speicherung großer Datenmengen eingesetzt, die von einer Vielzahl von Benutzern gebraucht werden. Beispiele sind Wörterbücher, Telefonbücher, Kursbücher, Kataloge, Gesetzestexte. 500 Megabyte entsprechen etwa 250 000 Schreibmaschinenseiten; ein vielbändiges Lexikon hat also ohne weiteres auf einer CD-ROM Platz.

Einmalbeschreibbare optische Speicher (*CD-R = CD-Recordable* und *WORM = write once read many*) sind magnetoptische Speicher, bei denen die Materialpunkte, in denen die Information gespeichert wird, einmal dauerhaft verändert werden können (zum Beispiel durch Einbrennen von Löchern in die Oberfläche der Platte). CD-Rs sind Compact Disks, WORMs sind Speicherplatten anderer Art. Sie können, je nach Größe, Kapazitäten von mehreren Gigabyte haben und werden hauptsächlich zur Archivierung umfangreicher Datenbestände eingesetzt.

Wiederbeschreibbare und lesbare optische Speicher sind ebenfalls magnetoptische, aber auch rein optische Speicher. Bei der magnetoptischen Form wird die Tatsache ausgenutzt, daß man bei einigen ungewöhnlichen Materialkombinationen (zum Beispiel aus den seltenen Erden Terbium und Gadolinium) die Magnetisierung eines Materialpunktes durch vorübergehende Temperaturerhöhung mit einem energiereichen Laserstrahl verändern kann. Bei der rein optischen Form wird die Eigenschaft einiger seltener Erden ausgenutzt, die abhängig von der Energie, mit der sie ein Laserstrahl trifft, einen kristallinen oder einen amorphen Zustand annehmen können. Diese Technik wird deshalb auch *Phasenwechselverfahren* (*phase-change technology*) genannt.

Die CD wurde in den letzten Jahren zur DVD (*digital versatile disk*, auch fälschlich als *digital video disk* interpretiert) weiterentwickelt. Die DVD hat die gleichen Maße wie die CD (12 cm Durchmesser und 1.2 mm Dicke), aber eine Speicherkapazität von bis zu 17 GByte, was etwa der von 25 CDs entspricht. Es hat den Anschein, daß die DVD im Verlaufe der nächsten Jahre die CD in allen Anwendungsbereichen ersetzen wird.[9]

3.8 Programmunterbrechung und Kommunikation

Wir haben in den vorhergehenden Abschnitten gesehen, woraus ein Rechner besteht und wie er arbeitet. Wenn ein Programm läuft, wird im Steuerwerk der Befehlszyklus „Befehl holen – Befehl ausführen" ständig wiederholt, bis ein Stoppbefehl kommt. Wir haben ferner gesehen, daß der Rechner periphere Geräte für die dauerhafte Speicherung von Daten, die Eingabe und die Ausgabe besitzt, die seine Verbindung zur Außenwelt darstellen.

So steht es in manchen Büchern, und deshalb glauben viele, daß die Arbeitsweise des Rechners dadurch vollständig beschrieben sei. Das ist aber nicht der Fall, sondern es fehlt noch ein kleiner, unscheinbarer, aber für das vollständige Verständnis wichtiger Teil, der die Kommunikation zwischen der Zentraleinheit und der Peripherie ermöglicht. Nach der bisherigen Darstellung arbeitet die Zentraleinheit *autonom*: Nachdem das Programm mit dem ersten Befehl gestartet worden ist, läuft es autonom ab, bis es zum Stoppbefehl gelangt. Nichts kann es daran hindern. Es liest Daten aus Zellen des Arbeitsspeichers und schreibt Ergebnisse in Zellen des Arbeitsspeichers, aber es verkehrt nicht mit der Peripherie. Ein solches Programm nimmt während seines Ablaufs keine Daten an, die man ihm eingeben möchte, und es gibt keine Daten aus; geschweige denn, daß man es unterbrechen könnte, bevor es von selbst den Stoppbefehl erreicht hat. Es ist sozusagen autistisch.

Das entspricht jedoch nicht der Wirklichkeit, denn jeder Programmierer kann seine Programme so schreiben, daß sie während ihres Ablaufs neue Eingabedaten verlangen und während ihres Ablaufs schon Ergebnisse ausgeben. Der Benutzer sollte ein laufendes Programm auch jederzeit durch einen Tastendruck, also eine Eingabe, abbrechen können. Mit einem Wort: Hier wurde die Beschreibung der Kommunikation zwischen der Zentraleinheit und der Peripherie verschwiegen. Wie findet sie statt, und welche zusätzlichen Mittel erfordert sie?

In der Anfangszeit der Rechnertechnik wurde das Kommunikationsproblem zwischen Zentraleinheit und Peripherie dadurch gelöst, daß es einen Befehl „Bringe das nächste Zeichen vom Lochstreifenleser in den Akkumulator" und einen Befehl „Schreibe das im Akkumulator stehende Zeichen auf dem Fernschreiber" gab. Außerdem hatte das Bedienungspult einen Schalter, mit dem man das laufende Programm abbrechen konnte. Das war der Anfang der Kommunikation zwischen Zentraleinheit und Peripherie. Eine Kommunikation mit dem Bediener über einen Bildschirm oder eine Unterbrechung des Programms durch eine Eingabe über die Tastatur zu einem vom Bediener bestimmten Zeitpunkt gab es nicht, Kommunikation mit anderen Rechnern erst recht nicht.

Das änderte sich jedoch schon am Ende der fünfziger Jahre, als man Rechner zur Steuerung technischer Prozesse einsetzen wollte. Hierzu ist es erforderlich, daß ein Signal aus dem technischen Prozeß, zum Beispiel die Überschreitung eines kritischen Meßwertes, die Arbeit der Zentraleinheit unterbricht und der Rechner die Ursache der Meßwertüberschreitung behebt (und dann an seinem ursprünglichen Programm weiterrechnet). Man muß also die Abläufe im Rechner durch ein Signal von außen unterbrechen können. Eine oder mehrere solcher Unterbrechungsleitungen sind seitdem in alle Rechner eingebaut. Alle unsere peripheren Geräte enthalten heute sogar eigene Prozessoren, die die Zentraleinheit unterbrechen können und die ihrerseits von der Zentraleinheit unterbrochen werden können.

Das ist das Prinzip. Seine technische Durchführung ist schwierig, weil mehrere externe Geräte zugleich oder fast zugleich ihren Unterbrechungswunsch bei der Zentraleinheit anmelden können. Deshalb muß es eine Vorrangsteuerung geben, die nur den Unterbrechungswunsch höchster Dringlichkeit wirksam werden läßt. Wenn die Zentraleinheit ihn „bedient" hat, muß sie „nachsehen", ob noch andere Unterbrechungswünsche auf Bedienung warten und sie bedienen. Noch komplizierter wird es, wenn während der Bedienung eines Unterbrechungswunsches A ein anderer Unterbrechungswunsch B mit höherer Dringlichkeit als A eintrifft. Dann muß die Zentraleinheit, die ja ihr laufendes Programm bereits unterbrochen hat, um A zu bedienen, die Bedienung von A ebenfalls unterbrechen, um B zu bedienen. Wenn sie damit fertig ist, muß sie zur Bedienung von A zurückkehren, sie abschließen, und kann dann erst (sofern keine weiteren Unterbrechungswünsche vorliegen) zu dem Programm, an dem sie eigentlich arbeitete, zurückkehren.

Um ein unterbrochenes Programm später fortsetzen zu können, müssen die Registerinhalte und weitere den Zustand des Prozessors ausmachende Daten bei der Unterbrechung gesichert (an einen sicheren, vor Zerstörung geschützten Platz gebracht) und vor der Fortsetzung des Programms wieder an ihre ursprünglichen Plätze gebracht werden, damit der Zustand des Programms bei der Unterbrechung und der Fortsetzung der gleiche ist.

Wichtig an dieser Stelle sind nicht die Einzelheiten der Programmunterbrechung und die Probleme, die sich aus Unterbrechungen ergeben, sondern nur die Tatsache, daß ein laufendes Programm seine Arbeit jederzeit unterbrechen können muß, um auf Signale aus der Außenwelt zu reagieren. Das ist der Kern und Schlüssel für das Verständnis aller Kommunikation zwischen Rechnern und Peripherie, zwischen Rechnern untereinander und zwischen Rechnern und Menschen. Jedesmal wenn der Benutzer eines Programms eine Taste drückt oder die Maus bewegt, äußert er damit den Wunsch nach Unterbrechung des laufenden Programms; und die Zentraleinheit reagiert darauf, indem sie das laufende Programm unterbricht und die vom Benutzer gewünschte Aktion ausführt. Daß der Benutzer meist nichts davon merkt, liegt daran, daß sich alle diese Vorgänge im Millisekundenbereich oder noch kürzerer Zeit abspielen.[10]

3.9 Abstraktionsschichten

Wir haben in diesem Kapitel den technischen Aufbau von Rechnern in verschiedenen Abstraktionsschichten betrachtet. Die unterste und konkreteste Schicht ist die der *elektronischen Schaltkreise*, die binäre elektrische Signale erzeugen, verknüpfen und speichern. Die nächsthöhere ist die der *Schaltungslogik*, also der Schaltnetze und Schaltwerke zur Verknüpfung und Speicherung der Daten durch Gatter und Flipflops.

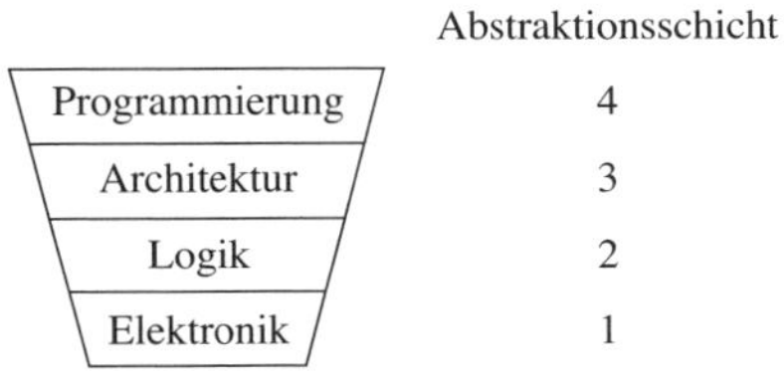

Abstraktionsschicht

Programmierung	4
Architektur	3
Logik	2
Elektronik	1

Bild 25   Abstraktionsschichten der Hardware-Sicht

Die dritte Abstraktionsschicht ist die der *Rechnerarchitektur*; auf ihr werden Addierer, Register und Busse als Grundbausteine verwendet und die Möglichkeiten ihres Zusammenwirkens in Prozessoren und anderen Architektureinheiten untersucht. Die oberste Abstraktionsschicht schließlich ist die Sicht des *Programmierers*, der den Rechner nur noch als Gerät ansieht, das Daten speichert und Befehle ausführt, dessen technischen Aufbau er aber nicht mehr im einzelnen zu berücksichtigen braucht. Bild 25 zeigt die Abstraktionsschichten.

Später wird es sich zeigen, daß man innerhalb der Programmierung wieder Abstraktionsschichten unterscheiden kann, ja sogar, daß man im Prinzip über jede Abstraktionsschicht eine weitere, noch abstraktere setzen kann. Die Möglichkeit, Abstraktionsschichten übereinanderzutürmen, ist eine der charakteristischen Eigenschaften der Informatik, die sie von anderen Wissenschaften unterscheidet (siehe dazu auch Abschnitt 2.6).

Als *Hauptergebnis dieses Kapitels* sollte der Leser erkannt haben, daß der technische Aufbau von Rechnern zwar kompliziert, aber nicht geheimnisvoll ist. Wenn man bereit ist, die Existenz von elektronischen Schaltern und Flipflops hinzunehmen, ohne ihre Wirkungsweise bis ins Letzte zu verstehen, ergibt sich alles andere auf natürliche Weise. Besonders hervorzuheben ist, daß durch die Zeitrasterung und die verlustlose Speicherung und Übertragung jedes Bits alle Abläufe im Rechner bei der Ausführung irgendeiner Aufgabe vollständig reproduzierbar sind. Wenn die Ausführung eines Programms heute 96 018 Schritte umfaßt hat, so laufen morgen bei ihrer Wiederholung mit denselben Daten wieder genau diese 96 018 Schritte ab, keiner mehr und keiner weniger, in der gleichen Reihenfolge, unabhängig von allen äußeren Einflüssen, wie etwa der Raumtemperatur, dem Ort oder der Zeit, die physikalische Experimente meist nicht exakt wiederholbar machen. In einem v.Neumann-Rechner, der ohne Programmunterbrechungen und Parallelarbeit ein Programm rein sequentiell ausführt, kann man den Zeitpunkt für das Auftreten jedes Bits auf jeder Leitung prinzipiell vorhersagen und durch Meßinstrumente registrieren und somit im Prinzip alle Vorgänge „bis ins letzte Bit" verfolgen. Es besteht deshalb kein Anlaß, Computern irgendwelche geheimnisvollen, jenseits technischer Erklärbarkeit liegenden Eigenschaften zuzuschreiben.

4

Technische Informatik II
(Weiterentwicklungen)

Der v. Neumann-Rechner, dessen prinzipieller Aufbau der Inhalt von Kapitel 3 ist, war bereits in den fünfziger Jahren bekannt. Was hat sich seitdem geändert? Sind unsere heutigen Rechner ganz anders organisiert? Haben wir in Kapitel 3 Dinge behandelt, die heute nur noch von historischer Bedeutung sind? Oder ist etwa alles beim Alten geblieben und nichts Neues hinzugekommen? Die Antwort ist verblüffend: trotz des schnellen Tempos, mit dem die Informatik sich weiterentwickelt, trotz der integrierten Schaltkreise, der Rasterbildschirme und der neuen Speichermedien arbeiten fast alle unsere Rechner, Mikrocomputer wie Großrechner, immer noch nach dem in Kapitel 3 dargelegten Prinzip. Zumindest kann der Programmierer sie immer noch in dieser Sicht sehen. Widerspricht das nicht den angeblich so großen Fortschritten, die die Informatik von Jahr zu Jahr macht?

Die Antwort darauf hat zwei Teile. Der erste Teil lautet: Unsere heutigen Rechner sind in Einzelheiten gegenüber denen der fünfziger und sechziger Jahre zwar stark verbessert; es ist viel getan worden, um ihre Geschwindigkeit zu steigern und ihre Flexibilität zu erhöhen. Aber diese Maßnahmen betreffen nur einzelne Komponenten, wie Speicher und Prozessor, ohne daß sich am Prinzip des v. Neumann-Rechners (serielle Arbeitsweise mit dem Zyklus „Befehl holen – Befehl ausführen") etwas geändert hätte. Auf der Abstraktionsstufe, auf der sich der Programmierer bewegt, merkt man nichts von den Änderungen. Der zweite Teil der Antwort lautet: Es ist immer wieder versucht worden, Rechner mit mehreren oder sogar vielen parallel arbeitenden Prozessoren zu bauen, die wesentlich von dem rein sequentiellen v. Neumann-Rechner abweichen. Ideen dazu gibt es genug, experimentelle Rechner, die sie verwirklichen, ebenfalls, aber nichts davon hat sich bis heute allgemein durchsetzen können. Auf Spezialgebieten spielen die Parallelrechner eine Rolle, und man erhofft sich in jedem Jahrzehnt den allgemeinen Durchbruch für sie, aber er ist noch nicht gekommen.

Wir wollen in diesem Kapitel die wichtigsten Neuerungen wenigstens ihren Ideen nach beschreiben. Wir konzentrieren uns dabei auf die Technische Informatik, also auf Hardware und Rechnerarchitektur, und stellen die Besprechung der Folgen, die sich daraus für die Software ergeben, bis zu Kapitel 7 zurück.

4.1 Mehrregister-Maschinen

Der v.Neumann-Rechner in seiner ursprünglichen Form hat nur *einen* Akkumulator. Man kam bald darauf, daß es vorteilhaft ist, mehrere Akkumulatoren zu haben. Dann braucht man Zwischenergebnisse, wie sie bei der Berechnung von zusammengesetzten Ausdrücken anfallen, nicht im Arbeitsspeicher zwischenzuspeichern, sondern kann sie in den Akkumulatoren stehenlassen, bis sie gebraucht werden. Heutige Maschinen haben sämtlich mehrere Register, die als Akkumulatoren verwendet werden können. Üblich sind 8 Register und 16 Register, es gibt aber auch Maschinen mit über 100 Registern.

Die Register werden mit $R0$ bis Rn numeriert. Statt Befehle, die *eine* Adresse enthalten (*Einadreßbefehle*), wie zum Beispiel *ADD x*, braucht man nun Befehle, die *zwei* Adressen enthalten (*Zweiadreßbefehle*), wie *ADD R1, x* mit der Bedeutung $R1 := R1 +$ Inhalt von Speicherzelle x. Es gibt nun auch sogenannte Register-Register-Befehle, zum Beispiel *ADDR R1, R2* mit der Bedeutung $R1 := R1 + R2$, die, da sie keinen Speicherzugriff erfordern, besonders schnell sind. Wir zeigen den Unterschied zwischen Ein- und Mehrregistermaschinen am Beispiel der Berechnung von $z := (x + y) \cdot (x - y)$:

Einadreßmaschine		Zweiadreßmaschine	
LOAD	x	LOAD	R1,x
ADD	y	LOADADR	R2,R1
STORE	h	ADD	R1,y
LOAD	x	SUB	R2,y
SUB	y	MULR	R1,R2
MUL	h	STORE	R1,z
STORE	z		

Für die Zweiadreßmaschine braucht man nicht nur einen Befehl weniger und keine Hilfs-Speicherzelle h, sondern die beiden Register-Register-Befehle sind auch schneller als die übrigen. Der Programmierer kann die Register als unterste Ebene eines dreistufigen Speichersystems ansehen (Bild 1).

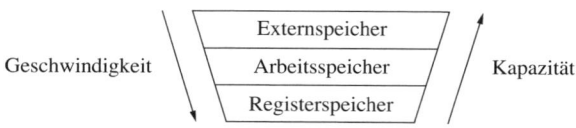

Bild 1   Dreistufiges Speichersystem

So verlockend es auch ist, möglichst viele Register und damit hohe Arbeitsgeschwindigkeit zu haben, erschwert es doch die Programmierung, denn der Programmierer muß nun entscheiden, welche Operanden einer Berechnung er im Registerspeicher und welche er im Arbeitsspeicher aufbewahren will.

4.2 Virtualisierung

Wie wir schon in Kapitel 3 gesehen haben, ist es eine Eigenart der Informatik, daß man ihre Strukturen in verschiedenen Abstraktionsebenen betrachten kann. Hierdurch wird es möglich, dem Programmierer ein Bild des Rechners, mit dem er arbeitet, unterzuschieben, das gar nicht zutrifft. Er kann dann seine Programme für eine „virtuelle" Maschine schreiben, das heißt für eine Maschine, die gar nicht existiert, und es obliegt der Hardware und Software, die virtuelle Maschine auf die reale so „abzubilden", daß der Programmierer von den Einschränkungen, die die reale gegenüber der virtuellen aufweist, nichts merkt. Er kann zum Beispiel voraussetzen, daß er einen virtuellen Arbeitsspeicher von 2^{24} Byte zur Verfügung hat, während der reale Speicher nur 2^{18} Byte groß ist. Oder das Rechenzentrum, mit dessen Maschine X er arbeitet, stellt fest, daß die Maschine X zu klein geworden ist und möchte sie durch eine größere Maschine Y ersetzen. Wenn die Maschine Y von derselben Rechnerfamilie wie die Maschine X ist, braucht der Programmierer unter Umständen von dem Wechsel gar nichts zu erfahren. Alle seine Programme laufen auf der neuen wie auf der alten Maschine, nur schneller. (Zur Erinnerung an Kapitel 1: Eine Rechnerfamilie besteht aus mehreren, in ihrer Leistungsfähigkeit abgestuften Rechnern, die sich aus der Sicht des Programmierers gleich verhalten.) Das ist möglich, wenn die Programme sich auf eine virtuelle Maschine beziehen, die sowohl auf X als auch auf Y abgebildet werden kann. Der Begriff „Virtualisierung" bezeichnet also Maßnahmen, die es dem Rechnerbenutzer erlauben, von bestimmten technischen Eigenschaften seines Rechners zu abstrahieren. Das bringt große Vorteile mit sich.

Virtueller Speicher. Der Arbeitsspeicher, mit dem man auskommen muß, ist einem oft zu klein. Das galt besonders in der Vergangenheit, aber es gilt manchmal auch noch heute, obwohl wir über preiswerte Arbeitsspeicher mit einer Kapazität von vielen Megabytes verfügen. Mit der Kapazität der Arbeitsspeicher wachsen nämlich auch die Programme und die von ihnen verarbeiteten Datenmengen.

Wenn man ein so großes Programm schreibt, daß es nicht mehr in den Arbeitsspeicher hineinpaßt, muß man es, sofern man keinen virtuellen Speicher hat, in Teile zerlegen, die vom Externspeicher bei Bedarf nachgeladen werden können; und wenn die Daten nicht alle in den Arbeitsspeicher passen, muß man sie während des Programmablaufs ebenfalls portionsweise aus dem Externspeicher holen und später wieder zurückschreiben. Und das alles vielleicht viele Male hintereinander. Der schnelle aber (relativ) kleine Arbeitsspeicher bildet damit eine lästige Kapazitätsbeschränkung, die dem Programmierer ständig Kummer bereitet.

Man kam deshalb am Anfang der sechziger Jahre auf die geniale Idee, dieses Ärgernis dadurch zu beseitigen, daß man Arbeitsspeicher und Externspeicher logisch so vereinigt, daß sie dem Programmierer wie ein einziger homogener Speicher erscheinen. Nehmen wir an, eine Maschine habe eine Befehlslänge von 32 Bit mit einer Einteilung in 8 Bit Operationsteil und 24 Bit Adreßteil. Damit kann man 2^{24} Byte = 16 Megabyte adressieren. Das ist der sogenannte *Adreßraum* oder virtuelle Speicher. Der reale Arbeitsspeicher habe aber nur die Größe von 2^{18} Byte = 256 Kilobyte. Der gesamte von einem Programm adressierbare Bereich besteht also aus

2^{24} Byte virtuellem Speicher (vollständig im Externspeicher untergebracht),

2^{18} Byte realem Arbeitsspeicher (ein Auszug aus dem virtuellen Speicher).

Der erste Teil der Idee besteht darin, den gesamten Adreßraum gedanklich in Abschnitte fester Länge, sogenannte *Seiten*, einzuteilen, wobei eine typische Seitenlänge 2^{10} Byte = 1 Kilobyte beträgt. Der reale Speicher hat dann Platz für 256 Seiten. Seite 1 beginnt bei Byte 0, Seite 2 beginnt bei Byte 1024 und so weiter (Bild 2)

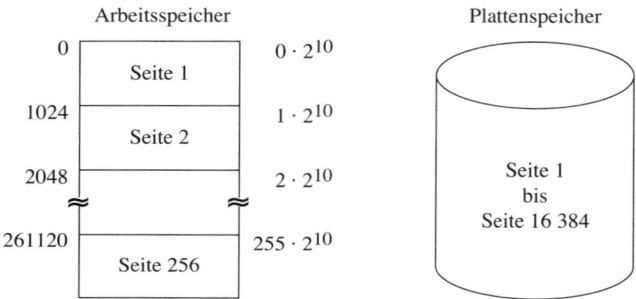

Bild 2   Virtueller Speicher mit 2^{14} Seiten zu je 2^{10} Byte auf der Magnetplatte und 256 Seiten davon im Arbeitsspeicher

Der zweite Teil der Idee besteht in folgendem: Der Programmierer schreibt sein Programm so, als könnte er den gesamten virtuellen Adreßraum von 2^{24} Byte direkt ansprechen und kümmert sich nicht darum, welcher Teil des virtuellen Speichers zur Ausführungszeit des Befehls im Arbeitsspeicher stehen wird. Was passiert dann zur Laufzeit des Programms, wenn ein Befehl ins Befehlsregister gelangt und ausgeführt werden soll? Spricht der Befehl eine Adresse an, die zu einer Seite gehört, die im Arbeitsspeicher steht, kann er unmittelbar ausgeführt werden, und es gibt keine Probleme. Spricht er dagegen eine Adresse an, die zu einer Seite gehört, die nicht im Arbeitsspeicher steht, müssen Hardware und Betriebssystem dafür sorgen, daß die Seite zuerst in den Arbeitsspeicher geladen und der Befehl danach ausgeführt wird. Wenn der Arbeitsspeicher vollständig mit Seiten belegt ist, erfordert das Laden der neuen Seite wiederum, daß eine „ältere", längere Zeit nicht benutzte Seite zuvor in den Externspeicher zurückgeschrieben wird. Und all das soll automatisch in einigen Millisekunden vor sich gehen, ohne daß der Benutzer es wahrnimmt.

Natürlich bekommt man die Vorteile des virtuellen Speichers nicht geschenkt. Vor der Ausführung jedes Befehls muß die Hardware feststellen, ob die angesprochene Adresse zu einer Seite gehört, die im Arbeitsspeicher steht. Das kostet bereits Zeit; und das Nachladen von Seiten kostet noch viel mehr Zeit. Die Erfahrung hat nun gezeigt, daß die von Programmen angesprochenen Adressen zumeist so nahe beieinander liegen, daß Seitenwechsel nicht allzuoft vorkommen. Man nennt das die „Lokalitätseigenschaft" von Programmen. Der virtuelle Speicher hat sich deshalb bewährt und wird häufig verwendet.[1]

Cache. Der Vollständigkeit sei noch ein anderer Speicher erwähnt, der dem Programmierer unsichtbar bleibt und somit, wenn auch in anderer Bedeutung des Wortes, „virtuell" ist: der *Cache* (englisch *cache* = Versteck, geheimes Lager). Ausgehend von der Erkenntnis der Lokalität der Befehle und Daten, kann man zwischen Hauptspeicher und Steuerwerk des Prozessors einen kleinen, sehr schnellen Hilfsspeicher einfügen, der die zuletzt ausgeführten Befehle oder die zuletzt vom Programm angesprochenen Daten aufbewahrt (*Befehls-Cache* und *Daten-Cache*). Soll als nächster Befehl der mit der Adresse x ausgeführt werden, prüft die Hardware zuerst, ob dieser Befehl im Cache steht. Wenn ja, nimmt sie ihn von dort, wenn nein, holt sie ihn aus dem Speicher und überschreibt außerdem den am längsten nicht mehr benutzten Befehl aus dem Cache mit dem neuen. Entsprechend verfährt sie mit dem Daten-Cache. Üblich sind Cachegrößen von 256 Byte bis zu 32 Kilobyte und Zugriffszeiten um 10 Nanosekunden.

Virtuelle Rechnerarchitekturen. Die schnellen Fortschritte in der Hardware-Entwicklung brachten es schon bald mit sich, daß in einem Rechenzentrum alle paar Jahre der Rechner durch einen neuen, größeren, ersetzt wurde. Damit man in solchen Situationen nicht alle Programme für die neue Maschine neu schreiben muß, wurden die höheren Programmiersprachen entwickelt; aber sie beseitigten nicht alle Probleme, denn zumindest mußte die ganze Software-Grundausstattung, insbesondere Compiler und Betriebssysteme, für jede neue Maschine vom Maschinenhersteller neu geschrieben werden.

Man kam deshalb auf die Idee, die Maschinenbefehle nicht direkt vom Steuerwerk der Maschine ausführen zu lassen, sondern jeden Maschinenbefehl durch ein noch eine Stufe darunter liegendes sogenanntes *Mikroprogramm* ausführen zu lassen. Diese Idee ermöglichte es, eine virtuelle Maschine zu definieren, die wie eine reale Maschine einen bestimmten Registersatz und eine bestimmte Befehlsliste hat, die aber nicht eigentlich existiert. Verschiedene reale Maschinen mit unterschiedlichen Organisationen können so mikroprogrammiert werden, daß sie nach außen hin wie die gleiche virtuelle Maschine wirken. Alle solche Maschinen zusammen bilden eine *Rechnerfamilie*, deren Mitglieder sich hinsichtlich der Programmierung gleich verhalten. Ihre von außen sichtbaren Unterschiede liegen nur in der Geschwindigkeit, der (realen) Speichergröße und im Preis.

Die Einführung der Mikroprogrammierung brachte nicht nur die virtuellen Maschinen und damit die Rechnerfamilien hervor, sondern vereinfachte auch die Hardware des Steuerwerks. Die Mikroprogrammierung hat allerdings einen Nachteil. Da jeder Maschinenbefehl nun nicht mehr direkt vom Steuerwerk, das heißt von der Hardware, sondern durch den sequentiellen Ablauf einiger Mikrobefehle ausgeführt wird, dauert seine Ausführung erheblich länger. Man nimmt diesen prinzipiellen Nachteil aus wirtschaftlichen Gründen in Kauf, was bei den Fortschritten der Halbleitertechnik mit ihrer ständigen Erhöhung der Taktfrequenzen leichtfällt.

Soviel zur Virtualisierung. Sie ist wirklich eine geniale Idee, denn sie ermöglicht es dem Programmierer, mit einer Maschine zu arbeiten, die gar nicht existiert, und dem Hardware-Techniker, eine Maschine gegen eine andere auszutauschen, ohne daß der Programmierer es merkt. Sie ist auch deshalb interessant, weil sie zeigt, wie Hardware und Software zusammenarbeiten können, um ein gemeinsames Ziel zu erreichen. Der virtuelle Speicher braucht Hardware-Einrichtungen *und* Unterstützung durch das Betriebssystem (zum Suchen der Seiten im Externspeicher und zu ihrem Transport). Die virtuelle Rechnerarchitektur braucht die Mikroprogrammierung, die in der Mitte zwischen Hardware und Software steht und deshalb auch *Firmware* genannt wird.

4.3 Parallelarbeit in einzelnen Komponenten

Um die Leistungsfähigkeit von Rechnern immer weiter zu steigern, gibt es zwei Wege. Der erste besteht im Einsatz immer schnellerer Komponenten: schneller schaltenden Bauelementen und Speichern mit kleinerer Zugriffszeit. Dieser Weg war bisher sehr erfolgreich; er hat uns die größten Fortschritte gebracht und wird noch eine Weile weitergegangen werden können. Es ist aber klar, daß diese Entwicklung ihre physikalischen Grenzen hat. Integrierte Schaltkreise können nicht beliebig klein gemacht werden, und die Übermittlungsgeschwindigkeit von Signalen zwischen den einzelnen Schaltkreisen ist durch die Lichtgeschwindigkeit begrenzt.

Der zweite Weg besteht in der Parallelarbeit einzelner Komponenten. Der v. Neumann-Rechner arbeitet rein sequentiell. Er hat nur *einen* Prozessor, und die Teile des Zyklus „Befehl holen – Befehl ausführen" laufen nacheinander ab. Schon am Anfang der sechziger Jahre stellte man Überlegungen an, wie man die Geschwindigkeit dadurch steigern könnte, daß man mehrere Prozessoren einsetzt, die sich die Arbeit an einer Aufgabe teilen. Wenn man die Arbeit, die bei sequentieller Ausführung der *eine* Prozessor leisten muß, einigermaßen gleichmäßig auf n Prozessoren aufteilen könnte, müßte man mit $1/n$ der Zeit auskommen. Vor der Erfindung der Mikroprozessoren waren dem Experimentieren mit solchen Rechnerarchitekturen wegen des großen Schaltungsaufwands für einen Prozessor enge Grenzen gesetzt, aber bei der Billigkeit der heutigen Mikroprozessoren kann man an Parallelrechner mit hunderten, wenn nicht tausenden von Prozessoren denken; und das Verlockende an diesem Weg ist, daß es keine physikalische Grenze für die Parallelität gibt. Deshalb besteht allgemein die Ansicht, daß die Zukunft der Informatik durch den Einsatz von Parallelität geprägt sein wird; die der Technischen Informatik durch parallel arbeitende Prozessoren und die der Praktischen Informatik durch die parallele Programmierung. Leider gibt es aber organisatorische Grenzen für die Parallelität, denn wenn mehrere Prozessoren an einer gemeinsamen Aufgabe arbeiten, muß ihre Arbeit *koordiniert* werden, und sie müssen *kooperieren*, nämlich Daten austauschen. Diese Grenzen lassen sich nur schwer beseitigen.

Die Möglichkeiten, Parallelität auszunutzen, sind vielfältig, und es besteht keine einheitliche Meinung darüber, wie man sie einteilen soll. Wir teilen sie hier in drei Abschnitte ein: *Parallelität in einzelnen Komponenten*, wie sie heute selbstverständlich ist und die Programmierung kaum beeinflußt; *parallele Rechnerarchitekturen*, das sind die eigentlichen Mehrprozessorsysteme; und schließlich *Rechnernetze*, bei denen mehrere vollständige und zu selbständiger Arbeit fähige Rechner zusammenarbeiten. In diesem Abschnitt behandeln wir die Parallelität in einzelnen Komponenten, im nächsten die parallelen Rechnerarchitekturen und im übernächsten die Rechnernetze.

Fließbandverarbeitung. Wenn man einen sequentiellen Ablauf irgendwelcher Aktionen $A_1, A_2, A_3, \ldots$ hat und jede der Aktionen selbst wieder aus einer festen Anzahl von n Abschnitten besteht, die sequentiell ausgeführt werden müssen, dann kann man mit *einem* Prozessor, der für jeden Abschnitt eine eigene Station, also n Stationen enthält, die Abschnitte wie an einem Fließband zeitlich überlappend ausführen und dadurch Zeit sparen. Bild 3 zeigt ein solches Befehlsfließband für den Befehlszyklus des v. Neumann-Rechners.

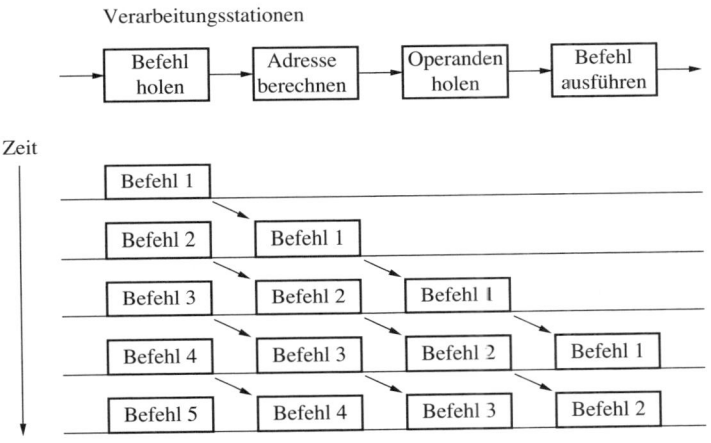

Bild 3   Befehlsfließband mit vier Stationen

In Bild 3 enthält das Fließband (und damit der Prozessor) vier Stationen. Die erste holt einen durch seine Adresse bezeichneten Befehl aus dem Arbeitsspeicher und gibt ihn an die zweite weiter; die zweite berechnet danach aus den Teilen des Befehls die effektive Adresse des Operanden (in Kapitel 3 nicht behandelt); die dritte holt den Operanden aus dem Arbeitsspeicher; und die vierte führt den Befehl aus. Sobald die erste Station ihre Arbeit getan und das Ergebnis an die zweite weitergegeben hat, ist sie wieder frei und kann bereits den nächsten Befehl holen. Unter der Voraussetzung, daß jede Station für ihre Arbeit die gleiche Zeit braucht (eine Zeiteinheit) und daß die Befehlsfolge keine Sprungbefehle enthält, bearbeitet der Prozessor m Befehle in $m + 3$ Zeiteinheiten, während man ohne die Fließbandverarbeitung $4m$ Zeiteinheiten braucht. Für größere m ergibt sich damit eine Durchsatzerhöhung auf das fast Vierfache.

Sprungbefehle unterbrechen jedoch den reibungslosen Ablauf. Bei unbedingten Sprungbefehlen steht die Adresse des nächsten Befehls nach dem Abschluß von Abschnitt 2 fest, bei bedingten erst nach dem Abschluß der Hälfte von Abschnitt 4. Wenn dann ein Sprung stattfindet, wurden Teile der nachfolgenden Operationen fälschlicherweise schon ausgeführt. Dagegen kann man durch erhöhten Hardwareaufwand zwar etwas unternehmen, aber die Folge ist trotzdem, daß bei häufigen Sprungbefehlen die Durchsatzsteigerung nicht voll ausgenutzt wird.

Die Fließbandverarbeitung läßt sich nicht nur für aufeinander folgende Befehle, sondern auch für die aufeinander folgenden Abschnitte der Ausführung eines einzelnen Befehls einsetzen, sofern der nur kompliziert genug ist und sich deshalb auf mehrere Abschnitte aufteilen läßt. Bild 4 zeigt ein Operationsfließband für Gleitpunkt-Additionen aus fünf Stufen. Alle heutigen Mikroprozessoren benutzen die Fließbandtechnik.

Bild 4   Operationsfließband

Prozessoren für die Ein-Ausgabe. Während beim ursprünglichen v.Neumann-Rechner die gesamte Ein-Ausgabe über das Rechenwerk, also über den einen Akkumulator läuft und ihn dadurch für Rechenarbeit blockiert, benutzt man heute für die Ein-Ausgabe eigene Prozessoren, die direkt auf den Arbeitsspeicher zugreifen. Bei der Ausgabe entnehmen sie ihm das durch seine Adresse bezeichnete Byte und geben es anschließend aus. Bei der Eingabe warten sie auf ein Byte, das vom Eingabegerät kommt und schreiben es dann unmittelbar an die durch seine Adresse gegebene Stelle in den Arbeitsspeicher. Sie übernehmen dabei noch weitere Aufgaben, wie das Fortschalten der Adressen des Arbeitsspeichers, um einen ganzen Block von Daten auf einen einzigen Befehl hin zwischen Hauptspeicher und Peripherie zu übertragen, das Ingangsetzen und Anhalten von Ein-Ausgabe-Geräten und die Prüfung der transportierten Daten auf Übertragungsfehler. Während dieser Vorgänge kann der Hauptprozessor fast ungehindert ein Programm ausführen.

4.4 CISCs und RISCs

Die in Abschnitt 4.2 erwähnte Idee, die Maschinenbefehle durch ein darunter liegendes Mikroprogramm ausführen zu lassen, führte dazu, daß man die Prozessoren mit immer komfortableren Befehlssystemen (und damit mehr Mikroprogrammen) ausstattete, das heißt mit Befehlen, die immer kompliziertere Funktionen ausführen. Das ergibt kurze Maschinenprogramme, weil man dadurch manches mit einem Befehl ausdrücken kann, zu dem man vorher mehrere brauchte, aber es kompliziert auch die Rechnerorganisation. Die Befehle bekommen unterschiedliche Längen und unterschiedliche Ausführungszeiten. Hinzu kommt der Einfluß der verschiedenen *Adressierungsarten*. Hierunter versteht man die (in diesem Buch nicht behandelten) Möglichkeiten, die Adresse eines Operanden nicht direkt im Befehl anzugeben, sondern sie bei der Ausführung des Befehls von der Hardware (oder dem Mikroprogramm) aus mehreren Komponenten berechnen zu lassen. All das führt dazu, daß die Ausführung von Maschinenbefehlen durch Mikroprogramme Zeit verschlingt. Einfache Befehle dauern daher bereits mehrere Takte, etwa zwei oder drei, komplizierte zehn oder noch mehr.

Durch Untersuchungen an einer großen Anzahl von Programmen stellte man fest, daß die verschiedenen Befehlsarten mit sehr unterschiedlicher Häufigkeit vorkommen. Am weitaus häufigsten sind Lade- und Speicherbefehle (also einfache Transporte), während Befehle mit komplizierten Adressierungsarten nur selten auftreten. Es stellte sich deshalb die Frage, ob man solche Befehle überhaupt einbauen oder stattdessen vom Programmierer (oder Compiler) verlangen soll, daß er die komplizierteren Befehle durch Folgen einfacherer Befehle ersetzt.

Diese Erwägungen führten auf die Idee, mit der Tradition zu brechen und wieder Prozessoren ohne Mikroprogrammsteuerung zu bauen. Ihre Befehle werden wieder direkt von der Hardware ausgeführt, wie beim alten v.Neumann-Rechner. Ihr Befehlssystem ist weniger reichhaltig, ihre Befehle sind alle (oder mit wenigen Ausnahmen) gleich lang, und sie können alle, außer Lade- und Speicherbefehlen, in *einem* Takt ausgeführt werden. Man nennt solche Prozessoren *Reduced Instruction Set Computers* (abgekürzt *RISCs*) und im Gegensatz dazu Prozessoren mit traditionellem, umfangreichem Befehlssystem *Complex Instruction Set Computers* (abgekürzt *CISCs*).

Durch den Wegfall des Mikroprogrammsteuerwerks auf dem Chip kann man einem RISC viele Register geben, über hundert sind keine Seltenheit. Der Zugriff zu ihnen ist so schnell, daß die Ausführung einfacher Operationen wie der Addition mit dem Inhalt zweier Register und des Rückschreibens des Ergebnisses in eines der beiden Register in einem einzigen Takt stattfinden kann. Alle Befehle, die Operanden miteinander verknüpfen, beziehen sich bei einem RISC deshalb auf Operanden, die in Registern stehen. Für den Transport der Operanden und Ergebnisse zwischen Arbeitsspeicher und Registern gibt es eigene Befehle.

In einem CISC erfordert die Operation $z := x + y$ typischerweise 3 Befehle:

LOAD	R, x	Lade Register R mit x
ADD	R, y	Addiere y zu R
STORE	R, z	Speichere R in z

In einem RISC sind mindestens vier Befehle für dieselbe Aufgabe erforderlich:

LOAD	R1,x	Lade Register $R1$ mit x
LOAD	R2,y	Lade Register $R2$ mit y
ADD	R1,R2,R3	Addiere $R1$ zu $R2$ und speichere das Ergebnis in $R3$
STORE	R3,z	Speichere $R3$ in z

Selbst für so einfache und häufige Operationen wie die Multiplikation und die Division ganzer Zahlen gibt es in einem reinen RISC keine Maschinenbefehle, sondern sie müssen durch längere Folgen elementarer Befehle ersetzt werden.

Da der Zugriff auf den Hauptspeicher länger als einen Takt dauert, arbeiten RISCs immer mit Fließband-Verarbeitung und mit einem Befehls-Cache. Durch alle diese Eigenschaften zusammen wird es möglich, in jedem Takt die Ausführung eines neuen Befehls anzufangen; und hierdurch ergibt sich die hohe Geschwindigkeit der RISCs.

Die Architektur-Eigenschaften der RISCs wirken sich auch auf die Programmierung aus. Die kleine Anzahl und Einfachheit der Befehle erleichtert die Programmierung. Da man so viele Register zur Verfügung hat, kann man die am häufigsten benutzten Programmvariablen oft in Registern halten, ohne Platz im eigentlichen Arbeitsspeicher für sie reservieren zu müssen. Das wiederum erschwert die Programmierung, denn es erfordert die Entscheidung, welche Variablen in Registern und welche im Speicher untergebracht werden sollen. Die Fließbandverarbeitung bedeutet schließlich, daß der Befehl B_n, auf den unmittelbar der Befehl B_{n+1} folgt, noch nicht zu Ende ausgeführt ist, wenn die Ausführung von B_{n+1} beginnt. Wenn B_n eine Variable in ein Register lädt, findet deshalb der Befehl B_{n+1} die Variable am Anfang seiner Ausführung noch nicht in dem Register vor, sondern erst um einen Takt später. Man muß die Lücke zwischen beiden durch einen anderen Befehl „außerhalb der Reihe" füllen, was Schwierigkeiten bereiten kann.

Da sich auf dem Prozessorchip immer mehr Transistoren unterbringen lassen, macht man heute auch in CISC-Architekturen von Fließbändern Gebrauch und baut in RISC-Architekturen komplexe Befehle ein, die im Steuerwerk des Prozessors in Folgen elementarer Befehle zerlegt werden. Deshalb haben den letzten Jahren die Weiterentwicklungen ehemaliger CISCs und RISCs zu immer ähnlicheren Strukturen geführt, so daß sich die heute üblichen Mikroprozessoren kaum noch einer der beiden Architekturarten zuordnen lassen.[2]

4.5 Parallele Rechnerarchitekturen

Die im vorigen Abschnitt erläuterten Maßnahmen zur Parallelisierung spielen sich sozusagen hinter den Kulissen ab. Der Programmierer merkt von ihnen nichts, und sein gedankliches Maschinenmodell ist nach wie vor der v.Neumann-Rechner mit *einem* Prozessor. Im Gegensatz dazu stehen Maschinen mit mehreren Prozessoren, die vom Programmierer explizit angesprochen und von ihm für die Ausführung einer gemeinsamen Aufgabe programmiert werden können. In diesem Fall spricht man von *parallelen Rechnerarchitekturen*.

Parallele Rechnerarchitekturen sollen *parallele Algorithmen* ausführen. Die Frage ist nun, was parallele Algorithmen sein sollen, denn ein Algorithmus ist doch von Natur etwas Sequentielles, nämlich eine Folge von Schritten, die nacheinander ausgeführt werden. Das trifft zu, wenn jeder Schritt von seinem Vorgänger abhängt, weil er die Ergebnisse, die der Vorgänger liefert, als Eingangsgrößen braucht. Aber so muß es nicht immer sein. Betrachten wir die Zuweisung

$$z := \frac{(x - y) \cdot (x + y)}{2 \cdot x \cdot y}$$

Ihre sequentielle Berechnung erfordert 6 Schritte:

1	$h1$	$:= x - y$
2	$h2$	$:= x + y$
3	$h1$	$:= h1 \cdot h2$
4	$h2$	$:= 2 \cdot x$
5	$h2$	$:= h2 \cdot y$
6	z	$:= h1/h2$

Hier sind $h1$ und $h2$ Hilfsvariablen oder Register.

Schritt 2 erfordert jedoch nicht unbedingt, daß Schritt 1 zuvor ausgeführt worden ist. Auch Schritt 4 ist von Schritt 1 bis 3 unabhängig, falls man sein Ergebnis in eine neue Hilfsvariable schreibt. Wenn man drei Prozessoren zur Verfügung hat, kann man deshalb die Operationen so verteilen:

	Prozessor 1	Prozessor 2	Prozessor 3
1	$h1 := x - y$	$h2 := x + y$	$h3 := 2 \cdot x$
2	$h1 := h1 \cdot h2$		$h3 := h3 \cdot y$
3	$z := h1/h3$		

Unter der Annahme, daß die drei Prozessoren synchron laufen (alle Schritt i zugleich anfangen nachdem sie Schritt i–1 abgeschlossen haben) braucht man hier nur drei anstatt sechs Schritte.

Dieses Beispiel dürfte klar gemacht haben, was unter einem parallelen Algorithmus zu verstehen ist: Ein Algorithmus, dessen Schritte von verschiedenen Prozessoren teilweise gleichzeitig ausgeführt werden können.

Bild 5 zeigt als zweites Beispiel, wie man in drei Schritten die Summe von acht Zahlen berechnen kann. Im ersten Schritt bildet man mit vier Prozessoren die Summe von je zwei der acht Zahlen. Im zweiten Schritt addiert man mit zwei Prozessoren die Ergebnisse von je zwei Prozessoren des ersten Schritts, und im dritten Schritt addiert man die beiden Ergebnisse des zweiten Schritts.

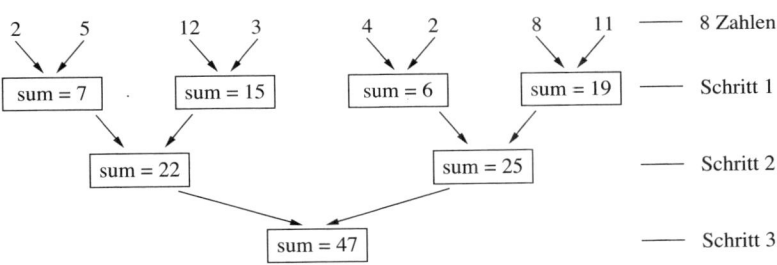

Bild 5   Summierung von 8 Zahlen mit 4 Prozessoren in 3 Schritten

Diese Beispiele mögen gekünstelt und unrealistisch aussehen, und sie sind es auch. Aber man braucht nur daran zu erinnern, daß technisch-wissenschaftliche Rechnungen vielfach Vektoren und Matrizen verarbeiten und daß dabei oft auf alle Elemente ein und dieselbe Operation angewandt wird. In solchen Fällen spielt die Parallelisierung ihre Vorteile aus.

Amdahls Gesetz. Man kann nun alle bekannten Algorithmen daraufhin untersuchen, inwieweit sie sich parallelisieren lassen, und für bekannte Aufgaben neue Algorithmen mit hoher Parallelisierbarkeit suchen. Das ist getan worden und wird ständig weiter getan, die Ergebnisse sind aber nicht sehr ermutigend. Meist bleiben Abschnitte übrig, die nicht parallelisierbar sind, und meist hängt die Anzahl der Prozessoren, die man für die volle Ausnutzung der Parallelität einsetzen müßte, von der Problemgröße ab, so daß man für größere Probleme bald nicht mehr genügend Prozessoren zur Verfügung hat. Es

gibt eine einfache Gesetzmäßigkeit, die zeigt, wie bei Anwesenheit nichtparallelisier-
barer Abschnitte der Geschwindigkeitsgewinn zunichte gemacht wird. Wenn die Hälfte
der Schritte, die einen Algorithmus ausmachen, nicht parallelisierbar ist, muß sie
sequentiell ausgeführt werden und braucht die Hälfte der Zeit, die man zur rein sequentiellen Bearbeitung des Problems gebraucht hätte. Gleichgültig, wie viele Prozessoren
man für die andere Hälfte zur Verfügung stellt, braucht man für die Gesamtaufgabe
etwas mehr als die halbe Zeit, so daß die Gesamtgeschwindigkeit daher nicht einmal
verdoppelt werden kann. Allgemein: Wenn $1/n$ der Schritte, die einen Algorithmus ausmachen, nicht parallelisierbar ist, müssen diese Schritte sequentiell ausgeführt werden.
Sie brauchen $1/n$ der Zeit, und es bleiben nur noch $(n-1)/n$ Zeitanteile für die Parallelisierung übrig. Gleichgültig, wie viele Prozessoren man für sie zur Verfügung stellt,
kann die Gesamtgeschwindigkeit daher nicht einmal ver-n-facht werden. Das ist
Amdahls Gesetz (G. Amdahl, Rechnerarchitekt).[3]

Wenn ein nennenswerter Anteil von nichtparallelisierbaren Operationen vorhanden ist,
kann man noch so viele Prozessoren einsetzen und hat trotzdem fast keinen Gewinn an
Geschwindigkeit. Paralleles Rechnen mit vielen Prozessoren wird also nur dann wirksam, wenn die Aufgabe nahezu vollständig parallelisierbar ist, und das heißt, nur für
Spezialaufgaben. Diese Spezialaufgaben stammen meist aus der numerischen Mathematik und der Physik (zum Beispiel die Lösung großer Systeme von Differentialgleichungen). Sie sind zwar an sich interessant, haben aber mit der Informatik wenig zu tun,
und wir wollen deshalb hier nicht näher auf sie eingehen.

Das Kommunikationsproblem. Am Anfang dieses Abschnitts wurde gesagt, daß man
von parallelen Rechnerarchitekturen erst dann spricht, wenn es mehrere Prozessoren
gibt, die gemeinsam an einer Aufgabe arbeiten. Das gemeinsame Arbeiten an einer Aufgabe bedeutet, daß die Prozessoren auf gemeinsame Daten zugreifen oder Daten untereinander weitergeben müssen. Deshalb spielt die Kommunikation zwischen ihnen eine
wichtige Rolle.

Es gibt nun zwei wesentlich verschiedene Kommunikationsarten: die über einen gemeinsamen Speicher und die über Verbindungsleitungen. Beide sollen hier kurz bespro-
chen werden.

Kommunikation über gemeinsamen Speicher. Hier kommunizieren n Prozessoren über
den ihnen allen gemeinsam zugänglichen Arbeitsspeicher. Bild 6 zeigt so eine Anordnung für 4 Prozessoren. Wenn ein Prozessor Daten in den gemeinsamen Speicher
geschrieben hat, kann ein anderer Prozessor die Daten lesen.

Eine solche Organisation sieht plausibel aus, sie bringt aber Schwierigkeiten mit sich.
Ein Arbeitsspeicher kann zu einem Zeitpunkt nur *eine* Schreib- oder Leseanforderung
ausführen. Der zwischen den Prozessoren liegende Bus muß deshalb den gleichzeitigen
Zugriff mehrerer Prozessoren auf den Speicher verhindern, was einer Sequentialisierung gleichkommt.

Ferner ergeben sich programmierungstechnische Schwierigkeiten. Wenn nämlich alle
Prozessoren gleichzeitig arbeiten und jeder einzelne sich nicht darum kümmert, was
seine Nachbarn gerade tun, kann es vorkommen, daß zwei oder mehr Prozessoren auf
dieselbe Speicherzelle zuzugreifen versuchen, insbesondere, daß ein Prozessor ihren

Inhalt lesen und der andere etwas Neues in sie hineinschreiben will. Je nach der Reihen-
folge, in der die Prozessoren den Zugriff zugeteilt bekommen, erhält dann der lesende
Prozessor den alten oder schon den neuen Inhalt der Speicherzelle. Eine dieser beiden
Möglichkeiten wird die richtige sein, die andere ein Fehler. Auf dieses zentrale Problem
der Parallelarbeit bei gemeinsamem Speicher gehen wir in Kapitel 7 näher ein. Von
Nachteil ist auch, daß die Anzahl der Prozessoren, die man mit einem gemeinsamen
Speicher arbeiten lassen kann, begrenzt ist. Mehr als 15 bis höchstens 30 dürfen es nicht
sein, weil sonst die Sequentialisierung der Speicherzugriffe sich technisch kaum noch
durchführen läßt und zu untragbarer Verlangsamung führt.

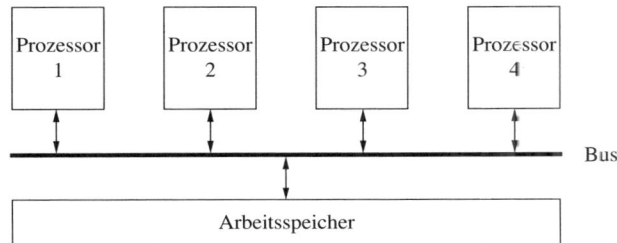

Bild 6   Vier parallel arbeitende Prozessoren, die über einen
          gemeinsamen Arbeitsspeicher kommunizieren

Abgesehen von diesen Schwierigkeiten ist die Kopplung über den gemeinsamen Speicher flexibel und schnell, da alle Daten allen Prozessoren direkt zugänglich sind.

Kommunikation über Verbindungsleitungen. Hier kommunizieren n vollständige Rechner, von denen jeder aus einem Prozessor und einem eigenen und nur ihm zugänglichen
lokalen Speicher besteht, über Verbindungsleitungen mit den anderen Rechnern. Die
Anzahl der auf diese Weise zusammenarbeitenden Rechner ist theoretisch unbegrenzt.
Hierdurch entsteht nicht nur ein Multi*prozessor*- sondern ein Multi*computer*system.

Ein bestechender Gedanke! Das ist doch erst die wahre Art, Parallelarbeit zu betreiben.
Warum macht man es nicht *nur* so? Das hat mehrere Gründe. Einer ist der, daß die Kom-
munikation über einen gemeinsamen Speicher viel schneller ist. Der Zugriff auf den
Hauptspeicher dauert weniger als eine Mikrosekunde, während das Versenden von
Daten über Verbindungsleitungen im Millisekundenbereich liegt. Ein anderer betrifft
das technische Problem der Verbindungswege. Leider sind Verbindungsleitungen zum
Datentransport, wenn die Datenübertragung schnell vor sich gehen soll, teuer. Man hat
sich eine solche Verbindung als Bus vorzustellen, also bei einer 32-Bit-Maschine als
Bündel von 32 Datenleitungen und einigen zusätzlichen Steuerleitungen. Wollte man in
einem Netz aus n Rechnern jeden von ihnen mit allen anderen direkt verbinden,
brauchte man $n(n-1)/2 \approx n^2/2$ Verbindungen zwischen ihnen. Die Anzahl der Verbindungen wächst also mit dem Quadrat der Anzahl der Rechner. Das ist technisch und
wirtschaftlich nur für wenige Rechner ausführbar. Man beschränkt sich deshalb darauf,
einen Rechner nur mit einigen anderen Rechnern zu verbinden (die seine „Nachbarn"

heißen) und kommt dann auf verschiedene *Verbindungstopologien*, wie den Bus, den Ring, das Gitter, den Stern und den Würfel (Bild 7).

Dadurch ergeben sich zwei Klassen von Verbindungen: die direkten Verbindungen zu den Nachbarn und die indirekten Verbindungen zu den übrigen Rechnern, die über die dazwischenliegenden Rechner laufen müssen. Wenn in Bild 7a Rechner 1 Daten an Rechner 4 schicken will, versieht er sie mit der Zielangabe „Für Rechner 4" und schickt sie an Rechner 2. Der erkennt sie als nicht für sich bestimmt und schickt sie weiter an Rechner 3, und der schickt sie schließlich an Rechner 4. Es dürfte klar sein, daß die Datentransporte über die indirekten Verbindungen viel langsamer sind als über die direkten und daß sie darüber hinaus die auf dem Weg liegenden Rechner mit Arbeit belasten.

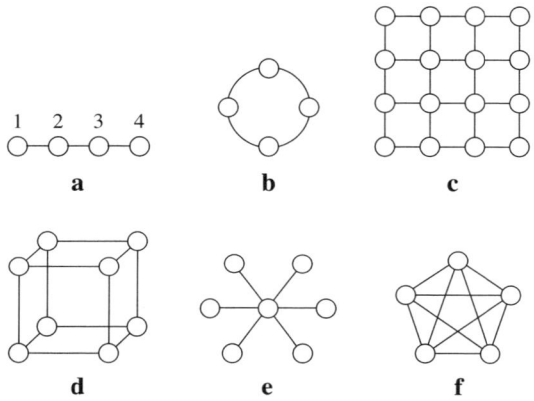

Bild 7   Verbindungstopologien (jeder Kreis stellt einen vollständigen Rechner dar)
              a Bus, **b** Ring, **c** Gitter, **d** Würfel, **e** Stern, **f** vollständig

Die Verbindungstopologien von Bild 7a – e sind technische Kompromisse, und es ist interessant, ihre Unterschiede hinsichtlich Kosten und Leistung zu analysieren. In Bild 8 sind vier Kenngrößen für ein Netz aus n Knoten zusammengestellt: Die Anzahl der Verbindungen insgesamt, der größte „Grad" eines Knotens, d. i. die Anzahl der Leitungen (eigentlich Leitungsbündel), die von ihm ausgehen, die maximale Entfernung zwischen zwei Knoten und die Homogenität des Netzes. Ein Netz ist homogen, wenn von allen Knoten gleich viele Verbindungen ausgehen.

Die Busstruktur ist sparsam in den Verbindungen, aber der Abstand zwischen entfernten Knoten ist groß. Die Ringstruktur benutzt nur eine Verbindungsleitung mehr und vermindert dadurch den größten Abstand zwischen zwei Knoten auf die Hälfte des Wertes beim Bus. Die Gitterstruktur ist aufwendiger, denn die meisten Knoten sind durch vier Leitungen mit ihren Nachbarn verbunden, dafür ist der maximale Knotenabstand kleiner. Der Stern ist ebenfalls sparsam in den Verbindungen, aber der mittlere Knoten ist durch das Weitergeben von Daten stark belastet. Der Würfel bildet einen Kompromiß hinsichtlich aller Einflußgrößen und ist zudem noch homogen.[4]

Es gibt noch eine andere Möglichkeit, Rechner miteinander zu verbinden. So wie das Telefonnetz es fertigbringt, über Wählschalter je zwei beliebige Teilnehmer auf der Welt zu verbinden, müßte es doch auch möglich sein, zwei beliebige Rechner eines noch so großen Netzes über Wählschalter zu verbinden. Das stimmt zwar, und es sind auch solche geschalteten Parallelrechner gebaut worden. Aber der Unterschied zum Telefonnetz liegt in der großen Anzahl von Leitungen, die durchgeschaltet werden müssen und in der hohen Geschwindigkeit, die hier vom Wählvorgang erwartet wird. Während man dem Wählvorgang beim Telefonieren ohne weiteres einige Sekunden zugesteht, soll er hier in Millisekunden, besser noch in Mikrosekunden durchgeführt werden. Das macht beträchtliche Schwierigkeiten.

Netzstruktur	Anzahl der Verbindungen	Max. Grad eines Knotens	Max. Entfernung zwischen Knoten	Homogenität
Bus	$n-1$	2	$n-1$	inhomogen
Ring	n	2	$n/2$	homogen
Gitter ($\sqrt{n} \cdot \sqrt{n}$)	$2 \cdot (n - \sqrt{n})$	4	$2 \cdot (\sqrt{n} - 1)$	inhomogen
Würfel ($n = 2^k$)	$n \cdot \log_2 n$	$\log_2 n$	$\log_2 n$	homogen
Stern	$n-1$	$n-1$	2	inhomogen
Vollständig	$n \cdot (n-1) / 2$	$n-1$	1	homogen

Bild 8   Eigenschaften der verschiedenen Verbindungsarten bei einem Netz mit n Knoten (nach [Hayes])

Das Problem der Programmierung. Es hat sich gezeigt, daß die verschiedenen Verbindungstopologien sich für verschiedene Aufgabenklassen verschieden gut eignen. So ist die Gitterstruktur gut geeignet für die Lösung von partiellen Differentialgleichungen, bei denen jeder Knoten einem Punkt auf einer Fläche oder im Raum entspricht und die Änderung des Zustands jedes Knotens nur von den Zuständen seiner vier Nachbarknoten abhängt. Es gibt aber andere Aufgabentypen, für die die Gitterstruktur ungeeignet ist. Ebenso verhält es sich mit den anderen Verbindungsformen. Ein Grund für die Verwendung des Würfels ist der, daß man mit ihm die meisten anderen Verbindungstopologien nachbilden kann und daß er deshalb für eine besonders große Klasse von Aufgaben geeignet ist.

Es bleibt indessen die Grundtatsache bestehen, daß alle parallelen Rechnerarchitekturen nur für bestimmte, oft stark eingeschränkte Aufgabenklassen geeignet sind. Das steht in krassem Gegensatz zum v.Neumann-Rechner, der universell, für alle Aufgabenklassen, einsetzbar ist. Und das ist wohl auch der Hauptgrund dafür, daß Parallelrechner bis heute nur auf speziellen, eingeschränkten Gebieten eingesetzt werden. Es ist nicht zu erkennen, aus welchem Grund sich das in absehbarer Zeit ändern soll.[5]

Zum Abschluß ist die hier gewählte Einteilung der verschiedenen Möglichkeiten von Parallelität in Bild 9 noch einmal zusammengestellt. Wohlgemerkt: es ist nur *eine* unter mehreren möglichen Einteilungen. Sie zeigt die Vielfalt der Versuche, über den v.Neumann-Rechner hinauszugelangen, und mehr sollte dieser Abschnitt dem Leser nicht mitteilen. Die Beurteilung der einzelnen Architekturen ist auch für Informatiker

schwierig, zumindest erfordert sie das Programmieren vieler verschiedener Aufgabenklassen auf Maschinen der verschiedenen Architekturen.

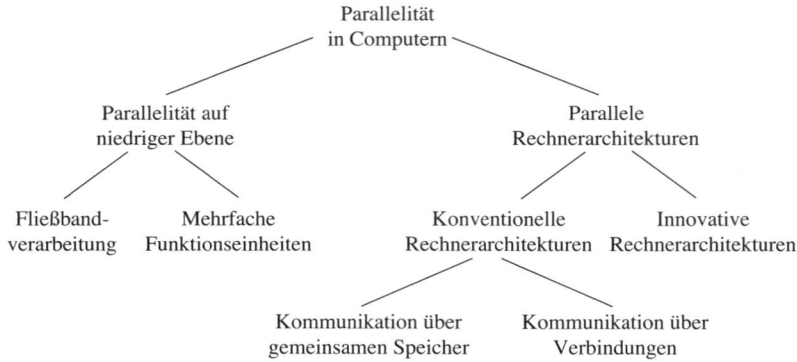

Bild 9   Möglichkeiten der Parallelarbeit (über innovative Rechnerarchitekturen
             siehe Anmerkung 5)

4.6 Rechnernetze

Während die Einführung des parallelen Rechnens hauptsächlich von den Forderungen
einiger technischer Anwender nach höherer Rechenleistung bestimmt war, gibt es noch
eine andere Richtung, in der sich der v.Neumann-Rechner weiterentwickelte: die Rechnernetze. Bis in die späten sechziger Jahre hinein war jedes Rechenzentrum eine in sich
abgeschlossene Datenwelt. Man konnte seine Programme auf der Maschine seines
Rechenzentrums laufen lassen, aber nicht seine Daten über eine elektrische Verbindung
an ein anderes Rechenzentrum übertragen oder sich von dort Daten holen. Dann kam
die Datenfernübertragung, mit der es möglich wurde, von einem Ein-Ausgabe-Gerät,
das weit entfernt vom Rechner steht (womöglich in einem anderen Kontinent), über
Telefonverbindungen mit dem Rechner zu kommunizieren: Daten in ihn einzugeben
und Ergebnisse von ihm zurückzubekommen. Diese Technik ist auch heute noch in vollem Einsatz, wie man bei einem Besuch in Banken feststellen kann.

Wenn aber ein Rechner und ein Mensch (durch ein entfernt stehendes Ein-Ausgabe-
Gerät) auf diese Weise kommunizieren können, warum sollen es nicht auch zwei Rechner miteinander? Und wenn es zwei können, dann müßten es doch auch zehn oder fünf-
zig können. Das ist die Idee, mehrere Rechner über ein Verbindungsnetz so zusammen-
zuschalten, daß ein *Rechnernetz* entsteht. Aber das hatten wir doch gerade bei den parallelen Rechnerarchitekturen kennengelernt: daß mehrere Rechner Daten über
elektrische Verbindungen austauschen können! Nein, das was jetzt gemeint ist, ist etwas
anderes. Parallelrechner arbeiten an *einer gemeinsamen Aufgabe*, sie sind räumlich
benachbart (stehen im selben Raum oder Gebäude), und der Verkehr zwischen ihnen ist
sehr dicht. Sie sind „abgeschlossene Systeme", das heißt solche, deren Umfang und
Zusammenschaltung ein für allemal festgelegt ist, so daß man ihnen keine neuen Rechner im Verlaufe der Zeit hinzufügen kann. Rechnernetze dagegen sind Verbindungen

autonomer Rechenzentren und Einzelrechner, die im allgemeinen nicht an einer gemeinsamen Aufgabe arbeiten, nicht im selben Raum stehen und die Datenübertragung zu anderen Rechnern nur als zusätzlichen Dienst anbieten. Sie sind „offene Systeme", das heißt solche, an die man im Verlaufe der Zeit neue Rechner beliebiger Bauart, Datendarstellung und Leistungsfähigkeit anschließen kann.

Man nennt die in einem Netz verbundenen Rechner *Netzknoten* oder kurz *Knoten* und teilt die Netze nach verschiedenen Gesichtspunkten ein:

- Man unterscheidet *homogene Netze* mit lauter gleichartigen Rechnern (zum Beispiel innerhalb einer Firma) und *heterogene Netze*, an die Rechner beliebiger Bauart angeschlossen werden können. Die heterogenen sind in der Überzahl und werfen mehr Probleme als die homogenen auf. Wir denken deshalb im folgenden immer an heterogene Netze, und sprechen einfach nur von Netzen.

- Man unterscheidet ferner *Weitverkehrsnetze* (*WAN = wide area network*), bei denen die Teilnehmer so weit voneinander entfernt sind, daß die Datenübertragung zwischen ihnen über öffentliche Netze laufen muß (Fernsprechnetz, spezielle Datennetze, Satelliten) und *lokale Netze* (*LAN = local area network*), bei denen die Teilnehmer im selben Gebäudekomplex sitzen, so daß die Datenübertragung zwischen ihnen durch besondere Leitungen stattfinden kann und keine öffentlichen Netze in Anspruch nimmt. Die Nachrichtenübertragung von einem Knoten zum anderen geht bei lokalen Netzen viel schneller als bei Weitverkehrsnetzen; die Übermittlungszeit kurzer Nachrichten zwischen zwei Teilnehmern liegt im Millisekundenbereich.

Neuerdings kann man mit Glasfaserkabeln ähnliche Geschwindigkeiten wie bei lokalen Netzen über größere Entfernungen bis zu etwa 10 km erreichen. Das hat für solche Netze zu dem neuen Namen *MAN = metropolitan area network* geführt. Schließlich werden weltumspannende Netze manchmal als globale Netze (*GAN = global area network*) bezeichnet, so daß sich folgende vier Netzarten ergeben:

LAN	= local area network	≤ 1 km
MAN	= metropolitan area network	≤ 10 km
WAN	= wide area network	> 10 km
GAN	= global area network	

Es gibt heute zahllose Rechnernetze. Auch zwischen den einzelnen Netzen bestehen oft Verbindungen, so daß wir Netze aus Netzen haben. Das bedeutendste unter ihnen ist das Internet; es umspannt wie das Telefonnetz die ganze Welt, und jeder Rechnerbesitzer kann sich daran anschließen lassen. Näheres darüber in Abschnitt 4.7.

Von den vielen Problemen, die bei Rechnernetzen gelöst werden müssen, skizzieren wir in den folgenden Abschnitten die wichtigsten.

Protokolle. Voraussetzung für Rechnernetze ist die Möglichkeit, größere Datenmengen mit hinreichender Geschwindigkeit und Fehlerfreiheit über Nachrichtenverbindungen zu übertragen. Das ist eine schwierige Aufgabe. Der sendende und der empfangende Rechner können bei heterogenen Netzen ganz verschiedene Eigenschaften haben. Deshalb, und um die übertragenen Daten gegen Störungen auf dem Übertragungsweg zu schützen, muß der Sender die Daten vor der Übertragung erst auf eine standardisierte Art codieren, und der Empfänger muß sie nach der Übertragung wieder decodieren. Die

Fehlerlosigkeit der Datenübertragung muß durch besondere Prüfzeichen sichergestellt werden. Schließlich wird die eigentliche Nachricht noch von Steuerinformationen eingerahmt. Steuerinformationen *vor* der Nachricht bezeichnen den Empfänger, signalisieren ihm, daß eine Nachricht kommt und charakterisieren die Nachricht. Steuerinformationen *hinter* der Nachricht signalisieren das Ende der Nachricht. Insgesamt stellt eine Nachricht ein kompliziert strukturiertes Gebilde dar, von dem die eigentlichen Daten unter Umständen nur einen kleinen Teil ausmachen (siehe Bild 10). Man nennt die Regeln für den strukturellen Aufbau und die zeitliche Abfolge solcher Nachrichten „Protokolle" (gemeint im Sinne des Protokolls bei diplomatischen Empfängen: „Regelung eines Ablaufs"). Protokolle müssen einheitlich festgelegt sein, damit die Datenübertragung zwischen allen Netzknoten funktioniert.

Es gibt viele Protokollarten: einfache und komplizierte, gegen Fehler gesicherte und ungesicherte, Protokolle speziell für Texte, Bilder und Musik, firmenspezifische und Standardprotokolle, Einzelprotokolle und Familien zusammenarbeitender Protokolle; und ständig werden neue, bessere erfunden.

Leitungs- und Paketvermittlung. Das Telefonnetz arbeitet nach dem Prinzip der *Leitungsvermittlung*: Hier wird den beiden miteinander verbundenen Teilnehmern eine Leitung (allgemeiner: ein Übertragungskanal) zur alleinigen Benutzung zur Verfügung gestellt. Diese Vermittlungsart ist für Weitverkehrsnetze meist ungeeignet, denn die Übertragung einer Nachricht geht zwar sehr schnell, aber die von einem Teilnehmer belegte Leitung wird nur schlecht ausgenutzt, sofern er nicht ständig Daten überträgt.

Man macht es deshalb wie die Post: Man sieht eine Nachricht als ein „Paket" an, versieht das Paket mit der Empfängeradresse und schickt es ins Netz. Dort durchläuft es auf seinem Weg zum Empfänger verschiedene Netzknoten, wird in jedem gespeichert und weitergegeben, bis es zum Empfänger gelangt. Dieses Prinzip heißt „Paketvermittlung". In Wirklichkeit wird eine Nachricht sogar in mehrere Teile geeigneter Länge zerlegt, die Teile werden numeriert, und jeder Teil wird für sich als Paket verschickt. Die einzelnen Pakete können auf verschiedenen Wegen durch das Netz laufen und damit in verschiedenen Reihenfolgen beim Empfänger ankommen; früh abgesandte Pakete können später als spät abgesandte ankommen, weil sie einen längeren Weg durchlaufen mußten oder in Zwischenknoten aufgehalten wurden. Der Empfängerknoten muß die Pakete, die eine Nachricht ausmachen, sammeln und in der richtigen Reihenfolge zusammensetzen, bevor er die Nachricht an den Benutzer ausgibt. Weil bei der Paketvermittlung ein Paket in jedem Zwischenknoten gespeichert und dann weitergegeben wird, nennt man paketvermittelnde Netze auf Englisch auch „store and forward networks". Große Netze enthalten Knoten, die nur der Vermittlung dienen (*Vermittlungsrechner, IMP = interface message processor*).

Ein Problem dabei ist die Auffindung eines Weges vom Sender- zum Empfängerknoten, und wenn es mehrere gibt, die eines möglichst günstigen. Wie soll ein Netzknoten in Ulm, der ein Paket aus Kapstadt bekommt, das nach Mailand adressiert ist, wissen, an welchen Netzknoten, der mit ihm verbunden ist, er das Paket weiterschicken soll? Das ist das Problem der *Wegwahl* (*routing*). Dabei kommt es nicht nur darauf an, die Nachricht an einen Knoten weiterzugeben, der dem Empfängerknoten nahe ist, sondern auch darauf, daß der Knoten das Paket schnell weitergeben kann, also nicht überlastet ist.

Hierzu gibt es eine ganze Reihe ausgeklügelter Verfahren mit unterschiedlichen Vor- und Nachteilen. Eine Folge der Paketvermittlung und Wegwahl ist die, daß eine Nachricht, die man von Deutschland nach Österreich sendet, über viele Knoten in der ganzen Welt laufen kann, bevor sie ankommt, und daß die Übertragungsdauer von Sendung zu Sendung ganz verschieden sein kann.[6]

Schichtenstruktur von Rechnernetzen. Es hat sich gezeigt, daß man die Probleme, die durch die Verschiedenheit der in einem Netz kommunizierenden Rechnersysteme entstehen, am besten lösen kann, indem man die Programmierung der Kommunikation in verschiedenen Abstraktionsschichten ausführt. Die unterste (konkreteste) Schicht ist die der Übertragung von Bits vom Sender- zum Empfängerknoten über ein physisches Medium, wie Draht, Licht, Funk. Darüber errichtet man mehrere *Softwareschichten*, die die Kommunikation zwischen zwei Rechnern auf immer abstraktere Weise behandeln. Jede Schicht hat ihr eigenes Protokoll und ist von den anderen Schichten in dem Sinn entkoppelt, daß ein Programmierer, der eine Kommunikation in Schicht n programmiert, nur das Protokoll der Schicht n zu kennen braucht und nicht beachten muß, was mit diesem Protokoll in den darunterliegenden Schichten geschieht. Der Programmierer von Schicht n des sendenden Rechners glaubt, dank der Schichtenstruktur, direkt mit der Schicht n des empfangenden Rechners zu kommunizieren.

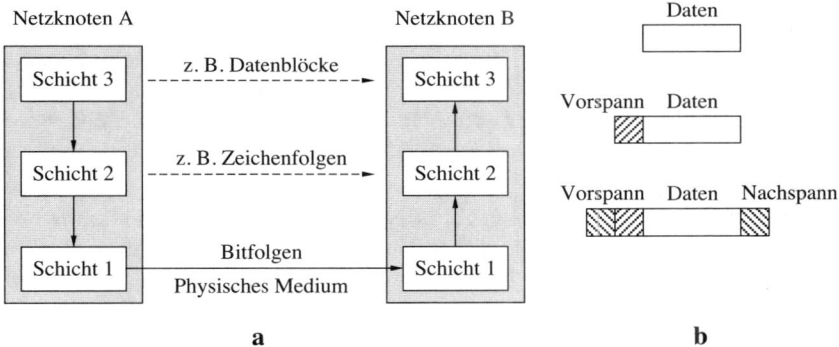

Bild 10   Dreischichtige Struktur der Verbindung zweier Netzknoten und Protokolle
     a   Dreischichtige Struktur
     b   Datenpaket mit „Verpackung" durch Vorspann und Nachspann

Bild 10 zeigt das Prinzip eines Kommunikationsmodells aus 3 Schichten. Wenn ein Programmierer im Netzknoten A auf der Schicht 3 eine Botschaft an Netzknoten B senden will, „verpackt" er sie nach den Regeln des Protokolls der Schicht 3 (in Bild 10 durch Hinzufügen eines Vorspanns) und „schickt sie ab", das heißt, übergibt sie an (Software)Schicht 2 in Netzknoten A. Dort wird die verpackte Botschaft, dem Protokoll der Schicht 2 entsprechend, noch einmal verpackt (in Bild 10 durch Hinzufügen eines weiteren Vorspanns und eines Nachspanns) und dann an Schicht 1 übergeben. Dort wird sie in eine dritte Verpackung gehüllt und endlich über eine physische Verbindung zum Netzknoten B übertragen. Schicht 1 von Netzknoten B entfernt die äußere Verpackung und übergibt die noch zweimal verpackte Botschaft an Schicht 2. Dort wird die mittlere Verpackung entfernt und in Schicht 3 von Netzknoten *B* die innere.

Man erkennt an diesen wenigen Bemerkungen über die Schichtenstruktur, daß die Kommunikation zwischen Rechnern beträchtlichen Aufwand und Scharfsinn erfordert. Die Abstraktionen der Schichtenstruktur verdecken diesen Aufwand dann wieder zum Teil und ermöglichen es dem Programmierer einer Schicht, die Details anderer Schichten außer acht zu lassen. Trotzdem bleibt die Programmierung der Kommunikation in Rechnernetzen eine schwierige, Spezialkenntnisse voraussetzende Sache.[7]

Aufmerksame Leser werden inzwischen bemerkt haben, daß bei dem Schichtenmodell viel Software im Spiel ist. Das Verpacken der Nachrichten gemäß den Protokollen, die Aufteilung in Pakete und die Wegwahl werden von Programmen, nicht von Schaltungen ausgeführt. Deshalb gehört ein Teil dieses Kapitels eigentlich in die Kapitel über Software. In dem Schichtenmodell sind jedoch Hardware (in den unteren) und Software (in den oberen Schichten) so eng miteinander verwoben, daß wir die softwareorientierten Teile der Rechnernetze schon hier mitbehandeln. Auch im weiteren Verlauf dieses Kapitels geht es hauptsächlich um Probleme, die durch Software gelöst werden.

Anwendungsarten. Die Hauptanwendung von Rechnernetzen ist der Austausch von Daten (*Datenverbund*). Es gibt aber auch andere Anwendungen. Wenn in einem Netz Rechner mit verschiedenen Leistungsfähigkeiten oder mit Spezialeigenschaften verbunden sind, kann ein Programmierer, dessen Maschine „am Netz hängt", unter Umständen selbst bestimmen, auf welchem der Netzknoten das eine und auf welchem das andere Programm (das vielleicht mehr Speicherplatz braucht) laufen soll. Das ist der *Funktionsverbund*. Schließlich gibt es den *Lastverbund*: Wenn ein Netzknoten stark ausgelastet ist, kann ein Lastverteiler weitere Rechenaufträge an ihn auf andere, weniger stark ausgelastete Rechner umleiten.

Man erkennt an diesen Verbundarten, daß ein Rechnernetz eine Art „Übercomputer" ist (das Wort „Supercomputer" ist leider schon vergeben), indem es nicht nur die Leistung eines einzelnen Rechners scheinbar vervielfacht, sondern neue Eigenschaften aufweist.

Beim Datenverbund und Lastverbund tauschen normalerweise mehrere Rechner Daten oder Rechenaufträge miteinander aus; hierfür waren die Rechnernetze ursprünglich konzipiert. Eine andere Anwendungsart ergab sich später aus dem Wunsch eines Benutzers oder des Betreibers eines Netzknotens, seine Datenbestände anderen Netzteilnehmern zugänglich zu machen, und aus dem umgekehrten Wunsch eines Netzteilnehmers, sich Informationen, die irgendwo im Netz gespeichert sein mochten, von dort zu verschaffen. Hier geht es nicht um die Lösung einer gemeinsamen Aufgabe, sondern um die weltweite *Verteilung von Information* und den weltweiten *Zugriff auf Information*. Diese Anwendungsart dominiert im *Internet*. Sie hat keinen eigenen Namen, aber man könnte sie als „Informationsbereitstellung und Informationsbeschaffung" bezeichnen.

Client-Server-Modell. Eine vielfach verwendete Organisationsform der in einem Netz verbundenen Rechner (oder auch der Programme, die auf ihnen laufen), ist das sogenannte „Client-Server-Modell", wie es Bild 11 zeigt. Hier sind die zum Netz gehörenden Rechner oder Programme in zwei Arten eingeteilt: *Klienten* und *Server*. Klienten wünschen Dienste von Servern, und Server stellen ihnen Dienste zur Verfügung. Klienten sind Auftraggeber, Server sind Anbieter oder Auftragnehmer; sie werden nicht von selbst aktiv, sondern warten darauf, daß ein Klient Dienste von ihnen verlangt (sie „lauschen" ins Netz), und führen sie dann aus. Server sind die zentralen Teile eines Rechnernetzes; die menschlichen Benutzer kommen nicht direkt an sie heran, sondern kommunizieren mit ihnen über einen Klienten. Klienten und Server können verschiedene Rechner sein oder nur verschiedene Programme. In diesem Fall können auf ein und demselben Rechner Klienten- *und* Server-Programme ablaufen.

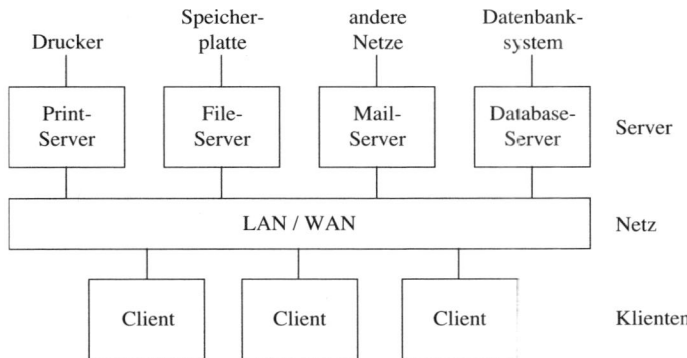

Bild 11   Client-Server-Modell

Der *Print-Server* nimmt von allen Klienten Dateien zum Drucken entgegen und druckt sie auf einem zentralen Drucker aus. Der *File-Server* verwaltet einen großen Plattenspeicher, in dem alle Klienten Dateien ablegen und aus dem sie sich Dateien holen können. Der *Mail-Server* sendet elektronische Post von einem Klienten an andere und in andere Netze, und er verteilt elektronische Post, die er von anderen Netzen empfängt, an die Klienten. Der *Database-Server* verarbeitet Anfragen an ein Datenbanksystem (siehe Kapitel 10). Deutsche Begriffe für „Server" und die einzelnen Serverarten gibt es leider nicht.

Einfache Netze haben oft nur Print- und File-Server, umfangreiche Netze können auch mehr als die in Bild 11 gezeigten Server enthalten.

4.7 Das Internet

Die Charakteristika des größten und spektakulärsten aller Netze, des Internets, sind Paketvermittlung und die Verwendung einer bestimmten Protokollfamilie mit dem Namen *TCP/IP* (*TCP = transmission control protocol*, *IP = internet protocol*).

Damit ist vom Standpunkt der Technischen Informatik, die ja in diesem Kapitel behandelt wird, schon alles gesagt. Einige Eigenschaften des Internets sollen aber hier noch näher betrachtet werden, auch wenn sie keine technischen Aspekte betreffen.

Entwicklung. Am Anfang aller Rechnernetze stand das *Arpanet*, das erste große Netz für die Erforschung der Arbeitsweise von Rechnernetzen und für militärische Zwecke in Amerika. Mit ihm wurden die bahnbrechenden Ideen, unter anderem die Paketvermittlung, die verschiedenen Protokollarten und die Schichtenstruktur erprobt. Im Jahr 1983 führte man dort die Protokollfamilie TCP/IP ein, und dieser Zeitpunkt gilt als die Geburtsstunde des Internets. Es wurde zuerst nur in Amerika und nur für Dateiübertragung und Elektronische Post (E-Mail) eingesetzt. Nachdem sich aber herausgestellt hatte, daß es funktioniert und nützlich ist, schlossen sich bis etwa 1990 die meisten europäischen Staaten und manche andere an das Internet an, das dadurch zu einem weltumspannenden Netz wurde, jedoch weiterhin fast ausschließlich von Informatikern und anderen „Eingeweihten" benutzt wurde, weil seine Bedienung nicht so einfach wie heute war. Die Datenübertragung war auf Textdateien beschränkt. Bald darauf wurden die Einsatzmöglichkeiten des Internets dadurch erweitert, daß man fortan Daten verschiedener Arten (Text, Bild, Ton) auf einfache Weise, vom Benutzer mit Bildschirm und Maus gesteuert, über das Netz senden und empfangen konnte, was dem Internet viele neue Anwender zuführte.

Der Durchbruch kam aber erst 1993 mit einer weiteren Idee, dem *WWW* (*world wide web = weltumspannendes Gewebe*). Die Bereitstellung und Beschaffung von Information wurde dadurch weiter vereinheitlicht und vereinfacht; dadurch bemerkte man, daß sich das Internet über das WWW für Werbung und Handel ausnutzen läßt, und seitdem ist das Internet in aller Munde. Die Anzahl seiner Benutzer wächst enorm schnell. Im Januar 2000 waren (nach einer Information aus dem Internet) weltweit 72 Millionen Rechner an das Internet angeschlossen; davon in Deutschland 1.7 Millionen, in der Schweiz 0.3 Millionen und in Österreich 0.27 Millionen.

Internetdienste. Das Internet stellt seinen Benutzern eine Reihe von sogenannten „Diensten" zur Verfügung. Darunter versteht man Funktionen, die von einem oder mehreren am Internet beteiligen Rechnern erbracht werden und von anderen Netzteilnehmern über Kommunikationsprotokolle benutzbar sind. Hier seien nur die wichtigsten von ihnen genannt:

- *electronic mail* für briefliche Mitteilungen an einzelne Teilnehmer oder Teilnehmergruppen;
- *network news* für den Informationsaustausch zwischen Teilnehmergruppen, vergleichbar mit einer frei zugänglichen Anschlagtafel für alle Teilnehmer;
- *electronic file transfer* (*FTP*) für das Ablegen von Dateien in einem anderen Rechner und das Holen von Dateien aus einem anderen Rechner.

Das WWW nimmt eine Sonderstellung ein. Es wird zwar häufig ebenfalls als Internetdienst bezeichnet, aber es ist mehr, da es mehrere Internetdienste in sich vereinigt.

Das WWW. Die Hauptidee des WWW besteht in folgendem:

1 Es gibt eine besondere Art von Dokumenten (sogenannten *Web-Seiten*) für alle Beteiligten: Einzelpersonen, Institute, Firmen, Server; kurz für alle, die Informationen im Netz suchen oder zur Verfügung stellen. Jeder Teilnehmer am Internet kann eine oder mehrere Web-Seiten anfertigen und „ins Netz stellen", die das enthalten, was er anderen Teilnehmern anzubieten hat: Seine Personalien, seine Werke, seine Dienste, seine Wünsche und beliebige andere Informationen. Web-Seiten werden in einer einheitli-

chen Seitenbeschreibungssprache (*HTML = hypertext markup language*) beschrieben und auf Bildschirmen in mehr oder weniger einheitlicher Weise dargestellt. Web-Seiten sind Multimedia-Dokumente, das heißt, sie können aus einer Mischung von Text, Bildern, Musik, Videos, Schaltflächen und Eingabefeldern bestehen.

Ein wichtiges Merkmal von Web-Seiten besteht darin, daß sie *Verweise* (*links*) auf andere Web-Seiten enthalten können. Wenn man einen solchen Verweis durch Anklicken aktiviert, kommt man zu der anderen Web-Seite. Hierdurch sind viele Web-Seiten untereinander verbunden und können von einem Benutzer mühelos erreicht werden (das ist das „Surfen" im Internet). Von dieser Vernetzung hat das WWW seinen Namen.

2 Jedes WWW-Dokument, das ein Benutzer anfordern kann, hat eine weltweit eindeutige WWW-Adresse (*URL = uniform resource locator*), unter der es ansprechbar ist.

3 Jeder WWW-Benutzer hat ein Programm, den sogenannten *Web-Browser* (*to browse = stöbern*), das aus den über das Netz kommenden Web-Seiten-Beschreibungen die lesbaren Web-Seiten auf dem Bildschirm erzeugt und beim Aktivieren von Verweisen sich andere Web-Seiten aus dem Netz holt. WWW-Browser dienen somit zur Darstellung von Web-Seiten, zur Navigation im WWW und zur Interaktion mit WWW-Servern.

Wenn man Web-Seiten und andere elektronische Dokumente oder Datenbestände aller Art, die man über einen WWW-Browser ansprechen kann (wie E-Mail-Nachrichten und gewöhnliche Dateien), unter dem gemeinsamen Namen „WWW-Objekte" zusammenfaßt, kann man sagen, daß das WWW ein virtuelles Netz im physischen Internet ist, das aus WWW-Objekten, WWW-Servern und WWW-Browsern besteht [Schiffer].

Ein Netzteilnehmer kann anderen Teilnehmern Information anbieten, indem er Web-Seiten herstellt und über einen WWW-Server zugänglich macht (das ist die *Informationsbereitstellung*); und er kann sich Information aus dem Netz beschaffen, indem er sie dort mit irgendwelchen Methoden sucht (das ist die *Informationsbeschaffung*). Dazu gibt es sogenannte „Suchmaschinen", das sind Programme zum Suchen in besonderen Datenbanken, die Inhaltshinweise auf Millionen Web-Seiten enthalten. Näheres hierzu in Abschnitt 10.3 (Dokumenterschließung und Dokumentsuche). Über die Auswirkungen des WWW auf die Kultur findet man einige kritische Bemerkungen in den Abschnitten 12.6 bis 12.8.

5

Praktische Informatik I

(Algorithmen und Datenstrukturen)

In den beiden vorhergehenden Kapiteln stand der Computer als technisches Gerät, die *Hardware*, im Mittelpunkt; nun wenden wir uns seiner Programmierung, der *Software*, zu. Für viele Informatiker ist dieses Gebiet das Zentrum der Informatik. Und innerhalb der Programmierung sind es die Algorithmen und das algorithmische Denken, die im Mittelpunkt stehen.

5.1 Algorithmen

5.1.1 Begriff

Der Euklidische Algorithmus zur Berechnung des größten gemeinsamen Teilers zweier natürlicher Zahlen am Anfang von Kapitel 1 hat bereits gezeigt, was das Charakteristische an Algorithmen ist: Sie sind schrittweise Verfahren zur Berechnung von gesuchten aus gegebenen Größen. Woraus die einzelnen Schritte bestehen, ob sie mathematische Berechnungen sind oder irgend etwas anderes – Kochrezepte, Gebrauchsanweisungen, Wegbeschreibungen – ist zweitrangig. Wesentlich ist, daß die Schritte *eindeutig* beschrieben sind, daß sie für einen Menschen oder einen Computer *ausführbar* sind und daß es nur *endlich* viele Schritte sind, denn sonst würde der Algorithmus nie an ein Ende kommen und nie Ergebnisse liefern.

Eindeutigkeit heißt, daß es bei der Ausführung eines Schrittes keine Wahlmöglichkeit des Ausführenden oder Unklarheiten bezüglich der Ausführung geben darf. Wenn jemand einen Weg beschreibt und sagt: „An der nächsten Kreuzung links ab", ist das nur dann eindeutig, wenn es an der nächsten Kreuzung eine und nur eine Möglichkeit gibt, links abzubiegen. Eindeutigkeit ist in den Beschreibungen des täglichen Lebens oft nur schwer zu erreichen, wie man an vielen Gebrauchsanweisungen feststellen kann. Sie ist auch oft gar nicht erforderlich, weil der Mensch mitdenkt. Algorithmen sind jedoch Anleitungen für eine Maschine, die nicht mitdenkt, sondern wirklich nur das ausführt, was man ihr sagt.

Was heißt es aber, daß jeder Schritt „vom Menschen oder der Maschine *ausführbar sein*" muß? Dahinter verbirgt sich nur die Aussage, daß die Ausführung der Schritte keine Zauberei erfordern darf. Also etwa Anweisungen wie „Lege die Erde auf eine Waagschale" oder „Konstruiere mit Zirkel und Lineal zu einem gegebenen Kreis das flächengleiche Quadrat" oder „Wenn Beethovens ‚Unsterbliche Geliebte' Therese von Brunswick war, dann gehe nach Schritt 3, sonst nach Schritt 17" sind nichtausführbare Anweisungen.

Die Forderung, daß alle Algorithmen nach endlich vielen Schritten enden müssen, mutet selbstverständlich und wie eine überflüssige Pedanterie an. Sie ist es aber keineswegs. Wie schon am Euklidischen Algorithmus zu erkennen war, enthalten Algorithmen Schleifen, das heißt Wiederholungen von Befehlsfolgen. Damit der Algorithmus endet, muß jede Schleife einmal verlassen werden. Es kommt aber oft vor, daß durch einen Programmierfehler eine Schleife nicht verlassen wird. Das Programm tritt dann auf der Stelle, kommt nicht voran, „hängt in einer ewigen Schleife", und kann nur durch Eingriff von außen abgebrochen werden, natürlich ohne das gewünschte Ergebnis zu liefern. Da aber ein Algorithmus unter allen Umständen ein Ergebnis liefern soll, spricht man einem nichtabbrechenden Verfahren die Eigenschaft ab, Algorithmus zu sein. Das ist eine Definitions- und Zweckmäßigkeitsfrage und bedeutet nicht, daß nichtabbrechende zyklische Prozesse immer nutzlos sind. Im Gegenteil! Sie haben in der Programmierungstechnik große Bedeutung. Aber wir bezeichnen sie dann traditionsgemäß nicht mehr als Algorithmen.

Diese Erläuterungen zusammenfassend, kann man den Begriff Algorithmus folgendermaßen definieren:

> Ein Algorithmus ist ein endliches, schrittweises Verfahren zur Berechnung von gesuchten aus gegebenen Größen, in dem jeder Schritt aus einer Anzahl ausführbarer, eindeutiger Operationen und einer Angabe über den nächsten Schritt besteht.

Schleifen. Obwohl sie nicht in der Definition des Algorithmus vorkommt, ist die Schleife sein wesentliches Element, das ihn von den Rechenverfahren der traditionellen Mathematik unterscheidet. Eine Programmschleife wird unter Umständen hunderte von Malen durchlaufen und ist deshalb praktisch nur mit dem Computer ausführbar. Man nennt Rechenverfahren mit Schleifen „iterativ" oder „Iterationsverfahren" (lateinisch *iteratio* = Wiederholung), und es ist kein Wunder, daß man sich vor der Erfindung des Computers wenig mit ihnen beschäftigte. Iterationsverfahren sind oft „nur" Näherungsverfahren, bei denen man sich der wahren Lösung immer mehr nähert, ohne sie je vollständig zu erreichen. Aber das vermindert nicht ihren Wert, da man durch genügend viele Iterationen den Fehler beliebig klein machen kann. Ein Beispiel soll das verdeutlichen.

Beispiel: Wurzelziehen. Aus der Schule weiß man, daß die Berechnung der Quadratwurzel eine komplizierte Operation ist. Man kann sie zwar im Prinzip mit Papier und

Bleistift ausführen, in Wirklichkeit greift man aber immer zu Hilfsmitteln wie Rechenstab, Taschenrechner oder Wurzeltabelle. Wie berechnet man nun mit dem Computer eine Quadratwurzel, zum Beispiel $\sqrt{2}$, oder allgemeiner $\sqrt{a}$ für beliebiges nichtnegatives a?

Man macht es iterativ, und zwar auf eine einfache Weise durch systematisches Probieren. Zu bestimmen ist eine Größe x mit einem solchen Wert, daß $x^2 = a$ ist. Man fängt dabei mit einer beliebigen Zahl x_1 als erster Näherungslösung für x an, zum Beispiel mit $x_1 = a/10$. Nun kann man eine Hilfsgröße h so berechnen, daß $x_1 \cdot h = a$ ist, nämlich durch Division von a durch x_1: $h = a/x_1$. Jetzt gibt es drei Möglichkeiten:

• x_1 ist kleiner als $\sqrt{a}$, dann ist h größer als $\sqrt{a}$, und $\sqrt{a}$ liegt zwischen beiden.
• x_1 ist größer als $\sqrt{a}$, dann ist h kleiner als $\sqrt{a}$, und $\sqrt{a}$ liegt zwischen beiden.
• x_1 ist gleich $\sqrt{a}$ und damit auch gleich h.

Im letzten Fall haben wir die exakte Lösung gefunden, in den beiden anderen Fällen wird der Mittelwert von x_1 und h, also $(x_1 + h)/2$, ein besserer Näherungswert für $\sqrt{a}$ sein. Man nennt den verbesserten Näherungswert x_2 und erhält die Formel:

$$x_2 = \frac{1}{2}\left(x_1 + \frac{a}{x_1}\right)$$

Den Näherungswert x_2 kann man wieder auf die gleiche Weise verbessern, indem man

$$x_3 = \frac{1}{2}\left(x_2 + \frac{a}{x_2}\right)$$

berechnet, und so weiter. Die allgemeine Iterationsformel lautet:

$$x_1 = \frac{a}{10}$$

$$x_{i+1} = \frac{1}{2}\left(x_i + \frac{a}{x_i}\right) \quad \text{für } i = 1, 2, 3, \ldots$$

Bild 1 zeigt zwei mit dem Taschenrechner gerechnete Beispiele für $a = 2$ und $a = 1000$.

$a = 2$			$a = 1000$		
i	x_i	x_i^2	i	x_i	x_i^2
1	0.2	0.04	1	100	10000
2	5.1	26.01	2	55	3025
3	2.746078432	7.54	3	36.59090909	1338.89
4	1.737194875	3.01	4	31.96005082	1021.44
5	1.444238095	2.08	5	31.62455623	1000.11
6	1.414525655	2.00088	6	31.62277665	1000.000003
7	1.414213597	2.000000098	7	31.62277660	999.99999999
8	1.414213563	2.000000002	8	31.62277660	999.99999999

Bild 1   Ausführung des Algorithmus zum Wurzelziehen für $\sqrt{2}$ und $\sqrt{1000}$

An den Ergebnissen erkennt man, daß bereits nach 5 Iterationen (x_6) vier Stellen bei $a = 2$ und 9 Stellen bei $a = 1000$ richtig sind. Das Iterationsverfahren *konvergiert* also schnell. Durch eine bessere Wahl des Anfangswertes kann man noch schneller zum Ziel kommen.

Nicht alle Iterationsverfahren konvergieren so schnell. In manchen Fällen können auch Rundungsfehler, die sich von Iteration zu Iteration fortpflanzen, das Resultat so verfälschen, daß es völlig unbrauchbar ist.

Die Methode, eine Aufgabe durch Iteration näherungsweise zu lösen, ist typisch für die Informatik und steht im Gegensatz zur Mathematik, die nach genauen und für den allgemeinen Fall in geschlossener Form angebbaren Lösungen strebt, obschon auch die iterativen Methoden eine vielhundertjährige Tradition in der Mathematik haben.

5.1.2 Darstellungsarten

Natürlich muß man Algorithmen in geeigneter Weise auf dem Papier niederschreiben können. Mathematische Formeln reichen hierzu nicht aus, weil Abläufe wie Verzweigungen und Schleifen in ihnen nicht ausgedrückt werden können. Im Laufe der Zeit ist eine ganze Reihe von Algorithmus-Darstellungen ausprobiert worden, von denen sich vor allem drei bewährt haben: *Ablaufdiagramm*, *Algorithmenbeschreibungssprache* und *Programmiersprache*. Wir wollen sie uns alle drei näher ansehen.

Ablaufdiagramm. Bild 2 zeigt den Algorithmus zum Wurzelziehen als Ablaufdiagramm. Man gibt dabei jedem Algorithmus einen Namen, in diesem Fall *SquareRoot*, und schreibt in Klammern dahinter die Namen der gegebenen und gesuchten Größen.

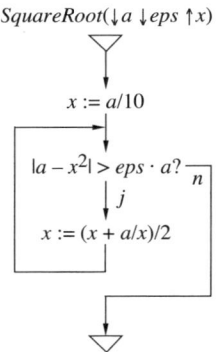

$SquareRoot(\downarrow a \downarrow eps \uparrow x)$

$x := a/10$

$|a - x^2| > eps \cdot a?$ n

j

$x := (x + a/x)/2$

Bild 2   Ablaufdiagramm des Algorithmus *SquareRoot*

Gegeben ist a, aus dem die Wurzel gezogen werden soll, und *eps*, eine Fehlerschranke zum Beenden der Iteration; gesucht ist x, so daß $x \approx \sqrt{a}$ ist. „eps" ist eine Abkürzung für den griechischen Buchstaben ε (epsilon), der in der Mathematik oft zur Bezeichnung kleiner Abweichungen benutzt wird. Die Pfeile vor den Namen unterscheiden sinnfällig die gegebenen und gesuchten Größen: die gegebenen „gehen hinein", die gesuchten „kommen heraus".

Man nennt die gegebenen und gesuchten Größen die „Parameter" des Algorithmus. Anfang und Ende des Algorithmus sind durch ein Dreieck gekennzeichnet.[1]

Die erste Operation des Algorithmus lautet $x := a/10$. Das Symbol „:=" bedeutet die allgegenwärtige und dem Leser schon von Abschnitt 3.4 her bekannte *Zuweisungsoperation*. x und a sind Variablen, das heißt die Namen von Speicherzellen mit einer Adresse und einem Wert. Die Zelle a ist als gegebene Variable bereits mit einem Wert belegt. Die Operation $x := a/10$ bedeutet: „Dividiere den Wert der Variablen a durch 10 und schreibe das Ergebnis in die Variable x". Die Speicherzelle der Variablen x enthält danach den ersten Näherungswert.

Nun tritt der Algorithmus in die Schleife ein und prüft, ob sie durchlaufen werden soll. Er benutzt dazu den maximal zulässigen relativen Fehler *eps*. Die Größe $a - x^2$ ist der absolute Fehler. Er kann positiv oder negativ sein. Man benutzt deshalb seinen Absolutwert $|a - x^2|$. Da ein Fehler von zum Beispiel 0.01 für $a = 1000$ sehr klein, für $a = 0.2$ aber sehr groß ist, benutzt man den relativen Fehler $|a - x^2|/a$. Wenn $|a - x^2|/a > eps$ ist, ist x noch nicht genau genug bestimmt, und es muß eine weitere Iteration stattfinden. Damit sich für den Fall $a = 0$ kein Fehler wegen Division durch 0 (die verboten ist!) ergibt, schreiben wir die Abfrage in der Form $|a - x^2| > eps \cdot a$. Im Ablaufdiagramm drückt sich das dadurch aus, daß die Bedingung $|a - x^2| > eps \cdot a$ eine Prüfung darstellt, deren Notierung mit einem Fragezeichen endet und zwei Ausgänge hat, die mit j (ja) und n (nein) markiert sind. Die Bedingung kann wahr oder falsch, erfüllt oder nicht erfüllt sein; sie ist damit ein boolescher Ausdruck. Wenn sie wahr ist, wird der mit j bezeichnete Zweig genommen, andernfalls der mit n bezeichnete.

Der mit n bezeichnete Zweig führt sofort ans Ende des Algorithmus (Dreieck), der mit j bezeichnete führt ins Schleifeninnere, zur nächsten Iteration.

Die geschieht durch die nächste Zuweisung. Man beachte dabei den Unterschied zwischen der mathematischen Beschreibung der Iteration:

$$x_{i+1} = (x_i + a/x_i)/2$$

und der algorithmischen:

$$x := (x + a/x)/2$$

Die mathematischen Variablen bedeuten feste Werte, sind also eigentlich Konstanten, und die Iteration wird durch Indizes ausgedrückt. Die algorithmischen Variablen sind Speicherzellen, das heißt *Behälter für Werte*. Man kann dem Behälter x seinen Wert entnehmen, zu ihm den Inhalt von Behälter a, dividiert durch den Inhalt von Behälter x, addieren, die Summe durch 2 teilen und das Ergebnis wieder in Behälter x ablegen.

Diese Art der Zuweisung, wo die auf der linken Seite vom Zuweisungssymbol stehende Variable auch auf der rechten Seite vorkommt, ist charakteristisch für den Variablenbegriff der Informatik. Sie manifestiert sich am deutlichsten in der Zuweisung

$$x := x + 1$$

die man als „magische Formel der Informatik" bezeichnen kann. Während die *Gleichung* $x = x + 1$ mathematischer Unsinn ist, hat die *Zuweisung* $x := x + 1$ die Bedeutung: „Addiere zum Wert von x eine 1 und schreibe das Ergebnis nach x zurück" oder kürzer: „Erhöhe den Wert von x um 1". Es kommt darauf an, die Symbole „=" und „:=" gedank-

lich klar zu unterscheiden. Das Symbol „=", zum Beispiel in der mathematischen Formel $a = b + c$, bezeichnet eine *Relation*, die wahr oder falsch sein kann. Hier vertreten
die Variablen a, b und c Zahlen, und das Gleichheitszeichen besagt, daß a der Summe
von b und c gleich ist. Das Symbol „:=" in der Zuweisung $a := b + c$ bezeichnet dagegen
eine *Operation*, die der Variablen a die Summe der augenblicklichen Werte der Variablen b und c zuweist. Man spricht es am besten als „wird" oder „wird zu" aus, also die
letzte Zuweisung als „a wird b plus c".

Ablaufdiagramme sind eine flexible und anschauliche Art der Algorithmendarstellung.
Mit ihnen kann man auch Handlungen des täglichen Lebens oft klar und übersichtlich
beschreiben, etwa ein Telefongespräch zu führen, das Fernsehgerät zu bedienen, eine
Straße in einer fremden Stadt zu finden.

Algorithmenbeschreibungssprache. Ablaufdiagramme sind anschaulich und übersichtlich, jedoch durch ihre zweidimensionale Darstellung und die damit verbundenen
geometrischen Elemente weit von Programmiersprachen entfernt. Eine Zwischenstufe
zwischen beiden bilden die sogenannten Algorithmenbeschreibungssprachen, die sich
an Programmiersprachen anlehnen, aber einfacher als sie sind. Die in diesem Buch benutzte Algorithmenbeschreibungssprache heißt *Adele* (*algorithm description language*).[2] Sie lehnt sich eng an die Programmiersprache Modula-2 an, und in ihr lautet der
Algorithmus *SquareRoot* folgendermaßen:

```
SquareRoot(↓a ↓eps ↑x):
begin
   x := a/10;
   while |a − x²| > eps*a do
      x := (x + a/x)/2
   end
end SquareRoot
```

Diese Darstellung enthält keine zeichnerischen Elemente mehr, sondern sie ist ein Text
wie eine mathematische Formel. Die Anordnung in Zeilen und mit Einrückungen ist
nicht wesentlich, sondern nur als Lesehilfe gedacht. Die Fassung

```
SquareRoot(↓a↓eps↑x): begin x := a/10; while |a − x²| > eps*a do x := (x + a/x)/2 end end
SquareRoot
```

ist deshalb ebenso richtig und vollständig.

Der „Kopf" des Algorithmus aus Name und Parametern ist der gleiche wie im Ablaufdiagramm. Darauf folgt das Wort *begin*, das keine Variable, sondern ein sogenanntes
Schlüsselwort, das heißt ein fester Begriff der Sprache ist. Es bedeutet, daß der Algorithmus hier anfängt. Darauf folgen zwei Anweisungen: die Zuweisung $x := a/10$ und
die While-Anweisung mit der Struktur

while *Bedingung* do *Anweisungsfolge* end

Die Anweisungen sind durch Semikolons getrennt. Das Multiplikationssymbol ist in allen Programmiersprachen der Stern, weil der Punkt schon anderweitig vergeben ist
(12.34 ist etwas anderes als 12*34). Die While-Anweisung ist eine zusammengesetzte
Anweisung, sie beschreibt die ganze Schleife. *while*, *do* und *end* sind wieder *Schlüsselwörter*. Zwischen *while* und *do* steht immer eine *Bedingung* und zwischen *do* und *end*
eine Anweisungsfolge, der *Schleifenrumpf*, der in unserem Fall aber nur aus der einen

Zuweisung $x := (x + a/x)/2$ besteht. Man sieht hieran, daß Anweisungen aus anderen zusammengesetzt und ineinander geschachtelt sein können. Der Algorithmus *SquareRoot* enthält also eigentlich drei Anweisungen: die erste Zuweisung, die While-Anweisung auf der äußeren Ebene und die zweite Zuweisung in der While-Anweisung geschachtelt. Die letzte Zeile, *end SquareRoot*, ist keine Anweisung; sie schließt den Algorithmus nur ab und bedeutet „Ende des Algorithmus".

Soviel zur Struktur, zum Satzbau, das heißt zur *Syntax*. Was aber bedeutet die While-Anweisung, das heißt, was ist ihre *Semantik*? Die While-Anweisung

while *Bedingung* do *Anweisungsfolge* end

bedeutet: „Solange die Bedingung wahr ist, führe die Anweisungsfolge wiederholt aus." Das entspricht dem Ablaufdiagramm von Bild 3.

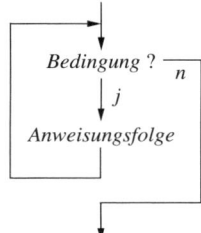

Bild 3   Ablaufdiagramm der Anweisung while *Bedingung* do *Anweisungsfolge* end

Wem die While-Anweisung zu kompliziert ist, der kann auch ohne sie auskommen, indem er die Schleife durch die einfacheren Anweisungen *if* und *goto* so beschreibt:

```
SquareRoot(↓a ↓eps ↑x):
begin
   x := a/10;
1: if |a − x²| ≤ eps*a then goto 2 end;
      x := (x + a/x)/2;
      goto 1
2: end SquareRoot
```

Vor der If-Anweisung steht hier eine 1 und ein Doppelpunkt. Der Zweck dieser 1 ist nur, die If-Anweisung zu markieren, damit eine spätere Sprunganweisung hierher springen kann; man nennt sie deshalb eine *Marke*. Als Marke kann man in Adele jede natürliche Zahl verwenden. Die If-Anweisung hat die Form

if *Bedingung* then *Anweisungsfolge* end

mit der Bedeutung: „Wenn die *Bedingung* erfüllt ist, dann führe die *Anweisungsfolge* aus und setze anschließend mit der nächsten Anweisung fort; sonst setze sofort mit der nächsten Anweisung fort."

Die Anweisung goto *n* bedeutet: „Setze mit der durch Marke *n* markierten Anweisung fort."

Die If-Anweisung existiert auch in der Form

if *Bedingung* then *Anweisungsfolge*$_1$ else *Anweisungsfolge*$_2$ end

und bedeutet dann: „Falls die Bedingung wahr ist, führe *Anweisungsfolge*$_1$ aus, sonst führe *Anweisungsfolge*$_2$ aus."

Neben der While-Anweisung gibt es noch andere Anweisungen zur Beschreibung von Schleifen. Man kann auf sie alle verzichten, indem man die elementareren Anweisungen *if* und *goto* benutzt. Allerdings muß man dazu Marken einführen, die man bei Benutzung der Schleifenanweisungen nicht braucht. Durch Marken werden die Algorithmen aber unübersichtlich, und die Praxis hat gezeigt, daß es geraten ist, die komplizierter aussehenden speziellen Schleifenanweisungen so weit wie möglich zu verwenden und nur im Notfall auf Sprunganweisungen und Marken zurückzugreifen.

Ein weiteres Beispiel! Der Euklidische Algorithmus zur Bestimmung des größten gemeinsamen Teilers zweier natürlicher Zahlen p und q von Abschnitt 1.1 lautet in Adele so:

```
Euklid(↓p ↓q ↑ggt):
begin
   r := p mod q;      -- mod bedeutet die Operation der Restbildung
   while r ≠ 0 do
      p := q;  q := r;
      r := p mod q
   end;
   ggt := q
end Euklid
```

Hier ist der Parameter *ggt,* der größte gemeinsame Teiler, das Resultat. Das Wort *mod* (gesprochen „modulo") bedeutet die Operation der Restbildung. 17 mod 3 = 2, weil 17 bei der Division durch 3 den Rest 2 läßt, 18 mod 3 = 0, weil 18 ohne Rest durch 3 teilbar ist. Der in der dritten Zeile mit den beiden Minuszeichen anfangende Text ist ein sogenannter *Kommentar*, der nicht zum eigentlichen Algorithmus gehört, sondern nur der Unterrichtung des Lesers dient. Er beginnt in Adele immer mit zwei Minuszeichen und erstreckt sich bis zum Zeilenende.

Beide Beispiele zeigen, daß eine Algorithmenbeschreibungssprache einen Algorithmus schon recht präzise und formal beschreibt. Um die Beschreibung zu verstehen, muß man die Bedeutung aller vorkommenden Symbole genau verstehen und die durch sie beschriebenen Abläufe im Geiste nachvollziehen. Das ist nicht einfach, und der Leser möge sich nicht als begriffsstutzig vorkommen, wenn er die Algorithmen *SquareRoot* und *Euklid*, in Adele geschrieben, nicht voll versteht.

Programmiersprache. Die Programmiersprache ist eine Algorithmusdarstellung in Textform, die man direkt in die Maschine eingeben, vom Compiler übersetzen und dann von der Maschine ausführen lassen kann. Sie ist die präziseste und vollständigste Möglichkeit der Algorithmusbeschreibung. Wegen dieser Präzision und Vollständigkeit muß sie jedoch auch nichtalgorithmische Elemente enthalten, unter Umständen so viele, daß der eigentliche Algorithmus von ihnen überwuchert wird. Bild 4 zeigt den Algorithmus *SquareRoot* in den Programmiersprachen Fortran, Modula-2 und Smalltalk geschrieben. Wir wollen nicht im einzelnen erklären, was da steht, sondern nur einen Eindruck davon vermitteln, wie verschieden Algorithmen in den verschiedenen Programmiersprachen ausgedrückt werden. Fortran und Modula-2 unterscheiden sich schon genug, aber man kann in ihnen noch die Schleife erkennen. Smalltalk sieht hingegen ganz anders aus.

```
C    Ein Fortran-Programm
     SUBROUTINE Sqrt(a, eps, x)
     REAL a, eps, x
        x = a/10.0
20      IF (ABS(a-x*x) .LE. eps*a) GOTO 80
          x = (x+a/x)/2.0
          GOTO 20
80   END
```

```
(*Ein Modula-2-Programm*)
PROCEDURE SquareRoot(a,eps:REAL; VAR x:REAL);
BEGIN
  x := a/10.0;
  WHILE ABS(a-x*x) > eps*a DO
    x := (x+a/x)/2.0
  END
END SquareRoot;
```

```
"Ein Smalltalk-Programm"
sqrt: eps
   |x|
   x := self/10.0.
   [(self-x squared) abs > (self*eps)]
      whileTrue: [x := (x+(self/x))/2.0].
   ^x
```

Bild 4   Der Algorithmus *SquareRoot* in den Programmiersprachen
              Fortran, Modula-2 und Smalltalk

5.2 Datentypen und Datenstrukturen

Schon in Kapitel 2 haben wir festgestellt, daß die in Algorithmen vorkommenden und durch Variablen bezeichneten Daten von verschiedenen Typen sein können. Im Algorithmus *SquareRoot* sind alle beteiligten Größen Gleitpunktzahlen, im Algorithmus *Euklid* sind es ganze Zahlen. In anderen Algorithmen können es boolesche Größen, Zeichen, komplexe Zahlen oder noch etwas anderes sein. Wir benutzen die schon in Kapitel 2 eingeführten Typbezeichnungen: *Integer* für ganze Zahlen, *Real* für Gleitpunktzahlen, *Boolean* für boolesche Daten, *Char* für Zeichen.

5.2.1 Deklarationen

In Programmiersprachen (und ebenso in Algorithmenbeschreibungssprachen) legt man die Typen der Variablen durch sogenannte *Deklarationen* fest, das sind Auflistungen aller Variablen und ihrer Typen zwischen dem Kopf des Algorithmus und dem Schlüsselwort *begin*. Für unsere beiden Beispiele ergeben sich dadurch die vervollständigten Fassungen:

```
SquareRoot(↓a ↓eps ↑x):
  param a, eps, x: Real;        -- Deklaration der Parameter
begin
  x := a/10;
  while |a − x²| > eps*a do
    x := (x + a/x)/2
  end
end SquareRoot
Euklid(↓p ↓q ↑ggt):
  param  p, q, ggt:  Integer;   -- Deklaration der Parameter
  local   r:          Integer;   -- Deklaration der lokalen Größen
begin
  r := p mod q;
  while r ≠ 0 do
    p := q;  q := r;
    r := p mod q;
  end;
  ggt := q
end Euklid
```

Die Deklarationen sind durch die Schlüsselwörter *param* und *local* noch unterteilt in Parameter und *lokale Variablen*. Lokale Variablen sind solche, die der Algorithmus als Hilfsgrößen benutzt und die deshalb nach außen hin nicht in Erscheinung treten.

Deklarationen haben den Charakter von *Vereinbarungen* zwischen dem Schreiber und dem Leser des Algorithmus. Sie dokumentieren, welche im Algorithmus vorkommenden Namen überhaupt Variablen sind, ob es Parameter oder lokale Variablen sind und von welchem Typ sie sind. Das mag umständlich erscheinen und sogar überflüssig, da der menschliche Leser aus dem Algorithmus die Typen der Variablen meist erschließen kann. Aber wenn der Leser kein Mensch, sondern ein Übersetzungsprogramm (Compiler) ist, sieht es anders aus. Die Deklarationen bilden für den Compiler wichtige Informationen. Der Vollständigkeit halber soll jedoch bemerkt werden, daß nicht alle Programmiersprachen die Deklaration aller Variablen verlangen und daß einige sogar ganz ohne Deklarationen auskommen.

5.2.2 Zusammengesetzte Datentypen

Ebenso wie man in der Mathematik nicht mit einfachen Zahlen allein auskommt, sondern zusammengesetzte Strukturen, wie Mengen, Folgen, Vektoren, Matrizen braucht, kommt man in der Informatik nicht mit einfachen Typen aus; die Datenstrukturen der Informatik sind sogar vielfältiger als die der Mathematik. Der Programmierer hat in modernen Programmiersprachen die Möglichkeit, beliebig kompliziert zusammengesetzte Datenstrukturen seiner Wahl zu definieren und durch eine Variable zu benennen. Hierzu reichen interessanterweise drei Mechanismen aus: die Zusammenfassung mehrerer Datenelemente desselben Typs zu einem sogenannten *Feld*, die Zusammenfassung mehrerer Datenelemente verschiedener Typen zu einem sogenannten *Verbund* und die Verknüpfung beliebiger Datenelemente zu sogenannten *Zeigerstrukturen*. Auf die Gefahr hin, uns in Einzelheiten zu verlieren, wollen wir auf Felder, Verbunde und Zeigerstrukturen kurz eingehen, weil die Datenstrukturen wie die Algorithmen ein Grundpfeiler der Praktischen Informatik sind.

Felder. Wenn man in der Mathematik mehrere Variablen unter einem Namen zusammenfassen will, macht man das mit Indizes. So schreibt man x_1, x_2, x_3 für die drei Lösungen einer kubischen Gleichung und

$$a_{11}, a_{12}, a_{13}$$
$$a_{21}, a_{22}, a_{23}$$

für die sechs Elemente einer 2·3-Matrix. Etwas Entsprechendes braucht man in der Informatik auch, denn Zusammenfassungen mehrerer Datenelemente unter einem Namen kommen oft vor. Beispiele sind: eine Liste von Zahlen oder Personennamen, die sortiert werden soll, eine Liste aller Kunden einer Firma, aller Bücher einer Bibliothek und so weiter. Man nennt eine solche Zusammenfassung ein *Feld* (englisch *array*, deutsch manchmal auch *Reihung*) und unterscheidet ein- und mehrdimensionale Felder. Die obigen Strukturen x und a werden so deklariert:

```
x: Array [1:3] of Real        -- Liste aus 3 Gleitpunktzahlen
a: Array [1:2, 1:3] of Real   -- Matrix aus 2 · 3 Gleitpunktzahlen
```

Eine Felddeklaration enthält den Namen des Feldes, den Laufbereich jedes Index und den Typ des einzelnen Elements. *Array* und *of* sind Schlüsselwörter. Bei der Benutzung wird das einzelne Element dadurch angesprochen, daß man seine Indizes in eckigen Klammern hinter den Namen schreibt, also $x[2]$ oder $a[2,3]$; in manchen Sprachen werden dafür auch runde Klammern benutzt, also $x(2)$ oder $a(2,3)$. Im Speicher wird ein Feld als eine Folge zusammenhängender Zellen angelegt, wie es Bild 5 zeigt.

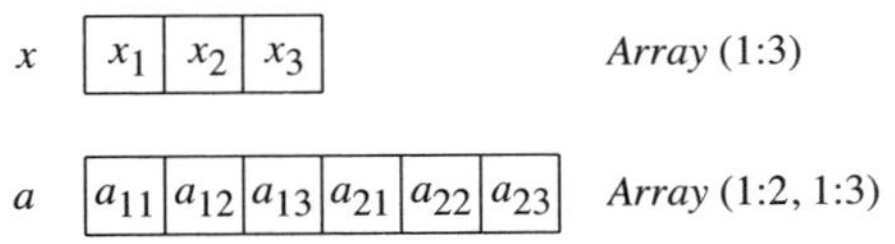

Bild 5   Speicherung von Feldern

Als Beispiel für einen Algorithmus mit einem eindimensionalen Feld wollen wir das *Suchen* betrachten. Gegeben sei ein Feld von n ganzen Zahlen, $list[1:n]$, was $list[1]$ bis $list[n]$ bedeuten soll, und eine Variable x. Wir wollen x in $list$ suchen, das heißt feststellen, ob der Wert von x in dem Feld enthalten ist und wenn ja, an welcher Position. Das Ergebnis i soll der Index eines Feldelements sein, das x gleich ist und 0, wenn x nicht in der Liste vorkommt. Das Verfahren dazu ist denkbar einfach: man vergleicht x der Reihe nach mit den Feldelementen $n, n-1, n-2$ und so weiter, bis man es gefunden hat oder das Feld vollständig durchsucht ist. Der Algorithmus lautet:

```
Suche(↓n ↓list ↓x ↑i):
   param  n, x, i: Integer;
          list: Array[1:n] of Integer;
begin
   i := n;
   while (i > 0) & (list[i] ≠ x) do
      i := i – 1
   end
end Suche
```

Hier tritt erstmalig in der While-Schleife eine zusammengesetzte Bedingung auf. Sie ist zu lesen: „Solange $i > 0$ und $list[i] \neq x$ ist, führe den Schleifenrumpf aus." Das „und" ist die konjunktive Verknüpfung, wie sie schon als Element der Hardware in Kapitel 3 auftrat. Der Algorithmus zeigt, wie man durch die Veränderung des Index i von n bis 1 an alle Listenelemente herankommt. Man fragt sich vielleicht, warum die Elemente von hinten nach vorn geprüft werden, denn man zählt doch natürlicherweise aufwärts. Es ist ein Trick, mit dem man erreicht, daß, falls x nicht in der Liste enthalten ist, am Ende der Schleife i den Wert 0 bekommt, wie es von der Aufgabenstellung verlangt wird. Solche kleinen Tricks sind das Salz in der Suppe des Programmierers; sie können aber auch zu Unklarheiten führen, und dann sollte man sie vermeiden.

Verbunde. In einem Feld kann man nur Elemente gleichen Typs zusammenfassen. Man möchte jedoch oft Elemente mit verschiedenen Typen zu einem Ganzen vereinen. Zum Beispiel kann eine Firma ihre Mitarbeiter durch Personalnummer, Name, Geburtsdatum, Familienstand und Gehalt kennzeichnen, wobei Personalnummer und Gehalt ganze Zahlen, Name und Geburtsdatum Zeichenfelder und Familienstand eine boolesche Größe (verheiratet / nicht verheiratet) sind. Solche heterogenen Daten (= Daten verschiedener Typen) faßt man zu einem *Verbund* (englisch *record*) zusammen und deklariert ihn durch

```
record
   personalnummer: Integer;
   name:           Array[1:20] of Char;
   geburtsdatum:   Array[1:8] of Char;
   verheiratet:    Boolean;
   gehalt:         Integer;
end
```

Auch die Komponenten eines Verbundes werden im Speicher hintereinander abgelegt.

Wie man Variablen von Verbundtypen deklariert, auf die Komponenten zugreift und mit ihnen arbeitet – das sind Einzelheiten, auf die wir nicht eingehen wollen. Wichtig ist nur, daß es die Möglichkeit gibt, beliebig komplexe Sammlungen von einzelnen Daten verschiedener Typen zu Verbunden zusammenzufassen.

5.2.3 Nichtlineare Datenstrukturen

Mit Feldern und Verbunden kommt man weit. Aber beide sind *lineare Datenstrukturen* in dem Sinn, daß ihre Elemente wie Perlen auf einer Kette hintereinander aufgefädelt werden können. Das drückt sich darin aus, daß jedes Element, außer dem letzten, genau einen Nachfolger und jedes, außer dem ersten, genau einen Vorgänger hat. (Die Formulierung „genau einer" heißt immer „einer und nur einer".) Bei Matrizen scheint das nicht so zu sein, aber wenn man sich daran erinnert, daß ihre Elemente wie in Bild 5 zeilenweise hintereinander gespeichert werden, erkennt man, daß es auch hier so ist.

Nun gibt es aber auch Beziehungen zwischen Daten, die nicht linear sind. Ein Beispiel dafür ist die Verwandschaftstafel einer Familie, wie sie Bild 6 für die Musikerfamilie Bach zeigt. Hier sind wir bei der allgemeinsten Art von Datenstrukturen angelangt. Sie bestehen aus *Objekten* irgendwelcher Art und *Beziehungen* zwischen ihnen. Man nennt die zeichnerische Darstellung von Strukturen durch Kästchen oder Kreise für Objekte und Pfeile für Beziehungen auch *Graphen*, die Objekte *Knoten* und die Pfeile *Kanten*. Die Fülle der Formen, die sich aus Knoten und *Kanten* bilden lassen, ist unbegrenzt, und jede beliebige Datenstruktur läßt sich durch Graphen darstellen.

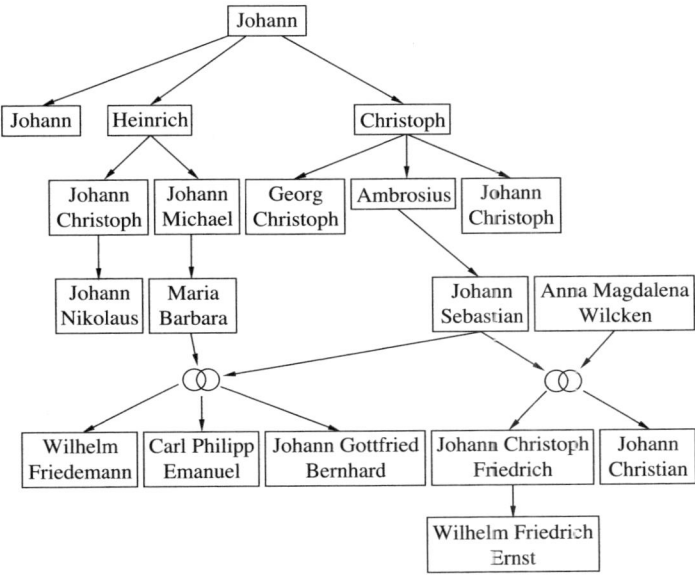

Bild 6   Verwandtschaftstafel der Musikerfamilie Bach

Bild 7 zeigt einfache Beispiele für verschiedene Arten von Datenstrukturen, die charakteristische Eigenschaften haben.

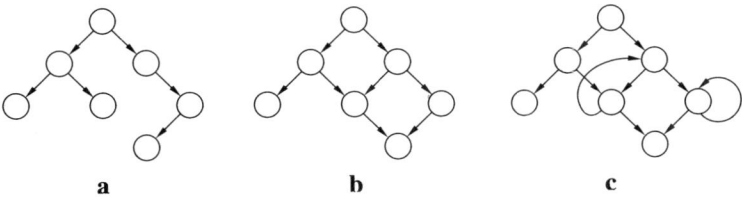

Bild 7   Formen von Graphen
   a   Baum
   b   zyklenfreier Graph
   c   zyklenbehafteter Graph

Der *Baum* ist eine Datenstruktur, in der jedes Element, außer einem, der *Wurzel*, genau einen Vorgänger hat, was man auch so charakterisieren kann, daß von der Wurzel zu jedem anderen Element genau ein Weg verläuft. Man nennt Bäume auch *hierarchische Datenstrukturen*, weil sie eine Über- und Unterordnung definieren. Bäume treten in der

Informatik und im täglichen Leben häufig auf. Das Inhaltsverzeichnis eines Buches hat Baumstruktur, die Organisation einer Firma oder Behörde, bei der jeder Mitarbeiter genau einen unmittelbaren Vorgesetzten hat, ebenfalls, und immer, wenn wir einen Gegenstand gedanklich in seine Bestandteile zerlegen, erzeugen wir einen Baum.

Ein *schleifenfreier Graph* ergibt sich aus einem Baum, wenn mehrere Baumknoten zu einem verschmolzen werden. Dann hat der neue Knoten mehrere Vorgänger, und es gibt mehrere, aber immer endlich viele Wege von der Wurzel zu ihm. Damit entpuppt sich der Baum als Spezialfall eines schleifenfreien Graphen.

Ein *schleifenbehafteter Graph* schließlich enthält Knoten, die sich selbst zum Vorgänger (und damit auch Nachfolger) haben. Zu diesen Knoten gibt es unendlich viele Wege von der Wurzel, weil man beliebig oft im Kreis gehen kann.

Es ist nun interessant, daß sich Graphen nicht nur als abstrakte Bilder auf dem Papier sondern auch im Arbeitsspeicher darstellen lassen. Die Knoten sind dabei Verbunde, die alle Informationen enthalten, die zu dem betreffenden Datenelement, das der Knoten darstellt, gehören. Um die Kanten ebenfalls im Arbeitsspeicher darstellen zu können, hat man einen besonderen Datentyp, den *Zeiger* (englisch *pointer*), erfunden. Ein Zeiger ist eine Größe, deren Wert keine Zahl und kein Zeichen oder irgendein anderes Datum ist, sondern ein *Verweis auf einen Knoten*. Das hört sich geheimnisvoll an, ist aber ganz einfach zu verwirklichen.

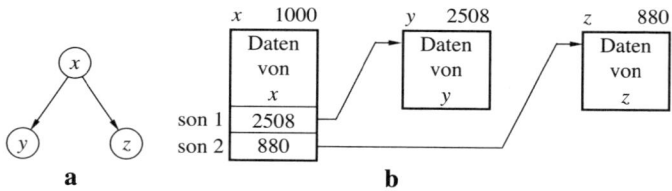

Bild 8   Zeiger sind Adressen
  a   Ein Vaterknoten *x* mit den Söhnen *y* und *z*
  b   Die Verbunde *x*, *y* und *z*. *son1* zeigt auf *y*, *son2* auf *z*

Wenn der Knoten *x* eines Baumes zwei Söhne, *y* und *z* hat, erweitert man den Verbund, aus dem der Knoten *x* besteht, um zwei Komponenten *son1* und *son2*, die die Adressen von *y* und *z* enthalten (Bild 8). Der Wert einer Variablen vom Typ *Zeiger* ist also nichts anderes als eine Adresse. Da jedoch vielen Informatikern „Adresse" ein zu hardwarenaher Begriff ist (und Zeiger auch nicht unbedingt als Adressen verwirklicht zu sein brauchen), sprechen sie lieber von *Referenz* oder *Verweis* als von Zeiger und Adresse.

Die Handhabung von Zeigerstrukturen ist nicht ganz einfach zu verstehen, weshalb wir uns hier nicht weiter in dieses Gebiet vertiefen wollen. Der Informatiker arbeitet jedoch viel mit ihnen und muß sicher mit ihnen umgehen können.

5.3 Prozeduren

Die Umsetzung unseres Algorithmus *SquareRoot* in die Programmiersprachen Fortran, Modula-2 und Smalltalk (Bild 4) ergab noch keine vollständigen Programme, sondern nur in sich abgeschlossene Programmteile, die man *Prozeduren* oder *Unterprogramme* nennt. Vollständige Programme setzen sich aus Prozeduren zusammen, und das Programmieren besteht hauptsächlich aus dem Verfassen von Prozeduren. Deshalb steht die Prozedur im Mittelpunkt des Programmierens, und wir müssen sie uns genauer ansehen.

Proceduraufruf. Um eine Prozedur auszuführen, muß man sie von einem anderen Programm aus „aufrufen". Das geschieht durch eine Anweisung, die man *Prozeduraufruf* oder *Call-Anweisung* nennt. Sie besteht aus dem Namen der aufgerufenen Prozedur (dem in manchen Programmiersprachen das Schlüsselwort *Call* vorausgeht) und den sogenannten *aktuellen Parametern*. Will man die Quadratwurzel aus 3.14 mit einem relativen Fehler von höchstens 0.001 (d.h. einem Promille) mit den Prozeduren von Bild 4 berechnen, schreibt man in Fortran

   Call Sqrt(3.14, 0.001, result)

und in Modula-2 nur

   SquareRoot(3.14, 0.001, result)

Was ein Prozeduraufruf bedeutet und was dabei geschieht, erläutert Bild 9, unabhängig von einer bestimmten Programmiersprache.

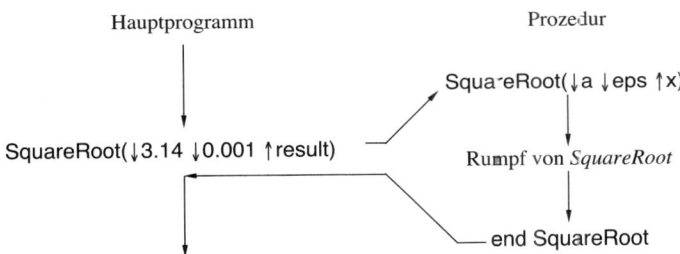

Bild 9   Aufruf, Ablauf und Rückkehr einer Prozedur

Es gibt ein *Hauptprogramm*, in dessen Verlauf der Prozeduraufruf

   SquareRoot(↓3.14 ↓0.001 ↑result)

ausgeführt wird. *result* ist dabei eine im Hauptprogramm deklarierte Variable.

Der Prozeduraufruf bewirkt, daß die Programmablaufsteuerung zum Anfang der Prozedur *SquareRoot* springt, das heißt, daß als nächstes der *Rumpf* der Prozedur (das ist ihr auf *begin* folgender *Anweisungsteil*) ausgeführt wird. Erst nachdem die Prozedur vollständig durchlaufen wurde, springt die Ablaufsteuerung wieder zum Hauptprogramm zurück und setzt es mit der Anweisung, die auf den Prozeduraufruf folgt, fort.

Parameterübergabe. Beim Ansprung der Prozedur werden ihr die Parameter „übergeben". Man beachte, daß die Parameter im Kopf der Prozedur *a*, *eps* und *x* heißen, im Prozeduraufruf dagegen 3.14, 0.001 und *result*. Die Variablen *a*, *eps* und *x* im Prozedurkopf

und -rumpf nennt man *formale Parameter*, die Größen 3.14, 0.001 und *result* im Prozedur*aufruf aktuelle Parameter*. Mit den aktuellen wird wirklich gerechnet, die formalen
sind nur Vertreter (Platzhalter) der aktuellen. Man braucht sie, weil man beim Schreiben
des Algorithmus noch nicht weiß, auf welche Ein- und Ausgabegrößen der Algorithmus
später einmal angewandt werden soll. Beim Prozeduraufruf werden die formalen Parameter im Prozedurrumpf mit den aktuellen verknüpft (man sagt, die formalen Parameter
werden an die aktuellen *gebunden*: a an 3.14, *eps* an 0.001 und x an *result*, und anschließend wird der Rumpf von *SquareRoot* ausgeführt. Bei der Ausführung wird anstelle der
formalen Parameter mit den aktuellen Parametern gerechnet, an die die formalen gebunden sind. Das Binden wirkt sich so aus, als ob im Prozeduraufruf die formalen Parameter
durch die aktuellen ersetzt worden wären. Bild 10 zeigt den Prozedurrumpf von
SquareRoot links mit den formalen Parametern, rechts nach ihrer fiktiven Ersetzung
durch die aktuellen Parameter.

```
begin                              begin
x := a/10;                         result := 3.14/10;
while |a − x²| > eps*a do          while |3.14 − result²| > 0.001*3.14 do
    x := (x + a/x)/2                   result := (result + 3.14/result)/2
end                                end

a                                  b
```

Bild 10   Rumpf der Prozedur *SquareRoot*
  a   mit den formalen Parametern a, *eps*, x
  b   mit den aktuellen Parametern 3.14, 0.001, *result*

Die Variablennamen der formalen und aktuellen Parameter können dabei ganz verschieden sein; sie haben nichts miteinander zu tun. Für die Bindung ist nur die Anzahl und
Reihenfolge der aktuellen und formalen Parameter maßgebend.[3]

Parameter begegnen uns auch in gleicher Bedeutung in der Mathematik. Wenn wir
schreiben

$$f(x, a, b, c) = a \cdot x^2 + b \cdot x + c$$

so sind x, a, b, c formale Parameter, das heißt Platzhalter, für die man beliebige Zahlen
einsetzen kann, zum Beispiel

$$f(1, 2, 3, 4) \quad = \quad 2 \cdot 1^2 + 3 \cdot 1 + 4 \quad = \quad 9$$
$$f(3, -2, 1, -1) = -2 \cdot 3^2 + 1 \cdot 3 - 1 \quad = -16$$

Nutzen und Wert von Prozeduren. Die Technik, daß man zuerst eine in sich abgeschlossene Prozedur schreibt und sie dann von einem Hauptprogramm aus aufruft, ist
kompliziert und für den Laien schwer zu verstehen. Sie ist jedoch äußerst nützlich, und
es ist vielleicht nicht übertrieben, in ihr die wichtigste Technik der ganzen Programmierung zu sehen. Wir geben hier drei Gründe an, die ihren Wert erkennen lassen: Codeeinsparung, Wiederverwendbarkeit und Auffassung der Prozedur als Abstraktionseinheit.

Codeeinsparung. Die Idee der Prozedur entstand aus dem Wunsch, das mehrmalige Niederschreiben und Speichern von Programmtext zu vermeiden. Um zum Beispiel drei
Zahlen a, b, c absteigend zu sortieren, kann man folgendes schreiben:

```
if a < b then Vertausche die Werte von a und b end;   -- Jetzt ist a ≥ b
if a < c then Vertausche die Werte von a und c end    -- Jetzt ist a am größten
if b < c then Vertausche die Werte von b und c end    -- Jetzt ist a ≥ b ≥ c
```

Um die Werte der Variablen x und y miteinander zu vertauschen, braucht man eine Hilfsvariable h als Zwischenspeicher und kann dann die Vertauschung so ausführen:

```
h := x;  x := y;  y := h
```

Wenn man keine Prozeduren hätte, müßte man, um das Sortieren auszuführen, die drei Vertauschungen ausprogrammieren, was so aussieht:

```
if a < b then h := a;  a := b;  b := h end;
if a < c then h := a;  a := c;  c := h end;
if b < c  then h := b;  b := c;  c := h end
```

Das ist nicht schlimm; aber man stelle sich vor, daß die Vertauschung nicht drei, sondern 30 Zuweisungen benötigte, dann brauchten wir 90 Zuweisungen für das Programmstück. Es ist deshalb einfacher, eine Prozedur *Exchange* zur Vertauschung zu definieren:

```
Exchange(↕x ↕y):
    param x, y:  Integer;
    local h:     Integer;
begin
    h := x;  x := y;  y := h
end Exchange
```

und dann *Exchange* nur dreimal aufzurufen:

```
if a < b then Exchange(↕a ↕b) end;   -- Jetzt ist a ≥ b
if a < c then Exchange(↕a ↕c) end;   -- Jetzt ist a am größten
if b < c then Exchange(↕b ↕c) end    -- Jetzt ist a ≥ b ≥ c
```

Das ist nicht nur übersichtlicher, sondern es spart auch Programmcode ein, denn die Prozedur *Exchange* steht nur einmal im Programmspeicher, während bei der Ausprogrammierung jede ihrer drei Zuweisungen dreimal im Speicher steht. Die Doppelpfeile vor den Parametern bedeuten, daß die Parameter sogenannte *Übergangsparameter* sind: ihr Wert wird vom Prozedurrumpf zuerst benutzt und dann geändert.

Wiederverwendbarkeit. Von größter Bedeutung ist es, daß die Prozedur den Charakter eines Bausteins hat, den man überall wiederverwenden kann. Unabhängig davon, für welches Programm die Prozedur *Exchange* einmal geschrieben wurde, kann man sie in allen Programmen einsetzen, in denen zwei ganze Zahlen miteinander vertauscht werden müssen. Das ist das *Baustein-* oder *Modulprinzip.* Wir sind es gewöhnt, daß heute technische Geräte modular, das heißt aus austauschbaren Bausteinen aufgebaut sind. So auch hier. Hat man die Prozeduren *SquareRoot* und *Euklid* aus Abschnitt 5.2.1 einmal geschrieben, kann man sie in einer *Prozedurbibliothek* ablegen und in jedem Programm, in dem man sie braucht, einfach als fertigen Baustein aufrufen.

Abstraktionseinheit. Ebenfalls von größter Bedeutung ist es, daß man die Prozedur als Abstraktion dessen, was im Prozedurrumpf geschieht, auffassen kann. Wenn man eine Prozedur geschrieben hat und sie fehlerlos funktioniert, kann man sie an beliebig vielen Stellen aufrufen, *ohne an ihren inneren Aufbau noch einen Gedanken zu verschwenden.* Das ist ein Abstraktionsprozeß. Wenn man die Zahlen a und b vertauschen will, denkt man nicht mehr an die drei Anweisungen $h := a$; $a := b$; $b := h$, sondern nur noch an die Operation *Exchange(↕a ↕b).*

Hierarchischer Programmaufbau. Hat man einmal Prozeduren für elementare Aufgaben geschrieben, kann man sie als Bausteine zur Lösung komplexerer Aufgaben einsetzen. Diese komplexeren kann man wieder als Prozeduren schreiben und sie wieder als Bausteine in noch komplexeren einsetzen. So entsteht eine vielstufige *Programmhierarchie*, die tausende von Programmzeilen umfassen kann, aber so gebaut ist, daß man jede ihrer Prozeduren für sich verstehen und verändern kann, ohne immer gleich das Ganze unter Beobachtung haben zu müssen. Auf diese Weise versucht man, jede Programmieraufgabe in eine Hierarchie von Prozeduren zu zerlegen, die möglichst unabhängig voneinander sind. Größere Programme können gar nicht anders geschrieben werden. In der geschickten Ausführung dieser Zerlegung besteht ein großer Teil der Kunst des Programmierens.

Rekursive Prozeduren. Eine besondere Art von Prozeduren, die in der Informatik eine wichtige Rolle spielt, sind die sogenannten *rekursiven Prozeduren* (lat. *recurrere* = zurücklaufen). Darunter versteht man Prozeduren, die sich selbst aufrufen. Wie ist das zu verstehen?

Um eine Prozedur *Sum*($\downarrow n \uparrow result$) zu definieren, die die Summe der ganzen Zahlen von 1 bis n als Ergebnis *result* liefert, kann man so vorgehen:

Wenn $n = 1$ ist, dann ist *result* = 1.

Sonst berechne die Summe der Zahlen von 1 bis $n - 1$ und addiere n dazu. Das Ergebnis ist *result*.

Hier wird in der Definition des Verfahrens „Berechne die Summe" das Verfahren „Berechne die Summe" benutzt. Das ist die Rekursion.

Als Prozedur in Adele geschrieben sieht das so aus:

```
Sum(↓n ↑result):
   param  n, result:  Integer;
   local  h:          Integer;
   begin
      if n = 1 then result := 1
      else Sum(↓n – 1 ↑h); result := h + n
      end
   end Sum
```

Hier haben wir den Fall, daß im Rumpf von *Sum* ein erneuter (rekursiver) Aufruf von *Sum* steht. Er bedeutet, daß die Ausführung von *Sum* unterbrochen wird, dann die Prozedur *Sum* erneut, aber mit anderen Parametern, aufgerufen und ausgeführt wird, und daß nach ihrer Rückkehr der Rest von *Sum* ausgeführt wird. Wichtig für das Funktionieren der Rekursion ist, daß die Werte aller Eingangsparameter und lokalen Variablen über den rekursiven Aufruf hinaus erhalten bleiben.

Die rekursive Fassung ist sicherlich in diesem Beispiel kein praktisches Verfahren, denn der Aufruf von *Sum*($\downarrow n \uparrow result$) gibt Anlaß zum Aufruf $n - 1$ weiterer *Sum*s, aber es gibt Fälle, in denen rekursive Prozeduren sehr nützlich sind.

Rekursive Definitionen werden vielleicht leichter verständlich, wenn man sie im Stil der Mathematik als Funktionen schreibt, in denen der Funktions*name* zugleich den Funktions*wert* repräsentiert. Dann wird aus der Definition der Prozedur *Sum* die Definition der Funktion *Sum*:

$$Sum(n) = 1 \qquad \text{für } n = 1$$
$$Sum(n) = Sum(n - 1) + n \qquad \text{für } n > 1$$

Ein etwas interessanteres Beispiel liefert schon der Algorithmus *Euklid*, den man auch rekursiv schreiben kann. Es ist nämlich, als Funktion geschrieben:

$$Euklid(p, q) = q \qquad \text{für } p \bmod q = 0$$
$$Euklid(p, q) = Euklid(q, p \bmod q) \quad \text{für } p \bmod q \neq 0$$

Daraus ergibt sich sofort die rekursive Prozedur

```
Euklid(↓p ↓q ↑result):
    param p, q, result: Integer;
    begin
        if p mod q = 0 then result := q
        else Euklid(↓q ↓p mod q ↑result)
        end
    end Euklid
```

Durch die Rekursion wird eine Aufgabe auf eine einfachere zurückgeführt, diese wieder auf eine einfachere, und so geht es weiter, bis die verbleibende Aufgabe so einfach geworden ist, daß man sie direkt lösen kann.

Sollte der Leser das hier über rekursive Algorithmen Gesagte nicht verstanden haben, befindet er sich in guter Gesellschaft. Rekursive Algorithmen zu verstehen, erfordert besondere Übung, und sie in Programmen einzusetzen, erst recht. Sie bilden eine Hürde. Es erfordert ja auch eine seltsame Art des Denkens, eine Sache durch sich selbst zu definieren, ohne daß daraus eine Zirkeldefinition wird. Rekursive Definitionen und rekursive Algorithmen spielen ihre Trümpfe da aus, wo Datenstrukturen „von Hause aus" rekursiv sind. Das Hauptbeispiel dafür ist der Baum. Einen Baum kann man definieren als „eine Menge von Knoten, bestehend aus einem ausgezeichneten Knoten, der Wurzel, und $m \geq 0$ elementefremden Knotenmengen, die selbst wieder Bäume sind". Ein Baum besteht also mindestens aus einer Wurzel, und an ihr hängen meist wieder Bäume.

Es besteht eine tiefe Beziehung zwischen rekursiven und nichtrekursiven Algorithmen. Sie besagt, daß man jeden nichtrekursiven Algorithmus in einen gleichwertigen rekursiven transformieren kann und jeden rekursiven in einen gleichwertigen nichtrekursiven.[4] Davon wird in der Programmierungstechnik mitunter Gebrauch gemacht. Eine besondere Eigenschaft von rekursiven Algorithmen liegt darin, daß Sie es erlauben, Algorithmen, deren nichtrekursive Fassung Schleifen enthält, ohne Schleifen zu formulieren. Das bedeutet, daß man jeden Algorithmus ohne Schleife schreiben kann!

Mit diesen kargen Erklärungen ist das Gebiet der rekursiven Funktionen, Algorithmen und Prozeduren nur angerissen. Der Leser hat erfahren, daß es sie gibt und was unter dem Begriff Rekursion zu verstehen ist; mehr nicht. Aber das muß für eine einführende Übersicht genügen. Wer mehr über Rekursion wissen will, möge Lehrbücher der Programmierungstechnik studieren.[5]

5.4 Zufallszahlengeneratoren

> Zufälle nennt man in der Natur,
> was beim Menschen Freiheit heißen würde.
>
> Goethe im Gespräch mit Riemer, 1811

Am Ende dieses Kapitels wollen wir noch auf Algorithmen eingehen, mit denen man zufällige Zahlenfolgen erzeugen kann und die man deshalb *Zufallszahlengeneratoren* nennt. Obwohl nur einfache Prozeduren, sind sie von so großer Bedeutung für das Verständnis dessen, was Programme leisten können, daß ihnen hier ein eigener Abschnitt gewidmet werden soll.

Algorithmen, also Programme, die zufällige Zahlenfolgen erzeugen? Wie ist das möglich? Was kann es bedeuten, wo doch ein Algorithmus das Urbild der Vorherbestimmtheit, des mechanistischen Weltbildes ist, etwas absolut Starres, dem jegliche Freiheit abgeht? Am Ende von Kapitel 3 wurde gesagt, daß ein Programm vollständig reproduzierbar ist, daß bei seiner Wiederholung alle seine Schritte in derselben Reihenfolge wie beim erstenmal ablaufen und haargenau die gleichen Ergebnisse herauskommen. Da ist doch für Zufälligkeit kein Platz! Zufälligkeit scheint Unberechenbarkeit, Freiheit zu erfordern, also das Gegenteil von dem, was Algorithmen zu leisten imstande sind.

Begriff. Um die hier verborgenen scheinbaren Ungereimtheiten zu erklären, müssen wir zuerst einmal sagen, was mit einer zufälligen Zahlenfolge (kurz *Zufallsfolge*) gemeint ist. Es ist eine Folge von Zahlen, wie sie zum Beispiel beim Würfeln entsteht. Sechzehn Würfe, die ich heute mit einem Würfel ausgeführt habe, ergaben die Zahlen

4, 4, 4, 2, 3, 4, 1, 2, 3, 6, 6, 6, 1, 3, 2, 5

Das ist eine Zufallsfolge. Die Kennzeichen einer Zufallsfolge sind:

- Die Zahlen entstammen einem bestimmten gegebenen Zahlenbereich (hier 1 bis 6).
- Sie sind regellos verteilt, d. h. es gibt kein offensichtliches Gesetz, mit dem man bei Kenntnis der ersten n Zahlen auf die $n + 1$. Zahl schließen kann.
- Sie entstammen einer bestimmten Häufigkeitskeitsverteilung, das heißt, jede Zahl tritt mit einer bestimmten, vorgegebenen Häufigkeit auf.

Meist ist die Häufigkeit für alle Zahlen gleich („Gleichverteilung"). So auch beim Würfeln, denn je länger man würfelt, um so mehr zeigt es sich, daß die Zahlen 1 bis 6 ungefähr gleich oft erscheinen. Wir betrachten hier nur die Gleichverteilung.

Wenn man eine Prozedur schreiben könnte, die bei jedem Aufruf eine neue Zufallszahl liefert, könnte man mit dem Rechner „würfeln", ihm den Schein von Unberechenbarkeit und damit von Willkür oder Freiheit geben. Aber wie soll das gehen? Muß der Algorithmus dafür – falls es überhaupt einen gibt – nicht äußerst kompliziert sein? Nein, das Gegenteil ist der Fall: Zufallszahlengeneratoren sind einfache, kleine Prozeduren, die sich jeder Programmierer leicht selbst schreiben kann.

Algorithmus. Man benutzt zur Erzeugung der Zufälligkeit überwiegend die Operation der Restbildung (die den bei der Division von ganzen Zahlen entstehenden Rest bildet). Nehmen wir an, daß wir immer den Rest bezüglich einer festen Zahl m, zum Beispiel $m = 16$, bilden wollen, dann kann man Zufallszahlen im Bereich von 0 bis 15 folgendermaßen erzeugen:

1 Man beginnt mit einer willkürlichen Zahl zwischen 0 und 15, zum Beispiel 1. Das ist die erste Zufallszahl, der *Startwert*.

2 Man multipliziert die Zahl mit einem festen Faktor a, zum Beispiel $a = 5$, addiert 1 dazu und bildet den Rest bezüglich 16: $(5 \cdot 1 + 1) \bmod 16 = 6$. Das ist die zweite Zufallszahl.

3 Man wiederholt das Spiel mit der zweiten Zufallszahl und bekommt

$$(5 \cdot 6 + 1) \bmod 16 = 15$$

4 Und noch einmal:

$$(5 \cdot 15 + 1) \bmod 16 = 12$$

und so weiter.

Die allgemeine Formel zur Bildung einer Zufallsfolge $x_1, x_2, \ldots$ lautet

x_1 = beliebig zwischen 0 und $m - 1$

$x_{n+1} = (a \cdot x_n + 1) \bmod m$

Für unser Beispiel $m = 16$ und $a = 5$ ergibt sich die Folge

n	1	2	3	4	5	6	7	8	9	10	11	12	13	14	15	16	17
x_n	1	6	15	12	13	2	11	8	9	14	7	4	5	10	3	0	1

Für $n = 17$ ergibt sich derselbe Wert wie für $n = 1$, und da jede Zahl nur von ihrem Vorgänger abhängt, wiederholt sich dadurch die Zahlenfolge der x_n mit der Periode 16. Der Zufallszahlengenerator ist also scheinbar untauglich, da seine Ergebnisse periodisch und damit regelmäßig sind. Die Zahlen innerhalb der Periode bilden aber eine Folge, der man ihr Bildungsgesetz nicht ansieht. Sie sind (scheinbar) regellos verteilt und kommen mit gleicher Häufigkeit vor (jede einmal). Die Periodenlänge ist durch die Größe der Zahl m bestimmt. Man braucht deshalb m nur groß genug zu machen, zum Beispiel $m = 2^{16}$ oder $m = 2^{32}$, und kann damit tausende oder gar Milliarden Zufallszahlen erzeugen, ohne die erste Periode auszuschöpfen. Und so macht man es auch.

Beispiel. Bild 11 zeigt die ersten 100 Zufallszahlen des Generators

$$x_{n+1} = (3421 \cdot x_n + 1) \bmod 2^{16} \tag{1}$$

Sie sind alle verschieden, und eine Regelmäßigkeit ist in ihnen nicht zu erkennen. Oder können Sie, lieber Leser (womit ich natürlich erst recht alle Leserinnen meine!) doch eine finden? Die Antwort steht in Anmerkung 6.

Will man diese Zahlen benutzen, um das Würfeln nachzubilden, braucht man sie nur in den Zahlenbereich 1 bis 6 zu transformieren, indem man den Gesamtbereich 2^{16} in 6 Teilbereiche der Länge $2^{16}/6 = 10922 = d$ einteilt und dann jede Zahl aus dem Bereich $(i - 1) \cdot d$ bis $i \cdot d - 1$ auf die Zahl i abbildet, wie es Bild 12 angibt. Das Ergebnis ist Bild 13.

Ein Zufälligkeitstest. Nicht alle Kombinationen von m und a erfüllen ihren Zweck. Manche liefern zu kurze Perioden, andere liefern zwar die maximale Periodenlänge m, aber die Verteilung ist nicht „zufällig". Es gibt einfache Regeln für die Wahl von m und a, bei der die maximale Periodenlänge erreicht wird, aber keine, die die Regellosigkeit der Ergebnisse garantiert. Man muß sich deshalb von der Qualität eines Zufallszahlen-generators durch Experimente, sogenannte *Zufälligkeitstests*, überzeugen. Es existiert eine ganze Reihe solcher Zufälligkeitstests, die ein guter Zufallszahlengenerator „bestehen" sollte.

1	3422	41255	34348	63997	43498	39939	54296	17593	23606
15775	30148	48181	4162	16891	46896	64625	29198	9495	42076
24941	60826	8947	2376	1833	44774	14223	29172	51621	41458
7915	10848	17633	29374	21767	16012	54493	36170	5603	31352
38297	7574	23935	27172	25365	4002	59355	22928	55633	3950
12535	21692	21581	35066	29907	10152	61449	43078	44911	24148
34949	22866	40139	17600	47553	18462	47335	59116	57277	57514
16323	4312	5753	20214	11615	20100	14837	32514	15803	60400
58929	7374	60631	62748	30509	37978	30387	13832	2281	4518
55119	15028	30565	32946	51883	20256	24225	36222	52423	32588

Bild 11   Die ersten 100 Zufallszahlen des Zufallszahlengenerators nach Formel (1) mit dem Startwert $x_0 = 0$

Alle Zahlen aus dem Bereich		werden zu
$0 \cdot d \dots 1 \cdot d - 1 \; = $	$0 \dots 10921$	1
$1 \cdot d \dots 2 \cdot d - 1 \; = $	$10922 \dots 21843$	2
$2 \cdot d \dots 3 \cdot d - 1 \; = $	$21844 \dots 32765$	3
$3 \cdot d \dots 4 \cdot d - 1 \; = $	$32765 \dots 43687$	4
$4 \cdot d \dots 5 \cdot d - 1 \; = $	$43688 \dots 54609$	5
$5 \cdot d \dots 6 \cdot d - 1 \; = $	$54610 \dots 65531$	6
$> 6 \cdot d - 1$	$= 65532 \dots 65535$	nicht verwendet

Bild 12   Abbildung der Zahlen 0 bis $2^{16} - 1$ auf die Zahlen 1 bis 6. $d = 2^{16}/6$

1	1	4	4	6	4	4	5	2	3
2	3	5	1	2	5	6	3	1	4
3	6	1	1	1	5	2	3	5	4
1	1	2	3	2	2	5	4	1	3
4	1	3	3	3	1	6	3	6	1
2	2	2	4	3	1	6	4	5	3
4	3	4	2	5	2	5	6	6	6
2	1	1	2	2	2	2	3	2	6
6	1	6	6	3	4	3	2	1	1
6	2	3	4	5	2	3	4	5	3

Bild 13   Die ersten 100 Zufallszahlen des Zufallszahlengenerators nach Formel (1) mit dem Startwert $x_0 = 0$, transformiert in die Zahlen 1 bis 6

Ein besonders einfacher, aber trotzdem harter Test besteht darin, daß man das menschliche Auge zu Hilfe nimmt, um etwaige Muster in einem durch einen Zufallszahlengenerator erzeugten Bild festzustellen. Man benutzt je zwei aufeinander folgende Zufallszahlen als Bildschirmkoordinaten x und y und zeichnet einen Punkt an die dadurch bezeichnete Stelle. Wenn man das genügend oft wiederholt, sollte bei einer guten Zufälligkeit der Bildschirm überall einigermaßen gleich dicht gefüllt sein und kein Muster, keine Regelmäßigkeit erkennen lassen.

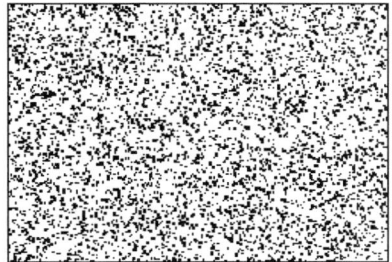

Bild 14   Bildschirmtest mit den ersten 10000 Zufallszahlen des Zufallszahlengenerators
nach Formel (1) mit dem Startwert $x_0 = 0$

Bild 14 zeigt das Ergebnis eines solchen Experiments mit dem Zufallszahlengenerator (1) bei 5000 erzeugten Punkten, also 10000 erzeugten Zufallszahlen. Das Ergebnis ist ein „Chaos" ohne erkennbare Strukturen darin: der Zufallszahlengenerator gibt damit keinen Anlaß zu Beanstandungen und hat den Test bestanden.

Wenn wir den Multiplikator a um 2 erhöhen, also die Formel

$$x_{n+1} = (3423 \cdot x_n + 1) \bmod 2^{16} \qquad (2)$$

als Zufallszahlengenerator benutzen, läßt die Inspektion der ersten 100 Zahlen ebenfalls keine Regelmäßigkeit erkennen (Bild 15). Wenn wir jedoch den Bildschirmtest vornehmen, ergibt sich zu unserer Verblüffung Bild 16. Es enthält eine deutliche Streifenstruktur und zeigt damit, daß der Generator durchaus *keine* Zufallszahlen liefert.

1	3424	54945	53952	62785	20512	23521	34176	2689	29408
289	6208	16321	30112	50785	35584	38145	22624	43937	56768
2625	6944	45281	4224	40833	48608	54817	9024	21697	16544
7009	5632	10753	41824	32929	59584	8001	58912	1505	39808
13441	2272	43809	11840	27073	2976	28769	41216	48897	61024
21921	62400	13377	45344	23265	9856	51585	21472	32801	14656
32449	54944	50529	11264	21505	14688	10913	65216	18753	31776
45025	45440	24193	40672	21793	17472	37825	41376	6753	46848
59649	33888	65441	2496	24129	18208	1249	15488	62337	59872
10785	20288	43201	27808	28513	16896	32257	53088	54433	5312

Bild 15   Die ersten 100 Zufallszahlen des Zufallszahlengenerators nach Formel (2)
mit dem Startwert $x_0 = 0$

Bild 16 Bildschirmtest mit den ersten 10 000 Zufallszahlen des Zufallszahlengenerators
nach Formel (2) mit dem Startwert $x_0 = 0$

Bedeutung und Wert von Zufallszahlengeneratoren. Man mag gegen Zufallszahlengeneratoren einwenden, daß sie falsch benannt sind, denn sie beruhen ja nicht tatsächlich auf Zufällen, wie das Würfeln, sondern sind deterministische Verfahren, bei denen man aus jedem Wert den nächsten berechnen kann, wenn man die Formel dafür kennt. Ferner sind diese Zufallsfolgen reproduzierbar, was beim Würfeln nicht der Fall ist und dem Zufallsbegriff widerspricht.

Man nennt die von Zufallszahlengeneratoren erzeugten Zahlenfolgen deshalb auch *Pseudozufallszahlen*. Ein wenig Nachdenken überzeugt den Leser aber vielleicht davon, daß diese Unterscheidung meist überflüssig ist. Auch das Würfeln ist ein Vorgang, dessen Ergebnis sich aus der Beschaffenheit des Würfels, seinem Anfangszustand und den physikalischen Gesetzen der Mechanik herleiten ließe, wenn man alles nur genau genug berücksichtigten könnte. Das aber ist unmöglich, und deshalb nennen wir ein Ereignis, das in so komplizierter und unübersichtlicher Weise von seinen Ursachen abhängt, daß wir es nicht voraussagen können, „zufällig". Ebenso ist es mit dem Zufallszahlengenerator, und es besteht meist kein Grund, zwischen „echter" Zufälligkeit und Pseudozufälligkeit zu unterscheiden, es sei denn, man will die Reproduzierbarkeit der Pseudozufallszahlen betonen. Die Reproduzierbarkeit erweist sich übrigens in vielen Fällen als ausgesprochen nützlich; aber wenn sie nicht gewünscht wird, kann man sie leicht beseitigen. Man braucht nur den Startwert des Zufallszahlengenerators von Datum und Uhrzeit abhängig zu machen, und schon ergibt sich bei jedem Programmlauf eine andere Folge von Zufallszahlen.

Hier lehrt uns die Informatik, dem im täglichen Leben und in der Philosophie so verschwommenen und vieldeutigen Begriff „Zufall" eine einfache Bedeutung zu geben: Ein zufälliges Ereignis ist keines, für das es keine natürlichen Ursachen gibt, sondern eines, dessen Ursachen in so unübersichtlicher Weise zusammenwirken, daß sie nicht durchschaubar sind. Das meinen wir ja auch, wenn wir sagen: „Heute traf ich zufällig meinen Freund Hans" oder wenn wir dem Würfeln Zufälligkeit zuordnen.

Zufallszahlengeneratoren spielen in vielen Programmen eine Schlüsselrolle. Hierzu einige Beispiele:

- Bei der Simulation natürlicher Vorgänge (siehe Kapitel 9) braucht man sie, um Phänomene mit zufälligem Verhalten darzustellen (wie den radioaktiven Zerfall oder das Eintreten von Kunden in ein Geschäft).

- Zur Sicherstellung der Vertraulichkeit und zur Legitimation des Absenders bei der Datenübertragung im elektronischen Handel lassen sich Zufallszahlen benutzen.

- Oft kann man nicht alle möglichen Fälle eines Problems untersuchen, sondern muß sich mit zufällig gewählten Stichproben begnügen.

- Um Programme zu testen, sind oft zufällig verteilte Eingabedaten besonders nützlich und realistisch.

- So wie der Mensch in manchen Situationen, in denen keine Entscheidung aus Gründen möglich ist, eine Münze wirft, kann der Rechner solche Entscheidungen mit einem Zufallszahlengenerator treffen.

- Bei der Programmierung von Spielen (zum Beispiel beim Kartenmischen) ist es klar, daß Zufallszahlengeneratoren nützlich sind.

Damit ist gezeigt, daß Zufallszahlengeneratoren, obwohl sie nur kleine unscheinbare Programme sind, die Fähigkeiten des Rechners bedeutend erweitern. Mit ihrer Hilfe ist man imstande, Programmen ein Verhalten zu geben, das dem von Menschen in mancher Hinsicht ähnlich ist, nämlich Programme zu schreiben, deren Ergebnis nicht vorhersagbar ist. Was ist das aber im menschlichen Bereich anderes als *Freiheit*?

6

Praktische Informatik II
(Software)

Die im vorigen Kapitel behandelten Algorithmen, Datenstrukturen und Prozeduren sind die dem gesamten Programmieren zu Grunde liegenden Hauptideen. Wir wenden uns nun der *Grundsoftware* zu, das sind diejenigen Programme, die für das Entwickeln von Software erforderlich sind und von jedem Programmierer täglich benutzt werden. Zu diesem Thema gehören auch einige Erläuterungen über Programmiersprachen und über die Entwicklung großer Programmsysteme, die sogenannte *Softwaretechnik*, ihre Methoden und ihre Probleme.

6.1 Programmiersprachen

6.1.1 Arten von Programmiersprachen

Wir haben schon in den vorhergehenden Kapiteln zwei Arten von Programmiersprachen unterschieden: maschinenorientierte Sprachen, deren Programme aus Befehlen bestehen, die nur von einer bestimmten Maschinenfamilie „verstanden" und von ihr direkt ausgeführt werden, und algorithmische Sprachen, deren Programme aus Anweisungen bestehen, die unabhängig von einer bestimmten Maschinenfamilie sind und vor ihrer Ausführung erst in eine maschinenorientierte Sprache übersetzt werden müssen. Wenn schon zwischen dem Aussehen von Algorithmen in einer Algorithmenbeschreibungs-sprache und dem Aussehen des entsprechenden Programms in einer algorithmischen Programmiersprache beträchtliche Unterschiede bestehen, so sind die Unterschiede zwischen dem algorithmischen Programm und dem entsprechenden maschinenorien-

tierten Programm noch viel größer. Bild 1 verdeutlicht diesen Unterschied durch die
Gegenüberstellung des Programms für den Euklidischen Algorithmus in Modula-2 und
in der maschinenorientierten Sprache des Mikroprozessors MC 68000 der Firma Moto-
rola.

```
PROCEDURE Euklid(p,q: INTEGER; VAR ggt: INTEGER);
  VAR r: INTEGER;
BEGIN
  r := p MOD q;
  WHILE r <> 0 DO                                                         a
    p := q;  q := r;
    r := p MOD q
  END;
  ggt := q
END Euklid
```

```
        XDEF Euklid
Euklid:
;       PROCEDURE Euklid(p,q: INTEGER; VAR ggt: INTEGER);
;       after LINK:  (A6)    = old A6
;                    4(A6)   = return address
;                    8(A6)   = ADDR(ggt)
;                    12(A6)  = q
;                    14(A6)  = p
        LINK      A6,#0          ; establish dynamic link w/o local variables
        MOVEM.L   D0-D2,-(A7)    ; save registers on stack
        MOVE.W    14(A6),D0      ; use D0 for p
        MOVE.W    12(A6),D1      ; use D1 for q
loop:
        MOVEQ     #0,D2          ; r:=0
        MOVE.W    D0,D2          ; r:=p (high word remains zero)
        DIVS      D1,D2          ; r:=(p MOD q, p DIV q)
        SWAP      D2             ; r:=(p DIV q, p MOD q)
        TST.W     D2             ; p MOD q=0?
        BEQ.S     done           ; if so, we're done                     b
        MOVE.W    D1,D0          ; p:=q
        MOVE.W    D2,D1          ; q:=p MOD q
        BRA.S     loop           ; once again
done:
        MOVE.L    8(A6),A0       ; A0:=ADDR(ggt)
        MOVE.W    D1,(A0)        ; store q as result
        MOVEM.L   (A7)+,D0-D2    ; restore saved registers
        UNLK      A6             ; restore old A6
        MOVE.L    (A7)+,A0       ; pop return address
        ADDA.W    #8,A7          ; remove parameters from stack
        JMP       (A0)           ; return to caller
```

Bild 1   Euklidischer Algorithmus
        a In Modula-2
        b In der Assemblersprache des Mikroprozessors MC 68000

Die Programme zeigen folgende Unterschiede:

- Das maschinenorientierte Programm besteht aus maschinenspezifischen Befehlen und muß, wenn es von der Maschine, für die es geschrieben wurde, auf eine andere übertragen werden soll, völlig neu geschrieben werden. Das algorithmische Programm besteht aus maschinenunabhängigen Anweisungen. Es kann daher auch von keiner Maschine unmittelbar ausgeführt werden.

- Das maschinenorientierte Programm beschreibt hardwarenahe, konkrete Vorgänge, wie das Laden von Operanden in Register und das Wegspeichern von Ergebnissen. Das algorithmische Programm beschreibt hardwareferne, abstrakte Vorgänge, in denen kein Holen und Wegspeichern von Operanden und keine Register vorkommen.

- Dem maschinenorientierten Programm sieht man nicht so leicht an, welchen Algorithmus es ausführt. Das algorithmische Programm drückt viel besser aus, was der Algorithmus tut, und ist deshalb viel leichter lesbar.

Man beachte übrigens, daß das maschinenorientierte Programm von Bild 1b immer noch ein Text ist, der erst von einem Programm, dem *Assembler* (*to assemble* = zusammensetzen, montieren), in binärcodierte Befehle übersetzt werden muß.

Am Anfang der Entwicklung, in den fünfziger Jahren, mußte man alle seine Programme in maschinenorientierten Sprachen schreiben und die Folgen davon ertragen: schwere Lesbarkeit, Fehleranfälligkeit, Maschinenabhängigkeit. Am Ende der fünfziger Jahre wurde dann die große Idee geboren, maschinenunabhängige Programmiersprachen zu entwickeln und die in ihnen geschriebenen Programme durch ein Programm vom Rechner automatisch in eine Maschinensprache übersetzen zu lassen.

6.1.2 Übersetzung

Wie aber ist es möglich, daß ein Programm die Modula-2-Prozedur *Euklid* in eine maschinenorientierte Fassung übersetzt? Und was bedeutet dieses „Übersetzen", was hat man sich darunter vorzustellen? Fangen wir mit der Bedeutung an. Für ein Übersetzungsprogramm ist das Modula-2-Programm, das übersetzt werden soll, einfach eine Folge von Zeichen, ein Text. Der Text erstreckt sich über mehrere, vielleicht hunderte Zeilen, und jede Zeile besteht aus aneinandergereihten Buchstaben, Ziffern, Sonderzeichen und Leerzeichen. Man nennt diesen Text das *Quellprogramm*. Übersetzen heißt nun, das Quellprogramm lesen, seine einzelnen Anweisungen und ihre Bedeutung erkennen und daraufhin einen neuen Text erzeugen, das *Zielprogramm*. Das Zielprogramm muß den gleichen Algorithmus wie das Quellprogramm darstellen, aber in der Maschinensprache der Maschine, auf der es ablaufen soll. Bild 2 zeigt die Übersetzung schematisch.

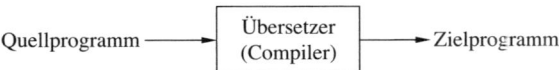

Bild 2   Übersetzung eines Quellprogramms in ein Zielprogramm

Was der Begriff „Übersetzen" in der Informatik bedeutet, sollte nun ungefähr klar sein. Er bedeutet die Transformation eines Programms, das einen Algorithmus in einer dem Menschen gerechten Quellsprache beschreibt, in eine der Maschine gerechte Zielsprache. Das Programm, das die Übersetzung ausführt, nennt man auch *Compiler* (*to compile* = zusammenstellen, sammeln). Das Übersetzen in der Informatik weicht also erheblich von dem Übersetzen im üblichen Wortsinn ab, und wer sich mit dem Gebiet Übersetzerbau beschäftigt, ist nicht etwa ein Philologe, der mit dem Rechner Deutsch in Englisch zu übersetzen versucht.

Die Arbeitsweise von Übersetzern ist kompliziert und soll uns hier nicht weiter beschäftigen. Der Übersetzerbau ist ein umfangreiches und verzweigtes Teilgebiet der Informatik, und es gibt eine reiche Literatur darüber. Nur soviel ist wesentlich, daß der Übersetzer zuerst die Struktur des Quellprogramms untersucht, das heißt seine Zusammensetzung aus Variablen, Konstanten, Ausdrücken, Anweisungen, Prozeduren, bevor er an die eigentliche Übersetzung gehen kann. Es ist deshalb unerläßlich, daß die Quellprogramme vom Programmierer *genau* notiert werden. Jeder Punkt und jedes Semikolon ist wichtig. Es darf zum Beispiel nicht vorkommen, daß man denselben Namen einmal *Schmidt* und ein andermal *Schmitt* schreibt; *f(10)* und *f[10]* sind ganz verschiedene Dinge, ja selbst *X0* und *XO* sind verschiedene Namen (einer mit der Ziffer 0, der andere mit dem Buchstaben O). Das ist eine Erscheinung, die dem täglichen Leben völlig zuwiderläuft und selbst über die in der Mathematik übliche Präzision weit hinausgeht. Äußerste Pedanterie und Penibilität wird vom Informatiker beim Niederschreiben von Programmen verlangt. Man könnte sich damit vielleicht noch abfinden, wenn diese Präzision auf bestimmte, kritische Bereiche eines Programms beschränkt wäre, bei denen es „auf höchste Genauigkeit ankommt". Aber leider ist das nicht der Fall. Auch in den einfachsten, trivialsten Programmteilen muß der Programmierer die gleiche Sorgfalt walten lassen wie in den kompliziertesten. Hierzu sind wir Menschen nicht gut geeignet, und deshalb enthält (fast) jedes Programm eine Anzahl trivialer syntaktischer Fehler, die man erst einmal beseitigen muß, bevor der Compiler es richtig übersetzt. Dieser mühsame Prozeß wird allerdings dadurch erleichtert, daß der Compiler bei jeder Übersetzung die Syntaxfehler bemerkt und Hinweise auf sie ausgibt, so daß man sie leicht finden, korrigieren und das Programm neu übersetzen kann.

Nach der Erfindung der ersten algorithmischen Sprachen sah es zunächst so aus, als könnten sie die maschinenorientierten Sprachen nicht ersetzen, so wie Esperanto nicht die natürlich gewachsenen Sprachen ersetzen kann. Es schien, daß man sich mit der Maschinenunabhängigkeit einen großen Verlust an Ausdrucksmöglichkeiten erkaufen würde, denn nur die Maschinensprache ermöglicht die Ausnutzung aller speziellen Befehle einer Maschine. Das hat zur Folge, daß maschinenorientierte Programme kürzer sind und schneller ablaufen als ihre durch Übersetzung aus einer algorithmischen Sprache erzeugten Gegenstücke. Dieser prinzipiell vorhandene Unterschied hat indes immer mehr an Bedeutung verloren, weil modernere Programmiersprachen immer ausdruckskräftiger geworden sind und die Übersetzungstechniken so verfeinert wurden, daß – von wenigen Ausnahmefällen abgesehen – mit Übersetzern erzeugte Maschinenprogramme heute ebenso effizient arbeiten wie mit der Hand geschriebene und weil wir mit dem Speicherplatz heute nicht mehr so geizen müssen wie früher.

Der Vorteil der höheren Programmiersprachen, ihre Abstraktion von der einzelnen Maschine und Konzentration auf den algorithmischen Gehalt, wurde von Einsichtigen bald erkannt und führte schließlich dazu, daß man heute fast nur noch mit höheren Programmiersprachen arbeitet. Diese Entwicklung war keine Revolution, denn sie ist nicht plötzlich eingetreten, sondern hat sich im Laufe der Jahre nach und nach durchgesetzt. Aber wie eine Revolution hat sie die Praktische Informatik verändert, auf eine höhere Stufe gehoben, dazu beigetragen, sie zu einer Wissenschaft zu machen. Ihre größte Bedeutung liegt vielleicht darin, daß sie das algorithmische Denken so stark gefördert hat. Der Programmierer denkt heute nicht mehr in den Begriffen der maschinenorientierten Programmierung, sondern in den Ablauf- und Datenstrukturen, die ihm moderne Programmiersprachen zur Verfügung stellen. Und er tut gut daran, noch ein Stückchen weiterzugehen, indem er von den Elementen einer bestimmten Programmiersprache zu denen einer Algorithmenbeschreibungssprache wie Adele aufsteigt.

6.1.3 Vielfalt der algorithmischen Sprachen

Seit dem Anfang der sechziger Jahre sind viele hunderte, ja vielleicht tausende Programmiersprachen entwickelt worden, von denen aber nur wenige eine größere Verbreitung fanden. Von diesen sind wiederum, wenn man von Sprachen für spezielle Zwecke absieht, heute zehn bis zwanzig von Bedeutung. Bild 3 benennt und charakterisiert die historisch und gegenwärtig bedeutendsten unter ihnen.

Warum so viele? Die Idee ist doch eigentlich, eine universelle Sprache zu schaffen. Ganz recht, und alle diese Sprachen sind universell, indem man im Prinzip mit jeder von ihnen jede Programmieraufgabe in maschinenunabhängiger Form lösen kann. Die Vielfalt hat mehrere Gründe. Das Ziel bei der Einführung neuer Programmiersprachen war neben der Maschinenunabhängigkeit auch eine Anhebung der Ausdrucksfähigkeit. Bei den ersten stand das numerische Rechnen mit Feldern als einziger Datenstruktur im Vordergrund, später kamen Verbunde und andere Datenstrukturen hinzu. Die Ablaufstrukturen der ersten kamen mit bedingten und unbedingten Sprunganweisungen aus, spätere führten immer neue Schleifenformen und andere Abstraktionsmechanismen ein. Man ist bestrebt, das, *was* man ausdrücken will, auf möglichst einfache und natürliche Weise auszudrücken und dabei davon, *wie* es der Rechner macht, zu abstrahieren. Dieser Weg ist lang, und von ihm zweigen viele Sackgassen ab.

Weiter hat es sich herausgestellt, daß es so verschiedenartige Anwendungsgebiete gibt, daß es sich lohnt, eine Programmiersprache mit Elementen zu versehen, die für ein bestimmtes Anwendungsgebiet besonders gut geeignet sind, für andere Anwendungsgebiete aber selten oder nie gebraucht werden. So braucht man in technisch-wissenschaftlichen Anwendungen dreidimensionale Felder, komplexe Zahlen und Winkelfunktionen, in kommerziellen Anwendungen aber besondere Möglichkeiten zur Handhabung langer und strukturierter Texte und Tabellen.[1]

Soviel zur Vielfalt der Programmiersprachen. Wenn wir auch auf die einzelnen Sprachen hier nicht näher eingehen, wollen wir doch die Namen der bedeutendsten nennen. *Fortran* ist die älteste Programmiersprache für technisch-wissenschaftliche, *Cobol* die älteste für kommerzielle Anwendungen. Beide sind trotz mehrmaliger Modernisierung heute hoffnungslos veraltet, werden aber weiter in großem Umfang benutzt, einfach aus dem Grund, weil es schon zu viel in ihnen geschriebene Programme gibt, die man aus wirtschaftlichen Gründen nicht alle neu schreiben kann. Eine Zeitlang war *PL/I* vielbeachtet als eine Sprache, die das ganze Spektrum der Anwendungen abdeckt. Sie war jedoch zu umfangreich und in manch anderer Hinsicht eine unglückliche Konstruktion. Während Fortran, Cobol und PL/I von der Industrie, hauptsächlich der Firma IBM, entwickelt wurden, ist die Sprache *Algol-60* nur kurze Zeit nach Fortran von einem Komitee von Wissenschaftlern definiert worden. Sie war wissenschaftlich gegenüber Fortran ein bedeutender Fortschritt, in der praktischen Handhabung jedoch das Gegenteil.

Name	Abkürzung für	Jahr	Eigenschaften
Fortran	*for*mula *tran*slation	1957	Die Mutter aller algorithmischen Sprachen. Auch heute noch mit den Weiterentwicklungen Fortran 77, Fortran 95 in Gebrauch.
Algol-60	*algo*rithmic *l*anguage	1960	Ursprung der „Algol-Familie" mit bahnbrechenden Ideen. Heute nicht mehr in Gebrauch.
Cobol	*com*mon *b*usiness *o*riented *l*anguage	1960	Für kommerzielle Anwendungen auch heute noch die am meisten verwendete Sprache. Für technische Anwendungen ungeeignet.
Basic	*b*eginners *a*ll purpose *s*ymbolic *i*nstruction *c*ode	1962	Eine einfache Sprache für Anfänger. Heute kaum noch in Gebrauch.
APL	*a p*rogramming *l*anguage	1962	Mit Vektoren und Matrizen arbeitende Sprache mit speziellem Zeichensatz und vielen ungewöhnlichen Operatoren. Kaum noch in Gebrauch.
Lisp	*lis*t *p*rocessing *l*anguage	1962	Hauptsprache der „Künstlichen Intelligenz". Einzige Datenstruktur ist der binäre Baum (=Liste).
PL/I	*p*rogramming *l*anguage *I*	1965	Sehr umfangreiche Sprache für technisch-wissenschaftliche und kommerzielle Anwendungen. Nur noch wenig in Gebrauch.
Pascal	–	1971	Erste „moderne" Informatik-Sprache. Von großem Einfluß auf die weitere Sprachenentwicklung.
Prolog	*pro*gramming in *log*ic	1972	Modelliert das logische Schließen. Besonders für „Künstliche Intelligenz" geeignet. Einzige Datenstruktur ist der binäre Baum.
C	–	1973	Vielbenutzte Sprache, eng mit dem Betriebssystem Unix verbunden.
Modula-2	–	1980	Nachfolgerin von Pascal.
Ada	–	1980	Sehr umfangreiche Sprache der Pascal- und PL/I-Nachfolge.
Smalltalk	–	1980	Die Pioniersprache der objektorientierten Programmierung.
C++		1982	Objektorientierte Erweiterung von C.
Java		1995	Modernste objektorientierte Sprache mit besonderer Eignung für Internet-Anwendungen; heute viel verwendet.

Bild 3   Merkmale bedeutender Programmiersprachen (die Spalte *Jahr* bezeichnet die ungefähre Erscheinungszeit)

Als Reaktion auf die „Elefantensprachen" PL/I und *Algol-68* (einer Nachfolgerin von Algol-60) schuf N. Wirth, ein Züricher Informatik-Professor, um 1970 herum die Sprache *Pascal*. Er hatte sie hauptsächlich für die Lehre des Programmierens konzipiert, mit wenigen, aber klaren und neuen Konstruktionen, wobei er dem Weglassen von Überflüssigem ebenso viele Überlegungen widmete wie dem Hinzufügen von Neuem. Diese Sprache setzte sich in der Informatik weltweit durch und wurde bis vor kurzem in Praxis und Schrifttum viel benutzt. Rund zehn Jahre später, also um 1980 herum, entwickelte Wirth eine Nachfolgerin von Pascal, die Sprache *Modula-2*, die, mindestens bei den Informatikern, Pascal zum großen Teil verdrängte, heute jedoch selbst von C++ und Java verdrängt ist. Parallel zu dieser Entwicklung wurde in den siebziger Jahren auf Grund einer Initiative des Verteidigungsministeriums der Vereinigten Staaten die Sprache *Ada* entwickelt (benannt nach Ada Augusta Lovelace, 1816–1851, einer Mitarbeiterin von Charles Babbage). Sie sollte wie PL/I eine Universalsprache für alle Anwendungsgebiete und zugleich wie Pascal einfach und klar sein. Aus diesen sich widersprechenden Zielvorstellungen entwickelte sich Ada zu einer neuen Elefantensprache, die sich für große Softwareprojekte bewährt, aber nicht den Weg zum programmierenden Normalverbraucher fand.

Ein seltsames Phänomen bietet die Programmiersprache *C*. Am Anfang der siebziger Jahre entwickelt, ist sie in ihrer Struktur heute veraltet und eigentlich so indiskutabel wie Fortran. Sie ist aber eng mit dem Betriebssystem *Unix* verbunden, das überall in der Welt eingesetzt wird. Als Folge davon hat sich C immer mehr ausgebreitet. Inzwischen ist die Sprache *C++*, eine verbesserte und für die objektorientierte Programmierung (siehe Kapitel 7.3.1) geeignete Nachfolgerin von C, dabei, C zu verdrängen, und beide, C und C++, haben eine starken Konkurrentin in der Sprache Java bekommen, die ebenfalls objektorientiert und darüber hinaus speziell für Internetanwendungen geeignet ist.

Hier nur kurz erwähnt werden soll, daß es inzwischen Sprachentwicklungen gibt, die von höherer Abstraktion als die algorithmischen Sprachen sind. Über sie wird im nächsten Kapitel noch einiges gesagt.

Die Vorteile und Nachteile der einzelnen Programmiersprachen sind ein unerschöpfliches Gesprächsthema zwischen Informatikern. Manche halten die Wahl einer bestimmten Programmiersprache für das Erlernen des Programmierens für so entscheidend, daß sie etwa dekretieren: „Wer mit Fortran anfängt, lernt nie richtig programmieren"; andere vertreten die Meinung, daß man in jeder Programmiersprache gute und schlechte Programme schreiben könne und es deshalb viel mehr auf das richtige Verständnis der algorithmischen Konzepte ankomme als auf die Benutzung einer bestimmten Programmiersprache. Die erste Ansicht ist Unsinn, die zweite recht vernünftig. Sie bedarf nur insofern der Korrektur, als die benutzte Programmiersprache auch das algorithmische Denken prägt, das heißt, daß man Begriffsbildungen, die in der Programmiersprache, die man benutzt, nicht vorkommen, auch nicht zur Formulierung von Algorithmen benutzen wird.

6.1.4 Sprachdefinitionen

Die Entwicklung der Programmiersprachen hat noch etwas Interessantes, für die Informatik Charakteristisches, hervorgebracht. Wer eine Programmiersprache benutzen will, muß genau wissen, wie man in ihr seine Algorithmen auszudrücken hat. Er muß sie syntaktisch und semantisch bis ins Letzte beherrschen. Syntax ist die Lehre vom Satzbau, und eine Programmiersprache syntaktisch beherrschen heißt, die sich aus Deklarationen, Anweisungen, Ausdrücken und Interpunktion zusammensetzenden Programme grammatisch korrekt schreiben. Semantik ist die Lehre von der Bedeutung, und eine Programmiersprache semantisch beherrschen heißt, die Bedeutung aller Deklarationen, Anweisungen und Ausdrücke richtig verstehen. Beides ist kompliziert, viel komplizierter als die Syntax und Semantik mathematischer Formeln.

Es kommt deshalb darauf an, daß man sich zum Erlernen einer neuen Programmiersprache auf ein Dokument stützen kann, in dem Syntax und Semantik der Sprache peinlich genau beschrieben sind, so daß man ihm zweifelsfrei entnehmen kann, ob ein niedergeschriebenes Programm syntaktisch korrekt ist und ob es das bedeutet, was der Programmierer sich darunter vorstellt, das heißt, ob die Maschine bei seiner Ausführung auch genau das ausführt, was der Programmierer beim Niederschreiben beabsichtigte. Man nennt so ein Dokument eine *Sprachdefinition*.

Eine sorgfältige Sprachdefinition ist schwer zu verfassen und schwer zu lesen. Die erste war der berühmt gewordene *Algol-60-Bericht*. In ihm wurde die Syntax weitgehend formal, die Semantik dagegen verbal beschrieben. Und so ist es bis heute geblieben.[2]

Alle Sprachdefinitionen sind unbefriedigend. Eine gute Sprachdefinition soll kurz sein, damit der Leser nicht in Einzelheiten erstickt, und sie soll vollständig sein, das heißt alle Einzelheiten enthalten. Beides ist nicht zu vereinen. Sie soll ferner möglichst formal sein, damit sie unmißverständlich ist, und andererseits leicht lesbar, was ebenfalls nicht zu vereinen ist. Deshalb findet man sehr kurze Sprachdefinitionen (Modula-2 mit 27 Seiten) und sehr lange (Ada mit 340 Seiten). Für die meisten Programmiersprachen gibt es übrigens gar keine Sprachdefinition, so eigenartig das auch klingt. Sie werden nur in Programmierhandbüchern oder anderen Veröffentlichungen durch allerlei Regeln und Beispiele beschrieben, ohne den Anspruch auf Vollständigkeit und Eindeutigkeit.

6.2 Grundsoftware

Der Rechner als technisches Gerät, die Hardware allein ohne Software, läßt sich nicht ohne weiteres nützlich verwenden. Die Hardware ist wie ein toter Körper, dem die Software erst das Leben einhauchen muß. Zu jedem Rechner gehört deshalb eine Grundausstattung an Software, die es dem Programmierer ermöglicht, Programme einzugeben, sie zu übersetzen, ablaufen zu lassen und Ergebnisse herauszubekommen. Die wichtigsten Teile der Grundausstattung sind *Editor*, *Compiler*, *Lader* und *Betriebssystem*.

6.2.1 Editor, Compiler, Lader

Ein Editor ist ein Programm, mit dem man Texte in den Rechner eingeben und früher eingegebene Texte ändern kann. Man sitzt vor dem Bildschirm an der Tastatur, tippt Zeichen ein, und die Zeichen erscheinen auf dem Bildschirm. Wenn man sich vertippt hat, kann man zurückgehen, Zeichen oder Wörter oder ganze Zeilen löschen und ändern. Alles Eingegebene wird im Rechner gespeichert. Auf diese Weise gelangen die Quellprogramme und Daten in den Rechner. Es gibt viele verschiedene Arten von Editoren, einfache und komplizierte, für den Benutzer bequeme und auch ausgesprochen unbequeme. Der Editor ist das erste Stück Grundsoftware, mit dem sich jemand, der einen Mikrocomputer gekauft hat, vertraut machen muß.

Zum Übersetzen eines Quellprogramms in ein Maschinenprogramm braucht man einen Compiler. Wenn man verschiedene Quellsprachen benutzen möchte, braucht man verschiedene Compiler: so viele Quellsprachen, so viele Compiler. Falls man auch mit der maschinenorientierten Programmiersprache des betreffenden Rechners arbeiten will, braucht man noch einen Assembler.

Compiler und Assembler schreiben das von ihnen erzeugte Maschinenprogramm üblicherweise nicht gleich zur Ausführung in den Arbeitsspeicher, sondern in eine Datei. Das übersetzte Programm soll ja auf Dauer gespeichert werden, damit man es mehrmals ausführen kann, ohne es jedesmal neu übersetzen zu müssen. Außerdem ist die Übersetzungseinheit meist kein vollständiges Hauptprogramm, sondern eine Prozedur oder ein anderer Programmbaustein, der für sich allein nicht ausgeführt werden kann.

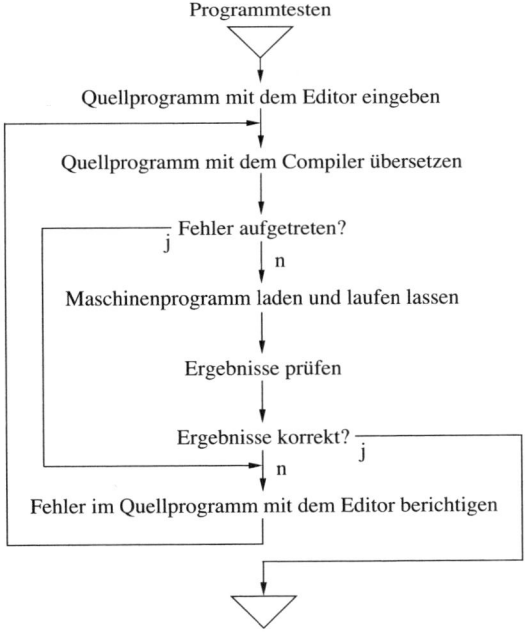

Bild 4   Testzyklus: editieren – übersetzen – laufen lassen – korrigieren

Um ein übersetztes und nun als Befehlsfolge in einer Datei stehendes Programm in Maschinensprache auszuführen, braucht man einen *Lader*. Das ist ein Programm, das sich alle übersetzten Prozeduren, die zu dem Programm gehören, das ausgeführt werden soll, aus den Dateien zusammensucht und in den Speicher lädt. Das hört sich einfacher an als es ist. Der Benutzer gibt dem Lader nur den Namen des Hauptprogramms an. Der Lader muß im Arbeitsspeicher genügend Platz für das Hauptprogramm reservieren und es laden. Er muß sodann im Hauptprogramm nachsehen, ob es weitere Prozeduren zu seinem Ablauf braucht. Wenn ja, muß er für sie ebenfalls Platz reservieren und sie laden. Die neuen Prozeduren können wieder das Nachladen anderer Prozeduren erfordern, und so weiter, bis einmal alle Programmteile geladen sind. Jetzt kann das Hauptprogramm aber immer noch nicht gestartet werden. Die einzelnen Prozeduren nehmen nämlich Bezug aufeinander (rufen sich auf, haben gemeinsame Datenbereiche). Deshalb muß eine Prozedur A, die Bezug auf Prozedur B nimmt, die Startadresse von Prozedur B kennen. Da die Lage der einzelnen Prozeduren im Arbeitsspeicher aber von Programmlauf zu Programmlauf verschieden sein kann, muß der Lader nach dem Laden die Teile des Programmsystems noch miteinander verknüpfen, das heißt in einige Befehle neue Adreßteile einsetzen. Erst dann kann er das Programm starten.

Auf Grund dieser Organisation führt der Programmierer, wenn er am Rechner sitzt, drei Schritte aus: Programm editieren – Programm übersetzen – Programm laden und ablaufen lassen. Beim Testen eines Programms wiederholt er diese Schritte zyklisch so lange, bis er keinen Fehler im Programm mehr findet. Bild 4 zeigt diese Tätigkeit als Ablaufdiagramm.

6.2.2 Betriebssystem

Entstehung. In der Anfangszeit der Rechner ging das Programmtesten so vor sich, daß sich der Programmierer an die Maschine setzte und die in dem Testzyklus von Bild 4 enthaltenen Schritte mit der Hand einzeln startete. Da es noch keine Bildschirme und deshalb auch keine Editoren gab, legte er sein in Lochkarten oder Lochstreifen gestanztes Programm in den Lochkarten- oder Lochstreifenleser, startete dann am Bedienungspult durch Knopfdruck den Übersetzer, danach den Lader und so weiter. Der teure Rechner war auf diese Weise immer durch einen einzelnen Programmierer vollständig belegt, obwohl er fast die ganze Zeit über keine Arbeit verrichtete, sondern darauf wartete, daß der Programmierer das nächste Programm startet.

Bald kam man auf die Idee, den Rechner besser auszunutzen, indem man die Ausführung der Programme einem Steuerprogramm (*monitor system*) übertrug. Dadurch hatten mehrere Benutzer zugleich Zugang zur Maschine. Sie legten ihre „Aufträge" (*jobs*) als Lochkartenstapel in den Lochkartenleser, der las sie, schrieb sie in Dateien, und das Steuerprogramm führte sie ohne Wartezeiten unmittelbar nacheinander aus. Aus diesen bereits sehr komplizierten Steuerprogrammen sind die heutigen Betriebssysteme (*operating systems*) für Großrechner entstanden. Das folgende bezieht sich deshalb hauptsächlich auf die Betriebssysteme von Großrechnern, die für Mikrocomputer sind demgegenüber oft vereinfacht.

Als die Arbeitsspeicher so groß wurden, daß man mehrere Benutzerprogramme zugleich in ihnen unterbringen konnte, ergab sich eine weitere Möglichkeit, den Rechner besser auszunutzen. Wie aus Kapitel 3 bekannt, dauert eine Ein-Ausgabe-Operation viel länger als eine rechnerinterne Operation. Ganz grob kann man dabei einen Unterschied von $1000 : 1$ annehmen. Ein Programm besteht nun aus rechenintensiven Abschnitten, in denen der Rechner mit maximaler Geschwindigkeit arbeitet und ein-ausgabe-intensiven Abschnitten, in denen er fast nur auf den Abschluß von Ein-Ausgabe-Operationen wartet, also untätig ist. Wenn man zwei Benutzerprogramme im Arbeitsspeicher hat, kann man das erste laufen lassen, bis es zu einer Ein-Ausgabe-Operation kommt. Während es auf deren Beendigung wartet, kann man das zweite laufen lassen, und zwar so lange, bis die Ein-Ausgabe-Operation des ersten vollendet ist. Dann wird das zweite Programm unterbrochen und das erste fortgesetzt. Wenn man Glück hat, konnten in der Lücke vielleicht 1000 Operationen des zweiten Programms ausgeführt werden. Wenn man allerdings Pech hat und das zweite Programm gleich am Anfang ebenfalls auf eine Ein-Ausgabe-Operation läuft, warten beide, und der Rechner wird wieder nicht ausgenutzt. Zur guten Ausnutzung muß man deshalb bestrebt sein, nicht nur zwei, sondern möglichst viele Benutzerprogramme zugleich im Arbeitsspeicher zu halten, um sie jederzeit aktivieren zu können. Hier ist der Ausgangspunkt für die *parallele Programmierung*, über die im nächsten Kapitel mehr gesagt werden wird.

Außer dieser unmittelbaren Steuerung des Ablaufs der Benutzerprogramme hat ein Betriebssystem noch viele weitere Aufgaben. Sie sind verwaltungstechnischer Art, da sie die Vergabe von Rechenzeit, Speicherplatz, Geräten und anderem steuern, und man nennt sie dementsprechend *Verwaltungsprogramme*. Die wichtigsten von ihnen lassen sich durch folgende Stichworte zusammenfassen:

- *Prozessorverwaltung*. Wenn das gerade laufende Programm unterbrochen wird, muß die Prozessorverwaltung entscheiden, welches der wartenden Programme als nächstes an die Reihe kommen soll. Dabei muß sie „gerecht" vorgehen, so daß kein Programm „verhungert" (nie an die Reihe kommt) und keine Programme sich gegenseitig blockieren (vom Weiterarbeiten ausschließen). Sie muß die Dringlichkeit eines Programms berücksichtigen und prüfen, ob alle Betriebsmittel, die es braucht, zu seiner Ausführung bereitstehen.

- *Speicherverwaltung*. Die Benutzerprogramme und die Grundsoftware teilen sich den gesamten zur Verfügung stehenden Arbeitsspeicher. Sie fordern Speicherplatz portionsweise an und geben ihn (spätestens am Ende ihres Ablaufs) wieder frei. Das Betriebssystem muß den Speicherplatz so verwalten, daß er gut ausgenutzt wird und die Zuweisung und Freigabe keine nennenswerte Zeit kostet.

- *Dateiverwaltung*. Zum Betriebssystem gehört ein *Dateisystem* (*file system*), das den Speicherplatz auf externen Speichermedien in Form von Dateien organisiert. Es ermöglicht den Benutzerprogrammen und der übrigen Grundsoftware, Dateien anzulegen und zu löschen, sie zu lesen, zu schreiben und zu ändern.

- *Geräteverwaltung*. Das Betriebssystem sorgt dafür, daß die Ein-Ausgabe-Geräte und die externen Speicher von den einzelnen Benutzerprogrammen in konfliktloser Weise benutzt werden können. Es schirmt die Benutzerprogramme von den speziellen technischen Eigenschaften der jeweils verwendeten Hardware ab, indem es ihnen virtuelle Geräte mit abstrakten Eigenschaften zur Verfügung stellt.

- *Auftragsverwaltung*. Das Betriebssystem legt die Reihenfolge fest, in der die Aufträge der einzelnen Benutzer ausgeführt werden. Der Benutzer kann seine Aufträge dazu in Teilaufträge gliedern (zum Beispiel die drei Teilaufträge *Übersetze Hauptprogramm A*, *übersetze Prozedur B*, *lade und starte Programm A*). Zur präzisen

Beschreibung der Benutzerwünsche sind eigene Sprachen, sogenannte Auftrags-Steuersprachen (*job control languages*) entwickelt worden.

Aus der Sicht des Betriebssystems faßt man Prozessor, Arbeitsspeicher, Externspeicher und Ein-Ausgabe-Geräte gern unter dem Oberbegriff „Betriebsmittel" zusammen, denn sie sind es, die zum Ablauf eines Programms überhaupt oder in ausreichender Menge vorhanden sein müssen. Ein Betriebssystem kann dann als eine „Sammlung von Programmen zu geregelter Verwaltung und Benutzung von Betriebsmitteln verschiedener Art" definiert werden ([Wettstein] S. 21).

Hinzu kommen noch zwei weitere Aufgaben, die alle vorstehenden Teilaufgaben umgreifen:

• Der Benutzer soll seine Programme von den Hardware-Eigenschaften seines Rechners abstrahiert schreiben können. Diese Forderung wirkt sich besonders auf die Geräteverwaltung und das Dateisystem, aber auch auf andere Teile des Betriebssystems aus.

• Das Betriebssystem soll das Fehlverhalten eines Benutzerprogramms erkennen, dem Benutzer melden und dafür sorgen, daß die Bearbeitung der anderen Programme reibungslos weitergeführt wird.

Weiterentwicklung. Die vorstehend besprochenen Eigenschaften charakterisieren die Aufgaben von Betriebssystemen im allgemeinen, gelten aber besonders für die sogenannten *Stapelverarbeitungs-Betriebssysteme* (*batch processing operating systems*), in denen die Aufträge verschiedener Benutzer hintereinander gestapelt sind und nacheinander oder zeitlich verzahnt ausgeführt werden.

Im Unterschied dazu bedient ein *Teilnehmer-Betriebssystem* (*time sharing operating system*) viele Benutzer, die an Eingabegeräten sitzen, quasi gleichzeitig, indem es ihre Aufträge stückweise und verzahnt so schnell ablaufen läßt, daß jeder der vielen Benutzer glauben kann, die Maschine arbeite nur für ihn allein. Natürlich weiß er, daß andere Benutzer zugleich mit ihm arbeiten, und er merkt auch, daß die Maschine ihm manchmal langsamer, manchmal schneller „antwortet", je nachdem, wie stark sie durch andere Benutzer ausgelastet ist. Aber jeder Benutzer kann seine Programme so schreiben, daß er die Existenz anderer Benutzer, die denselben Arbeitsspeicher, dieselben externen Speicher und denselben Compiler benutzen, nicht zu berücksichtigen braucht. Hierzu reicht es nicht aus, daß das Betriebssystem ein laufendes Programm nur dann unterbricht, wenn es eine Ein- oder Ausgabe-Operation ausführen will. Das würde schnell zu unerträglich langen Antwortzeiten für einige Benutzer führen. Das Betriebssystem teilt statt dessen jedem Benutzerprogramm eine feste Zeit zu (eine „Zeitscheibe"), in der es abläuft, dann kommt das nächste an die Reihe. Dadurch rücken alle Programme gleich schnell vor. Wenn die Zeitscheibe kurz ist, zum Beispiel 20 Millisekunden, und der Rechner leistungsfähig, gewährt der Teilnehmerbetrieb eine gute Ausnutzung großer Rechenanlagen und Zufriedenheit der Benutzer. Allerdings kostet die Verwaltung vieler Benutzer durch das Betriebssystem selbst einen guten Teil der Rechenzeit, und es gibt deshalb eine maximale Benutzeranzahl. Wird sie überschritten, erhöhen sich die Antwortzeiten so drastisch, daß der Betrieb zusammenbrechen kann.

Die Mikrocomputer brachten zunächst eine Abkehr vom Teilnehmerbetrieb. Jeder Benutzer hatte ja nun seinen eigenen Rechner, und die Betriebssysteme für Mikrocomputer konnten sich deshalb auf *einen* Benutzer beschränken. Dateiverwaltung, Auftragsverwaltung und vieles andere wurden dadurch wieder vereinfacht.

Dieser schöne Zustand war leider nicht von langer Dauer, denn je billiger der einzelne Mikrocomputer wurde, um so mehr entstand der Wunsch, Rechner miteinander zu vernetzen, sei es Mikrocomputer untereinander oder einen Großrechner mit zahlreichen Mikrocomputern. Die Betriebssysteme von Mikrocomputern mußten deshalb um Komponenten ergänzt werden, die die Kommunikation mit anderen Rechnern ermöglichen. Das Ergebnis ist ein Rechnernetz, in dem jeder Rechner sein eigenes Betriebssystem hat, das mit dem der anderen Netzknoten kommunizieren kann.

Das nächste Ziel ist ein einziges Betriebssystem für das gesamte Netz, das *verteilte Betriebssystem*. Seine Hardwareseite ist in Kapitel 4 schon erwähnt worden. Seine Komponenten sind über das ganze Netz verteilt, und es spiegelt dem einzelnen Benutzer vor, daß er die Rechenleistung des ganzen Netzes auf seiner Maschine hat. Er soll nicht mehr zwischen den einzelnen Netzknoten, ihren Sekundärspeichern, Bildschirmen und so weiter, gedanklich unterscheiden müssen, sondern sie alle als eine Einheit sehen.

Abschließend sei bemerkt, daß Betriebssysteme sehr große Programme sind. Während ein Compiler je nach Quellsprache etwa zwischen 5000 und 50000 Anweisungen umfaßt, bestehen große Betriebssysteme aus mehreren hunderttausend Anweisungen. Der Aufwand, ein Betriebssystem zu konzipieren, zu schreiben und zu warten liegt in der gleichen Größenordnung wie der zur Herstellung der gesamten Hardware eines Rechners.

6.3 Softwaretechnik

In der Anfangszeit des Programmierens, bis in die sechziger Jahre hinein, gab es keine Programmiermethodik, keine Techniken und keine Regeln für das fachmännische Schreiben größerer Programme; jeder Programmierer hatte vielmehr seine eigene Vorgehensweise. Es wurde auch kaum etwas darüber veröffentlicht oder an Universitäten gelehrt, weil so etwas „niedriges" wie die handwerkliche Herstellung von Programmen wissenschaftlich nicht reputierlich war. Dabei wurden jedoch zu dieser Zeit bereits sehr große Programme geschrieben. Es gab zum Beispiel das Betriebssystem OS/360 der Maschinenfamilie IBM/360 und das Luftraumüberwachungssystem SAGE – beides riesenhafte Programmsysteme mit hunderttausenden von Anweisungen oder Befehlen.

Die Komplexität dieser und vieler anderer großer Programme wuchs ihren Entwicklern über den Kopf; man konnte sie kaum noch beherrschen. Ein Programmsystem mit 100000 Anweisungen ergibt einen Programmtext von 2000 Seiten, wenn man eine Anweisung pro Zeile und die Seite mit 50 Zeilen ansetzt. Und das ist nur der Programm*text*, ohne alle erläuternde Dokumentation, die man zum Verstehen unbedingt braucht! Die Anzeichen dafür, daß mit der Software-Entwicklung etwas nicht in Ordnung war, häuften sich. Eines davon war, daß jedes größere Programmsystem trotz sorgfältigsten Testens durch den Hersteller bei seiner Auslieferung Fehler enthält, die sich erst nach langer Zeit, manchmal erst nach Jahren zeigen. Als es sich aber bei sehr großen Programmen herausstellte, daß sich bei der Behebung gefundener Fehler wieder etwa ebensoviele neue Fehler einschlichen, wurde es unbehaglich. Große Programmierprojekte zeigten ferner die Tendenz, sich bei ihrer Entwicklung aufzublähen, zu wuchern, dadurch den Projektleitern aus der Hand zu gleiten und instabil zu werden. Da erkannte man, daß die Entwicklung großer Programme ihre Eigengesetzlichkeit hat und daß man methodisch an diese Probleme herangehen muß, wenn man sie lösen will.

Es war am Ende der sechziger Jahre, als zwei von der Nato ausgerichtete Konferenzen, eine in Garmisch (1968) und eine in Rom (1969), zu diesem Thema stattfanden. Sie sind unter Informatikern bekanntgeworden, weil auf ihnen erstmals die Probleme der Entwicklung großer Programme explizit benannt und diskutiert wurden. Man stellte (endlich!) fest, daß Software das Ergebnis von Ingenieurtätigkeit ist, die, wie jedes andere industrielle Produkt, der methodischen Planung, Entwicklung, Herstellung und Wartung bedarf. Man gab dieser Sichtweise auch gleich einen Namen: *Software Engineering*, was man im deutschen Sprachraum viel besser mit *Softwaretechnik* bezeichnet.[3]

Die Erkenntnis, daß die Herstellung großer Programme besonderer Methoden bedarf und daß sie eine Ingenieurtätigkeit ist, mag manchem Leser fast selbstverständlich erscheinen. So ging es auch damals schon denjenigen, die selbst an der Entwicklung großer Softwaresysteme beteiligt waren. Aber ein neuer Name und ein paar neue Begriffe aus berufenem Munde können in der Öffentlichkeit Wunder wirken, und so geschah es, daß die Softwaretechnik schnell in Informatikerkreisen modern wurde und man sich von ihr die Lösung aller Probleme der „Softwarekrise" erhoffte, zu der die Entwicklung immer größerer und noch größerer Programmsysteme geführt hatte.

Diese Lösung wurde zwar nicht gefunden, zumindest nicht in der Weise, wie man es sich damals erhoffte. Die Entwicklung sehr großer Programme ist bis heute ein Problem geblieben, und das ist auch verständlich, denn es gibt kein Mittel, Komplexität wegzuzaubern. Aber es ist seitdem methodisch viel geleistet und die Software-Entwicklung insgesamt auf einen höheren Stand gebracht worden. Ihre wichtigsten Gedanken sollen deshalb hier kurz dargestellt werden.

6.3.1 Große Programme

Wenn man als Anfänger einige kleinere Programme erfolgreich geschrieben hat, ist man geneigt zu glauben, daß das Schreiben eines großen Programmsystems nur ein Vielfaches an Personal oder Zeit erfordere. Das ist jedoch ein Irrtum. Ein quantitativer Unterschied von zum Beispiel 1 : 100 schlägt sich immer auch in *qualitativen* Unterschieden nieder. Während bei kleinen Programmen meist Hersteller und Benutzer dieselbe Person und die Hauptkriterien für die Qualität des Programms seine Korrektheit und Effizienz sind, liegen die Verhältnisse bei großen Programmen anders. Viele Programmierer müssen bei ihrer Entwicklung zusammenarbeiten, Hersteller und Benutzer sind verschiedene Personengruppen, und es gibt viele Benutzer. Große Programme haben auch eine größere Lebensdauer als kleine (5 bis 20 Jahre) und werden häufig geändert. Zuverlässigkeit, Flexibilität und Übertragbarkeit auf andere Maschinen können hier wichtigere Qualitätskriterien sein als die Effizienz. Da die Komplexität der Software nicht wie die anderer technischer Erzeugnisse durch Materialeigenschaften begrenzt ist, glauben

Programmierer, sie könnten im Prinzip beliebig große Programmsysteme schreiben, mit der Folge, daß diese tendenziell unsicher und undurchschaubar werden. Große Programmsysteme, die *von vielen für viele* geschrieben werden, erfordern besondere Techniken, Methoden und Werkzeuge zu ihrer Entwicklung.

Das Hauptproblem der Softwaretechnik ist der Kampf mit der logischen Komplexität großer Programme. Wenn n Prozeduren oder n Mitarbeiter Informationen austauschen (jeder mit jedem), ergeben sich $n(n-1)/2$ Verbindungen zwischen ihnen, das heißt, die Anzahl der Verbindungen wächst quadratisch mit der Anzahl der verbundenen Objekte. Viele Methoden der Softwaretechnik, insbesondere Entwurfsmethoden, laufen deshalb darauf hinaus, durch Einschränkung der erlaubten Verbindungen und durch Abstraktion die Komplexität herabzusetzen.

6.3.2 Software-Werkzeuge und Programmierumgebungen

Von Vorteil ist es, daß man zur Herstellung von Software bereits vorhandene Software im Sinne von Werkzeugen einsetzen kann. Software-Werkzeuge sind demzufolge Programme, die Entwicklung, Test, Analyse, Wartung oder Dokumentation von Programmen unterstützen. Auf Grund dieser weiten Definition fällt alle Software, die zur Lösung von Aufgaben im Rahmen der Programmherstellung dient, unter den Begriff der Werkzeuge; insbesondere gehören Editoren und Compiler dazu. Baut man sich eine ganze Reihe solcher Werkzeuge auf, die einheitlich zu bedienen und in ihren Funktionen aufeinander abgestimmt sind, nennt man das Ganze mit einem wenig schönen Namen „Programmierumgebung" (*programming environment*). Durch die hervorragenden Möglichkeiten der Mensch-Maschine-Kommunikation bei Mikrocomputern sind viele nützliche Programmierumgebungen entstanden.

6.3.3 Mensch-Maschine-Kommunikation

Der verstärkte Einsatz von Bildschirmarbeitsplätzen, besonders wenn sie mit hochauflösendem Bildschirm und Maus arbeiten, läßt den Informationsaustausch zwischen Mensch und Maschine immer mehr in den Vordergrund treten. Die Gestaltung der Mensch-Maschine-Kommunikation in einer den menschlichen Bedürfnissen möglichst gut angepaßten Weise durch Dialogführung, Bildschirmmasken, Grafiken ist weit entwickelt, wirft aber auch Probleme auf, die noch nicht alle zufriedenstellend gelöst sind. Von der Mensch-Maschine-Kommunikation geht die Entwurfsmethode des *Prototyping* aus, bei der man für ein großes Projekt zuerst mit möglichst kleinem Aufwand einen Prototyp entwickelt, um damit Erfahrungen über Einzelheiten der beabsichtigten Lösung zu sammeln. Oft steht die Mensch-Maschine-Kommunikation im Mittelpunkt dieses Prototypings.

6.3.4 Die Teilaufgaben der Software-Entwicklung

Die Arbeit an einem Softwareprojekt gliedert sich in mehrere Phasen, wobei sich folgende Einteilung bewährt hat:

- Phase 1: *Problemanalyse*. Das zu lösende Problem wird in Zusammenarbeit mit dem Auftraggeber definiert und analysiert. Das Ergebnis ist die *Anforderungsdefinition* (Pflichtenheft).

- Phase 2: *Entwurf*. Das Softwaresystem wird als Ganzes entworfen und in Teile zerlegt (*Grobentwurf*), mit den Teilen wird ebenso verfahren (*Feinentwurf*); die dabei entstehenden Schnittstellen werden festgelegt (*Spezifikation*). Das Ergebnis ist die Systemstruktur und die Spezifikation aller Teile (*Module*).
- Phase 3: *Programmierung*. Die Module werden programmiert und jedes Modul für sich getestet.
- Phase 4: *Test*. Die Zusammensetzung der Module zu Gruppen und das Gesamtsystem werden getestet. Das Ergebnis ist die Abnahme durch den Auftraggeber.
- Phase 5: *Wartung*. Im Betrieb entdeckte Fehler werden beseitigt, und das Programmsystem wird den sich verändernden Anforderungen angepaßt.

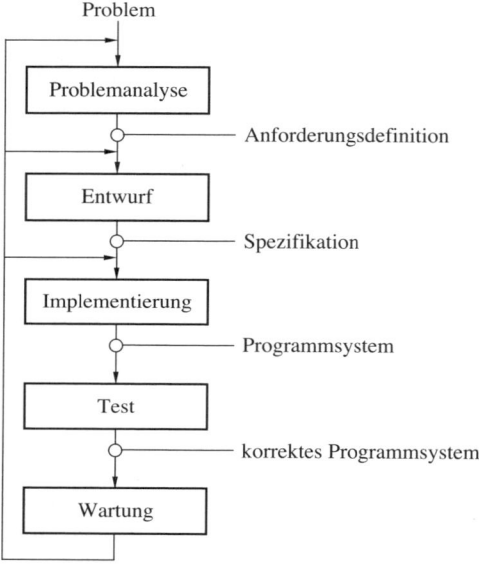

Bild 5   Der Software-Lebenszyklus

Bild 5 zeigt diese Phasen, wobei sich ein geschlossener Kreis ergibt, der anzeigt, daß bei Änderungen einige oder alle Phasen erneut durchlaufen werden müssen. Das ist der „Software-Lebenszyklus". Das in ihm ausgedrückte Prinzip, daß eine Phase vollständig abgeschlossen sein soll, bevor die nächste angefangen wird, ist allerdings in der Regel nicht realisierbar, weil sich die Richtigkeit der Entscheidungen in einer Phase erst in späteren Phasen zeigt. Das Modell ist deshalb auch vielfach variiert worden, wodurch sich seine prinzipielle Aussage aber nicht ändert. Der Software-Lebenszyklus erfaßt nur die Herstellung und Wartung eines Softwareprodukts; Aufgaben wie Qualitätssicherung, Dokumentation und Management sind nicht darin enthalten, da sie sich auf alle Phasen erstrecken.

Es folgen nun Bemerkungen zu den einzelnen Teilgebieten der Softwaretechnik.

Problemanalyse und Anforderungsdefinition. Am Anfang eines Softwareprojekts müssen Aufgabenstellung und Leistungsumfang vom Auftraggeber und Auftragnehmer gemeinsam festgelegt werden. Die hierfür in Frage kommenden Verfahren sind wenig spezifisch für die Softwaretechnik; sie treten bei der Planung anderer technischer Projekte ebenso auf und gehören damit mehr der Systemtechnik als der Softwaretechnik an (Zustandsanalyse, Systemabgrenzung, Systembeschreibung und anderes). Spezifisch für Softwareprojekte sind dagegen folgende Eigenschaften:

- Jedes Programm wird nur einmal entwickelt, eine Serienfertigung gibt es nicht. Planung und Aufwandabschätzungen für neue Aufträge können sich darum nicht auf Vorgänger stützen und sind besonders schwierig.

- Die technischen Bedingungen (Schnittstellen zur Hardware und Systemsoftware) ändern sich besonders schnell.

- Software als immaterielles Produkt unterliegt nicht den üblichen Schranken der Technik. Sie ist „im Prinzip" jeder Situationsveränderung leicht anpaßbar; in Wirklichkeit zerstören nachträgliche Anpassungen mehr und mehr die Systemarchitektur und führen dadurch zu Fehlern und Chaos.

Methodische Hilfsmittel für diese Phase sind hauptsächlich Zeichnungen und Tabellen aller Art. Es gibt aber auch ausgeprägtere Methoden, die helfen, die Fülle der anfallenden Daten und Planungsentscheidungen zu ordnen, ihre Vollständigkeit zu prüfen und Widersprüche aufzudecken.

Entwurf und Programmentwicklung. Mit dem Entwurf wird die Architektur eines Softwaresystems festgelegt. Dazu wird das Gesamtsystem in Teilsysteme zerlegt, und die Teilsysteme und ihr Zusammenwirken werden spezifiziert. Je nachdem, ob die Zerlegung geschickt oder ungeschickt gewählt wurde, ergibt sich später ein strukturell gutes, leicht verstehbares und leicht änderbares Softwareprodukt oder das Gegenteil. Da die Entwurfsentscheidungen zu einem Zeitpunkt getroffen werden müssen, wo man das Ganze noch nicht durchschaut, ist der Entwurf eine schwierige, Erfahrung voraussetzende, schöpferische Tätigkeit. Entwurfsmethoden können ihn zwar unterstützen, garantieren aber nicht ein hochwertiges Softwareprodukt. Die Frage, wie man eine softwaretechnische Aufgabe in Teilaufgaben zerlegen muß, nimmt eine zentrale Stellung in der Softwaretechnik ein. Neben den Methoden für den Programmentwurf hat die Softwaretechnik auch Prinzipien aufgestellt, die bei der eigentlichen Programmentwicklung beachtet werden sollen, damit das gesamte System qualitativ hochwertig wird. Ihre wichtigsten Aspekte sind etwa folgende.

- *Entwurfsmethoden.* Die *Methode der schrittweisen Verfeinerung* propagiert einen Entwurf „von außen nach innen" oder „von oben nach unten" (*top down*). Man zerlege das Gesamtproblem in Teilprobleme, diese wieder, jedes für sich, in kleinere und setze dieses Verfahren fort, bis die Teilprobleme so klein und klar sind, daß man ihre Lösung in einer Programmiersprache formulieren kann.

- *Modulares Programmieren.* Grundlegend für die Konstruktion technischer Geräte ist die Modultechnik (Bausteintechnik). Jedes Modul führt eine in sich abgeschlossene Aufgabe aus, und wenn es fehlerhaft ist, wird es als Ganzes gegen ein anderes ausgetauscht. Dazu muß jedes Modul eine festgelegte *Schnittstelle* zu den anderen

Modulen des Gerätes besitzen, und alle Informationen müssen über die Schnittstelle laufen. Man überträgt diesen Modulbegriff auf die Softwaretechnik und fordert, daß beim Programmentwurf die Modulidee berücksichtigt wird.

- *Defensives Programmieren.* Der Software-Ingenieur muß immer damit rechnen, daß in seinen Programmen trotz sorgfältigsten Testens Fehler zurückbleiben, die sich vielleicht erst Jahre nach der Inbetriebnahme herausstellen. Er muß deshalb zusätzlichen Code zur Fehlerdiagnose von vornherein in seine Programme aufnehmen, der auch nach dem Testende im endgültigen Code verbleibt. Man hat diese Einstellung des Mißtrauens gegenüber dem eigenen Programm, die dazu führt, alle möglichen Fehlerprüfungen vorzunehmen und diagnostische Maßnahmen im Falle später auftretender Fehler vorzusehen, „defensives Programmieren" genannt.

Test. Testen ist das Prüfen eines Programms, ob es die vorgeschriebenen Anforderungen erfüllt, insbesondere daraufhin, ob es noch Fehler enthält. Da das Testen immer nur die An- oder Abwesenheit bestimmter Fehler, niemals aber die vollständige Fehlerfreiheit eines Programms zeigen kann, hat man das Testen auch ausdrücklich als das *Suchen nach Fehlern* definiert. Um eine Prozedur oder eine Gruppe von Prozeduren zu testen, braucht man ein Testprogramm, das den Prüfling mit verschiedenen Parameterwerten wiederholt aufruft. Das Testen läuft häufig interaktiv ab, das heißt, die Parameterauswahl geschieht am Eingabegerät im Dialog zwischen Mensch und Maschine. In diesem Fall ist das Testprogramm das Verbindungsglied zwischen dem menschlichen Prüfer und dem Prüfling.

Qualitätssicherung. Hierunter versteht man alle Maßnahmen, die die Verbesserung der Qualität eines Softwareproduktes zum Ziel haben. Um die Qualität in Zahlen auszudrücken, kann man allerlei Merkmale von Quellprogrammen messen, etwa die Länge von Prozeduren, die Schachtelungstiefe von Bedingungen und Schleifen, die Anzahl von Sprung-Anweisungen, die Struktur arithmetischer Ausdrücke, die Anzahl und Benutzungshäufigkeit von Variablen und noch manches andere.

Einigkeit besteht darüber, daß die Qualitätssicherung alle Herstellungsphasen eines Softwareprodukts durchdringen, also schon bei der Anforderungsdefinition und beim Entwurf anfangen muß.

Dokumentation. Software ist, wie andere technische Produkte auch, auf Dokumentation angewiesen. Die Existenz und Qualität der Dokumentation ist deshalb ein wesentliches Merkmal der Softwarequalität. Alle Phasen eines Softwareprojekts sollen von Dokumentation begleitet sein. Noch größer als das Problem der Herstellung einer umfangreichen Dokumentation ist das Problem, die Dokumentation aktuell und konsistent zu halten. Datenbanken (*Projektbibliotheken*) und Dokumentationswerkzeuge sollen hier helfen.

Das letzte Jahrzehnt hat eine neue Art von Benutzerdokumentation gebracht: die *Hilfesysteme (help systems)*. Ein Hilfesystem ist ein Programm, das mit dem Programm, das es dokumentieren soll, mitgeliefert wird und in dieses integriert ist. Wenn der Benutzer eines Textverarbeitungs- oder Tabellenkalkulationsprogramms vor dem Bildschirm sitzt und nicht weiß, wie er dem Programm etwas Bestimmtes mitteilen kann, ruft er das Hilfesystem auf. In ihm findet er ein Stichwortverzeichnis der Eigenschaften und Eigenarten seines Programms und eine Art Handbuch oder andersartige Bedienungsanleitung, die ihm in vielen Fällen Auskunft auf seine Fragen gibt. Viele Programmierer studieren überhaupt nicht mehr die oft mehrere hundert Seiten dicken Handbücher, die die Hersteller mitliefern, sondern lassen sich durch das Hilfesystem beim Erlernen des Programms führen. Da jedoch Hilfesysteme klein oder groß, schlecht oder gut sein, in keinem Fall aber Handbücher wirklich ersetzen können, ist dieses Verfahren für den, der sein Programm nicht nur bedienen, sondern verstehen will, eine nicht zu empfehlende Arbeitsweise.

7

Praktische Informatik III

Wie in der Technischen Informatik strebt man auch in der Praktischen Informatik nach der Ausnutzung von Parallelität. Betriebssysteme zwangen zum erstenmal zur Auseinandersetzung mit den Problemen des parallelen Ablaufs mehrerer Benutzerprogramme, und gleichzeitig erkannten Weitblickende, daß es nicht nur in Betriebssystemen, sondern auch in anderen Programmen nützlich sein könnte, Programmteile parallel ablaufen und Daten miteinander austauschen zu lassen. Den Besonderheiten der Programmierung paralleler Abläufe ist der erste Teil dieses Kapitels gewidmet.

Eine ähnliche Entwicklung brachten die Rechnernetze mit sich. Zugleich mit der Erforschung der technischen Möglichkeiten, Rechner miteinander zu koppeln, entstand die Frage, wie man ein solches Netz ausnutzen kann, mit anderen Worten, wie die Software aussehen muß, die es dem Programmierer erlaubt, auf andere Netzknoten zuzugreifen und – darüber hinausgehend – seine Daten oder seine Programme auf mehrere Rechnerknoten zu verteilen. Das führt auf die sogenannten „Verteilten Systeme", das sind Softwaresysteme für das verteilte Rechnen in einem Rechnernetz.

Unabhängig davon bewegt ein anderer Problemkomplex die Praktischen Informatiker. Man möchte die Programmierung immer bequemer, immer sicherer machen und sie den Aufgabenstellungen immer besser anpassen. Unsere üblichen, auf dem gedanklichen Modell des Algorithmus beruhenden Programmiersprachen haben in dieser Hinsicht ihre Grenzen, und man hofft, mit anderen *Denkmodellen* des Programmierens diese Grenzen überwinden zu können. Drei Denkmodelle werden hauptsächlich erforscht und benutzt: das *objektorientierte*, das *funktionale* und das *logische*. Ihnen ist der dritte Teil dieses Kapitels gewidmet.

7.1 Parallelität

7.1.1 Begriffe

Einen Algorithmus oder ein Programm, dessen Schritte alle nacheinander ausgeführt werden, nennt man *sequentiell*. Bild 1a zeigt ein sequentielles Programm aus den Abschnitten *A* bis *E*. Einen Algorithmus oder ein Programm, das Abschnitte enthält, die sich zeitlich überlappen, nennt man *parallel*. Wenn in dem Programm von Bild 1 die Abschnitte *B*, *C* und *D* unabhängig voneinander sind, das heißt, die Ausführbarkeit eines von ihnen nicht die vorherige Ausführung eines anderen von ihnen voraussetzt, kann man sie, sofern Hardware und Software dafür vorhanden sind, auch parallel ausführen, wie es Bild 1b zeigt.

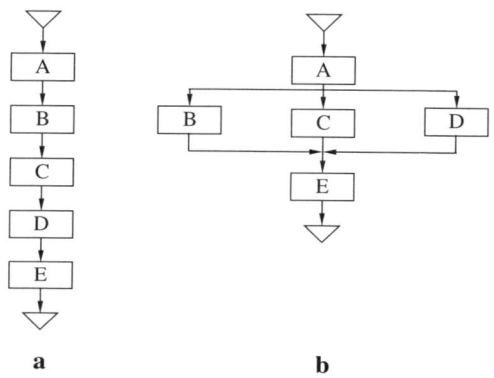

Bild 1   Ein Programm aus 5 Abschnitten
a Alle 5 Abschnitte werden sequentiell ausgeführt.
b Die drei Abschnitte B, C, D werden parallel ausgeführt.

Während des Ablaufs eines sequentiellen Programms gibt es in jedem Augenblick einen einzigen Befehlszähler, der auf den nächsten auszuführenden Befehl zeigt und dadurch den Zustand kennzeichnet, in dem sich das Programm gerade befindet. Bei einem parallelen Programm ist das anders, denn während in Bild 1b die Abschnitte *B*, *C* und *D* parallel ablaufen, braucht jeder von ihnen seinen eigenen Befehlszähler, und der Zustand des Gesamtprogramms ist erst durch alle drei Befehlszähler gemeinsam gekennzeichnet.

Es hat sich nun eingebürgert, einen sequentiellen Ablauf, also einen, dessen Zustand durch *einen* Befehlszähler bestimmt ist, als „Prozeß" zu bezeichnen. Ein Prozeß ist also nichts weiter als ein in Ausführung befindliches sequentielles Programm oder sequentielles Teilstück eines parallelen Programms. Dieser Prozeßbegriff ist eigentlich recht einfach, aber leider wird Verwirrung gestiftet, indem man sowohl von „sequentiellen Prozessen" als auch von „parallelen Prozessen" spricht. Beides bedeutet dasselbe. Wer von sequentiellen Prozessen spricht, will betonen, daß ein Prozeß in sich ein sequentieller Ablauf ist, aber die Bezeichnung ist ein Pleonasmus. Wer von parallelen Prozessen spricht, meint den parallelen Ablauf mehrerer in sich sequentieller Prozesse, und das ist vernünftig.

Wie bereits erwähnt, erfordern parallele Prozesse nicht unbedingt mehrere Prozessoren, sondern sie können auch auf einem Prozessor verzahnt ablaufen. Parallelität bedeutet deshalb nicht unbedingt Gleichzeitigkeit, sondern kann ebensogut durch Verzahnung erzeugt werden, das heißt, ein zweiter Prozeß kann gestartet werden bevor der erste beendet ist. Bild 2 zeigt den Ablauf des Programms von Bild 1b auf einer Dreiprozessormaschine und einen von vielen möglichen Abläufen auf einer Einprozessormaschine. Auf der Dreiprozessormaschine können die drei Prozesse B, C, D tatsächlich gleichzeitig ablaufen, auf der Einprozessormaschine muß das Betriebssystem dafür sorgen, daß sie stückweise zeitlich verzahnt auf dem einen vorhandenen Prozessor ablaufen.

Der Programmierer, der ein Programm mit parallelen Prozessen schreibt, soll es so schreiben, daß es sowohl auf einer Einprozessormaschine als auch auf einer Mehrprozessormaschine ablaufen kann. Das erfordert, daß er nichts über die Geschwindigkeit, mit der die einzelnen Prozesse vorankommen, voraussetzt und sein Programm so schreibt, daß das Betriebssystem den Ablauf jedes beteiligten Prozesses in jedem beliebigen Zeitpunkt unterbrechen und mit einem anderen Prozeß fortsetzen kann.

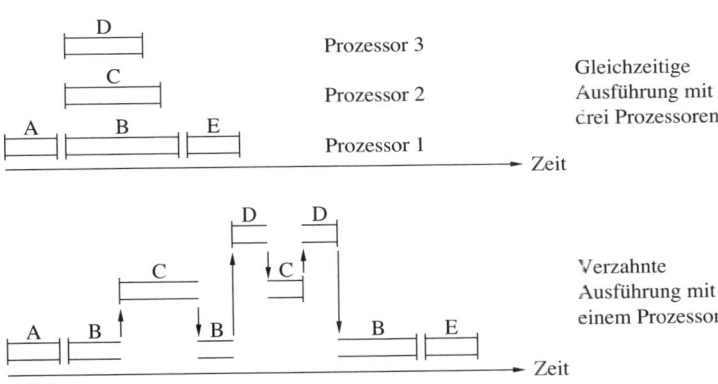

Bild 2   Ablauf des Programms von Bild 1b auf einer Dreiprozessor- und auf einer Einprozessormaschine

Um dennoch beide Arten von Parallelität zu unterscheiden, nennen manche die Ausführung mehrerer Prozesse durch einen Prozessor *quasi-parallel*, die Ausführung durch mehrere Prozessoren (echt) *parallel* und beide gemeinsam *nebenläufig* (*concurrent*).

Man kann drei Arten paralleler Prozesse unterscheiden: *voneinander unabhängige*, *gekoppelte* und *kommunizierende*. Voneinander unabhängige Prozesse haben keinerlei Gemeinsamkeiten und machen daher die wenigsten Probleme. Sie kommen allerdings auch am seltensten vor, eigentlich nur bei den Aufgaben der numerischen Mathematik, und spielen deshalb eine untergeordnete Rolle. Gekoppelte Prozesse sind solche, die zwar nicht zusammenarbeiten, aber gemeinsame Betriebsmittel benutzen. Das Betriebssystem muß dazu ihre Abläufe *koordinieren*. Kommunizierende Prozesse schließlich sind solche, die gemeinsam an einer Aufgabe arbeiten und dazu Daten austauschen, also *kooperieren*. Während auf dem Gebiet der Betriebssysteme hauptsächlich gekoppelte Prozesse betrachtet werden (ein Betriebssystem soll ja dafür sorgen, daß Prozesse, die nichts miteinander zu tun haben, sich gegenseitig nicht beeinflussen, so daß jeder ungestört durch die anderen ablaufen kann), stellen die kommunizierenden Prozesse die eigentlich parallelen Algorithmen dar. Wir erhalten damit pauschal, aber als Merkhilfe nützlich, die Zuordnung

Unabhängige Prozesse   – Parallel- und Vektorrechner

Gekoppelte Prozesse   – Betriebssysteme (Koordination erforderlich)

Kommunizierende Prozesse – Parallele Algorithmen (Kooperation erforderlich)

7.1.2 Voneinander unabhängige Prozesse

Prozesse sind unabhängig voneinander, wenn sie sich nicht gegenseitig beeinflussen können. Zum Beispiel kann man in dem sequentiellen Programmstück

```
...
i := 1;  j := 2;  k :=3;
...
```

die drei Zuweisungen zu *i*, *j* und *k* parallel ausführen, bezeichnet etwa mit der Schreibweise

```
...
cobegin i := 1; j := 2; k := 3  coend
...
```

cobegin und *coend* (*co = concurrent*) umschließen parallele Prozesse, die hier nur aus je einer Anweisung bestehen. Das sind ungewöhnliche, extrem kurze Prozesse und nur als Beispiel gedacht; aber sie sind – zumindest auf der Ebene der Maschinensprache – nicht unteilbare Einheiten, sondern jeder von ihnen besteht aus zwei Befehlen: *Lade* und *Speichere*. Da alle drei Anweisungen verschiedene Variablen benutzen und nicht auf andere gemeinsame Betriebsmittel, zum Beispiel Dateien, zugreifen, beeinflussen sie sich gegenseitig nicht und sind deshalb voneinander unabhängig. Diese Art von Parallelität tritt hauptsächlich dann auf, wenn alle Elemente einer Datenstruktur, zum Beispiel einer Matrix, den gleichen Operationen unterworfen werden.

Im Gegensatz dazu kann man die drei Anweisungen zur Vertauschung des Inhalts der Variablen *x* und *y*:

```
h := x;  x := y;  y := h;
```

nicht parallel ausführen, da sie aufs engste gekoppelt sind.

7.1.3 Gekoppelte Prozesse

Betrachten wir das Programmstück

```
i := 10;
cobegin j := i;  i := 1000  coend;
```

und fragen wir, welchen Wert *j* anschließend hat! Die beiden parallelen Prozesse *j* := *i* und *i* := 1000 sind miteinander gekoppelt, weil sie beide die Variable *i* benutzen (der eine Prozeß lesend, der andere schreibend). Was kann passieren? Da man über die Geschwindigkeit der beiden Prozesse keine Annahmen machen kann, muß man voraussetzen, daß die beiden Anweisungen in beliebiger Verzahnung oder auch gleichzeitig oder sogar nacheinander ausgeführt werden können, mit der einzigen Einschränkung, daß man die Variable i nicht gleichzeitig lesen und schreiben kann, denn das läßt der Speicher nicht zu. Deshalb sind folgende Variationen möglich:

- Zuerst $j := i$, dann $i := 1000$. Danach hat j den Wert 10.
- Zuerst $i := 1000$, dann $j : = i$. Danach hat j den Wert 1000.
- Die Ausführungen der beiden Anweisungen überlappen sich. Danach kann j den Wert 10 oder 1000 haben.

Der Wert, den j annimmt, hängt also von den Geschwindigkeiten der Prozesse ab und ist weder vorhersagbar noch reproduzierbar. Solche Konstruktionen muß man deshalb vermeiden.

Allgemein kann man sagen, daß Prozesse dann miteinander gekoppelt sind, wenn sie gemeinsame Betriebsmittel benutzen. Das kann ein Ein-Ausgabe-Gerät, ein Speicherbereich oder auch nur eine einzige gemeinsame Variable sein.

Gegenseitiger Ausschluß. Meist ist es so, daß zwei Prozesse, die man parallel ablaufen lassen möchte, nur in einem kleinen Abschnitt, dem sogenannten *kritischen Abschnitt*, miteinander gekoppelt sind, wie es schematisch Bild 3 zeigt.

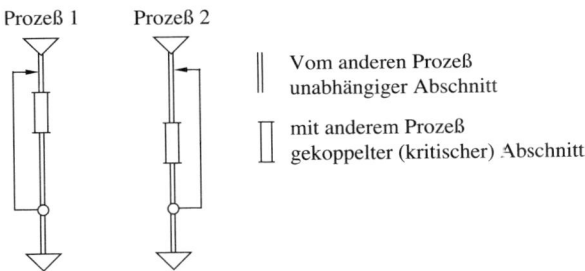

Bild 3   Zwei Prozesse mit kritischen Abschnitten

Muß man dann vollständig darauf verzichten, sie parallel ablaufen zu lassen? Nein; es genügt vielmehr, dafür zu sorgen, daß niemals beide den kritischen Abschnitt, über den sie miteinander gekoppelt sind, gemeinsam durchlaufen. Anders ausgedrückt: man muß dafür sorgen, daß sich die beiden Prozesse beim Durchlaufen des kritischen Abschnitts gegenseitig ausschließen. Man nennt diese Maßnahme deshalb auch den „gegenseitigen Ausschluß" (*mutual exclusion*). Es ist dieselbe Situation wie bei einer zweigleisigen Eisenbahnlinie, die einen eingleisigen Abschnitt hat (Bild 4).

Jeder der beiden Prozesse muß, ehe er den kritischen Abschnitt betritt, prüfen, ob der andere Prozeß sich gerade im kritischen Abschnitt befindet. Wenn ja, muß er *warten*, bis der andere den kritischen Abschnitt verlassen hat und kann ihn dann erst betreten. Und so, wie die Eisenbahn Signale benutzt, die „Strecke frei" oder „Strecke besetzt" anzeigen, braucht man *Softwaresignale*, um den gegenseitigen Ausschluß sicherzustellen.

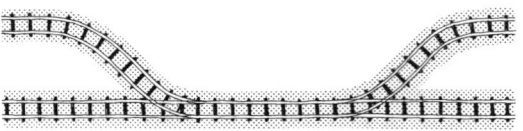

Bild 4   Zweigleisige Eisenbahnlinie mit eingleisigem (kritischem) Abschnitt

Man mag zuerst glauben, das sei eine einfache Sache, und eine beiden Prozessen zugängliche boolesche Variable, sagen wir mit dem Namen *streckefrei*, müßte dazu ausreichen. Wenn dann Prozeß 1 den kritischen Abschnitt betreten möchte, müßte er folgendes ausführen:

```
Prozeß1:

      .
      .                    -- Unkritischer Abschnitt
      .

    if not streckefrei then Warte bis streckefrei = true geworden ist end;
    streckefrei := false;  -- Markiert den kritischen Abschnitt als besetzt
      .
      .                    -- Kritischer Abschnitt
      .

    streckefrei := true;   -- Markiert den kritischen Abschnitt als frei
      .
      .                    -- Unkritischer Abschnitt
      .

end Prozeß1
```

Prozeß 2 verfährt ebenso.

Die Idee ist gut, aber die boolesche Variable zu einfach, als daß es so, wie hier dargestellt, funktionieren könnte. Ein wunder Punkt ist die Anweisung „Warte bis *streckefrei* = *true* geworden ist". Daß ein Prozeß zu sich selber sagt: „Warte bis *streckefrei* = *true* geworden ist", kann doch nur bedeuten, daß er sich selber anhält, dem Betriebssystem das mitteilt und das Betriebssystem zugleich auffordert, ihn fortzusetzen, sobald *streckefrei* den Wert *true* annimmt. Man spricht ganz menschlich davon, daß der Prozeß „sich schlafen legt" bis das Betriebssystem ihn „weckt". Also muß eine Signalvariable etwas Besonderes, von der gewöhnlichen Variablen Abweichendes sein, das eine Verbindung zwischen Prozeß und Betriebssystem herstellt. Ein zweiter wunder Punkt ist der, daß die Signalvariable selbst eine Kopplung zwischen beiden Prozessen ist und der Zugriff zu ihr (Abfrage und Zuweisung) damit selbst einen weiteren kritischen Abschnitt darstellt. Was passiert, wenn zufällig beide Prozesse zugleich den kritischen Abschnitt betreten wollen und zugleich fragen:

```
if not streckefrei then Warte bis streckefrei = true geworden ist end;
streckefrei := false
```

Dann ist es denkbar, daß beide *streckefrei* im Zustand *true* vorfinden und daraufhin beide den kritischen Abschnitt betreten! Das gibt eine Katastrophe.

Der Leser mag hieran erkennen, daß die Koordination von Prozessen keine einfache Angelegenheit ist. Dennoch ist die Idee der Signalvariablen gut, man darf nur keine gewöhnlichen Variablen benutzen, sondern muß dafür einen neuen Datentyp mit besonderen Eigenschaften erfinden. Man nennt ihn *Semaphor* (= Signalmast, optischer Telegraph, englisch *semaphore*, italienisch *semaforo* = Verkehrsampel).

Semaphore sind in den sechziger Jahren von E. W. Dijkstra (holländischer Informatiker) erfunden worden und noch heute das Grundelement zur Steuerung gekoppelter paralleler Prozesse. Es soll hier nicht weiter auf sie und andere, ähnliche Konstruktionen eingegangen werden. Der Zweck war nur zu zeigen, daß das parallele Programmieren diffizile Probleme mit sich bringt, die man beim sequentiellen Programmieren nicht antrifft.

Zusammenfassend ist festzuhalten, daß gekoppelte parallele Prozesse einer gegenseitigen Abstimmung bedürfen, die dafür Sorge trägt, daß zu jedem Zeitpunkt höchstens *ein* Prozeß sich in einem kritischen Abschnitt befindet. Man nennt diese Abstimmung „Synchronisation". Die Bezeichnung ist nicht ganz glücklich, da „synchron" eigentlich „zeitgleich" heißt und zwei Vorgänge, die synchronisiert sind, mit derselben Geschwindigkeit, sozusagen im gleichen Takt, ablaufen. Dagegen bedeutet das Synchronisieren zweier paralleler Prozesse hier nur, ihren Ablauf so steuern, daß sie nicht beide zugleich im selben kritischen Abschnitt sind. Synchronisieren heißt hier also nur Herstellen einer Reihenfolge.

Gerechtigkeit. Wenn man eine Aufgabe programmiert, an der mehrere Prozesse beteiligt sind, hat man darauf zu achten, daß jeder Prozeß vorankommt. Es darf also nicht passieren, daß von drei gekoppelten Prozessen zwei immerzu oder abwechselnd alle Betriebsmittel an sich reißen, während der dritte nie zum Zuge kommt, sondern *ausgehungert* wird. Die Vermeidung des Aushungerns, anders ausgedrückt, die Garantie dafür, daß jeder Prozeß vorankommt, bezeichnet man auch als *Gerechtigkeit* (*fairness*). Fairneß muß nicht heißen, daß alle Prozesse gleich schnell vorankommen, sondern es kann angezeigt sein, einigen Prozessen Prioritäten einzuräumen, so wie der D-Zug Priorität vor dem Personenzug hat.

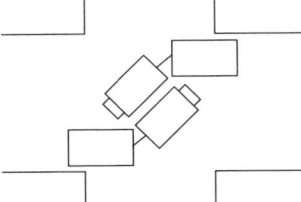

Bild 5   Verklemmung an einer Straßenkreuzung

Verklemmung. Im täglichen Leben gibt es Situationen, wo zwei Abläufe sich gegenseitig blockieren, so daß beide nicht mehr weiterkönnen. Bild 5 zeigt eine solche Situation beim Abbiegen an einer Straßenkreuzung.[1]

Derartige Situationen gibt es auch bei parallelen Prozessen. Nehmen wir zwei Prozesse P und Q und zwei Betriebsmittel A und B, zum Beispiel Dateien, an. Beide Prozesse brauchen beide Betriebsmittel, aber nicht zugleich, sondern Prozeß P braucht zuerst Betriebsmittel A, später zusätzlich auch noch B, Prozeß Q braucht zuerst Betriebsmittel B, später zusätzlich auch noch A. Die Prozesse haben also die Struktur:

	Prozeß P:		Prozeß Q:
	…		…
P1:	Warte bis A frei ist;	Q1:	Warte bis B frei ist;
P2:	Belege A;	Q2:	Belege B;
	…		…
P3:	Warte bis B frei ist;	Q3:	Warte bis A frei ist;
	Belege B;		Belege A;
	…		…
	Gib B frei;		Gib A frei;
	…		…
	Gib A frei;		Gib B frei;
	end Prozeß P		end Prozeß Q

Beide Prozesse laufen etwa gleichzeitig los. Was passiert? Da A und B am Anfang frei sind, läuft Prozeß P über die Stelle $P1$ hinweg, belegt A an der Stelle $P2$ und arbeitet dann mit A, bis er an die Stelle $P3$ kommt. Währenddessen läuft Prozeß Q über die Stelle $Q1$ hinweg, belegt B an der Stelle $Q2$ und arbeitet dann mit B, bis er an die Stelle $Q3$ kommt. Und nun sind beide Prozesse blockiert, denn Prozeß P wartet auf die Freigabe von B und Prozeß Q auf die Freigabe von A. Keiner kommt voran, weil der andere Prozeß das Betriebsmittel belegt hat und selbst nicht vorankommt, und als Folge davon müssen beide verhungern. Man nennt diese Situation *Verklemmung* (*deadlock*).

In Bild 6 ist die Verklemmung durch einen Graphen dargestellt. Die Prozesse sind runde, die Betriebsmittel quadratische Knoten. Ein Pfeil von einem Prozeßknoten zu einem Betriebsmittelknoten bedeutet die Relation „wartet auf", ein Pfeil von einem Betriebsmittelknoten zu einem Prozeßknoten bedeutet die Relation „ist belegt von". Einen solchen Graphen kann man für das gesamte System aus Prozessen und Betriebsmitteln in jedem Augenblick des Ablaufs aufstellen. Wenn er einen geschlossenen Weg enthält, wie im Bild, dann (und nur dann) liegt eine Verklemmung vor.

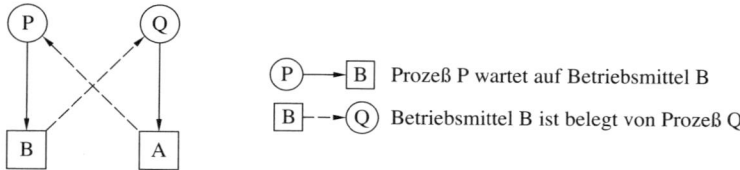

Bild 6   Prozeß-Betriebsmittel-Graph mit geschlossenem Weg (Verklemmung)

Die Verklemmung zweier Prozesse, besonders wenn dadurch Betriebsmittel gebunden werden, die andere Prozesse auch benötigen, kommt einem Systemzusammenbruch gleich. Was kann das Betriebssystem dagegen unternehmen? Eine Antwort lautet: Jeden Prozeß vor seinem Start fragen, welche Betriebsmittel er insgesamt brauchen wird und mit diesen Informationen (und den Kenntnissen über die von den schon laufenden Prozessen benötigten Betriebsmittel) auf Grund einer Rechnung entscheiden, ob der Prozeß gestartet werden darf oder nicht. Das ist ein sicheres Verfahren, aber es berücksichtigt nicht, daß ein Prozeß ein bestimmtes Betriebsmittel vielleicht nur eine kurze Zeit benötigt. Es kann deshalb besser sein, bei jedem Wunsch eines laufenden Prozesses nach einem neuen Betriebsmittel auf Grund einer Rechnung zu entscheiden, ob das Gesamtsystem danach noch „sicher" ist, das heißt, nicht in eine Verklemmung laufen kann. Hierfür gibt es Algorithmen, die aber leider, wenn viele Prozesse und viele Betriebsmittel beteiligt sind, erhebliche Zeit kosten.

7.1.4 Kommunizierende Prozesse

Zu der Kopplung zweier Prozesse durch die Benutzung gemeinsamer Betriebsmittel kann noch etwas kommen, nämlich daß die Prozesse Daten miteinander austauschen, also kommunizieren, in Wechselwirkung stehen. Das ist sogar die bei weitem häufigste Art, denn sie macht erst die eigentliche Zusammenarbeit zur Erreichung eines gemeinsamen Zieles, die Kooperation, möglich. Im täglichen Leben gibt es zahllose Beispiele für kommunizierende Prozesse. Jede Arbeit, zu deren Bewältigung sich mehrere Menschen zusammentun, ist eines. Aber schon im einzelnen Menschen laufen ständig kommunizierende Prozesse ab. Alle seine Sinne verarbeiten ständig als parallele Prozesse Reize der Außenwelt. Und alle Lebensäußerungen, die er von sich gibt, wie Gehen, Greifen, Sprechen, stellen parallele Prozesse dar, die koordiniert werden müssen. Das Bewußtsein der vielfältigen Parallelität und Kooperation in lebenden Organismen dürfte sogar der Ausgangspunkt für die Beschäftigung mit kooperierenden Algorithmen gewesen sein.

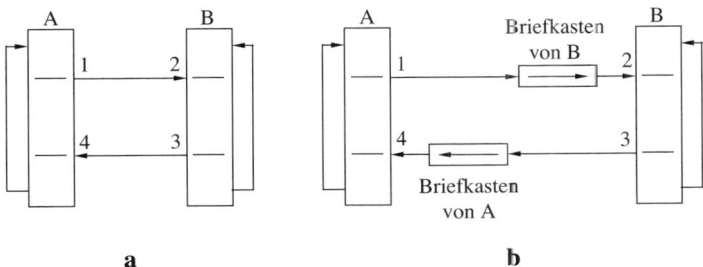

Bild 7   Zwei zyklische Prozesse mit Kommunikation
a ohne, **b** mit Pufferung (Briefkasten)

Bild 7a zeigt das Schema zweier zyklischer Prozesse A und B, die Nachrichten (genauer: Daten) austauschen.[2] An der Stelle 1 sendet Prozeß A eine Nachricht an Prozeß B, an der

Stelle 2 empfängt Prozeß B die Nachricht. An der Stelle 3 sendet Prozeß B eine Nachricht an Prozeß A, und an der Stelle 4 empfängt sie Prozeß A. Dazu ist wieder eine Synchronisation erforderlich. Wenn Prozeß B früher an die Stelle 2 als Prozeß A an die Stelle 1 gelangt, ist die Nachricht noch nicht da, und Prozeß B muß auf sie warten. Wenn dagegen Prozeß A früher an die Stelle 1 gelangt als Prozeß B an die Stelle 2, muß er warten, bis Prozeß B an die Stelle 2 kommt und die Nachricht entgegennehmen kann. Entsprechendes gilt für die Nachricht von Stelle 3 nach Stelle 4. Die beiden Prozesse geben sich also gewissermaßen an den Stellen 1 – 2 und 3 – 4 ein Rendezvous: wer zuerst kommt, wartet auf den anderen. Das nennt man auch *synchrone Prozeßkommunikation*.

Bei einer anderen Technik, die Bild 7b zeigt, schaltet man Pufferspeicher zwischen die beiden Prozesse, sogenannte *Briefkästen* (*mailboxes*), in denen die Prozesse ihre Nachrichten hinterlegen, um danach gleich weiterlaufen zu können. Ein solcher Briefkasten kann je nach Ausführung nur eine oder auch mehrere Nachrichten aufnehmen. Hier braucht der Senderprozeß nicht auf den Empfängerprozeß zu warten, sondern kann, nachdem er seine Nachricht im Briefkasten des anderen abgelegt hat, gleich weiterarbeiten. Das nennt man *asynchrone Prozeßkommunikation*.

Der Unterschied zwischen beiden Kommunikationsarten wird wieder durch ein Beispiel aus dem täglichen Leben klar. Telefonieren ist synchron, denn beide Sprecher warten aufeinander mit Rede und Gegenrede. Briefeschreiben ist asynchron, denn es erfordert nicht die sofortige Reaktion des Empfängers.

Synchrone und asynchrone Prozeßkommunikation haben ihre Anwendungsgebiete, ihre Vor- und Nachteile. So ist die asynchrone Kommunikation schneller, weil die Prozesse nicht aufeinander warten müssen, aber eine Nachricht kann – wie bei der Post – verloren gehen, ohne daß Sender oder Empfänger etwas davon merken. Außerdem muß man für den Fall Sorge tragen, daß der Sender schneller Nachrichten liefert als der Empfänger sie verarbeiten kann, so daß der Briefkasten des Empfängers überläuft.

Nun bleibt noch die Frage zu klären, über welches Medium die Kommunikation stattfindet, das heißt wie die Nachrichten vom einen zum anderen Prozeß gelangen. Wie in Kapitel 4 dargestellt wurde, gibt es hierfür zwei ganz verschiedene, in der Hardware begründete Verfahren: Die Kommunikation über einen gemeinsamen Speicher und die Kommunikation über Verbindungsleitungen zwischen den Knoten eines Multicomputersystems oder Rechnernetzes. Bei der Kommunikation über ein Rechnernetz entsteht ein interessantes und schwer zu lösendes Problem: Ein Rechnernetz größerer Ausdehnung kann wegen der endlichen Laufzeit der elektrischen Signale nicht mehr synchron durch einen einzigen, zentralen Takt betrieben werden. Die Folge davon ist, daß es in einem solchen System keine gemeinsame Uhr und damit keine gemeinsame Zeit mehr gibt. Bild 8 zeigt einige sich dadurch ergebende Konsequenzen. Wenn Rechner C eine Nachricht von Rechner B bekommt und eine Weile später eine von Rechner A, ist man geneigt, daraus zu schließen, daß Rechner A seine Nachricht später als Rechner B abgeschickt hat (Bild 8a). Die Nachrichten können jedoch verschieden lange laufen, und es kann dadurch vorkommen, daß die jüngere die ältere Nachricht „überholt" (Bild 8b). Schließlich kann es sogar passieren, daß A eine Nachricht an C sendet, die die Ursache für eine andere, später ausgesandte Nachricht an C (die Wirkung) ist und die Meldung der Wirkung früher als die Meldung der Ursache bei C ankommt (zum Beispiel dadurch, daß die Meldung der Ursache über Rechner B läuft und dort aufgehalten wird, wie in Bild 8c). Damit eilt die Wirkung der Ursache voraus, und die Kausalität scheint nicht mehr zu gelten.

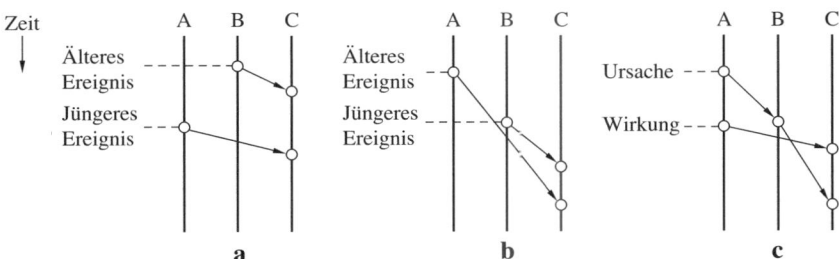

Bild 8 Zum Problem des Überholens von Signalen
a Das ältere Signal kommt vor dem jüngeren in Prozeß C an
b Das jüngere Signal „überholt" das ältere
c Die Wirkung überholt die Ursache

Hierdurch wird es sinnlos, von „Gleichzeitigkeit" zu reden. Es kann auch passieren, daß Knoten A an Knoten B eine Nachricht schicken will und vorher von Knoten B ein Lebenszeichen verlangt, damit er weiß, daß Knoten B empfangsbereit ist. Knoten B sendet das Lebenszeichen ab, fällt aber gleich danach aus. Wenn die Nachricht „Knoten B empfangsbereit" bei A eintrifft, kann Knoten B schon ausgefallen sein, und wenn Knoten A seine Nachricht an B dann abschickt, geht sie verloren.

7.1.5 Einige Standardaufgaben der parallelen Programmierung

Es gibt einige Standardaufgaben, die die bei der parallelen Programmierung auftretenden besonderen Probleme gut zeigen. Sie werden in den Büchern über Betriebssysteme behandelt, und Handbücher von Programmiersprachen für parallele Prozesse versäumen meist nicht zu zeigen, wie die Standardaufgaben mit den Mitteln der betreffenden Sprache gelöst werden können. Hier sollen nur die Aufgabenstellungen erläutert und die Lösungen skizziert werden, damit der Leser eine Vorstellung von den Problemen bekommt.

Das Erzeuger-Verbraucher-Problem. Eine große Klasse von kommunizierenden Prozessen zeigt insofern ein ähnliches Verhalten, als der eine von ihnen Nachrichten erzeugt und der andere sie verbraucht. Zwischen beiden kann ein Puffer zur Aufnahme mehrerer Nachrichten liegen (Bild 9). Der Erzeugerprozeß kann zum Beispiel Daten von einem Eingabegerät lesen, und der Verbraucherprozeß kann sie verarbeiten. Die Zusammenarbeit beider Prozesse verlangt die Einhaltung der Bedingungen:

- Der Erzeuger darf eine Nachricht nur dann im Puffer hinterlegen, wenn dort noch Platz dafür ist.

- Der Verbraucher darf erst dann eine Nachricht aus dem Puffer holen, wenn sie dort eingetroffen ist.

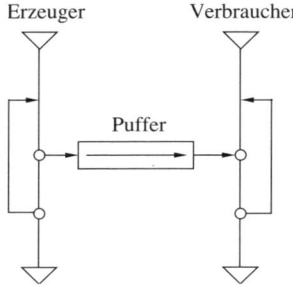

Bild 9   Erzeuger-Verbraucher-System

Ferner darf natürlich keine Nachricht verloren gehen, und die beiden Prozesse sollen so weit wie möglich unabhängig voneinander arbeiten können.

Die Lösung dieses Problems ist mit Semaphoren nicht schwierig. Man erkennt aber an ihm bereits, auf welche Besonderheiten man bei der Parallelprogrammierung stößt.

Das Leser-Schreiber-Problem. Hier geht es darum, mehrere Prozesse, die eine Datei lesen (Leser) oder verändern wollen (Schreiber), zu koordinieren. Mehrere Leser können dabei ohne weiteres (quasi-)gleichzeitig auf die Datei zugreifen. Ein Schreiber darf jedoch, während er Daten in die Datei schreibt, nicht durch Leser unterbrochen werden, weil diese dann eine nur teilweise veränderte und damit inkonsistente Datei vorfinden könnten. Diese Aufgabe ist typisch für Platzbuchungssysteme, zum Beispiel für Flugreservierungen. Leser holen Auskünfte über den augenblicklichen Zustand des Systems, etwa die Auslastung der Flugzeuge, ihre Abflugzeiten und so weiter; Schreiber tragen neue Fluggäste ein, streichen Fluggäste, die ihren Flug storniert haben und so weiter. Hunderte Leser und Schreiber können beteiligt sein.

Die Programmierung muß hier so geschehen, daß folgende Bedingungen erfüllt sind:

• Mehrere Leser schließen sich nicht gegenseitig aus.

• Ein Schreiber schließt alle Leser und andere Schreiber aus.

• Keiner der Leser und Schreiber darf verhungern, weil er nie an die Reihe kommt.

Eine mögliche Vorgehensweise besteht in folgenden Regeln:

• Wenn ein oder mehrere Leser aktiv sind, muß ein neu hinzukommender Schreiber warten.

• Wenn ein Schreiber wartet, darf kein neu hinzukommender Leser anfangen.

• Wenn ein Schreiber fertiggeworden ist und Leser warten, haben diese Vorrang vor einem weiteren wartenden Schreiber.

Das Philosophenproblem. Die Aufgabe des Betriebssystems ist es ja, eine Anzahl von Prozessen, die ständig Betriebsmittel anfordern, benutzen und wieder zurückgeben, so zu koordinieren, daß sie alle vorankommen, das heißt, sich nicht verklemmen und keiner verhungert. Zur Illustration dieser Aufgabe und ihrer Lösung hat sich E. W. Dijkstra das anschauliche Problem der speisenden Philosophen ausgedacht, das sich großer Beliebtheit erfreut und auch hier nicht fehlen soll.

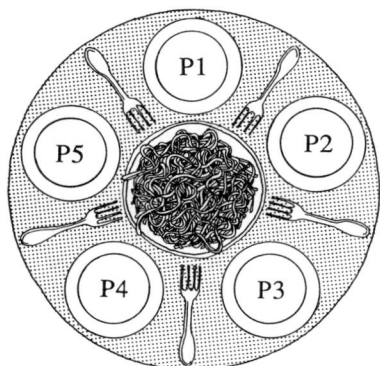

Bild 10   Der Tisch der speisenden Philosophen

Fünf Philosophen sitzen an einem runden Tisch, in dessen Mitte eine große Schüssel mit
Spaghetti steht (Bild 10). Ihr Leben besteht aus abwechselndem Denken und Essen, und
sie verbringen es an diesem Tisch. Jeder Philosoph hat einen Teller vor sich, und zwischen je zwei Tellern liegt eine Gabel. Es gibt also nur fünf Gabeln – zum Spaghettiessen braucht ein Philosoph aber zwei. Wenn die beiden Gabeln zu Seiten seines Tellers
frei sind, kann er sie ergreifen und solange essen, bis er satt ist; wenn nicht, muß er weiterdenken. Wenn er gegessen hat, legt er seine beiden Gabeln zurück und denkt, bis er
wieder Hunger bekommt. Die Philosophen sind so introvertiert, daß sie ihre Kollegen
keines Blickes würdigen und deshalb nicht wissen, was ihre Nachbarn gerade tun. Sie
sehen nur, ob ihre beiden Gabeln vor ihnen liegen oder nicht. Das Problem besteht darin,
eine Vorschrift für das Verhalten der Philosophen anzugeben, bei deren Befolgung alle
fünf Philosophen mit ihrem Geschäft des abwechselnden Denkens und Essens vorankommen.

Was einem zuerst in den Sinn kommt, ist sicherlich eine einfache Vorschrift folgender
Art:

> Wenn ein denkender Philosoph Hunger hat, sehe er nach, ob mindestens eine seiner
> beiden Gabeln daliegt. Wenn ja, ergreife er die freie Gabel. Wenn nein, denke er wei
> ter, bis eine von beiden frei wird und ergreife sie dann. Wenn danach die zweite Gabel
> auch da ist, ergreife er sie ebenfalls, wenn nicht, warte er, bis sie frei wird und
> ergreife sie. Dann kann er essen. Wenn er satt ist, lege er beide Gabeln wieder zurück
> und denke.

Diese Vorschrift wird meist ausreichen, sie kann jedoch zu einer Verklemmung führen.
Man denke nur an den Fall, daß alle Gabeln daliegen und dann alle fünf Philosophen
zugleich nach ihrer rechten Gabel greifen. Danach greifen sie alle zu ihrer linken, finden
sie nicht und warten auf sie, bis sie verhungert sind: eine Verklemmung ist aufgetreten.

Verklemmungen treten nur dann auf, wenn zwei Prozesse schon ein Betriebsmittel belegt haben und später noch ein zweites zusätzlich belegen wollen, wie hier die zweite Gabel. Man kommt deshalb vielleicht auf die Idee, daß es besser wäre, darauf zu warten, bis beide Gabeln da sind und sie dann beide zugleich zu ergreifen. Eine dementsprechende Vorschrift lautet:

> Wenn ein denkender Philosoph Hunger hat, sehe er nach, ob seine beiden Gabeln daliegen. Wenn ja, ergreife er sie, wenn nein, denke er weiter, bis beide daliegen und ergreife sie. Dann kann er essen. Wenn er satt ist, lege er beide Gabeln wieder zurück und denke.

Diese Lösung ist besser, denn es kann nun tatsächlich keine Verklemmung mehr entstehen, was man beweisen kann und wovon der Leser sich durch Probieren überzeugen möge. Aber sie ist immer noch nicht zufriedenstellend, denn es kann nun der Fall eintreten, daß einer der Philosophen ständig vom Essen ausgeschlossen bleibt und deshalb verhungert. Wenn nämlich Philosoph $P1$ denkt und essen möchte, kann es sein, daß sein linker Nachbar $P2$ gerade ißt, dann fehlt $P1$ die linke Gabel. Dann kann sein rechter Nachbar $P5$ zu essen anfangen. Wenn danach $P2$ aufhört zu essen, fehlt $P1$ seine rechte Gabel. Bevor $P5$ zu essen aufhört, kann $P2$ schon wieder zu essen anfangen, und so weiter.

Hier ist nun guter Rat teuer. Es gibt mehrere Möglichkeiten, die Philosophen vor dem Verhungern zu schützen. Eine davon besteht darin, für jeden Philosophen zu zählen, wie oft er schon gegessen hat. Wenn dann einer viel seltener zum Essen kommt als seine Nachbarn, kann man ihn bevorzugt bedienen. Eine andere Lösung besteht darin, daß ein Philosoph, der essen möchte und seine beiden Gabeln nicht vorfindet, weil mindestens einer seiner Nachbarn ißt, seine beiden Nachbarn daran hindert, erneut mit dem Essen anzufangen, solange er selbst nicht gegessen hat.

Zusammenfassend wollen wir festhalten, daß die Parallelprogrammierung eine viel schwierigere Angelegenheit als die sequentielle Programmierung ist. Während ein sequentielles Programm, hundertmal ausgeführt, hundertmal haargenau die gleichen Zustände durchläuft und sich deshalb gut testen läßt, kann man über die individuellen Geschwindigkeiten der parallelen Prozesse keinerlei Annahmen machen, da jeder Prozeß jederzeit unterbrochen werden kann und die Zeitpunkte der Unterbrechungen sich von Ausführung zu Ausführung ändern können. Die Folge davon ist, daß ein erfolgreich gelaufenes, aber nicht korrektes paralleles Programm bei einem späteren Lauf Fehler zeigen kann, und umgekehrt, daß ein fehlerhaftes Programm bei einem weiteren Lauf nicht die gleichen Fehler zeigen muß.

7.2 Verteilte Systeme

Begriff. Wie in der Einleitung zu diesem Kapitel gesagt wurde, geht es bei den verteilten Systemen um die Software für das Programmieren in Rechnernetzen. Sprachlich ist das Wort „System" hier als Verkürzung von „Programmiersystem" oder „Softwaresystem" oder „Datenverarbeitungssystem" zu verstehen, und „verteiltes System" als Abkürzung für „auf die Knoten eines Netzes verteiltes Datenverarbeitungssystem".

Sachlich ist damit aber noch nicht viel gesagt, und tatsächlich ist dieses Gebiet noch so neu und der Begriff „verteiltes System" so weit, daß verschiedene Autoren Verschiedenes unter ihm verstehen. So definiert Mühlhäuser ([Informatik-Handbuch] S. 676):

> Ein verteiltes (Datenverarbeitungs-)System besteht aus mehreren autonomen Prozessor-Speicher-Systemen, die mittels Botschaften-Austausch kooperieren.

Er erklärt dann weiter, daß das zentrale Charakteristikum und Problem verteilter Systeme das Fehlen einer aktuellen, konsistenten Sicht ist, das heißt, daß keiner der beteiligten Netzknoten den augenblicklichen Gesamtzustand des Netzes kennt, und daß damit die Ablaufsteuerung eines verteilten Systems auf mehrere Netzknoten verteilt ist.

Zwei andere Autoren, Sloman und Kramer, definieren in [Sloman] ein verteiltes System als eine kooperierende Sammlung von Einzelkomponenten, die zusammen in der Lage sind, ein gemeinsames Ziel zu erreichen. Sie drücken das durch die „Gleichung" aus:

> Verteiltes System = verteilte Hardware
> und/oder verteilte Ablaufsteuerung
> und/oder verteilte Daten

Beide Definitionen ähneln sich; während aber Mühlhäuser die Autonomie der Netzknoten und das Fehlen einer Gesamtsicht hervorhebt, betonen Sloman und Kramer das gemeinsame Ziel und verteilen die Verteiltheit auf Hardware, Ablaufsteuerung und Daten.

Im Gegensatz hierzu steht in [Tanenbaum]:

> Ein verteiltes System ist ein System, das auf einer Menge von Rechnern ausgeführt wird, die nicht über einen gemeinsamen Speicher verfügen, und das sich dem Benutzer als ein einzelner Rechner darstellt.

Diese Definition geht weit über die beiden anderen hinaus, denn hier wird eine *einheitliche Systemsicht* des Benutzers angenommen, derzufolge sich das verteilte System wie ein *virtueller Einzelrechner* verhält.

Die ersten beiden Definitionen unterscheiden sich von der dritten dadurch, daß bei ihnen das Netz für den Programmierer *sichtbar*, während es bei der dritten für den Programmierer *unsichtbar* ist.

Verteilte Systeme mit sichtbarem Netz. Hier hat jeder Netzknoten sein eigenes Betriebssystem, kann für sich allein arbeiten und ist dadurch weitgehend autonom. Der Programmierer einer verteilten Anwendung weiß, daß sein Rechner an ein Netz angeschlossen ist, weiß, auf welchem Rechner des Netzes sein Programm gerade läuft und in welchem Speicher welchen Rechners seine gespeicherten Daten stehen. Diese Art verteilter Systeme ist diejenige, die heute so gut wie ausschließlich eingesetzt wird.

Verteilte Systeme mit unsichtbarem Netz. Hier erscheint das Rechnernetz seinen Benutzern als *ein einziger* Rechner. Der Benutzer weiß nicht mehr, auf welchem Netzknoten das Programm, dessen Ablauf er gerade auf seinem Bildschirm beobachtet, eigentlich abläuft, ob auf dem Rechner, der vor ihm steht, oder auf einem anderen, in einem anderen Stockwerk oder einem anderen Gebäude. Er weiß auch nicht, auf welcher der vielen Speicherplatten des Netzes seine Eingabedaten stehen und auf welche Platte seine Ausgabedaten gelangen. Es kann sogar sein, daß sein gerade laufendes Programm, wenn es lange genug läuft, von Knoten zu Knoten wandert, ohne daß er etwas davon merkt. Das ganze Rechnernetz ist für ihn unsichtbar (transparent). In einem solchen Netz ist nicht mehr jeder Knoten autonom.

Verteilte Systeme mit unsichtbarem Netz sind eine hervorragende Idee, denn sie beseitigen für den Programmierer alle Probleme, die das Netz mit sich bringt und tragen sie dem (nunmehr verteilten) Betriebssystem auf. Sie versprechen außerdem folgende Vorteile:

- Das verteilte System erscheint dem Programmierer als *ein* einziger Multiprozessor, auf den er die Methoden der parallelen Programmierung anwenden kann.
- Besseres Kosten/Nutzen-Verhältnis, da viele zusammenarbeitende Mikrocomputer billiger als ein Großrechner sind, aber bei Zusammenschaltung im Verein mit genügend viel Speicherkapazität besser die Bedürfnisse vieler Benutzer befriedigen können.
- Einfache Erweiterbarkeit, da die schrittweise Erweiterung eines verteilten Systems – einfach durch Hinzufügen von Netzknoten – leicht und für den einzelnen Benutzer unbemerkt stattfinden könnte.
- Größere Zuverlässigkeit, da einzelne Knoten ausfallen können müßten, ohne daß der Betrieb dadurch zusammenbricht.

Verteilte Systeme mit unsichtbarem Netz haben leider auch Nachteile, die darin bestehen, daß sie vergleichsweise langsam arbeiten und auf homogene lokale Netze beschränkt sind. Inwieweit die an sich bestechende Idee in größerem Umfang an Boden gewinnen wird, ist noch unklar.

7.3 Besondere Denkmodelle bei Programmiersprachen

Der Übergang von Assemblersprachen zu höheren algorithmischen Sprachen wurde ein überwältigender Erfolg. Während man anfangs noch skeptisch war, ob die Problemorientiertheit und Rechnerunabhängigkeit der algorithmischen Sprachen ihre geringere Effizienz wettmachen würde, liegt das heute so klar auf der Hand, daß es darüber keinerlei Streit gibt und man nur noch in einigen seltenen Situationen Assemblerprogramme schreibt.

Dieser Erfolg der Abstraktion hat dazu geführt, noch höhere, abstraktere Sprachen anzustreben. Algorithmische Sprachen erfordern immer noch so stark ein Denken im Detail, daß das Schreiben großer Programmsysteme, wie im Abschnitt „Softwaretechnik" erläutert, zeitaufwendig und fehleranfällig ist. Der Programmierer denkt zwar nicht mehr im Assemblercode einer bestimmten Maschine, aber er denkt noch in Schrittfolgen, Verzweigungen und Schleifen. Was man anstrebt, sind Programmiersprachen, bei denen man nur noch die Beschreibung des Problems (die *Spezifikation*), jedoch nicht mehr den Lösungsweg anzugeben braucht.

Nehmen wir als Beispiel das Sortieren. Man hat eine Liste von Zahlen, etwa

$$3, 5, 1, 7, 4, 9, 3, 2$$

und braucht eine Prozedur, die die Zahlen nach ihrem Wert aufsteigend ordnet, so daß die Liste nach Ausführung der Prozedur so aussieht:

1, 2, 3, 3, 4, 5, 7, 9.

Man muß nun einen Sortier*algorithmus* programmieren, der die Sortierung ausführt. Dazu gibt es viele Möglichkeiten. Eine einfache besteht in der Vorschrift:

- Suche das kleinste Element der Liste und vertausche es mit dem ersten.
- Suche das kleinste Element in der Restliste vom zweiten bis zum letzten und vertausche es mit dem zweiten.
- Suche das kleinste Element in der Restliste vom dritten bis zum letzten und vertausche es mit dem dritten.

und so weiter.

Und wie lautet die Spezifikation der Aufgabe? Kann man denn überhaupt die Sortierung einfacher beschreiben als durch die Angabe eines Sortieralgorithmus? Ja, Mathematiker können es, weil sie den Begriff der *Permutation* entwickelt haben. Man kann definieren: „Aufwärtssortieren einer Zahlenliste heißt, eine Permutation der Zahlenliste finden, in der kein Element größer als das nächste ist." Und dementsprechend lautet die Spezifikation der Aufgabe so: „Gegeben ist eine Liste von Zahlen, gesucht diejenige Permutation der Zahlen, in der jedes Element nicht größer als das nächste ist." Das ist die Spezifikation der Aufgabe, kein Algorithmus zu ihrer Lösung. Hier wird der Unterschied zwischen Spezifikation und Algorithmus deutlich. Die Spezifikation beschreibt das *Was*, der Algorithmus das *Wie*.

Man sucht also nach *deklarativen* Programmiersprachen, in denen man nur noch das Problem spezifiziert (sie müßten eigentlich „spezifikatorische" heißen, aber der Name „deklarative" hat sich eingebürgert). Diese Sprachen nennt man auch *nichtalgorithmisch*, weil sie nicht die Lösung durch eine Folge von Schritten beschreiben.

Ja ist denn das nicht Unsinn, kann es denn so etwas überhaupt geben? Hier wird anscheinend verlangt, daß der Rechner eine Aufgabenstellung liest, sie „versteht", das heißt erkennt, was die Aufgabe bedeutet, und auch noch einen Algorithmus zu ihrer Lösung erzeugt. Das kann doch nicht gehen, denn zu einer Aufgabe eine Lösung finden ist ja eine schöpferische Tätigkeit, gerade das, was den Menschen von der Maschine unterscheidet.

Wer so denkt, hat recht: Es geht auch nicht! Und dennoch kann man immer wieder lesen, daß es deklarative Programmiersprachen gibt, in denen man nur noch das Problem, nicht aber die Lösung zu beschreiben braucht. Wie erklärt sich das? Es erklärt sich so, daß man für bestimmte, stark eingeschränkte Problembereiche die Algorithmen zur Lösung der Probleme dieses Bereiches ein für allemal programmieren kann. Dann braucht man einem solchen Algorithmus nur noch die Beschreibung des speziellen Problemexemplars, das man lösen möchte, einzugeben, und der schon vorhandene Algorithmus löst es. Auf diese Weise sind zahlreiche Spezialsprachen entstanden, zum Beispiel zur Berechnung elektrischer Netze, zur Simulation von Massenvorgängen, zur Lagerhaltung, zur Finanzbuchhaltung, zur Lösung mathematischer Gleichungen und für viele andere Aufgabenkomplexe. Auch die allbekannten Tabellenkalkulationsprogramme (Kapitel 10) gehören zu dieser Kategorie. Der Rechner wird hierbei keineswegs schöpferisch tätig, er entwickelt keine Lösungswege aus einer ihm bis dahin völlig fremden

Aufgabenstellung, sondern er behandelt nur neue Exemplare einer ihm bekannten Problemklasse mit einem eingebauten Algorithmus.[3]

Es gibt aber noch weitere Möglichkeiten, das Modell des algorithmischen Denkens durch andere Denkmodelle zu ersetzen. Zur Zeit sind die drei bedeutendsten davon das *objektorientierte*, das *funktionale* und das *logische* Denkmodell. Von ihnen wollen wir hier wenigstens die Grundgedanken behandeln.

7.3.1 Das objektorientierte Denkmodell

Im algorithmischen Denkmodell sind Operationen und Daten klar voneinander getrennt. Operationen tun etwas, sie sind aktiv; mit Daten wird etwas getan, sie sind passiv. Ein Algorithmus besteht eigentlich nur aus Operationen, er nimmt Eingabedaten auf und gibt Ausgabedaten ab, aber diese Daten gehören nicht zu ihm. Er verarbeitet sie nur, sie werden sozusagen nur durch ihn hindurchgeschleust. Der Algorithmus ist das Dauerhafte, die Daten sind das Flüchtige.

Dieses Denkmodell hat seine Berechtigung und seinen Erfolg bei allen Aufgaben, die darin bestehen, daß Gesuchtes aus Gegebenem berechnet werden soll, und dazu gehören die meisten mathematischen, technischen und kaufmännischen Aufgaben. Es gibt jedoch auch Aufgaben anderer Art, und ihre Bedeutung tritt immer mehr hervor. So sind in *Datenbanken* die Daten das Dauernde und Wesentliche. Sie überleben die Algorithmen, die die Daten erzeugen, suchen und verändern. Die Aufgabe von *Betriebssystemen* ist es, Prozesse und Betriebsmittel in einer ewigen Schleife zu verwalten, ohne daß dabei ein Ergebnis, wie bei einem Algorithmus, herauskommt. Auch Programme zur *grafischen Mensch-Maschine-Kommunikation* (Kapitel 9) erzeugen keine Resultate, sondern verwalten Objekte wie Fenster, Menüs, Rollbalken im Dialog mit dem Benutzer. Insbesondere gehören aber alle *Simulationsprogramme* (Kapitel 9) dazu, denn ihre Aufgabe ist es, das Verhalten von Objekten der realen oder einer gedachten Welt mit dem Rechner nachzubilden, nicht aber aus gegebenen Daten neue zu berechnen.

Die Behandlung solcher Aufgaben hat zu der Erkenntnis geführt, daß es günstig sein kann, Operationen und Daten gedanklich nicht unnötig stark voneinander zu trennen, sondern sie im Gegenteil sogar zu *Objekten* zu vereinigen. Objekte in diesem speziellen Sinn bestehen aus Daten *und* den Operationen, die man auf die Daten anwenden kann. Jedes Datum trägt sozusagen seine Operationen mit sich herum, und erst Daten und Operationen zusammen bilden ein Objekt. Schlagwortartig ausgedrückt kann man definieren:

Objekt = Daten + Operationen

Solche Objekte können auch *aktiv* sein. Sie können miteinander kommunizieren, indem ein Objekt das andere auf bestimmte Eigenschaften hin abfragt oder ein anderes Objekt beauftragt, eine bestimmte Operation mit einem ihm übermittelten Datenwert auszuführen.

Nach allgemeinem Sprachgebrauch verbindet man mit dem Begriff „Objekt" Unlebendigkeit, Passivität. Aktive, also lebendige Objekte werden dagegen „Subjekte" genannt, und tatsächlich haben die Objekte der objektorientierten Programmierung mehr Ähnlichkeit mit Subjekten. Deshalb müßte es eigentlich „subjektorientiertes Programmieren" heißen, aber das ist nicht üblich. Die Angelegenheit wird noch komplizierter, weil die aktiven Objekte nicht von sich aus aktiv werden können wie echte Subjekte, sondern nur auf einen Anstoß von außen hin. Sie sind deshalb eigentlich nur *reaktive Objekte* und werden manchmal auch so genannt.

Der Ablauf eines Programms im objektorientierten Denkmodell besteht aus der Kommunikation aktiver Objekte durch Nachrichten, der Erzeugung neuer Objekte, der Zerstörung nicht mehr gebrauchter Objekte, der Änderung von Daten in den beteiligten Objekten und der Ausgabe von Daten. Zusammengefaßt heißt das: Im objektorientierten Denkmodell sieht man den Ablauf eines Programms als Simulation einer Welt von kommunizierenden aktiven Objekten.

Auch in objektorientierten Sprachen stehen die Algorithmen im Vordergrund, und der Programmierer muß algorithmisch denken. Sie weisen jedoch einige Besonderheiten auf, von denen wir hier nur die bedeutendste herausgreifen wollen, die sogenannte *Vererbung*. Wie in algorithmischen Sprachen gehört jedes Objekt zu einem bestimmten Typ, und zu jedem Typ gehören bestimmte Operationen.[4] Betrachten wir die Beschreibung geometrischer Figuren als Datentypen, zum Beispiel *Dreieck* und *Viereck*, so sind die beiden Spezialfälle eines allgemeineren Typs *Polygon*. Das Dreieck mag selbst die Spezialisierung *gleichschenkliges Dreieck* und dieses die Spezialisierung *gleichseitiges Dreieck* haben, das Viereck die Spezialisierung *Rechteck* und dieses wieder *Quadrat*. Bild 11 zeigt diese Hierarchie von Typen. Die Pfeile bedeuten hier die Umkehrung der Relation „ist ein", also „ein Dreieck ist ein Polygon", „ein gleichschenkliges Dreieck ist ein Dreieck" und so weiter.

Eine Besonderheit des objektorientierten Denkmodells besteht darin, daß man zuerst die Operationen (= Algorithmen) des allgemeineren Typs programmiert und dann die spezielleren Operationen (= Algorithmen) durch Änderungen oder *Ableitung* aus den allgemeineren gewinnt.

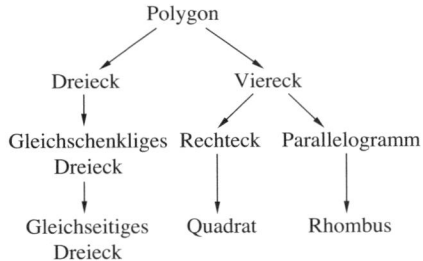

Bild 11   Eine Typhierarchie geometrischer Objekte

Dabei *vererbt* der allgemeinere Typ alle seine Eigenschaften (insbesondere seine Operationen = Algorithmen) an den abgeleiteten Typ. Da alle Polygone eine Seitenanzahl und einen Umfang haben, gehören Prozeduren zur Berechnung von Seitenanzahl und Umfang zum Typ *Polygon*. Diese Prozeduren werden bei der Schaffung der abgeleiteten Typen nicht neu programmiert, sondern von ihnen *ererbt*.

Die Vererbung ermöglicht es, eine Bibliothek hierarchischer Typen (eine sogenannte *Klassenbibliothek*) zu schaffen, auf die alle Programmierer, die diese Typen benutzen, zurückgreifen können. Das führt im Verein mit anderen Eigenschaften der objektorientierten Programmierung zu einer bisher unbekannten Flexibilität und Kürze der Programme.

Die objektorientierte Programmierung enthält durch die Vererbung zwei vielversprechende Ideen:

• Sie ermöglicht Klassenbibliotheken für die verschiedenen Wissensgebiete, die den hierarchischen Aufbau der Begriffe dieses Gebiets widerspiegeln (wie bei der Typhierarchie geometrische Objekte gezeigt). Die Klassenbibliotheken enthalten viele für das betreffende Gebiet charakteristische Algorithmen, die der Programmierer nicht erneut zu programmieren braucht. Diese Algorithmen sind somit eine Art von Halbfabrikaten.

• Der Programmierer kann die in der Klassenbibliothek vorhandenen Halbfabrikate seinen Bedürfnissen anpassen, indem er ihnen neue, spezielle Eigenschaften hinzufügt, oder schon im Halbfabrikat vorhandene Eigenschaften ändert. Das heißt, er muß nicht mehr den Programmcode für die ganze Aufgabe neu schreiben, sondern nur diejenigen Teile, die er hinzufügen oder ändern will. Das objektorientierte Programmieren ist somit ein *differentielles Programmieren*, bei dem man nur die Neuerungen dem schon Vorhandenen hinzuzufügen braucht. So wie man sich eine Landkarte durch das Übereinanderlegen verschiedener durchsichtiger Folien entstanden denken kann (eine Folie für die geophysikalische Darstellung, eine für die Straßen und Orte, eine für die Beschriftung), soll man sich in der Idee ein objektorientiertes Programm als die Summe der Typen der Klassenhierarchie vorstellen, der der Programmierer nur ein paar Änderungen und Erweiterungen zur Lösung seines speziellen Problems hinzuzufügen braucht.

Das ist die große Idee der *Wiederverwendbarkeit*: Objektorientierte Programme versprechen, weitgehend wiederverwendbar zu sein, sofern die Klassenhierarchie gut konstruiert wird. Aber, so wird der aufmerksame Leser jetzt sagen, das ist doch nichts Neues, denn auch im algorithmischen Denkmodell wird man eine Hierarchie von Prozeduren so allgemein anlegen, daß sie möglichst wiederverwendbar sind. Das trifft zu; aber die Vererbung und eine weitere Eigenschaft objektorientierter Programmiersprachen, die sogenannte „dynamische Bindung", auf die wir hier nicht eingehen wollen, ermöglichen die Wiederverwendung in einem weit stärkeren Maß.

Die Praxis der objektorientierten Programmierung zeigt allerdings, daß die Wiederverwendbarkeit meist viel weniger ausgenutzt werden kann, als ihre Idee vermuten läßt, ja, daß es viele objektorientierte Programme gibt, bei denen die Wiederverwendung gar keine Rolle spielt.

Das objektorientierte Denkmodell ist am Anfang der achtziger Jahre durch die Sprache *Smalltalk* bekanntgeworden (obwohl sein Kern schon in der Sprache *Simula* aus den sechziger Jahren enthalten ist). Seitdem sind mehrere objektorientierte Programmiersprachen entstanden, und vorhandene Sprachen sind um Zusätze zur objektorientierten Programmierung erweitert worden. Die zur Zeit wichtigsten objektorientierten Sprachen sind *C++* (eine objektorientierte Erweiterung von C) und *Java* (eine Sprache, die mehr als alle anderen für die Übertragung von Programmen im Internet geeignet ist).

7.3.2 Das funktionale Denkmodell

Obwohl von einer bestimmten Maschine unabhängig, sind das algorithmische und das objektorientierte Denkmodell doch an die technische Verwirklichung des Rechners gebunden. Das zeigt sich besonders in dem sogenannten „Behältermodell" der Variablen, bei dem die Variable im Gegensatz zur Mathematik keinen Wert, sondern eine Speicherzelle bezeichnet. Das bringt die Zuweisungsoperation hervor und führt zu so seltsamen, aus der Mathematik nicht bekannten Gebilden, wie der „magischen Formel" $x := x + 1$ (in Abschnitt 5.1 genauer erläutert). Hinzu kommt, daß man ein und dieselbe Speicherzelle in vielen algorithmischen Sprachen mit mehreren Namen bezeichnen kann. Nehmen wir an, a und b seien Namen für dieselbe Speicherzelle. Wenn dann die Anweisung $b := b + 1$ ausgeführt wird, ändert sich nicht nur der Wert von b, sondern unsichtbar auch der Wert von a, was man als „Nebenwirkung" (*side effect*) bezeichnet. Die Anweisungsfolge

```
a := 1;
b := b+1;
if a = 1 then goto 10 else goto 20 end
```

ergibt dann einen Sprung nach 20, was am Programmtext nicht erkennbar ist. Solche Erscheinungen sind der Mathematik fremd und sollten aus mehreren Gründen auch aus der Informatik verbannt werden.

Man hat sich deshalb dafür ausgesprochen, auf derartig fehlerträchtige Konstruktionen zu verzichten und statt dessen den dreihundert Jahre lang in der Mathematik bewährten Funktionsbegriff als Beschreibungsmittel für Algorithmen zu benutzen. Eine Prozedur wie die zur Berechnung des größten gemeinsamen Teilers (siehe Abschnitt 1.1 und 5.1) ist ja im Grunde nichts anderes als eine Funktion. Statt

```
Euklid(↓p ↓q ↑ggt)
```

braucht man nur

```
ggt = Euklid(p, q)
```

(mit dem Gleichheitszeichen anstatt mit dem Zuweisungssymbol!) zu schreiben, und hat dann eine mathematische Funktion mit dem Namen *Euklid*, die jedem Paar natürlicher Zahlen p und q eine natürliche Zahl *ggt* zuordnet. Die Idee ist also: zurück zum Denkmodell der Mathematik, in dem es nur *Werte*, keine Speicherzellen gibt, in dem einer Variablen nicht mehrmals Werte zugewiesen werden können und in dem dieselbe Variable nicht mit verschiedenen Namen bezeichnet werden kann. Man wird leicht verstehen, daß es besonders von der Mathematik herkommende Informatiker waren, die sich für diese Idee einsetzten.

Aber läßt sich das denn durchführen? Algorithmen sind doch in ihrer Struktur reicher als Funktionen; sie haben Verzweigungen, Schleifen und Prozeduraufrufe, die es bei mathematischen Funktionen nicht gibt. Und sie arbeiten mit Datenstrukturen wie Feldern, Verbunden, Bäumen und Dateien, die es bei mathematischen Funktionen auch nicht gibt.

Die Antwort darauf lautet: ja, es geht tatsächlich, wenn auch in vielen Fällen auf recht künstliche Weise. Der mathematische Funktionsbegriff ist nämlich flexibler und umfassender, als man es in der Schule lernt. Schleifen gibt es nicht in Funktionen, aber man kann jede Schleife durch Transformation in eine rekursive Prozedur beseitigen. In Kapitel 5 haben wir dafür Beispiele gesehen. Verzweigungen in Algorithmen lassen sich in Funktionen durch Fallunterscheidungen darstellen, und Prozeduraufrufe und die verschiedenen Datenstrukturen können auch in Funktionen benutzt werden.

Das Ergebnis sind Programme, die nur noch aus geschachtelten Funktionsaufrufen und Fallunterscheidungen bestehen. Sie werden „funktional" genannt. Funktionale Programme enthalten keine Zuweisungen und keine lokalen Variablen, sondern es gibt nur Parameter und Funktionen; deshalb verspricht das funktionale Denkmodell große Einfachheit und Sicherheit. Es sind verschiedene funktionale Programmiersprachen entwickelt worden. Die erste (schon am Anfang der sechziger Jahre) war *Lisp*, und sie ist bis heute die am weitesten verbreitete funktionale Sprache geblieben. Neue Sprachen, die das funktionale Denkmodell reiner und besser hervortreten lassen, sind *Miranda* und *Haskell*.[5]

Das funktionale Denkmodell stellt das Programmieren tatsächlich auf eine höhere, abstraktere Stufe, aber es eignet sich nicht für alle Probleme. Es ist ganz dem Grundgedanken verhaftet, daß ein Programm eine Berechnung gesuchter aus gegebenen Größen darstellt, und deshalb für Aufgaben wie die am Anfang des Abschnitts über das objektorientierte Denkmodell angegebenen sehr schlecht geeignet. Man hat aus diesem Grund den funktionalen Sprachen (insbesondere Lisp) algorithmische Elemente hinzugefügt, und sie damit allgemeiner verwendbar gemacht. Aber dadurch wird das Prinzip des variablenlosen funktionalen Programmierens aufgeweicht, und die Nachteile des algorithmischen Denkmodells werden wieder eingeschleppt.

7.3.3 Das logische Denkmodell

Am Anfang des Abschnitts 7.3 über Denkmodelle wurde die Idee der deklarativen Programmierung dargestellt, bei der man nur die Spezifikation eines Problems, nicht seine Lösung programmieren muß, und es wurde gesagt, daß das nur für stark eingeschränkte Problembereiche funktioniert, bei denen man mit einigen vorprogrammierten Algorithmen auskommt.

Nun gibt es aber einen Problembereich, der hinreichend einfach ist, so daß man Algorithmen für die Probleme in ihm vorprogrammieren kann und der zugleich in seinem Anwendungsgebiet so weit ist, daß man damit „im Prinzip" alle algorithmischen Probleme lösen kann. Das ist die *formale* oder *mathematische Logik*, genauer die sogenannte *Aussagenlogik* und die *Prädikatenlogik erster Stufe*. Ohne auf diese Begriffe hier näher einzugehen, wollen wir nur sagen, daß die formale Logik sich mit der formalen Darstellung von Aussagen über Gegenstände, ihre Eigenschaften und ihre Beziehungen untereinander befaßt. Sie bildet die Grundlage der Mathematik, da mathematische Aussagen und Beweise in der Sprache der formalen Logik formuliert werden können. Im Mittelpunkt der Logik steht der Begriff des logischen Schließens, auf den wir in Kapitel 11 noch ausführlich zurückkommen.

Hierauf beruht das logische Denkmodell. In ihm sieht man die Berechnung einer Größe c aus den gegebenen Größen a und b als eine Relation (Beziehung) zwischen a, b und c an, die gelten oder nicht gelten kann. Nehmen wir als Beispiel den Satz des Pythagoras: Für ein rechtwinkliges Dreieck mit den Längen a, b der Katheten und der Länge c der Hypothenuse gilt:

$$a^2 + b^2 = c^2$$

Diese Gleichung beschreibt eine Beziehung zwischen den drei Größen a, b und c, die durch ein logisches Prädikat

Pythagoras(a, b, c)

ausgedrückt werden kann. Ein Prädikat im Sinne der Logik ist nichts weiter als eine Beziehung zwischen Dingen, die wahr oder falsch sein kann. Das Prädikat *Pythagoras* sieht formal wie ein Prozeduraufruf aus. Wenn wir annehmen, daß bereits eine Prozedur *Pythagoras* existiert, die den Satz von Pythagoras „kennt", kann man sie (in der logischen Programmiersprache *Prolog*[6]) von der Tastatur eines Rechners aus zum Beispiel so aufrufen:

?- Pythagoras(3, 4, 5)

und das Programm antwortet mit

true

da die Relation $3^2 + 4^2 = 5^2$ wahr ist. Eine andere Folge von Frage und Antwort könnte lauten:

?- Pythagoras(3, 4, 6)
false

Die Frage verhält sich also wie eine boolesche Funktion, die als Antwort die Werte *true* oder *false* liefert. Nun kann man aber in Prolog auch eine Variable als Parameter benutzen, zum Beispiel in der Frage

?- Pythagoras(3, 4, c)

Dann antwortet das Programm mit

c = 5

Auf die Frage

?- Pythagoras(a, 4, 5)

antwortet das Programm mit

a = 3

Das ist doch seltsam! Zuerst waren die Ergebnisse boolesche Werte, jetzt sind es Zahlen. Dieses Verhalten des Programms ist so zu deuten, daß, wenn einer der Parameter eine Variable ist, der hinter dem Programm *Pythagoras* steckende Algorithmus einen solchen Wert für die Variable *zu finden versucht*, daß die Relation *Pythagoras* wahr wird. Es können auch zwei der Parameter Variablen sein, wie in

?- Pythagoras(a, 12, c)
a = 5;   c = 13
a = 9;   c = 15

Hier findet der Algorithmus alle Möglichkeiten, beide Parametervariablen so *an Werte zu binden*, daß die Relation wahr wird. Am interessantesten aber ist der Fall, in dem alle drei Parameter Variablen sind:

```
?- Pythagoras(a, b, c)
a = 3;  b = 4;  c = 5;
a = 6;  b = 8;  c = 10;
a = 5;  b = 12;  c = 13;
a = 9;  b = 12;  c = 15;
a = 8;  b = 15;  c = 17;
a = 12;  b = 16;  c = 20;
```

Hier antwortet der Algorithmus mit allen Tripeln (bis zu einem einprogrammierten Maximalwert von c, hier 20), die die Relation *Pythagoras* wahr machen.

Soviel zum Begriff des Prädikats und seiner Anwendung. Wie wird nun aber dieses Prädikat *Pythagoras* programmiert? Es wird in Form von logischen Schlüssen programmiert, die in der Programmiersprache Prolog „Regeln" heißen. Das gesamte Programm lautet[7]

Pythagoras(x, y, z) :-	Regel 1
NatLe(z, 20), NatLe(y, z), NatLe(x, y), Equal(x*x+y*y, z*z).	
NatLe(1, n) :- n $\geq$ 1.	Regel 2
NatLe(m, n) :- n $\geq$ 1, NatLe (x, n-1), Succ(x, m).	Regel 3
Succ(m, n) :- Equal(m+1, n).	Regel 4

Das sind vier Regeln, die nur aus Prädikaten und dem Zeichen „:-" bestehen und alle die gleiche Struktur haben, nämlich

$Prädikat_0$:- $Prädikat_1$, $Prädikat_2$, ...

Diese Struktur definiert einen logischen Schluß und ist zu lesen: „$Prädikat_0$ ist wahr, wenn $Prädikat_1$ und $Prädikat_2$ und ... sämtlich wahr sind." Dementsprechend sind die vier Regeln so zu lesen:

Regel 1: Das Prädikat *Pythagoras*(x, y, z) ist wahr, wenn es solche Werte für die Variablen x, y, z gibt, daß die Prädikate *NatLe*$(z, 20)$, *NatLe*(y, z), *NatLe*(x, y), *Equal*$(x*x+y*y, z*z)$ alle wahr sind.

Regel 2 und 3 definieren das Prädikat *NatLe* (Abkürzung von *natural number less than or equal*). Regel 2 definiert $1 \leq n$ als wahr für alle $n \geq 1$, und Regel 3 besagt, daß $m \leq n$ wahr ist, wenn m eine natürliche Zahl ist, die kleiner oder gleich n ist.

Regel 4 definiert das Prädikat *Succ* (*successor* = Nachfolger) als wahr, wenn n die um 1 größere Zahl als m ist. *Equal* ist ein „eingebautes" Prädikat, das heißt eines, das nicht definiert zu werden braucht, zum Test auf Gleichheit.

Dieses kleine Programmbeispiel soll – auch wenn der Leser die Einzelheiten nicht versteht – den deklarativen Programmierstil von Prolog zeigen. Die Regeln definieren nur zeitlose Beziehungen und sind keine Anweisungen, irgendetwas in irgendeiner Reihenfolge auszuführen. Das Problem ist durch sie nur definiert, seine Lösung wird dem eingebauten Algorithmus überlassen.

Der ist nun alles andere als genial oder auch nur „intelligent". Er probiert nämlich alle Möglichkeiten, Werte an Variablen zu binden, auf systematische Weise aus und druckt diejenigen Bindungen, die die Relation *Pythagoras* wahr machen, als Lösungen. Damit das funktioniert, muß die Anzahl der Werte, die er in Betracht zieht, endlich (und nicht zu groß) sein, sonst käme er nie an ein Ende. Deshalb auch die Begrenzung von z auf 20.

Und damit sind wir zum Wesen des logischen Denkmodells vorgedrungen. Die Welt des logischen Programmierers besteht aus Prädikaten, die wahr oder falsch sein können. Einige von ihnen sind bedingungslos wahre Prämissen (nicht im Beispiel vorkommend), sie werden auch *Tatsachen* (*facts*) genannt, die anderen sind Schlußfolgerungen aus anderen Prädikaten auf Grund von Regeln. Ein logisches Programm besteht aus einer Menge von Tatsachen, Regeln und einem Hauptprädikat, das normalerweise Variablen enthält. Der eingebaute Algorithmus versucht, alle Variablenbindungen zu finden, die das Hauptprädikat wahr machen.

Ist das funktionale Denkmodell schon eine Zumutung an den im algorithmischen Denken geschulten Programmierer, so ist es das logische Denkmodell noch mehr. Das wäre noch zu tolerieren, wenn die Versprechungen, die die Protagonisten des logischen Denkmodells machen, zuträfen. Es hat sich aber gezeigt, daß auch für das logische Denkmodell das gleiche wie für das funktionale gilt:

- Der Anwendungsbereich ist nur „im Prinzip" universell, in der Praxis läßt sich das Denkmodell nur auf bestimmte Problemklassen sinnvoll anwenden.

- Die Behauptung, daß man sich beim logischen Programmieren auf die Problemspezifikation beschränken und die algorithmische Lösung außer acht lassen kann, ist ein Märchen, um nicht zu sagen, eine Lüge. Man muß bei der Problemspezifikation durchaus berücksichtigen, wie der eingebaute Algorithmus arbeitet, und das kann sehr verwickelt sein.

7.3.4 Zusammenfassung

Den Abschnitt 7.3 über Denkmodelle von Programmiersprachen zusammenfassend, können wir festhalten, daß es neben der algorithmischen Weltsicht, die nach wie vor der Kern der Informatik ist, auch abstraktere Möglichkeiten gibt, Probleme und Lösungen zu beschreiben. Algorithmisches und objektorientiertes Denkmodell halten sich eng an den Computer, insbesondere an das Behältermodell der Variablen; das funktionale und das logische Denkmodell entfernen sich vom Computer. Da alle unsere Programme auf realen Computern ausgeführt werden müssen, ist es kein Wunder, daß das algorithmische und objektorientierte Denkmodell am allgemeinsten verwendbar sind, während die beiden anderen ihre Vorteile nur auf bestimmten, für sie besonders geeigneten Anwendungsgebieten ausspielen können.

Bild 12 zeigt eine Einteilung der Programmiersprachen nach ihren Denkmodellen. Algorithmusorientierte und objektorientierte Sprachen sind *imperativ*, denn sie bestehen aus Anweisungen an den Computer, eine Handlung auszuführen. Funktionale und logische Programmiersprachen sind *nichtimperativ*; sie werden auch *deklarativ* genannt. Die im Bild angeführten anderen deklarativen Denkmodelle weisen auf die am Anfang von Abschnitt 7.3 erwähnten Spezialgebiete hin.[8]

Die Befürworter der nichtimperativen Denkmodelle betonen, daß diese Denkmodelle auch deshalb interessant und möglicherweise fruchtbar für die Zukunft sind, weil die Zeit und die Reihenfolge von Abläufen in ihnen keine oder nur eine untergeordnete Rolle spielen und daß diese Denkmodelle sich deshalb in mancher Hinsicht besonders gut für die parallele Ausführung eignen. Die Versuche, ein Prolog für parallele Prozesse zu entwickeln, haben jedoch bisher enttäuscht.

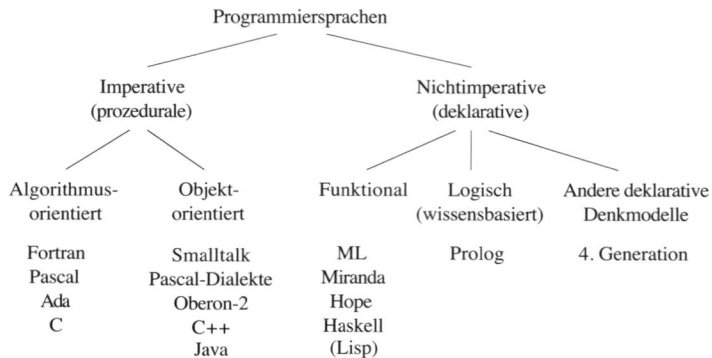

Bild 12   Eine Einteilung der Programmiersprachen nach ihren Denkmodellen. Im unteren Teil einige bedeutende Vertreter.

8

Theoretische Informatik

Das Programmieren wirft vor allem praktische Fragen auf, zum Beispiel, welche Algorithmen und Datenstrukturen am besten geeignet sind, um eine bestimmte Aufgabe zu lösen, und wie Programmiersprachen zur Lösung einer bestimmten Problemklasse beschaffen sein sollen. Der nachdenkliche Informatiker wird sich aber auch grundsätzlichere Fragen stellen, wie zum Beispiel:

- Was ist das Gemeinsame, das der großen Vielfalt von Computern zu Grunde liegt?

- Wie könnte ein *minimaler Computer* aussehen, der ohne Rücksicht auf technische Grenzen wie Zeitverbrauch und Speicherkapazität alle Algorithmen im Prinzip auszuführen imstande ist?

- Gibt es für jedes Problem, das sich mit den Mitteln von Informatik und Mathematik beschreiben läßt, einen Lösungsalgorithmus, oder gibt es Probleme, für die sich nachweislich kein Algorithmus angeben läßt?

- Wie kann man Algorithmen hinsichtlich ihrer Qualität, insbesondere ihrer Laufzeit, miteinander vergleichen, ohne sich dabei auf eine bestimmte Maschine zu beziehen?

- Kann man die Richtigkeit von Programmen nur durch Testen feststellen oder kann man sie, ähnlich einem mathematischen Satz, vielleicht *beweisen*?

Fragen dieser Art werden in der Theoretischen Informatik behandelt. Es mag auffallen, daß die Beispiele sich alle auf Softwareaspekte beziehen, nicht auf die Hardware. Das ist kein Zufall, denn Hardwarekomponenten sind technische Errungenschaften, und ihre Theorie ist die der Elektrotechnik oder Physik.

Die Theoretische Informatik steht in großer Nähe zur Mathematik und ist von ihr oft kaum zu unterscheiden. Ihre Fragen und Antworten haben die Mathematik auch befruchtet. Während die übrigen Teile der Informatik in erster Linie technisches, anwendbares Wissen vermitteln, vermittelt die Theoretische Informatik Einsichten. Für den reinen Praktiker ist sie deshalb zu großen Teilen entbehrlich, ja, er mag sogar überhaupt an dem Wert ihrer Erkenntnisse zweifeln. Für denjenigen aber, der den Dingen auf den Grund gehen will, der nach allgemeinen Gesetzmäßigkeiten hinter den Erscheinungen sucht, hat sie Bedeutendes zu bieten.

Leser, die an solchen Fragen weniger interessiert sind, können dieses Kapitel ohne Schaden für das Verständnis der folgenden auslassen.

8.1 Minimale Rechnermodelle

Beginnen wir mit der Frage nach Rechnermodellen, die minimal sind, das heißt Abstraktionen von realen Rechnern, die einen minimalen Aufwand an Hardware und Software erfordern und mit denen man dennoch alle algorithmisch formulierbaren Probleme lösen kann.

Wozu soll es gut sein, sich solche Modelle auszudenken? Welche Absicht steckt dahinter? – Es ist die Absicht herauszufinden, was der gemeinsame Kern aller Rechner und aller Algorithmen ist, welches die allgemeinen Prinzipien sind, die den Algorithmen zu Grunde liegen. Eine ganze Reihe solcher minimalen Modelle ist entwickelt worden, aus der wir die beiden wichtigsten hier herausgreifen: Die *Maschine mit wahlfreiem Zugriff* und die *Turingmaschine*.

8.1.1 Die Maschine mit wahlfreiem Zugriff und While-Programme

Die Maschine mit wahlfreiem Zugriff (*random access machine*) ist ein abstraktes Rechnermodell, das realen Rechnern ähnelt. Ihre Bestandteile sind:

- Ein Datenspeicher mit den Speicherzellen $r_1 \ldots r_n$ wobei n beliebig groß ist und jede Speicherzelle eine beliebig große natürliche Zahl aufnehmen kann;
- ein Programmspeicher beliebiger Größe.

Als Daten werden nur natürliche Zahlen einschließlich der Null zugelassen. Wenn also von „allen Algorithmen" die Rede ist, bedeutet das „alle Algorithmen, die mit natürlichen Zahlen arbeiten", und es sieht nach einer starken Einschränkung aus. Der Leser wird jedoch gebeten zu glauben, daß man Algorithmen, die mit negativen Zahlen, Gleitpunktzahlen, komplexen Zahlen oder Zeichen arbeiten, sämtlich auf Algorithmen mit natürlichen Zahlen zurückführen kann, so daß sie sich hinsichtlich der hier betrachteten Eigenschaften nicht anders verhalten als Algorithmen mit natürlichen Zahlen.

Im Gegensatz zum realen Rechner wird hier auf die Speicherhierarchie Register – Arbeitsspeicher – Sekundärspeicher verzichtet, der Datenspeicher ist beliebig groß, und die Zahlen, mit denen der Rechner arbeiten kann, sind beliebig lang. Auf eine Peripherie wird ebenfalls verzichtet. Statt dessen wird angenommen, daß die Eingabedaten vor Beginn der Rechnung schon im Speicher stehen und die Ergebnisse beim Abschluß der Rechnung ebenfalls. Man erkennt hieran die Art der Theoretischen Informatik, technische Gegebenheiten aus ihren Betrachtungen auszuklammern und sich – auf Kosten der Realisierbarkeit – auf das Wesentliche zu konzentrieren.

Man kann zeigen, daß dieses einfache Rechnermodell ausreicht, um alle Algorithmen auszuführen. Hierzu denkt man sich eine minimale Programmiersprache aus, die sogenannte *Sprache der While-Programme*, deren Anweisungen auf der Maschine mit wahlfreiem Zugriff ausführbar sind, und zeigt dann, daß sich alle Algorithmen, und seien sie noch so kompliziert, in dieser Programmiersprache ausdrücken lassen. Da diese Gedankengänge interessant und nicht so schwierig sind, wie es sich anhört, sollen sie hier skizziert werden.

While-Programme bestehen aus nur 4 Anweisungsarten:

x := 0	Löschen des Inhalts einer beliebigen Speicherzelle x.
x := x + 1	Erhöhen des Inhalts einer beliebigen Speicherzelle um 1.
x := x − 1	Erniedrigen des Inhalts einer beliebigen Speicherzelle um 1. Die Subtraktion ist hier auf den Bereich natürlicher Zahlen beschränkt. Es gilt deshalb die Sonderregelung, daß für $x = 0$ auch $x − 1 = 0$ ist.
while x ≠ y do ··· end	While-Schleife, die solange durchlaufen wird, wie die Inhalte der Speicherzellen x und y ungleich sind.

Das ist wirklich wenig. Und es soll ausreichen, um alle Algorithmen auszuführen? Ja, so ist es, und das erkennt man an den folgenden zehn Aussagen, die zeigen, wie man „höhere" Operationen durch die gegebenen vier ausdrücken kann.

1 Laden einer Speicherzelle x mit einer Konstanten n ($x := n$):

x := 0; $\underbrace{\text{x := x + 1; x := x + 1; ... x := x + 1;}}_{n \text{ mal}}$

2 Zuweisen einer Variablen x an eine Variable y ($y := x$):

y := 0;
while y ≠ x do y := y+1 end

3 Erhöhen einer Variablen y um eine Variable x ($y := y + x$). Hierzu braucht man eine Hilfsvariable h:

h := 0;
while h ≠ x do y := y+1; h := h+1 end

4 Addition ($z := x + y$):

z := x;	wie in Punkt 2
z := z+y	wie in Punkt 3

5 Subtraktion im Bereich der natürlichen Zahlen ($z := x − y$):
Bleibt dem Leser überlassen. Wegen der Beschränkung auf die natürlichen Zahlen gilt $x − y = 0$ für $x < y$.

6 Wenn Addition und Subtraktion durch While-Programme darstellbar sind, dann sind auch Multiplikation, Division, Restbildung und alle Zusammensetzungen aus ihnen durch While-Programme darstellbar.

7 Relationsausdrücke und boolesche Ausdrücke lassen sich in arithmetische transformieren, die eine 1 für *true* und eine 0 für *false* liefern.[1]

8 Die Anweisung *if expr then s end* ist (falls *expr* ein ehemals boolescher Ausdruck, nunmehr mit dem Wert 0 oder 1, ist) äquivalent zu

h := expr; while h ≠ 0 do s; h := 0 end

9 Die Anweisung *if expr then s*1 *else s*2 *end* ist äquivalent zu

```
h1 := expr;  h2 := h1;
while h1 ≠ 0 do s1;  h1 := 0 end;
while h2 ≠ 1 do s2;  h2 := 1 end;
```

10 Aufrufe nichtrekursiver Prozeduren können immer durch Einsetzung des Rumpfes beseitigt werden. Rekursive Prozeduren können in nichtrekursive transformiert werden.

Diese zehn Schritte zusammen zeigen, daß While-Programme tatsächlich zur Formulierung jedes Algorithmus ausreichen. Ein erstaunliches Ergebnis! Die ganze, so vielfältige Welt der Algorithmen läßt sich im Prinzip mit vier höchst primitiven Anweisungen beschreiben. Und darunter ist nicht einmal eine explizite Sprunganweisung. Wie einfach ist doch die Informatik! [2]

Es ist bemerkenswert und nicht von ungefähr, daß unter den vier Operationen die While-Schleife ist. Die For-Schleife würde nicht ausreichen, weil bei ihr der Wertebereich der Laufvariablen, insbesondere die obere Grenze, von vornherein festliegt und durch den Programmablauf nicht geändert werden kann. Die dadurch gegebene Beschränkung auf eine beim Eintritt in die Schleife schon bekannte Anzahl von Schleifendurchläufen würde die Möglichkeit, alle Algorithmen auszudrücken, verhindern. Die While-Schleife dagegen hat keine solche Beschränkung.

8.1.2 Die Turingmaschine

In den dreißiger Jahren studierte Alan M. Turing (englischer Mathematiker, 1912–1954) den Begriff der mathematischen Berechenbarkeit. Er beschrieb 1936 eine ganz einfache mathematische Maschine, von der er zeigte, daß sie alle Algorithmen ausführen kann. Das ist die *Turingmaschine*, und sie hat bis heute ihre Bedeutung als Grundlage des Algorithmusbegriffs behalten. Turings Leistung ist um so höher zu bewerten, als er damit Jahre vor der Erfindung des Computers dessen Idee aus rein mathematischen Motiven vorwegnahm, wobei man noch berücksichtigen muß, daß der gedankliche Umgang mit programmierbaren Maschinen damals völlig neu war und deshalb die größten Verständnisschwierigkeiten bereitete.

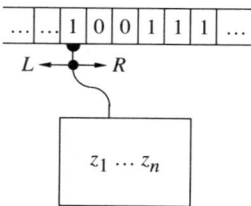

Bild 1   Turingmaschine aus einem Schaltwerk mit n Zuständen, einem einseitig unendlichen Band und einem beweglichen Schreib-Lese-Kopf

Die Turingmaschine weicht viel stärker als die Maschine mit wahlfreiem Zugriff von einem realen Rechner ab. Sie besteht aus einem Schaltwerk (siehe Kapitel 3) mit einer festen Anzahl von Zuständen z_1 bis z_n, einem unendlichen Band (zum Beispiel aus Papier zu denken) als Speicher und einem Schreib-Lese-Kopf. Das Band ist in Zellen eingeteilt, wobei jede Zelle ein Zeichen eines gegebenen Alfabets aufnehmen kann. Das Band kann Zelle für Zelle über dem ruhend gedachten Schreib-Lese-Kopf nach rechts oder links verschoben werden. Üblicher ist es jedoch, sich vorzustellen, daß der Schreib-Lese-Kopf sich an dem ruhend gedachten Band nach rechts oder links entlangbewegt. Bild 1 zeigt eine Turingmaschine.

Am Anfang einer Rechnung enthält das Band nur die Eingabedaten ohne Leerzeichen zwischen ihnen, links und rechts davon ist das Band leer. Der Schreib-Lese-Kopf steht unter dem ersten Eingabezeichen, also ganz links, wie in Bild 1 dargestellt. Die Turingmaschine führt nun eine schrittweise Rechnung, gesteuert durch das Schaltwerk, aus. Ein Schritt ist dabei denkbar einfach, er besteht aus zwei Aktionen:

1 Das Schaltwerk liest das Zeichen über dem Schreib-Lese-Kopf und berechnet aus seinem gegenwärtigen Zustand und dem gelesenen Zeichen
   - ein neues Zeichen,
   - einen neuen Zustand,
   - eine Bewegungsrichtung für den Schreib-Lese-Kopf, die nur „nach links" oder „nach rechts" lauten kann.

2 Das neue Zeichen ersetzt das Zeichen über dem Schreib-Lese-Kopf, der Schreib-Lese-Kopf wird um eine Zelle nach links oder rechts bewegt, und das Schaltwerk geht in den neuen Zustand über.

Einer der Zustände, der sogenannte *Stoppzustand*, bewirkt, daß die Turingmaschine anhält, wenn sie ihn erreicht.

Wenn man den augenblicklichen Zustand des Schaltwerks mit z_i, das Zeichen über dem Schreib-Lese-Kopf mit s, den Folgezustand mit z_{i+1}, das neue Zeichen mit t und die Bewegungsrichtung mit L für „nach links" und R für „nach rechts" bezeichnet, wird ein Schritt durch einen *Turingmaschinenbefehl* folgender Struktur beschrieben:

$$(z_{i+1}, t, L/R) := f(z_i, s)$$

Zu lesen: „Das Tripel aus nächstem Zustand z_{i+1}, neuem Zeichen t und Bewegungsrichtung L oder R ist eine Funktion f des augenblicklichen Zustands z_i und des Zeichens s über dem Schreib-Lese-Kopf." Zum Beispiel bedeutet der Befehl

$$(z_3, 0, R) := f(z_1, 1)$$

„Wenn im Zustand z_1 eine 1 über dem Schreib-Lese-Kopf steht, ersetze sie durch 0, gehe um einen Schritt nach rechts und in den neuen Zustand z_3." Das ist alles.

Man kann sich nicht gut vorstellen, daß eine Maschine, die so einfach aufgebaut und deren Wirkungsweise so einfach zu beschreiben ist, alle Algorithmen ausführen kann. Und doch ist es der Fall, wie die folgenden Beispiele plausibel zu machen versuchen.

Eines der einfachsten Turingmaschinenprogramme besteht darin, der auf dem Band stehenden Zeichenkette vorn und hinten je ein Begrenzungssymbol hinzuzufügen. Um einfache Verhältnisse zu haben, nehmen wir an, daß der Eingabetext nur aus Nullen und

Einsen besteht und das Begrenzungssymbol das Zeichen „$" ist. Die Aufgabe lautet dann beispielsweise:

Band am Anfang   0 1 0 0 1 1
Band am Ende $ 0 1 0 0 1 1 $

Das Turingmaschinenprogramm besteht aus den sechs Befehlen:

$(z_1, 0, R) := f(z_1, 0)$ Lies und schreibe 0 und gehe nach rechts
$(z_1, 1, R) := f(z_1, 1)$ Lies und schreibe 1 und gehe nach rechts
$(z_2, \$, L) := f(z_1, leer)$ Lies Leerzeichen, schreibe $ und gehe nach links
$(z_2, 0, L) := f(z_2, 0)$ Lies und schreibe 0 und gehe nach links
$(z_2, 1, L) := f(z_2, 1)$ Lies und schreibe 1 und gehe nach links
$(z_3, \$, R) := f(z_2, leer)$ Lies Leerzeichen, schreibe $ und gehe nach rechts

leer bedeutet das Leerzeichen (unbeschriebene Bandzelle). Der Leser möge das Programm ausführen, unter der Voraussetzung, daß z_1 der Anfangszustand, z_3 der Stoppzustand ist und der Schreib-Lese-Kopf am Anfang unter dem linkesten Zeichen steht. Im Zustand z_1 geht der Schreib-Lese-Kopf nach rechts, im Zustand z_2 nach links.

Man kann sich die Arbeitsweise der Turingmaschine grafisch veranschaulichen (Bild 2). Die Zustände sind Kreise, wobei der Startzustand durch ein Dreieck, der Stoppzustand durch zwei konzentrische Kreise besonders gekennzeichnet ist. Die Übergänge von einem Zustand in den nächsten sind Pfeile, die nach dem Schema

altes Bandzeichen / neues Bandzeichen , Bewegungsrichtung

gekennzeichnet sind.

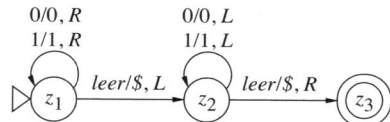

Bild 2   Übergangsdiagramm einer Turingmaschine, die die anfänglich auf dem Band stehende Kette aus Nullen und Einsen mit dem Begrenzungssymbol „$" umrahmt.

Wenn man das verstanden hat, wird man glauben, daß sich ein Programm schreiben läßt, das einen beliebigen Bandinhalt zwischen Anfangs- und Endemarkierung auf den freien Bandteil rechts vom beschriebenen kopiert, also etwa folgende Aufgabe löst:

Band am Anfang $ 0 1 0 0 1 1 $
Band am Ende $ 0 1 0 0 1 1 $ 0 1 0 0 1 1

Nun folgt ein großer, aber wohl nicht zu großer Schritt: die Addition von Dualzahlen. Am Anfang stehen die beiden Operanden x und y, jeder aus n Dualziffern, auf dem Band, am Ende steht dahinter ihre Summe z (die $n + 1$ Ziffern hat):

Band am Anfang $ x_1 \dots x_n \$ y_1 \dots y_n$
Band am Ende $ x_1 \dots x_n \$ y_1 \dots y_n \$ z_0 z_1 \dots z_n$

Wie führt die Turingmaschine die Addition aus? Genau so, wie der Mensch. Sie fängt bei der niedrigsten Stelle an, prüft x_n und y_n, berechnet daraus z_n und merkt sich einen eventuellen Übertrag. Dann tut sie das gleiche für die Stelle $n - 1$ und so weiter, bis sie bei der vordersten Stelle angekommen ist.[3]

Das Subtrahieren geht ganz entsprechend vor sich. Wenn die Turingmaschine aber addieren und subtrahieren kann, kann sie sicherlich auch multiplizieren und dividieren, da beide Operationen nur Abkürzungen für wiederholtes Addieren und Subtrahieren sind. Ferner kann sie, gesteuert durch die Zeichen auf dem Band, auch verzweigen und in Schleifen laufen.

Zum Schluß wollen wir uns die Aufgabe stellen, daß die Turingmaschine ihr Band in numerierte Speicherzellen einteilt, indem sie es in Abschnitte fester Länge einteilt und zwischen die Abschnitte zuerst einen Strich, dann zwei Striche und so weiter schreibt:

Band am Anfang   *leer*
Band am Ende   I.....II.....III.....IIII.....

Man erkennt auf diese Weise, daß man das Band in einen Arbeitsspeicher beliebiger Kapazität aus gleichgroßen adressierten Speicherzellen mit den Adressen 1, 2, 3, ... überführen kann, den die Turingmaschine wie ein Rechner benutzen, das heißt zellenweise beschreiben, lesen und löschen kann. Deshalb dürfte es nun glaubhaft sein, daß auf einer Turingmaschine alle Algorithmen programmiert werden können.[4]

Damit ist die Universalität der While- und Turingmaschinenprogramme gezeigt. Nach ihrer Geschwindigkeit darf man freilich nicht fragen, aber auf die kommt es in der Theoretischen Informatik auch nicht an.

8.1.3 Ist die Turingmaschine ein adäquates Rechnermodell?

Die Lehrmeinung, daß die Turingmaschine das Urbild des Computers sei, ist bei den Informatikern fest eingewurzelt. Aber die Turingmaschine ist ja eine *autonome* Maschine, die ohne Kommunikation mit der Außenwelt abläuft. Man beschreibt ihr Band mit Eingabedaten, startet sie, und dann führt sie ihr Programm aus, bis sie (hoffentlich) einmal anhält. Ihr Verhalten wird nicht von der Außenwelt beeinflußt, und es beeinflußt seinerseits nicht die Außenwelt. Sie nimmt während des Ablaufs keine weiteren Eingabedaten an und gibt während des Ablaufs keine Ausgabedaten aus. Damit ist sie zwar ein adäquates Modell der Idee des Algorithmus, aber nicht des Rechners, denn es fehlt ihr die Möglichkeit zur Kommunikation mit der Außenwelt. In Abschnitt 3.8 wurde aber bereits ausgeführt, daß die Fähigkeit zur Kommunikation mit der Außenwelt eine ganz wesentliche Eigenschaft des Rechners ist. Sie wird durch die Programmunterbrechung ermöglicht, die bei allen minimalen Rechnermodellen der theoretischen Informatik fehlt. In den Abschnitten über Rechnernetze und Parallelität zeigte es sich ebenfalls, daß die Kommunikationsfähigkeit von Rechnern eine zentrale Idee der Informatik ist.

Um die Turingmaschine zu einem adäquaten Rechnermodell zu machen, müßte man sie also um einen Unterbrechungs-Mechanismus erweitern. Das wäre eine bessere theoretische Grundlage für die Informatik, sofern es gelänge, die prinzipielle Einfachheit der Turingmaschine dabei aufrecht zu erhalten! Ein solches Modell ist jedoch bisher nicht bekannt geworden, und es könnte sein, daß die Turingmaschine für eine solche Erweiterung ungeeignet ist.

Man beachte, daß die Autonomie nicht nur für die Turingmaschine, sondern auch für die Maschine mit wahlfreiem Zugriff und alle anderen, hier nicht behandelten, minimalen Rechnermodelle der theoretischen Informatik gilt. Wir haben uns nur der Einfachheit halber auf die Turingmaschine als den prominentesten Vertreter der minimalen Rechnermodelle beschränkt.

8.2 Berechenbarkeit und ihre Grenzen

Die Aussage „Mit Turingmaschinen kann man alle Algorithmen ausführen" hört sich wie ein mathematischer Satz an, und mathematische Sätze lassen sich beweisen. Ein Beweis wäre hier aber nur dann möglich, wenn man den Begriff „Algorithmus" *unabhängig* vom Begriff „Turingmaschine", auf andere Weise definieren, das heißt auf etwas Einfacheres zurückführen könnte, und das ist nicht möglich. Der Algorithmusbegriff ist ein intuitiver Grundbegriff, über dessen Umfang sich die Mathematiker und Informatiker zwar einig sind, den sie aber nicht auf einen noch einfacheren mathematischen Grundbegriff zurückführen können.

Äquivalenz der Berechenbarkeitsbegriffe. Viele Versuche sind unternommen worden, Mechanismen zu ersinnen, mit denen man alle Algorithmen ausführen kann. Die Turingmaschine und die Maschine mit wahlfreiem Zugriff sind zwei davon. Es hat sich dabei herausgestellt, daß alle diese Mechanismen in dem Sinn äquivalent sind, als sie alle den gleichen Umfang, das heißt die gleichen Fähigkeiten haben. Es gibt keine Aufgabe, die von einem dieser Mechanismen ausgeführt werden könnte, von den anderen aber nicht. Die Mechanismen können sich nämlich gegenseitig simulieren, das heißt, man kann auf einer Turingmaschine die Wirkung der Maschine mit wahlfreiem Zugriff und auf der Maschine mit wahlfreiem Zugriff die Wirkung einer Turingmaschine nachbilden. Alles, was wir intuitiv unter „berechenbar" oder „algorithmisch" verstehen, kann von jedem dieser Mechanismen ausgeführt werden, und alles, was diese Mechanismen ausführen können, fällt unter den intuitiven Algorithmusbegriff. Mathematiker haben sich immer wieder angestrengt, Dinge zu finden, die wir intuitiv als berechenbar oder algorithmisch ansehen würden, die aber nicht durch die genannten Mechanismen ausführbar sind. Das ist nicht gelungen. Deshalb ist man übereingekommen, daß es so etwas anscheinend nicht gibt, und nimmt an, daß mit den genannten Mechanismen der intuitive Algorithmusbegriff adäquat ausgedrückt ist. Diese Annahme ist der Inhalt der sogenannten *Churchschen These* (Alonzo Church, amerikanischer Mathematiker 1903–1995), die lautet:

> Turingmaschinen sind formale Modelle von Algorithmen, und kein Berechnungsverfahren kann „algorithmisch" genannt werden, das nicht von einer Turingmaschine ausführbar ist.

Wenn also jemand Zweifel daran hat, ob irgendein Berechnungsverfahren algorithmisch ist, braucht er sich nur zu fragen, ob man es auf einer Turingmaschine ausführen könnte.[5]

Nichtberechenbare Probleme. Die zahlreichen fehlgeschlagenen Versuche, etwas Berechenbares zu finden, das eine Turingmaschine nicht kann, lassen die Frage aufkommen, ob es überhaupt mathematisch definierbare Probleme gibt, die nicht berechenbar sind, das heißt, für deren Lösung nachweislich kein Algorithmus existiert und jemals existieren wird.

Die Beantwortung dieser Frage hat erhebliche erkenntnistheoretische Bedeutung. Kann man kein solches Problem finden, dann bleibt es offen, ob es überhaupt Nichtberechenbares gibt oder ob man bei genügend langem Forschen für jedes mathematisch definierbare Problem eine Lösung finden kann. Die Auffassung, daß es für jedes mathematische Problem eine Lösung gibt, vertrat noch am Anfang des zwanzigsten Jahrhunderts die Mehrzahl der Mathematiker, und David Hilbert (deutscher Mathematiker 1862–1943) konnte im Jahr 1900 sagen: „In der Mathematik gibt es kein *ignorabimus*." Kann man jedoch ein solches Problem finden, ist damit der Mathematik für immer eine Grenze gesetzt. Bis hierher und nicht weiter! Seit den Untersuchungen von Kurt Gödel (österreichischer Mathematiker 1906–1978) und Turing in den dreißiger Jahren weiß man, daß es unendlich viele solcher nachweislich nichtberechenbaren Probleme gibt. Das bedeutendste von ihnen, das auch zur Auffindung vieler weiterer gedient hat, ist das sogenannte *Halteproblem*.

Das Halteproblem. Ein Programm kann infolge eines Programmierfehlers in einer ewigen Schleife laufen. Ein solcher Fehler ist sehr unangenehm, denn wenn ein Programm länger läuft als erwartet, weiß man nicht, ob es später oder nie enden wird. Es liegt deshalb nahe, nach einem Programm H Ausschau zu halten, das andere Programme liest, analysiert und feststellt, ob sie bei ihrer Ausführung enden oder in einer ewigen Schleife laufen würden. Wenn man so etwas hätte, könnte man jedes neue Programm vor seinem ersten Lauf durch das Programm H untersuchen lassen und wüßte dadurch, ob es endet oder nicht. Natürlich müßte das Programm H selbst für alle Programme, auf die es angesetzt wird, anhalten. Genau formuliert lautet die Frage:

Halteproblem. Gibt es ein Programm (in einer bestimmten, genügend hohen Programmiersprache), das entscheidet, ob ein beliebiges gegebenes Programm (in derselben Sprache) für beliebige gegebene Eingabeparameter anhält?[6]

Die Antwort liefert der

Fundamentalsatz der Nichtberechenbarkeit. Es gibt kein solches Programm.

Der Beweis dafür ist erstaunlich kurz, charakteristisch für die Theoretische Informatik und nicht zu schwierig. Wir wollen ihn deshalb für besonders interessierte Leser angeben. Man führt den Beweis durch Widerspruch, indem man zuerst annimmt, daß es eine Prozedur $H(\uparrow halt)$ gibt, die das Halteproblem löst. Das Programm P, das untersucht werden soll, steht in einer Datei, die *ProgramText* heißen möge. H entscheidet, ob das Programm P anhält und liefert dementsprechend als Ergebnis *halt = true* oder *halt = false*. H selbst hält natürlich für alle Programme P an. H kann also folgendermaßen spezifiziert werden:

1 $H(\uparrow halt)$ untersucht ein in der Datei *ProgramText* stehendes Programm P darauf, ob es anhält.

2 H hält für alle P an.

3   Danach ist *halt* = *true*   falls *P* anhält,
            = *false* falls *P* nicht anhält.

Man kann nun leicht zeigen, daß es ein Programm mit den Eigenschaften von *H* nicht geben kann, indem man mit Hilfe von *H* eine weitere Prozedur *Test* definiert, die anhält, wenn *P* nicht anhält und nicht anhält, wenn *P* anhält. Sie lautet:

```
Test:    -- Die Datei ProgramText enthält den Prüfling P
    local halt: Boolean;
begin
    H(↑halt);
    if halt then
m:    goto m;    -- ewige Schleife
    end
end Test
```

Hierin bedeutet die mit der Marke *m* markierte Anweisung *goto m* eine ewige Schleife.

Und nun kommt der Kern der Beweisführung. Man kann nämlich das Programm *Test* selbst in die Datei *ProgramText* schreiben und fragen, was geschieht, wenn *Test* aufgerufen, also *Test auf sich selbst angewendet* wird. Das ergibt die Situation

```
Test:    -- Die Datei ProgramText enthält den Prüfling Test
    local halt: Boolean;
begin
    H(↑halt);
    if halt then
m:    goto m;    -- ewige Schleife
    end
end Test
```

Man beachte, daß hier das Programm *Test* zweimal vorkommt, als *Prüfer* und als *Prüfling*. Es kann anhalten oder nicht anhalten, eine andere Möglichkeit gibt es offenbar nicht. Wenn man nun untersucht, welche von beiden Möglichkeiten zutrifft, ergibt sich ein verblüffendes Resultat.

Wenn der Prüfer *Test* anhält, kann er nur dadurch anhalten, daß *halt* den Wert *false* bekommt, denn nur so gelangt das Prüfer-Programm *Test* an sein Ende (für *halt* = *true* würde es in die ewige Schleife *m: goto m* laufen). *halt* = *false* bedeutet aber, daß der Prüfling *Test nicht* anhält. Da beide Programme, der Prüfer und der Prüfling, gleich sind, ergibt sich hiermit der Widerspruch:

> Wenn (der Prüfer) *Test* anhält, ist *halt* = *false*, und das bedeutet, daß (der Prüfling) *Test* nicht anhält.

In gleicher Weise erhält man:

> Wenn (der Prüfer) *Test* nicht anhält, ist *halt* = *true*, und das bedeutet, daß (der Prüfling) *Test* anhält.

Da an dem Programm *Test* nichts auszusetzen ist, folgt aus dem Widerspruch, daß es ein Programm mit den Eigenschaften von *H* nicht geben kann.

Das ist der ganze Beweis. Mutet er wie Zauberei an, wie ein logischer Trick? Fühlt sich der Leser überlistet, genasführt durch die gekünstelte Konstruktion des Programms *Test*, das anhält, wenn es nicht anhält und nicht anhält, wenn es anhält? Ich kann es ihm nicht verdenken, denn die Kürze und scheinbare Einfachheit der Beweisführung *muß* geradezu demjenigen, der sich nicht mit diesem Gebiet beschäftigt hat, suspekt vorkommen. Dennoch ist sie richtig, und es ist nichts an ihr auszusetzen. Der Kern des Beweises liegt in der Selbstanwendung von *Test* auf *Test*. Eine solche Selbstanwendung ist nur auf Gebieten möglich, wo Anwender und Anwendung dieselbe Struktur haben, anders ausgedrückt, wo ein und dieselbe Sache einmal als Anwendung und ein andermal als Anwender gedeutet werden kann. Das scheint nur in der Informatik und in der Mathematik der Fall zu sein.[7]

Die große Bedeutung des Fundamentalsatzes der Nichtberechenbarkeit liegt in zwei Aussagen:

1 Er zeigt, daß es möglich ist, eine Prozedur zu spezifizieren (die Prozedur *H*), die man nicht programmieren kann. Es gibt also mindestens *eine* wohldefinierte Aufgabe, die eine Maschine prinzipiell und für alle Zukunft nicht lösen kann. Im Gegensatz zu den vielen anderen Problemen, die wegen ihres Umfangs praktisch nicht lösbar sind, handelt es sich hier um eine Aussage über die endgültigen, praktischen wie theoretischen Grenzen des mit Algorithmen Berechenbaren.

2 Die Nichtexistenz eines Algorithmus für *H* kann man benutzen, um zu zeigen, daß viele andere Probleme unlösbar sind, indem man sie auf das Halteproblem zurückführt.

Algorithmen und Funktionen. Man kann auch auf einem anderen Weg zu der Einsicht gelangen, daß die Welt des Berechenbaren begrenzt – und in einem bestimmten Sinn sogar sehr eng begrenzt – ist. Man kann nämlich zeigen, daß es viel mehr mathematisch definierbare Funktionen als Algorithmen gibt und daß hierbei das „viel mehr" sogar so zu verstehen ist, daß die Algorithmen nur einen verschwindenden Bruchteil der definierbaren Funktionen ausmachen. Folglich ist der Funktionsbegriff der Mathematik viel umfassender als der Algorithmusbegriff der Informatik.

Das sind frappierende Aussagen. Sie bedeuten, daß von allen mathematischen Funktionen nur ein kleiner Teil durch Algorithmen oder Rechnerprogramme oder Turingmaschinen berechenbar ist. Der Rest ist nicht berechenbar und bleibt uns damit auf ewig verschlossen.[8]

8.3 Komplexität

In dem Teil der Theoretischen Informatik, der sich mit elementaren Rechnermodellen befaßt, wird die Effizienz völlig vernachlässigt; in ihm kommt es nur auf Minimalitäts- und Existenzaussagen an. In einem anderen Teil wird gerade die Effizienz von Algorithmen untersucht. In ihm stellt man zum Beispiel die Fragen: „Wenn zwei Algorithmen für dieselbe Aufgabe vorliegen: welcher ist der bessere?" oder „Gibt es für sämtliche Algorithmen zum Sortieren eine Geschwindigkeitsgrenze, die keiner je überschreiten kann?"

Begriff. Algorithmen für dieselbe Aufgabe unterscheiden sich in bestimmten Merkmalen, wie zum Beispiel Laufzeit, Speicherplatzbedarf, statische Länge des Algorithmus oder Schachtelungsstruktur seiner Anweisungen. Um zwei Algorithmen hinsichtlich eines Merkmals miteinander vergleichen oder für sich allein kennzeichnen zu können, versucht man, die Merkmale in Abhängigkeit von geeigneten Meßgrößen zu quantifizieren. Man nennt die quantifizierten Merkmale „Komplexitäten" und ihre Berechnung „Komplexitätsanalyse". Eines der wichtigsten Merkmale eines Algorithmus ist seine Laufzeit in Abhängigkeit von den Eingabedaten. Sie wird „Zeitkomplexität" genannt.

Die Laufzeit eines Algorithmus läßt sich durch *Berechnung* (analytisch auf dem Papier) oder durch *Messung* (unmittelbar mit einem Rechner) bestimmen. Meist begnügt man sich aber mit viel gröberen Angaben, insbesondere mit der sogenannten *asymptotischen Zeitkomplexität*. Hier wird die Laufzeit eines Algorithmus „für große n" betrachtet, wobei n den Umfang der Eingabedaten angibt. Verdoppelt sie sich bei Verdopplung von n so nennt man sie *linear* und schreibt $O(n)$ (lies: „von der Ordnung n" oder kurz „Oh von n"). Vervierfacht sie sich bei Verdopplung von n, so nennt man sie *quadratisch* und schreibt $O(n^2)$.

Typische Zeitkomplexitäten. Hier sind einige typische asymptotische Zeitkomplexitäten von Algorithmen und ihre Eigenschaften:

- $O(\log n)$ *Logarithmische Komplexität*. Sehr günstig, da die Laufzeit erheblich schwächer wächst als n. Verdopplung von n bedeutet nur einen Anstieg der Laufzeit um $\log 2$, das heißt um eine Konstante (abhängig von der Basis des Logarithmus). Erst bei der Quadrierung von n wächst die Laufzeit auf das Doppelte.

- $O(n)$ *Lineare Komplexität*. Immer noch günstig. Tritt auf, wenn auf jedes der n Eingabeelemente eine feste Verarbeitungszeit entfällt. Verdopplung von n bedeutet Verdopplung der Laufzeit.

- $O(n \log n)$ *Leicht überlineare Komplexität*. Nicht viel schlechter als die lineare Komplexität, weil der Logarithmus von n klein gegen n ist. Tritt oft auf, wenn ein Problem fortgesetzt in Teilprobleme zerlegt wird, die unabhängig voneinander gelöst werden.

- $O(n^2)$ *Quadratische Komplexität*. Ungünstig. Tritt zum Beispiel auf, wenn der Algorithmus zwei geschachtelte Schleifen enthält, die auf alle n Daten angewandt werden. Verdopplung von n bedeutet Vervierfachung der Laufzeit.

- $O(n^3)$ *Kubische Komplexität*. Sehr ungünstig und nur auf kleine n anwendbar. Verdopplung von n bedeutet Verachtfachung der Laufzeit.

- $O(2^n)$ *Exponentielle Komplexität*. Katastrophal für große n. Tritt auf, wenn zur Lösung eines Problems alle Möglichkeiten exhaustiv geprüft werden müssen. Verdopplung von n bedeutet Quadrierung der Laufzeit.

Bild 3 zeigt das Wachstum der verschiedenen Funktionen.

Die asymptotische Zeitkomplexität wird von den Informatikern als so charakteristisch angesehen, daß es üblich geworden ist, sie bei der Beschreibung eines Algorithmus mit anzugeben. Sie ist meist auch leicht zu berechnen. Man darf jedoch nicht in den Fehler verfallen zu glauben, daß ein Algorithmus der Ordnung n immer besser wäre als einer der Ordnung n^2, denn die asymptotischen Komplexitäten beziehen sich ja auf große n und gelten eigentlich nur für gegen Unendlich gehendes n. Für kleine n kann ein Algorithmus der Ordnung n^2 durchaus schneller sein als einer der Ordnung n.

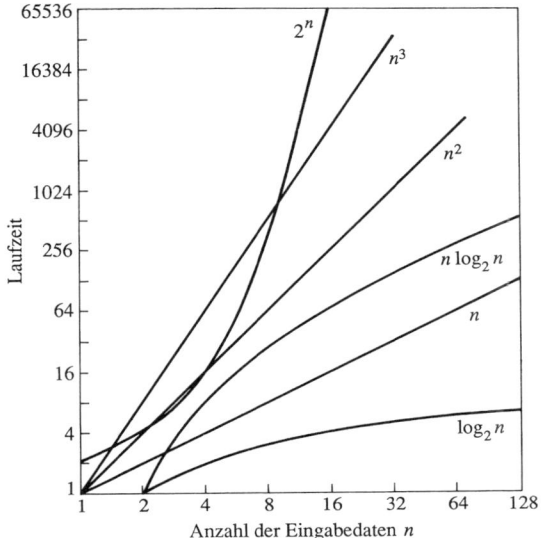

Bild 3   Wachstum einiger Funktionen, die zur Charakterisierung der asymptotischen
Komplexität benutzt werden (doppeltlogarithmische Darstellung!)

Exponentielle Komplexität. Die exponentielle Komplexität ist katastrophal, wie man
an Bild 3 abliest. Ihre Bedeutung läßt sich aber mit einem kleinen Zahlenbeispiel vielleicht noch besser demonstrieren. Nehmen wir an, wir hätten drei Algorithmen mit den
Laufzeiten $T_1(n) = n$, $T_2(n) = n^2$, $T_3(n) = 2^n$. Wir lassen sie auf einem bestimmten Rechner laufen, bei dem die Ausführung eines Schrittes (gleichgültig, wieviele Befehle dieser Schritt umfaßt) eine Millisekunde dauert, und wir fragen uns, wie groß n maximal
werden kann, wenn das Programm eine Sekunde, eine Minute oder eine Stunde läuft.
Das Ergebnis zeigt Bild 4.

$T(n)$	Max. Problemgröße n bei einer Laufzeit von			
	1 s	1 min	1 Std	
	1000 Schritte	60000 Schritte	$3.6 \cdot 10^6$ Schritte	
n	1000	60000	3 600 000	Faktor 60
n^2	31	244	1 897	Faktor $\sqrt{50} = 7.75$
2^n	9	15	21	Summand ld 60 = 5.91

Bild 4   Maximal bearbeitbare Problemgrößen in Abhängigkeit von der Komplexität

Man erkennt an Bild 4 die „Tyrannei der exponentiellen Komplexität". Die drei betrachteten Laufzeiten unterscheiden sich um den Faktor 60. Die maximale Problemgröße
wächst bei dem linearen Programm ebenfalls mit dem Faktor 60, bei dem quadratischen
Programm immerhin noch mit dem Faktor 7.75. Bei dem exponentiellen Programm

wächst sie jedoch nur noch mit dem *Summanden* 5.91, so daß in einer 3600-fachen Zeit die maximale Problemgröße nur auf etwas mehr als den doppelten Wert anwächst. ld x ist hierbei der Logarithmus zur Basis 2 (*logarithmus dualis*), das heißt, $y = $ ld x bedeutet $x = 2^y$.

Was läßt sich tun, wenn man mit dem exponentiellen Algorithmus von Bild 4 ein Problem bearbeiten will, deren Problemgröße weit höher als 21 ist, vielleicht 200? Einen schnelleren Rechner benutzen, vielleicht einen, der zehnmal so schnell ist? Es würde nichts nützen, denn ein zehnmal so schneller Rechner führt in einer Stunde so viele Schritte aus, wie der ursprüngliche Rechner in 10 Stunden. Wir kommen nur auf eine Problemgröße von 21 + ld 10 = 21 + 3.3 = 24. Um die Problemgröße von 200 bearbeiten zu können, brauchte man einen Rechner, der x mal so schnell ist, mit 21 + ld x = 200. Hieraus ergibt sich ld x = 179, also $x = 2^{179} \approx 10^{54}$. Auch die größten Fortschritte in der Hardware werden uns niemals solche Rechengeschwindigkeiten bescheren. Parallelarbeit kann zwar helfen, aber nicht in dem wünschenswerten Ausmaß. Aus diesem Grund ist die exponentielle Komplexität katastrophal.

Sie tritt besonders bei sogenannten *kombinatorischen Suchproblemen* auf, bei denen die Lösung aus dem Durchsuchen einer großen Anzahl von Fällen besteht. Zwei berühmte Beispiele dafür sind das *Rundreiseproblem* und das *Rucksackproblem*. Beide lassen sich leicht formulieren und verstehen.

Das Rundreiseproblem oder Problem des Handelsreisenden (*travelling salesman problem*). Ein Vertreter muß n Städte besuchen, deren Entfernungen voneinander bekannt sind. Er besucht jede nur einmal und kehrt von der letzten zu seinem Ausgangspunkt zurück. In welcher Reihenfolge muß er sie besuchen, damit der gesamte von ihm zurückgelegte Weg ein Minimum ist?

Das Rucksackproblem (*knapsack problem*). Ein Rucksack soll mit einer Auswahl aus n gegebenen Gegenständen von verschiedenem Wert und verschiedenem Gewicht gefüllt werden. Wie muß die Auswahl geschehen, damit der Wert der Gegenstände im Rucksack ein Maximum ist, wenn dabei ein gegebenes Maximalgewicht des gefüllten Rucksacks nicht überschritten werden darf?

Beide Probleme können nur durch systematisches Ausprobieren aller Möglichkeiten gelöst werden, und die Anzahl der Möglichkeiten steigt exponentiell mit n.

Das Hauptproblem der Komplexitätstheorie. Alle Algorithmen mit einer Komplexität von der Ordnung n^k für irgendein festes k nennt man *polynomial*, alle mit einer Komplexität p^n für irgendein festes p nennt man *exponentiell*. Es gibt leider eine ganze Reihe von Problemen, die sich, wie das Rundreise- und das Rucksackproblem, nach dem heutigen Kenntnisstand nur mit exponentiellen Algorithmen lösen lassen. Man bezeichnet sie manchmal als „nicht handhabbar" (*intractable*), da sie nur für kleine n bearbeitbar sind. Für große n muß man zu Näherungsverfahren greifen. Interessanterweise hängen viele dieser exponentiellen Algorithmen trotz ganz verschiedener Aufgabenstellungen zusammen, und zwar in dem Sinn, daß, wenn man eine dieser Aufgabenstellungen in polynomialer Zeit lösen könnte, man auch die übrigen in polynomialer Zeit lösen könnte. Obwohl sich viele Forscher darum bemüht haben, einen polynomialen Algorithmus für eines dieser Probleme zu finden, ist das bis heute nicht gelungen. Man bezeichnet die Frage, ob es einen Algorithmus mit polynomialer Laufzeitkomplexität für eines dieser Probleme gibt, als das *Hauptproblem der Komplexitätstheorie*. Obwohl es nicht bewiesen ist, daß es für diese Problemklasse keine polynomialen Algorithmen gibt, kann man es mit an Sicherheit grenzender Wahrscheinlichkeit annehmen.

8.4 Programmverifikation

Da so gut wie alle neu geschriebenen Programme fehlerhaft sind und getestet werden müssen, wäre ein Verfahren willkommen, mit dem man die Korrektheit eines Programms ebenso *beweisen* kann wie die Korrektheit eines mathematischen Satzes. Dann hätte man das Testen nicht nur durch ein zuverlässiges mathematisches Verfahren ersetzt, sondern viel mehr geleistet, denn das Testen beweist ja nicht die Korrektheit eines Programms für alle Eingabedaten, sondern es zeigt nur, ob das Programm für die getesteten Eingabedaten korrekt arbeitet. Diese triviale, aber anscheinend oft übersehene Tatsache wird gern durch den Satz ausgedrückt: „Testen kann nur die Anwesenheit von Fehlern zeigen, nicht jedoch ihre Abwesenheit."

Es ist zunächst unklar, was es bedeuten soll, die Korrektheit eines Programms zu *beweisen*. Ein mathematischer Satz drückt eine Beziehung zwischen Größen aus, und diese Beziehung kann gelten oder nicht gelten. Beweisen heißt hier zeigen, daß die Beziehung unter den gegebenen Voraussetzungen gilt. Ein Programm jedoch drückt keine Beziehung aus, sondern berechnet gesuchte aus gegebenen Größen. In welchem Sinn ist hier der Begriff „beweisen" zu verstehen?

Man muß, um die Korrektheit eines Programms zu beweisen, zuerst einmal sagen, was das Programm leisten soll und zwar in der Form, daß man eine „Eingabespezifikation" und eine „Ausgabespezifikation" angibt. Die Eingabespezifikation ist eine vollständige Beschreibung der Situation bei Beginn des Programmablaufs. Sie legt die Wertebereiche der Eingangsparameter und eventuelle Beziehungen zwischen ihnen fest. Die Ausgabespezifikation ist eine ebensolche Beschreibung der Situation am Ende des Programmablaufs. Sie legt fest, welche Werte der Ausgangsparameter sich als Funktion der Eingangsparameter ergeben müssen. Die Korrektheit des Programms beweisen heißt nun nichts anderes als (1) zeigen, daß das Programm tatsächlich die Ausgangsparameter richtig (das heißt wie in der Ausgabespezifikation angegeben) berechnet und (2) daß es für alle zulässigen Eingangsparameter nach endlich vielen Schritten anhält.

Aus historischen Gründen ist es üblich geworden, das Beweisen der Korrektheit von Programmen als „Verifizieren" zu bezeichnen. In der traditionellen Sprechweise der Mathematik bedeutet Verifizieren eigentlich etwas anderes als Beweisen, nämlich *Bestätigen* (zum Beispiel einer Formel durch Einsetzen von Zahlenwerten für Variablen), aber in der Theoretischen Informatik bedeuten Verifikation und Beweis der Korrektheit von Programmen das gleiche.

Die Verifikation ist ein schwieriges Unterfangen und bisher nur für kleine Programme gelungen. Sie ist komplizierter als das Programmieren selbst und dementsprechend auch fehleranfälliger. Was aber nützt ein Beweis, dessen Ausführung so fehleranfällig ist, daß seine Korrektheit selbst eigentlich wieder bewiesen werden müßte? Praktisch einsetzbar wäre die Programmverifikation nur dann, wenn sie automatisiert werden könnte, wenn man also ein Verifikationsprogramm schreiben könnte, das alle Programme verifiziert. Aber das ist unmöglich.[9]

Manche Anhänger der Verifikation behaupten, daß sie das Testen überflüssig mache, denn wenn die Korrektheit eines Programms bewiesen sei, brauche man ja keine Spezialfälle mehr zu prüfen. Das ist jedoch ein Trugschluß, vor dem gewarnt werden muß. Die Verifikation bezieht sich nämlich nur auf das auf dem Papier stehende Quellprogramm, nicht auf das im Speicher stehende ausführbare Programm. Beide können in ihrer Bedeutung durchaus verschieden sein, denn der Compiler kann das Quellprogramm anders übersetzen, als es sich der Programmierer dachte, und der Programmierer kann sich beim Eintippen des auf dem Papier schon verifizierten Quellprogramms vertun. Deshalb kann die Verifikation das Testen nur ergänzen, aber nicht ersetzen!

8.5 Formale Sprachen

Ein weiteres Teilgebiet der Theoretischen Informatik beschäftigt sich mit dem strukturellen Aufbau von Zeichenketten. Das hört sich sehr speziell an und ist zuerst unverständlich. Es wird aber sogleich verständlicher, wenn man dazusagt, daß mit Zeichenketten hier in erster Linie die Quellprogramme von Programmiersprachen gemeint sind und mit dem strukturellen Aufbau ihre Syntax.

Programme und mathematische Formeln können in dieser Hinsicht als gleichartig angesehen werden. Wenn man von ihrem Bedeutungsgehalt absieht und allein ihr äußeres Erscheinungsbild ansieht, so sind beide Zeichenketten, aber nicht beliebige Ketten von Zeichen, sondern solche mit bestimmter Struktur. Zum Beispiel ist die Zeichenkette

$$(a + b) \cdot (a - b) = a^2 - b^2$$

eine strukturell richtige mathematische Gleichung, die Zeichenkette

$$) a + b /) = = x$$

jedoch nicht, denn in einer Gleichung darf nur *ein* Gleichheitszeichen vorkommen, Klammern müssen paarig auftreten, wobei die öffnende Klammer der schließenden vorausgeht, und Operatoren wie / müssen immer *zwischen* Operanden stehen. Mit anderen Worten: eine mathematische Formel hat – von ihrer Bedeutung abgesehen – einen bestimmten strukturellen Aufbau, eine *Syntax*, die man nicht verletzen darf.

Syntax. Die Syntax mathematischer Formeln ist im allgemeinen so einfach und uns von der Schule her so vertraut, daß man an sie keinen Gedanken verschwendet, ja nicht einmal wahrnimmt, daß Formeln überhaupt eine Syntax haben. Ganz anders sieht es bei den Programmiersprachen aus. Ein Programm in einer bestimmten Programmiersprache muß ebenfalls eine bestimmte Syntax befolgen. Ein Programm entspricht, syntaktisch betrachtet, einer mathematischen Formel, es ist nur meist um ein Vielfaches länger, und seine Syntax ist viel komplizierter. Die strenge Einhaltung einer bestimmten Syntax ist unerläßlich, weil der Übersetzer das Quellprogramm in seine syntaktischen Bestandteile zerlegt und diese Zerlegung nur dann ausführen kann, wenn das Quellprogramm die Syntaxregeln befolgt.

Es besteht deshalb das Problem, die Syntax von Programmiersprachen eindeutig festzulegen, das heißt, durch irgendein Verfahren zu beschreiben, welche Zeichenketten syntaktisch richtig sind und welche nicht. Das ist nicht leicht. Nehmen wir als Beispiel
einen winzigen Ausschnitt aus Modula-2, indem wir die Syntax einer einzigen Anwei-
sungsart, der Zuweisung, betrachten. Syntaktisch korrekte Zuweisungen sind zum Beispiel

```
a := b + c
a := b − 2 + c * (− 4 − d)
x := ((a + b) * (a − b) − c) / 2.0
```

Syntaktisch inkorrekte Gegenstücke sind

```
a + b := c
a := b − 2 + c(− + 4 − d)
x := ((a + b) * (a − b+( − c) / 2.0
```

Die erste verletzt die Regel, daß auf der linken Seite einer Zuweisung kein zusammen-
gesetzter Ausdruck stehen darf. Die zweite verletzt die Regel, daß zwischen zwei Operanden, wie c und $(− + 4 − d)$ ein Operator stehen muß und daß nicht zwei Vorzeichen
unmittelbar aufeinander folgen dürfen. Die dritte verletzt die Regel der Klammer-
schachtelung.

Man hat ein Verfahren gefunden, das die Syntax auch der kompliziertesten Programmiersprachen exakt und einfach zu beschreiben gestattet. Ohne genauer darauf einzugehen, soll hier nur gesagt werden, daß dabei die Regeln zusammengestellt werden, die
die Zeichenkette erfüllen muß, um syntaktisch korrekt zu sein. Die Regel für die Zuweisung lautet:

assign = var ":=" *expr*

Gelesen: „Eine Zuweisung *assign* ist definiert als eine Variable *var*, gefolgt von dem
Symbol :=, gefolgt von dem Ausdruck *expr*." Anders ausgedrückt: „Eine Zuweisung
assign besteht aus der Folge *var*, :=, *expr*."

Dabei sind *var* und *expr* selbst wieder durch eigene Regeln definiert. Die Regel für *expr*
lautet zum Beispiel:

expr = term | *expr* "+" *term* | *expr* "−" *term*

Gelesen: „Ein Ausdruck *expr* besteht aus einem Term *term* allein *oder* aus einem Ausdruck, gefolgt von einem Pluszeichen, gefolgt von einem Term *oder* aus einem Ausdruck, gefolgt von einem Minuszeichen, gefolgt von einem Term." Für *term* gibt es wieder eine Regel, und so weiter, bis man an ein Ende kommt.

Grammatik. Ein solches System von Regeln nennt man *Grammatik* in Anlehnung an
die Grammatiken der natürlichen Sprachen, die die entsprechende Aufgabe haben, nämlich die Struktur von Sätzen zu beschreiben. Die Größe der Grammatiken von Programmiersprachen schwankt zwischen etwa 20 Regeln für die kleinsten bis zu weit über 100
Regeln für die größten. Der Programmierer muß dieses Regelsystem immer im Kopf
haben, und die Grammatiken aller Programmiersprachen weichen voneinander ab. Das
ist einer der Gründe dafür, warum das Programmieren kompliziert und das Erlernen
einer neuen Programmiersprache keine Angelegenheit ist, die sich in einem Tag erledigen läßt.

Die Grammatik einer Programmiersprache gestattet es nun, für jede vorgelegte Zeichenkette zu entscheiden, ob sie syntaktisch korrekt oder inkorrekt ist, das heißt, ob sie zur Programmiersprache „gehört" oder nicht. In diesem Sinn ist eine Programmiersprache nichts anderes als die Menge aller Zeichenketten, die syntaktisch korrekt sind. Da Grammatiken nicht nur zur Beschreibung der Syntax von Programmiersprachen, sondern von Zeichenketten aller Art eingesetzt werden können, nennt man die Menge aller Zeichenketten, die gemäß einer Grammatik syntaktisch korrekt sind, die „formale Sprache" L dieser Grammatik (L von *language*). Man definiert:

> Gegeben sei ein Alfabet V und eine Grammatik G. Die Menge aller Ketten aus Zeichen von V, die bezüglich G syntaktisch korrekt sind, bildet die *formale Sprache* $L(G)$.

Das ist interessant, weil hier den aus der Umgangssprache und Sprachwissenschaft geläufigen, aber unscharfen Begriffen *Grammatik* und *Sprache* eine präzise mathematische Bedeutung beigelegt wird. Es ist zugleich aber auch gefährlich und mißverständlich, weil diese Begriffe die einfache und präzise Bedeutung nur in der Theorie der formalen Sprachen haben. Man kann sie nicht auf natürliche Sprachen übertragen, denn es gibt für natürliche Sprachen kein System von formalen Regeln, also keine Grammatik, die alle syntaktisch richtigen von den syntaktisch falschen Sätzen zu unterscheiden gestattet. Und selbst wenn es eine solche Grammatik gäbe, wäre die Menge der syntaktisch richtigen Sätze noch lange nicht die Sprache. Betrachten wir dazu den syntaktisch korrekten deutschen Satz

> Die Vögel zwitschern und legen Eier.

Ein durch Umstellung der Wörter entstandener Satz lautet

> Die Eier legen und zwitschern Vögel.

Er ist syntaktisch ebenfalls korrekt, aber dennoch kein Satz der deutschen Sprache. Auch der Satz

> Die Merpsen druseln und pumern Glimpse.

ist syntaktisch korrekt, sofern man *Merpse* und *Glimps* als Substantive und *druseln* und *pumern* als Verben anerkennt. Aber diese Wörter kommen in der deutschen Sprache nicht vor. Man muß sich also davor hüten, scharf definierte Begriffsbildungen eines eng umschriebenen Gebiets leichtfertig auf ein anderes zu übertragen – eigentlich eine Binsenwahrheit, gegen die aber oft verstoßen wird.

Verallgemeinerung. Es ist weiterhin interessant, daß man den Begriff der formalen Sprache noch verallgemeinern kann. Oben wurde er mit Bezugnahme auf eine Grammatik definiert, das heißt, nach dieser Definition könnte man sagen: „Ohne Grammatik keine formale Sprache." Die Mathematik macht sich jedoch davon frei, indem sie die obige Definition durch folgende ersetzt:

> Eine *formale Sprache* L über einem Alfabet V ist eine Teilmenge der Menge aller Ketten über V.

Hierin kommt keine Grammatik mehr vor, sondern die formale Sprache soll nichts anderes als eine Teilmenge sein. Wie ist das zu verstehen? Nehmen wir als Beispiel ein Alfabet aus den drei Zeichen a, $+$, b. Aus ihm lassen sich unendlich viele Ketten bilden, darunter die Ketten

$a, +, b,$
$aa, a+, ab, +a, ++, +b, ba, b+, bb,$
$aaa, aa+, aab, +aa, \ldots$

Und nun bildet laut Definition jede Teilmenge dieser unendlich vielen Ketten eine formale Sprache. Zum Beispiel wäre

$L_1 = \{a+b, b+a\}$

eine Sprache mit nur zwei Sätzen und

$L_2 = \{a, b, a+a, a+b, b+a, b+b, a+a+a, a+a+b, \ldots\}$

eine Sprache mit unendlich vielen Sätzen, die alle „vernünftig geformten" Ausdrücke aus a, + und b enthält. Wenn eine formale Sprache nur endlich viele Sätze enthält, kann man sie durch die Aufzählung ihrer Sätze definieren, wenn sie dagegen unendlich viele Sätze enthält, braucht man einen Mechanismus, der beschreibt oder entscheidet, welche Zeichenketten Mitglieder der Sprache sind und welche nicht. Die Grammatik ist *ein* solcher Mechanismus, andere sind algorithmische Beschreibungen der Auswahl und wieder andere sind Turingmaschinen.

8.6 Formale Semantik

Wie aus Kapitel 5 bekannt, werden Programmiersprachen durch ihre Syntax (Form) und ihre Semantik (Bedeutung) beschrieben. Während wir für die formale Beschreibung der Syntax das Instrument der Grammatiken haben, fehlt uns ein solches Instrument für die formale Beschreibung der Semantik. Was bedeutet der Begriff „Formale Semantik" überhaupt, und wozu braucht man eine formale Semantik?

Das ist nicht leicht erklärt und kann hier nur angedeutet werden. Um die Bedeutung eines Maschinenbefehls wie

```
LOAD 2, 1000
```

vollständig und eindeutig zu beschreiben, braucht man nur wenige Worte wie zum Beispiel: „Der Befehl LOAD x, y lädt Register x mit dem Inhalt von Speicherzelle y". Das kommt daher, weil Maschinenbefehle einfache Aufgaben ausführen, weil sie direkt auf Speicher und Prozessor eines Rechners wirken und diese Wirkungen leicht zu beschreiben sind. Bei den Konstruktionen einer höheren Programmiersprache ist das anders. Sicherlich ist die Semantik der Anweisung

```
i := i+1
```

auch noch einfach, aber wenn eine Programmiersprache eine Mehrfachzuweisung erlaubt, zum Beispiel in der Form

$var := var := expr$

kann ein Anweisungspaar wie

```
i := 1;
j := i := i+1
```

schon Anlaß zu Zweifeln geben, ob danach $j = 1$ oder $j = 2$ ist. Und erst recht kann die Semantik der Schleifenkonstruktionen und der Parameterübergabe bei Prozeduraufrufen so verzwickt sein, daß sie sich mit Worten kaum noch eindeutig beschreiben läßt.

Einer der Gründe für diese Schwierigkeit ist die sogenannte *semantische Lücke*, der große Abstand zwischen den Konzepten der algorithmischen, maschinenunabhängigen Sprachen und denen der maschinenorientierten Sprachen.

Eine zweite Schwierigkeit ergibt sich dadurch, daß der Begriff „Bedeutung" überhaupt unklar und mehrdeutig ist. Was meint man denn, wenn man von der Semantik der Anweisung $i := i + 1$ spricht? Für den Übersetzerbauer besteht die Bedeutung der Anweisung darin, daß der Übersetzer für eine bestimmte Maschine den Code

```
LOAD    AC, i
ADD     AC, one
STORE   AC, i
```

erzeugt. Aber darin kann sich die Bedeutung doch nicht erschöpfen, denn auf einer anderen Maschine kann die zu $i := i + 1$ äquivalente Befehlsfolge ganz anders aussehen. Um die Abhängigkeit der Bedeutung von der Zielmaschine zu vermeiden, könnte man die Bedeutung als die Wirkung auf eine normierte, abstrakte Maschine, etwa auf eine Turingmaschine beschreiben. Aber wenn man das tut, muß man zusätzlich auch die Bedeutung der Befehle dieser abstrakten Maschine beschreiben, und das Problem ist nicht gelöst, sondern nur an eine andere Stelle verschoben. Manche sagen, man solle auf Maschinenmodelle zur Beschreibung der Bedeutung überhaupt verzichten und statt dessen lieber bewährte mathematische Konzepte, wie das der Funktion, heranziehen. Dann wäre die Bedeutung einer Anweisung ihre Abbildung auf eine mathematische Funktion mit gleicher Wirkung. Das wiederum kann sehr unübersichtlich werden und steht damit im Gegensatz zu der Absicht, mit der formalen Semantik dem Programmierer die Bedeutung der Anweisungen auf einfachere und klarere Art zu vermitteln als durch Worte.

Insgesamt handelt es sich hier um ein schwieriges, mathematisch orientiertes Gebiet, auf dem verschiedene Wege verfolgt werden, die sich aber nicht zu einer generell einsetzbaren formalen Semantik zusammenschließen wollen. Auf die Praktische Informatik hat die Formale Semantik deshalb noch kaum Auswirkungen gezeigt.

8.7 Zusammenfassender Rückblick

In diesem Kapitel wurden die hauptsächlichen Themen der Theoretischen Informatik umrissen. Es ging dabei immer um die Formalisierung oder Mathematisierung einzelner Aspekte der Informatik. Die Formalisierung war stets mit Abstraktion verbunden, also mit Weglassung von technischem Detail. Den Abstraktionen fehlen leider meist solche Eigenschaften, die für die Praxis wichtig sind: die Begrenztheit von Wortlänge und Speicherplatz bei While-Programmen, die hohe Arbeitsgeschwindigkeit bei While-Programmen und Turingmaschinen und die semantischen Aspekte bei den formalen Sprachen. Übrig bleiben einige allgemeine Eigenschaften, über die sich dann allerdings weitreichende und mathematisch präzise Aussagen machen lassen.

Die Erkenntnis, daß es nichtberechenbare Funktionen gibt und daß damit der algorithmischen Berechenbarkeit grundsätzliche Grenzen gesetzt sind, wird meist als eine große Errungenschaft der Mathematik herausgestellt. Ihr praktischer Nutzen besteht darin, daß man für Probleme, deren Nichtlösbarkeit bewiesen worden ist, nicht mehr nach

Lösungen zu suchen braucht. Andererseits spielen nichtberechenbare Funktionen in der Praxis keine Rolle, denn sie sind mathematische Konstruktionen, die immer mit dem Unendlichen zu tun haben, das es in der Praxis nicht gibt. Die Beweise für die Nichtberechenbarkeit von Problemen, allen voran das Halteproblem, werden darüber hinaus indirekt geführt, indem man zeigt, daß die Annahme der Existenz einer Lösung auf einen logischen Widerspruch führt. Das Grundmuster hierfür ist die Jahrtausende alte logische Paradoxie des Parmenides, der Kreter war und gesagt hat: „Alle Kreter sind Lügner" (in der Bedeutung: „Kreter sagen immer die Unwahrheit"). Dieser Satz ist ein logischer Widerspruch, denn nimmt man an, er sei wahr, so besagt er selbst, daß er falsch ist, nimmt man dagegen an, er sei falsch, so besagt er selbst, daß er wahr ist. In ihm sind zwei dubiose Punkte enthalten: der *Selbstbezug* (ein Kreter sagt etwas über die Kreter und damit über sich selbst) und der *Satz vom ausgeschlossenen Dritten* (ein Satz kann wahr oder falsch, aber nichts drittes sein).

9

Angewandte Informatik I
(Technische Anwendungen)

> Man kann heute feststellen, daß es praktisch keine Wissenschaft mehr gibt, die
> nicht den Rechner unmittelbar in ihre Forschung einbezieht, wobei die Möglich-
> keiten des Rechners häufig auch zu neuartigen Fragestellungen in den Wissen-
> schaften und zum Einsatz neuartiger, bisher nicht verwendeter Forschungsme-
> thoden führen. Der Rechner hat dabei vor allem die empirische Forschung durch
> die Möglichkeiten, große Mengen von Daten auszuwerten und bestimmte Vor-
> gänge durch Simulation auf wirtschaftliche Art untersuchen zu können, unge-
> mein bereichert, so daß die wissenschaftlich erforschten Kenntnisse in bisher
> nicht vorstellbarem Umfang zugenommen haben. Die Informatik ist damit, vor
> allem als Angewandte Informatik, zu einer Schlüsselwissenschaft und Schlüssel-
> technologie geworden, obwohl sie erst auf rund 50 Jahre Existenz zurückblicken
> kann.
>
>   H. H. Schulze: Computer-Enzyklopädie, Stich-
>   wort „Informatik, angewandte"[1]

Die Vielfalt der Anwendungen von Computern in allen Lebensgebieten macht es
unmöglich, einen nur einigermaßen vollständigen Überblick über die Angewandte
Informatik zu geben. Es existieren auch keine Darstellungen der Angewandten Informatik, die Vollständigkeit anstreben, sondern alle sind auf Teilgebiete beschränkt und für
Kenner dieser Teilgebiete geschrieben. Trotzdem soll eine Liste der Hauptanwendungsgebiete am Anfang dieses Kapitels stehen:

Mathematik
Naturwissenschaften (Physik, Chemie, Biologie, Geografie, Geologie, ...)
Medizin
Ingenieurwissenschaften

Geisteswissenschaften
Sozialwissenschaften
Künste
Betriebliche und öffentliche Verwaltung
Rechtswesen
Verkehr
Handel
Finanzwesen
Bildungswesen
Militärwesen
Unterhaltung

In alle diese Gebiete ist der Computer eingedrungen und hat sich zu einem unentbehrlichen Werkzeug gemacht. Teilweise hat er auch die Organisation und die Fragestellungen so stark beeinflußt, daß man dieser Entwicklung durch eigene Namen Rechnung trägt. So findet man heute Begriffe wie Rechtsinformatik, Betriebsinformatik, Verwaltungsinformatik, medizinische Informatik, Bioinformatik, Umweltinformatik, ja sogar Bildungsinformatik, Sozialinformatik und Kulturinformatik.

Die Informatiker sind über diese „Bindestrich-Informatiken" nicht glücklich, sondern sehen sie zum Teil als regelrechten Etikettenschwindel an. Die Namen suggerieren lauter neue Informatiken, und das trifft nicht zu. Zum Beispiel ist die Rechtsinformatik keine neue, eigene Art von Informatik, sondern die Anwendung der Informatik auf das Rechtswesen, und Entsprechendes gilt für die anderen genannten Gebiete. Richtig wären deshalb Bezeichnungen wie „Computerunterstütztes Rechtswesen" statt Rechtsinformatik, „Anwendungen der Informatik in der Verwaltung" statt Verwaltungsinformatik, und so weiter. Aber das klingt umständlicher und ist vor allem nicht so „innovativ". Schon 1972 hat jemand die Bindestrich-Informatiken zutreffend „den modischen Anschluß an die attraktive Computerwissenschaft" genannt.[2]

Allein die *Wirtschaftsinformatik* macht hier eine Ausnahme. Sie ist zwar ebenfalls keine neue Art von Informatik, aber sie hat es geschafft, ein eigenständiges Arbeitsgebiet für sich abzustecken, eine eigene Literatur zu entwickeln und einen eigenen Studiengang mit großem Zulauf hervorzubringen, so daß man sie als besondere Ausprägung der Informatik anerkennt.

In diesem Buch behandeln wir die Angewandte Informatik in drei Kapiteln. Das erste gehört den mehr technisch orientierten Anwendungen, das zweite den mehr administrativ orientierten, das heißt der *Datenverarbeitung* im engeren Sinn und das dritte der sogenannten *Künstlichen Intelligenz*.

Anstatt einzelne Anwendungsgebiete der Reihe nach durchzugehen, stellen wir in diesem Kapitel die wichtigsten Entwicklungen dar, die die technischen Anwendungen allgemein ermöglichen und prägen. Dazu gehört besonders die *Computergrafik*, die moderne *Mensch-Maschine-Kommunikation* durch die grafischen Möglichkeiten von Rasterbildschirmen und die Verwendung des Rechners zur *Simulation*. Alle drei finden besonders eindrucksvolle Anwendung in der *Automatisierung* der Konstruktion und Fertigung technischer Geräte. Ferner werfen wir noch einen Blick auf das neue Gebiet „Virtuelle Realität" und Anwendungen der Informatik in der Mathematik.

9.1 Computergrafik

Unter „Computergrafik" versteht man vor allem die *Erzeugung* von Bildern mit dem Rechner aus gespeicherten Beschreibungen oder aus den Eingabekommandos des Benutzers und die *Veränderung* von schon vorhandenen Bildern (Ergänzung, Umzeichnung, Vergrößerung, Drehung).

Man beachte, daß hierunter nicht alle Arten fallen, mit denen Bilder von Rechnern behandelt werden können. In der *digitalen Signal- und Bildverarbeitung* werden unvollkommene Bilder (zum Beispiel Röntgenbilder oder aus dem Weltraum übermittelte Fotos) durch Beseitigung von Unreinheiten, Kontrastverstärkung, Färbung und andere Methoden verbessert. In der *Mustererkennung* werden Bilder, die als strukturlose Anordnung von Punkten vorliegen, daraufhin analysiert, was sie darstellen. Digitale Signalverarbeitung und Mustererkennung rechnet man im allgemeinen jedoch nicht zur Computergrafik. Manchmal werden alle drei unter dem Begriff „grafische Datenverarbeitung" zusammengefaßt.

Neuerdings scheinen sich die Methoden, große Datenmengen, wie sie bei der Untersuchung technischer und naturwissenschaftlicher Aufgaben anfallen, durch bildliche Darstellungen zu veranschaulichen, zu einem neuen Teilgebiet der Computergrafik zu entwickeln, das man „Visualisierung" nennt.

Da ein Bild bekanntlich mehr als tausend Worte sagt, verleiht die Computergrafik der Informatik eine neue Dimension und erschließt ihr eine ganze Welt neuer Anwendungen. Wir werden uns kurz die Geräte zur Ausgabe und Eingabe grafischer Daten ansehen, dann an Hand einiger typischer Bilder die Anwendungsbreite zeigen und am Ende auf die Besonderheiten der Programmierung von Computergrafik-Problemen eingehen.

9.1.1 Grafische Ein- und Ausgabe-Geräte

Das am meisten benutzte Gerät zur Darstellung grafischer Objekte ist der Bildschirm. Die heute üblichen „grafikfähigen" Bildschirme arbeiten nach dem Fernsehrasterverfahren. Dabei besteht das Bild aus lauter Bildpunkten (*Pixels = picture elements*), die als rechteckiges Gitter in einer festen Anzahl von Zeilen und Spalten angeordnet sind.[3] Bei Schwarzweiß-Bildschirmen kann jeder Punkt schwarz oder weiß angezeigt werden, und da die Punkte sehr nahe beieinander liegen (mehrere kommen auf einen Millimeter, so daß sie vom Auge kaum noch zu trennen sind), kann man fast jedes Muster auf dem Bildschirm erzeugen. Bild 1 zeigt ein Rad und einen vergrößerten Ausschnitt daraus.

Während ein Fernsehschirm rund 600 Zeilen und 800 Spalten hat, schwankt die Anzahl der Bildpunkte bei Computer-Bildschirmgeräten je nach Größe und Qualität zwischen etwa 500×750 und 4000×4000.

Der Rechner oder das Bildschirmgerät enthält einen *Bildspeicher*, in dem bei Schwarzweißgeräten jedem Pixel ein Bit entspricht. In ihm werden die Bilder durch das Setzen oder Löschen von Bits erzeugt. Wenn man mehr als ein Bit pro Pixel nimmt, kann man damit Graustufen darstellen (zum Beispiel mit einem Byte $2^8 = 256$ Graustufen). Farbbildschirme verwenden drei Strahlen für die Grundfarben rot, grün und blau und erzeugen die Vielfalt der Farben durch additive Mischung. Die Ausgabe des Bildes muß in schneller Folge wiederholt werden; 25 Wiederholungen pro Sekunde sind mindestens erforderlich, aber erst 50 bis 60 Wiederholungen ergeben ein flackerfreies Bild, das das Auge nicht zu sehr ermüdet.

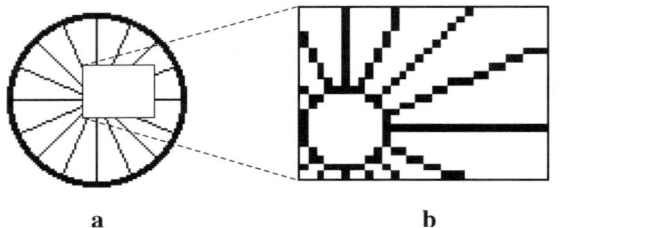 

a   b   c

Bild 1   Rastergrafik
　　　　　　a Schirmbild mit einer Auflösung von rund 3 Punkten pro Millimeter
　　　　　　b Ausschnittvergrößerung
　　　　　　c Laserausdruck mit einer Auflösung von rund 47 Punkten pro Millimeter

Die Datenübertragung vom Bildspeicher zum Bildschirm erfordert somit eine hohe Übertragungsleistung. Nehmen wir etwa eine Auflösung von 900 × 1250 Bildpunkten und 50 Bilder pro Sekunde an, erhalten wir eine Übertragungsgeschwindigkeit von

　　56   Megabit / s   bei 1 Bit pro Pixel (schwarzweiß ohne Graustufen)
　448   Megabit / s   bei 8 Bit pro Pixel (schwarzweiß mit 256 Graustufen)
1344   Megabit / s   bei 3 × 8 Bit pro Pixel (Farbe mit sehr vielen Abstufungen)

Eine einfache Rechnung zeigt, welche enormen Datenmengen hier zu bewältigen sind. 1344 Megabit sind ungefähr 170 Megabyte, und das entspricht der gesamten Speicherkapazität der Magnetplatte eines Mikrocomputers vor etwa 10 Jahren.

Für die dauerhafte Ausgabe von Zeichnungen auf Papier benutzt man elektronisch gesteuerte Zeichenmaschinen, sogenannte *Plotter*, in verschiedenen Ausführungen, für kleine Formate auch den *Laserdrucker* oder den *Tintenstrahldrucker*. Bilder lassen sich auch direkt auf Fotosatzmaschinen ausgeben.

Die *Eingabe* für die Computergrafik erfordert erstaunlich wenig. Man muß eigentlich nur einen Punkt des Bildschirms auswählen und über Tasten ein Kommando eingeben können, das dem Rechner mitteilt, was geschehen soll. Will man zum Beispiel eine Gerade von Punkt *x* nach Punkt *y* zeichnen, wählt man Punkt *x* aus, gibt das Kommando „das ist der Startpunkt", wählt dann Punkt *y* aus und gibt das Kommando „verbinde den Startpunkt mit dem zuletzt ausgewählten Punkt".

Zur Auswahl eines Bildpunktes gibt es verschiedene Geräte. Am weitesten verbreitet ist die *Maus* (Bild 2), ein seifenstückgroßes Gerät mit einer eingelassenen, aber etwas vorstehenden Kugel auf der Unterseite und einer oder mehreren Tasten auf der Oberseite. Man bewegt sie über die Tischplatte, dabei rollt die Kugel, die Bewegungen der Kugel werden elektronisch registriert und auf dem Bildschirm als *Schreibmarke (Cursor)* dargestellt. Auf diese einfache Art kann man durch die Bewegung der Maus die Schreibmarke auf jeden beliebigen Bildpunkt richten und dann durch Betätigen der Maustasten Kommandos geben. Es gibt auch „optische Mäuse". Sie werden über eine spezielle gerasterte Unterlage bewegt und enthalten anstelle der Rollkugel eine Lichtquelle und eine Fotodiode, die die überfahrenen Rasterstriche zählt und dadurch die Bewegung der Maus registriert.

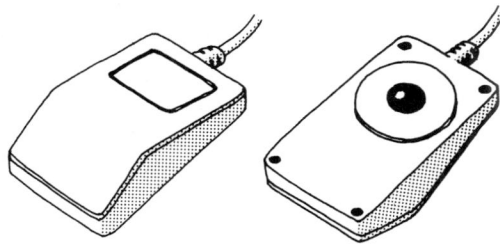

Bild 2   Die Maus

Andere, seltener benutzte Eingabegeräte sind die berührungsempfindliche Fläche (*trackpad*) das sogenannte *Grafische Tablett*, die *Rollkugel*, der *Lichtgriffel* (*light pen*) und der *Steuerknüppel* (*joystick*).

9.1.2 Bildarten

Diese beiden besonderen Ein-Ausgabe-Geräte, grafikfähiger Bildschirm und Maus, reichen schon aus, um die kompliziertesten Bilder zu erzeugen. Die Bildarten sind so zahlreich, daß wir hier nur durch einige Beispiele auf die Vielfalt hinweisen können.

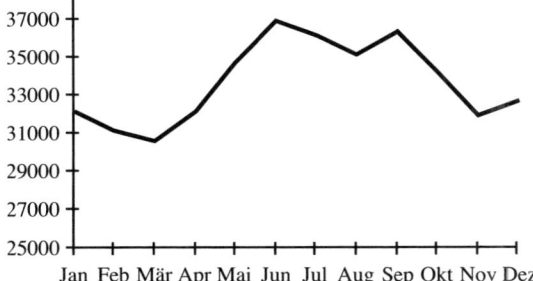

Bild 3   Liniendiagramm

2D-Grafik. Die einfachsten Grafiken, die man mit dem Rechner erzeugt, sind zweidimensionale Darstellungen aus Punkten und Linien; man bezeichnet sie als *2D-Liniengrafik*. Darstellungen, wie sie Bild 3 und Bild 4 zeigen, faßt man unter dem Namen *Präsentationsgrafik* zusammen. Dazu gehören Funktionsverläufe in einem Koordinatensystem, Balkendiagramme, Tortendiagramme und ähnliches.

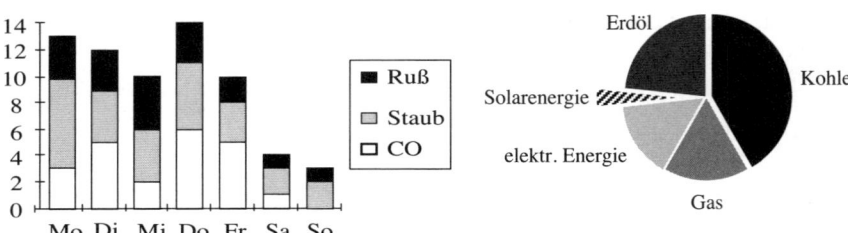

Bild 4   Balken- und Tortendiagramm

Kompliziertere Beispiele sind Konstruktionszeichnungen (Bild 5) und kartografische Pläne, zum Beispiel Kataster. Die Konstruktionszeichnung von Bild 5 zeigt die 3D-Grafik eines Maschinenteils (rechts oben) und seine 2D-Darstellung mit Vermaßung in verschiedenen Ansichten und Schnitten. Ihnen allen ist gemeinsam, daß sie neben den Linien auch Text enthalten und daß der Text sehr variabel in verschiedenen Größen und Schreibrichtungen erscheinen kann.

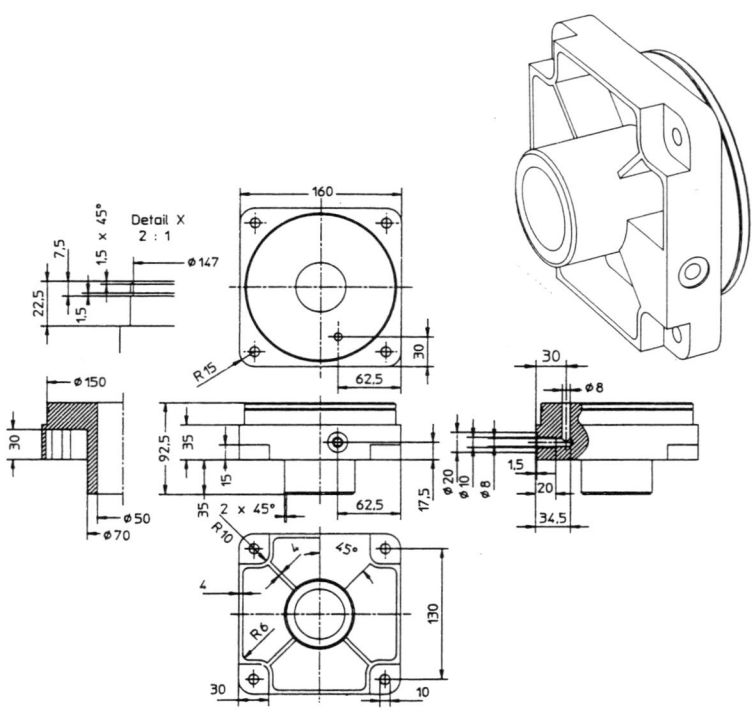

Bild 5   Konstruktionszeichnung (aus [Abeln])

Die Erzeugung von Linienzeichnungen durch Programme ist ohne Hilfsmittel mühsam, deshalb gibt es Software, die für Standardanwendungen die detaillierte Programmierung der Bildausgabe erleichtert oder sogar überflüssig macht.

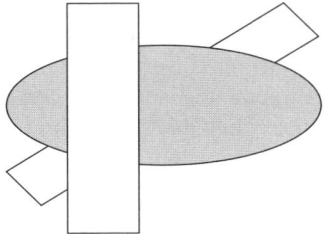

Bild 6   Flächengrafik mit drei übereinanderliegenden und sich
teilweise verdeckenden Flächen, von denen eine gefüllt ist.

Ein geschlossener Kurvenzug bildet eine Fläche. Flächen kann man auch füllen und dadurch hervorheben. Weitere Möglichkeiten ergeben sich, wenn man von Linien begrenzte Flächen wie Polygone, Ellipsen und so weiter als grafische Objekte ansieht, die sich als Ganzes verschieben, kopieren, drehen, übereinanderlegen lassen. Wenn man Flächen als ganzes bearbeiten kann, spricht man auch von *Flächengrafik*. Balken- und Tortendiagramm sind Beispiele für Flächengrafiken mit Füllung; Bild 6 zeigt ein Beispiel für eine Flächengrafik, bei der mehrere Flächen übereinanderliegen und sich teilweise verdecken.

3D-Grafik. Zur möglichst realistischen Darstellung von Körpern, räumlichen Flächen und räumlichen Kurven hat man die dreidimensionale Computergrafik entwickelt, die natürlich auf dem zweidimensionalen Bildschirm die Dreidimensionalität nur vortäuschen kann. Das geschieht meist durch perspektivische Darstellung, ist aber prinzipiell auch durch andere Mittel (Helligkeitsunterschiede, Schattierung) möglich. Man unterscheidet dabei das Draht-, Flächen- und Volumenmodell (Bild 7).

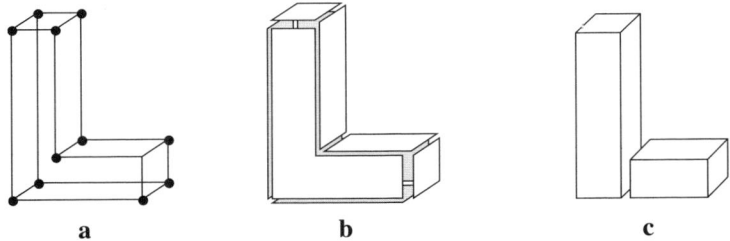

| a | b | c |

Bild 7   Draht-, Flächen- und Volumenmodell

Beim *Drahtmodell* werden Punkte im Raum durch Linien verbunden. Das ist einfach, aber oft unanschaulich. Beim *Flächenmodell* wird ein Körper aus den ihn begrenzenden

Flächen aufgebaut. Flächen werden dabei meistens als undurchsichtig angenommen, so daß eine Fläche eine andere, hinter ihr liegende, ganz oder teilweise verdeckt. Diese Darstellung ist anschaulicher. Beim *Volumenmodell* werden die Körper aus einfachen Grundkörpern, wie Quader, Kugel, Pyramide zusammengesetzt.

Alle diese Darstellungen sind noch weit von dem Realismus einer Fotografie entfernt, auch bei der Benutzung von Farben. Es fehlt die Auswirkung des Lichts, das von den verschiedenen Flächen verschieden stark reflektiert wird, Schatten werfen und Spiegelungen verursachen kann. Deshalb sind auch die meisten vom Rechner erzeugten Flächen- und Volumendarstellungen sofort als solche erkennbar: die Oberflächen sind matt und eintönig. Man kann auch diesen Makel, wenigstens zu einem guten Teil, beseitigen, indem man sich den darzustellenden Gegenstand von einer oder mehreren Lichtquellen beleuchtet vorstellt. Ein Programm kann rechnerisch den Verlauf der Lichtstrahlen von den Lichtquellen über die dargestellten Gegenstände bis zum Auge des Betrachters zurückverfolgen und das durch Reflexion und Streuung auf den Oberflächen erzeugte sekundäre Licht ebenfalls berücksichtigen. Auf diese Weise kann man für jeden Bildpunkt das von ihm reflektierte und in das Auge des Betrachters gelangende Licht näherungsweise berechnen und ausgeben (*ray tracing* = Strahlverfolgung). Auf diesem Gebiet wird mit mehreren sehr komplizierten und rechenintensiven Verfahren gearbeitet. Sie liefern, abhängig von der Art der dargestellten Gegenstände, Bilder, die der Fotografie schon nahekommen. Bild 17 (auf Seite 209) zeigt eine mit Strahlverfolgung generierte räumliche Darstellung eines Ventilators mit Spiegelungen und Schatten, deren Realismus schon recht weit getrieben ist. Die Rechenzeit für die Generierung solcher Bilder kann mehrere Stunden, unter Umständen auch Tage, betragen.

9.1.3 Grafische Programmierung

Die Computergrafik stellt der Programmierung neue Aufgaben. Man kann nicht erwarten, daß jeder Programmierer seine Bilder durch das Setzen und Löschen einzelner Pixels des Bildspeichers erzeugt, sondern es muß vorgefertigte Prozeduren geben, die das Zeichnen von Punkten, Geraden, Kreisen, von anderen elementaren geometrischen Gebilden und von Schriften erlauben. Dazu betrachtet man den Bildschirm als den Quadranten eines kartesischen x-y-Koordinatensystems, dessen Ursprung häufig links oben liegt. x und y sind positive ganze Zahlen und entsprechen den Spalten und Zeilen des Pixelrasters (Bild 8).

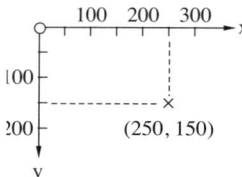

Bild 8   Bildschirmkoordinaten

Die Prozeduren können zum Beispiel so aussehen:

Dot($\downarrow$x$\downarrow$y)	Zeichne einen Punkt an der Stelle (x,y)
Line($\downarrow x_1 \downarrow y_1 \downarrow x_2 \downarrow y_2$)	Zeichne eine Gerade vom Punkt (x_1,y_1) zum Punkt (x_2,y_2)
Circle($\downarrow$x$\downarrow$y$\downarrow$r)	Zeichne einen Kreis mit dem Mittelpunkt (x,y) und dem Radius r

Wenn man reale Gegenstände darstellt, möchte man von ihren tatsächlichen Abmessungen und ihrer Lage im Raum ausgehen. Man beschreibt beides in einem zwei- oder dreidimensionalen Koordinatensystem, das man *Weltkoordinatensystem* nennt. Die Einheiten in ihm sind Zentimeter oder Meter, nicht Pixel. Es ist deshalb erforderlich, über eine Transformation die Weltkoordinaten Punkt für Punkt auf die Bildschirmkoordinaten abzubilden. Bei zweidimensionalen Objekten ist das einfach. Bei dreidimensionalen Objekten muß man jedoch die Perspektive berücksichtigen, das heißt alle Weltkoordinaten so in Bildschirmkoordinaten transformieren, daß das zweidimensionale Bild wie von einem Raumpunkt aus gesehen erscheint. Ferner will man die Gegenstände auf dem Bildschirm verschieben, vergrößern, verkleinern, drehen und an einer Achse spiegeln können. Das erfordert weitere Transformationen, die – besonders bei dreidimensionalen Objekten – sehr rechenintensiv sein können und mathematisch in komplizierter Weise am besten durch Matrizen beschrieben werden.

Ein weiteres Problem ergibt sich, wenn ein Objekt nicht vollständig auf dem Bild Platz hat, sondern über seine Ränder hinausragt (Bild 9). Dann müssen die Konturen bis zum Bildrand dargestellt und der Rest muß unterdrückt werden. Diesen Vorgang bezeichnet man als *Clipping*.

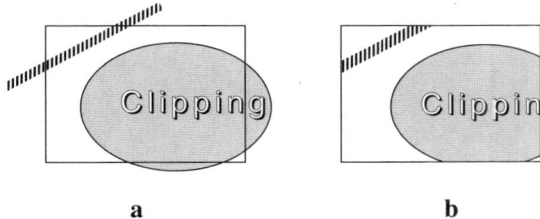

a   b

Bild 9 Clipping
     a Balken, Ellipse und Schrift über den Bildrand hinausragend (fiktiv)
     b Darstellung mit Clipping

Bei dreidimensionalen Darstellungen ergibt sich schließlich das *Visibilitätsproblem*: welche Kanten oder Flächen eines Körpers sind unsichtbar und müssen deshalb weggelassen werden? Bild 10 zeigt eine Darstellung mit allen und zwei Darstellungen nur mit sichtbaren Kanten. Man erkennt an Bild 10b und c, daß manchmal erst die Unterdrückung der unsichtbaren Kanten die Darstellung eindeutig macht.

Das Visibilitätsproblem beschäftigt die Informatiker seit mehr als dreißig Jahren. Es ist eine Fülle von Algorithmen zu seiner Lösung angegeben worden, die alle ihre Vor- und Nachteile haben. Sie erfordern einen hohen Rechenaufwand, weshalb das Erzeugen und Verändern von komplizierten Bildern unter Beachtung der Visibilität erhebliche Zeit

braucht. Diese Aufgaben werden heute allerdings teilweise in Hardware durch sogenannte *Grafikkarten* ausgeführt.

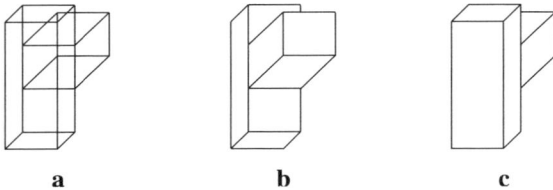

Bild 10   Ein Objekt mit und ohne unsichtbare Kanten
         a   Mit allen Kanten, auch den unsichtbaren
         b, c Zwei Möglichkeiten der Darstellung ohne die unsichtbaren Kanten

Ein weiteres Problem der Computergrafik ist die Modellierung von Kurven und räumlichen Flächen. Kurven und Flächen darzustellen, die mathematisch durch eine geschlossene Formel beschreibbar sind, wie Ellipsen, Paraboloide, Schraubenflächen, geht noch
an, ist nur rechenzeitintensiv. Aber für viele Anwendungen braucht man Flächen, die
nicht durch geschlossene mathematische Formeln darstellbar sind. Man nennt sie *Freiformflächen*. Dazu gehören Autokarosserien, Schiffswände, Flugzeugteile und andere
unregelmäßig geformte Konstruktionen. Sie werden vom Konstrukteur punktweise festgelegt und müssen durch „glatte" Verbindungen zwischen den Punkten geformt werden.
Bild 11 zeigt als Beispiel für eine Freiformfläche den Einlaßkanal und das dazugehörige
Ventil eines Dieselmotors.

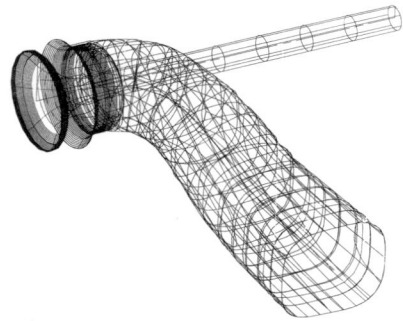

Bild 11   Einlaßkanal und Ventil eines Dieselmotors als Beispiel für Freiformflächen
         (Steyr-Daimler-Puch, Steyr)

Hierfür sind neue mathematische Verfahren entstanden, die besonders durch den fran-
zösischen Mathematiker Bézier und den Amerikaner Coons entwickelt wurden. Man
spricht deshalb von Bézier-Kurven, Bézier-Flächen und Coons-Flächen.

Zusammenfassend kann man sagen, daß die Computergrafik ein Teilgebiet der Informatik ist, das durch den Wunsch nach Visualisierung von Rechenergebnissen und nach

Modellierung von Gegenständen aller Art entstanden ist. Voraussetzung dafür war wieder einmal die Hardware-Entwicklung, nämlich grafische Bildschirme und grafische Eingabegeräte. Die mathematischen Probleme der Modellierung haben dabei in unvermuteter Weise die mathematische Forschung, besonders die Geometrie, befruchtet und zu vielen neuen Algorithmen geführt.

9.2 Mensch-Maschine-Kommunikation

Bis zur Erfindung von Bildschirmgeräten spielte die Ein-Ausgabe, anders ausgedrückt, die Kommunikation von Mensch und Maschine, nur eine ganz untergeordnete Rolle. Im Mittelpunkt stand die Zentraleinheit, in der sich alle Rechenvorgänge abspielen. Daneben gab es noch die Peripherie, über die Daten und Programme eingegeben und Ergebnisse ausgegeben wurden, beide in Form fortlaufender Zahlen und Texte.

Die Kommunikation von Benutzer und Maschine beschränkte sich darauf, daß der Benutzer die von ihm in Lochkarten gestanzten Eingabedaten in den Lochkartenleser legte, wo sie die Maschine las und daß er sich die vom Schnelldrucker hergestellten Ergebnislisten abholte. Das war aus heutiger Sicht höchst unbefriedigend, weil die Kommunikation nur aus der Übertragung von Zahlen und Texten bestand und der Benutzer nicht in den Programmablauf steuernd eingreifen konnte. Bild 12 zeigt ein Beispiel für die Entwicklung der Mensch-Maschine-Kommunikation. Es bezieht sich auf ein Programm, das die bibliografischen Angaben über die Bücher einer Bibliothek verwaltet. Wir betrachten die Eingabe eines neuen Buches. Sie besteht aus den Teilen: *Autor*, *Titel*, *Verlag*, *Erscheinungsjahr*, *Standnummer*. Bild 12a zeigt die Eingabe über Lochkarten. Jeder Teil hat in Spalte 1 eine Kennung (*A* für *Autor*, *T* für *Titel*, …), und die Reihenfolge der Teile muß strikt eingehalten werden.

Mit dem Aufkommen des Teilnehmerbetriebs verbesserte sich die Situation insofern, als jeder Teilnehmer seine eigene Tastatur hatte, über die er mit dem laufenden Programm kommunizieren konnte (Bild 12b). Die fett geschriebenen Zeichen gibt hier der Rechner als Frage aus, die (hier zur Unterscheidung) mager geschriebenen gibt der Mensch als Antwort ein. Mensch und Maschine konnten nun einen Dialog führen, der allerdings nur aus fortlaufendem Text bestand. Deshalb blieb die Mensch-Maschine-Kommunikation ein Randgebiet der Informatik, dem man wenig Aufmerksamkeit widmete.

Texteditoren und Bildschirmmasken. Das änderte sich schlagartig, als die Bildschirmgeräte aufkamen. Die ersten Computergrafik-Anwendungen in den sechziger Jahren zeigten, daß man den Rechner dazu bringen konnte, seine Ergebnisse nicht als Zahlenkolonnen, sondern als Bilder auszugeben und Eingaben des Benutzers über ein Zeigegerät *und* die Tastatur entgegenzunehmen. Damit kündigte sich eine neue Benutzungsart an, die auf einem intensiven *Dialog von Mensch und Maschine* aufbaute. Man konnte endlich technische Anwendungen in Angriff nehmen, in denen Mensch und Maschine zusammenarbeiten, und zwar in dem Sinn, daß der Mensch den Rechner wie ein Werkzeug benutzt. Man konnte sich zum Beispiel eine Hängebrücke auf dem Bildschirm darstellen lassen und durch Eingabe mit dem Lichtgriffel eine punktförmige Last an einer bestimmten Stelle anbringen. Dann berechnete der Computer blitzschnell die statischen Verhältnisse und zeigte durch eine entsprechende Änderung des Bildes an, auf welche Weise die Brücke durch die Last ihre Form verändert und an der betreffenden Stelle durchhängt. Zusätzlich konnte man sich Diagramme der Spannungen in den Seilen und Pfeilern als Grafiken ausgeben lassen. Bald war es auch möglich, *dynamische* Wirkungen am Bildschirm zu studieren, also zum Beispiel wie eine Hängebrücke unter dem Einfluß von Sturm oder bei Belastungen durch Fahrzeugkolonnen schwingt. Für den „gewöhnlichen" Rechnerbenutzer brachten diese revolutionierenden Möglichkeiten der Mensch-Maschine-Kommunikation durch Bildschirme zunächst nur die Neuigkeiten der *Bildschirm-Editoren* und der *Maskentechnik*.

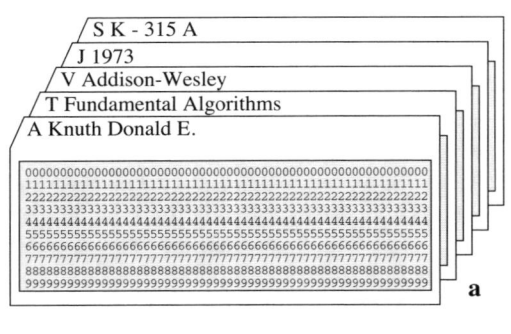

Autor:
> Knuth Donald E.
Titel:
> Fundamental Algorithms
Verlag
> Addison-Wesley
StandortNr:
> K-315 A   **b**

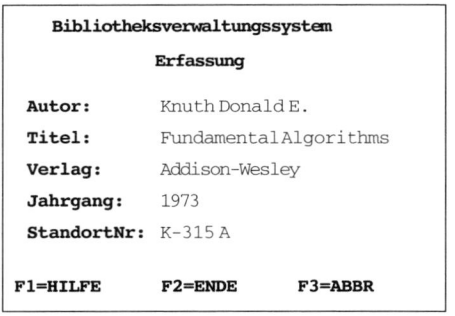

Bild 12 Eingabe der Beschreibung eines Buches in ein Bibliotheksverwaltungssystem
     a Mit Lochkarten im Stapelbetrieb
     b Über eine Eingabeschreibmaschine ohne Bildschirm im Teilnehmerbetrieb
     c Mit Bildschirmmaske. Fett: vorgegebene Form, mager: individuell eingesetzter Inhalt

Ein *Bildschirm-Editor* ist ein Programm, das den Inhalt einer Datei oder Teile davon auf dem Bildschirm darstellt und es dem Benutzer gestattet, Teile zu ändern, zu ergänzen oder zu löschen. Dadurch erreichte die Eingabe von Programmen und Daten einen bisher nicht gekannten Grad von Bequemlichkeit, denn man konnte nun im Dialog mit dem Rechner auf jedes Zeichen einer Datei zugreifen, an beliebiger Stelle neuen Text einschieben, Absätze mit anderen vertauschen und vieles andere mehr, was heute jedem Rechnerbenutzer selbstverständlich ist.

Eine *Bildschirmmaske* ist ein vorgefertigtes Schirmbild mit leeren Stellen, die der Benutzer auszufüllen hat. Sie entspricht damit einem Vordruck oder Fragebogen.

Bild 12c zeigt die Eingabe der Buchbeschreibung mit einer Bildschirmmaske. Die fettgedruckten Teile gibt der Rechner aus, die mager gedruckten Teile gibt der Benutzer in beliebiger Reihenfolge ein. Ein leeres Feld zeigt ihm, daß noch etwas fehlt. Tippfehler kann er beseitigen, bis die Maske vollständig ausgefüllt ist. Die untere Zeile von Bild 12c bezeichnet drei Tasten auf der Tastatur, *F1* bis *F3*, für besondere Funktionen. Drücken von *F1* liefert erklärende Zusatzinformationen auf dem Bildschirm, Drücken von *F2* beendet eine gültige Eingabe der Bildschirmmaske, und Drücken von *F3* bricht eine ungültige Eingabe ab.

Fenster, Sinnbilder, Menüs. Die Eingabe mit Bildschirmmasken war ein großer Fortschritt, und sie ist bis heute weit verbreitet, besonders in der kommerziellen Datenverarbeitung. Aber die Möglichkeiten des Rasterbildschirms zur grafischen Mensch-Maschine-Kommunikation lassen sich noch viel besser ausnutzen. Um 1980 herum trat abermals eine neue Art der Mensch-Maschine-Kommunikation ihren Siegeszug an, die durch vier Schlagworte gekennzeichnet ist: *Fenster*, *Sinnbilder*, *Menüs*, *Schreibtischmodell*.

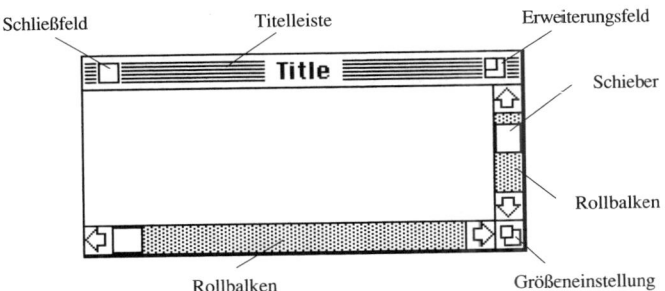

Bild 13   Ein Fenster und seine Bestandteile

Man teilt hier den Bildschirm in mehrere Bereiche, sogenannte *Fenster* (*windows*), auf. Jedes Fenster ist dabei ein Bildschirm für sich, unabhängig von anderen Fenstern. Der bisherige Bildschirm war ein homogenes Ganzes; er ermöglichte nur den Blick in *eine* Datei. Nun gibt es mehrere Fenster, und jedes ermöglicht den Blick in eine andere Datei. Die Fenster sind in ihrer Lage und Größe nicht starr vorgeplant, sondern lassen sich vom Benutzer öffnen (worauf sie erscheinen), vergrößern und verkleinern, auf dem Bildschirm hin- und herschieben und schließen (worauf sie verschwinden). Fenster haben ferner (meist am rechten Rand) einen *Rollbalken*, der es gestattet, mit der Maus den Fensterinhalt wie eine Schriftrolle vorwärts- und rückwärts zu bewegen. Man kann nun in mehrere Dateien zugleich hineinsehen, so wie man mehrere Dokumente zugleich auf seinem Schreibtisch aufgeschlagen haben kann. Bild 13 zeigt ein Fenster und seine Bestandteile.

Die Analogie zwischen einer Datei im Rechner und einem Dokument auf dem Schreibtisch geht aber noch weiter. Das Schließen eines Fensters auf dem Bildschirm entspricht dem Schließen einer Akte auf dem Schreibtisch, und da eine Akte nicht vom Schreibtisch verschwindet, wenn man sie schließt, soll das geschlossene Dokument auch nicht vom Bildschirm verschwinden. Es steht auf dem Bildschirm als ein *Sinnbild* (*icon*, was man leider meist mit *Ikone* ins Deutsche übersetzt). Bild 14 zeigt einige typische Sinnbilder.

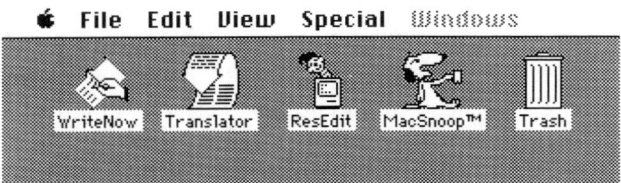

Bild 14   Bildschirmausschnitt mit Sinnbildern

So, wie man die Dokumente auf seinem Schreibtisch verschieben kann, um sie zu ordnen, kann man auch die Sinnbilder mit der Maus an beliebige Stellen des Bildschirms verschieben, je nach persönlicher Neigung nebeneinander, übereinander oder sonstwie. Fenstertechnik und verschiebliche Sinnbilder bilden zusammen das sogenannte *Schreibtischmodell* (*desktop metaphor*) der Mensch-Maschine-Kommunikation.

Zum Schreibtischmodell gehört auch noch die sogenannte *Menütechnik*. Wenn man mit der Maus auf eines der im oberen Balken des Bildschirms sichtbaren Wörter zeigt, wird in das Bild ein Menü eingeblendet, eine Liste, die wie eine Speisekarte eine Auswahl von Aktionen enthält, die der Rechner in diesem Zeitpunkt ausführen kann (Bild 15). Der Benutzer kann mit der Maus eine davon auswählen, worauf der Rechner sie ausführt. Die Führung eines Mensch-Maschine-Dialogs über Menüs ist von größerer Flexibilität, als man es sich nach dieser kurzen Beschreibung vorstellen kann.

Schließlich sei noch vermerkt, daß das Schreibtischmodell einen neuen Programmierstil erfordert. Bei der konventionellen Art steuert das Programm den Ablauf. Es fordert vom Benutzer an bestimmten Stellen bestimmte Eingaben und liefert an bestimmten Stellen seines Ablaufs bestimmte Ausgaben. Der Benutzer hat dem zu folgen. Bei der neuen Art steuert der Mensch den Ablauf. Er bestimmt durch seine Eingaben, was der Rechner als nächstes ausführen soll; der führt es aus und wartet dann auf das nächste Eingabe-Ereignis. Man nennt die hierzu erforderliche besondere Programmierungstechnik deshalb *ereignisgesteuerte Programmierung*.

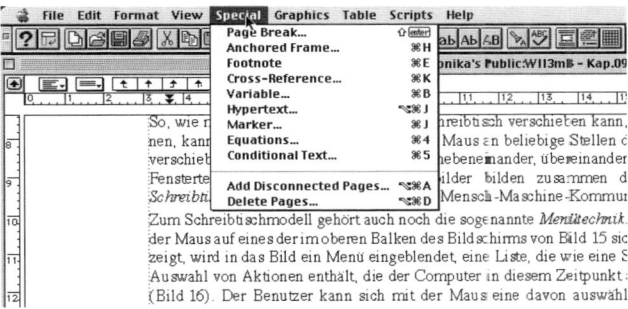

Bild 15   Bildschirm mit aufgeklapptem Menü

Durch die zuletzt beschriebenen Techniken ist die Mensch-Maschine-Kommunikation zu einem wichtigen Teilgebiet der Informatik geworden, das mit der Computergrafik eng zusammenhängt und eine neue Ära der Anwendungen geschaffen hat.

Unkonventionelle Mensch-Maschine-Kommunikation. Die Forschung ist hierbei nicht stehengeblieben. Der Mensch kommuniziert ja nicht nur über die Augen mit seiner Umwelt, sondern mit allen fünf Sinnen. Konsequenterweise sind auch Versuche unternommen worden, gesprochene Sprache und den Tastsinn zur Mensch-Maschine-Kommunikation einzusetzen.

Die *Spracheingabe* erfordert ein Mikrofon am Rechner, die digitale Speicherung des Gesprochenen und eine Analyse, mit der ein Programm die Bedeutung des Gesprochenen erkennen kann. Die Analyse ist sehr schwierig und bis heute nur insoweit gelungen, als man vor allem kurze Lautfolgen, wie „ja", „nein", „rechts", „links" und die zehn Ziffern analysieren kann. Es gibt immerhin schon die Möglichkeit, den Rechner einige hundert gesprochene Befehle unterscheiden zu lassen. Für die *Sprachausgabe* gilt Entsprechendes, wobei der Rechner die Lautfolgen, die den auszugebenden Informationen entsprechen, aus elementaren Lauten, den Phonemen, zusammensetzen muß. Das ist ebenfalls eine sehr schwierige Aufgabe, die bisher nur unbefriedigend gelöst ist.

Weitere Möglichkeiten einer unkonventionellen Mensch-Maschine-Kommunikation bieten der Datenhandschuh, der Datenhelm und der Datenanzug Sie werden im Abschnitt 9.4 über Virtuelle Realität erläutert.

9.3 Simulation

Viele technische Rechneranwendungen sind von der Art, daß im Rechner ein Modell des zu untersuchenden Gegenstandes oder Prozesses aufgebaut wird. Anstelle der Wirklichkeit wird sodann das Modell mit dem Rechner untersucht. Dieses Verfahren nennt man *Simulation*.

Simulation ist die Nachbildung physikalischer, technischer oder anderer Vorgänge durch mathematische oder physikalische Modelle, die eine wirklichkeitsnahe, jedoch einfachere, billigere oder ungefährlichere Untersuchung als das Original erlauben.[4]

Die Benutzung von Modellen ist so alt wie die Technik selbst. Schon in der Antike baute man Holzmodelle von Architektur-Entwürfen, und seither werden für alle komplizierteren technischen Einrichtungen vor ihrer eigentlichen Herstellung Modelle gebaut, um die Auswirkungen der noch nicht hergestellten Einrichtung schon an dem Modell untersuchen zu können. Alle Modelle sind Abstraktionen, weil sie unwichtige Teile der wirklichen Einrichtung weglassen, und an ihnen lassen sich nur bestimmte Eigenschaften der wirklichen Einrichtung – eben die interessierenden – studieren. Modelle können grob oder fein sein und die Wirklichkeit gut oder schlecht nachbilden. Sie sind gut, wenn die Folgen der Experimente, die man mit dem Modell macht, die Modelle der Folgen sind, die man mit der wirklichen Einrichtung erfahren würde.[5]

Bis zur Erfindung des Rechners benutzte man meist physikalische Modelle, zum Teil auch mathematische (zum Beispiel Differentialgleichungen). Der Rechner hat sich nun als ein Instrument erwiesen, das zur Modellbildung und Simulation der verschiedenartigsten Prozesse in hervorragender, alle anderen Modelle weit übertreffender Weise geeignet ist. Der Grund hierfür liegt darin, daß man in seinem Speicher alle Wirklichkeiten, soweit sie sich durch Daten und Beziehungen zwischen ihnen ausdrücken lassen, abbilden und diese Abbildungen durch Programme auf nahezu beliebige Weise verarbeiten kann.

Ein Beispiel möge das verdeutlichen. Um eine Simulation des Autoverkehrs in einem Straßennetz durchzuführen, muß man das Netz der Straßen mit Abschnittslängen, Kreuzungen, Ampeln, Stauräumen und die zu einem bestimmten Zeitpunkt am Verkehr teilnehmenden Autos individuell als Objekte im Rechner speichern. Ein Auto kann für diesen Zweck etwa durch folgende Daten repräsentiert werden: Länge, Breite, Anzahl der Insassen, augenblickliche Position. Dazu bietet sich die Datenstruktur eines Verbunds etwa in folgender Weise an:

```
Car = record
    length:     Real;           -- Länge
    width:      Real;           -- Breite
    passengers: Integer;        -- Insassen
    street:     Integer;        -- Straße
    nextjunction: Integer;      -- Nächste Kreuzung (bestimmt die Fahrtrichtung)
    distance:   Integer;        -- Abstand zur nächsten Kreuzung
end
```

Wenn dagegen das Federungsverhalten eines Autos simuliert werden soll, muß das Modell ganz anders aussehen. Dann interessieren seine Masse, seine Räder hinsichtlich Größe und Federungseigenschaften, seine Fahrgeschwindigkeit, die Bodenbeschaffenheit und anderes, je nach dem Feinheitsgrad der Simulation. Je genauer die Annäherung an die Wirklichkeit sein soll, um so feiner muß das Modell sein, das heißt um so mehr Daten braucht man zu seiner Beschreibung, und um so mehr Rechenaufwand erfordert die Simulation. Aus Mangel an Speicherkapazität und Rechenzeit muß man sich deshalb oft mit gröberen Modellen als wünschenswert zufrieden geben, aber im Prinzip läßt sich fast jede Wirklichkeit mit beliebiger Genauigkeit im Rechner nachbilden.

Die Computersimulation macht die Entwicklung jeder Produkteigenschaft – und des Herstellungsprozesses, der zu ihr führt – möglich, ohne Prototypen herzustellen und mit ihnen zu experimentieren. Ihre Bedeutung kann kaum überschätzt werden. Der Nobelpreisträger Ken Wilson hat die Computersimulation neben Theorie und Experiment als die dritte Art, wissenschaftliche Erkenntnisse zu gewinnen, bezeichnet.[6]

Die Computersimulation hat eine immense Bedeutung für Schlüsselindustrien, wie Auto- und Flugzeugbau, Raumfahrt, Elektro- und Chemieindustrie. In der Halbleitertechnik sind Fortschritte in industrieller Produktion und Forschung ohne Simulation nicht mehr vorstellbar. Man ist heute in der Lage, ganze technische Abläufe per Simulationsverbund vor der eigentlichen Fertigung zu verstehen und zu beherrschen. Kostspielige Versuchsanordnungen müssen nicht mehr gebaut werden. In der Flugzeugindustrie ersetzt eine Tragflächensimulation im Rechner den Versuch im Windkanal. Die Kostenersparnis pro Versuch liegt dabei in der Größenordnung der Beschaffungskosten des eingesetzten Rechners. Zusätzlich werden wertvolle Rohstoffe gespart, teure Geräte geschont und die Umwelt weniger belastet. Schließlich gibt es Experimente, die wegen der mit ihnen verbundenen Gefahren nicht durchgeführt, sondern nur simuliert werden können. Auch Grundlagenforschung ist ohne Computersimulation nicht mehr denkbar. Erkenntniserwerb erfolgt durch Simulation. Die Simulation ist einer der meistversprechenden Ansätze, um dem hohen finanziellen und zeitlichen Aufwand für industrielle Forschung und Entwicklung in den sogenannten Hochtechnologien zu begegnen.[7]

Kontinuierliche und diskrete Simulation. Man unterscheidet zwei Arten der Simulation, die Simulation *stetiger Vorgänge* und die *diskreter Ereignisse*, oft auch abgekürzt als *kontinuierliche* und *diskrete Simulation* bezeichnet. Bei der kontinuierlichen Simulation werden stetige Vorgänge in Raum und Zeit nachgebildet. Dazu gehören alle Simulationen des physikalischen Verhaltens von festen Körpern, Flüssigkeiten und Gasen, von elektrischen Spannungen und Strömen und allen anderen physikalischen Größen, die sich stetig ändern. Die mathematischen Modelle sind meist Differentialgleichungen, die im Verlaufe der Simulation „integriert" werden müssen. Das geschieht durch Näherungsverfahren.

Bei der diskreten Simulation werden Vorgänge untersucht, die sich aus dem Zusammenwirken vieler Individuen ergeben. Ein charakteristisches Beispiel dafür ist das Problem der Warteschlangen in einem Supermarkt. Man hat zwei Kassen, an denen sich längere Schlangen bilden. Lohnt es sich, eine dritte Kasse einzurichten? Wie wird sie ausgelastet sein? Um wieviel rascher wird der einzelne Kunde dadurch abgefertigt? Natürlich ist der Strom der Käufer zu den Kassen nicht gleichmäßig über die Zeit verteilt. Manchmal stellen sich zehn Käufer in einer Minute an, manchmal auch nur zwei, die Ankunftszeiten sind also statistisch verteilt. Ebenso sind die Abfertigungszeiten und damit die Verweildauer der einzelnen Kunden statistisch verteilt, das heißt vom Zufall beeinflußt. Einer mathematischen Lösung sind solche statistischen Probleme nur in den einfachsten Fällen zugänglich, deshalb müssen sie simuliert werden. Die kontinuierliche Simulation wird überwiegend bei den technischen, die diskrete überwiegend bei den nichttechnischen Anwendungen eingesetzt.

Ergebnis. Die Erkenntnis dieses Abschnitts, daß der Rechner ein Instrument ist, das zur Modellbildung und Simulation der verschiedenartigsten Prozesse in hervorragender, alle anderen Modellierungsmöglichkeiten übertreffender Weise geeignet ist, hat weitreichende Konsequenzen. Ist denn der Rechner nicht in erster Linie eine Datenverarbeitungsmaschine, führt er nicht Algorithmen aus, die gesuchte aus gegebenen Größen berechnen und immer enden? Nein, das ist er als Simulator nicht mehr! Seine Einsatzmöglichkeiten zur Simulation zeigen, daß der Rechner mehr ist als eine Datenverarbeitungsmaschine, nämlich daß er in einem Gesamtsystem von Menschen, Maschinen und Rechnern in viele Rollen schlüpfen, viele Ausschnitte der Wirklichkeit ersetzen kann. Im Prinzip kann man hier „viele" durch „nahezu alle" ersetzen, nur durch Speicherplatz und Rechengeschwindigkeit sind der Modellierbarkeit praktische Grenzen gesetzt. Der algorithmische Aspekt des Rechners ist nur ein Sonderfall des Simulationsaspekts. Die Ausführung eines Algorithmus ist die Simulation eines mathematischen Verfahrens, dessen Eingabewerte alle vor Beginn der Rechnung vorliegen, das autonom, das heißt ohne Unterbrechung von außen abläuft und nach endlich vielen Schritten endet. So gesehen, kann man den Rechner als eine Maschine zur Nachbildung einer gedachten oder realen Welt definieren. Diese Welt besteht aus Objekten, Beziehungen zwischen ihnen und Vorgängen in der Zeit, die die Objekte oder die Beziehungen zwischen ihnen oder beides ändern.

Nach dieser Auffassung wäre dann Informatik die Wissenschaft von der Simulation einer gedachten oder realen Welt mit dem Computer oder noch kürzer, die *Wissenschaft von der Computersimulation*. Eine ungewöhnliche Auffassung, selbst unter Informatikern, und ohne nähere Erläuterungen sehr eng aussehend. Aber unter Berücksichtigung des vorhergehenden Absatzes vielleicht die weiteste und treffendste Definition der Informatik, die wir bisher kennengelernt haben.

9.4 Virtuelle Realität

Computergrafik, Mensch-Maschine-Kommunikation und Simulation haben gemeinsam ein weiteres Gebiet der angewandten Informatik entstehen lassen: die *virtuelle Realität* (*VR = virtual reality*)[8]. Darunter versteht man die Versetzung eines Menschen in eine vom Computer erzeugte künstliche Umgebung. Wie allgemein bekannt, setzt sich da ein Mensch eine spezielle Brille oder einen *Datenhelm* auf (*HMD = head mounted display*), wodurch er ein vom Computer erzeugtes stereoskopisches Bild einer virtuellen Welt sieht, zum Beispiel ein Zimmer, in dem er sich (scheinbar) befindet. Mit dem Datenhelm, der seine Kopfbewegungen dem Computer mitteilt, kann er sich in dem Zimmer umsehen; mit einem *Datenhandschuh*, der dem Computer seine Handbewegungen mitteilt, kann er nach Gegenständen greifen oder sich – durch besondere Fingerstellungen – in dem virtuellen Raum bewegen.

Der Datenhelm enthält für jedes Auge einen eigenen Mini-Bildschirm, der seinem Träger dreidimensionales Sehen ermöglicht, und Sensoren, die Lage und Bewegungen des Kopfes registrieren. Der Datenhandschuh enthält Sensoren, die die Bewegungen der Glieder (Spreizen und Krümmen der Finger), die Tasteindrücke an den Fingerspitzen, die Position der Hand und ihre Bewegungen im Raum dem Computer melden. Der *Datenanzug* ist eine Erweiterung des Datenhandschuhs auf den ganzen Körper.

Das sieht auf den ersten Blick vielleicht wie eine Spielerei aus, ermöglicht aber erstaunliche Anwendungen. Die wohl wertvollste Anwendung eines Datenhandschuhs besteht darin, einen Roboter fernzusteuern, indem man die Bewegungen der menschlichen

Hand auf den Greifarm des Roboters, der vielleicht im Weltraum oder als Operations-
instrument im Inneren des menschlichen Körpers arbeitet, überträgt. In der Medizin läßt
sich die virtuelle Realität auch für das Einüben von Operationstechniken einsetzen. So
wird in der Literatur von einem „virtuellen Knie" berichtet, das es erlaubt, an der dreidimensionalen Computersimulation eines realen Knies die Arthroskopie zu üben.

Wenn ein Stahlwalzwerk geplant wird, kann man seine Ansicht vom Leitstand aus in
einer virtuellen Welt so genau darstellen, daß der Beobachter die Walzgerüste einschließlich der Bewegung der Walzen, der Brammen und sogar der Anzeigen an den
Walzgerüsten erkennt.

Außerhalb der Technik scheint die virtuelle Realität insbesondere für Architekten,
Stadtplaner und Designer nützlich zu sein. Als Beispiel dafür kann man lesen:

> So steht er steif und unelegant, bewegt hin und wieder einen oder zwei Finger oder den
> Kopf. Der Mensch am Computer sieht nicht aus, als könne er irgendetwas in Bewegung set-
> zen. Und doch hat er soeben die Ankunftshalle des Flughafens von Riad völlig umgekrem-
> pelt. Seine Hand im Handschuh schwebte überdimensional groß durch die Halle, schob
> laut- und schwerelos Stühle zur Seite, und am Ende war die Halle ganz anders als am An-
> fang.

Man erkennt hieran, in welcher Weise Computergrafik, Mensch-Maschine-Kommunikation und Simulation bei der virtuellen Realität zusammenwirken: Der Computer
erzeugt den dreidimensionalen, farbigen, möglichst realistisch aussehenden virtuellen
Raum, den die Versuchsperson durch ihre Brille sieht; das ist die Kommunikation vom
Computer zum Menschen. Der Mensch überträgt mit Datenhandschuh, Datenhelm und
Datenanzug Information an den Computer; das ist die Kommunikation vom Menschen
zum Computer. Daß die ganze Angelegenheit mehr als ein Spiel ist, macht die Simulation des Verhaltens der virtuellen Gegenstände. Das sind in den obigen Beispielen das
menschliche Knie, Stahlbrammen oder Stühle.

Es sind auch zahlreiche Anwendungen der virtuellen Realität vorgeschlagen (und teilweise verwirklicht) worden, die Freizeitbeschäftigung, Unterhaltung und zweifelhafte
Belustigungen betreffen. So gibt es die Idee des virtuellen Museums (siehe Abschnitt
10.5.2) und sogar den *Cybersex*, bei dem zwei Personen in verschiedenen virtuellen
Welten sich mit Datenanzügen gegenseitig erogene Zonen stimulieren – ohne sich zu
sehen oder auch nur zu kennen.

Der Cave. Die modernste, allerdings auch aufwendigste Einrichtung zur Erzeugung
virtueller Realität ist der sogenannte *Cave* (*Cave automatic virtual environment*)[9]. Der
Cave (Bild 16) ist (in seiner häufigsten Ausführungsform) ein würfelförmiges Gebilde
mit drei Meter langen Kanten, vorn und oben offen, dessen senkrecht stehende drei
Wände Projektionsflächen bilden, auf die von außen mit Projektoren über Umlenkspie-
gel je ein Bild projiziert wird. Ebenso wird von oben auf den Boden des Cave ein Bild
projiziert. Wenn der den Cave umgebende Raum dunkel ist, sieht ein Mensch, der im
Cave, am besten in seinem Zentrum, steht, die von den Projektoren auf die Wände und
den Fußboden geworfenen Bilder als einen virtuellen Raum, der ihn umgibt.

Der Cave hat den Vorteil, daß Datenhelm und Datenanzug (oder Datenhandschuh) entfallen. Der Datenhelm ist nicht nur schwer und verursacht bei längerem Tragen Nacken-

schmerzen, sondern er erzeugt auch das Gefühl des Abgekapseltseins von der realen Welt, und viele Betrachter klagen nach kurzer Zeit über Übelkeit.

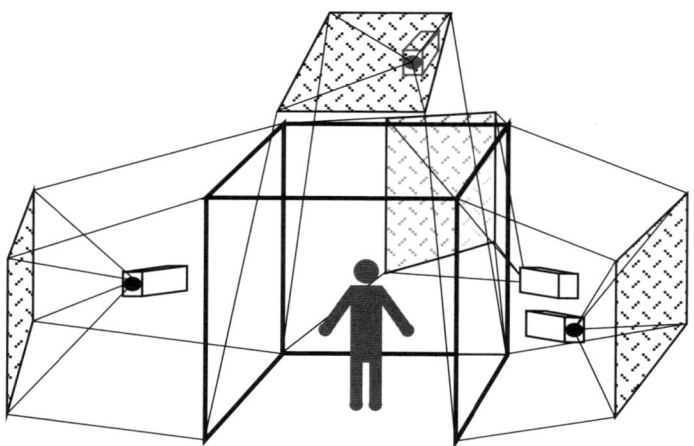

Bild 16   Der Cave mit Projektoren und Spiegeln. (Der Cave ist oben offen.)

All das fällt im Cave weg. Man setzt sich statt dessen nur noch eine leichte Brille mit besonderen Gläsern auf: sogenannten *shutter glasses*, die, elektronisch gesteuert, in schneller Folge (viele Male in der Sekunde) durchsichtig und undurchsichtig werden, so daß ihr Träger abwechselnd nur durch das linke oder das rechte Glas sieht. Die Brille enthält ferner einen Sensor, der dem Steuerrechner die Kopfhaltung meldet, was den Rechner dazu befähigt, ein perspektivisch korrektes Bild für die verschiedenen Blickrichtungen des Betrachters zu erzeugen. Es können sich auch mehrere Personen im Cave aufhalten, sich darin bewegen und frei miteinander sprechen. Durch den verhältnismäßig großen Raum des Cave, in dem man sich frei bewegen kann und die einen vorn und seitlich umgebenden großen Projektionsflächen, „taucht " man in einem viel stärkeren Maß in die virtuelle Welt ein, als bei den Verfahren ohne Cave. Mit einem kleinen Steuerknüppel (joy stick) in der Hand kann der Cave-Benutzer dem Rechner mitteilen, in welcher Richtung er sich im virtuellen Raum bewegen will.

Der Cave ist besonders für die Planung und Simulation technischer Projekte geeignet. Beispiele dafür sind die Nachbildung von Gebäuden, Autos, Flugzeugen und Maschinen; die Simulation physikalischer und technischer Vorgänge (zum Beispiel Schweißen, Walzen); die dreidimensionale Darstellung physikalischer und mathematischer Objekte. Bild 18 (auf Seite 209) zeigt ein Foto aus dem Cave des Ars Electronica Centers in Linz. Sechs Personen mit Brillen befinden sich in einem virtuellen Stahlwalzwerk. Sie blicken auf die Wand, die sich rechts außerhalb des Fotos befindet. Im Bild hinter den Betrachtern erkennt man ein Walzgerüst als Teil des virtuellen Walzwerks, der demjenigen, den die Betrachter sehen, an Detailliertheit gleicht. Durch Bewegung des Steuerknüppels, den eine Person in der Hand hält, können die Beobachter in das Walzwerk eintreten, nach links und nach rechts gehen und beobachten, wie eine Bramme durch ein Walzgerüst läuft.

Der Cave ist zur Zeit der Rolls Royce der virtuellen Realität, aber auch er hat seine Nachteile, die vor allem in dem großen technischen Aufwand und darin liegen, daß er sich nicht wie ein Heimcomputer transportieren läßt.

Technisch ist die virtuelle Realität sehr aufwendig. Der Rechner muß pro Sekunde für jedes Auge etwa 50 Bilder, also insgesamt 100 Bilder erzeugen. Die Gegenstände im Bild müssen durch Polygone modelliert werden. Damit das Bild auch nur einigermaßen real aussieht, braucht man etwa 20000 Polygone für kleine Szenen und bis zu einer Million für große oder sehr detaillierte. Dazu kommt noch die Darstellung von Schatten und Oberflächen. Das alles zusammen erfordert eine gewaltige Rechenleistung.

9.5 Automatisierung

9.5.1 CA-Techniken

Als in der Mitte der sechziger Jahre die ersten Versuche mit grafischen Bildschirmen gemacht wurden, waren die Anwendungen, die das neue Ein-Ausgabe-Medium später einmal ermöglichen würde, nicht abzusehen. Man hoffte zwar, die Computergrafik zur Herstellung von Konstruktionszeichnungen einsetzen zu können, aber die Kluft zwischen den primitiven Zeichnungen, die die Computergrafik damals ermöglichte, und dem Reichtum einer Konstruktionszeichnung an Formen, Symbolen, Strichdicken war so groß, daß Skeptiker meinten, sie ließe sich wohl nie überbrücken. Die Skeptiker hatten unrecht, denn heute ist das rechnerunterstützte Konstruieren eines der umfangreichsten und wirtschaftlich wichtigsten technischen Anwendungsgebiete der Informatik. Die Rechnerunterstützung konnte sogar auf weitere, mit dem Konstruieren zusammenhängende Gebiete ausgedehnt werden. Gemeinsam bezeichnet man sie heute mit „CA-Techniken". Die wichtigsten sind:

CAD = Computer Aided Design (rechnerunterstützte Konstruktion)

CAE = Computer Aided Engineering (rechnerunterstützte Berechnung und Simulation)

CAP = Computer Aided Planning (rechnerunterstützte Arbeitsvorbereitung)

CAM = Computer Aided Manufacturing (rechnerunterstützte Fertigung)

CAT = Computer Aided Testing (rechnerunterstützte Prüfung)

CAQ = Computer Aided Quality Assurance (rechnerunterstützte Qualitätsüberwachung)

Ein Überbegriff, unter dem die einzelnen CA-Techniken und ihre Integration zu einer möglichst vollständig automatisierten Fertigung zusammengefaßt werden, ist

CIM = Computer Integrated Manufacturing (rechnerintegrierte Fertigung)

CAD. Ein CAD-System besteht aus einem Rechner (oder einem Rechnernetz), einem oder mehreren Bildschirm-Arbeitsplätzen und Ausgabegeräten, wie Plotter, Laserdrucker und möglicherweise anderen Spezialgeräten. Es ersetzt zuerst einmal das Technische Zeichnen. Der große Zeichentisch, Tusche und Lineal gehören damit der Vergangenheit an. Der Konstrukteur erzeugt sich das seiner Idee entsprechende Bild unmittelbar auf dem Bildschirm, sei es als herkömmliche Konstruktionszeichnung in mehreren orthogonalen Rissen oder als dreidimensionales perspektivisches Bild oder als Explosionszeichnung, aus der die Einzelteile und ihre Lage zu erkennen sind. Dabei kann er genormte Teile aus einer Datenbank entnehmen. Ferner kann er in einer Datenbank nachsehen, welche Konstruktionsmuster schon vorhanden sind, die sich vielleicht wiederverwenden lassen. Weiter kann er ein Zeichnungselement, das sich wiederholt, wie die einzelne Bohrung bei einer Lochplatte mit 100 gleichen Bohrungen, beliebig vervielfältigen. Er kann sich in Sekundenschnelle von einer Zeichnung Varianten, die in Feinheiten voneinander abweichen, auf dem Bildschirm zeigen lassen. Das ist besonders für Entwurfsstudien wichtig, wie sie zum Beispiel im Autobau, beim Entwurf von Haushaltsgeräten oder im Textil-Design auftreten. Zur weiteren Erleichterung der Herstellung und Änderung von Zeichnungen sind besondere Techniken entwickelt worden, zum Beispiel die Mehrebenentechnik, bei der Teile der Zeichnung zu einer Ebene zusammengefaßt werden, die wie eine durchsichtige Folie wirkt und als Ganzes der Zeichnung hinzugefügt oder von ihr weggenommen werden kann. Beliebig viele solcher gedanklicher Folien können übereinandergelegt werden. Die Fähigkeiten des Rechners, auch dreidimensionale Kurven und Flächen darzustellen, kommen besonders im Flugzeug-, Schiff- und Autobau zur Geltung, wo man viel mit Freiformflächen arbeitet.

Soviel zur Ersetzung des Technischen Zeichnens durch CAD-Systeme. Bis heute fällt die überwiegende Anwendung von CAD noch in diese Kategorie (der Rechner als intelligentes Zeichenbrett). Aber der Rechner kann ja viel mehr als nur zeichnen. Eine Zeichnung speichern heißt ein Modell des Gegenstandes speichern, und das gespeicherte Modell kann man für viele andere Zwecke wiederverwenden. Man kann den Gegenstand, der noch gar nicht existiert, bereits auf sein physikalisches (mechanisches, elektrisches, thermisches) Verhalten prüfen, indem man sein Verhalten mit dem Modell simuliert. Beispiele dafür sind die Ermittlung von Spannungen in belasteten Balken und Platten, die Kinematik bewegter Teile, die Temperaturverteilung in erhitzten Körpern, das Strömungsverhalten von Flüssigkeiten und Gasen in Hohlkörpern.

Die mathematischen Methoden hierzu sind großenteils außerordentlich kompliziert. Die physikalischen Gesetze, denen Spannungen, Strömungsgeschwindigkeiten und andere physikalische Größen unterliegen, sind zwar bekannt und durch partielle Differentialgleichungen genau beschrieben. Die Lösungen dieser Differentialgleichungen lassen sich aber nur in den seltensten Fällen in geschlossener Form angeben und dann nur für idealisierte Körper, wie sie in Wirklichkeit nur ausnahmsweise vorkommen. Man muß deshalb Näherungsverfahren einsetzen. Eines davon, das in besonders vielen Zusammenhängen benutzbar ist, ist die *Methode der Finiten Elemente*. Um die Spannungen in einem Werkstück zu berechnen, ersetzt man hier das Werkstück im Modell durch ein Netz von Stäben, die bekannte Materialeigenschaften haben und nur in den Knotenpunkten, wo sie zusammenstoßen, aufeinander wirken. Dieser Ersatz hat zur Folge, daß die partielle Differentialgleichung durch ein System algebraischer Gleichungen ersetzt werden kann, und das läßt sich „im Prinzip" leicht lösen.

Bild 17 (zu Seite 194) Mit Strahlverfolgung generierte Computergrafik (Firma Weiland, Wien)

Bild 18 (zu Seite 206) Sechs Personen im virtuellen Stahlwalzwerk
(Foto Prof. Wegerbauer vom Cave des Ars Electronica Centers, Linz)

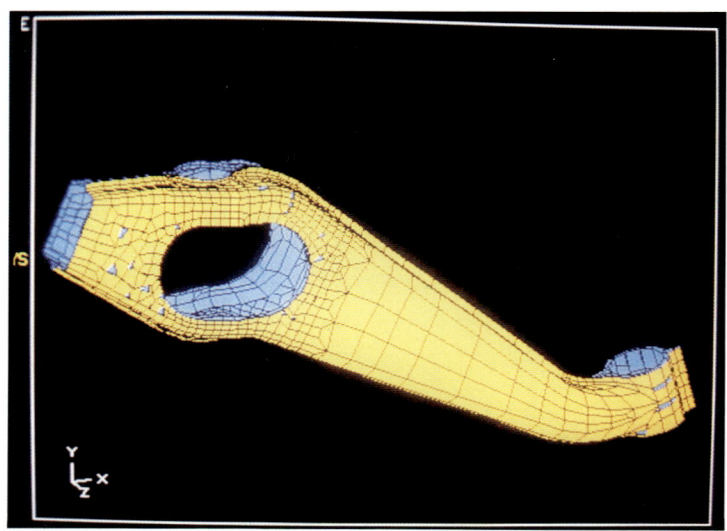

Bild 19 (zu Seite 211) Modellierung des Querlenkers eines Autos zur Anwendung der Methode
der Finiten Elemente (Firma Steyr-Daimler-Puch, Steyr)

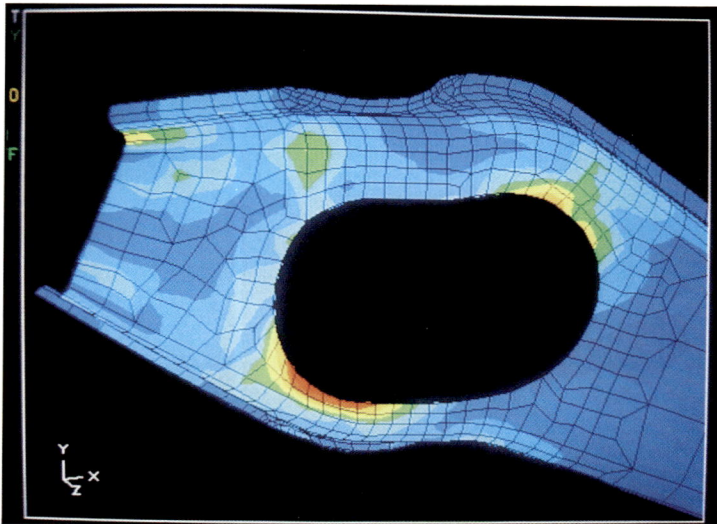

Bild 20 (zu Seite 211) Ergebnis der Spannungsberechnung mit dem Verfahren der Finiten Elemente (Ausschnitt des Querlenkers von Bild 19). Dunkelblau = niedrigste Spannung,
rot = höchste Spannung. (Firma Steyr-Daimler-Puch, Steyr)

Der Haken ist nur, daß für jeden Knoten ein oder mehrere Gleichungen entstehen und die Näherungslösung um so genauer ist, je dichter die Knoten zusammenliegen. Je nach der verlangten Genauigkeit müssen bei diesem Verfahren hunderte bis tausende algebraische Gleichungen durch Matrixoperationen gelöst werden, und das stellt hohe Anforderungen an Rechengeschwindigkeit und Speicherplatz. Die Ergebnisse sind dafür auch beeindruckend.

Bild 19 (auf Seite 210) zeigt eine solche Anordnung. Dargestellt ist die CAD-Konstruktion eines *Querlenkers* (= Teil der Vorderachse eines Autos). An den stark beanspruchten Stellen ist das Netz engmaschig, an den restlichen weitmaschiger. Es wird nun berechnet, welche Spannungen in den Elementen entstehen, wenn auf dieses Modell bestimmte äußere Kräfte wirken. Bild 20 (auf Seite 210) zeigt das Ergebnis für den interessierenden Ausschnitt des Querlenkers. Die verschiedenen Spannungsbereiche sind hier durch Farben veranschaulicht. Sie reichen von dunkelblau (niedrigste Spannung) über hellblau, grün und gelb bis zu rot (höchste Spannung). Diese Berechnung benötigte auf einer größeren Maschine zwei Stunden Rechenzeit.

Andere CA-Techniken. Der nächste Schritt, das gespeicherte Modell einer Konstruktion auszunutzen, besteht darin, die Fertigungsplanung und die Fertigung zu unterstützen. Das sind CAP und CAM. Man kann zusätzlich zu dem mit CAD konstruierten Teil auch die Werkzeuge zu seiner Herstellung konstruieren, zum Beispiel Gußformen, die dann das „Negativ" des konstruierten Teiles sind. Man kann Programme für numerisch gesteuerte Werkzeugmaschinen herstellen, die das konstruierte Teil fräsen, drehen oder sonstwie bearbeiten.

Für die Fertigungsplanung kann man Stücklisten zusammenstellen, Arbeitspläne aufstellen und Vorgabezeiten berechnen. Schließlich kann man anstreben, den ganzen Fertigungsprozeß auf dem Bildschirm zu simulieren.

Wenn in einer Fabrik CAD und CAM teilweise verwirklicht sind, träumt der Betriebsleiter davon, die im Rechner gespeicherten Daten auch für das Bestellwesen, die Lagerhaltung, die Kosten/Nutzen-Rechnung und alle anderen, die Fertigung betreffenden kaufmännischen Aufgaben einzusetzen und damit alle Vorgänge, vom Einkauf der Halbfabrikate bis zur Auslieferung der fertigen Produkte, in integrierter Weise von Rechnern unterstützen zu lassen. Das ist CIM.

9.5.2 Robotik und Prozeßautomatisierung

Zwei weitere Arten der Automatisierung, in denen der Rechner eine Rolle spielt, sind die *Robotik* und die *Steuerung und Regelung technischer Prozesse*. Industrieroboter enthalten mechanische, pneumatische und hydraulische Antriebe, die alle von Programmen gesteuert werden. Je komplizierter die Handhabungen sind, die ein Roboter ausführen soll, eine um so größere Rolle spielt dabei die Informatik. Da gibt es die Berechnung von Armbewegungen in drei Dimensionen (mit 6 Freiheitsgraden), die Abbildung der den Roboter umgebenden Welt in seinem Speicher und das Problem, den Roboter mit „Augen" zu versehen, also mit optischen Sensoren und Videokameras, und ihn „sehen" zu lehren. Das „sehen lehren" ist besonders schwierig, denn die optische Aufzeichnung seiner Umwelt allein tut es nicht. Er muß die gesehenen Bilder „verstehen", muß Gegenstände und ihre gegenseitige Lage als Ziele oder Hindernisse erkennen können, räumliche Beziehungen zwischen ihnen herstellen, Vordergrund und Hintergrund auseinanderhalten. Diese Aufgaben sind so komplex, daß sie sich zu einem eigenen Gebiet, im Englischen *vision* genannt, entwickelt haben.

Zur Führung und Überwachung technischer Prozesse, sei es im Stahlwerk, im Elektrizitätswerk, in der chemischen Verfahrenstechnik oder in Laboratorien, ist der *Prozeßrechner* unentbehrlich geworden. Der Prozeßrechner ist ein „fast" gewöhnlicher Rechner mit angeschlossenen Meß- und Steuergeräten. Er wird so programmiert, daß ein von außen kommendes Signal seine Tätigkeit sofort unterbricht und er auf dieses Signal reagiert. Da er viel schneller arbeitet als die meisten der angeschlossenen technischen Geräte, kann er zugleich viele Meßstellen überwachen, viele Vorgänge regeln, über alles Buch führen und entsprechende Protokolle ausgeben. Sein besonderes Kennzeichen ist der *Echtzeitbetrieb*. Darunter versteht man, daß der Prozeßrechner sich den Vorgängen, die sich um ihn herum abspielen und mit ihm in Wechselwirkung stehen, zeitlich anpaßt, insbesondere, daß er auf Signale, die an ihn gesandt werden, schnell genug reagiert. Ferner gehört dazu eine eingebaute und hinreichend genaue Uhr, die von Programmen abgefragt werden und so programmiert werden kann, daß sie zu bestimmten Zeitpunkten eine Programmunterbrechung auslöst. Damit kann der Prozeßrechner Aktionen zu festen Zeitpunkten ausführen (zum Beispiel „um 22 Uhr Heizung auf Nachtbetrieb umstellen" oder „alle 50 ms Spannung messen"). Er kann auch nach dem Verstreichen einer gegebenen Zeitspanne eine Aktion ausführen (zum Beispiel „warte auf das Signal *x*, aber höchstens 10 s, dann gib Alarm"). Derartige einstellbare Verzugszeiten nennt man *timeout*. Sie sind für die Programmierung von Prozeßrechnern unabdingbar. Eine weitere Besonderheit der Prozeßrechner-Programmierung besteht darin, daß der Prozeßrechner in Ausnahmesituationen, wie sie Eingabefehler des Bedienungspersonals oder Ausfall angeschlossener Meßgeräte darstellen, nicht einfach stehenbleiben darf, sondern nach einer Fehlermeldung unbedingt weiterarbeiten muß. Diese Forderung kann schwer zu erfüllen sein und die Programmierung außerordentlich komplizieren.

9.6 Numerisches und symbolisches Rechnen

Zum Schluß dieses Kapitels seien noch zwei Anwendungen des Computers in der Mathematik erwähnt.

Wie? Da hat sich wohl der Verfasser vertan! Anwendungen der Informatik in der Mathematik? Die Mathematik ist doch eine Grundlagenwissenschaft, die ihrerseits in vielen Gebieten angewandt werden kann, und die Informatik ist in mancher Hinsicht eine Anwendung der Mathematik, aber doch nicht umgekehrt!

Das trifft zwar im Großen und Ganzen zu, und trotzdem unterstützt nicht nur die Mathematik die Informatik, sondern auch die Informatik kann zur Lösung mathematischer Probleme beitragen und somit in der Mathematik angewandt werden. Die hier ins Auge gefaßten beiden Anwendungsgebiete sind das *numerische* und das *symbolische Rechnen* – zwei Teilgebiete der Mathematik, denen nicht das große Interesse der Öffentlichkeit gilt, die aber dennoch von großer Bedeutung sind.

Unendliche Mathematik und endliche Informatik. Beide sind interessant – und vielleicht besonders für die Leser dieses Buches, in dem es ja hauptsächlich um die *Ideen* der Informatik geht –, weil sie eine Brücke zwischen zwei Welten schlagen, der unendlichen Welt der Mathematik und der endlichen Welt der Informatik. In den meisten Teilen der Mathematik spielt das Unendliche eine zentrale Rolle; das unendlich Kleine bei den reellen Zahlen, den stetigen Funktionen, in der Infinitesimalrechnung, der Geometrie und vielen anderen Teilen der Mathematik; das unendlich Große in der Mengenlehre und anderen Teilgebieten. Oft wird einem das gar nicht bewußt. So kann man zum Beispiel jede reelle Funktion wie $f(x) = x^2$ als unendliche Liste von Wertepaaren ansehen. Die Strukturen der Informatik sind dagegen immer endlich: Speicher können nur endlich viele Daten aufnehmen, die in Programmen verwendbaren Zahlen sind endlich viele (es gibt im Rechner nur endlich viele rationale und keine irrationalen Zahlen), und es kann nicht vorkommen, daß man in einer unendlichen Menge ein Element mit bestimmten Eigenschaften suchen müßte. Dennoch läßt sich die Informatik auf die unendlichen Strukturen der Mathematik anwenden: beim numerischen Rechnen auf die näherungsweise Berechnung von irrationalen Zahlen und die damit verbundenen Grenzübergänge; beim symbolischen Rechnen auf die Handhabung symbolischer Strukturen wie es mathematische Formeln, die Menge der differenzierbaren und die Menge der integrierbaren Funktionen sind.

Numerisches Rechnen. Hier werden Methoden zur *zahlenmäßigen Lösung* mathematischer Aufgaben behandelt, vor allem zur Lösung von Gleichungssystemen, zur Interpolation und Integration von Funktionen und zur Integration von Differentialgleichungen. Alle diese Aufgaben benutzen rationale und irrationale Zahlen mit einem unendlichen Wertevorrat. Um sie zu lösen, muß das mathematische Problem zuerst diskretisiert werden, wobei aus rationalen und irrationalen Zahlen Gleitpunktzahlen und aus Differentialen Differenzen werden. Die unendlich vielen Wertepaare reeller Funktionen werden durch endlich viele *Stützstellen* und *Stützwerte* in ihnen ersetzt. Die Folge davon sind iterative Lösungsverfahren für die meisten in der Technik vorkommenden Rechenprobleme, die hinreichend gute, wenn auch nicht völlig exakte Ergebnisse liefern und bei denen oft komplizierte Vorkehrungen gegen Fehler getroffen werden müssen, die sich im Verlaufe der vielen Iterationen einschleichen können. Das Gebiet des numerischen Rechnens blickt auf eine große Tradition zurück (Kepler, Gauß), und es war der Anlaß zur Erfindung des Computers.

Symbolisches Rechnen. Hier werden keine Zahlen als Ergebnisse berechnet, sondern zusammengesetzte mathematische Ausdrücke umgeformt (zum Beispiel vereinfacht), differenziert, integriert, mathematische Gleichungen in symbolischer Form gelöst und vieles andere mehr. Hierzu zwei Beispiele.

1 Man gibt einem Programm zum symbolischen Rechnen den Ausdruck $x \cdot 2^x$ ein und fordert das Programm auf, ihn zu integrieren. Die Maschine liefert dann als Ergebnis den Ausdruck

$$2^x \cdot \left(-\frac{1}{(\ln 2)^2} + \frac{x}{\ln 2} \right)$$

2 Man gibt die zwei nichtlinearen Gleichungen mit zwei Unbekannten ein:

$$-xy + 4y^2 - 3y + x^3 - 3x + 2 = 0$$
$$-xy^2 + 4y^3 - 3y^2 + x^3y - 3xy + 6y - x - 3 = 0$$

und fordert das Programm auf, alle Lösungen für x und y zu finden. Das Programm druckt aus

$$(x = -2, y = 1/4); \quad (x = 1, y = 1); \quad (x = 1, y = 1)$$

Das Ergebnis enthält nicht nur alle Lösungen, sondern zeigt auch, daß eine doppelt gezählt werden muß.

Der Vorteil des symbolischen Rechnens gegenüber dem numerischen besteht darin, daß die Lösungen exakt und allgemein sind. Eine geschlossene symbolische Lösung ist oft aussagekräftiger als eine Zahlenmenge gemäß dem Ausspruch von R. Hamming (amerikanischer Mathematiker): „Der Zweck des Rechnens ist Einsicht, nicht eine Ansammlung von Zahlen."

Die Algorithmen zur symbolischen Lösung mathematischer Probleme sind außerordentlich verwickelt und durchweg neu, das heißt, in den letzten dreißig Jahren von Mathematikern gefunden worden. Somit ist das symbolische Rechnen im Kern eine rein mathematische Disziplin (was ihrer Unterbringung in diesem Kapitel, das Anwendungen behandelt, nicht voll gerecht wird).

Softwaresysteme zum numerischen und symbolischen Rechnen. Softwaresysteme zum numerischen und symbolischen Rechnen bekommen immer größere Bedeutung für den Ingenieur. Sie haben eine grafische Benutzeroberfläche, die die gut lesbare Ausgabe mathematischer Formeln und die Visualisierung von numerischen Ergebnissen durch Grafiken erlaubt, und die „Programmierung" ist ein Frage- und Antwortspiel zwischen Benutzer und Maschine. Sie gestatten auch symbolische Rechnungen. Sie dürften sich auf die Arbeit des praktisch tätigen Ingenieurs ebenso dramatisch auswirken wie seinerzeit die Einführung des Taschenrechners. Einige der Aufgaben, die sich mit solchen Softwaresystemen bearbeiten lassen, sind:

1 Rationale Arithmetik beliebiger Genauigkeit (Rechnen mit Brüchen und beliebig langen ganzen Zahlen).

2 Visualisierung von Kurven und Raumflächen.

3 Lösung numerischer Aufgaben (zum Beispiel Nullstellenbestimmung, Interpolation, numerisches Differenzieren und Integrieren, Anfangswertproblem von Differentialgleichungen).

4 Symbolisches Rechnen (Multiplizieren, Dividieren, Differenzieren, Integrieren und mehr) mit Polynomen, rationalen Ausdrücken, Matrizen, transzendenten Ausdrükken.

5 Vereinfachen von symbolischen Ausdrücken.

Schlußbemerkung. Dieser Abschnitt gründet sich hauptsächlich auf das Kapitel von Buchberger in [Informatik-Handbuch], das allen Lesern, die mehr über dieses Thema wissen wollen, empfohlen sei.

10

Angewandte Informatik II

(Datenverarbeitung)

Die ersten Rechner waren in den vierziger Jahren zum numerischen Rechnen bestimmt; bald jedoch wurden die von der alten Lochkartentechnik beherrschten Aufgaben ihr Hauptanwendungsgebiet, nämlich die Erfassung und einfache Verarbeitung von Daten in Firmen und der öffentlichen Verwaltung. Und heute noch wird vermutlich die größte Rechnerleistung für Anwendungen auf dem Gebiet dieser „Datenverarbeitung im engeren Sinn" eingesetzt. Da solche Anwendungen vor allem in Wirtschaft und Verwaltung stattfinden, nennt man sie oft auch *kommerzielle Datenverarbeitung*.

Unter *Datenverarbeitung* in diesem engeren Sinn versteht man die Erfassung und Aktualisierung großer Datenmengen. Hier spielt die Auffassung des Rechners als Simulator keine Rolle, sondern die alte Auffassung, daß der Rechner Eingabedaten verarbeitet und Ausgabedaten erzeugt, steht im Mittelpunkt. Aufs äußerste vereinfacht, lassen sich die meisten Aufgaben der Datenverarbeitung in vier Abschnitte einteilen:

- Datenerfassung und Eingabe (manuell oder automatisch)
- Datenspeicherung (Organisation der Daten im Speicher)
- Datenverarbeitung (Erzeugung neuer Daten durch Verknüpfung vorhandener Daten)
- Datenausgabe

Ähnliche Einteilungen werden traditionell auch in der Literatur über kommerzielle Datenverarbeitung verwendet.

Verglichen mit der Komplexität der Mensch-Maschine-Kommunikation in den technischen Anwendungen ist dieses Schema einfach, fast banal, aber die kommerzielle Datenverarbeitung hat auch ihre Probleme. Sie liegen im Umfang und in der Organisation der Datenmengen, die zu verwalten sind. Die Strukturierung großer Datenmengen in einer solchen Weise, daß neue Daten hinzugefügt werden können, ohne die Struktur zu zerstören und vorhandene Daten leicht wiedergefunden werden können, bildet das Hauptproblem der Datenverarbeitung. Die Ein-Ausgabe und das Suchen von Daten steht im Vordergrund, das Rechnen tritt zurück; komplizierte Berechnungen fehlen weitgehend, Gleitpunktzahlen werden selten benötigt.

Das Problem der (Daten-)Organisation tritt überall da auf, wo größere Mengen von Objekten gespeichert werden müssen (im Privathaushalt zum Beispiel Bücher, Fotos, Tonträger, Prospekte, die Materialien der Hobbywerkstatt) oder Beschreibungen von Objekten (Kataloge, Stücklisten, Inventarverzeichnisse, Personaldaten). Nehmen wir als Beispiel eine häusliche Bibliothek. Solange sie sehr klein ist, also weniger als etwa 50 Bücher enthält, kann man die Bücher in der Reihenfolge ihrer Erwerbung oder willkürlich durcheinander aufstellen, ohne beim Suchen eines bestimmten Buches Probleme zu haben. Wird die Bibliothek größer, muß man die Bücher ordnen, um sie schnell wiederfinden zu können. Aber wie? Nach Sachgebieten? Nach Verfassern? In der Reihenfolge der Anschaffung? Oder nach dem Format? (Für Taschenbücher reichen niedrige Regale, für Kunstbildbände bleiben die höchsten reserviert.) Jede Anordnung hat ihre Vor- und Nachteile. Eine Einteilung nach Sachgebieten kann sehr nützlich sein, aber sie macht manchmal Schwierigkeiten bei der Einordnung. Wenn man eine Abteilung „Reisen" und eine Abteilung „Kunst" hat, wie soll man einen Bildband über „Sizilien und seine Kunst" einordnen? Eine Einteilung nach Verfassern versagt da, wo ein Buch keinen namentlich genannten Verfasser hat. Und nun erst das Wiederfinden! Wenn man die Bücher nach Sachgebieten eingeteilt hat und „Sizilien und seine Kunst" sucht, muß man zwei Sachgebiete durchsuchen, und wenn man gar nach einem Verfasser sucht, dann nützt einem die Einteilung nach Sachgebieten überhaupt nichts mehr.

Das ist das Grundproblem der kommerziellen Datenverarbeitung: die Datenbestände so zu organisieren, daß das Aktualisieren und Suchen möglichst schnell geht.

Da alle Daten auf externen Speichermedien in Form von *Dateien* gespeichert sind, werden wir uns zuerst den Aufbau von Dateien und die mit ihnen ausführbaren Operationen ansehen und dann auf *Datenbanken* eingehen. Darauf folgt die Erörterung einiger besonderer Anwendungen der Datenverarbeitung.

10.1 Dateien und Dateiverarbeitung

Der Name „Datei" (*file*) ist ein analog zu „Kartei" gebildetes Kunstwort, und tatsächlich ist eine Datei das elektronische Gegenstück zu einer Kartei. Wie diese aus einer (oft großen) Anzahl von Karten gleicher Größe besteht, auf denen man Text speichern kann, besteht eine Datei aus einer (oft großen) Anzahl von *Datensätzen* oder kurz *Sätzen*, die gleich oder verschieden lang sind und Texte oder Zahlen enthalten.

Die Datei ist damit eine weitere lineare Datenstruktur mit dem Unterschied zu allen in Kapitel 5 behandelten Datenstrukturen, daß Dateien auf externen Speichern stehen. Da ein externer Speicher viele Dateien aufnehmen kann, hat jede Datei einen *Dateinamen*, der sie identifiziert. Man baut während eines Programmablaufs einen Satz im Arbeitsspeicher auf und schreibt ihn dann in eine Datei, wo er über das Programmende hinaus erhalten bleibt; und man überträgt von einer früher erzeugten Datei einen Satz in den Arbeitsspeicher, um ihn dort zu verarbeiten. Dateien unterscheiden sich deshalb von den internen Datenstrukturen durch folgende Eigenschaften:

- Sie stehen auf externen Speichern und sind das einzige Mittel, Daten dauerhaft, das heißt über die Beendigung des Programms, das sie erzeugt hat, hinaus, zu speichern.
- Der Zugriff zu ihnen geschieht satzweise, das heißt, es wird in der Regel nur ein Satz im Arbeitsspeicher gehalten und bearbeitet.
- Das Lesen oder Schreiben eines Satzes ist eine Ein-Ausgabe-Operation und kostet dementsprechend viel Zeit.

Sätze und Blöcke. Wie bereits aus Kapitel 3 bekannt, bilden die Sätze eine software-orientierte Einteilung der Daten auf externen Speichern. In Wirklichkeit sind die Daten aber auf Grund technischer Gegebenheiten in Form von *Blöcken* gespeichert, wobei ein Block aus den Daten besteht, die mit einem Ein-Ausgabe-Vorgang gelesen oder geschrieben werden. Bei Disketten- und Plattenspeichern ist das meist ein Sektor. Auf dem Magnetband ist es eine Bytefolge, die mit einem besonderen Byte, der Blockende-marke, abgeschlossen wird. Auf sie folgt eine Blocklücke, die keine Daten enthält. Bild 1 zeigt die sequentielle Anordnung der Blöcke auf einem Magnetband.

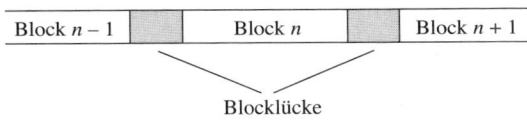

Bild 1   Anordnung der Blöcke auf einem Magnetband

Die Blöcke bilden eine hardwareorientierte Einteilung der Speichermedien, die für Sätze, die ja beliebige Länge haben können, viel zu starr wäre. Das Betriebssystem muß deshalb dafür sorgen, daß bei kurzen Sätzen mehrere Sätze in einen Block gepackt werden und bei langen Sätzen ein Satz auf mehrere Blöcke aufgeteilt wird. Der Programmierer braucht sich damit nicht zu befassen, sondern er arbeitet nur mit Sätzen. Die Blockstruktur bleibt ihm so normalerweise verborgen.

Die Betriebssysteme von Mikrocomputern ermöglichen es sogar, mit der Satzlänge 1 Byte zu arbeiten. Man kann dadurch einzelne Bytes einer Datei lesen und schreiben. Die ganze Datei besteht dann nur noch aus einem Bytestrom, und die Einteilung in Sätze entfällt.

Sequentielle Dateien. Man unterscheidet zwei Dateiarten: *sequentielle Dateien* und *Direktzugriffsdateien.* Sequentielle Dateien kann man nur sequentiell lesen, das heißt mit der ersten Leseoperation den ersten Satz, mit der zweiten den zweiten Satz und so weiter; und man kann sie nur sequentiell schreiben, das heißt, man kann einen neuen Satz nur an das Datei*ende* anfügen. Diese Art kommt von den Magnetbändern her, wo sie aus technischen Gründen die einzig mögliche ist, sie hat sich aber auch bei Platten und Disketten für viele Anwendungen erhalten.

Für die Arbeit mit sequentiellen Dateien gibt es vier Grundoperationen[1]:

Open($\downarrow f$):   Öffne die Datei mit dem Dateinamen f (dabei wird gedanklich der Schreib-Lese-Kopf auf den Anfang des ersten Satzes gesetzt).

Write($\downarrow f \downarrow x$):   Schreibe den Inhalt des Arbeitsspeicherbereichs x auf die Datei f (füge den Satz x an das Ende von f an).

Read($\downarrow f \uparrow x$):   Lies den nächsten Satz von Datei f und schreibe ihn in den Arbeitsspeicherbereich x.

Close($\downarrow f$):   Schließe die Datei f (beende die Ein-Ausgabe mit Datei f).

Daß man Dateien vor der Bearbeitung erst öffnen und nach der Bearbeitung schließen muß, ist ein Charakteristikum von Dateien, das es bei anderen Datenstrukturen nicht gibt.

Es ist zuerst unklar, was man mit den beiden sehr primitiv aussehenden Operationen *Read* und *Write* anfangen soll. Wie kann man zum Beispiel mit ihnen eine Datei sortieren? Hierzu ist es erforderlich, daß jeder Satz an einer bestimmten Position einen Begriff enthält, der ihn eindeutig charakterisiert, das heißt, der an dieser Position in keinem anderen Satz vorkommt. Man nennt ein solches Element einen *Schlüssel*. Wenn eine Datei Personaldaten enthält, kann zum Beispiel jeder Satz mit der Personalnummer anfangen, und sie ist dann der Schlüssel. Bild 2 zeigt die Anfänge einiger Sätze einer Personaldatei, in der jeder Satz mit einem vierstelligen numerischen Schlüssel anfängt.

```
3117   Klöterjahn, Gabriele, D-80234 Einfried, …
1279   Ferschengelder, Andreas, A-1235 Wien, …
4212   Möhring, Mathilde, D-10707 Berlin, Georgenstraße 19 …
0267   Salander, Martin, CH-9435 Münsterburg, …
```

Bild 2   Sätze mit Schlüssel

Eine Datei „nach Schlüsseln aufsteigend sortieren" heißt, ihre Sätze so umordnen, daß sie am Ende nach aufsteigenden Schlüsseln sortiert ist. Der Leser kann das Problem an einem Kartenspiel studieren, zu dem er nur sequentiell zugreift, indem er von dem Spiel, das mit den Bildseiten nach oben als Stapel auf dem Tisch liegt, immer nur die oberste Karte wegnimmt und sie auf einem anderen Stapel (der am Anfang leer ist) oben ablegt, ohne jemals eine Karte aus dem Stapel herauszuziehen oder in ihn hineinzustecken. Unter der Nebenbedingung dieses rein sequentiellen Zugriffs soll der Kartenstapel sortiert werden.

Mischen und Mischsortieren. Die Lösung des Problems liegt in der Heranziehung von zwei Hilfsdateien, die am Anfang leer sind und als Zwischenspeicher benutzt werden. Das Sortieren einer Datei besteht dann aus der Wiederholung zweier Grundvorgänge: *Verteilen* und *Mischen*. Man nennt dabei aufeinanderfolgende Sätze in der Datei, deren Schlüssel bereits richtig sortiert sind, *Läufe*. Bild 3a zeigt das Verteilen: Man liest die unsortierte Datei D und verteilt ihre n Läufe (hier $n = 5$) abwechselnd auf zwei sequentielle Hilfsdateien H_1 und H_2. Bild 3b zeigt das Mischen: Man liest H_1 und H_2 satzweise und verschmilzt dabei die beiden vordersten Läufe auf H_1 und H_2 zu einem neuen Lauf

auf der Datei D, deren ursprünglicher Inhalt nach dem Verteilen nicht mehr gebraucht wird und überschrieben werden kann. In dem Mischen (Verschmelzen) zweier Läufe zu einem besteht das eigentliche Sortieren. Man wählt dabei von den beiden Dateien H_1 und H_2 den Satz mit dem kleineren Schlüssel aus und schreibt ihn nach D. Die entstehende Datei hat nur noch $\lceil n/2 \rceil$ Läufe, wobei $\lceil x \rceil$ für ganzzahliges x gleich x ist und für gebrochenes x die kleinste ganze Zahl bedeutet, die größer als x ist. Die Datei ist damit besser sortiert. Man wiederholt das Verteilen und Mischen, bis nur noch ein Lauf übrig bleibt. Mischen und nachfolgendes Verteilen lassen sich schließlich zu einem Vorgang, dem *Mischverteilen*, zusammenfassen. Wenn die ursprüngliche Datei n Läufe enthielt, kommt man mit maximal $\lceil \log_2 n \rceil$ Mischverteilvorgängen aus.

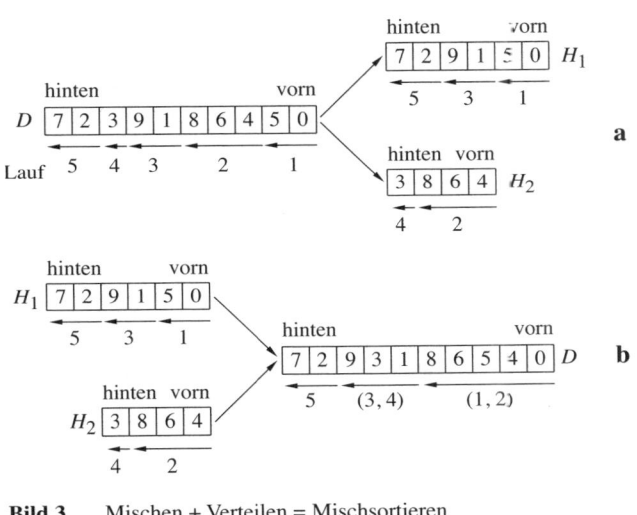

Bild 3   Mischen + Verteilen = Mischsortieren
     a   Verteilen
     b   Mischen

Suchen. Die wichtigste Operation mit einer Datei ist das Suchen nach einem Satz mit gegebenem Schlüssel. Bei einer sequentiellen Datei mit n Sätzen ist die Zeit dafür $O(n)$, da man nur einen Satz nach dem anderen prüfen kann, bis der gesuchte gefunden ist. Wenn der gesuchte Satz nicht in der Datei steht, muß man eine unsortierte Datei ganz durchsuchen, also alle n Sätze lesen. Eine sortierte Datei braucht man dagegen nur bis zu dem ersten Satz mit einem größeren Schlüssel als dem gesuchten zu lesen.

Direktzugriffsdateien. Bei Disketten- und Plattenspeichern hat jeder Speicherblock eine Adresse, und man kann durch Angabe dieser Adresse direkt auf ihn zugreifen, das heißt ihn lesen oder ihn überschreiben. Infolgedessen kann man auch jedem *Satz* eine Adresse zuordnen, unter der er zu finden ist. Wenn die Sätze Schlüssel haben, bedeutet das, daß man auch jedem Schlüssel die Adresse seines Satzes zuordnen kann. Deshalb ist es hier möglich, durch Angabe des Schlüssels auf einen Satz direkt zuzugreifen, ohne alle davorstehenden Sätze überlesen zu müssen. Dateien, die so organisiert sind, nennt man *Direktzugriffsdateien*. Die Elementaroperationen bei Direktzugriffsdateien mit dem Zugriff über Schlüssel sehen so aus:

Open($\downarrow f$): Öffne die Datei mit dem Dateinamen f.

Write($\downarrow f \downarrow key \downarrow x$): Schreibe den Satz x mit dem Schlüssel *key* auf die Datei f.

Read($\downarrow f \downarrow key \uparrow x$): Lies den Satz mit dem Schlüssel *key* von Datei f und schreibe ihn in den Arbeitsspeicherbereich x.

Close($\downarrow f$): Schließe die Datei f (beende die Ein-Ausgabe mit Datei f).

Wie die Operationen zeigen, gibt man hier nicht die Satz*adressen*, sondern ihre *Schlüssel* an. Dadurch ist man problembezogen und hardwareunabhängig. Damit das möglich wird, muß es eine vom Betriebssystem verwaltete Abbildung geben, die die externen Adressen der Sätze aus ihren Schlüsseln ohne wesentlichen Zeitverbrauch zu berechnen gestattet. Das ist leichter gesagt als getan, wenn man bedenkt, daß eine große Datei zehntausende von Sätzen enthalten kann. Aber es sind so gute Verfahren dafür entwikkelt worden, daß man normalerweise mit einem, maximal jedoch mit drei zusätzlichen Zugriffen auch in den größten Dateien zu einem gegebenen Schlüssel die Adresse eines Satzes finden kann.[2]

Dateifortschreibung. Die Operationen Mischen und Sortieren kommen in zahllosen Dateiverarbeitungsprogrammen vor. Eine typische Anwendung ist die *Dateifortschreibung* (*file update*): Eine *alte Stammdatei* enthält einen Datenbestand, zum Beispiel den Bestand an Teilen im Lager eines Unternehmens, sortiert nach Teil-Nummern. Die an einem Tag stattfindenden Bewegungen des Lagerbestands (Zulieferung und Entnahme von Teilen) werden in einer zweiten Datei, der *Bewegungsdatei* gesammelt und ebenfalls nach Teil-Nummern sortiert. Die Fortschreibung besteht darin, daß am Abend die Sätze der alten Stammdatei, gesteuert durch die Sätze der Bewegungsdatei, auf den neuesten Stand gebracht werden, wodurch eine *neue Stammdatei* entsteht. Dieses Verfahren ist so häufig, daß es für seine Programmierung sogar eine DIN-Norm gibt, weshalb es manchmal als *normierte Programmierung* bezeichnet wird.

10.2 Datenbanken

Die Dateiverarbeitung mit den im vorigen Abschnitt beschriebenen Mitteln hat ihre Grenzen. Meist beschreibt jeder Satz einer Datei ein Objekt, und die ganze Datei beschreibt eine Klasse gleichartiger Objekte. Eine Personaldatei beschreibt die Klasse aller Personen durch die Angabe ihrer Attribute (Name, Wohnadresse, Geburtsdatum,...), eine Lagerbestandsdatei beschreibt die Klasse aller gelagerten Teile durch die Angabe ihrer Attribute (Bezeichnung, Menge, Preis,...). Je mehr Objektklassen man in Dateien erfaßt, um so schwieriger wird es, Beziehungen, die zwischen ihnen bestehen, aufzufinden und Informationen, die in solchen Beziehungen enthalten sind, aus den Dateien herauszuholen.

Ein Beispiel soll das verdeutlichen. Eine Universität ist (vereinfacht) in *Institute* gegliedert. Sie beschäftigt *Personen*, die zu den einzelnen Instituten gehören. Sie hat ferner *Räume*, von denen ein Teil den Instituten gehört, der Rest (die Hörsäle) jedoch der Universität als ganzer. Sie bekommt ein *Jahresbudget*, das an die Institute und an die Universität als ganze (Verwaltung) verteilt wird. Sie führt *Lehrveranstaltungen* durch, die von den Mitgliedern der Institute in bestimmten Räumen abgehalten werden. Die Mitglieder schreiben außerdem *wissenschaftliche Arbeiten*. Hier haben wir sieben Objektklassen: Universität, Institute, Personal, Räume, Budget, Lehrveranstaltungen und wissenschaftliche Arbeiten, die miteinander in vielfältigen Beziehungen stehen, wie es Bild 4 veranschaulicht.

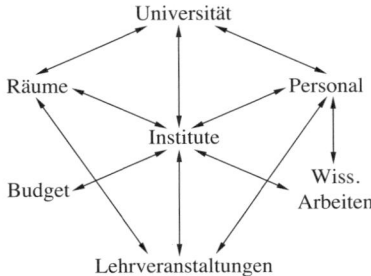

Bild 4   Bestandteile einer Universität und ihre Beziehungen zueinander

Jeder Doppelpfeil stellt zwei Beziehungen dar. Zum Beispiel bedeutet der Pfeil vom Personal zu den Lehrveranstaltungen die Beziehung „hält ab" und der Pfeil von den Lehrveranstaltungen zum Personal die Beziehung „wird abgehalten von". Bild 4 ist gegenüber der Wirklichkeit stark vereinfacht, denn zwischen der Universität als Ganzer und den Instituten stehen noch die Fakultäten, und das Wichtigste, die Studenten, sind ganz weggelassen.

Man möchte nun die Gesamtheit der Daten über Objekte und ihre Beziehungen zueinander so speichern, daß man alle denkbaren Informationen, die sich aus ihnen gewinnen lassen, herausziehen kann. Zum Beispiel sollen sich folgende Fragen beantworten lassen:

* Welche Räume und welches Personal gehören zum Institut *A*?
* Welche Lehrveranstaltungen werden in welchen Räumen von Professor *B* abgehalten?
* Welches Jahresbudget hat Institut *C*?
* Welche wissenschaftlichen Arbeiten sind im vergangenen Jahr von welchen Mitgliedern des Instituts *D* verfaßt worden?

Ein Teil dieser Fragen kann bei der Programmierung vorbedacht und die Organisation der Dateien danach so eingerichtet werden, daß die Fragen durch Suchvorgänge schnell beantwortet werden können. Andere Fragen, die nicht vorbedacht wurden, kommen indes mit Sicherheit hinzu. So könnte in unserem Beispiel jemand nachträglich auf die Idee kommen, feststellen zu wollen, wieviele wissenschaftliche Arbeiten interdisziplinär sind, das heißt mehrere Verfasser aus verschiedenen Instituten haben. Ein Programmsystem, das die Beantwortung vorbedachter und nichtvorbedachter Fragen über einen Datenbestand ermöglicht, nennt man ein *Datenbanksystem* und die ihm zu Grunde liegenden, zueinander in Beziehungen stehenden Dateien eine *Datenbank*.

10.2.1 Eigenschaften und Aufbau von Datenbanksystemen

Die Hauptaufgabe eines Datenbanksystems besteht nach dem soeben Gesagten darin, einen in Form mehrerer Dateien gespeicherten und logisch auf komplizierte Weise zusammenhängenden Datenbestand zu verwalten und Benutzern für Abfragen zugänglich zu machen. Dabei sind noch folgende Besonderheiten zu beachten. Ein Datenbanksystem soll

- es ermöglichen, daß jeder Benutzer auf den Datenbestand zugreifen kann, ohne sich mit der inneren Organisation des Datenbestandes befassen zu müssen;
- verhindern, daß irgendein Benutzer unkontrolliert an die Datenbestände gelangen und damit die Sicherheit der Daten gefährden kann;
- es ermöglichen, daß die Organisation der Daten geändert werden kann, ohne daß die Benutzer dadurch gestört werden.[3]

Um diese Forderungen zu erfüllen, bestehen Datenbanksysteme meistens aus drei Softwareschichten (Bild 5). Die unterste Schicht arbeitet direkt mit den Dateien. Sie ist vom Betriebssystem und von der Hardware abhängig. Die logische Struktur der Dateien und ihrer Beziehungen zueinander in dieser Schicht nennt man das *interne Modell* des Datenbanksystems. Diese Schicht ist dem Benutzer nicht zugänglich.

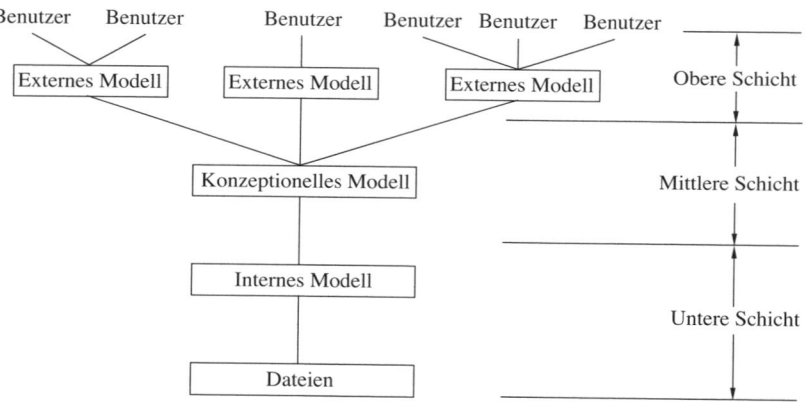

Bild 5   Die drei Schichten eines Datenbanksystems (nach [Schlageter])

Die mittlere Schicht nennt man das *konzeptionelle Modell*. Es beschreibt die Dateien und ihre Beziehungen untereinander in einer hardware- und betriebssystemunabhängigen Weise und trennt dadurch den logischen Aufbau des Datenbanksystems von seiner programmierungstechnischen Verwirklichung. Im konzeptionellen Modell wird zum Beispiel der logische Aufbau der Sätze in den einzelnen Dateien beschrieben, aber die tatsächliche Anordnung der Satzteile, ihre Längen in Bytes und andere technische Einzelheiten fallen weg. In dem Beispiel der Universitätsdatenbank würde das konzeptionelle Modell die in Bild 4 teilweise dargestellten Zusammenhänge vollständig beschreiben. Am konzeptionellen Modell kann man ablesen, welche Arten von Informationen sich der Datenbank überhaupt entnehmen lassen und den Weg, wie man zu ihnen gelangt. Auch diese Schicht ist dem Benutzer im allgemeinen nicht zugänglich.

Die obere Schicht nennt man das *externe Modell*. Es kann in mehreren Fassungen existieren und beschreibt die Datenbank aus der Sicht bestimmter Benutzergruppen. Meist braucht ein Benutzer nicht den Zugriff auf alle Daten und Verknüpfungsmöglichkeiten der Datenbank. So soll im Universitätsbeispiel der Verwalter der Hörsäle sicherlich nicht über die Budgets der einzelnen Institute orientiert sein. Das externe Modell stellt damit eine eingeschränkte, auf einen bestimmten Benutzerkreis zugeschnittene Sicht der Datenbank dar.

Zur Beschreibung und Programmierung der drei Modellarten benutzt man speziell dafür geschaffene Programmiersprachen, die interne, die konzeptionelle und die externe *Datendefinitionssprache (DDL = data definition language)*. Der Benutzer schließlich verkehrt mit dem Datenbanksystem entweder über eine allgemeine Programmiersprache, die so erweitert ist, daß sie es erlaubt, die Datenbank anzusprechen, oder über eine spezielle *Abfragesprache*, mit der er die Datenbank im Dialog abfragen kann. Diese Sprachen werden auch *Datenmanipulationssprachen (DML = data manipulation language)* genannt.

10.2.2 Logische Datenmodelle

Nur das interne Modell der Datenbank soll mit den Begriffen des Dateisystems beschrieben werden: der Anzahl der beteiligten Dateien, dem Aufbau ihrer Sätze und ihrer Beziehungen untereinander. Man nennt es deshalb auch *physisches Datenmodell*. Das konzeptionelle Modell und die verschiedenen externen Modelle sollen die gespeicherten Daten und ihre Beziehungen untereinander nur noch in einer abstrakten Sicht, losgelöst von den Begriffen Datei und Satz, beschreiben. Man nennt sie deshalb auch *logische Datenmodelle*. Es liegt nun keineswegs auf der Hand, wie ein logisches Datenmodell aussehen soll. Drei Arten sind im Verlauf der Entwicklung entstanden, und ein großer Teil des Gebiets „Datenbanken" kreist um die Eigenschaften, Vor- und Nachteile dieser drei Modellarten. Sie heißen *hierarchisches Modell*, *Netzmodell* und *relationales Modell*. Obwohl diese Modelle und ihre Auswirkungen nicht leicht zu verstehen sind, soll hier versucht werden, ihre Grundideen darzustellen.

Hierarchisches Datenmodell. Das hierarchische Datenmodell ist das älteste und einfachste. In ihm sind die Datenobjekte und ihre Beziehungen zueinander in Form einer Baumstruktur dargestellt. Für die Universitätsdatenbank könnte die Baumstruktur so aussehen, wie es Bild 6 zeigt.

Die Wurzel des Baumes bildet das Einzelobjekt *Universität*. In der nächstniedrigeren Hierarchiestufe stehen die einzelnen Institute. In der nächsten Hierarchiestufe stehen für jedes Institut die Personen, die ihm angehören, die Räume, in denen es arbeitet, das Budget, das es bekommt und die Lehrveranstaltungen, die es abhält. Kennzeichnend für das hierarchische Datenmodell sind die Eigenschaften:

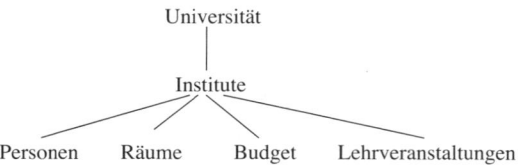

Bild 6   Hierarchisches Modell der Universitätsdatenbank

- *Ein* Objekt, die Wurzel, ist ausgezeichnet. Von ihm gehen alle Suchvorgänge aus.

- Die Beziehungen zwischen den Knoten bilden einen Baum, das heißt, es ist immer nur ein Knoten mit seinen Söhnen verknüpft, nicht aber die Söhne eines Baumes untereinander oder gar die Knoten verschiedener Teilbäume untereinander.

Die Anfrage: „Wieviele Personen sind im Institut *A* beschäftigt?" ist hier leicht zu beantworten. Man sucht, von der Wurzel *Universität* ausgehend, das Institut *A* und stellt die Anzahl der an ihm hängenden Personenobjekte fest. Dagegen ist die Anfrage: „Zu welchem Institut gehört Herr *B*?" nicht so leicht zu beantworten, denn man muß alle Institute und innerhalb jedes Instituts alle Personen durchsuchen, bis man *B* gefunden hat.

Netzmodell. Beim Netzmodell wird die hierarchische Baumstruktur aufgegeben, und es sind Beziehungen zwischen beliebigen Knoten möglich, wie in Bild 4 gezeigt. In ihm kann man, von bestimmten Knoten ausgehend, über die Beziehungen von Knoten zu Knoten gehend, an alle Informationen herankommen (man nennt das „in der Datenbank *navigieren*"), aber die Suche kann ineffizient sein, wenn man nach Eigenschaften von Objekten sucht, die nicht direkt in den Beziehungen, mit denen das Netz aufgebaut ist, enthalten sind.

Relationales Datenmodell. Dieses Datenmodell schließlich ist ganz anders aufgebaut. In ihm wird die Datenbank als eine Sammlung von Mengen gleich aufgebauter Objekte angesehen. Die Universitätsdatenbank besteht etwa aus

- der Menge der Institute,
- der Menge der Personen,
- der Menge der Lehrveranstaltungen,
- der Menge der Räume,
- der Menge der wissenschaftlichen Arbeiten.

Die Objekte einer bestimmten Menge sind unter sich gleich aufgebaut, das heißt, sie enthalten alle die gleichen Attribute, zum Beispiel

- die Institute: Institutsname, Institutsleiter, Institutsbudget;
- die Personen: Personalnummer, Name, Institutszugehörigkeit;
- die Lehrveranstaltungen: Lehrveranstaltungsnummer, Titel, Raum, Personalnummer des Vortragenden;
- die Räume: Raumnummer, Raumgröße, Institutszugehörigkeit;
- die wissenschaftlichen Arbeiten: Personalnummern der Verfasser, Titel.

Man sieht nun eine Objektmenge, zum Beispiel die der Räume eines Instituts, als eine Beziehung (Relation) an, die zwischen der Menge *aller* Räume und der Menge *aller* Institute besteht. Eine solche Beziehung definiert eine Teilmenge aller Paare (Raum, Institut), und diese Teilmenge nennt man in der Mengenlehre eine Relation.

Das Auffinden bestimmter Informationen geschieht im relationalen Datenmodell durch Operationen mit Mengen. Will man zum Beispiel Auskunft auf die Frage: „Welche Personen sind im Institut A beschäftigt?", muß man aus der Menge *Personen* alle Elemente herausstreichen, deren Institutszugehörigkeit nicht A ist, und schon ist man fertig.

Die Frage: „Welche Lehrveranstaltungen werden von Mitgliedern des Instituts A abgehalten?" ist nicht so leicht zu beantworten, weil an ihrer Beantwortung drei Mengen beteiligt sind: die Menge der Institute, die Menge der Mitarbeiter von Institut A und die Menge der Lehrveranstaltungen. Eine naheliegende Lösung ist die, daß man zuerst alle Mitglieder von Institut A wie im vorigen Absatz bestimmt (das ist eine Hilfsmenge) und dann aus der Menge aller Lehrveranstaltungen diejenigen streicht, deren Vortragende nicht in der Hilfsmenge enthalten sind.

Weitere Datenmodelle. Das relationale Datenmodell hat die Vorteile der einheitlichen Behandlung aller beteiligten Datenmengen (keine nimmt eine Sonderstellung ein) und der Beschreibung der Anfragen durch wenige einfache, aussagekräftige Mengenoperationen. Aus diesem Grund wurde es bis vor kurzem favorisiert. Es hat aber auch Nachteile. Sein Hauptnachteil besteht darin, daß es nur mit einfachen, unstrukturierten Daten arbeitet. Strukturierte Daten wie sie uns als Felder und Verbunde in Abschnitt 5.2 begegnet sind, können im relationalen Modell nur dadurch gespeichert werden, daß man sie in ihre unstrukturierten Bestandteile auflöst. Die Beziehung zwischen den Bestandteilen geht dabei verloren. Das erweist sich auf manchen Gebieten, besonders in technischen Anwendungen, als Nachteil. So müssen bei der rechnerunterstützten Konstruktion Bilder, Texte und Beziehungen zwischen ihnen als Objekte gespeichert werden, deren innere Struktur wesentlich für die Weiterbearbeitung ist und deshalb nicht durch das Datenmodell beseitigt werden darf. Will man zum Beispiel eine räumliche Figur, etwa einen Würfel, in einer relational organisierten Datenbank unterbringen, kann man ihn durch seine Begrenzungsflächen beschreiben. Deren Beschreibung besteht aber wiederum aus der Beschreibung der gemeinsamen Kanten und diese aus der Beschreibung der sie begrenzenden Punkte. Eine Sammlung von Punkten, Kanten und Flächen läßt sich nun zwar in einer relationalen Datenbank unterbringen, aber bei ihrer beziehungslosen Nebeneinanderstellung geht der Würfel verloren. Jemand hat gesagt, um ein Auto in einer relationalen Datenbank zu speichern, müsse man es erst in seine Bestandteile (Räder, Fahrwerk, Sitze usw.) zerlegen und jedesmal, wenn man das Auto braucht, es aus diesen Bestandteilen erneut zusammensetzen.

Man suchte deshalb nach Datenmodellen, die komplexe Objekte abzubilden und zu verwalten gestatten. Was lag da näher, als zu prüfen, ob sich vielleicht das objektorientierte Denkmodell der Programmierung auch für Datenbanken verwenden läßt? Das geht tatsächlich, wenn auch noch nicht alle Schwierigkeiten beseitigt sind. Das Ergebnis sind *objektorientierte Datenmodelle*; und Datenbanksysteme, die sie verwenden, nennt man *objektorientierte Datenbanksysteme*. Sie speichern strukturierte Objekte, die sich aus Listen, Mengen und sogar Verweisen auf andere Objekte in beliebiger Schachtelung zusammensetzen können. Ein künstliches Aufbrechen der zusammengesetzten Objekte ist nicht mehr nötig, und Relationen spielen keine wesentliche Rolle mehr.

Neueste Entwicklungen versuchen, die Idee der Relationen, die sich wegen ihrer Einfachheit und Flexibilität weithin bewährt hat, mit der Idee der Objektorientierung zu verknüpfen. Bei ihnen wird die relationale Grundstruktur beibehalten, aber die Elemente können strukturierte Daten ähnlich wie beim objektorientierten Datenmodell sein. Solche Datenmodelle nennt man *objektrelational*.

10.2.3 Sicherheitsfragen

Der letzte Aspekt von Datenbanksystemen, den wir hier berühren wollen, betrifft die Sicherheit der gespeicherten Daten. Während ein einzelner Programmierer für die Sicherheit seiner Datenbestände selbst verantwortlich ist, müssen bei Datenbanken umfangreiche Vorkehrungen dafür getroffen werden, daß die gespeicherten Daten

- den Ausschnitt der Welt, den sie darstellen sollen, richtig darstellen;
- nicht durch Fehlbedienung oder technische Mängel verfälscht werden oder verloren gehen;
- nicht von Unberechtigten ausgenutzt werden können.

Bild 7 zeigt eine Einteilung der dabei auftretenden Sicherheitsprobleme in drei Komplexe: Die *Konsistenz* betrifft das logische Zusammenpassen der Eingabedaten (Schutz gegen Eingabefehler), die *Datensicherheit* (im engeren Sinn) betrifft den Schutz der gespeicherten Daten gegen Verlust *in* der Datenbank, und der *Datenschutz* betrifft den Schutz der gespeicherten Daten gegen unberechtigten Zugriff. Die Sicherheit der Datenbank gegen die Verfälschung und Zerstörung des Datenbestandes bezeichnet man als *Integrität* (Unversehrtheit). Die Integrität umfaßt Konsistenz und Datensicherheit im engeren Sinn.

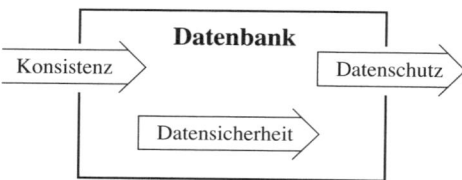

Bild 7   Einteilung der Sicherheitsprobleme bei Datenbanksystemen (nach [Zehnder])

Konsistenz. Wenn ein Benutzer für das Alter einer Person versehentlich 20 statt 30 Jahre eingibt, ist dagegen nichts zu machen, wenn er aber 200 eingibt, kann das Datenbanksystem feststellen, daß dieser Wert außerhalb des für das Lebensalter zulässigen Bereiches liegt. Eine andere Gefahr sind Inkonsistenzen, die zum Beispiel dadurch vorkommen, daß die Adresse eines Arbeitnehmers an zwei verschiedenen Stellen in der Datenbank gespeichert ist und bei einer Adressenänderung aus Versehen nur eine von beiden geändert wird.

Datensicherheit. Stromausfall oder andere technische Fehler sollen zu keinem oder nur einem möglichst geringen Datenverlust führen. Als Schutz gegen den Ausfall von Hardware, zum Beispiel von Magnetplattenspeichern, gibt es nur das Mittel, die Datenbestände in regelmäßigen Abständen (zum Beispiel täglich) zu sichern, das heißt auf andere Datenträger, meistens Magnetbänder, zu kopieren und diese unter Umständen noch feuer- und einbruchssicher aufzubewahren.

Datenbanken werden meist von mehreren Anwendern zugleich benutzt. Dadurch entsteht die Möglichkeit, daß zwei Benutzer auf dieselben Daten zugleich zugreifen wollen. Solange das nur lesend geschieht, ist dagegen nichts einzuwenden, aber wenn einer der beiden ein solches Datum verändert, kann das für den anderen, der nichts davon weiß, verheerende Folgen haben. Deshalb muß man, während ein Benutzer Aktionen ausführt, die einen Datenbestand ändern, den Zugriff auf diesen Datenbestand für andere Benutzer sperren.

Datenschutz. Das Problem des Datenschutzes ist von ganz anderer Art. Hier geht es darum, die gespeicherten Daten vor Mißbrauch zu schützen. Datenmißbrauch gibt es in mehreren Formen. Offensichtlich ist er, wenn jemand sich Daten verschafft, die von ihrem Eigentümer ausdrücklich als geheim oder vertraulich eingestuft sind, wie Gehaltstabellen, Unternehmensstrategien und militärische Daten. Weniger offensichtlich ist er, wenn sich jemand die Wohnungsanschrift einer Person aus der Datenbank verschafft. Warum sollte er nicht? Sie steht ja auch im Telefonbuch. Isoliert gesehen, trifft das zu, aber durch die große Menge der gespeicherten Personendaten, ihre leichte Beschaffbarkeit und ihre *beliebige Verknüpfbarkeit* ergibt sich eine andere Situation. Wenn jemand die Adressen von tausend Personen an eine Werbeagentur verkauft und die Personen daraufhin ständig mit Werbematerial beschickt werden, ist das für viele eine Belästigung. Wenn Patientendaten über zurückliegende Krankheiten gespeichert sind und – zum Beispiel bei einer Bewerbung um einen Posten – ausgewertet werden, ist das ein schwerer Vertrauensbruch. Und wenn erst persönliche Daten (schulische, medizinische, polizeiliche) zur politischen Überwachung in einer Datenbank gespeichert und zu neuen Aussagen verknüpft werden, ist Orwells 1984 nicht weit. Es kommt noch hinzu, daß isolierte, also aus dem Zusammenhang gerissene Daten leicht falsch interpretiert werden und dann zu Mißverständnissen und Irrtümern führen können, mit schlimmen Folgen für die Betroffenen.

Diese Probleme sind erkannt worden und haben in verschiedenen Staaten zu Datenschutzgesetzen geführt. In Deutschland steht dabei der Schutz personenbezogener Daten im Vordergrund, also der Schutz der Privatsphäre des Einzelnen. Es soll zum Beispiel gewährleistet sein, daß nur solche Daten gespeichert werden, die zur Durchführung von spezifizierten Aufgaben nötig sind, und die gespeicherten Daten sollen nur für die spezifizierten Aufgaben verwendet werden. Ferner soll jeder das Recht haben zu erfahren, welche Daten über ihn gespeichert sind und gegebenenfalls Korrekturen verlangen können. Wenn personenbezogene Daten ein gewisses Alter erreicht haben, sollen sie gelöscht werden, und Daten, die Bewertungen darstellen (zum Beispiel Beurteilungen eines Arbeitnehmers) sollen mit den nötigen Hintergrundinformationen versehen werden, um Fehlinterpretationen zu vermeiden.

Je mehr Lebensbereiche automatisiert werden, um so mehr kann man kontrollieren und speichern: beim Schreiben von Schriftstücken mit Rechnern ihren Umfang und ihren Inhalt, bei Telefongesprächen die Nummern und Gesprächsinhalte, bei Einkäufen über das Internet die Kaufgewohnheiten des Käufers. Es hat deshalb den Anschein, daß die Bedeutung des Datenschutzes weiter zunehmen wird.

10.3 Dokumenterschließung und Dokumentsuche

Der Benutzer von Datenbanken sucht meist etwas Bestimmtes und weiß, wie er an die gesuchten Daten herankommt. Im Gegensatz dazu stehen Datensammlungen, deren Inhalt Dokumente oder Beschreibungen von Dokumenten sind, also etwa der Bestandskatalog einer Bibliothek. Ihr Benutzer sucht oft nach Dokumenten, die er nicht genau, sondern nur ungefähr bezeichnen kann. Er will nicht wissen, ob es ein bestimmtes Werk gibt, sondern welche Werke zu einem bestimmten Thema die Bibliothek enthält. Die Aufgabe von Softwaresystemen zu diesem Zweck besteht hauptsächlich in der *Dokumenterschließung* und der *Dokumentsuche*. Die Dokumenterschließung umfaßt die Methoden für das (möglichst automatische) Herausziehen und Speichern der Informationen, die für die Wiederauffindung des Dokuments nützlich sind; die Dokumentsuche umfaßt die Methoden zur Auffindung des vom Suchenden möglicherweise unscharf bezeichneten Dokuments. Softwaresysteme, die solche Aufgaben lösen, werden im Englischen als *Information-Retrieval-Systeme* bezeichnet (*information retrieval* = Informations-Wiederauffindung), eine deutsche Bezeichnung dafür gibt es nicht. Wir werden sie im folgenden *Dokument-Datenbanken* nennen.

Dokument-Datenbanken für Fachliteratur aus den Bereichen Chemie, Physik, Bauwesen, Elektrotechnik und anderen gibt es schon eine geraume Zeit. Zu ihnen haben Universitäten, Forschungsinstitute und Firmen über Rechnernetze Zugang, so daß man zum Beispiel von jeder deutschen Universität aus in amerikanischen Dokument-Datenbanken nach Literatur suchen kann. Die Dokument-Datenbanken enthalten von den einzelnen Literaturstellen mindestens die bibliografischen Angaben, also Verfasser, Titel, Verlag, Erscheinungsjahr, fast immer aber auch *Schlüsselwörter* (*keywords*), nach denen man suchen kann. Manchmal sind noch Zusammenfassungen des Inhalts gespeichert, selten der volle Text. Eine typische Recherche besteht darin, daß man zuerst nach einem Oberbegriff sucht, und das Suchsystem antwortet, wieviele Dokumente es zu diesem Begriff gibt; wenn es zu viele sind, sucht man mit einem verfeinerten Suchbegriff noch einmal, erhält weniger, und so weiter, bis man die passende Anzahl von Dokumenten gefunden hat. Von ihnen läßt man sich die bibliografischen Angaben oder die Zusammenfassung oder sogar den Volltext ausdrucken.

Dokumenterschließung. Man möchte aus dem Titel oder der Zusammenfassung oder sogar dem vollen Text eines Dokuments möglichst automatisch die Schlüsselwörter, die den Inhalt des Dokuments am genauesten beschreiben, herausziehen. Hier muß man unwesentliche Wörter, auch wenn sie in großer Häufigkeit auftreten (wie Artikel und Präpositionen) ausschließen, darf aber wesentliche nicht aus Versehen mit unterdrücken. Ferner erschweren Deklination und Konjugation die Erkennung gleicher Begriffe. Es gibt zwar Algorithmen, die einen großen Teil der Wörter auf ihre Grundformen zurückführen, die aber, da Sprachen keine logischen Systeme sind, auch oft versagen.

Man will jedoch nicht nur Stichwörter automatisch auffinden, sondern ein Dokument auch klassifizieren, also in das Gesamtsystem des Wissens einordnen, damit alle Dokumente über ein bestimmtes Gebiet benachbart sind und sich leicht finden lassen. Das aber ist eine unlösbare Aufgabe, da es ein solches Gesamtsystem des Wissens nicht gibt, sondern nur Systeme, die aus einer bestimmten Sicht zu einem bestimmten Zweck entwickelt wurden wie die Dezimalklassifikation. Klassifikationssysteme sind außerdem starr, sie lassen sich veränderten Bedürfnissen nur schwer anpassen. Dennoch wird die Aufgabe, Dokumente hierarchisch zu klassifizieren und dadurch Ordnung in das menschliche Wissen zu bringen, weiter verfolgt. Der Wert von Klassifikationen ist ferner dadurch eingeschränkt, daß manche Themen zu mehreren Klassen gehören. So gehört ein Aufsatz mit dem Thema „Die Entwicklung der Rechnerindustrie in Rußland" zu den Klassen Informatik, Geografie, Zeitgeschichte und vielleicht auch noch Politik.

Wohl aus diesen Gründen ist die Dokumenterschließung und Dokumentsuche mit Schlüsselwörtern heute das häufigere Verfahren.

Dokumentsuche. Wenn ein Dokument erschlossen und zusammen mit seinen Suchbegriffen in der Dokument-Datenbank abgelegt ist, kann der Benutzer der Dokument-Datenbank danach suchen. Das einfachste und heute zumeist einzig benutzbare ist die sogenannte *boolesche Suche*, bei der der Benutzer einen Suchbegriff oder die logische Verknüpfung mehrerer Suchbegriffe eingibt und die Dokument-Datenbank die Dokumente, die diese Suchbegriffe enthalten, anzeigt. Für das Beispiel „Die Entwicklung der Rechnerindustrie in Rußland" könnten die Stichwörter lauten:

Computer & Rußland & Industrie

Wenn jemand nach CDs mit Liedern der Sängerinnen Erna Berger oder Rita Streich sucht, aber Mozart-Lieder ausschließen möchte, weil er die schon alle besitzt, kann er etwa eingeben:

(Berger + Streich) & Lieder & not Mozart

Die boolesche Suche liefert leider oft ein schlechtes Ergebnis, indem sie zu viele (und damit irrelevante) Dokumente findet oder indem sie passende Dokumente, die aber nicht genau die angegebenen Stichwörter enthalten, nicht findet. Deshalb werden verfeinerte Methoden untersucht, die die Suchwörter gewichten und auch Suchwörter benutzen, die mit den eingegebenen nicht genau übereinstimmen, aber mit ihnen verwandt sind.

Suchmaschinen. Im Internet benutzt man besondere Programme zur Dokumenterschließung, die automatisch die im Web erreichbaren Server aufsuchen und die von ihnen angebotenen Web-Seiten zur Erschließung weiterleiten (*Netz-Roboter*, *Spider*). Das Ergebnis sind sehr große Sammlungen von Suchbegriffen. Der Benutzer des Webs kann dann ein Programm, das *Suchmaschine* (*search engine*) genannt wird, zum Suchen in diesen gewaltigen Sammlungen benutzen. Jedoch werden nicht alle der Millionen Web-Seiten von Suchmaschinen erfaßt. Schätzungen sprechen von nur 30 bis 40 %.

Die Suchmaschinen des Webs finden oft hunderte oder gar tausende Dokumente zu einem Suchbegriff. Sie haben dann die weitere Aufgabe, eine kleine Anzahl der vermutlich wichtigsten davon dem Benutzer mitzuteilen. Was aber sind die vermutlich wichtigsten? Wahrscheinlich diejenigen, die besonders häufig gesucht werden. Aber das können Allerwelts- oder Modebegriffe sein, während der Benutzer etwas ganz Spezielles zu seinem Stichwort sucht. Für diese Schwierigkeiten gibt es keine Lösung, was jeder, der im Internet etwas sucht, am eigenen Leibe erfährt.

Zusammenfassend kann man sagen, daß Dokument-Datenbanken großartige Anwendungen der Informatik sind, die es einem Wissenschaftler *im Prinzip* ermöglichen, sich ohne Mühe und im Handumdrehen vollständige Kenntnis davon zu verschaffen, was irgend jemand auf der Welt zu einem Problem schon im World Wide Web veröffentlicht hat. Das gilt aber leider nur *im Prinzip*, da man in der Fülle der angebotenen Dokumente ertrinken kann. Über die Qualität der aufgeführten Literatur sagen die Dokument-Datenbanken nichts. Welche Dokumente sind die wertvollen, Neues enthaltenden Originalarbeiten, welche sind nur zweiter Aufguß, abgeschrieben oder aus anderen zusammengeflickt? Welche stehen gerade auf dem Niveau, das für den Suchenden am geeignetsten ist? All das herauszufinden, erfordert nach wie vor Spürsinn und Erfahrung. Oft genug muß man sich durch Berge von Unbedeutendem hindurcharbeiten, damit einem ja nur nichts Wichtiges entgeht. Mit einem Wort: Die übermittelte Information ist zum großen Teil nur Scheininformation, die einem nicht viel nützt, sondern womöglich sogar schadet, und man ist in ständiger Gefahr, in Information zu ertrinken.[4]

10.4 Textverarbeitung und Tabellenkalkulation

Zwei Arten der Datenverarbeitung gibt es, die weit über die Gemeinde der Informatiker hinaus von jedem geistig Arbeitenden benutzt werden können und deshalb hier behandelt werden sollen: die *Textverarbeitung* zur Gestaltung von Schriftstücken aller Art und die *Tabellenkalkulation* zur einfachen Durchführung von alltäglichen Berechnungen. Beide sind ohne ausgeprägte Mensch-Maschine-Kommunikation undenkbar und konnten sich deshalb auch erst entwickeln, seit es Mikrocomputer gibt. Beide stellen in sich abgeschlossene Anwendungen mit klaren und einfachen Zielen dar: die Unterstützung des alltäglichen Schreibens und Rechnens. Und gerade wegen der Einfachheit und Allgegenwart dieser Aufgaben kommt ihnen eine nicht leicht zu überschätzende Bedeutung zu.

Textverarbeitung. Textverarbeitungsprogramme hatten anfangs nur die Aufgabe, die Schreibmaschine zu ersetzen. Der Rechner liest die mit der Tastatur eingetippte Zeichenfolge, speichert sie und gibt sie bei Bedarf wieder aus, möglicherweise etwas anders formatiert. Die Vorteile gegenüber der Schreibmaschine lagen zuerst nur darin, daß man den gespeicherten Text vor der endgültigen Ausgabe verbessern konnte, daß man Serienbriefe schreiben konnte (einen Brieftext mit verschiedenen Adressen und Anreden und einigen auswechselbaren Wörtern) und daß man mit automatischem Randausgleich (Blocksatz) schreiben konnte. Trotz dieser schon großen Fortschritte gegenüber der Schreibmaschine hat das allein noch nicht zur größeren Verbreitung der Textverarbeitung mit dem Rechner geführt, weil die Drucker der Rechner ein schlechteres Schriftbild als gute Schreibmaschinen lieferten. Erst der Laserdrucker und der hochauflösende Rasterbildschirm führten eine radikal neue Situation herbei. Mit ihnen wurde es möglich, fast beliebige Buchstabenformen zu erzeugen. Das bedeutet im einzelnen

- verschiedene Schrift*arten* (*fonts*), wie Antiqua, Grotesk, Schreibmaschinenschrift, *Zierschriften* und viele andere;
- verschiedene Schrift*größen*, 9-Punkt, 12-Punkt, 18-Punkt und beliebige Zwischenwerte;
- verschiedene Schrift*formen*, wie *Kursivschrift*, **fette Schrift**, Hohlschrift und Schattenschrift;
- griechische Buchstaben, mathematische Formelzeichen und andere Sonderzeichen, wie ①, ✍, ♣, ✈ und vielen anderen Schnickschnack.

Während die Schreibmaschinenschrift sich auch bei bester Qualität vom Buchdruck dadurch unterscheidet, daß sie eine *Nichtproportionalschrift* ist (ihre Buchstaben nehmen alle den gleichen Platz ein), kann man nun auch *Proportionalschriften* verwenden, in denen zehn „i" (iiiiiiiiii) weniger Platz einnehmen als zehn „w" (wwwwwwwwww). Proportionalschriften verwenden auch schmale Leerzeichen zwischen den Wörtern und ermöglichen damit einen flexibleren Randausgleich als Nichtproportionalschriften. Schließlich hat man noch dafür gesorgt, daß auch Zeichnungen in den laufenden Text aufgenommen und sogar, daß Schriftstücke mehrspaltig und farbig ausgedruckt werden können.

All das führte dazu, daß heute jeder, der einen Rechner und einen geeigneten Drucker besitzt, Schriftstücke hoher Druckqualität anfertigen kann, die sich von den von Schriftsetzern mit Druckmaschinen hergestellten nur noch wenig unterscheiden. Grafische Betriebe, Werbeagenturen und Behörden nutzen das fleißig aus. Man nennt es „Desktop Publishing", also etwa „Veröffentlichen vom Schreibtisch aus". Im Bereich von Informatik und Mathematik schreiben auch viele Autoren ihre Bücher auf diese Weise.

Textverarbeitungssysteme sind für den geistig arbeitenden Menschen ein wunderbares Geschenk der Informatik. Die über die Schreibmaschine hinausgehenden Variationsmöglichkeiten der Textgestaltung führen zu einer anderen Arbeitstechnik und bedeuten eine neue Qualität im Umgang mit dem Wort. Man kann ohne Mühe zuerst schreibend Gedanken sammeln, dann eine Rohfassung des Textes herstellen und schließlich das Werk immer weiter verfeinern und verbessern, bis der Text „steht". Dann kann man ihn so formatieren, daß auch seine äußere Form allen Ansprüchen genügt. Das alles selbst bestimmen und herstellen zu können, gewährt dem Schreibenden große Befriedigung, und er kann sich bald seine Arbeit ohne Textverarbeitungssystem nicht mehr vorstellen.

Ist die Textverarbeitung auf diese Art nun eine Anwendung der Informatik, die keinerlei Nachteile aufweist, nicht mißbraucht werden kann und deshalb rundum eine gute Sache, ein „Segen für die Menschheit" ist? Ja, sicherlich … jedoch …. aber… . Auch hier gibt es Einschränkungen, und Warnungen sind am Platze. Die Möglichkeit, die äußere Form eines Schriftstücks auf so viele Arten zu gestalten, führt dazu, daß die Schreiber ihr Augenmerk nicht mehr wie früher überwiegend auf den Inhalt und die innere Form richten, sondern der äußeren Form zuviel Augenmerk schenken. Manche verbrauchen mehr Zeit als früher für die Abfassung ihrer Schriften (obwohl doch die Textverarbeitung mit dem Rechner Zeit sparen soll), weil sie sich mit allerlei Schnurren der Formatierung abplagen, die für Alltagsschriftstücke entbehrlich sind. Andere redigieren ihr Werk, nachdem es einmal geschrieben ist und äußerlich korrekt aussieht, nicht mehr sorgfältig genug, so daß Rechtschreibfehler, Zeichensetzungsfehler, schlecht gebaute Sätze und andere sprachliche Mängel zurückbleiben. Die Folge davon ist, daß Büros, Laboratorien und der Büchermarkt mit äußerlich perfekt aussehenden Werken überschwemmt werden, von denen die Leser irrtümlich, aus Tradition, annehmen, daß auch ihr Inhalt mit Sorgfalt abgefaßt ist und daß die Bedeutung des Inhalts der perfekten äußeren Form entspricht. Wir erleben heute eine Flut schriftlicher Auslassungen, Bücher eingeschlossen, deren sprachliche und inhaltliche Dürftigkeit in einem krassen, vorher nie dagewesenen Mißverhältnis zu ihrer ansprechenden, ja professionellen Form steht. Die Möglichkeit, Schriftsätze von Druckqualität so leicht herzustellen, ist eine der Ursachen dafür.

Tabellenkalkulation. So nützlich Rechner zur Durchführung umfangreicher Berechnungen sind, so unnütz waren sie bis etwa 1980 zur Durchführung kleiner Zahlenrechnungen, wie wir sie täglich brauchen, zum Beispiel bei der Führung eines Haushaltsbuches, der Ausgabenplanung für die nächste Reise oder der Verfolgung der Aktienkurse. Der Grund dafür liegt darin, daß sie für jede Aufgabe eigens programmiert werden müssen; und das ist so umständlich, daß es sich für einfache Aufgaben nicht lohnt.

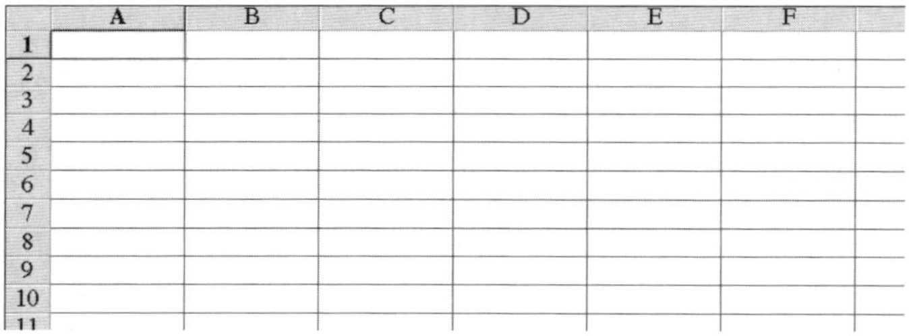

	A	B	C	D	E	F
1						
2						
3						
4						
5						
6						
7						
8						
9						
10						
11						

Bild 8   Leere Tabelle

Hier kommen Tabellenkalkulationsprogramme zu Hilfe. Sie beruhen auf der Idee, dem Benutzer ein leeres Schema aus Zeilen und Spalten zur Verfügung zu stellen (Bild 8), in dessen Kästchen er irgendwelche Zahlen oder Texte eintragen kann. Die Tabelle ist nach rechts und nach unten (fast) beliebig weit fortsetzbar zu denken, so daß keine Platzprobleme entstehen.

Nehmen wir an, wir wollen mit einem Tabellenkalkulationsprogramm ein kleines Haushaltsbuch führen, in das wir für einen Monat alle Einnahmen und Ausgaben eintragen. Die Ausgaben sollen in die Sparten *Wohnung*, *Haushalt*, *Auto*, *Sonstiges* eingeteilt werden, am Monatsende sollen die Ausgaben in den einzelnen Sparten summiert werden, und der Gewinn (oder Verlust) soll auch berechnet werden.

Zuerst einmal können wir die Trennlinien zwischen den Spalten der Tabelle individuell mit der Maus oder durch Tastatureingaben so verschieben, daß die Spalten die Breiten bekommen, die wir gerade brauchen. Dann tragen wir die Bedeutungen der einzelnen Spalten in die Felder der obersten Zeile ein. Bild 9 zeigt das Ergebnis:

	A	B	C	D	E	F	
1	Gegenstand	Einnahmen	Wohnung	Haushalt	Auto	Sonstiges	
2							
3							
4							
5							
6							
7							
8							
9							
10							
11							

Bild 9   Leere Tabelle mit benannten Spalten

Nun können wir die einzelnen Ausgaben eintragen, indem wir eines der Kästchen mit Maus oder Tastatur auswählen und einen Text oder eine Zahl hineinschreiben. Die Tabelle kann jederzeit gespeichert und das Eingeben von Daten ein anderes Mal fortgesetzt werden. Das Ergebnis am Monatsende möge so aussehen, wie es Bild 10 zeigt.

	A	B	C	D	E	F	
1	Gegenstand	Einnahmen	Wohnung	Haushalt	Auto	Sonstiges	
2	Miete		1304,20				
3	Lebensmittel			1030,00			
4	Putzmittel			72,20			
5	Gehalt	4635,00					
6	Sonstige Einnahmen	140,00					
7	Benzin				221,40		
8	Geschenke					43,80	
9							
10							
11							

Bild 10   Tabelle mit eingegebenen Daten (in DM)

	A	B	C	D	E	F	
1	Gegenstand	Einnahmen	Wohnung	Haushalt	Auto	Sonstiges	
2	Miete		1304,20				
3	Lebensmittel			1030,00			
4	Putzmittel			72,20			
5	Gehalt	4635,00					
6	Sonstige Einnahmen	140,00					
7	Benzin				221,40		
8	Geschenke					43,80	
9							
10	Summen	4775,00	1304,20	1102,20	221,40	43,80	
11							
12							
13							

Bild 11   Tabelle mit Summen

Das ist übersichtlich, aber bisher wurde noch nichts berechnet. Nun kann man das Programm auf einfache Art mit Maus oder Tastatur anweisen, Felder, die Zahlen enthalten, auf bestimmte Weise miteinander zu verknüpfen und das Ergebnis in ausgewählte leere

Kästchen zu schreiben. Hier schreiben wir vor, daß in Zeile 10 die Summe aller darüberliegenden Zeilen in derselben Spalte geschrieben werden soll. Das Ergebnis zeigt Bild 11.

Die Summen der einzelnen Ausgabearten kann man wieder vom Programm addieren und in das Feld unter die Summe der Einnahmen schreiben lassen. Wir wollen aber noch die prozentuale Verteilung der Ausgaben sehen und geben dazu die Anweisung, daß in Zeile 11, Spalte C bis F die Ergebnisse der Division des darüberliegenden Feldes durch die Summe aller Ausgaben angezeigt werden sollen, und zwar in Prozent. Schließlich kommt noch die Berechnung des Gewinns als Differenz von Einnahmen und Ausgaben hinzu, und das kleine Haushaltsbuch ist fertig (Bild 12).

	A	B	C	D	E	F	
1	Gegenstand	Einnahmen	Wohnung	Haushalt	Auto	Sonstiges	
2	Miete		1304,20				
3	Lebensmittel			1030,00			
4	Putzmittel			72,20			
5	Gehalt	4635,00					
6	Sonstige Einnahmen	140,00					
7	Benzin				221,40		
8	Geschenke					43,80	
9							
10	Summen	4775,00	1304,20	1102,20	221,40	43,80	
11	Ausgaben	2671,60	49%	41%	8%	2%	
12	Gewinn	2103,40					
13							

Bild 12   Tabelle mit Summen, Prozenten und Gewinn

Die meisten Leser dieses Buches werden mit Tabellenkalkulationsprogrammen umgehen können und vielleicht über die Einfachheit des hier entwickelten kleinen Haushaltsbuches lächeln. Es soll deshalb betont werden, daß heutige Tabellenkalkulationsprogramme viel mehr können: komplizierte Operationen ausführen, wie das Maximum und den Mittelwert von Zeilen oder Spalten berechnen, mathematische Funktionen wie den Sinus berechnen, die Felder mehrerer, getrennter Tabellen miteinander verknüpfen und vieles andere. Dazu kommt die Möglichkeit, die tabellarisch dargestellten Daten auch grafisch in Form von Diagrammen ausgeben zu lassen, was oft die in den Tabellen enthaltene Aussage besonders gut wiedergibt. Das durch den Aufbau der Tabelle festgelegte Rechenschema gestattet es, die Daten in den Feldern beliebig zu variieren und sofort danach die Auswirkung dieser Variationen auf die Ergebnisse zu sehen. Mit anderen Worten: Man kann durch Probieren die Auswirkungen von Datenänderungen am Modell studieren. Es gibt Finanzbeamte, Manager und Privatleute, für die Tabellenkalkulationsprogramme unentbehrlich geworden sind.[5]

Interessant ist, daß der Benutzer die Eingabe der Anweisungen, welches Feld mit welchem verknüpft werden soll, auch als Programmieren empfindet, obwohl dabei kein Befehl niedergeschrieben wird. Es gibt Legionen von Menschen, die Tabellenkalkulationsprogramme „programmieren", ohne je etwas vom eigentlichen Programmieren in Assembler- oder algorithmischen Sprachen gehört zu haben. Und sie haben recht, wenn sie ihre Tätigkeit „programmieren" nennen, denn sie sagen einer Maschine, was sie ausführen soll, und das ist Programmieren. Man sollte also den Begriff des Programmierens nicht zu eng auslegen und sich darüber klar sein, daß er allein, ohne nähere Bestimmung, unscharf und mehrdeutig ist.

Ferner sollte man bei der täglichen Benutzung eines Tabellenkalkulationsprogramms ab und zu immer wieder darüber staunen, wie vielseitig die anfangs so primitiv und starr erscheinende Idee des in Kästchen eingeteilten Rechenblattes ist und welche unendlichen Anwendungsmöglichkeiten in ihr verborgen sind.

10.5 Hypertext und Multimedia

In diesem Abschnitt sollen zwei jüngere, mit der Textverarbeitung in engem Zusammenhang stehende Anwendungsgebiete des Rechners beschrieben werden; sie sind unter den Schlagworten „Hypertext" und „Multimedia" bekannt.

10.5.1 Hypertext

So viele Vorteile die Textverarbeitung mit dem Rechner auch hat, haftet ihr noch immer eine Eigenschaft herkömmlicher Texte an, die oft als Nachteil empfunden wird: das Eindimensionale, die Linearität. Manchmal ist diese Linearität eine Zwangsjacke. So spielt sich das Schreiben eines Buches meist nicht linear ab: Es beginnt mit dem Sammeln von Gedanken, darauf folgt das Ausführen einiger Abschnitte, das Verwerfen, Umstellen, Neuformulieren und Vervollständigen, bis endlich alles in der erforderlichen linearen Folge dasteht. Auch das Lesen eines Buches spielt sich manchmal nur notgedrungen linear ab, und zumindest bei Fach- und Sachbüchern wäre es dem Leser oft lieb, wenn er von der linearen Lektüre abweichen könnte. Dazu behilft man sich mit Fußnoten, Verweisen auf andere Abschnitte, mit einem Stichwortverzeichnis, einem Literaturverzeichnis und mit Zusammenfassungen an wichtigen Stellen. Manchmal gehört auch ein Gegenstand zu zwei Kapiteln und sollte im Zusammenhang beider gelesen werden können.

Der Rechner ermöglicht es erstmalig, diese Linearität zu durchbrechen. Man kann ja Texte portionsweise speichern und die Portionen als Knoten eines Graphen auffassen, die durch Verweise miteinander verbunden sind. Für dieses Buch könnte der Graph ungefähr so aussehen, wie es Bild 13 zeigt. Die Knoten sind dabei die Kapitel, die Pfeile beschreiben die Reihenfolge, in der man die Kapitel lesen kann.

Das ist die Idee von *Hypertext* (deutsch etwa „Übertext"): ein Dokument, bestehend aus Texten und Zeichnungen, in Abschnitte zu zerlegen, die miteinander vernetzt sind, und dem Benutzer (dem Schreiber und dem Leser) das Dokument auf dem Bildschirm abschnittsweise so zu präsentieren, daß er von einem Knoten zum anderen springen und damit die Bearbeitungsreihenfolge selbst bestimmen kann.

Das ist aber noch nicht alles. Man kann „hinter" einem Hypertextdokument Informationen verstecken und bei Bedarf hervorholen. Zum Beispiel kann der Verfasser eines Hypertextes zu jedem Fachbegriff seine Erklärung und zu jeder im Text vorkommenden Person ihre Kurzbiografie speichern. Wenn der Leser diese verborgenen Informationen sehen will, klickt er den betreffenden Begriff oder Eigennamen einfach an, und die verborgene Erläuterung erscheint auf dem Bildschirm. Das bietet sich unter anderem für die Dokumentation von Programmtexten an, bei der man Kommentare oder Prozedurrümpfe im Hauptdokument verbergen möchte. Solche Dokumente sind wirklich „Übertexte", weil hinter ihrer Erscheinung noch eine Welt von weiteren Texten stecken kann.

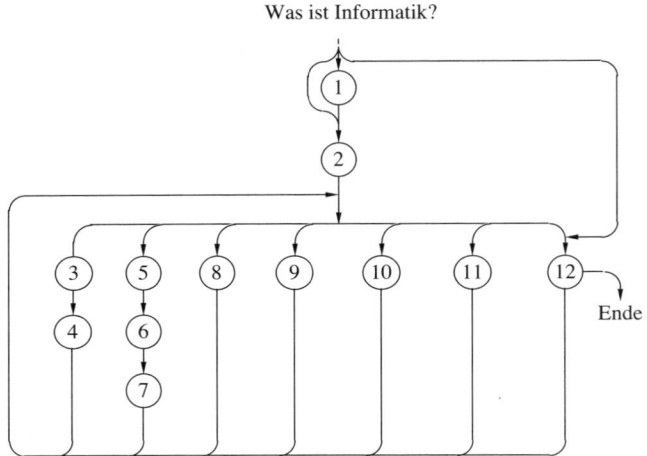

Bild 13   Strukturgraph des vorliegenden Buches (die Knoten sind die Kapitel,
die Pfeile beschreiben mögliche Lesereihenfolgen)

Die auf den ersten Blick frappierenden Neuerungen, die Hypertext mit sich bringt, haben einige Leute zu der Prognose veranlaßt, daß wir in Zukunft nur noch Hypertext schreiben und lesen werden Das ist jedoch nicht zu erwarten, denn Hypertext hat auch seine Probleme und Nachteile. Der größte Nachteil besteht wohl darin, daß man Hypertext-Dokumente nur vor dem Rechner sitzend lesen und herstellen kann. Ferner weiß man bei der herkömmlichen Textanordnung immer, wo man ist, also was schon hinter und was noch vor einem liegt. Das ist bei Hypertext nicht der Fall. Es kann passieren, daß man beim Durchwandern des Textes Teile ausläßt und daß man auf Teile, die man schon gelesen hat, immer wieder verwiesen wird. Ein weiteres Problem von Hypertext besteht darin, daß er unter Umständen so viel an Nebeninformationen und Verzweigungsmöglichkeiten bietet, daß man dadurch vom wesentlichen Inhalt abgelenkt wird und wie beim Suchen in einem Lexikon, das, was man eigentlich wissen wollte, aus dem Blick verliert und schließlich nicht mehr weiß, was man eigentlich wollte (und beim Hypertext: an welcher Stelle man sich gerade befindet). Außerdem ist das Lesen eines Textes mit vielen Verzweigungen anstrengender als das eines linearen Textes, und schließlich ist auch die Herstellung eines Hypertextes sehr aufwendig.

Immerhin bietet Hypertext neue, interessante Möglichkeiten der Informationsvermittlung. Er schlägt auch eine Brücke zu Datenbanken, Expertensystemen und Rechnerunterstütztem Unterricht. Die am Ende von Kapitel 6 erwähnten Hilfesysteme sind Hypertextsysteme, und im World Wide Web (Kapitel 4.7) wird von Hypertext starker Gebrauch gemacht.

10.5.2 Multimedia

Wie in Abschnitt 2.2 gezeigt wurde (und wie zumindest seit der Einführung der Compact Disk ohnehin jeder weiß), lassen sich auch Musik, Fotos und Videofilme digital speichern. Es gibt damit drei Medien: Texte, Klänge und Bilder, die vom Rechner gespeichert und verarbeitet, das heißt verändert werden können. Man kann – wenigstens im Prinzip – alle drei Medien vom Rechner *vereint* verarbeiten lassen, zum Beispiel einen Film, einen dazugehörigen Text und Hintergrundmusik getrennt speichern und dann den Film mit dem gespeichertem Text unterlegen und dazu die gespeicherte Musik abspielen. Solche Anwendungen des Rechners bezeichnet man gesamthaft mit dem Schlagwort „Multimedia", was sich etwa mit „Medienverbund" oder „Mehrmedientechnik" übersetzen läßt.

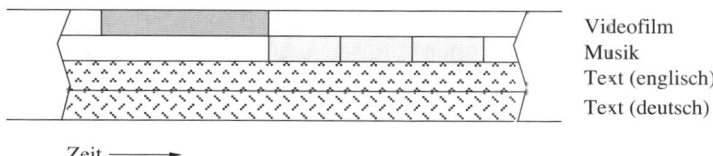

Videofilm
Musik
Text (englisch)
Text (deutsch)

Zeit ———▶

Bild 14   Prinzip von Multimedia

Das Prinzip von Multimedia zeigt Bild 14. Man hat einen Videofilm, Klänge und Texte auf externen Speichern gespeichert und schreibt ein Programm, das den Ablauf eines „multimedialen Geschehens" auf einem *gedachten* Band aufzeichnet. Das Band hat beliebig viele Spuren, hier eine für Videofilm, eine für Musik und je eine für gesprochenen Text in englisch und deutsch. Es hält die zeitliche Folge der Vorgänge fest, die stattfinden sollen, zusammen mit allen zwischen ihnen benötigten Synchronisierungen. Das Band ist in Wirklichkeit eine komplizierte Abbildung im Arbeitsspeicher mit Verweisen auf die Medienstücke, die auf Plattenspeichern stehen.

Jedermann „programmiert" sich damit seine eigene Videoschau mit Tonuntermalung. Mehr noch als für Privatpersonen öffnen sich hier Perspektiven für die Werbebranche und für Personen, die Vorträge halten müssen. Da alle gespeicherten Daten frei miteinander kombinierbar sind und alle zeitraubende Handarbeit, wie das Kleben von Bändern und das Unterlegen von Filmen mit Geräuschen wegfällt, verspricht sich die Rechner-Unterhaltungsindustrie hier einen großen Markt.

Datenkompression. Technische Probleme machen bei Multimedia die gewaltigen Datenmengen, die gespeichert und in kürzester Zeit übertragen werden müssen. Eine Sekunde Stereomusik von CD-Qualität belegt rund 170 Kilobyte, ein Foto hoher Qualität rund 18 Megabyte und eine Sekunde Farbfernsehen rund 27 Megabyte. Wo sollen diese riesigen Datenmengen gespeichert werden und auf welche Weise kann man sie mit der notwendigen Geschwindigkeit vom Speichermedium zum Ausgabegerät übertragen? CD-ROMs fassen etwa 650 Megabyte und gestatten Übertragungsgeschwindigkeiten von 150 Kilobyte pro Sekunde. Man kann demnach nur 33 Fotos oder 5 min Fernsehen auf einer CD-ROM unterbringen. Und die Übertragungsgeschwindigkeit von CD-

ROMs müßte 180 mal so groß sein wie sie tatsächlich ist, damit Fernsehen in Echtzeit übertragen werden kann.

Das Zauberwort in dieser Situation heißt „Datenkompression". Die Daten auf einem Speichermedium lassen sich nämlich durch Umcodierung gegenüber ihrer regulären Darstellung „verdichten". Dazu gibt es eine ganze Reihe von Verfahren. Um zum Beispiel einen Text zu speichern, braucht man nicht 8 Bits für jedes Zeichen wie im ASCII, sondern man kann sich die ungleiche Verteilung der Buchstaben zunutze machen (wie beim Morsecode). Das häufige „e" kann man durch ein oder zwei Bits, das seltene „q" dafür durch mehr als 8 Bits codieren. In einem statischen Bild (Zeichnung, Foto) gibt es lange Punktfolgen, die ihre Farbe nicht ändern: sie können durch eine Farb- und eine Längenangabe zusammengefaßt werden. Bei bewegten Bildern ändert sich von Bild zu Bild meist nur ein geringer Teil des Bildinhalts, weshalb man im Prinzip nur diese Teiländerungen zu übertragen braucht. Bei Musikstücken ist es entsprechend.

Mit Kompressionstechniken gelingt es, ohne Informationsverlust Texte auf etwa die Hälfte und Bilder auf etwa ein Viertel ihres Datenvolumens zu verdichten. „Ohne Informationsverlust" heißt, daß man aus den komprimierten Fassungen die Originale wieder herstellen kann, genau so, wie sie ursprünglich waren. Bei Bildern, besonders bei bewegten, kann man jedoch Qualitäts*verluste* hinnehmen, ohne daß sie das Auge stören. Ebenso kann man bei Klängen Höheneinbußen hinnehmen. Wenn man dazu bereit ist, kann man Bilder und Klänge auf etwa ein Zehntel ihres Datenvolumens, unter Umständen sogar noch stärker komprimieren.

Um später die komprimierten Daten in Text, Musik und Bild rückzuverwandeln, muß man sie *expandieren*, also den Komprimierungsvorgang umkehren, wie es Bild 15 zeigt.

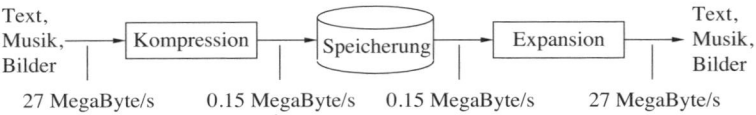

Bild 15   Kompression, Speicherung und Expansion mit Übertragungsgeschwindigkeiten

Datenkompression und -expansion kosten Zeit, besonders viel, wenn man sie mit Software durchführt. Die Wiedergabe von Videofilmen und Musikstücken muß jedoch in Echtzeit geschehen, und das geht am besten, wenn man Kompression und Expansion weitgehend mit Hardware durchführt. Und auch dann noch liegen die Geschwindigkeitsanforderungen an solche Schaltungen so hoch, daß sie erst seit kurzer Zeit erfüllbar geworden sind.

Hypermedia. Die bisher geschilderte Art von Multimedia ist dadurch gekennzeichnet, daß man die Reihenfolge, in der die einzelnen Medienstücke aus Text, Ton und Bild an die Reihe kommen sollen, programmiert und so ein für allemal festlegt. Der „Benutzer" des Programms hat nur die Möglichkeiten, den Ablauf anzuhalten, Teile zu wiederholen oder zu überspringen, wie bei einem Ton- oder Videoband. Das bezeichnet man als „Multimedia" im engeren Sinn. Da die Information aus Text, Ton und Bild jedoch stückweise im Rechner abgespeichert ist, liegt die Idee nahe, ihre Reihenfolge vom Benutzer (nicht vom Programmierer!) interaktiv bestimmen zu lassen. So wie beim Hypertext der Benutzer angibt, welches Textstück er als nächstes sehen möchte, sollte er hier angeben können, was er als nächstes sehen oder hören möchte. Diese Idee wurde verwirklicht und „Hypermedia" genannt. Hypermedia ist also eine weiterentwickelte Form von Multimedia, bei der der Benutzer durch Kommunikation mit dem Multimediasystem den Ablauf durch das Informationslabyrinth selbst bestimmt. Man kann sie auch als eine Weiterentwicklung von Hypertext ansehen, bei der das Medium Text durch die Medien Text, Ton und Bild ersetzt ist.

Gibt es Anwendungen hierfür? Ja, und sogar erstaunlich viele. Hier sind einige, über die in der Literatur berichtet wird.

- Wegweiser durch Bibliotheken, Museen, Warenhäuser und andere große Sammlungen von Gegenständen. Der Benutzer sieht hier außer Texten auch Bilder, die ihn bei seinem Weg zum Ziel geleiten.
- Verkaufskataloge, in denen die zu verkaufenden Objekte durch Text und Bild beschrieben sind, zum Beispiel Autos, Immobilien, Möbel.
- Reparaturanleitungen, bei denen die Gegenstände gezeigt werden, an denen man die Reparatur auszuführen hat und die Handgriffe, mit denen man sie ausführt.
- Ein elektronischer Weltatlas mit vielen hundert Einzelkarten, denen man neben den üblichen geographischen Daten, wie man sie in guten Atlanten findet, auch die Position der Orte (Länge und Breite), Entfernungen zwischen beliebigen Punkten und weitere Angaben, die nicht in Atlanten stehen, entnehmen kann.
- Stadtpläne mit Sehenswürdigkeiten, Entfernungsangaben und Verkehrsmitteln, denen der Benutzer seine persönlichen Anmerkungen (zum Beispiel die Wege, die er gegangen ist) hinzufügen kann.

Während bei diesen Anwendungen Text und Bild im Vordergrund stehen und der Ton weitgehend entbehrlich zu sein scheint, lassen sich auch solche ausdenken, in denen der Ton eine wichtige Rolle spielt. Hierzu drei Beispiele:

- Ein Informationssystem über Vogelarten, bei dem neben Text, Bild (Fotos oder Zeichnungen der Vögel, Landkarten ihres Verbreitungsgebietes) auch der Gesang der Vögel wiedergegeben wird und der Vogel im Flug als Film gezeigt wird.
- Ein Kursus über Musikinstrumente, in dem die einzelnen Instrumente beschrieben, ihr Gebrauch und ihr Klang gezeigt werden.
- Erläuterungen musikalischer Werke, die neben Texten, Bildern (des Komponisten und der Noten) auch die Musik der Werke enthalten, so daß der Benutzer sich einzelne Themen, einzelne Sätze und schließlich das Werk als Ganzes anhören kann.

Die Ideen für Anwendungen von Hypermedia gehen aber noch viel weiter. Wenn man schon zum Beispiel in einem Museum den einzelnen Ausstellungsstücken Rechner hinzufügt, denen der Besucher Informationen über die Ausstellungsstücke entnehmen kann, warum sollte man nicht das ganze Museum gleich *im Rechner* aufbauen? Der Benutzer sitzt dann zu Hause vor seinem Bildschirm, wandert auf Knopfdruck oder Mausklick durch das Museum und läßt sich die Ausstellungsstücke erklären. Hier treffen sich Hypermedia und die virtuelle Realität, die in Kapitel 9 behandelt wurde. Kapitel 12 enthält einige kritische Bemerkungen hierzu.

10.6 Weitere Anwendungsgebiete

Am Ende dieses Kapitels wollen wir noch einige weitere nichttechnische Anwendungsgebiete des Rechners erwähnen.

Da ist einmal die *Büroautomation*. Darunter versteht man alle Bestrebungen, die Abläufe in Büros, oder allgemeiner in Verwaltungen, zu automatisieren. Das Ziel war dabei eine Zeitlang das „papierlose Büro", in dem alle Kommunikation über Sichtgeräte, Telefon, Telefax und andere elektronische Kommunikationsmöglichkeiten geschieht. Ein Bestandteil davon sind natürlich die Textverarbeitungs- und Tabellenkalkulationsprogramme. Aber bei der Büroautomation werden sie nicht als isolierte Anwendung gesehen, sondern im Zusammenwirken mit allen übrigen Automatisierungsmöglichkeiten. Aller Erfahrung nach geht es aber ohne Papier nicht. Im Gegenteil: nie wurde in Büros so viel Papier verbraucht wie heute!

Betriebswirtschaftliche und volkswirtschaftliche Anwendungen sind zum größten Teil einfach Datenverarbeitung, mit den Kennzeichen, die bereits genannt wurden: Große Datenmengen, einfache Verarbeitung, Verwendung mehrerer Dateien, ständige, meist periodische Wiederholung derselben Programme. Charakteristische Bereiche für die datenverarbeitenden Aufgaben der öffentlichen Verwaltung sind das Finanzwesen, das Einwohnermeldewesen, das Bauwesen und die Führung zahlloser Verzeichnisse, wie zum Beispiel Kataster (Computergrundbuch) und zugelassene Kraftfahrzeuge. Eng damit verbunden ist die Führung von Statistiken über die in den Verzeichnissen enthaltenen Daten.

Zur Anwendung der Informatik im *Rechtswesen* gehören zwei Themenkomplexe: einerseits die Anwendung der Datenverarbeitung in der Rechtsprechung, andererseits Rechtsfragen, die die Datenverarbeitung mit sich bringt, wie das Datenschutzgesetz. Für die Informatik sind besonders die Versuche interessant, Gesetzestexte so zu formalisieren, daß sie eindeutig und widerspruchsfrei werden. Als Ziel schwebt dabei wohl manchem vor, daß der Richter den Sachverhalt eintippt und der Rechner das Urteil und seine Begründung ausdruckt. Das erweist sich als Illusion, denn Rechtsnormen sind nicht oder nur zu kleinen Teilen formalisierbar. Sie sollen es auch nicht sein, weil Rechtsprechung immer an Werturteile, Auslegungen, Ermessensfragen, Analogiedenken und andere dem Rechner nicht zugängliche Dinge gebunden ist. Sie zu formalisieren ist unmöglich, und wenn es möglich wäre, würde es zu einem so starren System von Gesetzen führen, wie man es sich in einer sich ständig ändernden und wertpluralistischen Gesellschaft nicht wünschen kann.

Datenbanken haben im Recht ein großes Einsatzgebiet. Bei der Fülle der Gesetze und ihrer ständigen Novellierungen kann es eine unschätzbare Hilfe sein, aus einer Datenbank den neuesten Wortlaut eines Gesetzes oder eine Liste aller Stellen, in denen etwas zu einem bestimmten Problem gesagt wird, oder eine Sammlung von Präzedenzurteilen herausziehen.

Das letzte Teilgebiet, das hier erwähnt werden soll, ist der Einfluß der Informatik auf das *Bildungswesen*. Er begann in den sechziger Jahren mit den Ideen zu einem computerunterstützten Unterricht. Man setzte damals große Hoffnungen darauf, den Rechner als Lehrer verwenden zu können. Herausgekommen ist dabei nicht viel, aber die Idee ist geblieben, und es gibt heute eine Reihe von Computer-Lehrprogrammen. In dieses Gebiet gehören auch die Fragen, ob und in welchem Umfang Informatik in der Schule gelehrt und das Internet in den Schulen verwendet werden soll. Wir kommen darauf in Kapitel 12 zurück.

11

Angewandte Informatik III
(Künstliche Intelligenz)

> Das Unendliche mindert sich nicht,
> wenn das Endliche wächst.
> Und das Geheimnis verbleibt.
>
> Werner Bergengruen

Bereits am Ende der vierziger Jahre, also bald nach der Erfindung des Computers, machte man sich Gedanken über Analogien zwischen Computer und Gehirn. Der Gedanke drängte sich schon dem Laien auf: im damaligen Rechner ein Drahtgewirr, das einem mikroskopischen Bild vom Gehirn auffallend ähnelte, und ein Speicher, der – zumindest in seiner Funktion – nichts anderes als ein Gedächtnis ist; im Rechner ablaufende Befehlsfolgen, im Gehirn ablaufende Gedankenfolgen. Bald nannte man die Computer „Elektronengehirne"; ein Name, der halb scherzhaft halb ernsthaft gemeint war und zugleich etwas Dämonisches mitklingen ließ. Zu allem Überfluß bekamen die Gehirnforscher auch noch heraus, daß das Gehirn mit elektrischen Impulsen und sogar nach dem Alles-oder-Nichts-Prinzip, wie der Rechner, arbeitet, und Programme für die Brettspiele Dame und Schach zeigten, daß der Rechner mehr als nur Daten verarbeiten kann. Da gab es für einige der damaligen Rechnerfachleute kein Halten mehr: der Rechner *ist* ein Gehirn. Man muß seinen Speicher nur groß genug und seine Programme nur komplex genug machen, um ihn *denken* zu lehren und schließlich einmal dem menschlichen Gehirn ebenbürtig, wenn nicht gar überlegen zu machen. Das ist die Idee der sogenannten *künstlichen Intelligenz*, abgekürzt *KI* (*artificial intelligence*, abgekürzt *AI*).

Das Gebiet war anfangs allerdings zu neu, sein Ziel zu kühn und mit den damaligen technischen Mitteln unerreichbar; es zog deshalb nur wenige Forscher an. In den siebziger Jahren änderte sich das. Man fand Analogien zwischen dem logischen Schließen und dem Programmieren, entwickelte spezielle Sprachen für die Speicherung von Wissen im Rechner und brauchte für verschiedene Aufgaben ein möglichst „intelligentes Verhalten" von Rechnern, zum Beispiel für die Steuerung von Robotern. Einige Forscher vermochten durch das Ausmalen großartiger Perspektiven das Interesse einer breiten Öffentlichkeit für die Künstliche Intelligenz zu wecken, Regierungen gaben Geld für Forschungsarbeiten auf dem Gebiet aus, und als Folge davon wurde die Künstliche Intelligenz in den achtziger Jahren der große Schlager. Rechner spielen inzwischen besser Schach als Menschen, sie stellen medizinische Diagnosen, Roboter ersetzen die Arbeiter in den Fabriken, rechnergesteuerte Frühwarnsysteme überwachen den Luftraum, und Rechner sollen sogar in militärischen Situationen Entscheidungen fällen, wenn für menschliche Entscheidungen die Zeit nicht ausreicht.

Kein Teilgebiet der Informatik hat so großes Interesse in der Öffentlichkeit erfahren und keines ist auf so unklaren Begriffen aufgebaut wie die Künstliche Intelligenz. Es gibt Kritiker ihres Programms, aber sie hatten es schwer, gehört zu werden. Ihnen stand ein Heer von Forschern gegenüber, die glühende Befürworter der Künstlichen Intelligenz waren (und es zum großen Teil noch sind). Inzwischen sieht man klarer und kann vernünftiger miteinander reden. Aber die Kontroverse darüber, was Künstliche Intelligenz eigentlich sein soll, was sie leisten und was sie nicht leisten kann, blieb bis heute bestehen.

Nicht die Anwendungen der Künstlichen Intelligenz stehen in diesem Kapitel im Vordergrund, sondern die Ideen und die Methoden, mit denen man Rechnern Intelligenz beizubringen versucht.

11.1 Begriff, Teilgebiete und Ziele

Eine Definition der Künstlichen Intelligenz lautet:

> Künstliche Intelligenz ist das Studium der geistigen Fähigkeiten des Menschen mit Hilfe von Computermodellen (nach [Charniak] S. 6).

Das klingt vernünftig. Man benutzt den Rechner, um besser verstehen zu lernen, wie die Informationsverarbeitung im Menschen vor sich geht. Dazu konstruiert man Rechnermodelle für das Aufnehmen und Erkennen von Bildern durch Auge und Gehirn, für das Hören und Verstehen von Sprache durch Ohr und Gehirn, für das Handeln in einer Umwelt (mit Händen greifen und sich im Raum bewegen) und für das Sprechen (Nachrichten an die Umwelt übermitteln). Alle diese Teilmodelle wirken zusammen und müssen von einem zentralen Teilmodell – eben dem Gehirn – koordiniert werden (Bild 1).

Das zentrale Teilmodell muß die (modellierten) Sinneseindrücke verarbeiten, das heißt die Situation erkennen, in der sich das ganze System befindet und sich auf Grund dieser Erkenntnis für Aktionen entscheiden, die sich in den Modellen des Handelns und Sprechens ausdrücken. Dazu ist logisches Schließen erforderlich und das Planen von Handlungen zur Erreichung eines Zieles. Das Ziehen logischer Schlüsse setzt nicht unbedingt ein Verständnis der Situation voraus. Es sollte deshalb erweitert werden durch das „Ver-

stehen" und das Erklären der Situation. Schließlich gehört für uns zur Intelligenz die
Fähigkeit zu lernen, deshalb sollte das zentrale Modell auch lernen können.

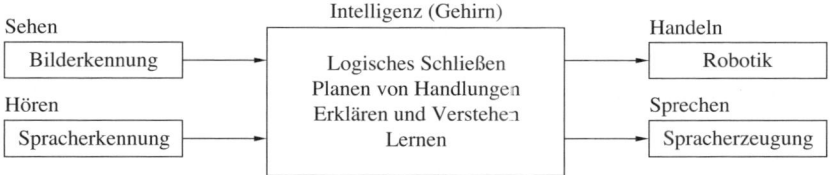

Bild 1   Teilgebiete der künstlichen Intelligenz (nach [Charniak] S. 7)

Damit haben wir bereits die Teilgebiete der künstlichen Intelligenz genannt: Das
künstliche Sehen, das Verstehen eingegebener Sprache, die Ausführung von Handlungen (Robotik), sprachliche Äußerung und zentral, alle anderen Teile zusammenhaltend
und steuernd, Wissensdarstellung und Wissensverarbeitung.

Es ist nun höchste Zeit, etwas über den Begriff „Intelligenz" zu sagen, über die Bedeutung, in der er hier benutzt wird. Dabei soll vorläufig nur von einem *intelligenten Verhalten* die Rede sein. Die Überlegung, wie man zu einem Begriff des intelligenten Verhaltens von Maschinen kommen kann, ist die: Wenn sich eine Maschine in einer
bestimmten Situation ähnlich wie ein Mensch verhält und man dem Menschen auf
Grund seines Verhaltens Intelligenz bescheinigen würde, dann muß man wohl auch der
Maschine Intelligenz zugestehen. Wann ist nun menschliches Verhalten als intelligent
anzusehen? Das ist sicherlich nicht leicht festzulegen, aber die meisten Menschen sind
sich darüber einig, daß Schachspielen und logisches Schließen schwierige Dinge sind,
die nicht jeder beherrscht. Die Väter der künstlichen Intelligenz haben angenommen,
daß man solche Tätigkeiten unbesehen als Musterbeispiele für intelligentes Verhalten
gelten lassen kann. Wenn man nun Rechner dazu bringt, es hierin dem Menschen gleich-
zutun, wird man ihnen also Intelligenz nicht absprechen können.

Diese Auffassung von Künstlicher Intelligenz ist bescheiden und vernünftig. Es geht ja
nur um intelligentes „Verhalten", nicht um „wirkliche Intelligenz". Man nennt diese
Richtung deshalb auch *weiche KI* oder *praktische KI* (*weak AI*). Im Gegensatz zu ihr
steht eine Richtung, die glaubt, das menschliche Denken und – was für diese Richtung
das gleiche ist – die Arbeitsweise des menschlichen Gehirns ergründen und mit dem
Rechner nachahmen zu können. Ihr Endziel ist es, einen künstlichen Menschen zu
bauen.[1] Diese Richtung nennt man *harte KI* oder *theoretische KI* (*strong AI*). Sie ist der
Gegenstand philosophischer Kontroversen.

Das zentrale Dogma der harten KI lautet:

> Die Vorgänge im Gehirn gleichen – auf einer bestimmten Abstraktionsebene betrach-
> tet – den Vorgängen im Computer.

Wie aber ist das möglich? Der Rechner verarbeitet Symbole und nichts als Symbole,
vom Gehirn wird man das jedoch nicht gut sagen können. Hierzu wurde von den Vätern
der harten KI, Newell und Simon, die sogenannte *Hypothese des physischen Symbol-
systems* aufgestellt, die lautet:

Intelligentes Verhalten, sei es von Menschen oder Maschinen, gründet sich auf drei Dingen:

1 Symbolmustern zur Darstellung der kennzeichnenden Aspekte eines Problembereichs;

2 Operationen mit diesen Mustern zur Erzeugung möglicher Lösungen von Problemen;

3 Suchverfahren, um die Lösungen aus diesen Möglichkeiten auszusieben.

Das soll anscheinend heißen, daß sich auch die Tätigkeit des Gehirns als Symbolverarbeitung auffassen läßt und deshalb nicht wesentlich von der eines Computers unterscheidet. Die Symbole brauchen zwar physische Träger, also Signale und Zustände, aber es ist einerlei, ob das Nervenzellen und ihre elektrischen Potentiale oder Transistoren und ihre Spannungen sind.

11.2 Wissensdarstellung

Es hat sich herausgestellt, daß ein zentrales und bisher noch nicht befriedigend gelöstes Problem der Künstlichen Intelligenz die Darstellung von menschlichem Wissen im Rechner ist. „Wissen" (*knowledge*) ist ein sehr allgemeiner und kaum genau zu definierender Begriff. Hier wird er eingeschränkt auf zwei Arten des Wissens: *Tatsachenwissen* und *Verfahrenswissen*. Tatsachenwissen, auch *Faktenwissen* genannt, ist die Kenntnis von Sachverhalten; sie drückt sich in Aussagesätzen aus wie:

Das Buch liegt auf dem Tisch.

Er gab ihr einen Kuß.

Im Jahre 1990 wurden die beiden Teile Deutschlands wieder vereint.

Verfahrenswissen, auch *prozedurales Wissen* genannt, ist die Kenntnis von Verfahren; sie drückt sich in Anweisungen aus. Zum Beispiel:

Um mit der Bahn von Linz nach Köln zu fahren, ziehe man in Linz das Kursbuch zu Rate oder erfrage die Fahrzeiten bei der Bundesbahn, packe sodann seinen Koffer, begebe sich zum Bahnhof, steige in den passenden Zug und warte, bis der Zug in Köln hält.

Eine vereinfachte und vereinheitlichende Form, Verfahrenswissen auszudrücken, ist die „Wenn-dann-Form", zum Beispiel:

Wenn ich Urlaub und genügend Geld habe, fahre ich nach Rom, wenn nicht, mache ich eine Bergwanderung, und wenn ich keinen Urlaub habe, bleibe ich zu Hause.

Auch die Prozedur der Fahrt von Linz nach Köln läßt sich, wenn auch gekünstelt, in der Wenn-dann-Form ausdrücken, nämlich so:

Wenn man
    in Linz das Kursbuch zu Rate zieht oder die Fahrzeiten bei der Bundesbahn erfragt
    und sodann seinen Koffer packt
    und sich zum Bahnhof begibt
    und in den passenden Zug einsteigt
    und wartet, bis der Zug in Köln hält,
dann ist man mit der Bahn von Linz nach Köln gefahren.

Eine Wenn-dann-Form nennt man auch *Regel (rule)*, weil sie keine Tatsache, sondern ein Gesetz darstellt, mit dem man Tatsachen verknüpfen kann, um neue Tatsachen zu gewinnen.

Wir begegnen hier wieder einmal dem schon von Kapitel 2 her bekannten Dualismus zwischen Sein und Geschehen, Daten und Algorithmen, Betrachten und Handeln, *kennen* und *können*. Die beiden Wissensarten sind an sich nichts Neues, und ihre Darstellung im Rechner ist es auch nicht. Sie wurden in der Programmierung immer schon benutzt. Tatsachenwissen hat die Form von Aussagen, also von Beziehungen zwischen Objekten und kann durch Graphen (mit Knoten für die Objekte und Kanten für die Beziehungen) dargestellt werden. Verfahrenswissen hat die Form von Algorithmen und kann in Form von Prozeduren dargestellt werden. Das Neue daran ist nur der vereinigende Name „Wissen". Der Unterschied zwischen der Denkweise in der Künstlichen Intelligenz und den in der übrigen Informatik gewohnten Darstellungen liegt in der Vielfalt des in den Problemen der Künstlichen Intelligenz auftretenden Wissens und seiner dichten Vernetzung. Das mag es rechtfertigen, neue Zauberworte wie *Wissensdarstellung* und *Wissensverarbeitung* einzuführen.

Es sind mehrere Arten der Wissensdarstellung in Rechnern vorgeschlagen und erprobt worden. Abhängig von dem Aufgabengebiet, für das sie eingesetzt werden sollen, haben sie alle ihre spezifischen Vor- und Nachteile. Wir wollen hier nur eine Art der Wissensdarstellung andeutungsweise schildern, die *prädikatenlogische Darstellung*. Sie ist am weitesten verbreitet, und auf ihr beruht die Programmiersprache Prolog.

Einige Beispiele sollen zeigen, wie man einfache Aussagen und Verfahren der natürlichen Sprache durch prädikatenlogische Formeln ausdrücken kann.

Der Löwe ist ein Raubtier.   Formal: *Raubtier(Löwe)*

„Der Löwe" ist das Subjekt des Satzes und damit das *Objekt*, von dem etwas ausgesagt wird. „Raubtier sein" ist eine Eigenschaft (ein *Prädikat*), die dem Löwen zukommt. Die Schreibweise *Prädikat (Objekt)* ist als eine Funktion aufzufassen, die den Wahrheitswert *wahr* oder *falsch* hat. *Raubtier(Löwe)* hat den Wert *wahr*, *Raubtier(Regenwurm)* hat den Wert *falsch*.

Otto ist der Vater von Peter.   Formal: *Vater(Otto, Peter)*

Vater ist ein sogenanntes *zweistelliges Prädikat*, das heißt eine Wahrheitsfunktion mit zwei Argumenten.

Wenn Franz der Vater von Otto und Otto der Vater von Peter ist, dann ist Peter der Enkel von Franz.

Formal: *Vater(Franz, Otto)* & *Vater(Otto, Peter)* → *Enkel(Peter, Franz)*

Dieser Satz beschreibt Verfahrenswissen, nämlich das Verfahren, wie man von den Sätzen „Franz ist der Vater von Otto" und „Otto ist der Vater von Peter" zu dem neuen Satz „Peter ist der Enkel von Franz" gelangen kann.

Das Zeichen „→" bedeutet die *Implikation*, das ist eine logische Operation folgender Art. $A \rightarrow B$ (gesprochen: „A impliziert B") ist wahr, wenn die Wahrheit der Aussage A die Wahrheit der Aussage B einschließt, impliziert. Es ist damit die Formalisierung der

Wenn-dann-Form, und $A \rightarrow B$ kann auch abgekürzt als „wenn A dann B" gelesen werden.[2]

Alle Spaniels sind Hunde.   Formal: $\forall x$: $Spaniel(x) \rightarrow Hund(x)$

Zu lesen: „Für alle möglichen Objekte x gilt: Wenn x ein Spaniel ist, dann ist x auch ein Hund." Hier ist x eine Variable und „$\forall$" der sogenannte „Allquantor", zu lesen „für alle".

Einige Hunde sind Spaniels.   Formal: $\exists x$: $Hund(x)$ & $Spaniel(x)$

Zu lesen: „Es existiert (mindestens) ein Objekt x, für das gilt: x ist ein Hund und x ist ein Spaniel." „$\exists$" ist der sogenannte *Existenzquantor*, zu lesen „es existiert ein".

Spaniels und Schäferhunde, die abgerichtet sind, sind zahm.

Dieser Satz ist zweideutig, denn der Satzteil „die abgerichtet sind", kann sich auf Spaniels *und* Schäferhunde oder nur auf Schäferhunde beziehen. Ferner bedeutet das „und" in diesem Satz „sowohl … als auch …". Es entspricht damit nicht dem logischen „und", sondern dem logischen „oder" und wird durch das Symbol „l" ausgedrückt.

Erste Deutung:

$\forall x$: (($Spaniel(x)$ l $Schäferhund(x)$) & $Abgerichtet(x)$) $\rightarrow$ $Zahm(x)$

Zweite Deutung:

$\forall x$: ($Spaniel(x)$ l ($Schäferhund(x)$ & $Abgerichtet(x)$)) $\rightarrow$ $Zahm(x)$

Dieses Beispiel zeigt, daß die formale Darstellung Mehrdeutigkeiten der natürlichen Sprache beseitigen kann.

Wie aus den Beispielen hervorgeht, werden in der Prädikatenlogik zur formalen Wissensbeschreibung Objekte, Prädikate und die Operatoren „&" (und), „l" (oder), „¬" (nicht), „$\rightarrow$" (Implikation) und die Quantoren „$\forall$" (Allquantor) und „$\exists$" (Existenzquantor) benutzt. Mit diesen wenigen Mitteln läßt sich bereits viel Wissen über die Welt beschreiben. Der Vorteil der Prädikatenlogik zur Wissensbeschreibung besteht in ihrer leichten mathematischen Handhabbarkeit und darin, daß sie auch komplizierteste rein logische Zusammenhänge zu beschreiben gestattet. Ihr Nachteil besteht darin, daß sie – infolge ihrer Einfachheit – für die Beschreibung von Alltagswissen weitgehend unbrauchbar ist. Es ist deshalb versucht worden, die Prädikatenlogik in mehreren Richtungen zu erweitern.[3]

11.3 Logisches Schließen und seine Automatisierung

Gespeichertes Wissen allein macht noch keine Intelligenz aus, sondern es muß angewandt werden können, um neues Wissen aus dem bekannten Wissen zu erschließen. So kann man aus den beiden Wissen darstellenden Aussagen:

Alle Menschen sind sterblich.
Sokrates ist ein Mensch.

als neues Wissen den Satz schließen:

Sokrates ist sterblich.

Das ist der Syllogismus der Aristotelischen Logik. Seitdem sind die verschiedenen möglichen Schlußweisen systematisch untersucht worden. Das war besonders im Hinblick auf die Mathematik von Bedeutung, weil das Beweisen mathematischer Sätze nichts anderes als logisches Schließen ist. Man geht dabei von Grundtatsachen, den *Axiomen*, aus, die man als gegebene Wahrheiten ansieht, und leitet aus ihnen durch logisches Schließen neue Wahrheiten ab. Die neuen Wahrheiten kann man dann wie die Axiome zu weiteren Schlüssen benutzen, und so ergibt sich eine Schlußkette von den Axiomen bis zu dem Satz, der bewiesen werden sollte.

Das ist auch das Verfahren der Künstlichen Intelligenz. Den Axiomen der Mathematik entsprechen die als Tatsachenwissen gespeicherten Aussagen. Das in Form von Regeln gespeicherte Verfahrenswissen kann man ausnutzen, um neues Wissen zu gewinnen. Der Satz „Alle Menschen sind sterblich" lautet formal

$\forall x: Mensch(x) \rightarrow Sterblich(x)$

und kann in Wenn-dann-Form als „wenn Mensch, dann sterblich" ausgedrückt werden. Er ist deshalb eine Regel.

Man braucht nun *Schlußweisen*, mit denen man aus Tatsachen- und Regelwissen neues Tatsachenwissen ableiten kann. Es gibt verschiedene Schlußweisen, von denen die *Deduktion* (lateinisch *deducere* = abziehen, ableiten) die wichtigste, in mathematischen Beweisen benutzte, ist. Wir beschränken uns deshalb hier auf sie. Die Deduktion besteht in folgendem einfachen Schema:

Wenn die Wahrheit einer Aussage A die Wahrheit einer Aussage B einschließt und A wahr ist, dann ist auch B wahr. Formal: Aus $A \rightarrow B$ und A folgt B.

Man nennt die Aussage $A \rightarrow B$ und die Aussage A die *Prämissen* und die Aussage B die *Konklusion*. Betrachten wir als Beispiel die Sätze:

Wenn die Sonne scheint, dann gehe ich spazieren. Die Sonne scheint. Also gehe ich spazieren.

Hier ist

Prämisse 1 ($A \rightarrow B$): Wenn die Sonne scheint, dann gehe ich spazieren.
Prämisse 2 (A): Die Sonne scheint.
Konklusion (B): Ich gehe spazieren.

Diese Art der Anwendung der Deduktion heißt genauer *modus ponens* (von lateinisch *ponere* = setzen, etwa „setzende Art"). Eine Variante der Deduktion besteht in folgendem Schema:

Wenn die Wahrheit einer Aussage A die Wahrheit einer Aussage B einschließt *und B falsch* ist, dann ist auch A falsch. Formal: Aus $A \rightarrow B$ und $\neg B$ folgt $\neg A$.

Diese Art der Anwendung der Deduktion heißt genauer *modus tollens* (von lateinisch *tollere* = aufheben, etwa „aufhebende Art"). Hier ist ein Beispiel für den modus tollens:

Wenn die Sonne scheint, dann gehe ich spazieren. Ich gehe nicht spazieren. Also scheint die Sonne nicht.

Als Ergebnis dieser Erklärungen zur Deduktion können wir festhalten, daß man, um einen deduktiven Schluß ziehen zu können, zwei Dinge braucht: eine Tatsache A und eine Regel $A \rightarrow B$, also Tatsachenwissen und Verfahrenswissen. Aus der Verkettung dieser beiden Bestandteile setzt sich das deduktive Schließen zusammen.

Wenn man mehrere Tatsachen und mehrere Regeln weiß, kann man im allgemeinen mehrere Schlüsse ziehen. Auch hierzu ein Beispiel (aus [Hilbert] S. 42).

Gegeben sind die Sätze

1   Michael bekommt heute kein Briefmarkenalbum.
2   Paul oder Michael haben heute Geburtstag.
3   Wenn Paul heute Geburtstag hat, bekommt er einen Fotoapparat.
4   Wenn Michael heute Geburtstag hat, bekommt er ein Briefmarkenalbum.

Welche Schlüsse kann man aus ihnen ziehen?

Zuerst bezeichnen wir die elementaren Aussagen mit Buchstaben:

B Michael bekommt heute ein Briefmarkenalbum.
P Paul hat heute Geburtstag.
M Michael hat heute Geburtstag.
F Paul bekommt heute einen Fotoapparat.

Die vier Aussagen lauten dann formalisiert:

1   $\neg B$
2   $P \mid M$
3   $P \rightarrow F$
4   $M \rightarrow B$

1 und 2 sind Tatsachenaussagen, 3 und 4 sind Regeln. Was kann man aus ihnen durch Deduktion alles schließen?

1   Aus $\neg B$ und $M \rightarrow B$ folgt mit modus tollens $\neg M$.
2   Aus $\neg M$ und $P \mid M$ folgt P.
3   Aus P und $P \rightarrow F$ folgt mit modus ponens F.

Weiter folgt nichts. Wir konnten also drei neue Tatsachen erschließen:

1   Michael hat heute nicht Geburtstag. ($\neg M$)
2   Paul hat heute Geburtstag. (P)
3   Paul bekommt heute einen Fotoapparat. (F)

Man mag aus diesem Beispiel erahnen, daß das deduktive logische Schließen zu einem mechanischen Verfahren gemacht werden kann, um aus Sätzen und Regeln neue Sätze zu gewinnen.[4]

Die Aufgabe beim Ableiten von neuem Wissen aus gegebenem besteht nun meist nicht darin, alles mögliche neue Wissen, das sich aus dem gegebenen ableiten läßt, aufzufinden, sondern darin, von einer Aussage X festzustellen, ob sie aus dem gegebenen Wissen folgt, das heißt, ob sie in der Menge aller ableitbaren Tatsachen enthalten ist. Dann ist sie selbst eine Tatsache. Das ist auch das Verfahren des mathematischen Beweisens, bei dem man wissen möchte, ob aus den Axiomen und den Schlußregeln die Aussage X logisch folgt. Eine dem entsprechende Umformulierung des Beispiels lautet so:

Gegeben sind die Sätze: „Michael bekommt heute kein Briefmarkenalbum." „Paul oder Michael haben heute Geburtstag." „Wenn Paul heute Geburtstag hat, bekommt er einen Fotoapparat." „Wenn Michael heute Geburtstag hat, bekommt er ein Briefmarkenalbum." Folgt daraus der Satz „Paul hat heute Geburtstag"?

Die Aussage *X*, von der man wissen möchte, ob sie eine Tatsache ist, wird oft als Frage angesehen, und die Beantwortung der Frage ist Sache eines „logischen Programms", das die Tatsachen und die Regeln gespeichert hat. Das Programmieren in diesem Bereich spielt sich als Folge von Tatsachen- und Regeleingaben, Fragen durch den Benutzer und Antworten durch das Programm ab. Die Programmiersprache Prolog (Kapitel 7) eignet sich speziell für solche Frage-Antwort-Dialoge.

Die Aufgabe, festzustellen ob eine Aussage aus anderen Aussagen und Regeln folgt, kann man als Suchproblem ansehen. Die gegebenen Tatsachen und Regeln ermöglichen die Ableitung von Folgerungen. Bei vielen Tatsachen und vielen Regeln ergeben sich möglicherweise tausende oder zehntausende Folgerungen. In diesem „Suchraum" muß das Programm die fragliche Aussage suchen. Das kann sehr zeitaufwendig sein, und die Kunst des KI-Programmierers ist es, das Suchen möglichst effizient durchzuführen. Wie das im einzelnen geschieht, können wir hier nicht zeigen, wichtig ist nur, daß es sich bei dieser Aufgabe im wesentlichen immer um ein Suchen in einem zwar meist endlichen, aber unter Umständen sehr großen Lösungsraum handelt. Von Intelligenz, Kreativität oder ähnlichem ist dabei weit und breit nichts zu merken.

11.4 Expertensysteme

Eines der Hauptanwendungsgebiete der Künstlichen Intelligenz sind die sogenannten *Expertensysteme*. Darunter versteht man Programme, denen der Benutzer Fragen über ein bestimmtes, eng begrenztes Wissensgebiet stellt und die das Programm beantwortet. Ein charakteristisches Beispiel ist ein medizinisches Expertensystem, dem der Arzt die Symptome einer Krankheit eingibt, worauf der Rechner mit der Diagnose, vielleicht sogar begleitet von einem Therapievorschlag, antwortet. Eng damit verwandt sind Expertensysteme, die helfen, Fehler in technischen Geräten zu finden, zum Beispiel in Autos. Auch hier gibt man die Symptome des Fehlers ein, und das Programm antwortet mit der Diagnose.

Meist ist es das Programm, das die Fragen stellt. Ein Beispiel soll das illustrieren. Wir benutzen ein Spielzeug-Expertensystem namens *Otto*, das Fehler an Ottomotoren diagnostiziert, und zeichnen einen Dialog zwischen Otto und seinem Benutzer auf (nach [Tatar] S. 232 ff). Die vom Benutzer eingegebenen Antworten sind kursiv geschrieben.

Willkommen bei dem Expertensystem Otto zur Fehlersuche bei Motoren.
Otto kennt sich nur mit Viertakt-Verbrennungsmotoren fuer Benzin aus. Erlaubte Antworten sind j fuer ja, n fuer nein oder eine Zahl zwischen 0 und 1. Eine 0 bedeutet, daß die Aussage bestimmt nicht gilt, eine 1 bedeutet, daß sie mit Sicherheit gilt.

Die Maschine startet nicht: n
Die Maschine hat Fehlzuendungen: j
Die Maschine beschleunigt ungleichmaessig: j
Benzineinspritzung bei niedergetretenem Gaspedal: j
Der Motor dieselt nach: n
Der Motor klingelt oder schlaegt: n
Ein oder mehrere Zylinder haben zu schwache Kompression: j
Nebeneinanderliegende Zylinder haben zu schwache Kompression: j
Einspritzen von Oel in die Zylinder verbessert die Kompression: j

Die Kerzen sind veroelt: j
Alle Kerzen liefern Zuendfunken beim Anlassen: j
Der Motor dreht sich beim Anlassen normal: j

Aus diesem Tatbestand ergeben sich folgende Schlussfolgerungen und ihre
Wahrscheinlichkeiten:

1   Abnutzung der Kolbenringe verursacht zu schwache Kompression (0.8)
2   Die Zylinderkopfdichtung kann durchlaessig geworden sein und dadurch zu schwache
    Kompression verursachen (0.8)
3   Die Kerzen sind veroelt. Moegliche Ursache: Die Kolbenringe sind undicht (0.6)
4   Die Kerzen sind veroelt. Moegliche Ursache: Die Ventile sind undicht (0.6)
5   Die Kerzen sind veroelt. Moegliche Ursache: Die Zylinderkopfdichtung ist undicht (0.6)
6   Die Filter fuer Luft und/oder Treibstoff sind verstopft und muessen ersetzt werden (0.5)
7   Das Leerlaufgemisch ist falsch eingestellt (0.5)

Das Beispiel zeigt, daß Expertensysteme Programme sind, die das Wissen und die Tätigkeit eines menschlichen Experten nachbilden. Charakteristisch für sie ist, daß die von
ihnen gegebenen Antworten nicht immer richtig sein müssen. Auch auf einen menschlichen Experten ist ja nicht immer Verlaß! Trotz dieser Einschränkungen kann man sich
vorstellen, daß Expertensysteme in Situationen, in denen kein menschlicher Experte zur
Hand ist, nützliche Auskünfte geben können.

Aufbau. Wie Bild 2 zeigt, setzt sich ein typisches Expertensystem aus fünf Komponenten zusammen.

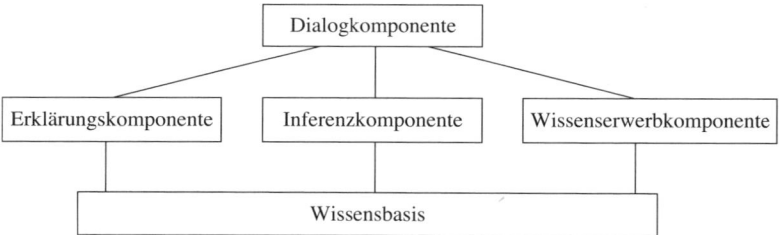

Bild 2   Komponenten eines Expertensystems

Die *Wissensbasis* enthält das dem Expertensystem zur Verfügung stehende Wissen in
Form von Tatsachen und Regeln. Die *Dialogkomponente* führt die Mensch-Maschine-
Kommunikation aus und ist der den Programmablauf steuernde Teil. Die *Inferenz-
komponente* (lateinisch *inferre* = folgern) zieht nach einem oder mehreren Verfahren
Schlüsse aus dem Inhalt der Wissensbasis. Die *Erklärungskomponente* erläutert die von
der Inferenzkomponente ausgeführten Schlüsse dem Benutzer, damit er die Schlußweise des Expertensystems nachvollziehen kann. Das ist besonders im Fall von verblüf-
fenden Auskünften erforderlich, damit der Benutzer prüfen kann, ob die Schlußweise
des Programms richtig ist oder die Antwort auf einem Fehler beruht. Leider ist die
Erklärungskomponente oft nur mangelhaft ausgebildet oder fehlt sogar ganz. Die *Wis-
senserwerbkomponente* ermöglicht die Modifikation des Inhalts der Wissensbasis durch

Eingabe neuer Tatsachen und neuer Regeln durch den Benutzer. Sie transformiert die Eingaben von der für den Benutzer geeigneten externen Darstellung in die interne Darstellung und prüft ihre Verträglichkeit mit dem schon gespeicherten Wissen.

Es ist bemerkenswert, daß alle Komponenten, bis auf den Inhalt der Wissensbasis, im Prinzip unabhängig von dem speziellen Aufgabengebiet des Expertensystems sind. Man müßte sie deshalb so schreiben können, daß sie sich für verschiedene Expertensysteme einsetzen lassen. Das ist tatsächlich möglich. Man nennt solche Programme *Expertensystemschalen* (*expert system shells*).

Schlußarten. Es wäre ein Irrtum anzunehmen, daß die Inferenz-Komponente immer mit der in Abschnitt 11.3 dargestellten exakten Schlußweise der mathematischen Logik arbeitet. Im Gegenteil – das ist nur ausnahmsweise der Fall! Man kommt damit nicht weit, und menschliche Experten können ihr Wissen auch meist nicht durch Ketten streng logischer Schlüsse beschreiben. Verschiedene Darstellungen, manchmal speziell für das betreffende Problem erfunden, werden statt dessen eingesetzt. Oft ist das Expertenwissen unvollständig oder ungenau, wie in der Regel

Wenn die Symptome A und B vorhanden sind, ist es wahrscheinlich, daß X die Ursache dafür ist.

Man bezeichnet diese Art von Schlußfolgerung als *unexaktes* oder *plausibles Schließen*. Auch Otto benutzt offenbar diese Schlußweise.

Probleme. Obwohl Otto kein realistisches Beispiel eines Expertensystems ist, zeigt es doch, daß Expertensysteme, wenn sie gut funktionieren, sicherlich auf vielen Gebieten nützlich sein können, und man hat sich aus diesem Grund auch viel von ihnen versprochen. Im Gegensatz zu diesen Versprechungen sind bis heute nur wenige Expertensysteme bekanntgeworden, die ihren Namen wirklich verdienen und sich in der Praxis bewähren. Es gibt nämlich eine Reihe von Problemen mit Expertensystemen, von denen es unklar ist, ob und wie sie überwunden werden können. Die wohl bedeutendsten seien hier genannt.

- Wenn zu einem Expertensystem immer mehr Wissen in Form von Tatsachen und Regeln hinzugefügt wird (so daß es zum Beispiel mehrere hundert Regeln enthält), entstehen Probleme der Stabilität, da es schwer vermeidbar ist, ihm neues Wissen hinzuzufügen, das nicht zu einem Widerspruch mit schon vorhandenem Wissen führt; und das Auffinden solcher Widersprüche kann schwierig sein.

- Großer Wissensumfang kann außerdem dazu führen, daß die Antworten des Systems für den Benutzer nicht mehr nachprüfbar sind, auch wenn jede einzelne Regel klar und einfach ist. Es besteht dann die Gefahr, daß der Benutzer, der eine unerwartete Antwort erhält, das System nicht länger benutzt, weil er ihm mißtraut, oder dem System folgt, obwohl sein eigenes Wissen eigentlich dagegen spricht, was zum Beispiel bei einem Arzt fatale Folgen haben kann.

- Es kann schwer oder unmöglich sein, das im Expertensystem gespeicherte Wissen neuen Situationen anzupassen. Zum Beispiel mag in einem medizinischen Diagnosesystem eine sehr seltene Krankheit, die nur in einem Millionstel aller Fälle bei einer bestimmten Symptomkombination vorkommt, gar nicht gespeichert sein. Auch ein Arzt denkt dann nicht an sie. Wenn es aber in seiner Umgebung eine Epidemie dieser Krankheit gibt, berücksichtigt der Arzt diese Tatsache sofort, während man sie in das weltweit verkaufte Expertensystem kaum einbauen kann.

- Wenn Menschen ein Problem haben, für das sie keinen unmittelbaren Lösungsweg kennen, benutzen sie allgemeinere Prinzipien, Analogien, Vereinfachungen und anderes, um das Problem nach und nach doch zu lösen. Expertensysteme können das nicht.

- Das „Wissen" der Expertensysteme besteht nur in den ihnen eingegebenen Tatsachen und Regeln, es ist ein formales, kein inhaltliches Wissen über den Gegenstandsbereich. Dadurch stellt ein Expertensystem manchmal unsinnige Fragen oder gibt unsinnige Antworten. Ein medizinisches Expertensystem hat zum Beispiel kein wirkliches Wissen über den menschlichen Körper. Es weiß nicht, wozu das Blut da ist und was die Wirbelsäule soll. Es wird berichtet, daß das berühmte Expertensystem *Mycin*, als es nach einem Medikament gegen Gehirnhautentzündung suchte, den Patienten fragte, ob er schwanger sei, obwohl ihm gesagt worden war, daß der Patient ein Mann ist.

- Die Korrektheitsprüfung von Expertensystemen ist ebenso schwierig wie die anderer komplexer Programme. Da die zukünftigen Hauptaufgaben von Expertensystemen in der Steuerung komplexer und sicherheitskritischer Vorgänge gesehen werden, wie der von Kraftwerken, Atomreaktoren und Waffensystemen, ist dieses Problem besonderes heikel.

Zu diesen prinzipiellen Problemen kommt noch ein praktisches. Woher nimmt man das Wissen, um ein Expertensystem über ein bestimmtes Wissensgebiet aufzubauen? Durch die Befragung von menschlichen Experten natürlich! Das hat sich aber als schwierig erwiesen, denn menschliche Experten lösen ihre Probleme meist nicht durch die Anwendung von logischen Schlüssen, aufgebaut auf Tatsachen und Regeln; sie gehen meist überhaupt nicht rational vor, sondern intuitiv. Sie benutzen ihre Erfahrung, in der sie tausend Einzelfälle gespeichert haben, aber kein allgemeines System. Sie haben das Expertenwissen, können aber oft nicht begründen, wie sie zu ihren Entscheidungen gelangt sind. Das ist das Problem der *Wissensakquisition*.

Es ist zu vermuten, daß Expertensysteme in einigen Anwendungsgebieten, für die sie besonders geeignet sind, Bedeutung bekommen werden, daß sie sich aber für ein so umfangreiches Betätigungsfeld, wie es ihre Befürworter in der Literatur in den leuchtendsten Farben ausmalen, nicht einsetzen lassen werden.[5] In den achtziger Jahren haben sie viel von sich reden gemacht; in den neunziger Jahren ist es still um sie geworden.

11.5 Bilderkennung und Sprachverstehen

Neben den Expertensystemen sind die Probleme der Bilderkennung und des Sprachverstehens Schwerpunkte der Künstlichen Intelligenz. Auf beide gehen wir hier nur kurz ein.

Bilderkennung. Das Problem der Bilderkennung oder des *künstlichen Sehens* (*vision*) kann mit wenigen Worten und hinreichender Genauigkeit so umrissen werden:

> Gegeben ist ein zweidimensionales Bild (geliefert zum Beispiel von der Fernsehkamera eines Roboters), und es soll daraus auf die Objekte geschlossen werden, die es erzeugt haben, einschließlich ihrer Formen, Orte, Farben und Größen.[6]

Es ist unglaublich schwierig, von einem Bild auf die Situation zu schließen, die das Bild erzeugt hat. Der Blickpunkt, der Blickwinkel, die Lage der Gegenstände zueinander, ihre teilweise Verdeckung und weitere Daten müssen berücksichtigt werden, um zuverlässige Informationen über den Bildinhalt zu bekommen. Die dazu erforderliche Rechnerleistung ist enorm, und die Ergebnisse sind dürftig. Hierzu noch ein Zitat:

> Trotz beträchtlicher Fortschritte in den letzten Jahren bleibt unser Verstehen der Vorgänge, die bei der optischen Wahrnehmung ablaufen, primitiv. Alle Computermodelle für die Interpretation beliebiger Bilder sind langsam, inflexibel und in ihren Fähigkeiten so begrenzt, daß wir wohl schon längst daraus geschlossen hätten, daß das „Sehen" unmöglich ist, wenn es nicht den Menschen als lebendigen Beweis dafür gäbe.[7]

Sprachverstehen. Eines der ersten Ziele der Künstlichen-Intelligenz-Forschung bestand in der automatischen Übersetzung von Texten aus einer natürlichen Sprache in eine andere, insbesondere vom Russischen ins Englische. Man stellte sich das wie die Übersetzung einer Programmiersprache als einen dreistufigen Prozeß vor: (1) Die Syntaxanalyse des russischen Textes liefert die Wortarten und die syntaktische Bedeutung der russischen Wörter (Subjekt, Prädikat, Objekt und so weiter). (2) Nachschlagen in einem russisch-englischen Wörterbuch liefert die entsprechenden englischen Wörter. (3) Ihre Zusammensetzung nach den Regeln der englischen Syntax ergibt den englischen Text.

Es stellte sich bald heraus, daß dieser Plan mißlingen mußte, weil unsere natürlichen Sprachen dazu viel zu kompliziert sind. Das hätte zwar ohnehin jeder Sprachkundige voraussagen können, aber anscheinend schlug der Glaube an die Macht der Computer solche Bedenken in den Wind. Die Bedeutung (Semantik) eines Textes läßt sich in den meisten Fällen nicht aus seiner Syntax und einem Wörterbuch allein ableiten, sondern man muß die ganze „Umgebung", in der der Text steht, verstehen, die ganze Geschichte, in die er eingebettet und von der er ein Teil ist. Drei typische Erscheinungen sollen das zeigen.

1 *Mehrdeutigkeit.* Viele Wörter sind, für sich allein betrachtet, mehrdeutig, obwohl wir das meist gar nicht merken. An dem Satz: „Sie sahen das Schloß", ist nicht zu erkennen, ob er mit „They saw the castle" oder mit „They saw the lock" übersetzt werden muß. Aus dem Zusammenhang, in dem er steht, wird erst klar, was die Bedeutung von „Schloß" ist. Hier sind noch zwei weitere Beispiele zur Mehrdeutigkeit:[8]

> Aschenputtel besuchte den Ball.
> Aschenputtel schoß den Ball.

> Die Autobahn wurde durch ein Waldgebiet gebaut.
> Die Autobahn wurde durch einen Baumeister gebaut.

Und nun denke man sich einen Satz mit „Zug", einem der deutschen Wörter mit den meisten Bedeutungen, zum Beispiel: „Das war ein schöner Zug." Was kann das, abhängig vom Zusammenhang, alles bedeuten![9]

2 *Explizite Beziehung zum Kontext.* Wir benutzen oft Pronomen anstelle von Namen, weil wir die Namen aus dem Zusammenhang, dem sogenannten *Kontext*, erschließen können. Statt „Hans kam ins Zimmer" sagen wir „Er kam ins Zimmer" oder sogar nur „Er kam herein". Für eine Übersetzung bietet das im allgemeinen keine Schwierigkeiten, wenn aber ein Programm den Text *verstehen* soll, zum Beispiel um ihn als Wissen zu speichern, muß es „er" durch „Hans" ersetzen, und es sind leicht Fälle zu konstruieren, in denen es schwierig oder unmöglich ist, den Namen für ein Pronomen zu finden. Hier wieder ein Beispiel:[8]

> Die Soldaten schossen auf die Gefangenen, und ich sah sie fallen.
> Die Soldaten schossen auf die Gefangenen, und ich sah sie nachladen.

3 *Implizite Beziehung zum Kontext.* Oft hängt die Bedeutung von aufeinander folgenden Sätzen zusammen, wie in dem Beispiel:

> Fritz ging in das Lebensmittelgeschäft. Er fand die Milch im Regal, bezahlte an der Kasse und ging.

Dem Leser ist es klar, daß Fritz hier die Milch bezahlt und mitgenommen hat. Beides ist aber nicht explizit gesagt, sondern ergibt sich nur aus dem Zusammenhang.

Allein diese winzigen Beispiele belegen, daß das Verstehen von Sprache immer kontextabhängig ist. Ein Satz, ein Absatz, ja ein ganzes Buch stehen nicht isoliert in der Welt, sie bilden mit ihrer Umgebung ein Gewebe von Beziehungen und sind Teil eines großen Ganzen.[10]

11.6 Anspruch und Wirklichkeit

> Um von der Erde zum Mond zu gelangen, sind mehrere Wege denkbar. Einer davon besteht darin, zuerst einmal auf einen Baum zu klettern; dann ist man dem Mond schon näher. Dieser Weg ist falsch.

Bis hierher haben wir das Teilgebiet Künstliche Intelligenz der Angewandten Informatik, seine Aufgaben und seine Probleme, nüchtern und weitgehend wertneutral beschrieben wie die anderen Teile der Informatik auch. Da mit ihm jedoch so große Versprechungen verbunden sind, die den Menschen und seine Zukunft betreffen, wollen wir uns im Rest dieses Kapitels mit diesen Versprechungen, mit dem Anspruch der Künstlichen Intelligenz und mit ihrer Wirklichkeit beschäftigen.

Zuerst seien zwei Aussprüche führender Köpfe der Künstlichen-Intelligenz-Forschung zitiert, die den Anspruch verdeutlichen. Schon 1958, also von heute aus gesehen fast am Anfang der Rechnerentwicklung, zu einer Zeit, als es noch keine algorithmischen Sprachen gab, schrieben Newell und Simon, zwei der geistigen Väter der Künstlichen Intelligenz:

> Es gibt nunmehr in der Welt Maschinen, die denken, lernen, schöpferisch tätig sind. Darüber hinaus wächst ihre Fähigkeit auf diesen Gebieten zunehmend, bis – in absehbarer Zukunft – der Bereich von Problemen, die sie bearbeiten können, sich mit dem Bereich deckt, der bis jetzt dem menschlichen Denken allein vorbehalten war.[11]

Im Jahr 1970 äußerte M. L. Minsky, ein weiterer Pionier der Künstlichen Intelligenz, folgendes:

Innerhalb von drei bis acht Jahren werden wir eine Maschine mit der allgemeinen Intelligenz eines durchschnittlich begabten Menschen haben. Ich meine eine Maschine, die Shakespeare lesen, ein Auto wachsen, Geschäftspolitik betreiben, Witze erzählen und streiten kann. Zu diesem Zeitpunkt wird die Maschine anfangen, sich mit phantastischer Schnelligkeit selbst zu bilden. Nach ein paar Monaten wird sie auf dem Stand eines Genies sein und noch ein paar Monate später wird ihre Macht nicht mehr zu kalkulieren sein.[12]

Viele weitere Belege von ähnlich fantastischem Charakter lassen sich beibringen.[13]

Soviel zu den Ansprüchen. Wie sieht nun die Wirklichkeit aus? Implizit ist das schon in den Abschnitten 11.2 und 11.3 gesagt worden, wo wir über die Darstellung von Wissen und seine Verarbeitung gesprochen haben. Der Begriff „Intelligenz" wird von den KI-Forschern meist auf Programme für Schachspielen, Schlüsse ziehen, Denksportaufgaben lösen angewandt. Wie in Abschnitt 11.1 gesagt wurde, argumentieren sie damit, daß solche Tätigkeiten, wenn sie von Menschen ausgeübt werden, zweifellos als intelligent bezeichnet werden. Aber was tun solche Programme wirklich?

Betrachten wir dazu als Beispiel eine arithmetische Denksportaufgabe: Ein Student schreibt seinem Vater den Brief

$$\begin{array}{r} S\ E\ N\ D \\ +\ M\ O\ R\ E \\ \hline M\ O\ N\ E\ Y \end{array}$$

Hierbei bedeutet jeder Buchstabe eine Ziffer, verschiedene Buchstaben verschiedene Ziffern und gleiche Buchstaben gleiche Ziffern, und die führenden Ziffern S und M sind nicht Null. Gesucht sind die passenden Ziffern. Eine solche Aufgabe ist für viele Menschen eine harte Nuß. Sie wissen nicht, auf welchem Weg sie zu einer Lösung gelangen sollen, strecken die Waffen und bewundern die Intelligenz der Tüftler, die die Lösung finden. Es mutet den Unkundigen höchst erstaunlich an, daß solche Aufgaben mit Programmen lösbar sein sollen und, mehr noch, daß die Programme dazu gar nicht umfangreich sind. Wie ist das möglich? Hierin zeigt sich doch deutlich, daß Rechnerprogramme Intelligenz besitzen, und zwar weit mehr als der Durchschnittsmensch!

Betrachtet man das äußere Verhalten des Programms, das ein solches Problem löst, allein, ohne den Weg, auf dem es die Lösung findet, scheint es tatsächlich hochintelligent zu sein. Aber wenn wir uns den Lösungsweg näher ansehen, verschwindet die Ehrfurcht. Das Programm findet die Lösung nämlich ganz einfach durch das *Ausprobieren aller möglichen Fälle*. Es fängt mit den Ziffern der letzten Stelle, D, E, Y an und „weiß",
daß

$$D + E = Y + 10 \cdot c_1$$

sein muß, wobei c_1 der Übertrag von der ersten zur zweiten Stelle ist. Die Werte von D, E und Y liegen zwischen 0 und 9 und sind verschieden. Der Wert von c_1 ist 0 oder 1. D und E kann man frei wählen, Y und c_1 ergeben sich dann zwangsläufig. Entsprechend verfährt das Programm mit den übrigen Stellen, so daß sich insgesamt folgende Gleichungen ergeben:

$$\begin{array}{ll} D + E = Y + 10 \cdot c_1 & \text{(1. Stelle von rechts)} \\ N + R + c_1 = E + 10 \cdot c_2 & \text{(2. Stelle von rechts)} \\ E + O + c_2 = N + 10 \cdot c_3 & \text{(3. Stelle von rechts)} \end{array}$$

$$S + M + c_3 = O + 10 \cdot c_4 \qquad \text{(4. Stelle von rechts)}$$
$$0 + 0 + c_4 = M + 10 \cdot c_5 \qquad \text{(5. Stelle von rechts)}$$

Diese Gleichungen lassen sich leicht in einen Algorithmus ummünzen:

- Aus den frei wählbaren D und E ergeben sich alle Möglichkeiten für Y und c_1;
- danach ergeben sich aus dem frei wählbaren N und den schon bekannten E und c_1 alle möglichen Werte von R und c_2;
- danach ergeben sich aus den schon bekannten E, N und c_2 alle möglichen Werte von O und c_3;
- danach ergeben sich aus dem frei wählbaren S und den schon bekannten O und c_3 die Werte von M und c_4;
- und schließlich muß $c_4 = M$ und $c_5 = 0$ sein.

Das Programm braucht also nur alle möglichen Belegungen von D, E, N und S daraufhin zu untersuchen, welche von ihnen die Bedingungen erfüllen. Das sind höchstens 10 Belegungen für D, 9 für E, 8 für N und 7 für S, also $10 \cdot 9 \cdot 8 \cdot 7 = 5040$ Fälle: für einen Menschen viel zu viel, für den Rechner aber ein Kinderspiel. Wenn das Programm nicht ganz dumm ist, erkennt es, daß $M = 1$ sein muß. Dann läßt sich S aus M und O berechnen, und es ergeben sich nur 9 Belegungen für D, 8 für E und 7 für N, also $9 \cdot 8 \cdot 7 = 504$ Fälle. Und so geschieht es auch tatsächlich: das Programm erzeugt systematisch alle Belegungen der beteiligten Variablen, die überhaupt zu Lösungen führen können und wählt die passenden unter ihnen aus.

Nun staunt der Betrachter, dem das klar wird, ungläubig: so primitiv ist die künstliche Intelligenz? Ist das Ausprobieren aller Möglichkeiten nicht die ultima ratio? Zeigt sie nicht gerade die Abwesenheit aller Einsicht und damit die Abwesenheit von jeglicher Intelligenz? In der Mathematik nennt man diese Methode im Englischen die *Methode der rohen Kraft* (*method of brute force*), und die Mathematiker verachten sie. Sie ist plump und entbehrt jeglicher Eleganz.

Das ist ein interessantes Phänomen: was zuerst, wenn man es nur nach seinem Verhalten beurteilt, nach Intelligenz aussieht, entpuppt sich, sobald man seine Ausführung durchschaut, als Holzhammermethode, die durch Schnelligkeit ersetzt, was ihr an Intelligenz fehlt. Inwiefern fehlt ihr aber die Intelligenz? Was ist es, das für uns zur Intelligenz gehört und was dieses Verfahren nicht aufweist? Es ist Einsicht! Einsicht in die Besonderheit des Problems, bei der man den Hebel zu seiner Lösung ansetzen kann. Das vorliegende Problem scheint keinen solchen Ansatzpunkt zu haben, es *muß* durch systematisches Probieren gelöst werden, aber andere Probleme haben ihn. Der Mensch kann einer Aufgabe ihre Besonderheit ansehen, oder er kann nach ihr suchen, das Programm nicht. Das Programm führt die Schritte aus, die sich der Programmierer ausgedacht hat, und die gelten für alle Additionsaufgaben gleichermaßen. Nicht vorbedachte Sonderfälle und hilfreiche Muster in den Operanden zu erkennen, liegt jenseits der Fähigkeiten eines Programms, denn es ist nicht mehr als ein total unintelligenter Rechenknecht! Um ein Programm zu schreiben, das derartige Aufgaben löst, bedarf es allerdings hoher Intelligenz, aber das ist die menschliche Intelligenz des Programmierers.

Die Erkenntnis, daß Intelligenz sich bei der Behandlung nicht vorbedachter Fälle zeigt, kann man so formulieren:

Intelligent ist, wer sich in einer unvorhergesehenen Situation zu helfen weiß.

Diese kleine Analyse zeigt, daß zur Intelligenz *Einsicht* gehört, Einsicht in den besonderen Fall. Die Besonderheit des Falles ist wiederum meist durch die zeitliche oder räumliche Situation, die Umgebung, mitbestimmt, in der der Fall auftritt. Das heißt, daß die Besonderheit des Falles vom Zusammenhang abhängt. Die Aufgabe: „Suche dir einen Platz zum Übernachten" erfordert in der Stadt ein anderes Vorgehen als im Gebirge und dort wieder ein anderes als in der Arktis. Weiter gehört zur Intelligenz die Erkennung von Analogien, das Wiedererkennen von ähnlichen Situationen und die Fähigkeit, aus dem früheren Verhalten in einer entsprechenden Situation das Verhalten in der jetzt vorliegenden abzuleiten. Ihre stärkste Ausprägung erreicht die Intelligenz dann, wenn aus der Einsicht in den besonderen Fall, aus Analogie-Überlegungen und wer weiß welch anderen geheimnisvollen Quellen die Schöpferkraft entspringt, etwas Neues zu denken oder zu tun. Solche Erlebnisse sind wohl jedem bekannt und das damit verbundene Glücksgefühl ebenfalls. Ein kleines Beispiel aus dem täglichen Leben ist das Einfädeln eines dicken Wollfadens in die enge Öse einer Nähnadel. Wer den Trick nicht kennt, probiert es wieder und wieder und schafft es nicht. Wem es jedoch einfällt, daß man einen dünnen Garnfaden als Schlinge durch die Öse stecken und mit ihm den dicken Wollfaden hindurchziehen kann, der ist intelligent, auch wenn er nicht bis drei zählen kann. Er hat die besondere Situation erkannt und sich zu helfen gewußt. Er hat den intelligentesten Rechner weit hinter sich gelassen.

Wenn man im Lexikon nach einer Begriffsbestimmung für Intelligenz sucht, findet man weitgehende Übereinstimmung. Besonders handlich ist die Definition im dtv-Lexikon:

> Intelligenz: Klugheit, Fähigkeit der Auffassungsgabe, des Begreifens, Urteilens; geistige Anpassungsfähigkeit an neue Aufgaben.

Ihr ist eigentlich nichts hinzuzufügen, höchstens soviel, daß der Computer alle in dieser Begriffsbestimmung genannten Eigenschaften *nicht* aufweist.

Die Erörterungen dieses Abschnitts zeigen, daß die Bezeichnung „Künstliche Intelligenz" irreführend ist. Mindestens sollte man zwei Arten der Intelligenz unterscheiden: Menschliche Intelligenz, die Einsicht, Werturteil, Zurechtfinden im Unvorhergesehenen bedeutet und Computerintelligenz, die automatisiertes logisches Schließen und schnelles Lösungsuchen bedeutet. Beide sind grundverschieden und beide sind nützlich. Sie können sich ergänzen, aber sie konkurrieren nur selten miteinander.

Konsequenter und besser dürfte es freilich sein, den Begriff Intelligenz auf die menschliche Intelligenz zu beschränken, damit Grundverschiedenes auch grundverschiedene Namen hat. Intelligente Programmierer können Programme schreiben, die einige menschliche Intelligenzleistungen simulieren, mehr jedoch nicht.[14]

11.7 Allgemeine Argumente gegen die Künstliche Intelligenz

Die vorstehenden Argumente sind natürlich kein Beweis dafür, daß es künstliche Intelligenz prinzipiell nicht geben kann; sie besagen nur, daß die heute „intelligent" genannten Programme diesen Namen nicht verdienen. Es ist deshalb von Interesse, der Frage nachzugehen, ob es Argumente gibt, die dem Rechner generell die Fähigkeit absprechen, jemals so etwas wie (menschliche) Intelligenz hervorzubringen. Es gibt solche Argumente; sie beziehen sich weniger auf den schillernden Begriff „Intelligenz" selbst, sondern mehr auf den Anspruch der harten KI, Programme entwickeln zu können, die mit dem menschlichen Denken, das heißt mit der Tätigkeit des Gehirns, wetteifern. Folgende Argumente scheinen die bedeutendsten zu sein.

- *Computer können nur tun, was man ihnen einprogrammiert hat* (Lovelace). Dieses älteste und bekannteste Argument gegen die künstliche Intelligenz wurde schon von Ada Augusta Lovelace, der Mitarbeiterin von Babbage, vorgebracht, und wir haben gesehen, daß vieles für seine Wahrheit spricht. Hinter jedem „intelligenten" Programm steht ein intelligenter Programmierer, der es sich ausgedacht hat. Aber so ganz überzeugend ist die Sache nicht. Ein Algorithmus beschreibt zwar einen vorbestimmten, reproduzierbaren Ablauf, aber die Eingabedaten können die Zweige bestimmen, die der Algorithmus durchläuft. Deshalb hängt das Ergebnis einer Rechnung immer vom Algorithmus *und* den Eingabedaten ab. Wenn man bedenkt, wie kompliziert die Abhängigkeit des Algorithmus von den Eingabedaten sein kann, daß Eingaben auch während des Ablaufs des Algorithmus stattfinden können, daß sie von anderen Rechnern und von Zufallsgeneratoren herkommen können – wird man nicht sagen können, daß der Programmierer alles vorbedacht habe, was das Programm tut, und damit wird das Argument nebelhaft. Hinzu kommt, daß ein Programm aus Tatsachen und Schlußregeln neue Tatsachen ableiten kann. Inwieweit die neuen Tatsachen durch den Programmierer schon vorbedacht werden konnten, ist eine philosophische Frage. Was herauskommt, kann zu den Prämissen und Schlußregeln zwar nichts hinzufügen, was nicht schon in ihnen gesteckt hat, aber das gilt dann auch für die ganze Mathematik. Insgesamt wiegt das Argument schwer, aber es überzeugt nicht ganz.

- *Computer verarbeiten nur Symbole* (Searle). Der amerikanische Philosoph John R. Searle hat darauf hingewiesen, daß Rechner „nur" Symbole verarbeiten und von der „Bedeutung" der Symbole nichts verstehen. Der Rechner handhabt die Symbole nur nach syntaktischen Gesichtspunkten, der Mensch dagegen benutzt die Symbole zur Übertragung von Bedeutung von einem Kopf zum anderen. Es führt deshalb keine Brücke vom Rechner zum menschlichen Gehirn. „Verstehen" ist dem Rechner ein für allemal versagt. Searle schreibt ([Searle] S. 19):

> Programme sind definitionsgemäß Vorschriften zur Manipulation von Symbolen, und die Symbole sind rein formal oder syntaktisch. (Gerade dieser formale Charakter der Programme macht Computer übrigens so leistungsfähig: Dasselbe Programm kann auf einer unbegrenzten Zahl von Rechnern laufen, und ein Rechner kann eine unbegrenzte Fülle von Programmen ausführen.) Kurz gesagt, gilt:
>
> Axiom 1: Computerprogramme sind formal (syntaktisch).
>
> Das zweite Axiom ist nur eine Erinnerung an die offensichtliche Tatsache, daß Gedanken, Wahrnehmungen, Einsichten und so weiter einen geistigen Gehalt haben. Vermöge dieses Gehalts können sie von Objekten und Zuständen in der Welt handeln. In Kurzform läßt sich dies formulieren als
>
> Axiom 2: Dem menschlichen Denken liegen geistige Inhalte (Semantik) zugrunde.
>
> Die Symbole an sich – also die Syntax allein – ergeben noch keine Semantik. Das bloße Hantieren mit Symbolen impliziert nicht, daß man auch ihre Bedeutung kennt. Ich will dies zusammenfassen als

Axiom 3: Syntax ist weder notwendig noch hinreichend für Semantik.

Folgerung: Programme sind weder notwendig noch hinreichend für Geist.

Das klingt gut, hat aber auch einen Haken. Ist es nicht verdächtig, daß hier eine Frage, von der man annimmt, daß sie nur durch Forschung entschieden werden kann, rein logisch, durch eine philosophische Überlegung entschieden wird? Schmeckt das nicht ein wenig nach Scholastik? Wo aber steckt der Fehler in der Beweisführung? Er steckt darin, daß man sich nicht so sicher sein kann, daß aus Syntax niemals Semantik entsteht. Wir kennen zwar keine solchen Fälle und können sie uns auch nicht vorstellen. Aber das Gehirn enthält schätzungsweise weit mehr als 10^{10} Nervenzellen, die alle parallel arbeiten. Warum soll es unmöglich sein, wenn 10^{10} Rechner parallel arbeiten, daß aus Syntax Semantik entsteht?

- *Menschliche Geistestätigkeit ist nicht formalisierbar* (Dreyfus). Einer der mutigsten Kämpfer gegen die Ansprüche, die die Künstliche-Intelligenz-Forschung anmeldet, ist der amerikanische Philosoph Hubert Dreyfus, seit Jahren vereinigt mit seinem Bruder Stuart. Beide haben viel Material zusammengetragen, mit dem sie zu zeigen versuchen, daß menschliches Denken, Wissen und Handeln sich nicht formalisieren und in Form von Schlußregeln nachbilden läßt. Sie haben zum Beispiel dargelegt, daß menschliche Experten ihre Urteile nicht auf Grund von logischen Schlüssen abgeben. Weder ein meisterlicher Schachspieler noch ein Jongleur, Pianist oder Radfahrer kann sein Tun in Regeln fassen oder durch Regeln erklären. Sie alle haben das Stadium des Befolgens von Regeln längst hinter sich gelassen und führen den schwierigsten Teil ihrer Tätigkeit intuitiv aus, ohne sich darüber Rechenschaft zu geben. Die beiden Dreyfus haben ferner herausgefunden, daß das Expertenwissen, wenn überhaupt rational begründbar, nicht auf wenigen allgemeinen Regeln, sondern im Gegenteil auf tausenden von Einzelfällen beruht, die insgesamt die Erfahrung ausmachen und in jedes Expertenurteil bewußt oder unbewußt einfließen.

Die Dreyfus-Brüder berufen sich nicht auf eine philosophische Aussage, die zeigt, daß die harte KI ein Widerspruch in sich ist, wie Lovelace und Searle, sondern sie zeigen an vielen Beispielen, daß die Mittel der Künstlichen Intelligenz, mit denen sie ihr hohes Ziel erreichen will, viel zu ärmlich, ja geradezu lächerlich sind.

- *Künstliche Intelligenz ist unmoralisch* (Weizenbaum). Der wohl erste und einem größeren Publikum bekannteste Kritiker der Künstlichen Intelligenz ist der amerikanische Informatik-Professor Joseph Weizenbaum. Er hat zwei lesenswerte Bücher darüber geschrieben[15], viele Vorträge darüber gehalten und in vielen Diskussionen zu diesem Thema, auch im Fernsehen, mitgewirkt. Er weist, ähnlich wie die Gebrüder Dreyfus, immer wieder darauf hin, daß die Ziele der KI-Forscher viel zu hoch gesteckt sind, als daß sie sich je erfüllen ließen, und daß menschliche Intelligenz etwas ganz anderes als Computerintelligenz ist. Im Mittelpunkt von Weizenbaums Denken steht aber die Sorge, daß durch die Künstliche-Intelligenz-Forschung ein Menschenbild geschaffen wird, das inhuman ist und daß der Rechner den menschlichen Geist versklavt. Er warnt davor, weittragende Entscheidungen Rechnern zu überlassen, sei es in Expertensystemen der Medizin, sei es in militärischen Rechnersystemen, die in Minutenschnelle über einen Atomkrieg entscheiden sollen. Er weist immer wieder darauf hin, daß es Bereiche gibt, in die Rechner nicht eindringen sollen, auch wenn sie dazu imstande wären.

Und wie reagieren die Enthusiasten der harten KI auf diese Argumente? Sie spielen sie einfach als spekulativ oder unbedeutend herunter, oder sie bringen folgendes Gegenargument: Irgendwie *muß* ja die menschliche Intelligenz aus dem Gehirn kommen wie die Rechnerintelligenz aus der Maschine. Der Unterschied zwischen beiden *kann* nur quantitativer Art sein. Wenn wir erst Parallelrechner haben, die in ähnlicher Weise wie die Nervenzellen im Gehirn vernetzt sind und Speicher von entsprechender Größe, werden sich die Eigenschaften der menschlichen Intelligenz, die Rechner heute noch nicht haben, schon von selbst einstellen. Sofern man nicht übernatürliche Kräfte annimmt, die die Hervorbringung menschlicher Intelligenz bewirken, muß man davon überzeugt sein, durch Forschung den Mechanismen, die die menschliche Intelligenz hervorbringen, auf die Spur kommen zu können.

11.8 Unterschiede zwischen Gehirn und Computer

Wie bereits am Anfang dieses Kapitels erwähnt, gibt es Parallelen zwischen dem Aufbau des Rechners und dem des Gehirns, und sie sind vor allem dafür verantwortlich, daß so viele Menschen, Fachleute und Laien, bis heute daran glauben, daß Gehirn und Rechner „im wesentlichen" gleich sind, das heißt, auf die gleiche Weise arbeiten und die gleichen Wirkungen zu erzielen gestatten.[16] Man gibt zu, daß das Gehirn sehr viel mehr Nervenzellen enthält, als wir heute Prozessoren vernetzen können. Aber das ist vielleicht nur eine Frage der Technik, und es geht mit weniger Prozessoren vielleicht auch.

Ich will der Einseitigkeit dieser Betrachtungsweise hier entgegentreten, indem ich auf die Unterschiede zwischen Computer und Gehirn hinweise, die nicht weniger gravierend sind als die Ähnlichkeiten. Es lassen sich hier nur ein paar Stichworte nennen, aber sie sollten genügen, um den Glauben an die Ähnlichkeit beider zu erschüttern.

Im strukturellen Aufbau und in der Wirkungsweise fallen folgende Unterschiede auf.

- *Parallelarbeit.* Die etwa 10 bis 100 Milliarden Nervenzellen des Gehirns arbeiten parallel, die meisten Rechner heute noch im wesentlichen sequentiell.[17] Trotz aller zu erwartenden Fortschritte im parallelen Rechnen kann man sich nicht vorstellen, daß sich Rechnernetze dem Gehirn in dieser Hinsicht jemals genügend nähern können.

- *Störunanfälligkeit.* Das Gehirn ist weitgehend störunanfällig. Viele Nervenzellen fallen täglich aus, sterben ab, ohne daß wir etwas davon merken, und die Arbeit ganzer Gehirnteile kann bei ihrem Ausfall von anderen übernommen werden. In Rechnern ist Fehlertoleranz erst rudimentär verwirklicht.

- *Schwellwertlogik* (analoges Verhalten). Das Gehirn arbeitet zwar nach dem „Alles-oder-Nichts-Prinzip", indem es von Nervenzelle zu Nervenzelle Impulse fortpflanzt, deren Größe anscheinend keine Rolle spielt, aber es ist falsch, das schon als digital zu bezeichnen, wie es oft getan wird. Es ist hier keine zweiwertige Logik am Werk, sondern die Wirkungen der Impulse, die über alle Nervenleitungen der Nervenzelle zugeführt werden, summieren sich, bis die Summe eine Schwelle überschreitet.

Dann sendet die Nervenzelle selbst einen Impuls aus. Das bezeichnet man als *Schwellwertlogik*. Die Frequenz der ausgesandten Impulse scheint die Information zu enthalten. Die Abbildung von Information auf stetig veränderliche Frequenzen ist aber eine analoge Abbildung.

- *Dichte Vernetzung*. Die Nervenzellen des Gehirns sind ungeheuer dicht vernetzt. Eine Nervenzelle ist in der Regel mit tausenden anderen verbunden. Das steht ganz im Gegensatz zu elektronischen Schaltkreisen.

Die Funktion des Gehirns als Ganzes weist einige Eigenschaften auf, für die es in Rechnern kein Gegenstück gibt. Hier sind besonders zu nennen:

- *Gedächtnis*. Das Gedächtnis des Menschen ist anscheinend ganz anders gebaut als der Speicher des Rechners. Es ist oft unzuverlässig, aber es bewahrt unendlich viele Einzelheiten. Es hat anscheinend keine Kapazitätsgrenze, im Gegenteil, man hat den Eindruck, daß man, je mehr man lernt, um so mehr behalten kann. Es speichert nicht Symbole, sondern Bilder, Gerüche und Gefühle, für die wir keine Namen und keine Symbole haben. Es hat keine Speicherzellen, aus denen man Gedächtnisinhalte abrufen kann, und es hat keinen wahlfreien Zugriff. Um manches halb Vergessene wieder „hervorzukramen", muß man Zeit und Mühe aufwenden. Anderes, völlig unwichtiges, zum Beispiel daß Tante Erna vor 30 Jahren bei Omas Geburtstag ein geblümtes Kleid trug, bleibt einem in Erinnerung. Besonders seltsam ist die Erscheinung des *assoziativen Gedächtnisses*, daß zugleich mit der bewußten Erinnerung an etwas, andere Erinnerungen verknüpft sind, die ohne unser Wollen mitaufsteigen. So etwas wie assoziative Speicher gibt es zwar auch in Rechnern, aber nur in ganz bescheidenem Umfang, und das assoziative Gedächtnis funktioniert höchstwahrscheinlich ganz anders als sie.

- *Lernfähigkeit*. Eine charakteristische Leistung des Gehirn besteht darin, daß der Mensch ständig lernt, also Neuigkeiten in sich aufnimmt und später aus ihnen Nutzen zieht. Der Rechner kann zwar auch Daten über seine bisher ausgeführten Programme speichern, und man kann Programme schreiben, die auf diese Weise aus den Erfolgen oder Mißerfolgen vorangegangener Programmläufe lernen, aber dieses Lernen ist dann das Optimieren einer ganz bestimmten Aufgabenbearbeitung und bleibt auf diese Aufgabe beschränkt. Seltsamerweise spielt auch das Lernen in der Programmierungstechnik fast keine Rolle. Lernen im menschlichen Sinn scheint etwas erheblich anderes zu sein. Es heißt nämlich nicht nur, wahllos alle möglichen Informationen behalten, sondern nur die, die nützlich und wertvoll für die Zukunft sind. Und dazu gehört Verständnis für die *Bedeutung* der Informationen, die Beurteilung dessen, was wertvoll und was wertlos ist. Das aber ist dem Computer versagt.

- *Gestaltsehen*. Der Mensch sieht Bilder nicht in zusammenhanglosen Pixeln sondern als Ganzheiten, und er erkennt in ihnen Gestalten. In Wurzeln erkennt man Gliedmaßen und menschliche Gestalten, in Wolken Länderumrisse, in Bergprofilen alles Mögliche. Ja, es kann sogar sein, daß ein Bild, je nachdem wie man es ansieht, von einer Gestalt in die andere umschlagen kann. Bild 3 zeigt zwei bekannte Beispiele für diese Erscheinung.

a

b

Bild 3   Beispiele für das Gestaltsehen
a   Eine Schale oder zwei Gesichter?
b   Junge Frau mit Feder am Hut oder alte Frau mit Kopftuch?

• *Die holistischen Erscheinungen.* Wir sind daran gewöhnt, alle Systeme, die etwas bewirken, mechanistisch zu betrachten, das heißt, ihre Gesamtfunktion aus der Funktion ihrer Bestandteile zu erklären. In einer Maschine hat jedes Teil seine bestimmte Aufgabe, und wenn es ausfällt, funktioniert die Maschine nicht mehr. Die Funktion jedes Teils ist in dem Teil lokalisiert. Das ist aber nicht die einzige Art, wie Systeme funktionieren können. Wenn eine fotografische Linse einen Kratzer hat, wird sie nicht gleich unbrauchbar, und der Kratzer bildet sich nicht als lokalisierbarer Fehler im Bild ab, sondern das ganze Bild wird nur ein wenig unschärfer. Noch deutlicher wird dieser Effekt beim Hologramm, einer mit speziellen physikalischen Einrichtungen aufgenommenen Fotografie, bei der in jedem Punkt das ganze Bild enthalten ist, so daß man einen Teil der Fotoplatte abschneiden kann und trotzdem das ganze Bild erhalten bleibt. Man nennt derartige Systeme *holistisch* (ganzheitlich). Es hat den Anschein, daß unser Gehirn, wenigstens was seine äußere Funktion betrifft, ebenfalls holistisch arbeitet. Manche Teilfunktionen des Gehirns scheinen nicht eng lokalisiert zu sein, und wenn ein Teil ausfällt, kann seine Funktion von einem anderen übernommen werden.

Die Vermutung, daß das Gehirn holistisch arbeitet, wird durch Ergebnisse der Gehirnchirurgie unterstützt. Bei einer seltenen Krankheit (Rasmussens Syndrom), die vor allem kleine Kinder befällt und sich in immer stärker werdenden epileptischen Anfällen äußert, besteht die einzige Hoffnung auf Rettung in der operativen Entfernung der linken oder rechten Gehirnhälfte. Obwohl diese Operation gefährlich ist und die kleinen Patienten durch sie bleibende Schäden davontragen, liefert sie ein höchst erstaunliches Resultat: Das Gedächtnis der Patienten bleibt erhalten! Es muß also in jeder der beiden Gehirnhälften vollständig vorhanden sein! Es wird sogar berichtet, daß in vielen Fällen die Intelligenz der Patienten zuzunehmen scheint, nachdem ihnen eine Gehirnhälfte entfernt wurde.[18]

Aus all diesen Phänomenen läßt sich meines Erachtens nur *eine* Schlußfolgerung ziehen: das Gehirn ist kein Computer, es arbeitet nach unbekannten, aber jedenfalls ganz anderen Prinzipien. Die Ähnlichkeiten zwischen beiden sind anscheinend rein äußerlich und haben viel weniger Bedeutung, als meist angenommen wird. Roszak hat hierzu ein schönes Bild geprägt. Er sagt, die Analogie zwischen Gehirn und Computer entspreche etwa der zwischen dem Zahn eines Menschen und dem Zahn eines Zahnrades. Die äußere Form ist ähnlich, aber das ist auch schon alles. In dem, worauf es wirklich ankommt, in ihrer Substanz, ihrer Struktur, ihrem Verhalten und allen ihren anderen Eigenschaften sind die Zähne des Menschen und die Zähne eines Zahnrades vollkommen verschieden.

11.9 Abkömmlinge der Künstlichen-Intelligenz-Forschung

Am Ende dieses Kapitels wollen wir noch einen kurzen Blick auf drei Gebiete werfen, die manchmal mit zur Künstlichen Intelligenz gerechnet werden, obwohl sie nur lose damit verbunden sind. Es handelt sich um *neuronale Netze*, *unscharfe Logik* und *evolutionäre Algorithmen*.

Die Künstliche-Intelligenz-Forschung, wie wir sie bisher nachgezeichnet haben, versucht, mit Computer und Logik etwas Gleichwertiges wie die menschliche Intelligenz hervorzubringen, ohne jedoch die Natur direkt nachzuahmen. Die hier behandelten Abkömmlinge sind im Gegensatz dazu alle drei aus der Idee entstanden, künstliche Intelligenz durch *Nachahmung der Natur* mit den Mitteln der Informatik hervorzubringen. Neuronale Netze sollten das Gehirn nachahmen, unscharfe Logik das Denken und Schließen mit Alltagsbegriffen und evolutionäre Algorithmen die biologische Evolution.

So wie es bis heute aussieht, ist diese Idee zum Scheitern verurteilt. Zemanek[19] bringt hierzu ein hübsches Gleichnis:

> Der Natur etwas abzulauschen und sie nachzuahmen, ist kein einfacher Vorgang. Die direkte Kopie wird mit großer Wahrscheinlichkeit kein Erfolg sein. Der Schneider von Ulm fiel zu Recht auf die Nase: einen Vogel kann man nicht nachbauen. Es dennoch zu tun, ist sträflicher Optimismus – technische Strukturen sind von anderer Natur. ... Auch in der Informationsverarbeitung gibt es Versuche in der Art des Schneiders von Ulm: das Gehirn als Maschine zu sehen und nachzubauen, wo die logisch-physikalischen Erkenntnisse noch fehlen, wo es sie vielleicht nie geben wird. Der Schneider von Ulm hat aber ein technisches Ziel im Bewußtsein wachzuhalten geholfen. [...] Den Unterschied zwischen Natur und Technik zu respektieren, kann weiterhelfen, als ihn in leichtsinnigem Optimismus zu ignorieren.

So wie dem Schneider von Ulm ist es auch den Informatikern ergangen, die mit neuronalen Netzen, unscharfer Logik und evolutionären Algorithmen die Natur nachahmen wollten. Aber sie haben dabei herausgefunden, daß ihre Ideen für die Lösung einiger technischer Probleme nützlich sein können.

11.9.1 Neuronale Netze

Ein „künstliches" neuronales Netz besteht aus „künstlichen" Neuronen, die untereinander durch „künstliche" Synapsen verbunden sind. Manche Leute betonen die Künstlichkeit, indem sie das Wort „künstlich" hinzusetzen, aber da immer klar ist, wovon gesprochen wird, ist diese Unterscheidung nicht explizit nötig, und wir lassen sie im folgenden weg.

Ein einzelnes Neuron ist nichts weiter als ein Gebilde der Art von Bild 4. Es hat eine Reihe von Eingängen x_1 bis x_n, deren Werte reelle Zahlen sind, jeder Eingang hat ein „Gewicht" w_i, mit dem der Wert des Eingangs multipliziert wird, und es bildet eine Funktion f, die von der Summe der gewichteten Eingänge abhängt. Die Funktion f ist meist eine Schwellwert-Funktion, wie in Bild 4 angegeben.

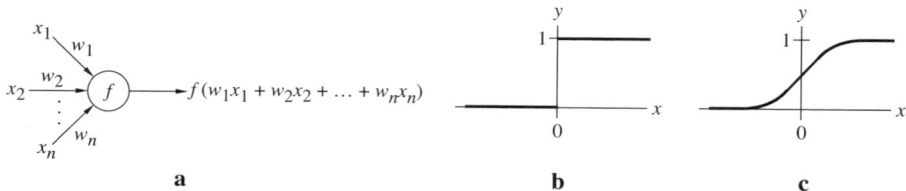

Bild 4   Ein Neuron mit Schwellwertbildung (nach [Rojas])
        a Ausgang = Funktion f der gewichteten Summe der Eingänge
        b Ideale Schwellwertfunktion (Sprungfunktion), unstetig
        c Sigmoid-Funktion, differenzierbar (sigmoid = S-förmig)

Der Leser erkennt, daß dieses Neuron ein ganz einfaches mathematisches Gebilde ist, weit, weit entfernt von dem, was ein Neuron im Gehirn wirklich ausmacht.

Und was ist ein neuronales Netz? Nichts anderes als ein Netz aus einigen wenigen Schichten einiger weniger Neuronen, wie es Bild 5 zeigt.

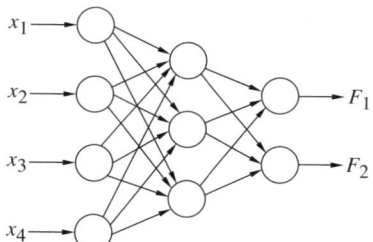

Bild 5   Vorwärtsgekoppeltes neuronales Netz aus 3 Schichten

Am Ausgang eines solchen Netzes erscheinen offensichtlich wieder ein oder mehrere Funktionen F_i der gewichteten Eingangsgrößen x_1 bis x_n, das neuronale Netz ist also nichts anderes als eine „Abbildungsmaschine" für eine Funktion mit n Argumenten und m Funktionswerten.

Mit solchen Netzen kann man nur „zeitlose" Funktionen oder einschrittige Algorithmen berechnen. Will man mehrschrittige Algorithmen ausführen, braucht man rückgekoppelte Netze, die es ebenfalls gibt.

Warum sind nun solche Gebilde erfunden worden, wenn sie nicht mehr leisten als ein Programm, das die gleiche Funktion wie das neuronale Netz berechnet? Die Antwort lautet: weil man mit ihnen Funktionen näherungsweise verwirklichen kann, die sich durch die explizite Berechnung der Gewichte nur schwer erzeugen lassen. Ein typisches Beispiel dafür ist die Zeichenerkennung: Man möchte handgeschriebene Zeichen, etwa die 26 Großbuchstaben des Alfabets, die in einer $5 \cdot 7$-Matrix als Schwarzweiß-Werte gespeichert sind, erkennen. Die gesuchte Funktion F soll dann alle Kombinationen von $5 \cdot 7$ Schwarzweiß-Werten in 26 Klassen einteilen, die den Buchstaben entsprechen. Die Gewichte der Eingänge aller Neuronen müssen dazu solche Werte bekommen, daß auch schlecht geschriebene Buchstaben noch möglichst gut erkannt werden.

Dazu bietet man dem neuronalen Netz viele Paare von Eingangs- und Ausgangswerten an und sorgt dafür, daß die Gewichte der Eingänge der Neuronen so eingestellt werden, daß das Netz die Buchstaben möglichst gut erkennt. Das heißt, man *lehrt* das neuronale Netz, welche Funktion es ausführen soll. Neuronale Netze sind deshalb *lernende Systeme*, die komplizierte Funktionen zwischen vielen Eingängen und mehreren Ausgängen zu verwirklichen gestatten.

Der Leser mag sich fragen, wie das im einzelnen vor sich geht. Wieviele Neuronen braucht man zur Lösung einer bestimmten Aufgabe, und wie müssen sie angeordnet werden? Wie kann das Lernen funktionieren? Zerstört nicht die zuletzt gelernte Gewichtskombination alle zuvor gelernten? Wie lange muß das Netz lernen, wenn die Eingangskombinationen, die es erkennen soll, in die Hunderte gehen?

Und hier liegt wirklich das Problem der neuronalen Netze. Es gibt keine wissenschaftlich fundierten Aussagen und Entscheidungskriterien für diese Fragen. Man muß unter Umständen sehr lange experimentieren und kann sich hinterher immer noch nicht sicher sein, ob das neuronale Netz in allen Fällen funktioniert und ob die Lösung effizient ist.

Neuronale Netze haben zwar ihre Anwendbarkeit bei gewissen Problemen bewiesen; ihre Leistungsfähigkeit sollte jedoch vorsichtig eingeschätzt werden. Es gibt genügend Fälle, in denen man für ein neuronales Netz, nachdem es analysiert worden war, wesentlich effizientere Lösungen mit anderen, mathematisch vertrauenswürdigen Verfahren fand.

11.9.2 Unscharfe Logik

Die traditionelle Logik ist zweiwertig: Es gibt nur die Wahrheitswerte 0 und 1, eine Aussage ist wahr oder falsch, ein gegebenes Element gehört entweder zu einer gegebenen Menge oder es gehört nicht dazu. In Abschnitt 11.4 (über Expertensysteme) sind uns aber Aussagen begegnet, die mit einer gewissen *Wahrscheinlichkeit* gelten. Zum Beispiel galt die Antwort des Expertensystems Otto „Abnutzung der Kolbenringe verursacht zu schwache Kompression" mit der Wahrscheinlichkeit 0.8. Statt einer Aussage mit den Werten 0 oder 1 wurde hier eine Aussage mit dem Wert 0.8 gemacht, das heißt, die Wahrheit der Aussage wurde mit einer Wahrscheinlichkeit zwischen 0 und 1 angegeben.

Die *unscharfe Logik* (*fuzzy logic*, *fuzzy* = unsauber, verschwommen) ist eine Erweiterung der zweiwertigen Logik, in der anstelle der Wahrheitswerte 0 und 1 beliebige Werte zwischen 0 und 1 zugelassen werden. Eng mit diesem Begriff verbunden ist der Begriff der *unscharfen Menge* (*fuzzy set*). Während in der traditionellen Mengenlehre ein Gegenstand entweder zu einer Menge M gehört oder nicht gehört, kann er bei den unscharfen Mengen mit einer gewissen Wahrscheinlichkeit zur Menge M gehören oder nicht gehören. Im täglichen Leben hantieren wir oft mit unscharfen Mengen; wir teilen zum Beispiel die Menschen in junge und alte ein, die Temperaturen in kalt, gemäßigt, heiß, die Geschwindigkeiten in langsam, mittel, schnell.

Die unscharfe Logik läßt sich anwenden, wenn Zusammenhänge nicht genau modelliert werden sollen, weil das zu aufwendig wäre. Ihr Haupteinsatzgebiet ist die Regelungstechnik. Wenn Vorgänge und ihre Regelung entweder nicht mathematisch präzise beschrieben werden können oder die konventionelle Regelung zu kostspielig ist, kann man die vielen genauen Werte der Einflußgrößen manchmal auf wenige unscharfe Werte zurückführen, aus ihnen die gesuchten (ebenfalls unscharfen) Stellgrößen mit Schlüssen der unscharfen Logik berechnen und die unscharfen Ergebnisse wieder in scharfe zurücktransformieren.

Nehmen wir zum Beispiel an (nach [Olsson]), die automatische Steuerung eines Eisenbahnzuges benutze folgende Eingabegrößen:

- *Geschwindigkeit* mit den Werten *zu klein*, *klein*, *mittel*, *hoch*, *zu hoch*;
- *Beschleunigung* mit den Werten *negativ*, *null*, *positiv*;
- *Zielentfernung* mit den Werten *fern*, *nahe*, *sehr nahe*;

zur Berechnung der Ausgabegröße

- *Motorleistung* mit den Werten *stark bremsen*, *leicht bremsen*, *konstant halten*, *etwas beschleunigen*, *stark beschleunigen*.

Einige der Regeln einer unscharfen Logik zur Berechnung der Motorleistung aus Geschwindigkeit, Beschleunigung und Zielentfernung könnten dann etwa lauten:

- Wenn die Geschwindigkeit zu klein, die Beschleunigung negativ und das Ziel fern ist, dann stark beschleunigen.
- Wenn die Geschwindigkeit klein, die Beschleunigung negativ und das Ziel fern oder nah ist, dann leicht beschleunigen.
- Wenn das Ziel sehr nah ist, dann stark bremsen.

Die unscharfe Logik wird in vielen technischen Produkten wie Klimaanlagen, Kraft- und Schienenfahrzeugen, Waschmaschinen und Kameras zur Regelung eingesetzt. Ihr Einsatz in der Künstlichen-Intelligenz-Forschung zur Modellierung unsicheren Wissens ist dagegen bis heute mehr Wunsch als Wirklichkeit.

11.9.3 Evolutionäre Algorithmen

In Abschnitt 8.3 wurden kombinatorische Suchprobleme erwähnt, bei denen es darum geht, für eine Aufgabe mit vielen Parametern diejenige Wertekombination aller Parameter zu finden, die die beste (oder wenigstens eine gute) Lösung des Problems liefert. Solche Optimierungsaufgaben treten in Technik und Wirtschaft oft auf; Beispiele sind das Rundreise- und das Rucksackproblem (in Abschnitt 8.3 beschrieben).

Was kann man tun, wenn es keinen Algorithmus gibt, der die optimale Kombination der Parameterwerte zu berechnen gestattet? Man kann versuchen, es der Natur nachzumachen! *Evolutionäre Algorithmen* sind Such- und Optimierungsverfahren, die sich am Vorbild der biologischen Evolution orientieren. Sie werden auch – genauer: eine besondere Art von ihnen – *genetische Algorithmen* genannt.

Die biologische Evolution hat im Laufe von Jahrmillionen optimale organische Strukturen hervorgebracht wie etwa das Blutgefäßsystem mit einem nachweisbar optimalen Verzweigungsverhältnis, die Gestalt von Vogelschwingen und die Form von Fischrümpfen. Evolutionäre Algorithmen stellen den Versuch dar, wesentliche Prinzipien der biologischen Evolution dem natürlichen Vorbild abzugucken.

Man versucht dabei, die biologische Evolution in stark vereinfachter Weise nachzubilden, indem man drei Schritte benutzt, um Parameterwerte, die zu einem Optimum führen, zu finden:

1 Man beginnt mit einer Anfangsmenge von Parameterwerten, die zufällig zusammengestellt sind. Sie liefern normalerweise schlechte, darunter aber vielleicht aber auch nicht so schlechte Lösungen. Dieser Menge entspricht im biologischen Vorbild eine *Population von Individuen.*

2 Man erzeugt aus der Population durch die zufällige Kombination der Parameterwerte zweier Individuen eine neue Generation von Individuen, die schlechtere und bessere Lösungen liefern können. Das entspricht der Fortpflanzung (der *Reproduktion*) im biologischen Vorbild, bei der die Erbanlagen der Kinder eine Kombination von denen der Eltern sind.

3 Man verändert bei einem kleinen Teil der neuen Individuen einige Parameterwerte auf zufällige Weise. Das entspricht der *Mutation* im biologischen Vorbild.

4 Man beseitigt aus beiden Generationen nach irgendeinem Verfahren diejenigen Individuen, bei denen wenig Aussicht besteht, daß sie zur optimalen Lösung führen werden. Das entspricht der *Selektion (survival of the fittest)* im biologischen Vorbild. Das Ergebnis ist wieder eine Generation.

Die Schritte 2 bis 4 werden so lange wiederholt, bis die optimale oder eine dem Optimum nahekommende Parameterkombination gefunden ist.

Je besser die *Anpassung (Fitneß)* eines Individuums an die Forderung der Aufgabe ist, um so größer ist seine mittlere Lebensdauer. Das frühzeitige Aussterben der schlecht angepaßten Individuen bewirkt die Zunahme der mittleren Fitneß der Population.

Im Zentrum dieses Verfahrens stehen die *genetischen Operationen* Reproduktion, Mutation und Selektion. Zu ihrer Ausführung gibt es viele Spielarten, die je nach der Aufgabe und anderen Gegebenheiten verschieden gut geeignet sind. Die Wahlmöglichkeiten sind hier so vielfältig, daß es schwer, wenn nicht unmöglich ist, für eine vorhandene Aufgabe von vornherein die günstigste Wahl zu treffen. Es gibt kaum eine Theorie darüber, und deshalb kann man über die Repräsentation der Individuen, die Konvergenzgeschwindigkeit, Konvergenzsicherheit, Größe der Population und Art des Reproduktionsverfahrens keine allgemeinen Aussagen machen. Alles ist Sache der Erfahrung und stark von der Art der Aufgabe abhängig; es funktioniert manchmal und manchmal nicht. Und die Ergebnisse sind nur Näherungslösungen.

Man hat sogar versucht, für eine gegebene einfache Aufgabe, nämlich die Approximation von punktweise gegebenen Kurven durch arithmetische Ausdrücke die evolutionären Algorithmen nicht auf Parameterwerte, sondern auf Programme anzuwenden, indem man als Anfangspopulation eine Reihe von zufällig zusammengestellten Programmen zur Berechnung von Ausdrücken benutzt und diese Zusammenstellung nach und nach verbessert, in der Hoffnung, daß dabei ein Programm entsteht, das die gegebene Kurve gut approximiert. Diese Idee wurde *genetische Programmierung* genannt. Würde das funktionieren, hätte man so etwas wie eine *automatische Programmierung* (für eine eine ganz spezielle, einfache Aufgabenklasse) verwirklicht. Es hat sich aber als Sackgasse erwiesen.

Auf keinen Fall sollte man in den Fehler verfallen zu glauben, daß evolutionäre Algorithmen Rückschlüsse auf die biologischen Evolutionsmechanismen zulassen und deshalb für Biologen von Interesse wären. Hierzu heißt es in [Davis S. 3 f]:

> Obwohl die Erkenntnisse der Evolutionsbiologie anfangs die genetischen Algorithmen geprägt haben und obwohl auch heute noch neue biologische Erkenntnisse neue Beiträge leisten könnten, geht diese Befruchtung nur in eine Richtung. Ich kenne keinen genetischen Algorithmus, der auf Probleme der biologischen Genetik anwendbar wäre, und so weit ich sehe, haben die Erkenntnisse der Informatiker die Biologen nicht beeinflußt. In dieser Hinsicht verhalten sich genetische Algorithmen wie neuronale Netze: Naturphänomene führten zu den algorithmischen Abstraktionen, aber die algorithmischen Abstraktionen wirken nicht auf die Erforscher der Naturphänomene zurück. Nach einer Anfangsphase, in der die Analogien zu den Naturphänomenen stark betont wurden, entwickelten sich die Abstraktionen zu eigenen Gebieten, die sich von ihren Ausgangsfragestellungen weit entfernt, wenn nicht ganz gelöst haben.

12

Philosophie der Informatik

Bisher haben wir die Informatik sozusagen von *innen* betrachtet, uns mit ihrer Begriffs-welt und ihren Teilgebieten beschäftigt. Im letzten Kapitel wollen wir sie von *außen* betrachten; nicht ihre einzelnen Probleme, sondern sie selbst, als Ganzes: ihre Stellung in der Welt der Wissenschaften, ihre Auswirkungen auf die allgemeinmenschliche Kul-tur, ihren Wert, ihren Nutzen und ihre Gefahren.

Wenn man auf diese Weise aus einem Gegenstandsbereich heraustritt und über ihn spricht, nennt man das wohl auch „philosophieren". So gibt es eine „Philosophie der Technik", eine „Ethik der Forschung" und andere. ähnliche Betrachtungen von höheren Standpunkten aus. Nur in diesem bescheidenen Sinn ist der Titel dieses Kapitels gemeint, und philosophisch ausgerichtete Leser, die anderes erhofft haben, mögen mir verzeihen.[1]

Wir werden uns in diesem Kapitel zuerst mit der Frage beschäftigen, ob Informatik überhaupt eine eigenständige Wissenschaft ist, indem wir herausstellen, was sie von ihren Nachbardisziplinen Mathematik und Elektrotechnik unterscheidet. Sodann wer-den wir darauf zu sprechen kommen, wie sich Computer und Informatik auf die allge-meinmenschliche Kultur auswirken; welchen Wert und Nutzen sie haben, welche Gefahren sie mit sich bringen und ob es Computerkunst gibt. Damit eng verknüpft ist die Frage, ob und in welcher Weise Informatik schon in der Schule gelehrt werden soll. Daran schließt sich eine Betrachtung über den Wert und Unwert des Internets und die Wirkungen, die der Computer über die Informationstechnik auf die Freizeitbeschäfti-gung und die Wirtschaft ausübt. Diese Betrachtungen münden in die Überlegung, daß die Informatik Ursache dafür sein könnte, das, was den Menschen bisher schwierig und was ihnen einfach vorkam, in eine neue Ordnung zu bringen. Ganz am Ende wenden wir uns dann noch einmal der Frage zu, was Informatik denn nun eigentlich ist.

War die Darstellung in den Kapiteln 1 bis 11 weitgehend objektiv, wie es sich für Wissenschaftler gehört, bekommt sie in diesem Kapitel einen subjektiven Ton, da ich Werturteile abgebe, die teilweise dem Zeitgeist kritisch gegenüberstehen, und vor Entwicklungen warne, die der Computer mit sich gebracht hat.

Es mag den Leser erstaunen, daß einer, der die Informatik als Beruf betreibt und sich ihr verschrieben hat, so negative Ansichten äußern kann. Meine Kritik gilt denn auch nicht der Informatik als Wissenschaft und Technik, sondern einigen Anwendungen des Computers, die unser Leben heute durchdringen und verändern – oft nicht zum Guten! Die Informatiker, die – ohne es zu wollen und ohne die Folgen ihrer Arbeit einschätzen zu können – die negativen und gefährlichen Entwicklungen mitzuverantworten haben, sind nun auch dazu aufgerufen, vor diesen Entwicklungen zu warnen. Darum wird man in diesem Kapitel weit mehr Kritik und Warnungen vor den Mißbräuchen und Gefahren finden als Stolz auf das, was die Informatik geleistet hat.

12.1 Informatik als eigenständige Wissenschaft

Wie aus diesem Buch klar geworden sein dürfte, ist die Informatik eine Synthese aus mathematischem Gedankengut und Rechnertechnik. Einerseits ist sie wie die Mathematik eine *Strukturwissenschaft*. Gemeinsam mit der Mathematik unterscheidet sie sich von den Naturwissenschaften darin, daß sie von Menschen gemachte Regeln und Verfahren untersucht, anstatt Naturgesetze zu erforschen. Andererseits ist sie eine *Ingenieurwissenschaft*. Ihr Gegenstand ist der Rechner, ein technisches Erzeugnis, dessen Bau und Anwendung sie behandelt. Und wie andere technische Wissenschaften, etwa die Elektrotechnik, zeigt sie ein doppeltes Gesicht: sie ist Wissenschaft und Technik zugleich.

Die Informatiker der ersten Stunde rekrutierten sich aus Mathematikern und Elektrotechnikern. In gleicher Weise wurden die ersten Lehrstühle für Informatik mit Mathematikern und Elektrotechnikern besetzt. Da diese Zeit noch nicht lange zurückliegt und beide Disziplinen verschiedene Denkstile, Arbeitsmethoden und Ziele haben, ist es kein Wunder, daß es immer wieder Diskussionen darüber gibt, ob die Informatik überhaupt eine eigenständige Wissenschaft sei. Wir wollen hierauf näher eingehen.

Informatik und Mathematik. Die Informatik hat mit der Mathematik viele Gemeinsamkeiten, die man etwa so zusammenfassen kann[2]:

• Abstraktheit mit vielen Abstraktionsniveaus,
• Präzision und logische Strenge,
• quantitative Aussagen,
• breites, nahezu universelles Anwendungsgebiet.

Es gibt aber auch bemerkenswerte Unterschiede zwischen Informatik und Mathematik, von denen die wohl wichtigsten in Bild 1 gegenübergestellt sind.

Die Mathematik ist im wesentlichen statisch, zeitliche Abläufe spielen eine untergeordnete Rolle. Sie stellt Beziehungen (Relationen) zwischen Größen auf und beweist ihre Gültigkeit. Variablen sind in ihr Symbole für Werte. Die Informatik ist im wesentlichen dynamisch, zeitliche Abläufe stehen im Zentrum der Betrachtungen. Sie konstruiert Algorithmen (Prozesse), die Eingabewerte in Ausgabewerte transformieren. Variablen sind in ihr Symbole für Größen, deren Werte sich zeitlich ändern. In der Mathematik spielt die Unendlichkeit, sowohl im Kleinen (Infinitesimalrechnung) als auch im Großen (unendliche Folgen, Reihen, Mengen) eine bedeutende Rolle, in der Informatik werden praktisch nur endliche Strukturen behandelt. Mathematik und Informatik streben beide – wie jede Wissenschaft – nach der Aufstellung allgemeiner Gesetze. Während das in der Mathematik vorbildlich gelungen ist, ist man in der Informatik damit noch nicht weit gediehen. In ihr werden viele einzelne Fälle untersucht, die oft recht unterschiedlichen Gesetzen unterliegen. In der Informatik werden Zustände benutzt, um die Veränderung von Objekten in der Zeit zu beschreiben. Den Zustandsbegriff oder etwas ihm Äquivalentes gibt es in der Mathematik nicht. In der Informatik spielt die Komplexität (Effizienz) von Algorithmen eine wichtige Rolle, in der Mathematik ist sie von so untergeordneter Bedeutung, daß selbst der Begriff „Komplexität" kaum verwendet wird. Die Algorithmen der Informatik können aus parallel ablaufenden Prozessen bestehen, die miteinander kommunizieren. Hierzu gibt es in der Mathematik kein Gegenstück.[3]

Informatik	Mathematik
Dynamisch	Statisch
Algorithmen (Prozesse)	Beziehungen (Relationen)
Konstruktion	Beweis
Variablen sind Behälter für Werte	Variablen sind Namen für Werte
Die Unendlichkeit spielt praktisch keine Rolle	Die Unendlichkeit spielt eine wichtige Rolle
Viele unterschiedliche Fälle	Allgemeine Gesetze
Zustände	—
Komplexität (Effizienz) bedeutsam	—
Parallelität und Kommunikation	—

Bild 1 Unterschiede zwischen Informatik und Mathematik

Diese Unterschiede zwischen Mathematik und Informatik sind beeindruckend, selbst wenn man außer acht läßt, daß die Informatik auch noch eine technische Seite hat. Dennoch kann man für die Auffassung eintreten, daß die nichttechnischen Teile der Informatik zur Mathematik gehören, indem man folgendermaßen argumentiert. Algorithmen sind kein Kind der Informatik, sondern dreitausendjähriges Gedankengut der Mathematik. Die dynamische Weltsicht der Informatik läßt sich auf die statische der Mathematik zurückführen. Der Schlüssel dazu ist die Beschreibung des Übergangs von einem Zustand in den nächsten als mathematische Funktion. Parallelität läßt sich schließlich mathematisch immer in Sequentialität transformieren (wie es auch beim Mehrprogrammbetrieb auf Einprozessoranlagen geschieht). Damit ist gezeigt, daß die Informatik nichts anderes als das jüngste Kind der Mathematik ist, ein neuer Zweig der instrumentellen Mathematik, sehr lebendig, alte Teile der Mathematik befruchtend, aber doch schließlich nichts anderes als Mathematik.

Man kann den Spieß allerdings auch umdrehen und argumentieren, daß die Informatik erst gezeigt hat, was für ein umfangreiches neues Wissensgebiet in den Algorithmen verborgen ist. Die Informatik war es auch, die der statischen Mathematik die dynamische Welt der Algorithmen gegenübergestellt hat, den Begriff des Zustands und der Zuweisung eingeführt hat. Die Informatik begnügt sich nicht mit Beweisen für die *Existenz* gewisser mathematischer Objekte, sondern sie *konstruiert* diese Objekte. Statische Betrachtung ist nur ein Spezialfall dynamischer Betrachtung (nämlich der ohne zeitliche Änderung der beteiligten Werte) und Konstruktion mehr als Zeigen von Existenz. Könnte man da nicht mit ebensoviel Recht die Mathematik, sofern sie sich nicht mit der Unendlichkeit beschäftigt, als Teil der Informatik ansehen?

Beide Vereinnahmungsversuche sind unfruchtbar, und ihre Erwähnung hier soll nur zeigen, daß das Verhältnis zwischen Mathematik und Informatik nicht einfach ist.

Informatik und Elektrotechnik. Wie sieht es nun mit der Abgrenzung der Informatik zur anderen Seite hin, zur Elektrotechnik, aus? Hier bestanden nie Tendenzen, die Informatik als Zweig der Elektrotechnik zu deklarieren, um so weniger, als in der Informatik die Software und Theorie ein Übergewicht gegenüber der Hardware hat. In den letzten Jahren ist eine neue, interessante Entwicklung zu beobachten. Die Elektrotechnik hat man früher in Starkstrom- oder Energietechnik und Schwachstrom- oder Nachrichtentechnik eingeteilt. Durch das Hinzukommen von Mikroelektronik, Videotechnik, Optoelektronik und anderem hat sich die Nachrichtentechnik stark verbreitert und ist mit der Technischen Informatik in vielen Teilbereichen zusammengewachsen. Um dieser Erweiterung Ausdruck zu geben, wurde in den letzten Jahren der Begriff Informationstechnik geprägt und vielerorts die Nachrichtentechnik in *Informationstechnik* umbenannt. Die Frage ist deshalb: wie grenzt sich die Informatik gegen die Informationstechnik ab?

Es ist schwierig, schon heute etwas darüber zu sagen. Die Informationstechnik ist noch zu neu und als Disziplin zu wenig klar umrissen, als daß eine deutliche Abgrenzung möglich wäre. Soweit Hardware und Übertragungstechnik für Rechner und Rechnernetze betroffen sind, geht das sicherlich die Informatik etwas an, so daß in diesem Bereich Technische Informatik und Informationstechnik kaum zu trennen sein werden. Diejenigen Teile der Informationstechnik, die sich nicht direkt mit dem Rechner befassen, also etwa Kommunikationstechnik, Videotechnik, Optoelektronik, Unterhaltungselektronik sollte die Informatik dagegen nicht als zu sich gehörig ansehen. Man kann zwar argumentieren, daß heute überall in der Informationstechnik Rechner eingesetzt werden und deshalb die gesamte Informationstechnik als ein Teil der Angewandten Informatik angesehen werden kann, aber auch das wäre ein Streit um Begriffe und würde niemandem nützen.

Die Bedeutung der Technischen Informatik. In diesem Buch wurde die Technische Informatik als gleichberechtigt mit der Praktischen, Theoretischen und Angewandten Informatik dargestellt, in einem gewissen Sinn sogar als *bevorrechtigt*, weil sie nämlich die anderen Teile erst ermöglicht und hervorgebracht hat.

Das wird allerdings oft anders gesehen. Es gibt Bücher und Vorlesungen, die sich „Einführung in die Informatik" (oder ähnlich) nennen, aber nur eine Einführung in das Programmieren sind. Mitunter werden noch ein paar Grundbegriffe der Theoretischen Informatik und einige Anwendungen hinzugefügt, aber die Technische Informatik bleibt ausgespart, ohne daß eine Erklärung dafür gegeben wird. Ähnlich ist es mit dem Aufbau des Studiums der Informatik an manchen Universitäten bestellt. Praktische und Theoretische Informatik stehen dort im Vordergrund, die Technische Informatik wird nur am Rande behandelt. In amerikanischen Studiengängen geht das so weit, daß die Technische Informatik gar nicht mehr zur Informatik, sondern zur Elektrotechnik gerechnet und dementsprechend nicht mehr vom Department of Computer Science, sondern vom Department of Electrical Engineering betreut wird.

Wie ist das zu erklären? Es scheinen zwei Ursachen hauptsächlich dafür verantwortlich zu sein. Die eine besteht darin, daß mathematisch-formale Kenntnisse von vielen Menschen als etwas Bedeutenderes, Edleres und damit Erstrebenswerteres angesehen werden als die experimentelle Beherrschung und schöpferische Benutzung elektrischer Schaltkreise. (Die Wissenschaft steht höher als die Technik.) Oft sind formale Kenntnisse auch leichter zu erwerben als die Experimentierkunst erfordernden technischen Kenntnisse. Die andere besteht darin, daß die Theoretische Informatik und zum Teil auch die Praktische Informatik Kenntnisse und Erkenntnisse vermittelt, die dauerhaft sind, während in der Technischen Informatik eine neue Erfindung eine ältere entwertet, so daß man hier dauernd umlernen muß. Das schreckt viele ab. Arbeiten über die Turingmaschine haben Bestand, auch wenn sie keinen anderen Nutzen haben als den, jemandem den Doktorhut zu bringen; Arbeiten über die Verkürzung der Zugriffszeit zu Plattenspeichern durch neue Schaltkreise sind dagegen in fünf Jahren schon überholt, auch wenn sie während dieser Zeit einen hohen Nutzen haben.

Selbst wenn man diese Gründe gelten läßt, sollte man doch bedenken, daß es die Technische Informatik und die ihr zu Grunde liegenden Fortschritte der Halbleitertechnik, Optoelektronik und anderer technischer Bereiche sind, der wir das ganze Gebäude der Informatik verdanken. Ohne den realen, aus Schaltkreisen bestehenden Computer hätte sich die Kenntnis von den Algorithmen und Datenstrukturen nicht entwickelt; ohne die Möglichkeit, statt zehn oder zwanzig Maschinenwörter in Registern, zehntausend im Ferritkernspeicher zu speichern, wären keine Programmiersprachen, Compiler und Betriebssysteme entstanden; ohne die Erfindung der integrierten Schaltkreise gäbe es keine Mikrocomputer und damit viel geringere Kenntnisse über Rechnernetze, Parallelität, Mensch-Maschine-Kommunikation. Welche technische Errungenschaft man auch nimmt – den Transistor, die integrierten Schaltkreise, den Rasterbildschirm, den Plattenspeicher oder neuerdings die optischen Speicher und die optische Datenübertragung – immer ist die Hardware-Entwicklung Ausgangspunkt für neue Entwicklungen in den anderen Teilen der Informatik, ist es die Hardware-Entwicklung, die der Software-Entwicklung das Gesetz des Handelns aufzwingt.

Somit haben wir in der Technischen Informatik die Ursache fast aller Fortschritte in der Informatik zu suchen. Sie ist der Motor, der die Informatik antreibt, nicht etwa die Praktische Informatik, wie viele meinen. Das zeigt sich ständig aufs Neue darin, daß zuerst eine neue Schaltkreistechnik, ein neuer Mikroprozessor-Chip oder ein neues Speichermedium entwickelt wird, und daß es danach meist Jahre dauert, bis es die Software gibt, die die neue Hardware auszunutzen gestattet.

Mir scheint aus diesen Gründen die Unterbewertung der Technischen Informatik, wie wir sie so häufig beobachten können, eine aus Technikverachtung entstandene Fehleinschätzung zu sein, der man entgegentreten muß.

Informatik = Informationswissenschaft? In diesem Buch wurde die Informatik immer im Zusammenhang mit dem Computer gesehen. Die Schwierigkeiten der Abgrenzung der Informatik nach der informationstechnischen Seite und die zentrale Bedeutung der Informationsverarbeitung in der Informatik legen es nahe, diese Sicht stark zu erweitern und alle Informationsverarbeitung, geschehe sie durch Maschinen oder Lebewesen, zur Informatik zu zählen. In diesem Sinn definiert der norwegische Informatiker Nygaard:

> Informatik ist die Wissenschaft, deren Gegenstand Informationsprozesse und verwandte Phänomene in technischen Erzeugnissen, Gesellschaft und Natur sind.

Die Informatik wird dadurch zu einer Universalwissenschaft, die alle anderen Wissenschaften, die es mit Information zu tun haben, in sich aufnimmt.

Diese weite Auffassung von Informatik hat gewiß ihren Reiz. Sie ergibt eine Vereinfachung im System der Wissenschaften und eine Aufwertung der Informatik, die dadurch von einem Instrument im Orchester der Wissenschaften zu seinem Dirigenten avanciert. Aber ist sie auch nützlich? Welchen Wert hat denn eine solche Ausweitung des Begriffs Informatik? Was haben wir davon, daß wir alles, was irgend mit Information zu tun hat (und was hätte nicht damit zu tun?), unter einem Namen zusammenfassen? Was auf unseren Universitäten als Informatik gelehrt wird, ist nun einmal Computerwissenschaft, und andere Disziplinen, in denen die Information eine Rolle spielt, wie Kybernetik, Kognitionswissenschaft, Gehirnforschung gehören nicht mit dazu. Wir sollten froh sein, für ein neues Wissensgebiet einen passenden Namen gefunden zu haben und nicht die Bedeutung dieses Namens durch Verallgemeinerung entleeren.

12.2 Wert und Nutzen der Informatik

In diesem und dem nächsten Abschnitt sind einige Gedanken darüber zusammengestellt, wie sich Computer und Informatik auf die allgemeinmenschliche Kultur auswirken; insbesondere, welchen Einfluß sie auf das Denken und Handeln der Menschen im täglichen Leben ausüben, und ob sie einen allgemeinen Bildungs- und Erziehungswert haben. Das ist ein umfangreicher Fragenkomplex. Ich strebe deshalb keine Vollständigkeit in irgendeinem Sinn an, sondern weise nur auf diejenigen Probleme hin, die mir besonders am Herzen liegen. Andere würden andere Akzente setzen. Im Interesse der Übersichtlichkeit stelle ich die positiven Seiten der Informatik (ihren Wert und Nutzen) den negativen Seiten (ihren Gefahren) gegenüber, immer in dem Bewußtsein, daß eine solche Verteilung eigentlich eine unzulässige Vereinfachung der wirklichen Verhältnisse ist. Daß dabei die Gefahren den weit größeren Platz als Wert und Nutzen einnehmen, soll nicht bedeuten, daß der Computer weit mehr Gefahren als Nutzen mit sich bringt. Es ergibt sich vielmehr daraus, daß Wert und Nutzen den meisten Menschen ohnehin bekannt sind, die Gefahren aber zum Teil nicht. Außerdem sind Wert und Nutzen in den Kapiteln 1 bis 11 genügend betont worden, die Gefahren aber nicht. Deshalb glaube ich, auf sie besonders eindringlich hinweisen zu müssen.

Erleichterung des Lebens. Der *Nutzen* der Informatik zur Erleichterung des Lebens ist offensichtlich und braucht nicht weiter diskutiert zu werden. Die drei Kapitel über Angewandte Informatik handeln davon, und die meisten Menschen begegnen täglich Situationen, in denen die so unglaublich schnellen und winzigen, nie ermüdenden Computer-Heinzelmännchen ihnen Arbeit abnehmen, oft ohne daß sie es merken.

Es bleibt deshalb übrig, sich davon Rechenschaft zu geben, ob die Informatik über den Nutzen hinaus einen *Wert* für den Menschen hat, einen Bildungs- oder Erziehungswert. Hier sehe ich vor allem vier Bereiche, in denen das der Fall ist.

Algorithmisches Denken. Der erste Bereich betrifft das *algorithmische Denken*. Der im algorithmischen Denken Geübte ordnet seine Gedanken zu einer Reihe von Schritten, macht sich klar, was gegeben und was gesucht ist, prüft alle Schritte auf ihre Durchführbarkeit, alle Worte auf ihren Sinn. Er gibt unmißverständliche Anleitungen zum Handeln, und was er niederschreibt, sind Gedankenketten ohne verschwommene Begriffe. Das algorithmische Denken nützt jedem, der logische Zusammenhänge darstellen muß: dem Lehrer, den seine Schüler dadurch besser verstehen, dem Berufstätigen, der Anweisungen zu geben hat und überhaupt jedem, weil es das Denken und Handeln zu organisieren hilft.

Mehr noch! Das algorithmische Denken ist eine allgemeine Methode, um festzustellen, ob man eine Sache bis ins Letzte verstanden hat. In seiner konsequentesten Form, dem Programmieren, bedeutet es ja nichts anderes, als eine Aufgabe dem Rechner haarklein, mit allen Sonderfällen, zu „erklären". Eine Aufgabe algorithmieren heißt deshalb, sie verstehen! Hierzu schreibt D. E. Knuth, einer der bedeutendsten Informatiker ([Knuth74] S. 326-327):

> Ein Mensch, der durch die Schule der Informatik gegangen ist, kann mit Algorithmen umgehen: sie konstruieren, modifizieren, verstehen und analysieren. Diese Kenntnis befähigt ihn zu weit mehr als zum Schreiben guter Programme; sie ist ein allgemein verwendbares geistiges Werkzeug, welches ihm mit Sicherheit hilft, andere Wissensgebiete zu verstehen, sei es Chemie, Linguistik oder Musik. Den Grund dafür kann man auf folgende Weise einsehen: Es ist oft gesagt worden, daß man eine Sache solange nicht völlig verstanden hat, bis man sie jemanden zu lehren versteht. In Wirklichkeit ist es so, daß man eine Sache nicht völlig versteht, bis man sie einen Computer lehren, d.h. sie als Algorithmus ausdrücken kann. Der Computer erzwingt eine solche Präzision des Denkens, wie man sie dem Studium der Mathematik zuschreibt. Der Versuch, Dinge als Algorithmen zu formalisieren, führt zu einem viel tieferen Verstehen, als wenn man nur versucht, Dinge in der traditionellen Art zu begreifen.

> Linguisten glaubten, Sprachen zu verstehen, bis sie versuchten, die Sprachen dem Computer zu erklären; sie fanden dadurch schnell heraus, wieviel sie noch zu lernen hatten. Viele Menschen haben Dinge auf dem Computer modelliert und bemerkt, daß sie beim Modellieren mehr gelernt haben als aus den Ergebnissen der Simulation.

> Diese und viele andere Beispiele haben mich vom pädagogischen Wert des algorithmischen Denkens überzeugt; es hilft beim Verstehen von Konzepten aller Art.

Es kommt noch ein erzieherischer Wert hinzu: Das algorithmische Denken gelingt keinem auf Anhieb, es muß mühsam, mit großer Geduld, erworben werden. Vor dem Computer sind alle gleich. Da hilft kein forsches Auftreten, allein das exakte Denken zählt. Der Programmierer blamiert sich ständig, aber nur vor dem Computer und sich selbst! Wer es dennoch schafft, Programme „zum Laufen zu bringen", erfährt dadurch den Stolz und das Glücksgefühl, das eigene Leistungen auf allen Gebieten vermitteln.

Meisterung komplexer Zusammenhänge. Der zweite Bildungswert der Informatik
scheint mir in der Meisterung komplexer Zusammenhänge zu liegen. Es gibt wenige
technische Einrichtungen, die so verwickelt sind wie ein Computer oder ein Programm,
und es gibt keine Wissenschaft, die ständig, auf Schritt und Tritt, mit der Komplexität so
im Kampf liegt wie die Informatik. Gewiß ist der Mensch ein noch viel komplexeres
System als ein Computer, und so betrachtet hat jeder Lehrer, Geisteswissenschaftler,
Soziologe, Psychologe, Mediziner noch viel mehr als der Informatiker mit der Komplexität zu kämpfen. Aber diese Komplexität ist etwas von der Natur Gegebenes, in ihrer
Struktur Unbekanntes und in ihrer Tiefe Unauslotbares: sie ist die Komplexität des Menschen. Die Komplexität der Informatik jedoch ist von Menschen gemacht und muß von
Menschen durchschaut werden. Der Informatiker hat gegenüber dem Geisteswissenschaftler den Vorteil, daß er das Verhalten seiner Grundbausteine genau kennt, so daß
kein Rest von Unbestimmtheit, Nichtdeterminiertheit in ihrem Verhalten liegt. Er kann
somit die Probleme der Komplexität rein studieren und die selbst konstruierten Gedan-
kengebäude rigoros prüfen, ob sie ihre Aufgaben erfüllen. Und hier muß der Informatiker wieder die erzieherisch wertvolle Erfahrung machen, daß er sich auch durch äußerste Sorgfalt nicht vor Fehlern schützen kann. Und wieder ergibt es sich, daß der Informatiker immer die Schuld in der eigenen Unzulänglichkeit suchen muß, im Gegensatz
zu den Naturwissenschaften, wo Mißerfolge meist auf dem unzulänglichen Wissen über
die Natur oder auf der Fehlinterpretation von Erscheinungen beruhen, für die der einzelne Wissenschaftler nichts kann.

Simulation. Der dritte Wert der Informatik scheint mir darin zu liegen, daß der Rechner
ein so vielseitiges Instrument zur Simulation, also zum Ausführen von Gedankenexpe-
rimenten ist. Das ist vielleicht nicht unmittelbar als Bildungswert zu erkennen, sondern
wird eher zu dem praktisch verwertbaren Nutzen der Informatik gezählt, aber ich
glaube, daß es viel mehr ist. Die Rechnersimulation ermöglicht Gedankenexperimente
auf allen Gebieten, mit einer Genauigkeit, Geschwindigkeit, Flexibilität und Anschau-
lichkeit, wie kein anderes technisches Instrument. Die Simulation physikalischer Vorgänge, chemischer Strukturen, statistischer Experimente bringt dem Forscher Einsichten auf eine Art, die es vorher nicht gab, und sie ermöglicht es dem Pädagogen, Einsichten zu vermitteln auf eine Art, die es vorher nicht gab. Und darin liegt ein Bildungswert.[4]

Grenzen der Automatisierbarkeit. Den vierten und letzten Wert der Informatik für
das allgemeine Leben sehe ich schließlich darin, daß die Beschäftigung mit ihr nicht nur
zeigt, was man automatisieren *kann*, sondern auch, was man *nicht* automatisieren kann.
Darüber wurde im Kapitel über Künstliche Intelligenz schon einiges gesagt, und es folgt
noch mehr in diesem Kapitel. Alle Versuche, Computern menschenähnliche Fähigkeiten
zu geben, sind bis jetzt gescheitert, und je mehr wir erkennen, was alles dazu gehören
würde, um so größer sollte unsere Ehrfurcht vor dem Menschen, seinem Organismus,
den Fähigkeiten seiner Sinne und seines Geistes, und damit vor der Natur überhaupt,
werden. Daß wir Menschen so hoch über dem Computer stehen – obwohl wir uns alle
erdenkliche Mühe geben, das Gegenteil zu beweisen –, kann uns ein neues Selbstbe-
wußtsein geben.

12.3 Gefahren der Informatik

Der Mensch als Sklave des Computers. Wir alle wissen, daß die Automatisierung durch die Datenverarbeitung nicht nur Nutzen bringt. Viele haben sich schon über Rechnungen geärgert, die sie nicht verstanden, weil sie nur noch Zahlen enthielten. Ebenso ärgerlich ist die Aufforderung zur Einzahlung von 0.00 DM. [5]

Schlimmer wird es, wenn menschliche Unzulänglichkeit oder Bequemlichkeit sich hinter dem Computer verschanzt. Man beanstandet irgend etwas bei einer Behörde und bekommt die Antwort: „Der Computer will das so". Schlimmer auch, wenn die Verantwortung auf den Computer abgewälzt wird: „Ich kann nichts dafür, daran ist der Kollege Computer schuld." Eng damit verbunden ist die Computergläubigkeit: „Das muß richtig sein, das hat schließlich der Computer gemacht." Der Computer strahlt eine starke Autorität aus.

Gefährlich ist es, daß wir uns alle in die Abhängigkeit von Computern begeben haben. Man weiß, wie unangenehm es im Flughafen ist, wenn man in langer Reihe mit seinem Gepäck am Abflugschalter steht und der Rechner ausfällt. Nichts geht mehr. Das Personal kann nicht mehr auf Handbetrieb umstellen. Und nun male man sich aus, was passiert, wenn durch ein (kosmisches oder kriegerisches) Ereignis alle Rechner in einer bestimmten Region für mehrere Tage ausfallen würden. Ein schwacher Trost besteht hier vielleicht darin, daß wir ja auch von anderen technischen Gegebenheiten, zum Beispiel von der Elektrizitätsversorgung, heute vollständig abhängig sind.

„Entmenschlichung" der Welt. Eine schlimme Folge des Rechnereinsatzes ist natürlich die Arbeitslosigkeit durch Automatisierung. Solange Roboter gefährliche oder gesundheitsschädliche Aufgaben übernehmen oder Werkzeuge mit einer Präzision steuern, die Menschen nicht möglich ist, wäre es unvernünftig, auf sie zu verzichten. Bedauerlich und alarmierend ist es aber, mit ansehen zu müssen, wie menschliche Handwerkskunst durch den Rechner ersetzt und nicht mehr an die nächste Generation weitergegeben wird. Ganze Berufe sterben dadurch aus, man denke nur an die Berufe im Druckgewerbe! Schriftsetzer werden überflüssig, weil die Autoren sich ihre Bücher selbst schreiben, Lektoren und Korrektoren ebenfalls, weil die Verlage dadurch Geld sparen können. Fehler in Rechtschreibung, Silbentrennung und Feinheiten des Schriftsatzes wie die richtige Verwendung von Anführungszeichen und die Unterscheidung von Lang-s und Schluß-s bei Frakturschrift erregen kam noch jemanden.[6]

Wo sind die Buchhändler geblieben, die über ihr Sortiment Bescheid wußten, einem bestimmte Werke empfehlen konnten, die Verlage kannten, in denen gesuchte Bücher erschienen sind? Wenn man heute einen Buchhändler fragt, ob er ein bestimmtes Werk besorgen kann, läuft er nur noch zum Rechner und sieht im Verzeichnis lieferbarer Bücher nach.[7]

Wo sind die Fahrkartenverkäufer der Bundesbahn geblieben, die die Abfahrt- und Ankunftszeiten der täglichen Züge im Kopf hatten? Heute sehen sie im Rechner nach; das kostet Zeit und macht nervös.[8] Aber schließlich ist das immer noch besser als in einer fremden Stadt auf Fahrscheinautomaten angewiesen zu sein, wie es einem heute so oft passiert.

Eine Reihe von Rechneranwendungen wie Cybersex, virtuelle Welten, Computerspiele, Kunst aus dem Computer läuft darauf hinaus, menschliche Partner durch Computer zu ersetzen. Im Endeffekt bleibt nur noch der Computerbenutzer und seine Maschine, mit der er kommuniziert und sich die Welt aufbaut, übrig. Das ist eine Entpersonalisierung oder krasser: *Entmenschlichung* der Welt, die uns von der Natur weit, weit wegführt. Auch das Hören von Musikkonserven statt des Besuchs von Konzerten gehört dazu.

Der Computer als Lehrer. Man hat den Computer als „eine Lösung auf der Suche nach Aufgaben" bezeichnet, und oft hat man wirklich den Eindruck, daß das stimmt. Hierfür scheint mir besonders die Multimediatechnik anfällig zu sein. Man kann Text, Ton und Bild vereinigen und sucht nun – manchmal recht gewaltsam – nach Anwendungsmöglichkeiten dafür. Oft sind es Lehrprogramme, die zeigen sollen, welche Bereicherung uns durch die neuen Kombinationsmöglichkeien von Text, Ton und Bild zuteil wird. Ein Beispiel harmloser Art bietet das in Kapitel 10 genannte Informationssystem über Vogelarten, mit dem man die Vögel im Flug *sehen*, ihre Stimmen *hören* und über sie natürlich *lesen* kann. Eine gute, nützliche Anwendung der Multimediatechnik? Wohl nur dann, wenn es genügend Vogelliebhaber gibt und wenn das Gebotene eine so hohe Qualität aufweist, daß sie davon wirklich etwas lernen können.

Die Entmenschlichung durch den Computer zeigt sich besonders eindrucksvoll da, wo der Computer menschliche Lehrtätigkeit ersetzen soll. In einem Buch von Ackermann [Ackermann] wird über den „Piano-Tutor" berichtet, der Klavierschüler auf Anfängerniveau unterrichtet. Der Schüler spielt seine Lektion auf einem Keyboard, ein Musik-Erkennungsprogramm verfolgt und analysiert das Gespielte, ein Expertensystem findet die Fehler, empfiehlt Wiederholungen oder schlägt neuen Lernstoff vor. Der Piano-Tutor kann sogar den Schüler musikalisch begleiten.

Das hört sich wunderbar an. Aber kann musikalischer Unterricht nicht nur von einem Menschen erteilt werden? Kann der Computer wirklich diejenigen Fehler des Schülers erkennen, die über falsche Töne und grobe rhythmische Verstöße hinausgehen? Bemerkt er staccato und legato, falsche Betonungen, steife Finger, verkrampfte Haltung? Kann er dem Schüler sagen, woran es ihm mangelt und wie er den Mangel am besten behebt? Und den Schüler begleiten, mit einem federnden Eingehen auf seine rhythmischen Eskapaden kann er erst recht nicht, sondern er wird alles in jenem eisernen stumpfsinnigen Beat herunterspielen, wie wir ihn heute täglich ertragen müssen. Das ist kein Musikunterricht, sondern geistige Vergewaltigung eines jungen Menschen.

Die Idee des computerunterstützten Unterrichts (CUU) wurde schon in den sechziger Jahren geboren. Damals waren die „Lehrmaschinen" noch zu primitiv, um erfolgreich sein zu können, inzwischen sind sie es aber nicht mehr. Und so kamen vor kurzem wieder einige Informatiker und versuchten, uns davon zu überzeugen, wie fortschrittlich es sei, Lehrer durch Computerprogramme zu ersetzen. Computer seien geduldiger als Lehrer, der Schüler würde gegenüber einem Programm keine persönlichen Ängste entwickeln, er könne den Lehrstoff wiederholen soft er wolle, und schließlich auch: Computer seien billiger als Lehrer. Sie vergaßen nur, daß der Schüler den Computer nicht fragen kann, wenn er etwas nicht verstanden hat, und kein Lächeln und keinen aufmunternden Blick von ihm bekommt, wenn er eine gute Antwort gegeben hat. Inzwischen haben sich die Befürworter des computerunterstützten Unterrichts, da ihre Experimente wenig ermutigend waren, auf die Position zurückgezogen, daß der Computer wenigstens für Drillaufgaben, wie das Vokabeln lernen und Rechnen üben, der geeignete Lehrer sei. Den Kern des Problems „Computerunterstützter Unterricht" trifft meiner Auffassung nach Roszak ([Roszak] S. 81 und 86) ausgezeichnet, wenn er schreibt:

> Es gibt einen weiten Konsens unter den Pädagogen, daß die meisten angebotenen Lehr- und Lernprogramme einfach schlecht sind, gewöhnlich kaum mehr als notdürftig aufgebesserte Videospiele, die einen gewissen optischen Reiz bieten, aber wenig intellektuelle Substanz. Für Informatiker ist es zweifellos eine faszinierende Frage: „Können wir eine Maschine erfinden, die all das kann, was ein Lehrer kann?" Aber man könnte noch eine ganz andere Frage stellen: „Warum sollten wir überhaupt eine Maschine erfinden, die das kann?" Es war niemals schwierig, diese Frage zu beantworten, wo die Maschine schmutzige, gefährliche oder körperlich schwere Arbeit übernehmen sollte. Kinder zu unterrichten weist keines dieser Merkmale auf. Vielmehr scheint diese Tätigkeit zu jenen menschenwürdigen Verwendungsweisen menschlicher Wesen zu gehören, denen sich Menschen wohl zuwenden dürften, wenn die Roboter ihnen die Arbeit am Fließband ersparen würden.

Der Computer als Betrüger. Technische Errungenschaften haben es uns ermöglicht, optische und akustische Ereignisse zu speichern; mit Fotoapparat, Film- und Videokamera Bilder der Wirklichkeit und mit Schallplatte, Tonband und CompactDisk Musik. Das sind kulturelle Taten: wir wissen dadurch für alle Zeiten, wie Theodor Fontane ausgesehen und wie Enrico Caruso gesungen hat. Film und Fernsehen können auch den vergänglichen Künsten, der Theateraufführung und dem Ballett, Dauer verleihen.

Leider hat es nicht lange gedauert, bis man die neuen Techniken herangezogen hat, um die Wirklichkeit, die sie ja eigentlich festhalten sollen, zu „schönen": man retuschierte Fotos, und man klebte Tonaufnahmen aus stückweise aufgenommenen Einzelteilen zusammen. Solange sich das in Grenzen hielt, konnte man die Absicht der „Schönung" wohl tolerieren, aber heute ist es zu handfestem Betrug ausgeartet, und daran ist leider der Computer schuld. Ohne ihn könnte man den Betrug nicht so perfekt machen, daß ihn keiner merkt. Wenn man in ein Foto von einer Tagung Köpfe von Personen einkopiert, die gar nicht dort waren, und wenn man in der Aufnahme einer Arie der Sängerin X ein paar Spitzentöne von der Sängerin Y verwendet, wird man das wohl Betrug nennen dürfen. „Ein Klick mit der Maus, und aus Wahrheit wird Lüge" schrieb einmal treffend Die Zeit.

Der einzelne Sänger kann mit Playback ein mehrstimmiges Gesangsstück aufnehmen, und wenn er einen ganzen Chor ersetzen möchte, ist das kein Kunststück. Das auf der Speicherplatte stehende Muster wird vervielfacht, und es werden noch kleine zeitliche Abweichungen im Millisekundenbereich hinzugefügt, damit es wie ein richtiger Chor klingt. Man kann sogar – innerhalb gewisser Grenzen – ein Musikstück schneller wiedergeben als es aufgenommen wurde – unter Beibehaltung der Tonhöhe! Der Wunschtraum jedes mittelmäßigen Pianisten, schneller als Horowitz zu spielen und dennoch perfekt, rückt dadurch der Erfüllung näher.

Der Computer als Werkzeug zum Betrug! Diese Perspektive wird von der Öffentlichkeit kaum wahrgenommen und von den Schallplattenfirmen natürlich sorgfältig verschwiegen. Beim Bergsteigen war die Bewegung des freien Kletterns ohne künstliche Hilfsmittel, „by fair means", erfolgreich. Ob einmal der Tag kommt, wo auch CDs das Gütesiegel „recorded by fair means" tragen, ohne Schnitte und ohne Beschleunigungsgerät?

Diese Beobachtungen zusammenfassend, möchte ich folgenden Satz aufstellen:

> Der Computer als Hilfsmittel zur Erweiterung unserer Sinne und Verstär-
> kung unserer Kräfte, wie andere Maschinen auch – dazu kann man stehen.
> Aber den Computer als Surrogat, als Ersatz für menschliche Partner (wie bei
> Spielen und Cybersex), für die reale Welt (wie bei virtuellen Welten), für
> spezifisch menschliche Fähigkeiten (wie sehen, singen, sprechen, denken)
> und als Betrugswerkzeug (wie in der Video- und Audiotechnik) sollte man
> mit größtem Mißtrauen betrachten.

Elektronische Speicher ersetzen Gedächtnis und Papier. Computerbenutzer neigen
dazu, die jahrhundertelang bewährten Speicher Kopf und Papier zu verachten und alle
Daten, die bei der Arbeit mit dem Computer anfallen, nur noch auf elektronischen Speichern zu archivieren – für den späteren Gebrauch. Das bringt zwei Gefahren mit sich,
die kurzfristig nicht zu erkennen sind, langfristig sich aber verheerend auswirken können.

Zuerst einmal kann man darüber nachdenken, ob es ökologisch vertretbar ist, alle Briefe
und E-Mails, alle selbstgeschriebenen Entwürfe, womöglich noch gescannte Zeitungs-
artikel, Fotos und Videofilme, egal ob wichtig oder unwichtig, über Jahre hinaus elektronisch zu speichern. Auch wenn Speicherplatz heutzutage erstaunlich billig geworden
ist, muß er doch in komplizierten Fertigungsprozessen, die Rohstoffe und Energie
kosten, hergestellt werden. Aber davon abgesehen, hat die Nur-Speicherung möglicherweise zwei viel schlimmere Folgen: mangelndes Gehirntraining und langfristig Datenverlust.

Es ist seit geraumer Zeit Mode, das sogenannte „Faktenwissen" zu verachten. Ob es das
Auswendigwissen von Gedichten oder mathematischen Formeln ist, von historischen
Daten oder anderem Bildungsgut – es wird als minderwertiger „Bildungsballast" abge-
lehnt, denn man kann es ja angeblich nachlesen. Einsichtige wissen, daß das eine grund-
falsche Einstellung ist, denn jede neue Erkenntnis und überhaupt jeder schöpferische
Akt setzt Training und einen Schatz von Wissen voraus, der nicht in irgendeinem Speicher, sondern jederzeit zugriffsbereit im Kopf steht und vielleicht gar ins Unterbewußt-
sein eingedrungen ist.

Da man nicht alles im Kopf behalten kann, hat man, so lange es überhaupt Kultur gibt,
Papier als Speicher benutzt und ist hervorragend damit gefahren. Viele der heutigen
Computerbenutzer drucken dagegen kaum noch etwas aus. Wozu denn sich mit Papier
belasten? Man kann sich ja alles und so oft man es will auf den Bildschirm holen. Damit
vermeidet man das Suchen in Aktenschränken und das Herumtragen von Ordnern. Auf
einem Magnetplattenspeicher hat schließlich eine ganze Bibliothek Platz. Das ist aber
eine sehr kurzfristige Denkweise, denn elektronische Speicher sind kurzlebig! Alle paar
Jahre muß man sich einen neuen Computer kaufen, weil die Technik so schnelle Fortschritte macht, und ab und zu ändert sich dabei auch die Speichertechnologie oder die
Software. Es ist ein Fehler zu glauben, daß elektronische Speicher, weil sie beliebig häufig verlustlos gelesen werden können, auch ewig halten. Magnetbänder werden besonders schnell unbrauchbar, und selbst die Lebensdauer von CDs schätzt man nur auf 30

Jahre. Es gibt genügend Beispiele dafür, daß Datensammlungen aus den sechziger und siebziger Jahren für immer verloren sind, weil man die Speichermedien heute nicht mehr lesen kann. Deshalb kann man kaum etwas Dümmeres tun, als auf das Ausdrucken gespeicherter Daten zu verzichten.[9]

Geistige Verarmung durch den Computer. Kommen wir nun zu den Gefahren der Informatik für den Einzelnen. Sie scheinen mir beim Informatiker vor allem in einer geistigen Verarmung zu liegen. Der ständige Umgang mit Ja und Nein, mit Präzisionssprachen und Algorithmen verführt dazu, die ganze Welt in diesem Licht zu sehen. So entsteht der „0/1-Mensch", wie ich ihn nenne, für den jedes Problem entweder klar oder nicht vorhanden ist, für den es in jeder Situation nur zwei Möglichkeiten gibt. Alles, was sich nicht eindeutig definieren läßt, existiert für ihn nicht. Mit Sätzen, deren Verständnis Einfühlung erfordert, kann er nichts anfangen. Sie sind ihm verdächtig als Relikt aus einer Menschheitsepoche, die von der Klarheit der Informatik noch nichts wußte, und er hofft wohl, daß ihre Tage gezählt sind. Die Geisteswissenschaften läßt er nur bedingt gelten, vielleicht mit dem unausgesprochenen Empfinden, daß sie eine Vorstufe der exakten Wissenschaften seien und alles Unexakte so schnell wie möglich aus ihnen getilgt werden sollte. In dieser Hinsicht gibt es zwei berühmt gewordene Aussprüche. Der eine ist Kants Ausspruch, daß in jeder Wissenschaft nur so viel wahre Wissenschaft enthalten sei, als Mathematik in ihr stecke; der andere sind die Sätze von Wittgenstein ([Wittgenstein] Nr. 4.116 und 7):

> Alles, was überhaupt gedacht werden kann, kann klar gedacht werden. Alles, was sich aussprechen läßt, läßt sich klar aussprechen. Wovon man nicht sprechen kann, darüber muß man schweigen.

Meiner Ansicht nach ist dieser Ausspruch durch und durch falsch (Begründung in Abschnitt 12.9).

Computersucht. Für junge Menschen kann die Faszination, die vom Computer ausgeht, zur Sucht werden. Der Typ des „Hackers", des zwanghaften Programmierers, der von morgens bis abends vor dem Computer sitzt, seine Möglichkeiten in- und auswendig, dafür aber nichts anderes weiß, ist bekannt (beschrieben zum Beispiel in [Weizenbaum 78] S. 160 ff). Es ist festgestellt worden, daß damit eine ganze Reihe unliebsamer, ja gefahrvoller Entwicklungen verbunden ist. So sollen Computernarren Stubenhocker sein, die nur Fachzeitschriften lesen und nur Kontakte mit anderen Computernarren pflegen; und diese Kontakte sollen von Ehrgeiz und Konkurrenzdenken geprägt sein. Neuerdings gibt es auch die Internetsucht.[10]

Computernarren sind meist in ziemlich kritikloser Weise fortschrittsgläubig; sie neigen dazu, dem Leben mit seinen Problemen auszuweichen und statt dessen lieber in der Scheinwelt des Computers zu leben. Der Grund dafür ist leicht einzusehen: Auf den Computer ist Verlaß. Er ist zwar kompliziert, aber wenn man ihn erst einmal beherrscht, folgt er aufs Wort, wird nie unwillig und nie müde. Man kann sich seine eigene Welt mit ihm aufbauen und in ihr leben. Zwar wird die wiederholte Benutzung eines Programms, eines noch so schönen Computerspiels bald langweilig, weil das Programm steril, auf eine kleine Anzahl von Reaktionsmöglichkeiten beschränkt ist und dadurch den Geist tötet; aber dann geht man eben zum nächsten Computerspiel über, an dem man seine Intelligenz (meist sogar nur seine Reaktionsgeschwindigkeit!) erneut erproben kann.

Dabei redet die Werbung den jungen Menschen noch ein, der Computer befreie sie von sklavischer Arbeit, zum Beispiel dem Kopfrechnen, dem mühsamen Zeichnen mit Lineal und Bleistift, und mache sie dadurch „kreativ", frei für höhere Aufgaben. Das Gegenteil ist der Fall; vor dem Computer sitzen und ein Programm bedienen ist durch und durch unschöpferisch! Das Zeichnen eines Bildes mit einem Zeichenprogramm ist für einen zeichnerisch begabten Menschen eine Tortur, weil er nur diejenigen Linienformen erzeugen kann, die das Programm bereitstellt. Gewiß gibt es ausgeklügelte Methoden, um dem Benutzer eine große Auswahl an Stricharten zur Verfügung zu stellen, von der Eingabe des einzelnen Pixels bis zu verschiedenen Pinselformen und Kurven-Approximationen; aber eine mit der freien Hand gezeichnete Linie, wie sie jemand nach der Natur hervorbringen möchte, mit lückenlosem Übergang zwischen feinstem Haarstrich und sattem Pinselstrich ist unmöglich. Der Schöpfer des Programms kann einfach nicht alles vorfühlen, was irgendein Benutzer irgendwann einmal ausführen möchte. Und wenn er es könnte, würde es sich technisch nicht verwirklichen lassen.

Noch etwas kommt hinzu: Fehler, die man im Leben macht, haben Folgen; Fehler, die man im Umgang mit seinem Computer macht, bleiben folgenlos. Menschliche Gesprächspartner folgen nicht den Regeln der Logik, sie sind unberechenbar. Was sie sagen, ist oft nicht das, was sie meinen, und was sie meinen, sind meist keine Sachaussagen, bei denen man nur zwischen wahr und falsch unterscheiden muß, sondern Werturteile, Ansichten oder einfach Erzählungen. Mit dem Leben fertig zu werden erfordert etwas ganz anderes, als einen Computer zu beherrschen.

So kann sich das Hingezogensein zu Computern leicht zum Abhängigsein von Computern und zur Isolation vom Leben und seinen Problemen steigern, was ein Schüler durch folgenden Ausspruch belegte (Der Tagesspiegel 23.12.90):

> Ein Einbruch in der Schule, bei dem alle Computer geklaut würden. Ich säße dann 'rum und wüßte nicht, was ich machen sollte.

Es ist lange Zeit übersehen worden, daß Computerspiele noch eine weitere, man muß schon sagen: „grausige", Gefahr darstellen. Man hat festgestellt, daß kriegs- und gewaltverherrlichende, Ausländer und Frauen diskriminierende und sogar pornografische Computerspiele sich bei Schülern großer Beliebtheit erfreuen. Unter anderem gibt es ein Spiel „KZ-Manager", bei dem der siegt, der möglichst kostengünstig Gaskammern baut und Türken vergast. Auf einem Symposium zu diesem Thema wurde berichtet, daß schon Zehnjährige solche Spiele benutzen und bei etwa 40 % der Spieler die Väter oder Mütter mitspielen. Selbst Kinder im Vorschulalter wünschen sich nichts sehnlicher als Computerspiele. Zeitungsmeldungen zufolge spielen rund 80 Prozent der Kinder mit Videospielen und Heimcomputern.

12.4 Der Computer – Werkzeug oder Partner des Menschen?

Die Benutzung von Computern und die Informatik haben auch eine ethische Dimension. Die zentrale Frage ist hier: Welche Aufgaben „darf" man mit Computern zu bearbeiten versuchen und welche nicht? Anders ausgedrückt: Auf welchen Gebieten soll der Informatiker forschen und der Entwickler programmieren, und von welchen Gebieten sollte er aus moralischen Gründen lieber die Hände lassen? Schärfer formuliert: welche Computeranwendungen müssen aus moralischen Gründen geächtet werden?

Ich werde nicht versuchen, diese Frage hier zu beantworten. Es ist zwar leicht zu dekretieren, alle medizinischen Anwendungen (wie der Computertomograph) seien moralisch gut, und alle Anwendungen für militärische Zwecke seien moralisch schlecht. Aber jeder weiß, das es so einfach nicht ist und vor allem, daß zwischen diesen beiden Extremen eine immens breite Zone liegt, die fast alle Computeranwendungen enthält.

Ich möchte mich auf einen Teilaspekt beschränken und den Leitsatz aufstellen:

> Man soll den Computer nur als Werkzeug,
> nicht als Partner des Menschen einsetzen.

Das bedeutet in erster Linie, dem Computer keine Entscheidungen anzuvertrauen, die Gesinnung oder Verantwortung erfordern. In jeder Situation, in der es auf menschliches Werturteil ankommt, sollen Menschen die letzte Instanz bleiben, die darüber entscheidet, ob etwas so oder anders gemacht wird. Sei es in der Medizin, wenn es darum geht, welche Diagnose einem Patienten gestellt wird, welche Medikamente er nehmen oder ob er operiert werden soll; sei es im Militärwesen, wenn es darum geht, ob, wie und wann einen Feind angegriffen werden soll. Man könnte einwenden, daß Automatisierungssysteme wie die Landeautomatik eines Flugzeugs oder der Roboter im Autobau Ausnahmen von dieser Regel sind, denn hier vertrauen wir uns doch ohne moralische Bedenken den Entscheidungen des Computers an. Es handelt sich hier jedoch nicht um Ausnahmen, weil Automatisierungssysteme gar keine *verantwortlichen* Entscheidungen treffen. Computer führen nur vom Programmierer vorgeplante Abfragen aus und reagieren darauf so, wie sie eben programmiert sind. Das ist etwas ganz anderes als verantwortlich handeln, das heißt, für seine Handlungen und ihre Folgen einzustehen. Der Mensch allein trifft *verantwortliche* Entscheidungen. Sie sind nicht *nur* durch rationale Überlegungen bestimmt, sondern es fließt auch Irrationales dabei mit ein: Gewohnheit, Erziehung, Vorbilder, Beispiele, ethische Richtlinien, Weltanschauung und anderes. Der Kontext seiner Entscheidungen ist sozusagen „alles", seine ganze Welt. Der Kontext von Computer„entscheidungen" ist nur die enge, vorbedachte Welt des Programmierers, der das Programm, das die Pseudo-Entscheidungen trifft, geschrieben hat.

Aber auch wenn wir den Computer nur als Werkzeug ansehen, müssen wir uns doch eingestehen, daß seine ungeheure Rechengeschwindigkeit neue Qualitäten hervorbringt, daß er in kürzester Zeit tausendmal mehr Tatsachen miteinander verknüpfen kann als wir und daß seine rationalen Analysen einer Situation viel genauer als menschliche sein können. Die Versuchung ist deshalb groß, diese Fähigkeiten auszunutzen und sich auf diese Weise dem Computer *anzuvertrauen* oder besser gesagt *auszuliefern*. Die Aussage „man soll den Computer nur als Werkzeug, nicht als Partner des Menschen einsetzen" hat deshalb den Sinn einer Beschwörung: „Der Computer *soll* immer nur ein Werkzeug bleiben!" oder „Wissenschaftler, seid euch bewußt, daß der Computer immer nur ein Werkzeug bleiben *darf*".

12.5 Kunst aus dem Computer?

Der Computer, als intellektuelles Spiel- und Werkzeug, mit seinen unendlich vielfältigen Möglichkeiten, Texte, Töne und Bilder zu erzeugen, scheint auch ein ideales Medium für Künstler zu sein, neue Ideen auszuprobieren, neue Formen zu schaffen und neue Inhalte zu erzeugen, um den Pulsschlag der Zeit zu ertasten. Das Ziel ist eine Vermählung von Technik und Kunst, von Logik und Ästhetik, die dem menschlichen Kunstwillen neue Ausdrucksmöglichkeiten eröffnet, seine „Kreativität" auf eine neue Weise hervorruft und beflügelt. Vielleicht, so ist die Hoffnung, ergibt die Addition von Technik und Kunst ein Mehr an Kunst, eine neue Qualität, eine neue Kunst, so wie die Summe von 2 und 3 ein Mehr an Zahl als die 2 und die 3 allein ergibt.

Schon früh sind Versuche unternommen worden, mit Computern Kunstwerke hervorzubringen. Es waren allerdings mehr die Informatiker (oder ihre Vorläufer) als Künstler, die mit solchen Rechneranwendungen experimentiert haben. Schon in den fünfziger Jahren entstand in Amerika die „Illiac-Suite", eine von einem Rechner erzeugte Komposition für Streichquartett. Um dieselbe Zeit wurden auch Versuche unternommen, mit dem Rechner Texte zu „erwürfeln", mit dem Ziel, auf diese Weise Gedichte, etwa im Stil des Dadaismus, herzustellen. Besonders zahlreich aber waren die Versuche, künstlerisch wertvolle Grafiken mit dem Rechner zu erschaffen.

Kunst aus dem Computer? Wie ist das möglich? Was soll man darunter verstehen? In den „Maximen und Reflexionen" Goethes steht der Satz: „Alles Lyrische muß im ganzen sehr vernünftig, im einzelnen ein bißchen unvernünftig sein." Wenn wir, diesen Satz variierend und verallgemeinernd, das Wort „lyrisch" durch „künstlerisch" und das Wort „vernünftig" durch „gesetzmäßig" ersetzen, gelangen wir zu der Aussage: „Alles Künstlerische muß im ganzen gesetzmäßig, im einzelnen ein bißchen ungesetzmäßig sein." Das ist der Schlüssel zur Computerkunst. Man erzeuge mit einem Programm ein grafisches oder musikalisches Gebilde, das im ganzen gesetzmäßig ist. Das kann sich in der Grafik durch ein Grundmotiv ausdrücken, das in verschiedenen Größen und Lagen wiederholt wird, in der Musik durch die Beachtung der Regeln der Harmonielehre und der Formenlehre. Man störe aber diese Gesetzmäßigkeit mit Hilfe eines Zufallszahlengenerators, der ab und zu Ungesetzmäßiges hineinbringt, also die Gesetzmäßigkeit wohldosiert außer Kraft setzt. Es ist auch umgekehrt möglich: Man beginne mit dem Zufallszahlengenerator, also dem Chaos, und bringe nach und nach Regelmäßigkeit durch Wiederholungen, Symmetrien und andere ordnungstiftende Operationen hinein.

Können auf diese Weise Kunstwerke entstehen? Unbeantwortbare Frage, da die Meinungen über das Wesen der Kunst weit auseinandergehen. Jeder Künstler, jeder Kunsthistoriker und jeder Kunstphilosoph beantwortet sie anders. Ich werde mich hier nicht unterstehen, dem eine weitere Antwort hinzuzufügen, die sich an Bedeutung und Wert mit denen der Fachleute messen will. Aber irgendeine Antwort – auch wenn sie ganz subjektiv ist – muß ich wohl zu geben versuchen.

Die Werke der Computerkunst sind ganz einfach langweilig. Man hört die Illiac-Suite an und langweilt sich zu Tode. Man betrachtet zehn rechnererzeugte Kunst-Grafiken, staunt im ersten Augenblick über den Reichtum der Motive, die Fülle der Details, hat aber nicht das Bedürfnis, die Bilder später wieder hervorzuholen und erneut zu betrachten, um neue Feinheiten zu finden und irgendeine Kraft daraus zu schöpfen. Was fehlt ihnen? Es fehlt ihnen der Mensch, der dahinter steht, die Schöpferkraft des Künstlers, die uns ein Kunstwerk bewundern und immer wieder zu ihm zurückkehren läßt, auf daß wir neue Kraft, Belehrung und Anregung zu eigenem Tun von ihm empfangen. Mit Zufallszahlengeneratoren ist da nichts getan; die Kunst ist ja gerade das Gegenteil von Zufall. Die Unregelmäßigkeit und die Balance zwischen der Regelmäßigkeit und der Unregelmäßigkeit, die im Kunstwerk unsere Bewunderung hervorruft, beruht nicht auf Zufall, sondern auf der Begabung des Künstlers, sich auszudrücken, Beziehungen herzustellen, Verborgenes sichtbar zu machen, so daß schließlich ein Gebilde entsteht, das in sich vollkommen ist, dem man nichts hinzufügen und von dem man nichts wegnehmen kann, ohne es zu zerstören. In ihm ist nichts dem Zufall überlassen. So etwas kann nur von einem Menschen geschaffen werden. Eine Melodie, eine Zeichnung, die unser Herz berührt, entsteht nie und nimmer durch ein Programm, sondern nur durch ein Wesen, das wie wir fühlt und leidet und weiß, daß es sterben muß.

Liegt dem Versuch, den Rechner zur Erschaffung von Kunstwerken einzusetzen, nicht das Mißverständnis zu Grunde, demzufolge ein Mehr an Möglichkeiten auch ein Mehr an Qualität ergeben muß? Dieses Gesetz gilt in der Kunst offenbar nicht. Der Maler braucht nur einfachste Materialien: Leinwand, Pinsel und Farben, der Komponist nur Notenpapier und Bleistift. Seine ganze Seele auszudrücken mit ein paar Farben oder auf ein paar Linien, aus diesem beschränkten und primitiven Material ganze Welten aufzubauen – das ist eine Aufgabe für Künstler. Der Rechner ist ein viel zu kompliziertes Gebilde, der Zugang zu ihm ist viel zu umständlich und indirekt, und er ist schließlich bei aller Flexibilität viel zu starr, um als Material für Kunstwerke dienen zu können.

Das ist meine Antwort. Sie beruht auf einer Ideologie wie jedes Werturteil und erhebt keinerlei allgemeine Geltungsansprüche. Aber für sie spricht der Tatbestand, daß trotz aller Versuche, Kunstwerke mit dem Rechner zu schaffen, bisher nicht eines davon die Anerkennung weiterer Kreise gefunden hat. Computerkunst und damit verwandte elektronische Ereignisse finden zwar viel Beachtung in Presse und Fernsehen, aber nur in dem Sinn, daß es Spektakel sind, Neuigkeitseffekte, die die Sensationslust der Menschen ansprechen.

12.6 Informatik als Schulfach?

> Dem einzelnen bleibe die Freiheit, sich mit dem zu beschäftigen, was ihm Freude macht, was ihm nützlich deucht; aber das eigentliche Studium der Menschheit ist der Mensch.
>
> Goethe: Die Wahlverwandtschaften 2, 7

Fast alle Informatiker sind davon überzeugt, daß die Informatik ein wichtiger Bestandteil der Allgemeinbildung sein sollte. So schreibt der amerikanische Mathematiker Forsythe [Forsythe] schon 1968:

> Die wertvollsten Bestandteile einer wissenschaftlichen oder technischen Erziehung sind allgemeinverwendbare Werkzeuge, die während des gesamten Lebens nützliche Dienste leisten. Ich sehe die natürliche Sprache und die Mathematik als die wichtigsten dieser Werkzeuge an und die Informatik als drittes.

Und der Informatiker Knuth schreibt 1974 ([Knuth74] S. 326):

> Wie die Mathematik wird die Informatik ein Gegenstand sein, der grundlegend für eine Allgemeinbildung ist.

Fast alle Informatiker treten deshalb mit mehr oder weniger Leidenschaft dafür ein, daß Informatik ein Schulfach wird. Je nach Staat und Schulsystem ist das auch schon weitgehend der Fall. Es ist verständlich, daß jeder Wissenschaftler von der Wichtigkeit seines Faches für das Gedeihen der Menschheit überzeugt ist und sich dafür einsetzt, daß alle anderen Menschen ebenfalls davon überzeugt werden, und im Falle der Informatik ist die öffentliche Meinung ja schon davon überzeugt. Auch hierzu zwei Zitate. Ein Studiendirektor [Baumann] schreibt:

> [Es wird sich herausstellen,] daß ein Pflichtfach Informatik (für alle Schüler im Sekundarbereich I) unabdingbar ist. Wie im Gefolge der ersten industriellen Revolution die Fächer Physik, Chemie, Biologie in den allgemeinbildenden Schulen eingeführt wurden, wird im Informationszeitalter die Informatik zum regulären Schulfach werden. Dabei darf sie sich aber keinesfalls nur als ingenieurwissenschaftliche Disziplin, sondern muß sich als Grundlagenfach mit starken geisteswissenschaftlichen Bezügen, sozusagen als das wissenschaftliche Selbstverständnis des Informationszeitalters, artikulieren.

Und ein Staatssekretär im deutschen Ministerium für Bildung und Wissenschaft [Schaumann] schreibt:

> Leitlinie … ist die … Vermittlung von Informatikinhalten auf allen Stufen unseres Schul- und Bildungssystems. Im Bereich der Grundschule wird … untersucht und erprobt, inwieweit Computer traditionelle Lernprozesse unterstützen können. Im Sekundarbereich I soll … eine informationstechnische Grundbildung vermittelt werden. … Angestrebt wird die Integration von Informatikinhalten in den vorhandenen Fächerkanon. … Im Sekundarbereich II steht die Weiterentwicklung des Wahl- bzw. Hauptfaches Informatik sowie die informationstechnische Durchdringung der einzelnen Unterrichtsfächer im Vordergrund.

Ich habe Zweifel daran, ob es richtig ist, die Informatik möglichst schnell in die Schulen zu tragen, aber ich kenne nur wenige, die der gleichen Auffassung sind.

Kulturtechnik. Es wird etwa folgendermaßen argumentiert: Unsere Gesellschaft erwartet in Zukunft von jedem, daß er sich mit Computern auskennt. Wer in seinem Beruf bestehen, die technischen Einrichtungen der Gegenwart und erst recht der Zukunft ausnutzen will, muß mit Computern umgehen können. Im Informatik-Duden ([Duden Informatik] unter dem Stichwort „Computer literacy") steht:

> Der Umgang mit Computern und die gezielte Nutzung von Computern wird damit zu einer zentralen *Kulturtechnik*, wie das Lesen, Schreiben und Rechnen.[12]

Das klingt vernünftig, ja überzeugend! Aber ist es auch richtig? *Kulturtechnik* ist ein wohlklingender neuer Begriff, den bis vor kurzem kaum jemand kannte. Befragen wir die größten deutschen Lexika danach, ergibt sich folgendes. In der Brockhaus-Enzyklopädie von 1970 kommt Kulturtechnik überhaupt noch nicht vor. Der Begriff ist also wirklich neu. In Meyers enzyklopädischem Lexikon von 1975 heißt es:

> **Kulturtechniken**, Sammelbegriff für die Fertigkeit des Lesens, Schreibens und Rechnens (auch Schreibmaschinenschreiben und Stenographie), insofern sie den Zugang zu den Kulturgütern mögl. machen.

Hier ist noch nicht von Computern die Rede. Erst in der Brockhaus-Enzyklopädie von 1990 findet man:

Kulturtechniken, Zivilisationstechniken, i.e.S. Sammel-Bez. für Lesen, Schreiben und elementares Rechnen. I.w.S. zählen dazu auch andere elementare Fertigkeiten, z.B. das Landkartenlesen, das Telefonieren sowie die Anwendung von Informationstechniken.

„Anwendung von Informationstechniken" klingt seltsam unbestimmt; und daß sie auf einer Stufe mit dem Telefonieren genannt sind, verwirrt noch mehr. Immerhin betont die Definition, daß „elementare Fähigkeiten" gemeint sind, also wohl nicht die Bedienung komplizierter technischer Geräte. Ferner: Die Technik des Lesens und Schreibens hat sich seit Jahrtausenden, die des Rechnens seit Jahrhunderten nicht verändert; *eine* Technik *des* Computers gibt es dagegen nicht, sondern ständig kommen neue Computer mit neuen Eigenschaften auf den Markt, und auf keinem Gebiet muß man so häufig umlernen wie hier. Ist es also zulässig, den Gebrauch von Computern mit Lesen, Schreiben und Rechnen unter *einem* neuen Namen zusammenzufassen? Ich glaube, nicht, sondern sehe Etikettenschwindel.

Die Hauptprobleme. Aber lassen wir den Streit um Begriffe. Bevor man Computer und Informatik in der Schule einführte, hätte man einige Fragen beantworten und einige Probleme lösen sollen, damit die Schule nicht zum Experimentierfeld für unerprobte Ideen wird. Ich greife folgende heraus:

- Was soll gelehrt werden? Wie Computer funktionieren? Wie man Computer programmiert? Wie man Computer anwendet? Welche Auswirkungen Computer auf „die Gesellschaft" haben? Oder will man die Grundzüge der Informatik lehren? Eines davon? Einiges? Alles?

  Diese Fragen werden von verschiedenen Befürwortern ganz verschieden beantwortet. Die Wirklichkeit sieht so aus, daß zumeist das Programmieren und das Anwenden fertiger Programmpakete im Vordergrund steht. Das macht den Schülern Spaß und führt schnell zu Anfangserfolgen („spielendes Lernen"). Aber ist es auch wertvoller Lernstoff, von dem die Schüler ihr Leben lang zehren können, wie Deutsch oder Fremdsprachen? Sind es nicht überwiegend technische Spielereien?

  Daß die Benutzung von Computern nach und nach für jedermann zur alltäglichen Gewohnheit werden wird, ist anzunehmen. Aber deshalb braucht weder sie noch die hinter ihr stehende Technik in der Schule gelehrt zu werden. Wir benutzen schließlich auch das Auto, den Videorecorder und die Videokamera, ohne in der Schule etwas über Kraftfahrzeug- und Videotechnik gelernt zu haben. Daß alle Schüler das Programmieren erlernen müßten, um Computer später ausnutzen zu können, stimmt jedenfalls nicht. Schon heute sind die weitaus meisten Computeranwendungen im Privatbereich „schlüsselfertig" gelieferte Programmpakete, und das wird in Zukunft verstärkt so sein. Programmieren ist und bleibt deshalb Spezialistenarbeit. Wer seinen Führerschein machen will, muß einen Fahrkursus besuchen. Warum soll derjenige, der die Bedienung von Textverarbeitungs- und Tabellenkalkulationsprogrammen erlernen will, nicht Entsprechendes tun?

- Weiß man, wie man Informatik lehren soll? Ist das Wissen über Computer und Informatik schon so weit konsolidiert, daß man sicher sein kann, den Schülern Wesentliches und nicht nur Ephemeres mitzugeben? Nein, man weiß es nicht. Dazu ist die Informatik noch zu jung. Selbst die Universitätsprofessoren für Informatik sind sich darüber noch nicht im klaren.

- Hat man die Lehrer dazu, die im Umgang mit Computern und in Informatik genügend Kenntnisse haben und die ihrerseits das Wesentliche vom Ephemeren unterscheiden können? Man hat sie nicht, auch dazu ist die Informatik noch zu jung. Die Lehrer sind selbst noch Schüler, und es besteht die Gefahr, den Bock zum Gärtner zu machen. Dementsprechend ist die Qualität des Informatik-Unterrichts in vielen Schulen fragwürdig.

- Da die Schüler mit dem bisherigen Fächerkanon voll belastet sind, muß man zugunsten des Informatikunterrichts anderen Fächern etwas wegnehmen. Welche sollen das sein? Welche sind weniger wichtig für den heranwachsenden Menschen?

Das scheint mir das schwierigste Problem zu sein. Am ehesten bietet es sich an, die Informatik in die Mathematik zu integrieren und einige nicht so bedeutende Teile des mathematischen Lehrstoffs durch algorithmischen zu ersetzen. Aber dadurch werden nur Teile des Informatikstoffes untergebracht, der Problemkreis „Informatik und Gesellschaft" zum Beispiel nicht, Textverarbeitung und Tabellenkalkulation auch nicht. Dieser Teil müßte dann in die sozialkundlichen Fächer. Auf jeden Fall bedeutet eine solche Vorgehensweise das Verteilen der Informatik auf verschiedene schon vorhandene Fächer, und damit ist der Idee der Informatik als einer neuen eigenständigen Wissenschaft nicht gedient.

Also wird man wohl doch ein *selbständiges* Fach Informatik anstreben. Und woher wird man die Zeit dafür nehmen? Das liegt doch auf der Hand. „Wirtschaft und Industrie brauchen Informatiker; wer im internationalen Wettbewerb an der Spitze stehen will, braucht hervorragend ausgebildete Wissenschaftler; Führungskräfte sind das beste volkswirtschaftliche Kapital ..." und wie die wirtschaftspolitischen Parolen, die man heute täglich lesen und hören kann, alle heißen. Also gibt es doch nur *eine* Konsequenz: die Zeit von den „nutzlosen" humanistischen und künstlerischen Fächern zu nehmen. Das ist meine Sorge, darum stehe ich dem Schlachtruf „Informatik in die Schule!" so skeptisch gegenüber.

Soll die Schule in erster Linie kulturelle Güter an die nächste Generation weitergeben, die dem einzelnen Schüler helfen, das Leben zu bestehen und mit anderen Menschen gedeihlich zusammenzuleben, oder soll sie auf den Beruf vorbereiten, sozusagen eine Vor-Universität sein? Das ist eine bildungspolitische Frage, und ein Mittelweg, der beiden Zielen gerecht zu werden versucht, ist wahrscheinlich der demokratische Kompromiß. Angesichts der Überbetonung des Intellekts und der allgemeinen Verwissenschaftlichung in unserer Zeit halte ich es jedoch für wichtiger, junge Menschen in der Schule mit Lebenshilfen zu versehen, die andere Ziele haben als eine berufliche Ausbildung. Gefördert werden sollte die Beschäftigung mit dem sprachlichen Ausdruck, mit den Künsten, die Einfühlung in andere Menschen (nicht in Computer!), die Pflege der Intuition und Fantasie. Denn auch sie sind es, die dem einzelnen in der Not helfen, nicht nur der Intellekt. Wir wissen aus dem Krieg und aus Gefangenenlagern, welche Lebenshilfe ein auswendig gewußtes Gedicht sein kann, das Wort eines Schriftstellers, ein Lied oder ein Bild. Hierfür wird heute viel zu wenig getan, und ich halte es für eine Fehlentwicklung, wenn die Ausbreitung der Informatik diese Lehrstoffe noch weiter zurückdrängt.

Wert des algorithmischen Denkens. Algorithmisches Denken ist nützlich und wertvoll, aber es ist nicht das Höchste, wozu der Mensch imstande ist. Es ist nicht schöpferisch, sondern ein Denken zweiter Klasse. Mathematische Einsicht ist nichtalgorithmisch.[11] Das Lösen von kombinatorischen Rätseln macht zuerst Freude, dann wird es geistlos und langweilig. Roszak ([Roszak] S. 127, 128, 135) schreibt hierzu:

> Nun gibt es keinerlei Zweifel daran, daß der Geist erbarmungslos dazu erzogen werden kann, in dieser Weise [d.h. algorithmisch] zu denken und daß diese Fähigkeit für viele Zwecke von Nutzen ist – wenn der jeweilige Zweck erst einmal als Ganzes intuitiv entworfen und dann als lohnendes Ziel eingestuft wurde. Diese beiden Aufgaben – Dinge als sinnvolle Ganzheit zu entwerfen und zu entscheiden, was der Mühe lohnt – sind eben die Funktionen, die der Geist hauptsächlich und seinem Wesen nach erfüllt. An Zeit und Bedeutung haben sie Vorrang vor dem Austüfteln verschiedener Prozeduren. ... Alle Programme gewinnen nur dadurch einen Sinn, daß sie in den Kontext eines bestimmten Zweckes eingebettet sind. Die Dinge innerhalb des Projektes Schritt für Schritt zu planen (zu programmieren) ist eine strikt sekundäre Tätigkeit – eine Tätigkeit, die nicht immer notwendig sein mag. Kunst und Poesie haben offensichtlich wenig mit der Erstellung formaler, logischer Sequenzen zu tun. Keine Verrichtung, die körperliche Koordinierung erfordert, läßt sich auf diesem Wege meistern. Aus diesem Grunde hat keiner je Rad fahren oder Klavier spielen dadurch gelernt, daß er ein Buch darüber las und die Regeln auswendig lernte.

> Der Geist denkt in Ideen, nicht in Informationen. Informationen können eine Idee hilfreich illustrieren oder ausschmücken; ... aber Informationen bringen keine Idee hervor; ... Eine Kultur überlebt kraft der Macht, der Beweglichkeit und der Fruchtbarkeit ihrer Ideen. Der Primat liegt bei den Ideen, denn Ideen definieren, enthalten oder erzeugen schließlich Informationen. Die Hauptaufgabe der Bildung ist es daher, den kindlichen Geist darin zu schulen, wie man mit Ideen umgeht: wie man sie bewertet, erweitert, neuen Verwendungsweisen zuführt. Das kann unter Einsatz von sehr wenigen Informationen geschehen, vielleicht sogar ganz ohne sie. Und diese Aufgabe verlangt gewiß keine datenverarbeitenden Maschinen irgendwelcher Art. Ein Überfluß an Informationen kann sogar Ideen verdrängen und den Geist (besonders den kindlichen) mit sterilen, zusammenhanglosen Fakten derart verwirren, daß er sich am Ende in einem Wust von Daten verliert.

Um ganz klar zu sein: Unter „algorithmischem Denken" ist hier das mechanische Denken in logischen Entscheidungsketten gemeint. Das Nachdenken *über* Algorithmen und das Auffinden neuer Algorithmen ist dagegen durchaus eine schöpferische Tätigkeit.

Schulen ans Netz? Seit einigen Jahren gibt es eine Initiative der deutschen Bundesregierung, die unter dem Schlagwort „Schulen ans Netz" dafür sorgen will, daß jede Schule Zugang zum Internet bekommt. Das Endziel ist der eigene Rechner für jeden Schüler. Begründet wird diese Initiative mit den Schlagworten Medienkompetenz, Kommunikation aller mit allen und dem Internet als Wissensquelle. Zur Begründung der Initiative hier je ein Zitat aus einer deutschen und einer österreichischen Zeitung. Der ehemalige deutsche Bildungsminister Rüttgers schreibt in einem Artikel zum Thema „Schulen ans Netz" (Die Zeit, 19.9.1998, S. 50):

> Wenn Bildung gerichtet sein soll auf Einübung in Mitverantwortung für das Gemeinwesen, dann wird künftig das elektronische Forum ein Raum demokratischer Meinungs- vielleicht auch Willensbildung sein. Der Schulunterricht als ein Ort von Bildung muß deshalb in die Lage versetzt werden, die Lebenswirklichkeit der neuen Medien widerzuspiegeln. [...] Das Schlüsselwort heißt hier wiederum Medienkompetenz. Erst sie entzaubert die elektronische Welt, nimmt ihr das Fremde und macht den Umgang mit alten und neuen elektronischen Medien so selbstverständlich wie Lesen, Rechnen und Schreiben. [...] Bildung wird die neue soziale Frage des 21. Jahrhunderts sein.

Auch Österreich springt auf diesen Zug auf, wie ein Zitat aus der Tageszeitung „Oberösterreichische Nachrichten" (vom 24. 2. 1998) zeigt:

> Neues Lernen mit Computern. Bald alle Schulen am Netz
>
> [...] Der Zugriff auf das Internet revolutioniert das Lernen. [...] Die Vermittlung von Spezialwissen, das im Netz gespeichert und abrufbar ist, kann nicht mehr vorrangiges Ziel der Bildung sein. [...] Kreativität müsse stärker gefördert werden. Schüler müßten lernen, bei der selbständigen Informationssuche Wesentliches von Unwesentlichem zu trennen. [...] Der Landesschulratspräsident ist überzeugt, daß die elektronische Lernstraße das Autoritätsgefälle in den Schulen verringern wird. „Die Schüler können sich durch den Zugang zu den Datenbanken emanzipieren. Die Selbständigkeit wird verstärkt. Lehrer können via Datenhighway bei der Unterrichtsvorbereitung zusammenarbeiten und bekommen neue Weiterbildungsmöglichkeiten." Viele Schulen nützen das nationale und internationale Diskussionsforum im Internet. Bestens bewährt hat sich die Zusammenarbeit bei Projekten.

In diesen Aussagen kommt der Glaube zum Ausdruck, daß das Internet eine so wertvolle Quelle von Information und von Wissen ist, die alle anderen weit überragt, ja, womöglich überflüssig macht, daß ihre Erschließung in die Schule gehört; daß das Internet die weltweite Kommunikation aller mit allen ermöglicht; und daß der Bildungswert der Erkenntnisse, die man aus ihm gewinnen kann, so hoch zu veranschlagen ist, daß er den Aufwand, den man dafür treiben muß, lohnt.

Ich halte diesen Glauben für falsch, zumindest für überzogen, teilweise sogar aus der Luft gegriffen, und bezeichne seine Aussagen als „Mythen" im Sinn von „zur Legende Gewordenem". Es gibt eine ganze Reihe solcher Mythen, die sich um die Fähigkeiten des Computers und seinen Wert für die Schule ranken. Näheres über sie und Begründungen für ihre Falschheit und Gefährlichkeit steht in Abschnitt 12.7.[12]

Zusammenfassung. Alles in diesem Abschnitt Gesagte zusammengenommen, mag der Eindruck entstanden sein, daß ich grundsätzlich gegen jede Informatik in der Schule wäre. Das ist nicht der Fall. Ich erkenne den Bildungswert der Informatik an und sehe, daß der Umgang mit Tastaturen und Bildschirmen in Zukunft von jedem gefordert werden wird. Meine Bedenken richten sich nur gegen Übertreibungen: die Schnelligkeit der Einführung und die Überschätzung der Bedeutung der Informatik für die allgemeinmenschliche Kultur. Deshalb bin ich für eine allmähliche und maßvolle Einführung der Informatik in den Schulen, für das Aufsaugen ihrer Ideen durch die herkömmlichen Fächer und für die Einrichtung des Faches Informatik selbst nur als Wahlfach. Eine wünschenswerte Auswirkung der Beschäftigung mit Computern und der Informatik in der Schule scheint mir vor allem in vier Dingen zu liegen: In der Einübung des algorithmischen Denkens, in der Verwendung des Computers zur Simulation (als ausführbares Gedankenexperiment in den verschiedensten Fächern, das Einsichten vermittelt, die sich auf keine andere Weise vermitteln lassen), in der Erlernung der Ausnutzung von Standardprogrammen wie Textverarbeitung und Tabellenkalkulation und in der Beseitigung der Computermystik. Wenn jeder Mensch schon in seiner Jugend erfährt, wie Computer im Prinzip arbeiten und daß sie nichts als komplizierte Maschinen sind, daß sie nicht denken können und keine Aura des Geheimnisses sie umgibt, dann ist viel Aufklärungsarbeit geleistet. Dieses Ziel habe ich mir auch mit diesem Buch gesetzt.

12.7 Wert und Unwert des Internets

Das Internet ist für Informatiker und viele andere Wissenschaftler, die sich über das Neueste auf ihrem Gebiet orientieren wollen, eine unerschöpfliche Quelle. Wenn man irgendeinen Aufsatz braucht, auf den in der Literatur verwiesen wurde, sieht man zuerst im Internet nach. Oft genug findet man ihn dort in vollem Wortlaut und kann ihn ausdrucken, so daß man ihn noch am selben Tag studieren kann. Wenn man wissen will, wie das Fach Informatik an einer bestimmten überseeischen Universität vertreten ist, welche Institute und welche Professoren es dort gibt, ja sogar, wie ihre Veröffentlichungen der letzten Jahre lauten, gibt das Internet meistens Auskunft. Wenn ich meinen Assistenten bitte, sich umzusehen, welche Compiler oder Interpretierer es für funktionale und logische Programmiersprachen gibt, installiert er mir noch am selben Tag ein Prolog-System, das er im Internet gefunden hat, so daß ich sofort anfangen kann, damit zu arbeiten.

Ebenso großartig ist die Möglichkeit, elektronische Post zu versenden und zu empfangen. Jeden Morgen sehe ich zuerst nach, welche E-Mail angekommen ist, lese sie, drucke Wichtiges, werfe einiges ungelesen weg, schreibe kurze Briefe, schicke gelegentlich an meine Kollegen an unserer Universität ein Rundschreiben (an alle zugleich) und stehe auf diese bequeme und für Universitätsangehörige kostenlose Art mit Wissenschaftlern auf der ganzen Welt in Verbindung. Alles das bedeutet, daß das Internet ein hervorragendes Arbeitsmittel für Wissenschaftler ist, das man sich nicht mehr wegdenken kann.

Es ist jedoch ein Irrtum, daraus zu folgern, daß das Internet auch für Nichtwissenschaftler ein so wertvolles Arbeitsmittel ist und daß es deshalb Lehrstoff und Kommunikationsmittel in den Schulen sein muß. Hier möchte ich drei Mythen entkräften, denen zufolge das Internet

- eine Quelle von Information und von Wissen ist, die alle anderen weit überragt;
- die weltweite Kommunikation aller mit allen ermöglicht;
- der Bildungswert der Erkenntnisse, die man aus dem Internet gewinnen kann, so hoch zu veranschlagen ist, daß er den Aufwand, den man dafür treiben muß, lohnt.

Der Mythos von der Information und vom Wissen. Es wird gesagt, das Internet vermittle seinen Benutzern so viel Information und Wissen wie keine Bibliothek und überhaupt nichts anderes auf der Welt. Inwiefern soll das ein Mythos sein, wenn das Internet von Millionen Menschen mit Informationen gespeist und immer auf dem neuesten Wissensstand gehalten wird? Diese Frage beantwortet sich von selbst, wenn man sich folgende Eigenschaften des Internets klar macht:

1 Jeder Teilnehmer kann Beiträge im Internet „veröffentlichen", ohne daß ihre Richtigkeit und ihr Wert von irgend jemandem geprüft wird.

2 Das Internet ist eine chaotische Ansammlung von Beiträgen seiner Benutzer – ohne jedes System. Wer nach etwas Bestimmtem sucht, kann Suchmaschinen nach einschlägigen Stichwörtern befragen, das nützt ihm aber oft nicht viel. Wenn die Stichwörter zu allgemein sind, geben die Suchmaschinen hunderte oder gar tausende „Treffer" aus, von denen man nur einen verschwindenden Bruchteil weiterverfolgen

kann; wenn sie zu speziell sind, liefern sie unter Umständen gar keinen Treffer, obwohl die gesuchten Informationen im Netz vorhanden sind. Die Suche im Internet ähnelt damit oft einem Glücksspiel. Sie kann viel Zeit verschlingen und trotzdem mit einer Enttäuschung enden.

3 Der Inhalt des Internets verändert sich ständig. Es kommen nicht nur täglich tausende neuer Beiträge hinzu, sondern es werden auch tausende von ihnen gelöscht und verändert.

4 Das Wissen der Welt ist höchst ungleichmäßig im Internet verteilt. Über Informatik findet man am meisten, über die Naturwissenschaften noch vieles, bei den Geisteswissenschaften wird es aber dünn. Dagegen gibt es eine Unmenge an aktuellen und schnell vergänglichen Informationen über Wirtschaft (Aktienkurse!), Handel, Reisen, Wetter: unter dem Gesichtspunkt der Dauerhaftigkeit alles wertloses Zeug.

Das sind Tatsachen. Die Konsequenzen aus ihnen für das, was man an Information oder Wissen aus dem Internet herausziehen kann, sind katastrophal. Das meiste im Internet ist Müll, und das Wertvolle läßt sich nicht davon unterscheiden. Wer Bestimmtes sucht, muß unter Umständen lange suchen; das kostet Zeit, Nerven und Geld. Wer Unbestimmtes sucht, zum Beispiel nur einfach Neuigkeiten (die Surfer!), kann damit jeden Tag viele Stunden verbringen, ohne dadurch klüger zu werden. Welche Zeitverschwendung!

Es ist irreführend, den Begriff „Wissen" (*knowledge*) für die im Internet liegenden Beiträge zu verwenden. Da findet man Aussagen der Esoterik und der Physik, falsch und richtig abgeschriebene Zitate, Unsinn und Weisheit, Astrologie und Sektiererei – ununterscheidbar für den, der es gewohnt ist, Gedrucktes unkritisch als wahr hinzunehmen. Und das soll Wissen sein? Karl Jaspers [Jaspers] hat in seiner Schrift „Die Idee der Universität" den Begriff des „wissenschaftlichen Wissens" so beschrieben:

> Wissenschaft ist die methodische Erkenntnis, deren Inhalt zwingend gewiß und allgemeingültig ist. Erstens ist Wissenschaft nur zusammen mit einem methodischen Bewußtsein: ich weiß mit dem Wissen von dem Wege, der mich zu dem Ergebnis führt; ich weiß mit dem Wege zugleich den Standort und die Grenzen des jeweils bestimmten Sinns von Wissen. Das Gegenteil wissenschaftlichen Wissens ist das unmethodische Meinen und das fraglose Hinnehmen auf guten Glauben hin.

Welch ein Unterschied zwischen dem Jaspersschen Wissensbegriff und dem des Internets! Auf die Initiative „Schulen ans Netz" angewandt, bedeutet das: Die Aufgabe der Lehrer ist es, das Denken, die kritische Beurteilung und das wissenschaftliche Wissen bei unseren Kindern zu fördern, aber nicht die zusammenhanglose Sammlung von „Informationen", die das Internet uns beschert.[13]

Der Mythos von der Kommunikation aller mit allen. Dieser Mythos sieht, auf die Schule angewendet, so aus [Zeit]:

> Plötzlich paßt die ganze Welt ins Klassenzimmer, löst Klein-Fritzchen in Wanne-Eickel seine Matheaufgaben zusammen mit Little John in Pittsburgh und beugen sich Mary und Marianne gemeinsam über ein Physikproblem. Fabelhafte Zeiten versprechen sich manche vom Lernen mit dem Computer im Internet.

Was für ein Unsinn! Wie weit entfernt von der Realität. Wenn eine Klasse in Wanne-Eickel mit einer in Pittsburgh in Verbindung tritt, wird in Wirklichkeit nach dem Wetter gefragt, vielleicht noch nach der Struktur des Schulsystems, dem Lehrplan und den

Erfahrungen mit dem Internet. Damit erschöpft sich die Kommunikation. Warum auch sollten Fritzchen und Little John gemeinsam lernen, wo sie sich doch nie gesehen haben? Einer kann sich vom anderen keine Vorstellung machen. Gemeinsames Lernen braucht persönlichen Kontakt miteinander. Man muß sehen können, wie der andere am Bleistift kaut und wie es in seinen Augen aufblitzt, wenn er die Lösung gefunden hat. Weshalb also so umständlich? Sollen doch die Schüler einer Klasse miteinander gemeinsam lernen. Das wird sie am besten voranbringen! Dabei war vom Problem der verschiedenen Sprachen, sogar von Fachsprachen wie in den Naturwissenschaften, noch gar nicht die Rede.

Nichts gegen einen Gedankenaustausch über Länder- und Sprachgrenzen hinweg. Das kann wertvoll sein – aber für den Sprachunterricht, nicht für den in anderen Fächern. Und dazu braucht man keine E-Mail, sondern Briefe tun es auch. Im Gegenteil: E-Mail drängt auf schnelle, überhastete Antworten, die auf Kosten von Nachdenken und Qualität gehen.

Kommunikation wird uns im Internet-Mythos als Wert an sich hingestellt, von dem wir nie genug kriegen können. Aber haben wir heute nicht schon viel zu viel davon, vom Sport bis zum Mord, von der Talkshow bis zum Musikantenstadl? Kommt es nicht viel mehr darauf an, daß der Inhalt der Kommunikation wahr und wertvoll ist, damit wir die kostbare Zeit unseres Lebens nicht an Allotria verschwenden? Wer kommunikationsbedürftig ist, der möge doch mit Menschen sprechen, eine Tasse Kaffee mit ihnen trinken oder ein Spielchen mit ihnen machen.

Der Mythos vom Bildungswert des Internets. Nach dem bisher Gesagten müßte eigentlich klar sein, daß durch die Beschäftigung mit dem Internet nicht viel an Bildung zu gewinnen ist. Das „elektronische Forum als Raum demokratischer Meinungs- und Willensbildung" ist bisher nichts als ein Wunschtraum. Man kann auch Alptraum sagen, denn es läuft auf den Fetisch der Kommunikation aller mit allen hinaus. Aber die Politiker lassen sich anscheinend solche Ansichten gern einreden. Man kann wetten, daß die letzten beiden Sätze des Zitats von Seite 292:

> Viele Schulen nützen das nationale und internationale Diskussionsforum im Internet. Bestens bewährt hat sich die Zusammenarbeit bei Projekten.

pures Wunschdenken sind. Die Wirklichkeit sieht anders aus. Um sich über sie zu unterrichten, lese man das Buch von Stoll [Stoll]. In ihm heißt es:

> Das alles andere in den Schatten stellende gemeinsame Interesse der Netznutzer ist das Netz selbst. (S.79)

> Es ist eben ein großartiges Medium für Belanglosigkeiten und Hobbies, aber nicht der Ort für begründete, vernünftige Urteile. (S.56)

> Computer fördern Spezialkenntnisse wie die Anwendung von Programmen oder das Andocken an Netze auf Kosten grundlegender Fähigkeiten wie sinnvollem Satzbau, Gedankengliederung, Wortschatzentwicklung und das freie Spiel der Einbildungskraft. (S.47)

Diese Zitate sollen zu dem Mythos vom Bildungswert des Internets genügen.

12.8 Informationstechnik, Infotainment, Kommerzialisierung

In den letzten 10 bis 15 Jahren hat sich eine Wandlung in der Beziehung der Öffentlichkeit zum Computer, und damit auch zur Informatik, vollzogen. Zuvor sah man im Computer vor allem die Rechen- und Datenverarbeitungsmaschine; seitdem jedoch Heimcomputer in die meisten Familien eingezogen sind, die von den Kindern für Videospiele, von den Eltern unter anderem für die Bearbeitung selbstaufgenommener Videofilme, das „Brennen" von Compact Disks und für die Abwicklung von Geschäften über das Internet benutzt werden, hat sich das Bild gewandelt. Informatik, Telekommunikation und Unterhaltungselektronik wachsen zu einem Industriebereich zusammen, den man *Informationstechnik* nennt, oft auch *Informations- und Kommunikationstechnik*, abgekürzt *IuK*. Der Computer büßt dadurch seine singuläre Stellung ein und wird zu einem unter anderen Gliedern in der Kommunikationskette.

Neue Computer werden heute von vornherein so gebaut, daß sie auf Kommunikations- und Multimedia-Software ausgerichtet sind, riesige Mengen an Speicher für Farbgrafik- und Videobild-Editierung und Stereo-Lautsprecher haben. Und an erster Stelle steht natürlich die Internet-Tauglichkeit. Da man neuerdings auch über Mobiltelefone in das Internet hineinkommt, gehört auch das mobile Rechnen mit zur Informationstechnik.

All das zeigt, daß sich die Informatik von der Wissenschaft und Technik, als die sie angetreten ist, weg entwickelt und immer mehr zur Dienerin einer Industrie wird, der es vorrangig darauf ankommt, das Unterhaltungsbedürfnis der Menschen zu befriedigen. Seitdem man über das Internet einkaufen und Bank- und Börsengeschäfte erledigen kann, kommt noch der Bereich des elektronischen Handels hinzu. Diese Gebiete, auf denen mit der Informationstechnik heute das große Geld verdient wird, sind weit von dem entfernt, was die Informatiker früher einmal anstrebten.

Die heutige Mode, sich der Unterhaltung zu verschreiben – Unterhaltung durch das Fernsehen, durch Computerspiele, auf Reisen, überall – hat man auch als *Infotainment* bezeichnet (leider gibt es kein ebenso treffendes deutsches Wort dafür). Postman hat sie in [Postman] ausführlich beschrieben. Es ist eine Mode der Passivität und der Verdummung. Der Computer wird in ihr zum Spielzeug. Viele Multimedia-Programme gehören dazu.

Nicht zu passivem Vergnügen, sondern zu höchster Aktivität führt der *elektronische Handel* (*electronic commerce*). Nachdem im Internet die Möglichkeit geschaffen wurde, über WWW-Seiten Dialoge zwischen Partnern zu führen, hier insbesondere zwischen Anbietern und Verbrauchern, entstand der elektronische Handel, der gerade dabei ist, die Welt der Wirtschaft auf den Kopf zu stellen. Man kann Geldgeschäfte mit seiner Bank über das Internet abwickeln (online banking), Theaterkarten bestellen, Einkäufe von Büchern, CDs, und vielem anderen tätigen. Vor allem aber können Großhändler mit Einzelhändlern und Großfirmen mit ihren Zulieferbetrieben über das Internet Lieferbedingungen auf eine Weise aushandeln wie es sie bisher nicht gab.[14] Die gegenwärtige Einschätzung der Bedeutung des elektronischen Handels läßt sich vielleicht daran ermessen, daß dieses Gebiet bereits akademische Reputation bekommen hat und Lehrstühle dafür geschaffen werden.

Quo vadis, Informatik?

12.9 Was ist schwierig?

> Daß die niedrigste aller Geistestätigkeiten die arithmetische sei, wird dadurch belegt, daß sie die einzige ist, welche auch durch eine Maschine ausgeführt werden kann; wie denn jetzt in England dergleichen Rechenmaschinen bequemlichkeitshalber schon in häufigem Gebrauche sind.
>
> Arthur Schopenhauer: Parerga und Paralipomena (Bd. 2, § 356)

Dieser Ausspruch Schopenhauers verdient es, der Vergessenheit entrissen zu werden. Die „arithmetische Geistestätigkeit" niedrig? Und damit die Fähigkeit des Computers und der Gegenstand der Informatik niedrig? Hier hat anscheinend eine Umwertung der Werte stattgefunden, die mir ganz modern und treffend zu sein scheint. Computer und Informatik können uns als neuer Maßstab dafür dienen, was als schwierig anzusehen ist.

Die traditionelle Wertung ist die, daß intellektuelle Tätigkeiten, wie logisches Schließen, Mathematik verstehen, Schachspielen und so weiter schwierig sind, Begabung und harte Arbeit zu ihrer Beherrschung erfordern. Sie bilden damit das besondere Kennzeichen des Menschen, die Spitze dessen, was den Menschen ausmacht, „des Menschen allerhöchste Kraft". Die Dinge des täglichen Lebens, wie Sprache verstehen, Gestaltsehen, Verantwortung tragen, einsichtig handeln, werden dagegen als einfach, ja als Selbstverständlichkeiten angesehen.

Nun zeigt die Informatik, besonders die Künstliche Intelligenz, daß man die intellektuellen Fähigkeiten, wenigstens zum Teil, auch Computern einprogrammieren kann, die soeben als einfach bezeichneten Dinge des täglichen Lebens aber nicht (vorsichtiger ausgedrückt: anscheinend nicht oder noch nicht). Pointiert ausgedrückt: Computer können vieles, was, vom Menschen ausgeführt, „denken" erfordert und vieles nicht, was Menschen und Tiere normalerweise ohne zu „denken" tun. Aus diesem Phänomen ergibt sich eine ganze Skala von Antworten auf die Frage: „Was ist schwierig". An ihren Enden stehen zwei entgegengesetzte Auffassungen.

Dem Vertreter des einen extremen Standpunkts bestätigt die Informatik, daß der Intellekt des Menschen höchste Fähigkeit ist, da er die „denkenden Maschinen" hervorgebracht hat. Er erachtet die für den Computer unmöglichen Dinge des täglichen Lebens als unbedeutend, oder er glaubt, daß sie ebenfalls bald von Computern beherrscht werden. Er glaubt möglicherweise, daß die Weiterentwicklung dazu führt, eine maschinelle Intelligenz hervorzubringen, die den Menschen als höchstentwickeltes Wesen in uns bekannten Teil des Weltalls ablöst. Hier ist eine noch harmlose, 1988 verfaßte Prognose [Claus]:

Der Computer war oder ist oder wird sein:

1975 Prototyp der elektronischen Revolution
1980 Träger der künstlichen Intelligenz
1985 Universelle Experimentierhalle
1990 Intelligente Zelle in neuronal vernetzten Riesensystemen
1995 Informations-Normierer fast aller menschlichen Bereiche
2000 Universelles Organisationsgenie
2005 Partner des Menschen (in welcher Hinsicht auch immer)
2012 Prototyp des neuen (nichtmateriellen!) menschlichen Schöpfungswillens

Und hier ist eine sehr verstiegene Prognose ([Moravec] S. 9, 10, 13, 14, 16):

Was uns erwartet, ist … eine Zukunft, die man aus heutiger Sicht am ehesten mit „postbiologisch" oder auch „übernatürlich" bezeichnen kann. Heute sind unsere Maschinen noch einfache Geschöpfe. Doch im Laufe des nächsten Jahrhunderts werden sie zu Gebilden heranreifen, die ebenso komplex sind wie wir selbst, um schließlich über uns und alles, was wir kennen, hinauszuwachsen, so daß wir eines Tages stolz sein dürfen, wenn sie sich als unsere Nachkommen bezeichnen.

Da diese Kinder unseres Geistes nicht auf den stockenden Gang der biologischen Evolution angewiesen sind, werden sie sich ungehemmt entfalten und sich gewaltigen Aufgaben von grundsätzlicher Bedeutung im größeren Universum zuwenden. Wir Menschen werden eine Zeitlang von ihrer Arbeit profitieren. Doch über kurz oder lang werden sie, wie biologische Kinder, ihre eigenen Wege gehen, während wir, ihre Eltern, alt werden und abtreten.

Wir sind dem Zeitpunkt schon sehr nahe, zu dem praktisch jede wichtige körperliche oder geistige Funktion des Menschen ihr künstliches Pendant haben wird. Die Verkörperung dieses Schnittpunkts vieler kultureller Entwicklungslinien wird der intelligente Roboter sein, eine Maschine, die wie der Mensch denken und handeln kann, mag sie ihm im materiellen oder intellektuellen Detail auch noch so unähnlich sein.

Früher oder später werden unsere Maschinen so klug sein, daß sie sich ohne fremde Hilfe instandhalten, reproduzieren und vervollkommnen können. Unsere Kultur wird dann in der Lage sein, sich unabhängig von der menschlichen Biologie und ihren Gesetzen zu entwickeln und wird statt dessen direkt von einer Maschinengeneration auf die nächste, noch leistungsfähigere, noch intelligentere, übergehen.

Das wurde in den späten achtziger Jahren geschrieben. Klingt es nicht ähnlich wie Minskys in Abschnitt 11.6 zitierte Äußerung von 1970? Keine von diesen Prophezeiungen ist bisher eingetroffen, und ich sehe keine Anzeichen dafür, daß sie jemals eintreffen wird.

Dem Vertreter des anderen extremen Standpunkts zeigt die Informatik gerade das Gegenteil, nämlich daß der Intellekt anscheinend *nicht* des Menschen höchste Fähigkeit ist, da man ihn mit Computern teilweise nachahmen kann. Die scheinbar einfachen menschlichen Fähigkeiten, sich in der Welt zurechtzufinden, Verantwortung zu tragen, Fantasie und Schöpferkraft zu entwickeln, werden dadurch aufgewertet und entpuppen sich als die viel schwierigeren Dinge, weil sie mit Maschinen nicht nachzuahmen sind.

Die beiden Auffassungen sind wohl nichts anderes als die Weltsicht des intellektuellen Technik- und Wissenschaftsgläubigen und die des kritischen und nachdenklichen Humanisten. Wer von beiden mag recht haben? Sicherlich liegt die Wahrheit irgendwo zwischen den beiden Extremen.

An dieser Stelle wendet der Intellektualist ein: „Definiere mir die von dir genannten, angeblich schwierigen Dinge eindeutig, und ich kann sie programmieren". Schon recht, aber ich will es gar nicht erst versuchen, sie so genau zu definieren, daß sie durch Computer simuliert werden können. Nicht etwa, um den Bemühungen der Künstlichen Intelligenzler ein Schnippchen zu schlagen, sondern aus dem Bewußtsein heraus, daß sie keine logisch vollständig definierbaren Begriffe sind, daß man ihnen Gewalt antun und sie nach irgendeiner Richtung hin beschneiden müßte, wollte man sie in ein Begriffskorsett zwängen. Gerade die Unschärfe der schwierigen Begriffe ist es, die sie so nützlich macht als Träger der Intentionen einer sich wandelnden Menschheit. Von Epoche zu Epoche und von Land zu Land, ja von Sprecher zu Sprecher ist ihre Bedeutung feinen Änderungen unterworfen. Sie paßt sich kulturellen und politischen Strömungen an, ohne daß die unscharfen Begriffe dadurch ihren Wert als Kommunikationsmittel verlieren. Ist es nicht ein sich täglich aufs Neue vollziehendes Wunder, daß wir fast alles, was wir sagen, mit unscharfen Begriffen sagen und trotzdem verstanden werden? Völlig scharf definierte Begriffe sind steril, unfruchtbar. Sie haben in den Wissenschaften ihren Wert, aber auch hier drückt sich jeder neue Gedanke durch die Prägung neuer Begriffe oder durch die Veränderung der Bedeutung schon vorhandener Begriffe aus.

Wittgensteins auf Seite 283 zitierter berühmter Satz, so schön er auch klingt und so sehr er nach dem Herzen vieler Informatiker ist, ist unter diesem Gesichtspunkt durch und durch falsch. Man kann ihn geradezu umkehren und sagen: „Alles, was überhaupt Wert hat, gesagt zu werden, läßt sich nur unklar sagen; und was sich ganz klar sagen läßt, kann man auch verschweigen."

12.10 Noch einmal: Was ist Informatik?

Wir sind am Ende des Buches angekommen. Ich hoffe, daß ich die mit dem Titel gegebene Frage beantworten und zeigen konnte, was Informatik ist. Jeder Blickwinkel, unter dem wir die Informatik betrachtet haben, hat eine andere Möglichkeit gezeigt, sie zu definieren. Blickwinkel und Definitionen sind in Bild 2 noch einmal zusammengestellt.

Blickwinkel	Definition der Informatik
Technische Informatik	Informatik ist die Wissenschaft vom Computer.
Praktische Informatik	Informatik ist die Wissenschaft von den Algorithmen und Datenstrukturen.
Theoretische Informatik	Informatik ist die Wissenschaft von der maschinellen Symbolverarbeitung.
Technisch orientierter Anwender	Informatik ist die Wissenschaft von der Automatisierung und Simulation durch Computer.
Kommerziell orientierter Anwender	Informatik ist die Wissenschaft von der maschinellen Datenverarbeitung.
Künstliche Intelligenz	Informatik ist die Wissenschaft von der Mechanisierung des Denkens.

Bild 2   Definitionen der Informatik aus verschiedenen Blickwinkeln

Alle diese Definitionen sind treffend, aber jede für sich allein genommen ist offenbar zu eng. Es gibt auch Definitionen, die das zu vermeiden versuchen, wie zum Beispiel folgende:

Duden Informatik:

> **Informatik** (*computer science*): Wissenschaft von der systematischen Verarbeitung von Informationen, besonders der automatischen Verarbeitung mit Hilfe von Digitalrechnern (Computer).

Studien- und Forschungsführer Informatik ([Studienführer] S. 48):

> Informatik ist die Wissenschaft, Technik und Anwendung der maschinellen Verarbeitung und Übermittlung von Informationen.

Académie Française:

> Informatik: Die Wissenschaft der rationalen, vorrangig maschinell unterstützten Verarbeitung von Informationen, die menschliche Fachkenntnisse und Kommunikation in technischen, wirtschaftlichen und sozialen Bereichen unterstützen sollen.

Sie scheinen mir indessen wieder zu weit zu sein, was sich unter anderem darin ausdrückt, daß sie alle den Begriff „Information" in den Mittelpunkt stellen, der, wie in Anmerkung 1 zu Kapitel 2 erläutert, verschwommen ist und von anderen Disziplinen, wie Linguistik, Semiotik, Biologie ebenfalls als Grundbegriff für sich in Anspruch genommen wird.

Damit wollen wir es bewenden lassen, aber darauf hinweisen, daß es auch Definitionen aus ungewöhnlichen Blickwinkeln gibt, die von dem üblichen Verständnis der Informatik weit abweichen.[15]

So viele Blickwinkel, so viele Definitionen. Ist das Ergebnis enttäuschend? Ich glaube, nicht. Es zeigt, daß die Informatik lebt und sich entwickelt. Möglicherweise wird man sie eines Tages noch anders, unter einem vereinheitlichenden neuen, noch nicht vorhandenen Begriff sehen. Mir scheint, daß wir, von den theoretischen Grundlagen her betrachtet, noch gar nicht wissen, was eigentlich der Kern der Informatik, die Essenz von Computern ist. Wie im Kapitel über Theoretische Informatik ausgeführt, ist das Computermodell der Theoretischen Informatik, die Turingmaschine, ein rein sequentiell arbeitender autonomer Computer ohne Kommunikation mit der Außenwelt. Jede praktische Computeranwendung, insbesondere aber Rechnernetze zeigen, daß dieses Modell sich mit der Wirklichkeit im Widerspruch befindet, weil es nicht die Kommunikation zwischen Rechnern berücksichtigt. Hier fehlt noch der Durchbruch zu einer anderen, richtigeren Abstraktion des Computers, als es die Turingmaschine ist. Wenn sie einmal kommt, könnte sie die Theoretische Informatik wesentlich verändern und die Informatik als eigenständige Wissenschaft noch klarer hervortreten lassen.

Anmerkungen

Kapitel 1

1 (Seite 14) Eine der von Babbage entworfenen Rechenmaschinen, die *Difference Engine No. 2*, ist nach seinen Plänen zu seinem 200. Geburtstag 1991 von Ingenieuren des Wissenschaftsmuseums in London gebaut worden und funktioniert. Einen ausführlichen Bericht hierüber, der auch anderes Wissenswertes über Babbage und seine Maschinen enthält, gibt [Swade].

2 (Seite 15) In diesem Buch kommen nur wenige Maßeinheiten vor, und sie werden meist ausgeschrieben. Dennoch seien sie und ihre Abkürzungen hier zusammengestellt.

s	Sekunde	
ms	Millisekunde	$= 10^{-3}$ Sekunden
ms	Mikrosekunde	$= 10^{-6}$ Sekunden
ns	Nanosekunde	$= 10^{-9}$ Sekunden
KByte	Kilobyte	$= 2^{10}$ Byte ($1\,024 \approx 10^3$ Byte)
MByte	Megabyte	$= 2^{20}$ Byte ($1\,048\,576 \approx 10^6$ Byte)
GByte	Gigabyte	$= 2^{30}$ Byte ($1\,073\,741\,824 \approx 10^9$ Byte)

3 (Seite 20) Die Fairneß gebietet es, ausdrücklich darauf hinzuweisen, daß diese dem ganzen Buch zu Grunde liegende Einteilung nur in Deutschland und Österreich, nicht einmal in der Schweiz und erst recht nicht in Amerika, England und Frankreich üblich ist. Man hat dort jedoch keine bessere, sondern noch gar keine Einteilung der Informatik getroffen. Auch in Deutschland und Österreich ist die Einteilung umstritten. Einige stoßen sich an der Bezeichnung „Praktische Informatik", andere an der Beschränkung der Technischen Informatik auf die Hardware. Sie sind der Ansicht, daß zur Technischen Informatik alles Ingenieurmäßige und Konstruktive gehört, auch die Praktische Informatik, also Hardware und Software.

Kapitel 2

1 (Seite 24) Da „Information" ein heute so strapazierter Modebegriff ist („Informationszeitalter", „Informationsgesellschaft" usw.), seien hier einige Anregungen zum Nachdenken über seine Bedeutung zusammengestellt.

Der Begriff „Information" hängt eng mit dem Begriff „Nachricht" zusammen. Oft werden beide synonym mit der Bedeutung „Mitteilung", „Übermittlung von Wissen" verwendet. Beispiel: „Informiere mich darüber, wann du ankommst" und „Benachrichtige mich darüber, wann du ankommst".

In anderem Zusammenhang unterscheidet man aber zwischen Nachricht = Übermittlung von Wissen schlechthin und Information = Übermittlung von unbekanntem, neuem Wissen. Beispiele: „Diese Nachricht enthält für mich keine Information" oder „Darüber muß ich mich erst informieren" oder „Um darüber entscheiden zu können, brauche ich mehr Information". Hier kann man Information mit Wissenszuwachs gleichsetzen. Die Auffassung, daß Information immer einen Wissenszuwachs für den Empfänger bedeutet, ihm gewissermaßen eine Überraschung beschert, hat man in der sog. *Informationstheorie* ausgenutzt, um ein Maß für die Information zu definieren. Eine für den Empfänger sehr unwahrscheinliche (d.h. ihn überraschende) Nachricht hat danach einen großen Informationsgehalt, eine sehr wahrscheinliche (d.h. eine, die er ohnehin erwartet hat) nur einen geringen.

Eine dritte Bedeutung von Information ergibt sich aus folgender Unterscheidung: Ein Telegramm *ist* eine Nachricht und es *enthält* Information. Die Nachricht des Telegramms ist sein Text. Der Text kann für den Leser verständlich sein, dann enthält er vermutlich Information für ihn, er kann aber auch unverständlich sein, z. B. in einer Sprache abgefaßt, die der Leser nicht versteht. Dieselbe Nachricht kann für verschiedene Personen also Verschiedenes bedeuten. Das gilt aber auch umgekehrt: verschiedene Nachrichten können dasselbe bedeuten. Beispiel: „Ich komme morgen um 16 Uhr an" und „I will arrive tomorrow at 4 p.m." In diesem Lichte gesehen, sind Nachrichten die Träger von Information: etwas Objektives, das durch ein Medium (Draht, elektromagnetische Wellen) unverfälscht oder verfälscht übertragen werden kann, Informationen dagegen etwas Subjektives, das erst durch den Empfänger entsteht, indem er der erhaltenen Nachricht eine Bedeutung beilegt. Diese Auffassung kann man etwa in dem Satz zusammenfassen: *Information ist gedeutete Nachricht.* In diese Richtung geht auch die Norm ISO 2382, in der definiert wird: Information ist „die vom Menschen den Daten mittels Vereinbarung über ihre Darstellung gegebene Bedeutung". Um die Verwirrung voll zu machen, gibt es auch Autoren, die das Gegenteil lehren: Information sei ein undefinierter Grundbegriff und durch Deutung werde aus ihr eine Nachricht.

In der Norm DIN 44300 wird übrigens der Begriff „Daten", zurückgehend auf den Begriff „Information", so definiert: „Daten: Zeichen oder kontinuierliche Funktionen, die zum Zweck der Verarbeitung Information auf Grund bekannter oder unterstellter Abmachungen darstellen."

Daß Information ein für uns undefinierbarer, aber zugleich unentbehrlicher Grundbegriff zu sein scheint, hat dazu geführt, daß man ihn als gleichberechtigt neben die physikalischen Grundbegriffe Materie und Energie gestellt hat. Man kann Information wie Materie transportieren, speichern und verarbeiten; und wie Energie die Fähigkeit hat, Arbeit zu leisten, hat Information die Fähigkeit, Wirkungen auf ihre Empfänger auszuüben. Aber sie ist weder Materie noch Energie. Die Informatik als Wissenschaft paßt deshalb auch nicht in die alte Zweiteilung der Wissenschaften in Natur- und Geisteswissenschaften hinein. Sie ist keine Naturwissenschaft, weil sie sich nicht der Erforschung von Naturvorgängen widmet, sie ist aber auch keine Geisteswissenschaft, weil sie nicht den Menschen zum Gegenstand hat. Da es mit der Mathematik ähnlich steht, hat man vorgeschlagen, Mathematik und Informatik gemeinsam als „Strukturwissenschaften" zu bezeichnen. Tatsächlich spielt in beiden der Begriff der Struktur, das heißt der Ordnung, eine grundlegende Rolle.

2 (Seite 26) Die Codierung von maximal 2^n Symbolen durch Gruppen von n Binärziffern ergibt den kürzesten Code, sofern die Symbole mit ungefähr gleicher Häufigkeit auftreten. Kürze ist aber nicht immer die einzige erstrebenswerte Eigenschaft eines Codes. Unempfindlichkeit gegen Störungen ist eine andere. Wenn die binären Signale bei der Übertragung verfälscht werden können, so daß manchmal eine 0 statt einer 1 oder eine 1 statt einer 0 übertragen wird, braucht man Codes, bei denen der Empfänger der Nachricht erkennen kann, ob sie Fehler enthält oder, noch besser, bei denen er Fehler korrigieren kann. Beide Forderungen lassen sich dadurch erreichen, daß man den n notwendigen Binärzeichen weitere hinzufügt.

Zeichen	Dualcode	Fehlererkennender Code	Fehlerkorrigierender Code
	$x_1 x_2 x_3 x_4$	$x_1 x_2 x_3 x_4\ y_1$	$x_1 x_2 x_3 x_4\ y_1 y_2 y_3$
0	0 0 0 0	0 0 0 0 **0**	0 0 0 0 **0 0 0**
1	0 0 0 1	0 0 0 1 **1**	0 0 0 1 **0 1 1**
2	0 0 1 0	0 0 1 0 **1**	0 0 1 0 **1 0 1**
3	0 0 1 1	0 0 1 1 **0**	0 0 1 1 **1 1 0**
4	0 1 0 0	0 1 0 0 **1**	0 1 0 0 **1 1 1**
5	0 1 0 1	0 1 0 1 **0**	0 1 0 1 **1 0 0**
6	0 1 1 0	0 1 1 0 **0**	0 1 1 0 **0 1 0**
7	0 1 1 1	0 1 1 1 **1**	0 1 1 1 **0 0 1**
8	1 0 0 0	1 0 0 0 **1**	1 0 0 0 **1 1 0**
9	1 0 0 1	1 0 0 1 **0**	1 0 0 1 **1 0 1**

Bild 1   Fehlererkennender 5-Bit-Code (erkennt die Verfälschung *eines* Bits) und fehlerkorrigierender 7-Bit-Code (gestattet die Korrektur *eines* Bits)

Der einfachste *fehlererkennende Code*, der die Verfälschung eines Bits erkennt, besteht darin, daß man den n Bits ein weiteres Bit (das *Paritätsbit*) hinzufügt, das die Anzahl der Einsen im Codewort gerade macht. Bild 1 zeigt in der dritten Spalte von links die vier Bits des Dualcodes für die Binärcodierung der Dezimalziffern 0 bis 9, denen das Paritätsbit y_1 so hinzugefügt ist, daß die Gesamtcodierung jeder Dezimalziffer eine gerade Anzahl von binären Einsen hat.

Ein einfacher *fehlerkorrigierender* Code für die Dezimalziffern 0 bis 9, der die Verfälschung *eines* Bits erkennt und zugleich angibt, welches das falsche Bit ist, ergibt sich, wenn man den vier Bits des Dualcodes *drei* weitere Bits y_1, y_2, y_3 hinzufügt. Bild 1 zeigt in der rechten Spalte eine von mehreren Möglichkeiten dafür. Jedes der drei zusätzlichen Bits ergänzt drei der vier Informationsbits x_1, x_2, x_3, x_4 zu einer geraden Bitanzahl, und zwar ist

die Summe s_1 der Einsen in den Bits x_1, x_2, x_3, y_1 gerade,
die Summe s_2 der Einsen in den Bits x_1, x_2, x_4, y_2 gerade,
die Summe s_3 der Einsen in den Bits x_2, x_3, x_4, y_3 gerade.

Die Kombinationen sind so gewählt, daß bei der Verfälschung eines Bits mindestens zwei der drei Summen s_1, s_2, s_3 ungerade sind:

Wird x_1 verfälscht, sind s_1 und s_2 ungerade.
Wird x_2 verfälscht, sind s_1, s_2 und s_3 ungerade.
Wird x_3 verfälscht, sind s_1 und s_3 ungerade.
Wird x_4 verfälscht, sind s_2 und s_3 ungerade.
Wird y_1 verfälscht, ist nur s_1 ungerade.
Wird y_2 verfälscht, ist nur s_2 ungerade.
Wird y_3 verfälscht, ist nur s_3 ungerade.
Wird nichts verfälscht, sind s_1, s_2, s_3 sämtlich gerade.

Beispiel: Wenn beim Empfänger die Bitfolge 0100100 eintrifft, berechnet er $s_1 = 2, s_2 = 1, s_3 = 1$. s_2 und s_3 sind ungerade, also ist x_4 verfälscht. Die richtige Bitfolge lautet 0101100 und bedeutet die Dezimalziffer 5.

Fehlerkorrigierende Codes, die die Korrektur möglichst vieler Bitfehler erlauben, sind für lange, unsichere Übertragungskanäle (Weltraum) und für stark gestörte Übertragungskanäle (CD mit Staubpartikeln) von großer Bedeutung. Die Auffindung und Untersuchung fehlererkennender und fehlerkorrigierender Codes ist Gegenstand der *Codierungstheorie*.

Ein ganz anderes Problem behandelt die *Kryptologie*. Hier geht es darum, die übertragenen Daten durch Verschlüsselung gegen Versuche Unbefugter, sie zu lesen oder zu verfälschen, zu schützen. Das kann durch Geheimhaltung oder häufigen Wechsel des Codes geschehen. Dieses Gebiet, das bisher hauptsächlich eine Angelegenheit der Mathematik und des Militärs war, hat durch die Notwendigkeit, beim elektronischen Handel und Bankwesen vertrauliche Daten abhörsicher in Rechnernetzen zu übertragen, große technische Bedeutung bekommen. Man unterscheidet zwei Teile der Kryptologie: Die *Kryptografie*, die die Verfahren der Geheimhaltung betrifft, und die *Kryptoanalyse*, die die Technik des Brechens von Verschlüsselungen behandelt.

3 (Seite 27) Die Begriffe *analog* und *digital* werden uneinheitlich benutzt. Oft wird *analog* einfach als synonym mit *stetig* und *digital* als synonym mit *diskret* angesehen. In diesem Sinn spricht man dann auch von analogen (= stetigen) und digitalen (= diskreten) *Größen* oder *Signalen*. Solche Begriffsverdopplung ist jedoch im Sinne der Klarheit abzulehnen. Hier sei noch einmal die Position dieses Buches angegeben: Die Begriffe analog und digital sollten nur auf die *Darstellung* der Werte von Größen, nicht auf die Größen selbst angewandt werden. Ihre Bedeutung:

analog   – die Darstellung ist ein direktes *Abbild* der darzustellenden Größe;
digital   – die Darstellung ist eine *symbolische Beschreibung* der darzustellenden Größe.

4 (Seite 29) Die korrekte Bezeichnung dieses Codes lautet eigentlich „ISO-646-Code", aber er ist allgemein unter dem älteren Namen „ASCII" bekannt. Bild 2 zeigt den vollständigen ASCII. An ihm lassen sich folgende interessante Eigenschaften ablesen:

- Die druckbaren Zeichen fangen erst bei dem Codewort 32 (*SP* = space = Zwischenraum) an. Davor stehen nichtdruckbare Steuerzeichen, von denen *LF* = line feed (Zeilenvorschub) und *CR* = carriage return (Wagenrücklauf) in Texten vorkommen und mit Tastaturen eingegeben werden können. Die übrigen dienen größtenteils zur Nachrichtenübertragung. Hier die Bedeutung einiger Abkürzungen: *EOT* = end of transmission (Übertragungsende), *ENQ* = enquiry (Anfrage), *ACK* = acknowledge (Bestätigung).

- Die Groß- und Kleinbuchstaben bilden keinen zusammenhängenden Abschnitt. Die Codewörter eines Groß- und eines Kleinbuchstabens unterscheiden sich aber nur im dritten Bit von links.
- In verschiedenen Ländern werden z.T. Varianten des ASCII verwendet, um landesspezifische Zeichen unterzubringen. So bedeutet das Codewort 91 im amerikanischen Original „[", in der deutschen Variante dagegen „Ä".

Nr.	binär	Zeichen	Nr.	binär	Zeichen	Nr.	binär	Zeichen
0	00000000	NUL	48	00110000	0	96	01100000	`
1	00000001	TC1(SOH)	49	00110001	1	97	01100001	a
2	00000010	TC2(STX)	50	00110010	2	98	01100010	b
3	00000011	TC3(ETX)	51	00110011	3	99	01100011	c
4	00000100	TC4(EOT)	52	00110100	4	100	01100100	d
5	00000101	TC5(ENQ)	53	00110101	5	101	01100101	e
6	00000110	TC6(ACK)	54	00110110	6	102	01100110	f
7	00000111	BEL	55	00110111	7	103	01100111	g
8	00001000	FE0(BS)	56	00111000	8	104	01101000	h
9	00001001	FE1(HT)	57	00111001	9	105	01101001	i
10	00001010	FE2(LF)	58	00111010	:	106	01101010	j
11	00001011	FE3(VT)	59	00111011	;	107	01101011	k
12	00001100	FE4(FF)	60	00111100	<	108	01101100	l
13	00001101	FE5(CR)	61	00111101	=	109	01101101	m
14	00001110	SO	62	00111110	>	110	01101110	n
15	00001111	SI	63	00111111	?	111	01101111	o
16	00010000	TC7(DLE)	64	01000000	@, §	112	01110000	p
17	00010001	DC1	65	01000001	A	113	01110001	q
18	00010010	DC2	66	01000010	B	114	01110010	r
19	00010011	DC3	67	01000011	C	115	01110011	s
20	00010100	DC4	68	01000100	D	116	01110100	t
21	00010101	TC8(NAK)	69	01000101	E	117	01110101	u
22	00010110	TC9(SYN)	70	01000110	F	118	01110110	v
23	00010111	TC10(ETB)	71	01000111	G	119	01110111	w
24	00011000	CAN	72	01001000	H	120	01111000	x
25	00011001	EM	73	01001001	I	121	01111001	y
26	00011010	SUB	74	01001010	J	122	01111010	z
27	00011011	ESC	75	01001011	K	123	01111011	{, ä
28	00011100	IS4(FS)	76	01001100	L	124	01111100	l, ö
29	00011101	IS3(GS)	77	01001101	M	125	01111101	}, ü
30	00011110	IS2(RS)	78	01001110	N	126	01111110	~, ß
31	00011111	IS1(US)	79	01001111	O	127	01111111	DEL
32	00100000	SP	80	01010000	P			
33	00100001	!	81	01010001	Q			
34	00100010	"	82	01010010	R			
35	00100011	#	83	01010011	S			
36	00100100	$	84	01010100	T			
37	00100101	%	85	01010101	U			
38	00100110	&	86	01010110	V			
39	00100111	´	87	01010111	W			
40	00101000	(	88	01011000	X			
41	00101001	)	89	01011001	Y			
42	00101010	*	90	01011010	Z			
43	00101011	+	91	01011011	[, Ä			
44	00101100	,	92	01011100	\, Ö			
45	00101101	-	93	01011101	], Ü			
46	00101110	.	94	01011110	^			
47	00101111	/	95	01011111	_			

Bild 2   American Standard Code for Information Interchange (ASCII)

- Das erste Bit von links ist immer 0, d. h. der ASCII ist eigentlich ein 7-Bit-Code und umfaßt nur 128 Bitkombinationen. Das erste Bit von links kann entweder zu Prüfzwecken oder zur Erweiterung um andere Zeichen verwendet werden.

5 (Seite 30) Bild 3 zeigt eine Tabelle der positiven und negativen Zweierpotenzen.

2^n	n	2^{-n}
1	0	1
2	1	0.5
4	2	0.25
8	3	0.125
16	4	0.062 5
32	5	0.031 25
64	6	0.015 625
128	7	0.007 812 5
256	8	0.003 906 25
512	9	0.001 953 125
1 024	10	0.000 976 562 5
2 048	11	0.000 488 281 25
4 096	12	0.000 244 140 625
8 192	13	0.000 122 070 312 5
16 384	14	0.000 061 035 156 25
32 768	15	0.000 030 517 578 125
65 536	16	0.000 015 258 789 062 5

Bild 3   Tabelle der positiven und negativen Zweierpotenzen

6 (Seite 33) Da Dualzahlen wegen ihrer Länge und Einförmigkeit schwer zu lesen sind, verwendet man an ihrer Stelle oft *Oktalzahlen* oder *Sedezimalzahlen* (meist *Hexadezimalzahlen* genannt). Das Oktalsystem ist das Zahlensystem mit der Basis 8. Es hat die Ziffern 0, 1, 2, 3, 4, 5, 6, 7. Das Sedezimalsystem ist das Zahlensystem mit der Basis 16. Es hat die Ziffern 0, 1, 2, 3, 4, 5, 6, 7, 8, 9, A, B, C, D, E, F. Bild 4 zeigt die ihnen entsprechenden Dualzahlen.

dezimal	dual	Oktalziffer	Sedezimalziffer
0	0000	0	0
1	0001	1	1
2	0010	2	2
3	0011	3	3
4	0100	4	4
5	0101	5	5
6	0110	6	6
7	0111	7	7
8	1000		8
9	1001		9
10	1010		A
11	1011		B
12	1100		C
13	1101		D
14	1110		E
15	1111		F

Bild 4   Oktale und sedezimale Ziffern

Wenn man eine Dualzahl x von rechts anfangend in Dreiergruppen einteilt und die Dreiergruppen durch die ihnen entsprechenden Oktalziffern ersetzt, bekommt man die Darstellung von x im Oktalsystem; wenn man sie in Vierergruppen einteilt und die Vierergruppen durch die ihnen entsprechenden Sedezimalziffern ersetzt, bekommt man x im Sedezimalsystem. Beispiel: Konvertierung von $1000_{10} = 111101000_2$ ins

Oktalsystem $1\ 111\ 101\ 000_2$
                      $1\quad 7\quad 5\quad\ 0\ _8 = 1{\cdot}8^3 + 7{\cdot}8^2 + 5{\cdot}8^1 + 0{\cdot}8^0 = 1000_{10}$

Sedezimalsystem $11\ 1110\ 1000_2$
                      $3\quad E\quad\ 8\ _{16} = 3{\cdot}16^2 + 14{\cdot}16^1 + 8{\cdot}16^0 = 1000_{10}$

Es ist also $1000_{10} = 1750_8 = 3E8_{16} = 111101000_2$

7 (Seite 33) Seit einiger Zeit wird überwiegend eine Gleitpunktdarstellung benutzt (der sog. IEEE-Standard), die etwas komplizierter ist, dafür aber den darstellbaren Zahlenbereich aufs beste ausnutzt. Bild 5 zeigt sie ohne weiteren Kommentar.

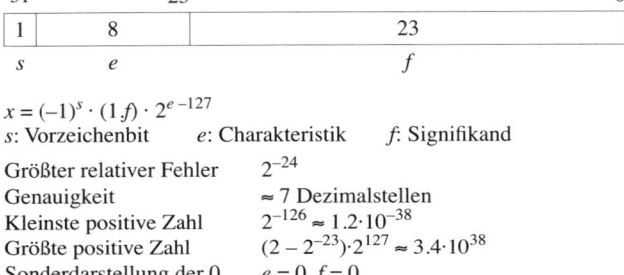

$x = (-1)^s \cdot (1.f) \cdot 2^{e-127}$
s: Vorzeichenbit e: Charakteristik f: Signifikand

Größter relativer Fehler 2^{-24}
Genauigkeit ≈ 7 Dezimalstellen
Kleinste positive Zahl $2^{-126} \approx 1.2{\cdot}10^{-38}$
Größte positive Zahl $(2 - 2^{-23}){\cdot}2^{127} \approx 3.4{\cdot}10^{38}$
Sonderdarstellung der 0 $e = 0, f = 0$

Bild 5   Gleitpunktdarstellung der Zahl x im IEEE-Standard (nach [Hütte])

Bild 5 enthält auch die kleinste und größte auf diese Weise darstellbare Zahl, und man erkennt, daß nun der Zahlenbereich für alle praktischen Fälle ausreicht.

Kapitel 3

1 (Seite 46) Bei der 1. Auflage 1991 stand hier noch 40 Nanosekunden als übliche Taktzeit. Die Arbeitsgeschwindigkeit hat sich also in weniger als zehn Jahren etwa verzehnfacht!

2 (Seite 48) Zur Veranschaulichung hier die Daten eines typischen Mikroprozessors (Pentium Pro):5.5 Millionen Transistoren, 200 Millionen Operationen pro Sekunde. Wenn man den Chip auf die Größe eines Fußballfeldes vergrößerte, hätte ein Pflanzenpollen etwa die Größe eines Fußballs und zwei nebeneinander liegende Leiterbahnen einen Abstand von nur 4 mm!

3 (Seite 49) Die hier benutzten Symbole entsprechen der älteren Norm DIN 40 700. Die Symbole der neuen Norm DIN 40 900 zeigt Bild 6.

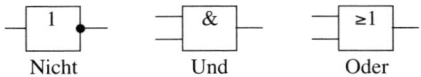

Bild 6   Symbole der wichtigsten Gatter entsprechend DIN 40 900

4 (Seite 51) Aus diesem Grund sind auch noch andere Symbole für die booleschen Operatoren üblich. Damit der Leser, wenn er irgendwo booleschen Gleichungen begegnet, ihre Bedeutung versteht, sind in Bild 7 die wichtigsten Symbolsysteme zusammengestellt:

System	Negation	Konjunktion	Disjunktion	Beispiel
1	Überstreichung	$\cdot$	+	$z = a \cdot b + c \cdot \overline{d}$
2	$\neg$	$\wedge$	$\vee$	$z = a \wedge b \vee c \wedge \neg d$
3	$\neg$	&	$\vee$	$z = a \,\&\, b \vee c \,\&\, \neg d$
4	$\neg$	&	|	$z = a \,\&\, b \mid c \,\&\, \neg d$
5	not	and	or	$x = a$ and b or c and not d

Bild 7   Symbolsysteme für boolesche Operatoren

Bei dem Beispiel in Bild 7 ist die Regel benutzt, daß die Konjunktion stärker bindet als die Disjunktion. Dadurch entfallen Klammern. System 1 wird besonders zum Schaltungsentwurf, System 2 und 3 in der mathematischen Logik, System 4 und 5 in Programmiersprachen benutzt.

5 (Seite 51) Nicht alle der drei Verknüpfungen Negation, Konjunktion und Disjunktion werden gebraucht. Man kann nämlich die Konjunktion durch Negation und Disjunktion und die Disjunktion durch Negation und Konjunktion ausdrücken:

$$a \cdot b = \overline{\overline{a} + \overline{b}} \qquad\qquad\qquad a + b = \overline{\overline{a}\ \overline{b}}$$

Die Negation ist deshalb als einzige unentbehrlich. Es ist aber möglich, alle drei Verknüpfungen durch eine einzige vierte Verknüpfung auszudrücken. Für diese vierte Verknüpfung gibt es zwei Möglichkeiten:

Die *Sheffer-Funktion nand* (= not and) $\overline{a \cdot b}$

Die *Peirce-Funktion nor* (= not or) $\overline{a + b}$

Mit ihnen lassen sich Negation, Konjunktion und Disjunktion so ausdrücken:

$\overline{a}$ $= a$ nand a $= a$ nor a

$a \cdot b = (a$ nand $b)$ nand $(a$ nand $b) = (a$ nor $a)$ nor $(b$ nor $b)$

$a + b = (a$ nand $a)$ nand $(b$ nand $b) = (a$ nor $b)$ nor $(a$ nor $b)$

Die Zurückführung aller Verknüpfungen auf eine einzige ist technisch bedeutsam. Nand-Gatter und Nor-Gatter lassen sich nämlich durch integrierte Schaltkreise leicht verwirklichen, und sie allein reichen aus, um alle logischen Verknüpfungen auszuführen.

6 (Seite 60) Die Namen „Befehlszählregister", „Befehlszähler" und die englische Bezeichnung „program counter" sind schlecht gewählt, denn das Befehlszählregister zählt ja keine Befehle, sondern zeigt auf den nächsten auszuführenden Befehl. Besser wäre „Befehlszeiger", worauf die Abkürzung *BZ* ebenfalls paßt.

7 (Seite 63) Die Erhöhung auf die 80-fache Kapazität bei gleichen Maßen wurde bei der SuperDisk nach Firmenangaben in der Hauptsache durch zwei Maßnahmen erreicht:

- Die SuperDisk ist bereits vom Hersteller in Sektoren und Spuren fest formatiert und enthält Hilfsspuren zur hochgenauen Positionierung des Schreib-Lese-Kopfes mit einem Laser.
- Die verfeinerte Positionierung ermöglicht 2490 Spuren pro Zoll gegenüber 135 bei der herkömmlichen Diskette.

Weitere Kenndaten enthält Bild 8. Nach Herstellerangaben enthält die SuperDisk noch Potential für weitere Kapazitätserhöhungen; geplant sind 480 MByte.

Eigenschaft	SuperDisk	Standard-Diskette
Formatierte Kapazität	120 MByte	1.44 MByte
Mittlere Suchzeit	70 ms	84 ms
Spuren pro Zoll	2490	135
Numerierte Spuren	$1736 \cdot 2$	$80 \cdot 2$
Umdrehungsgeschwindigkeit	720 U/min	300 U/min

Bild 8   SuperDisk und Standard-Diskette

8   (Seite 64) Hier sind einige Angaben über Compact Disks. Im Gegensatz zu Magnetplattenspeichern sind bei ihnen die Daten in einer einzigen, von innen nach außen verlaufenden spiralförmigen Spur der Breite 0.6 μm gespeichert. Bei der Audio-CD (aus der die CDs zur Speicherung digitaler Daten entstanden ist) finden $44\,100$ Abtastungen pro Sekunde statt. Der Schalldruck wird durch 16 Bits = 2 Bytes dargestellt, das bedeutet eine Einteilung in $2^{16} = 65\,536$ Stufen. Die beiden Stereokanäle werden in Serie übertragen, d.h. hintereinander in einer Spur abgelegt. In jeder Sekunde werden hiernach $44.1 \cdot 2 \cdot 2 = 176.4$ KBytes übertragen. Zur Ausschaltung von lokalen Fehlern durch Staubteilchen und dergleichen stehen die Daten nicht in der Reihenfolge auf der CD wie sie aufgenommen und wieder abgespielt werden, sondern nach einem vorgegebenen Schema durcheinandergebracht und dabei auf einen größeren räumlichen Bereich verteilt.

Audio- und Daten-CDs sind in Sektoren der Länge 2352 Bytes eingeteilt, und eine CD enthält $333\,000$ Sektoren. Die Audio-CD benutzt alle 2352 Bytes eines Sektors für Audio-Daten, Daten-CDs benutzen nur einen Teil davon für Daten (meist 2048 Bytes) und den Rest zur Fehlerkorrektur. Daraus ergibt sich ein Kapazitätsunterschied:

$333\,000$ Sektoren $\cdot 2352$ Byte = 783.216 MByte Kapazität von Audio-CDs
$333\,000$ Sektoren $\cdot 2048$ Byte = 681.984 MByte Kapazität von Daten-CDs

Die maximale Laufzeit von Audio-CDs beträgt 783.216 MByte $/ 0.1764$ MByte/s = 4440 s = 74 min. CD-Leser und CD-Schreiber für Daten-CDs arbeiten mit bis zu achtfacher Geschwindigkeit. Sie müssen in diesem Fall 0.1764 MByte $\cdot 8 = 1.4112$ MByte pro Sekunde schreiben oder lesen.

9   (Seite 65) Die erstaunliche Kapazitätserhöhung von 0.65 GByte bei der Daten-CD auf bis zu 17 GByte bei der DVD hat man durch die Kombination von drei Einzelverbesserungen erreicht:

1 Die Windungen der Spur wurden dichter zusammengelegt und die Grübchen (Pits), die die Information enthalten, bekamen eine kleinere Mindestlänge.

2 Jede Seite kann zwei Informationsschichten übereinander enthalten, von denen die obere für die abtastende Optik halbdurchlässig ist. Zum Lesen einer Schicht wird die Laseroptik durch Änderung der Brennweite auf die eine oder die andere Informationsschicht fokussiert.

3 Es werden im Gegensatz zur CD, die nur *eine* beschriebene Seite hat, zwei Scheiben von je 0.6 mm Dicke Rücken an Rücken zusammengeklebt, und beide können zur Datenspeicherung benutzt werden. Das verdoppelt die Kapazität, erfordert allerdings ein Umdrehen der DVD von Hand.

Dadurch gibt es die DVD in vier Varianten unterschiedlicher Kapazität:

- Eine Seite, eine Schicht: 4.7 GByte
- Eine Seite, zwei Schichten: 8.5 GByte
- Zwei Seiten, eine Schicht: 9.4 GByte
- Zwei Seiten, zwei Schichten: 17.0 GByte

Wie bei der CD unterscheidet man bei der DVD drei Arten: DVD-ROM (nur lesen), DVD-R (einmal beschreiben), DVD-RAM (mehrmals beschreiben). Einige Mikrocomputer werden vom Hersteller schon mit serienmäßig eingebautem DVD-ROM-Laufwerk geliefert. Bei DVD-Rs und DVD-RAMs ist die technische Entwicklung und Standardisierung noch nicht abgeschlossen. Zur Zeit werden DVDs noch überwiegend zur Speicherung von Videofilmen benutzt, nicht für Musik und nicht zur Verteilung von Software.

10 (Seite 67) Eine Programmunterbrechung kann nicht nur durch die Peripherie ausgelöst werden, sondern auch durch die Zentraleinheit selbst, nämlich dann, wenn ein Fehler im Programmablauf auftritt wie zum Beispiel bei einer Division durch Null. Man unterscheidet deshalb zwei Unterbrechungsarten: die *intern* und die *extern* verursachte Unterbrechung. Ihr wesentlicher Unterschied besteht darin, daß intern verursachte Unterbrechungen *synchron* zum Prozessorzyklus auftreten; sie ändern damit nichts an der autonomen Arbeitsweise des Prozessors. Extern verursachte Unterbrechungs*wünsche* können dagegen jederzeit, also *asynchron* zum Prozessorzyklus auftreten. Intern verursachte Unterbrechungen nennt man auch *Traps* (trap = *Falle*), Unterbrechungen allgemein werden auch im Deutschen meist mit ihrem englischen Namen *Interrupt* bezeichnet. Wenn man von Interrupts spricht, meint man jedoch meist die extern verursachte Unterbrechung.

Wer genauer über diese Erläuterungen nachdenkt, wird bemerken, daß autonomes Arbeiten und Unterbrechbarkeit von außen Widersprüche zu sein scheinen. Die Frage ist deshalb, wie man es anstellt, die autonom arbeitende Zentraleinheit von außen zu einem beliebigen Zeitpunkt zu unterbrechen. Dazu gibt es zwei wesentlich verschiedene Verfahren:

1 Am Ende eines jeden Befehlszyklus prüft der Prozessor, ob ein externer Unterbrechungswunsch vorliegt, und bedient ihn gegebenenfalls. Das geschieht durch die Hardware und ist die feinkörnigste Art der Unterbrechungsbehandlung.

2 Der Programmierer prüft an bestimmten Stellen seines Programms durch besondere Befehle, ob ein externer Unterbrechungswunsch vorliegt und bedient ihn gegebenenfalls. Das nennt man *Polling* (to poll = *befragen*, *abstimmen*).

Das zweite Verfahren erfordert keine Hardwareunterstützung, bürdet dem Programmierer aber Arbeit auf, und die Abstände, in denen das Programm nachsieht, ob ein Unterbrechungswunsch vorliegt, sind sehr viel größer als beim ersten. In beiden Fällen bewahrt das Programm seine Autonomie trotz Unterbrechbarkeit! Es ist das gleiche wie bei einem Arzt, an dessen Sprechzimmer ab und zu die Schrift „Der Nächste bitte" aufleuchtet. Der Arzt arbeitet autonom, ohne von den im Wartezimmer sitzenden Patienten in seiner Tätigkeit unterbrochen zu werden. Er bestimmt selbst, wann der nächste Patient an die Reihe kommt.

Moderne Mikroprozessoren haben eine komplizierte Hardware-Unterstützung für die Behandlung von Programmunterbrechungen verschiedener Dringlichkeit. Detaillierte Beschreibungen findet man den Büchern [Liebig] und [Flik].

Kapitel 4

1 (Seite 73) Eine genauere Betrachtung der Vorgänge bei der virtuellen Adressierung ergibt folgendes: Die virtuelle Adresse v in einem Befehl setzt sich aus zwei Teilen zusammen: der Seitennummer s und der Adresse b innerhalb der Seite. Bei der Befehlsausführung muß die Hardware die virtuelle Adresse v auf eine reale Adresse r innerhalb des realen Speichers abbilden. Dazu gibt es eine Seitenzuordnungstabelle im Arbeitsspeicher, die zu jeder Seite s, die sich zur Zeit im Arbeitsspeicher befindet, ihre Startadresse r_s enthält. Sie kann in einem bestimmten Augenblick so aussehen:

s	17	121	4	...
r_s	1048	8192	1024	...

Mit Hilfe dieser Tabelle erhält man aus dem Paar s und b der virtuellen Adresse die reale Adresse r als $r_s + b$. Die Vorgänge lassen sich genauer in der in Kapitel 5 beschriebenen Algorithmenbeschreibungssprache *Adele* auf folgende Weise ausdrücken:

```
Berechne die reale Adresse r aus der Seitennummer s und der Byteadresse b:
begin
    if Seite s steht nicht im Arbeitsspeicher then
        if Im Arbeitsspeicher ist eine Seite frei then Nenne sie u
        else
            Bestimme eine Seite, die ersetzt werden soll, und nenne sie u;
            if Der Inhalt von Seite u wurde seit ihrer Einlagerung geändert then
                Lagere Seite u aus;
```

```
        end;
        Streiche das Paar (u,r_u) in der Seitenzuordnungstabelle
    end;
    -- Jetzt ist der Platz von Seite u im Arbeitsspeicher frei
    Lade Seite s vom Externspeicher auf dem Platz von Seite u im Arbeitsspeicher;
    Füge das Paar (u,r_u) an die Seitenzuordnungstabelle an
end;
-- Jetzt steht die Seite s im Arbeitsspeicher
Berechne die gesuchte Adresse zu r := r_s+b
Ende des Algorithmus
```

Man erkennt hieran, daß die Vorgänge bei der Adreßberechnung kompliziert sind (dabei ist alles noch stark vereinfacht dargestellt!).

2   (Seite 78) Die Bestrebungen, immer mehr Parallelität innerhalb eines Prozessorchips zu ermöglichen, lassen sich durch folgende Stichworte umreißen:

- *Koprozessoren.* Dem RISC, der nur einen beschränkten Befehlssatz hat, werden Spezialprozessoren zur Seite gestellt, die bestimmte Aufgaben (z. B. Gleitpunktoperationen) selbständig ausführen.

- *Superpipelining.* Das Fließband wird feinstufiger gemacht, so daß nicht mehr nur in jedem Takt, sondern schon in jedem Halbtakt oder in noch kleineren Abständen die Bearbeitung eines neuen Befehls anfangen kann. Wenn in jedem Takt zwei Befehle angefangen (und deshalb zwei beendet) werden, durchlaufen das Fließband doppelt so viele Befehle in der Zeiteinheit als wenn in jedem Takt nur ein neuer Befehl angefangen wird.

- *Superskalare Prozessoren.* Das sind Mikroprozessoren mit mehreren (oft spezialisierten) Operationswerken, die parallel arbeiten. Wenn aufeinander folgende Befehle unabhängig voneinander sind, können sie auf verschiedene Operationswerke aufgeteilt und dadurch zugleich ausgeführt werden. Das Steuerwerk ist nur einmal vorhanden; es muß dafür sorgen, daß die zugleich ausgeführten Befehle tatsächlich unabhängig voneinander sind. Durch superskalare Prozessoren lassen sich zeitweilig Durchsätze von mehr als einem Befehl pro Takt erzielen. 5 bis 10 Operationswerke sind üblich.

- *VLIW-Prozessoren.* Die Prüfung auf Unabhängigkeit aufeinander folgender Befehle in superskalaren Prozessoren durch das Steuerwerk ist aufwendig und unvollkommen. Man hat deshalb versucht, die Befehle, die parallel ausgeführt werden können, in einem Maschinenwort zusammenzufassen, das dann etwa vier oder noch mehr Befehle enthält und damit, wenn ein Befehl 4 Byte lang ist, 16 oder mehr Byte lang ist (*VLIW = very long instruction word*). Die Parallelisierung wird hier schon vom Compiler vorgenommen und kann sich über einen viel größeren Programmbereich, theoretisch über das ganze Programm, erstrecken. Die damit verbundenen Schwierigkeiten sind jedoch so groß, daß sich VLIW-Prozessoren noch nicht durchsetzen konnten.

3   (Seite 80) Amdahls Gesetz läßt sich auch leicht durch eine Formel ausdrücken. Es sei T_1 der Zeitverbrauch für die Lösung eines Problems mit einem Prozessor und T_n der Zeitverbrauch für die Lösung desselben Problems mit n Prozessoren. Günstigstenfalls, bei voller Parallelisierbarkeit und gleicher Auslastung aller Prozessoren ist dann $T_n = T_1/n$. Es sei ferner $s = T_1/T_n$ der *Gewinn* oder *Beschleunigungsfaktor*, das heißt, das parallelisierte Programm läuft s mal so schnell ab wie das sequentielle. Günstigstenfalls ist $s = n$. In Wirklichkeit sind jedoch nicht alle Teile eines Problems parallelisierbar. Man teilt nun die Schritte des Problems in parallelisierbare und nichtparallelisierbare auf und nennt den nichtparallelisierbaren Anteil f. Dann ergibt sich der parallelisierbare Anteil zu $1-f$. Die Gesamtzeit T_n setzt sich aus der Zeit für den nichtparallelisierbaren Anteil $f \cdot T_1$ und der Zeit für den parallelisierbaren Anteil $(1-f) \cdot T_1/n$ additiv zusammen. s läßt sich dann als Funktion von f und n so ausdrücken:

$$s(f,n) = \frac{T_1}{T_n} = \frac{T_1}{\left(f + \dfrac{1-f}{n}\right) \cdot T_1} = \frac{1}{f + \dfrac{1-f}{n}} = \frac{n}{1 + (n-1) \cdot f}$$

Falls f von nennenswerter Größe ist, kann man im Nenner die 1 gegenüber dem Summanden $(n-1) \cdot f$ vernachlässigen. Das Ergebnis ist dann $s \approx 1/f$. Die Anzahl der Prozessoren ist herausgefallen. Dadurch ergibt sich für einige f die Tabelle:

f	0.1	0.2	0.5
s	< 10	< 5	< 2

Der Beschleunigungsfaktor ist also für nennenswerte f von der Anzahl der Prozessoren unabhängig.

4 (Seite 82) Der Leser mag sich fragen, wie der Würfel für $n \neq 8$ aussieht. Er ist genau genommen ein *k-dimensionaler Würfel*, und man nennt ihn deshalb auch so (englisch *hypercube* oder *k-cube*). Seine Struktur ergibt sich auf folgende Weise. Ein nulldimensionaler Würfel ist ein einzelner Knoten. „Zieht" man den Knoten in irgendeiner Richtung (der ersten Dimension), erhält man den eindimensionalen Würfel, eine Strecke. Zieht man die Strecke in irgendeiner Richtung (der zweiten Dimension), erhält man den zweidimensionalen Würfel, ein Quadrat. Zieht man das Quadrat in irgendeiner anderen Richtung (der dritten Dimension), erhält man den dreidimensionalen Würfel. Zieht man ihn in irgendeiner weiteren Richtung, erhält man den vierdimensionalen Würfel usw. Bild 9 zeigt den null- bis vierdimensionalen Würfel. Man beachte eine interessante Eigenschaft der Numerierung der Knoten durch Dualzahlen. Die Nummern zweier Knoten, die direkt verbunden sind, unterscheiden sich nur in einem Bit.

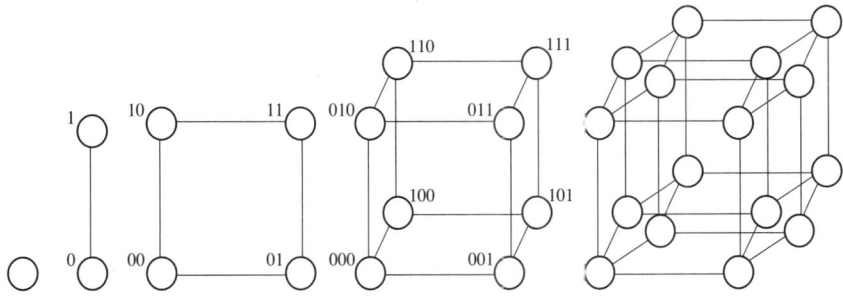

Bild 9   Null- bis vierdimensionaler Würfel

5 (Seite 83) Der Wunsch nach Parallelität hat auch zu Rechnerarchitekturen geführt, die noch weiter von dem v. Neumann-Rechner abweichen als die bisher besprochenen und die deshalb *innovative Rechnerarchitekturen* genannt wurden. Die Abweichung drückt sich zum Beispiel darin aus, daß bei ihnen die elementaren Daten nicht mehr nur Maschinenwörter oder Bytes sein können, sondern auch höhere Datenstrukturen, wie Felder, Verbunde, Bäume (die in Kapitel 5 behandelt werden). Andere Varianten geben sogar die Steuerung der Abläufe durch die im Programm festgelegte Reihenfolge der Befehle auf und damit das eiserne Prinzip „Befehl holen – Befehl ausführen". Bei ihnen wird der Programmablauf vom Datenfluß gesteuert. Man kann zum Beispiel eine Zuweisung $z := f(x,y)$ so *früh* wie möglich ausführen, das heißt sobald die Operanden x und y vorliegen (*Datenflußarchitektur*), man kann sie aber auch so *spät* wie möglich ausführen, nämlich erst dann, wenn der Wert von z von einer anderen Operation benötigt wird (*Reduktionsarchitektur*). Keine davon konnte sich bisher durchsetzen, und es hat den Anschein, daß es allesamt Sackgassen sind.

6 (Seite 87) Die Paketvermittlung bringt noch das Problem der *Fehlersicherung* mit sich. Was soll passieren, wenn die Nachricht den Empfänger nicht erreicht? Sei es, weil sie falsch adressiert ist, sei es auch, weil ein Paket Übertragungsfehler enthält oder sogar auf dem Weg verlorengegangen ist. Soll die Nachricht dann einfach nicht zugestellt werden, oder soll der Absender von der Nichtzustellbarkeit benachrichtigt werden, oder soll gar – bei Übertragungsfehlern – die Nachricht automatisch noch einmal geschickt werden? Das sind Einzelheiten, in die wir uns hier nicht weiter vertiefen, auf die wir nur hinweisen wollen. Sie zeigen, auf welche Probleme die Idee, mehrere Computer miteinander zu vernetzen, führt.

Man unterscheidet weiter die *verbindungslose* und die *verbindungsorientierte* Kommunikation.

Verbindungslos: Hier schickt der Sender eine Nachricht an den Empfänger, ohne ihn vorher davon zu verständigen, das heißt, ohne daß zuvor eine Verbindung zwischen Sender und Empfänger aufgebaut wird. Das ist einfach und schnell.

Verbindungsorientiert: Hier besteht die Kommunikation aus drei Phasen: Verbindungsaufbau, Nachrichtenaustausch, Verbindungsabbau.

Zuerst schickt der Sender eine Nachricht an den Empfänger, daß er eine Verbindung aufbauen möchte. Der Empfänger kann sich darauf einstellen, zum Beispiel durch die Reservierung von Speicherplatz für die kommenden Nachrichten. Bei Leitungsvermittlung wird dadurch eine Leitung zwischen Sender und Empfänger reserviert (und für andere Teilnehmer unbenutzbar); bei Paketvermittlung können sich die zwischen Sender und Empfänger liegenden Netzknoten die Verbindung merken, so daß hier sozusagen eine virtuelle Leitung gelegt wird. Sodann können Nachrichten in beiden Richtungen geschickt werden, und nach der letzten wird die Verbindung wieder abgebaut.

7 (Seite 88) Ein Modell aus sieben Schichten, das *OSI-Referenzmodell* (*OSI = Open Systems Interconnection*) ist von dem internationalen Normungsgremium ISO genormt. Nicht alle Netze verwenden diese sieben Schichten, die meisten kommen mit weniger aus, manche halten sich auch gar nicht an das OSI-Referenzmodell. Aber je umfangreicher ein Netz ist, und je allgemeiner seine Dienste zugänglich sein sollen, um so mehr lohnt es sich, die durch das OSI-Referenzmodell festgelegte Struktur zu beachten.

Bild 10 zeigt die Struktur des OSI-Referenzmodells mit den 7 Schichten und ihren deutschen und englischen Namen.

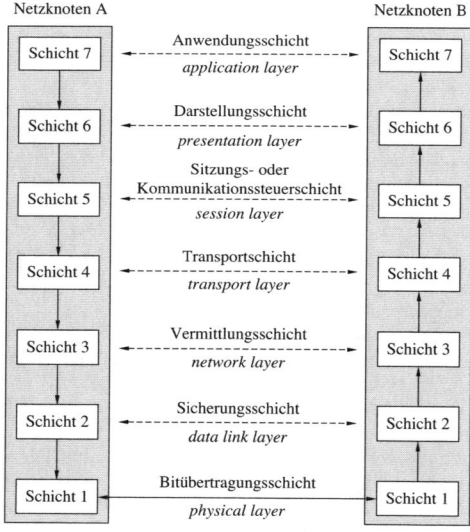

Bild 10   OSI-Referenzmodell

In der *Anwendungsschicht* „sehen" sich Sender und Empfänger in irgendeiner Softwareabstraktion, zum Beispiel als virtuelle Geräte oder als E-Mail-Partner oder als zwei miteinander kommunizierende Programme. Unter Umständen braucht der Programmierer auf der Senderseite gar nicht zwischen einem lokalen und einem nichtlokalen Empfänger zu unterscheiden.

In der *Darstellungsschicht* werden auf der Senderseite die gesendeten Daten in eine neutrale Darstellung transformiert; auf der Empfängerseite werden die transformierten Daten in die im Empfänger übliche Darstellung transformiert. Dadurch lassen sich Dateien beliebiger Struktur im Netz übertragen, sofern die entsprechenden Protokolle dafür vorhanden sind.

In der *Sitzungsschicht* wird die Kommunikation von Sender und Empfänger hinsichtlich Eröffnung, Nachrichtenaustausch und Abschluß behandelt.

Die *Transportschicht* paßt die Vorstellungen der über ihr liegenden Sitzungsschicht vom Netz an die Gegebenheiten des realen Netzes, die der Sicht der Vermittlungsschicht entsprechen, an. Die Sitzungsschicht kann z.B. eine verbindungsorientierte Datenübertragung annehmen, während das tatsächliche Netz eine verbindungslose Datenübertragung verwirklicht. Wenn das Netz die Annahmen der Sitzungsschicht nicht erfüllen kann, kommt die Verbindung nicht zustande.

Die *Vermittlungsschicht* verbirgt der Transportschicht die technischen Eigenschaften des Netzes, zum Beispiel, ob es ein leitungs- oder paketvermitteltes, ein lokales oder ein Weitverkehrsnetz ist. Sie führt auch die Wegwahl durch.

Die *Sicherungsschicht* fügt auf der Senderseite der Nachricht Information zur Codesicherung hinzu. Auf der Empfängerseite prüft sie die Nachricht auf Fehler, korrigiert Fehler oder meldet gegebenenfalls Fehler an den Sender zurück.

Die *Bitübertragungsschicht* schließlich führt die Übertragung der Nachricht über das physische Medium des Netzes durch.

Kapitel 5

1 (Seite 97) Ablaufdiagramme sind in DIN 66001 genormt. Die normgemäßen Ablaufdiagramme sehen jedoch erheblich anders als die hier gezeichneten aus. Alle Schritte werden bei ihnen durch Kästchen eingerahmt, die, je nachdem, ob sie eine Zuweisung, eine Abfrage oder eine Ein-Ausgabe-Operation darstellen, verschiedene Formen haben. Wir verzichten auf diese Verzierungen und notieren nur das Wesentliche.

2 (Seite 98) Algorithmenbeschreibungssprachen sind kein Gemeingut, das international definiert und von einer größeren Anzahl von Wissenschaftlern einheitlich benutzt würde. Sie sind vielmehr individuelle Notationen, die keinen festen Regeln zu gehorchen brauchen (da sie nicht von einer Maschine verarbeitet werden), sondern nur für verständige Leser eindeutig sein sollen. Eine Algorithmenbeschreibungssprache soll wie eine Programmiersprache alle Möglichkeiten zur Beschreibung von Algorithmen bieten, jedoch frei von syntaktischem Ballast sein, damit der Algorithmus klar hervortritt und der Leser nicht durch allerlei Schnörkel abgelenkt wird. Sie soll aus demselben Grund mit wenig Konstruktionen auskommen und dem Benutzer Freiheit in der Formulierung lassen. Sie soll sich an gängige Programmiersprachen anlehnen, so daß sie leicht zu verstehen ist, aber sie braucht sich nicht fest an eine Programmiersprache zu binden. Adele ist *meine* individuelle Algorithmen-Notation, die ich seit über zwanzig Jahren in Forschung und Lehre verwende. Sie enthält Elemente von Modula-2, PL/I und Ada. Eine Adele-Definition und viele in Adele formulierte Algorithmen des Compilerbaus findet man in [Rechenberg] und [Informatik-Handbuch].

3 (Seite 108) Der wirkliche Vorgang der Parameterübergabe, also das, was beim Binden tatsächlich geschieht, ist erheblich komplizierter. In vielen Programmiersprachen kann der Programmierer sogar zwischen verschiedenen Parameter-Übergabearten (und damit auch Bindungsarten) wählen.

4 (Seite 111) „Gleichwertig" hat hier die Bedeutung von „semantisch äquivalent". Zwei Algorithmen (oder Prozeduren oder Programme) heißen semantisch äquivalent, wenn sie für gleiche Eingangsgrößen gleiche Ausgangsgrößen liefern.

5 (Seite 111) Die Idee der Rekursion wird auch in humoristischen Versen ausgedrückt. Ich erinnere mich an folgenden Vers aus meiner Kinderzeit:

> Es war einmal ein Mann,
> der hatte sieben Söhne.
> Die sieben Söhne sagten:
> „Vater, erzähle uns eine Geschichte."

Da fing der Vater an:
> Es war einmal ein Mann,
> der hatte sieben Söhne.
> Die sieben Söhne sagten:
> „Vater, erzähle uns eine Geschichte."
> Da fing der Vater an:
>   …

Diese Rekursion kommt nie zurück. Im Englischen gibt es sogar Verse von Martin Gardner, die aus der Rekursion zurückkehren (zitiert nach [Bauer] Teil 2):

> One day
> a mad poet with little to say
> gave a poem away
> that started:
>> One day
>> a mad poet with little to say
>> gave a poem away
>> that started:
>>   …
>> were the words that the poet finally chose
>> to bring his mad poem
>> to some sort of close
> were the words that the poet finally chose
> to bring his mad poem
> to some sort of close.

6 (Seite 113) Die Zahlen sind abwechselnd ungerade und gerade.

Kapitel 6

1 (Seite 123) Ein dritter Grund zur Schaffung neuer Sprachen ist die Art und Weise, in der der Programmierer seine Programme entwickelt. Die älteren Sprachen gehen alle vom „Stapelbetrieb" aus, bei dem man sein Programm auf Papier schreibt, dann in Lochkarten stanzt, den Lochkartenstapel von der Maschine lesen läßt und schließlich die Ergebnisse in Form eines Papierausdrucks herausbekommt. Seitdem haben sich aber Formen der Mensch-Maschine-Kommunikation entwickelt, bei denen der Programmierer und die Maschine in viel engerem Kontakt stehen. Das machen sich die „Dialogsprachen" zunutze, die dazu verhelfen, Programme in vereinfachter Form an der Tastatur einzutippen und vielleicht sogar, sie im Dialog mit dem Computer zu entwickeln. Mit Dialogsprachen kann man ein Programm stückweise schreiben und übersetzen, und ein Programmstück schon ausführen, bevor noch das ganze Programm vollständig geschrieben ist.

2 (Seite 126) Als Beispiel für den Stil einer Sprachdefinition sei hier ein Ausschnitt aus dem Algol-60-Bericht vorgeführt, in dem die Zuweisung beschrieben wird. Er lautet folgendermaßen:

4.2 Assignment statements

4.2.1. Syntax.
⟨left part⟩ ::= ⟨variable⟩ := | ⟨procedure identifier⟩ :=
⟨left part list⟩ ::= ⟨left part⟩ | ⟨left part list⟩ ⟨left part⟩
⟨assignment statement⟩ ::= ⟨left part list⟩ ⟨arithmetic expression⟩ |
    ⟨left part list⟩ ⟨Boolean expression⟩

4.2.2. Examples. $s := p[0] := n := n + 1 + s$
$$n := n + 1$$
$$A := B/C - v - q \times S$$
$$S[v, k + 2] := 3 - arctan(s \times zeta)$$
$$V := Q > Y \wedge Z$$

4.2.3. Semantics. Assignment statements serve for assigning the value of an expression to one or several variables or procedure identifiers. Assignment to a procedure identifier may only occur within the body of a procedure defining the value of a function designator. The process will in the general case be understood to take place in three steps as follows:

4.2.3.1. Any subscript expressions occurring in the left part variables are evaluated in sequence from left to right.

4.2.3.2. The expression of the statement is evaluated.

4.2.3.3. The value of the expression is assigned to all the left part variables, with any subscript expressions having values as evaluated in step 4.2.3.1.

4.2.4. Types. The type associated with all variables and procedure identifiers of a left part list must be the same. If this type is **Boolean**, the expression must likewise be **Boolean**. If the Type is **real** or **integer**, the expression must be arithmetic. If the type of the arithmetic expression differs from that associated with the variables and procedure identifiers, appropriate transfer functions are understood to be automatically invoked. For transfer from real to integer type the transfer function is understood to yield a result equivalent to

$entier(E + 0.5)$

where E is the value of the expression. The type associated with a procedure identifier is given by the declarator which appears as the first symbol of the corresponding procedure declaration.

3 (Seite 132) Viele finden die Übersetzung nicht adäquat und sagen deshalb auch im Deutschen „Software Engineering". Am besten scheint mir die von Liebig vorgeschlagene Bezeichnung „Programmbau" zu sein; aber es ist kaum anzunehmen, daß sie sich einführen läßt.

Kapitel 7

1 (Seite 146) Wenn man Carl Zuckmayer glauben darf, kommt so etwas auch bei Behörden vor. Sein Hauptmann von Köpenick bekam keine Zuzugsgenehmigung, weil er keine Arbeitsbewilligung hatte, und er bekam keine Arbeitsbewilligung, weil er keine Zuzugsgenehmigung hatte.

2 (Seite 147) Wir sagen hier „Nachrichten" statt „Daten", weil das so üblich ist und weil wir den Singular „die Nachricht" brauchen. Diese Nachrichten sind jedoch immer Daten.

3 (Seite 156) Derartige Problembeschreibungssprachen werden oft auch als „Programmiersprachen der vierten Generation" bezeichnet. Sie erleichtern die Computeranwendung auf dem speziellen Gebiet, für das sie entwickelt wurden, und machen sie auch Personen zugänglich, die eigentlich nicht im engeren Sinn programmieren können. Das Beschreiben eines Problems kann jedoch auch in diesen Sprachen so kompliziert werden, daß man es „Programmieren" nennt, woraus sich ergibt, daß „Programmieren" ein recht dehnbarer, in verschiedenen Bedeutungen benutzter Begriff ist.

4 (Seite 157) Objektorientierte Sprachen haben ihre eigenen Bezeichnungen. Statt *Typ* sagt man *Klasse* (*class*), statt *Prozedur* sagt man *Methode* (*method*) und statt *Prozeduraufruf* sagt man *Botschaft* (*message*); kleine Bedeutungsunterschiede sind vorhanden.

5 (Seite 160) Ohne auf die Eigenschaften des funktionalen Denkmodells weiter einzugehen, soll hier eine charakteristische Eigenschaft funktionaler Programme gezeigt werden: ihre Kürze. Eine Prozedur zur Summierung der Zahlen 1 bis n mit dem Ergebnis *result* sieht in Adele so aus, wenn sie als Funktionsprozedur geschrieben und in der Form *result* := *Sum*($\downarrow n$) aufgerufen wird:

```
Sum(↓n): Integer
    i, result: Integer;
begin
    result := 0;
    for i := 1 to n do
        result := result + i
    end;
    return result
end Sum
```

Ersetzt man die Schleife durch eine rekursive Prozedur *Sum1*(↓*m* ↓*n*), die die Summe der Zahlen von *m* bis *n* als Ergebnis zurückgibt, erhält man die Fassung

```
Sum(↓n): Integer                      Sum1(↓m ↓n): Integer
    result: Integer;                      result1: Integer;
begin                                 begin
    result := Sum1(↓1, ↓n );              if m = n then result1 := n
    return result                         else result1 := Sum1(↓m ↓n−1) + n
end Sum                                   end;
                                          return result1
                                      end Sum1
```

Das scheint alles nur komplizierter gemacht zu haben. Wir nehmen nun aber folgende Sabotage an der Schreibweise der Programme vor:

1 Wir lassen die Pfeile vor den Parametern weg, denn alle Parameter sind Eingangsparameter. Wir lassen den Ergebnistyp Integer in der ersten Zeile der beiden Funktionsdefinitionen weg, denn alle Prozeduren sind Funktionsprozeduren, die einen Wert vom Typ Integer liefern.

2 Wir ersetzen die *bedingte Anweisung*

> if m = n then result1 := n else result1 := Sum1(↓m ↓n − 1) + n

durch den *bedingten Ausdruck*

> if m = n then n else Sum1(m+1, n) + m

der als Ergebnis n oder $Sum1(m, n - 1) + n$ liefert.

3 Da es nun keine lokalen Variablen mehr gibt und der Funktionsrumpf nur noch aus einer einzigen, einen Wert liefernden Anweisung und der abschließenden Return-Anweisung besteht, lassen wir das *begin* und die Return-Anweisung weg.

Als Ergebnis erhalten wir zwei Prozeduren, deren Definition nur noch aus einer einzigen Zeile besteht:

> Sum(n) = Sum1(1, n)
> Sum1(m, n) = if m = n then n else Sum1(m, n − 1) + n

Das ist das ganze Programm. Es enthält keine lokalen Variablen und keine Deklarationen mehr. Der Aufruf *Write*(*Sum*(10)) gibt die Zahl 45 auf dem Ausgabemedium aus.

6 (Seite 161) Leser, die Prolog kennen, mögen sich nicht daran stoßen, daß aus didaktischen Gründen die Prolog-Regeln für die Groß- und Kleinschreibung hier vertauscht und die Antworten „yes" und „no" durch „true" und „false" ersetzt wurden.

7 (Seite 162) Das Programm enthält einige unwichtige Vereinfachungen und Veränderungen der Notation gegenüber einem „echten" Prologprogramm.

8 (Seite 163) In der Literatur werden meist nur die hier „algorithmisch" genannten Sprachen „imperativ" genannt und die objektorientierten Sprachen als eigene Klasse geführt, so daß man eine Vierteilung in imperative, objektorientierte, funktionale und logische Sprachen erhält. Daß das nicht richtig ist, sondern daß die objektorientierten Sprachen ebenso imperativ wie die algorithmusorientierten sind, sollte dem Leser dieses Buches aber klargeworden sein.

Kapitel 8

1 (Seite 167) Es gibt mehrere Möglichkeiten, mit den Mitteln der While-Programme boolesche Ausdrücke in die Zahlen 0 oder 1 zu transformieren. Eine davon ist durch die Bild 11 gegeben. In ihr sind x und y beliebige natürliche Zahlen, b und c sind die Zahlen 0 oder 1. Man erhält den zu einem booleschen Ausdruck gehörenden Zahlenwert a (mit dem Wert 0 oder 1) durch die Anwendung der passenden Zeile aus folgender Tabelle:

Boolescher Ausdruck	Berechnung von a
false	$a := 0$
true	$a := 1$
$x < y$	$a := 0$; $h := y - x$; while $h \neq 0$ do $a := 1$; $h := 0$ end
$x \leq y$	$a := 1$; $h := x - y$; while $h \neq 0$ do $a := 0$; $h := 0$ end
$x = y$	$a := 1$; $h := x$; while $h \neq y$ do $a := 0$; $h := y$ end
$x \neq y$	Übung des Lesers
$x \geq y$	Übung des Lesers
$x > y$	Übung des Lesers
$\neg\, b$	$a := 1 - b$
$b \,\&\, c$	$a := b \cdot c$
$b \mid c$	$a := b + c - b \cdot c$

Bild 11   Transformation boolescher Ausdrücke in die Zahlen 0 und 1

2 (Seite 168) Man kann sich nun weiter fragen: Wenn die vier Anweisungsarten von While-Programmen ausreichen, um alle Algorithmen auszudrücken, wieviele verschiedene *Maschinenbefehle* braucht man dann mindestens, um die vier Anweisungsarten der While-Programme auszuführen? Wir können dabei realistischer als bei den While-Programmen vorgehen, indem wir positive und negative Zahlen zulassen und statt der While-Anweisung einen bedingten und einen unbedingten Sprungbefehl einführen. Der erste Versuch mag nun folgendes ergeben:

ZERO x	$x := 0$	
SUCC x	$x := x + 1$	(*successor* = Nachfolger)
PRED x	$x := x - 1$	(*predecessor* = Vorgänger)
JE x,y,n	if $x = y$ then goto n	(*jump on equal*)
GOTO n	unbedingter Sprung nach n	

Fünf Befehle reichen also aus. Auch das ist erstaunlich. Es geht aber noch einfacher. Wenn man den Befehl

DEC x,y	$x := x - y$	(*decrement*)

einführt, kann man

ZERO x	durch	DEC x,x
SUCC x	durch	DEC x,−1
PRED x	durch	DEC x,1

ausdrücken. Es reichen also auch schon die drei Befehle *DEC*, *JE*, *GOTO* aus. Und nun kann man sogar noch die Wirkung dieser drei in einem einzigen Befehl vereinigen. Er lautet

SS x,y,n	$x := x - y$; if $x = 0$ then goto n end;	(*SS* = subtrahiere und springe)

Es ist ein kombinierter Befehl, der subtrahiert und bedingt springt. Mit ihm kann man

ZERO	x	durch	pc	SS x,x,pc+1
SUCC	x	durch	pc	SS x,−1,pc+1
PRED	x	durch	pc	SS x,1,pc+1
JE	x,y,n	durch	pc	SS x,y,n
GOTO	n	durch	pc	SS h,h,n für irgendeine Hilfsvariable h

ausdrücken. Ein einziger Befehl reicht also aus, um alle Algorithmen auszuführen. Seinen Operationsteil *SS* kann man sogar noch weglassen, da man nun nicht mehr verschiedene Befehlsarten unterscheiden muß. Wer hätte gedacht, daß man die Minimierung so weit treiben kann! Die kuriose Möglichkeit,
mit einem einzigen Befehl auszukommen, hat meines Wissens als erster W. L. van der Poel 1956
gezeigt [van der Poel]. Seine Argumentation ist jedoch schwerer zu verstehen. Der hier benutzte Uni-
versalbefehl *SS* stammt aus [Nievergelt].

Die Addition und Zuweisung x := y + z wird folgendermaßen programmiert:

pc	Befehl	Wirkung
1	SS h, h, 2	$h := 0$
2	SS h, y, 3	$h := 0-y$
3	SS h, z, 4	$h := 0-y-z$
4	SS x, x, 5	$x := 0$
5	SS x, h, 6	$x := 0-(-y-z)$

3 (Seite 171) Der Leser mag fragen, wie sich die Turingmaschine einen Übertrag „merken" soll, wo sie
doch keinen Speicher dafür hat. Die Antwort lautet: in den Zuständen. Der Zustand, in den die Turingmaschine in einem bestimmten Schritt gelangt, ist ja eine Folge der vorhergehenden Schritte. Man
kann nun einen Zustand z_i, in den die Turingmaschine ohne Berücksichtigung des Übertrages gelangen würde, durch zwei Zustände ersetzen: z_{i0} und z_{i1}. Nach Zustand z_{i0} gelangt die Turingmaschine,
wenn kein Übertrag aufgetreten ist, nach Zustand z_{i1}, wenn ein Übertrag aufgetreten ist. Zustand z_{i0}
bedeutet also Zustand z_i und kein Übertrag aufgetreten, Zustand z_{i1} bedeutet z_i und Übertrag aufgetreten.

4 (Seite 171) Man kann auch Turingmaschinen mit einem einseitig unendlichen Band definieren, d.h.
Turingmaschinen mit einem Band, das einen Anfang, aber kein Ende hat, und man kann zeigen, daß
sich die Fähigkeiten der Turingmaschine dadurch nicht vermindern (plausible Erklärung: Eine doppelte Unendlichkeit ist nicht mehr als eine einfache). Einige Informatiker ziehen die Turingmaschine
mit einseitig unendlichem Band aus bestimmten Gründen der mit zweiseitig unendlichem Band vor.

5 (Seite 172) Es mag manchem Leser aufgefallen sein, daß die Maschine mit wahlfreiem Zugriff mit
Zahlen, die Turingmaschine jedoch mit Zeichen arbeitet. Sind das nicht ganz verschiedene Dinge? Die
vielleicht überraschende Antwort lautet, daß es zwar verschiedene Dinge insofern sind, als Operationen mit Zahlen etwas anderes als Operationen mit Zeichen sind. Zahlen kann man addieren, Zeichenketten nicht. Zeichenketten kann man vereinigen und zerteilen, Zahlen nicht. Andererseits wurde in
Kap. 2 gezeigt, daß Zahlen und Zeichenketten ineinander umrechenbar und insofern äquivalent sind.
Deshalb lassen sich Algorithmen, die mit Zahlen arbeiten, in solche, die mit Zeichenketten arbeiten,
transformieren und umgekehrt. Es spielt aus diesem Grunde keine Rolle, daß das eine Computermodell nur mit Zahlen, das andere dagegen nur mit Zeichen arbeitet.

6 (Seite 173) Die Einschränkung auf eine „genügend hohe" Programmiersprache bedeutet nur, daß die
Sprache eine Schleifenanweisung wie die While-Anweisung enthalten muß. Wenn eine Programmier-
sprache „niedriger" ist, indem sie Schleifen überhaupt nicht oder nur mit einer festen, vorbestimmten
Anzahl von Durchläufen erlaubt, enden die in ihr geschriebenen Programme immer.

7 (Seite 175) Das Buch „Gödel, Escher, Bach" [Hofstadter] behandelt das Thema Selbstanwendung in
zahllosen Variationen. Leider ist das Ergebnis ein Irrgarten von Wahrheiten, Halbwahrheiten und Spe-
kulationen.

8 (Seite 175) Der Beweis dafür, daß es mehr definierbare als berechenbare Funktionen gibt, und was
diese Aussage bedeutet, soll hier für Leser, die Kenntnisse der Mengenlehre haben, angegeben werden.

In der Mengenlehre wird gezeigt, daß es verschiedene Arten der Unendlichkeit gibt. Die sozusagen „kleinste" Unendlichkeit ist die der *abzählbaren* Mengen, das sind alle unendlichen Mengen, deren Elemente sich fortlaufend numerieren lassen, so daß man von dem ersten, dem zweiten, dem dritten … Element sprechen kann. Im Gegensatz dazu gibt es auch *überabzählbare* Mengen, deren Elemente sich nicht numerieren lassen. Dazu gehört z. B. die Menge der reellen Zahlen. Die überabzählbaren Mengen sind „von größerer Mächtigkeit" als die abzählbaren. Sie enthalten sozusagen „unendlich viel" mehr Elemente als die abzählbaren.

Die Menge aller Turingmaschinenprogramme umfaßt alle Algorithmen und damit alles, was berechenbar ist. Ist sie abzählbar oder überabzählbar? Jedes Turingmaschinenprogramm besteht aus endlich vielen Befehlen und läßt sich im Speicher eines Computers als binäre Bitfolge speichern. Diese Bitfolgen lassen sich ordnen, erstens nach ihrer Länge und innerhalb derselben Länge lexikografisch. Man kann dem nach dieser Ordnung ersten Turingmaschinenprogramm die Nummer 1, dem zweiten die Nummer 2 usw. geben. Auf diese Weise lassen sich die Turingmaschinenprogramme numerieren, woraus folgt, daß sie eine abzählbare Menge bilden.

Im Gegensatz dazu bilden die mathematischen Funktionen eine überabzählbare Menge. Das trifft sogar schon für die Teilmenge der einargumentigen Funktionen $y = f(x)$ zu, bei denen x eine natürliche Zahl und y eine der beiden Zahlen 0 oder 1 ist.

Wenn aber die Menge der Funktionen überabzählbar und die Menge der Turingmaschinenprogramme nur abzählbar ist, dann muß es (unendlich viele) nichtberechenbare Funktionen geben, nämlich alle diejenigen, die nicht durch ein Turingmaschinenprogramm berechnet werden können.

Wie kommt es aber, daß wir „fast alle" Funktionen nicht berechnen, und dennoch mit Algorithmen alle praktischen Probleme lösen können? Ist das nicht ein Widerspruch? Betrachten wir dazu einige Funktionen, die die Funktionswerte 0 und 1 haben:

Funktion f_1 $f_1(n) = 1$ falls n ohne Rest durch 3 teilbar ist
                   $f_1(n) = 0$ sonst

Funktion f_2 $f_2(n) = 1$ falls $n - 1$ und $n + 1$ Primzahlen sind
                   $f_2(n) = 0$ sonst

Funktion f_3 $f_3(n) = 1$ falls $n = 1$
                   $f_3(n) = 1$ falls $f_3(g(n)) = 1$ mit $g(n) = n/2$ falls n gerade ist
                                                                 $g(n) = 3n + 1$ sonst
                   $f_3(n) = 0$ sonst

Wenn man diese Funktionen für kleine n tabelliert, ergibt sich:

n	1	2	3	4	5	6	7	8	9	10	…
$f_1(n)$	0	0	1	0	0	1	0	0	1	0	…
$f_2(n)$	0	0	0	1	0	1	0	0	0	0	…
$f_3(n)$	1	1	1	1	1	1	1	1	1	1	…

f_1 ist eine sehr einfache, regelmäßige Funktion. f_2 ist nur zwischen „Primzahlzwillingen" 1. Da man nicht weiß, ob es für beliebig große Zahlen Primzahlzwillinge gibt oder ob sie einmal aufhören, könnte es sein, daß von einem bestimmten n ab die Funktion nur noch Nullen liefert. f_3 ist die „Ulamsche Funktion" (S. Ulam, polnischer Mathematiker). Sie scheint für alle n den Wert 1 zu haben, bewiesen werden konnte das bisher aber nicht, denn man weiß nicht, ob ihre Berechnung für alle n endet.

Die Funktionen f_1 und f_2 sind berechenbar, denn es gibt einen Algorithmus, der für gegebenes n feststellt, ob $f(n)$ gleich 1 oder 0 ist; von der Funktion f_3 kann man nur vermuten, daß sie berechenbar ist. Jede Funktion mit einem nach irgendeiner Vorschrift aufgebauten regelmäßigen Muster der Nullen und Einsen in der obigen Tabelle ist berechenbar (sofern ihre Berechnung endet), denn die Vorschrift läßt sich durch einen Algorithmus ausdrücken. Eine Funktion dagegen, bei der die Verteilung der Nullen und Einsen regellos ist (etwa durch das Werfen einer Münze festgelegt), ist nicht berechenbar, da es keine Gesetzmäßigkeit gibt, der die Verteilung ihrer Funktionswerte gehorcht. Und von regellosen Verteilungen einer unendlichen Folge von Nullen und Einsen gibt es natürlich unendlich viele. Wir können mit ihnen allerdings nichts anfangen: regellose Funktionen sind weder für die Praxis noch für die Theorie nützlich (sie haben ja kein Bildungsgesetz). Und so klärt sich der scheinbare Widerspruch auf: Von allen möglichen Funktionen sind zwar nur verschwindend wenige berechenbar, aber unter ihnen sind alle diejenigen, die man zu irgendeinem praktischen Zweck brauchen kann.

9 (Seite 180) Man kann das ähnlich wie beim Halteproblem zeigen (G. Blaschek). Man nimmt an, $V(\uparrow correct)$ ist das Programm, das alle Programme verifiziert. Dann kann man ein Programm Test mit der Spezifikation „Test druckt eine 1 aus" schreiben, das so aussieht:

```
Test: -- Die Datei ProgramText enthält den Prüfling P
      local correct: Boolean;
    begin
      V(↑correct);
      if correct then drucke 0 else drucke 1 end
    end Test
```

Da *V* alle Programme verifiziert, muß es auch *Test* verifizieren können. Diese Anwendung ergibt einen logischen Widerspruch, der dem beim Halteproblem gleicht, was der Leser selbst nachprüfen möge.

Kapitel 9

1 (Seite 187) unter dem Stichwort „Informatik, angewandte".

2 (Seite 188) W. Steinmüller in seinem Beitrag „Recht" in Mertens P. (Hrsg.): Angewandte Informatik. Berlin: de Gruyter, 1972.

3 (Seite 189) Neben den Rasterbildschirmen gibt es noch Vektorbildschirme. Bei ihnen wird der Elektronenstrahl an eine durch ihre Koordinaten vorgegebene Stelle des Bildschirms gelenkt und von dieser Stelle zur nächsten. Dabei beschreibt er eine gerade Strecke, die sichtbar ist. Das Bild wird hier also nicht aus Punkten, sondern aus Geradenstücken aufgebaut. Die Rasterbildschirme haben jedoch die älteren Vektorbildschirme weitgehend verdrängt.

4 (Seite 201) Nach Brockhaus Naturwissenschaften und Technik. Mannheim: Brockhaus 1989

5 (Seite 202) Der Physiker Heinrich Hertz hat diesen Sachverhalt einmal sehr schön und knapp so formuliert: „Die Folgen der Bilder sollen die Bilder der Folgen sein."

6 (Seite 203) Zitiert in Bell G.: The Future of High Performance Computers in Science and Engineering. Comm. ACM 32 (1989) 9, 1100.

7 (Seite 203) Dieser Absatz ist eine Zusammenstellung von Zitaten aus Bulirsch R. u.a.: Numerische Simulation in der Halbleiterindustrie. Informatik Forschung und Entwicklung (1990) 5, 42–56

8 (Seite 204) Das englische Adjektiv „virtual" ist schwer ins Deutsche zu übersetzen. Wir kennen das Wort „virtuell" fast nur aus der Optik in der Zusammensetzung „virtuelles Bild", wo es „scheinbar" heißt. Den Begriff „virtuelle Realität" einfach mit „Scheinrealität" oder „virtuelle Welt" mit „Scheinwelt" zu übersetzen, wäre jedoch unangemessen, denn zwischen „virtual" und „scheinbar" besteht ein Unterschied. Wenn wir „scheinbar" sagen, wollen wir einen Gegensatz zur Wirklichkeit ausdrücken, also betonen, daß eine Sache *nicht* wirklich ist. Das englische „virtual" betont dagegen die Nähe zur Wirklichkeit, es bedeutet „fast wirklich", „so gut wie wirklich" und drückt damit aus, daß die virtuelle Sache sich fast nicht von der wirklichen unterscheidet.

Die virtuelle Realität wird im Computerjargon auch oft als „Cyberspace" bezeichnet. Dieser Name wurde angeblich von dem Science-Fiction-Autor William Gibson in einem 1991 erschienenen Roman erfunden. Er soll an *cybernetics* anklingen.

9 (Seite 205) Mit dem Namen „Cave" hat es eine eigentümliche Bewandtnis. Er ist nach Aussage seiner Erfinder ein rekursives Akronym (*Cave automatic virtual environment*), und er soll zugleich durch

Cave = Höhle an Platos Höhlengleichnis erinnern, in dem in einer Höhle Gefangene die Schatten von Menschen auf einer Wand sehen und sie für die Realität halten.

Kapitel 10

1 (Seite 218) Die im Text beschriebenen Grundoperationen sind leicht vereinfacht. In Wirklichkeit gibt es, abhängig von Programmiersprache und Betriebssystem, Abweichungen davon. So sind der externe Dateiname und der Parameter *f* nicht dasselbe, die Operationen für das Öffnen einer Datei zum Lesen und zum Schreiben können sich unterscheiden, und beim Öffnen zum Schreiben hat der Programmierer die Wahl, ob der Schreib-Lese-Kopf auf den Dateianfang oder auf das Dateiende gesetzt werden soll.

2 (Seite 220) Die Verfahren werden unter den Stichworten *indexsequentielle Dateien, Streuspeicherung, Hashcodierung, Suchbäume, B-Bäume* in den Lehrbüchern ausführlich behandelt. Eine leicht faßliche Einführung ist z. B. Lesk M.: Software für Informationsverwaltung. Spektrum der Wissenschaft 1984, 11 (enthalten in [Computer-Anwendungen]).

3 (Seite 222) Nach [Zehnder].

4 (Seite 230) Hierzu gibt es eine allgemein-kulturkritische Literatur außerhalb der Informatik, z. B. [Postman], [Schneider], [Steinbuch].

5 (Seite 234) Das erste Tabellenkalkulationsprogramm trug den Namen *Visicalc*. Es wurde eines der erfolgreichsten Programme, die je geschrieben wurden, und es war angeblich der Anstoß zur explosionsartigen Verbreitung der Heimcomputer.

Kapitel 11

1 (Seite 245) Der „künstliche Mensch" ist ein ganz verschwommener Begriff. An welche Eigenschaften des Menschen denkt man dabei, an welche nicht? Soll er äußerlich einem Menschen ähneln, einen Kopf, Arme und Beine haben wie die Roboter in Filmen? Soll er „Gefühle" entwickeln (was immer das auch bei einer Maschine sein mag) oder nicht? Soll er womöglich einen dem Menschen ähnlichen Stoffwechsel haben? Soll er gar bluten, wenn man ihn verletzt? Seltsamerweise werden solche Überlegungen kaum angestellt. Sicherlich denkt man sich den künstlichen Menschen jedenfalls ohne die menschlichen Schwächen: er soll nicht ermüden, nicht vergessen, nicht von Stimmungen abhängig sein und nicht sterben.

2 (Seite 248) Die Implikation ist die am schwersten zu verstehende logische Verknüpfung. Die Bedeutung der Aussage $A \rightarrow B$ kann sprachlich auf verschiedene Weisen ausgedrückt werden, nämlich durch die Redeweisen

wenn A wahr ist, dann ist auch B wahr (kurz: wenn A, dann B),
A ist hinreichend für B ,
B ist notwendig für A,
A gilt nur dann, wenn B gilt,
nicht A oder B (formal $\neg A + B$).

Die letzte Beziehung ($A \rightarrow B$ ist äquivalent mit $\neg A + B$) ist nützlich, denn sie gestattet es, die Implikation durch die Negation und die Disjunktion auszudrücken. Aus ihr ergibt sich auch die Wertetabelle für alle vier Kombinationen von A und B (Bild 12)

A	B	$A \rightarrow B$
false	*false*	*true*
false	*true*	*true*
true	*false*	*false*
true	*true*	*true*

Bild 12   Definierende Wertetabelle der Implikation

Die umgangssprachliche Benutzung der Implikation setzt eigentlich immer voraus, daß $A = true$ ist. Für die formale Definition der Implikation im Fall $A = false$ gibt es in der Umgangssprache kaum ein Beispiel. Sie ist deshalb einfach als Festsetzung der Logiker aufzufassen, über deren Richtigkeit oder Falschheit es nichts zu debattieren gibt. Sie besagt, daß aus Falschem Beliebiges folgt (*ex falso quodlibet*). Die Wahl, ob man in dem Fall $A = false$ dem Ergebnis der Operation $A \rightarrow B$ den Wert *true* oder *false* zuordnen soll, ist an sich willkürlich. Würde man ihm jedoch *false* zuordnen, hätte die Implikation die gleiche Wahrheitstabelle wie die Konjunktion. Deshalb ist die Wahl von *true* besser.

Die logische Implikation $A \rightarrow B$ darf nicht mit der Kausalbeziehung „wenn A die Ursache ist, ist B die Wirkung" verwechselt werden. Denn A und B sind voneinander unabhängige *logische* Aussagen, die nicht *kausal* miteinander verknüpft sein müssen. Sie ist zwar oft geeignet, auch Kausalbeziehungen auszudrücken, aber dann muß man in der Wahl ihrer sprachlichen Formulierung vorsichtig sein. Wenn man $A \rightarrow B$ so interpretiert: „Aus dem Auftreten von A folgt aus Kausalität das Auftreten von B", gelten nicht mehr die sprachlichen Formulierungen

B ist notwendig für A,

A gilt nur dann, wenn B gilt,

denn sie suggerieren, daß A eine kausale Folge von B ist, also gerade das Umgekehrte von dem, was man mit $A \rightarrow B$ sagen wollte.

3   (Seite 248) Am wichtigsten davon sind folgende Erweiterungen:

- *Mehrwertige Logik.* Insbesondere behindert die Zweiwertigkeit der klassischen Logik in vielen Fällen ihre Anwendung. Wenn man z. B. die Frage stellt: „Ist Atlantis ein großer Kontinent?", so sind „ja" und „nein" beides unangemessene Antworten. Ferner bringen viele sprachliche Sätze eine mit Unsicherheit behaftete Aussage zum Ausdruck, wie zum Beispiel die Aussage: „Wenn die Symptome A und B vorhanden sind, ist es *wahrscheinlich*, daß C die Ursache dafür ist."

  Aussagen können also nicht nur wahr oder falsch sein, sondern auch unsinnig, oder sie können Werte annehmen, die zwischen wahr und falsch liegen. Das versucht die mehrwertige Logik durch die Hinzunahme weiterer, zwischen wahr und falsch liegender Wahrheitswerte zu berücksichtigen.

- *Modale Logik.* Eine starke Einschränkung der klassischen Logik liegt darin, daß sie nur umgebungsunabhängige und zeitlose Aussagen macht, also Aussagen, die an jedem Ort (in jeder Situation) und zu jeder Zeit gelten. Die modale Logik versucht, die Wahrheit von Aussagen in Abhängigkeit von der Situation (der Welt oder dem Ort, auf den sie sich beziehen) zum Ausdruck zu bringen. Hier wird, einer alten Einteilung der philosophischen Logik folgend, zwischen drei Arten (Modi) von Aussagen unterschieden: solchen, die *wirklich* gelten, solchen, die *möglicherweise* gelten und solchen, die *notwendigerweise* gelten. Abhängig von dem Zustand der Untersuchung oder von der „Welt", auf die sie angewandt wird, wird hier der Inhalt jeder Aussage als wirklich (assertorisch), möglich (problematisch) oder notwendig (apodiktisch) eingeteilt.

- *Temporale Logik.* Wenn man die verschiedenen Situationen, die die modale Logik berücksichtigt, als verschiedene Zeitpunkte deutet, zu denen eine Aussage betrachtet wird, gelangt man zur temporalen Logik. Ihre Grundidee besteht in der Erkenntnis, daß zu verschiedenen Zeitpunkten eine logische Aussage verschiedene Wahrheitswerte haben kann.

Elemente der mehrwertigen, der modalen und temporalen Logik werden zur Wissensrepräsentation eingesetzt, insgesamt aber, als vollständige Systeme, sind diese Erweiterungen der klassischen Logik noch zu neu, um fundierte Aussagen über ihren Wert in der Künstlichen Intelligenz machen zu können. Der der klassischen Logik zu Grunde liegende Satz vom ausgeschlossenen Dritten (eine Aussage ist wahr oder falsch aber nichts drittes) ist entscheidend für ihre Klarheit und Einfachheit. Wenn man ihn aufgibt, kommt man in verwirrend schwieriges Gelände.

4 (Seite 250) Für interessierte Leser wollen wir hier auch zwei andere Schlußweisen, Induktion und Abduktion, kurz erklären.

Die *Induktion* ist der Schluß vom Besonderen auf das Allgemeine. Daraus, daß viele Objekte einer Gattung eine Eigenschaft P haben, schließt man, daß alle Objekte der Gattung die Eigenschaft P haben. In Formeln: aus $P(a)$, $P(b)$, ... folgt $\forall(x): P(x)$. Das ist oft richtig, manchmal aber falsch. So wird man daraus, daß alle Schwäne, denen man bisher begegnet ist, weiß waren, schließen: „Alle Schwäne sind weiß" und glauben, daß das wahr ist, bis man von einem schwarzen Schwan hört.

Die *Abduktion* ist ebenfalls eine Schlußweise, die nicht immer zu richtigen Ergebnissen führt, aber im täglichen Leben oft mit Erfolg benutzt wird. Sie lautet:

Wenn die Wahrheit einer Aussage A die Wahrheit einer Aussage B einschließt, und B wahr ist, dann ist auch A wahr. Formal: Aus $A \rightarrow B$ und B folgt A.

Hier schließt man von der Wirkung (B) auf die Ursache (A). Deshalb wird die Abduktion auch *erklärender Schluß* genannt. Das muß nicht richtig sein, wie in dem Beispiel:

Wenn jemand krank ist, kommt er nicht zur Arbeit.
Hans ist nicht zur Arbeit gekommen.
Also ist Hans krank.

Dennoch kann die Abduktion nützlich sein, indem sie eine (wahrscheinliche) Erklärung gibt, wie in dem Beispiel:

Wenn Hochzeit ist, dann bringen die Gäste Konservendosen unter dem Auto an.
Die Gäste brachten Konservendosen unter dem Auto an.
Also wird wohl Hochzeit gewesen sein.

Induktion und Abduktion spielen beim Schließen im täglichen Leben eine bedeutende Rolle, in der Logik und Mathematik jedoch nicht, weil sie unsicher sind. Deshalb steht auch in der Künstlichen Intelligenz die Deduktion im Vordergrund.

5 (Seite 254) Die Aufgabenbereiche, in denen Expertensysteme Erfolg versprechen, sind etwa:
- Diagnose von Mängeln.
- Therapie (Reparatur) von Mängeln.
- Entscheidungshilfe in unübersichtlichen Situationen.
- Vorhersage.

Ungeeignete Einsatzgebiete sind solche mit den Eigenschaften:
- Manuelle Arbeit, die Alltagserfahrung erfordert (menschliche Erfahrung ist schlecht modellierbar).
- Schöpferische Arbeit.
- Arbeit, zu der Allgemeinwissen erforderlich ist.
- Probleme, die mit herkömmlichen Verfahren lösbar sind.
- Probleme, die zwar an sich geeignet wären, für die aber keine Experten vorhanden sind, die befragt werden könnten.
- Probleme, für die zwar Experten vorhanden sind, die Experten sich aber über den Lösungsweg uneinig sind.
- Probleme, die zu einfach oder zu umfangreich sind. Als Richtlinie gilt: Wenn ein menschlicher Experte seine Aufgabe in 20 bis 40 min lösen kann, ist die Aufgabe für ein wissensbasiertes System geeignet.
- Probleme, für die fehlerhafte Antworten ausgeschlossen werden müssen.

6 (Seite 255) [Charniak] S. 89

7 (Seite 255) Barrow, zitiert nach [Charniak] S. 94

8   (Seite 255) Aus [Goldschlager] S. 262

9   (Seite 255) Hier ist noch ein interessantes Beispiel: Eine Schule liegt neben einer Bahnlinie, und der Lehrer sagt: „Schließen Sie das Fenster wegen des Zugs." Wenn der Kontext keinen Hinweis darauf enthält, ob es zieht oder ob ein Zug vorbeifährt, ist die Auflösung dieser Zweideutigkeit unmöglich. Für die Anwesenden, die den (Wind-)Zug spüren oder den (Eisenbahn-)Zug hören, ist die Aussage jedoch ohne eine Spur des Zweifels eindeutig.

10 (Seite 256) Jeder, der Zugang zum Internet hat, kann prüfen, was bei der automatischen Übersetzung herauskommt, denn die beliebte Suchmaschine Alta Vista bietet ihren Benutzern die Möglichkeit, ein WWW-Dokument automatisch von der Sprache, in der es geschrieben ist, in die wichtigsten anderen Sprachen zu übersetzen. Die Besprechung einer CD mit Klaviermusik von Chopin mit dem Pianisten Demidenko beginnt im amerikanischen Original so:

> In the ample acoustic of Snape Maltings the sound is spacious yet never cloudy or confused. The playing has a breathtaking spontaneity as if the player were discovering the music for the first time. The short Schweizerbub Variations are played with utmost delicacy and an effortless nonchalance. The four Scherzi are quite marvellous, the cascading middle section of No 4 integrating seamlessly into the surrounding phrases. As for the big Variations op.2 on Mozart's La ci darem, of which Schumann said of Chopin, "Hats off gentlemen, a genius" – the same might well be said of Demidenko on this disc.

Daraus macht das Übersetzungsprogramm im Handumdrehen folgendes:

> Im reichlichen akustischen der Mälzereien Snape ist der Ton dennoch nie bewölkt oder konfus geräumig. Das Spielen hat ein breathtaking spontaneity, als ob der Spieler die Musik zum ersten Mal entdeckten. Die Varianten Kurzschluss mit Schweizerbub werden äußerste Zartheit und ein müheloses nonchalance gespielt. Die vier Scherzi sind ziemlich erstaunlich, das kaskadierende mittlere Kapitel ohne 4 seamlessly integrierend in die umgebenden Phrasen. Was die großen Varianten anbetrifft Op.2 auf La-ci-darem Mozart, von dem Schumann gesagt von Chopin "Hüte weg vom Herrn, ein Genie.", dieselben konnten hervorquellen sind besagt von Demidenko auf dieser Platte.

Das Beispiel zeigt gut, wie schwer die automatische Übersetzung ist. Sicherlich geht es noch besser, wenn man dem Programm mehr Zeit gibt, und man kann auch annehmen, daß das Programm mehr auf technische als auf schöngeistige Texte ausgerichtet ist. Für die Rohübersetzung von Geschäftsbriefen mag das eine nützliche Hilfe sein, für den obigen Text ist es nur zum Lachen.

11 (Seite 256) Simon H.A., Newell A.: Heuristic Problem Solving. Operations Research 6 (1958) S. 8. Zitiert nach [Weizenbaum 78].

12 (Seite 257) Zitiert nach [Roszak] S. 181

13 (Seite 257) Man findet sie zum Beispiel in [Weizenbaum 78], [Roszak] und [Dreyfus].

14 (Seite 259) Ein amüsantes Beispiel für die Schwierigkeiten, denen man begegnet, wenn man einer Maschine Alltagswissen und Alltags-Schlußfolgerungen einprogrammieren will, zitiert Umberto Eco (Streichholzbriefe, Die Zeit vom 4. 7. 1986):

> Das sogenannte „Tale-Spin-Programm" von 1976 sollte den Computer befähigen, Tierfabeln zu erfinden, indem es ihn mit Beschreibungen von diversen Personen, Handlungen und Verhältnissen zwischen Handlungen fütterte. Von Anfang an lief nicht alles glatt, denn der Computer schrieb zunächst folgende Geschichte: „Eines Tages war Joe, der Bär, hungrig. Er fragte den Vogel Irving, wo Honig zu finden sei, und Irving sagte ihm, in der alten Eiche gebe es einen Bienenstock. Da ergrimmte Joe und drohte, Irving zu verprügeln, wenn er ihm nicht sage, wo es Honig gebe." Der Fehler lag darin, daß Irving eine Regel hatte, die ihm sagte „wenn Honig, dann Bienenstock", während Joe keine Regel hatte, die ihm sagte „wenn Bienenstock, dann Honig". Daher sein Grimm. Natürlich wurde das Programm korrigiert, aber unzureichend, denn in der nächsten Geschichte ging Joe zu der Eiche und fraß den Bienenstock.

Später fragt Joe den Vogel Irving, wo es Honig gibt, und Irving will es ihm nicht verraten. Joe hat jetzt eine Regel, die ihm sagt, wenn man von einem anderen etwas haben will, und dieser andere will es einem nicht geben, muß man entweder verhandeln, indem man etwas zum Tausch anbietet, oder den Gegner überlisten. Joe verspricht Irving einen Wurm, wenn Irving ihm dafür sagt, wo es Honig gibt. Irving geht auf den Handel ein, Joe macht sich auf die Suche nach einem Wurm, kann aber keinen finden, kehrt zurück und fragt Irving, wo es Würmer zu finden gibt. Irving will es ihm nicht verraten. Joe, seiner Regel eingedenk, bietet ihm einen Wurm für die Auskunft, wo es Würmer zu finden gibt. Irving geht auf den Handel ein. Joe macht sich auf die Suche nach einem Wurm und findet keinen. Da kehrt er zu Irving zurück und fragt ihn, wo es Würmer zu finden gibt.

Natürlich war das Programm in eine „Schleife" geraten, und man sah sich genötigt, dem Computer zu sagen: Wer ein Ziel verfolgt und es nicht erreichen kann, darf es nicht ein zweites Mal verfolgen, sondern muß ein anderes Ziel ins Auge fassen, oder er wird krank. Außerdem wurde festgelegt: Wer Nahrung sieht, muß sie begehren.

So kam man zu dieser Geschichte: Der Rabe Henry sitzt auf einem Ast mit einem Käse im Schnabel. Der Fuchs Bill sieht den Käse und begehrt ihn. Er beschließt, den Gegner zu überlisten, und fordert ihn auf zu singen. Der Rabe öffnet den Schnabel, und der Käse fällt auf den Boden. Da wird der Fuchs krank. Warum? Weil er das Ziel verfolgt hatte, seinen Hunger auf den Käse zu stillen, zu welchem Zweck er den Raben dazu gebracht hatte, den begehrten Käse fallen zu lassen. Nun sieht er den Käse vor sich auf dem Boden liegen und begehrt ihn erneut, weiß aber, daß er nicht zweimal dasselbe Ziel verfolgen darf, und gerät in die Krise.

Der Rabe sieht gleichfalls den Käse und begehrt ihn seinerseits. Um ihn zu bekommen, müßte er ihn von seinem Besitzer ergattern. Doch sein Besitzer ist er selbst, und eine seiner Regeln sagt ihm, daß niemand sich selber überlisten darf. So bleibt ihm nichts anderes übrig, als den Käse von sich selber zu erbitten. Aber natürlich will er ihn sich nicht überlassen. Da beschließt er, sich selber vorzuschlagen, sich den Käse im Tausch gegen einen Wurm zu überlassen. Er macht sich auf die Suche nach einem Wurm, weiß aber nicht, wo er einen finden kann, kehrt zurück zu sich selber und fragt sich, ob er weiß, wo Würmer zu finden sind. Doch er weiß es nicht und antwortet sich daher, er könne es sich nicht sagen. Da beschließt er, sich selbst einen Wurm anzubieten, wenn er sich dafür sagt, wo Würmer zu finden sind … Der Leser hat begriffen, daß die Geschichte in eine neue „Schleife" geraten ist und endlos so weitergehen könnte.

15 (Seite 261) [Weizenbaum 78] und [Weizenbaum 84]

16 (Seite 262) Das folgende Zitat beschreibt den Aufbau des Gehirns, soweit er hier von Bedeutung ist.

Das menschliche Gehirn besteht aus mindestens zehn Milliarden Nervenzellen, den Neuronen. Jedes Neuron erhält Eingangssignale von anderen Zellen, vereinigt sie und erzeugt ein Ausgangssignal, das es zu anderen Neuronen sendet, in Ausnahmefällen auch zu ausführenden Organen wie Muskeln und Drüsen. Neuronen empfangen die Eingangssignale von anderen Neuronen über spezielle Strukturen, die Synapsen, und senden die Ausgangssignale zu anderen Neuronen über Nervenleitungen, die Axons heißen. Ein einzelnes Neuron kann hunderte oder tausende von Eingangsleitungen haben und seine Ausgangssignale an ebensoviele andere Neuronen senden. Ein Neuron arbeitet auf komplizierte elektrochemische Weise und besitzt ein stetig veränderliches inneres Potential, das Membranpotential. Wenn das Membranpotential eine bestimmte Schwelle übersteigt, kann das Neuron ein Alles-oder-nichts-Aktionspotential an sein Axon aussenden, das über lange Wege die anderen Nervenzellen erreicht. Synapsen treten in einer Anzahl verschiedener Formen auf, wobei zwei Grundformen von besonderer Bedeutung sind: exzitatorische Synapsen, die, wenn über sie ein Signal das Neuron erreicht, die Wahrscheinlichkeit ansteigen lassen, daß das Neuron ein Aktionspotential aussendet und inhibitorische Synapsen, die, wenn über sie ein Signal das Neuron erreicht, die Wahrscheinlichkeit sinken lassen, daß das Neuron ein Aktionspotential aussendet.

Gehirnwissenschaftler messen die Aktivität des Neurons gewöhnlich durch seine Ausgangsfrequenz, das heißt die Anzahl der Aktionspotentiale in der Sekunde oder etwas damit eng Verwandtes. Neuronen sind *nicht* binär, das heißt, ihr Ausgang befindet sich nicht nur in einem der beiden Zustände ein/aus. Die Signale haben eine kontinuierliche Form, und das Neuron wirkt ungefähr wie ein Spannungs-Frequenz-Umsetzer, der das Membranpotential in eine Ausgangsfrequenz umsetzt.

Das Gesamtverhalten des Systems ist durch die Struktur und Festigkeit (englisch *strength*) der Verbindungen bestimmt. Es ist möglich, die Festigkeit der Verbindungen durch Lernen zu verändern. [Anderson] S. XV

17 (Seite 262) Der gewaltige Unterschied von 1 zu 10 in den Schätzungen für die Anzahl der Neuronen zeigt, daß die Wissenschaft hier noch im Dunkeln tappt. Man hat die Neuronen in kleinen Bereichen der Großhirnrinde auszuzählen versucht und ist dabei durch Extrapolation auf etwa 15 Milliarden Neuronen für das Großhirn gekommen. Nimmt man aber die anderen Gehirnteile hinzu, vermuten neuere Schätzungen etwa 100 Milliarden. In [Nauta] kann man sogar lesen, daß es in der Kleinhirnrinde noch zusätzlich spezielle kleine Zellen („Körnerzellen") gibt, die so dicht gepackt sind, daß sie noch keiner zählen konnte. Es wird geschätzt, daß die Gesamtanzahl der Neuronen einschließlich der Körnerzellen noch einmal um einen Faktor 10 größer ist, also etwa bei einer Billion (10^{12}) liegt. [Nauta]

18 (Seite 264) Eberle U.: Einschnitt ins Leben. Die Zeit 8.7.1999 Nr.28, S.30

19 (Seite 265) [Zemanek] S. 298

Kapitel 12

1 (Seite 271) Es gibt meines Wissens noch keine Philosophie der Informatik, die mehr leistet. Zwar haben sich auch Fachphilosophen zu Fragen der Informatik geäußert, aber die Ergebnisse sind nicht von der Art, daß Informatiker viel mit ihnen anfangen könnten. Meist wird die Bedeutung einzelner Begriffe diskutiert, besonders gern die „Information" (was mit Informatik wenig zu tun hat), ohne dadurch schwierige Begriffe wirklich zu klären oder eventuelle Denkfehler aufzudecken, die Informatiker im Umgang mit ihnen begangen haben könnten. Seitdem ethische Fragen im Zusammenhang mit der Informatik auf den Plan getreten sind, wie beim Datenschutz und bei der künstlichen Intelligenz, haben sich Philosophen auch hierzu geäußert, aber außer vielen gutgemeinten Worten nichts hervorgebracht, das den Informatikern hilft, ihre Wissenschaft besser zu verstehen oder besser zu betreiben.

2 (Seite 272) Der Abschnitt *Informatik und Mathematik* ist den beiden Aufsätzen von Knuth [Knuth74, Knuth81] verpflichtet. In [Knuth81] werden die vier Gemeinsamkeiten als zurückgehend auf ein russisches Buch von A. D. Alexandrow u.a. zitiert.

3 (Seite 273) Einige Leser der ersten Auflage haben gegen diese Darstellung eingewandt, daß sie der Mathematik nicht genügend Gerechtigkeit widerfahren lasse. Tatsächlich gelten die hier herausgestellten Charakteristika der Mathematik nicht in allen ihrer modernen Zweige. Es gibt heute die *diskrete Mathematik*, in der das Unendliche keine Rolle spielt, es gibt die *Theorie der dynamischen Systeme*, in der Abläufe und der Zustandsbegriff im Mittelpunkt stehen, und es gibt die *Automatentheorie*, die sowohl der Mathematik als auch der Informatik angehört. Ferner dringt der algorithmische Gesichtspunkt der Informatik immer mehr in die Mathematik ein, so daß es heute das Gebiet *Algorithmische Geometrie* gibt, und Vorlesungen mit Titeln wie *algorithmische Graphentheorie, algorithmische Algebra* angeboten werden. Schließlich ist auch die *numerische Mathematik* stark algorithmisch (und damit dynamisch) orientiert. Alle diese Entwicklungen, die theoretische Informatik eingeschlossen, zeigen, daß auf einer Reihe moderner Gebiete Mathematik und Informatik miteinander verschmelzen, so daß sie sich nicht mehr trennen lassen und es keine Gegensätze zwischen ihnen gibt. Dennoch glaube ich, daß man, um die Unterschiede zwischen (traditioneller) Mathematik und Informatik möglichst deutlich einander gegenüberzustellen, die im Text gegebene Darstellung vertreten kann.

4 (Seite 278) Trotz der großen Bedeutung der Simulation in Technik und Unterricht bringt sie auch Probleme mit sich. Dazu folgende Bemerkungen eines Didaktikers [Rath 95]:

> Das Ersetzen realer Versuche durch Simulationen auf dem PC erscheint mir nur dann sinnvoll, wenn diese von den Schülern selbst durchgeführt werden können. Die Arbeit mit einer Programmiersprache oder mit einer Tabellenkalkulation kann dann zum besseren Verständnis von Formeln und Diagrammen beitragen. Es muß aber bewußt bleiben, daß hier im wesentlichen eine theoretische Physik betrieben wird, alles andere spielt sich auf einer hohen Abstraktionsebene ab. [...] Die Gefahr des Verwechselns der Wirklichkeit mit Modellen und Bildern, in der Schul-Physik ohnehin nicht gerade gering zu werten, wird durch die Perfektion des Computers allerdings noch verstärkt.

5 (Seite 279) Hierzu zwei Zeitungsberichte, die zeigen, was bei der Automatisierung herauskommen kann.

> Da staunte der Bürgermeister von Flensburg, und dann freute er sich: Denn ein Brief enthob ihn seiner größten Defizitsorgen. Der Brief kam von der „Kirchlichen Zusatzversorgungskasse Darmstadt". Der „Sehr geehrten Frau Stadt Flensburg" wird mitgeteilt, daß ihr „nach Vollendung des 62. Lebensjahres" ab 1992 eine Monatsrente von 840 DM zustehe. Den Bürgermeister stört nur eine Kleinigkeit: Da seine Stadt bereits im Jahr 1346 das 62. Lebensjahr vollendet hatte, aber bisher keine Rentenzahlungen eingetroffen waren, ersucht er um 6.5 Millionen Rentennachzahlung und teilt dem irrenden Computer großzügig mit, daß er auf Zinsen und Zinseszinsen verzichtet. [Oberösterreichische Nachrichten, 6. 12. 1991]

> Johann Wolfgang von Goethe ist den belgischen Finanzbehörden ein Dorn im Auge. Sie haben von ihm keine Angaben zur Person, keine Mehrwert-Steuernummer, aber sie wissen, daß er in Brüssel ein Institut betreibt, eben das Goethe-Institut. Und deshalb müsse er auch Steuern zahlen. Ein Beamter der deutschen Botschaft beantwortete „pflichtgemäß" das Schreiben und bedauerte, daß Herr von Goethe telefonisch nicht erreichbar sei, auch seine Steuernummer sei nicht bekannt. Zum Personenstand könne man soviel mitteilen, daß er seit 6. Juni 1816 verwitwet sei. Diese Information könne vielleicht dienlich sein. Sie schien es zu sein, das Amt gibt nun Ruhe. [Herkunft nicht mehr feststellbar].

6 (Seite 279) "Amerikanische Anführungszeichen" wie diese hier bürgern sich bei uns immer mehr ein, weil die deutschen in einigen Textverarbeitungssystemen nicht vorhanden oder umständlich einzugeben sind. Und wem fällt es überhaupt noch auf, daß die Worte Deutschland, Gasthaus, Speisekarte, Frohsinn falsch geschrieben sind? Es muß natürlich Deutschland, Gasthaus, Speisekarte und Frohsinn heißen! Auch das ist eine Folge der Computerschriften. Fraktur ist seit einigen Jahren auf Plakaten, Speisekarten und manch anderen schriftlichen Erzeugnissen beliebt, aber es gibt (fast) nur amerikanische Fonts dafür, in denen das Lang-s nicht enthalten ist. Jüngere Schriftsetzer (oder was heute an ihre Stelle getreten ist) kennen es nicht mehr, und die Folge davon wird wohl sein, daß das Lang-s ausstirbt.

7 (Seite 279) Mir ist es passiert, daß ich in einer Buchhandlung nach dem Dr. Faustus von Thomas Mann fragte und die (zugegeben noch sehr junge) Buchhändlerin mich fragte, während sie zum Computer eilte: „Mit einem oder mit zwei n?". Ein andermal suchte ich nach einem Buch über das Lebens Buddhas. Natürlich ging die Angestellte wieder zum Computer, war sich aber dann unschlüssig, wie man Buddha schreibt. Als nichts zu finden war, hätte sie auf die Idee kommen sollen, unter dem Stichwort Buddhismus nachzusehen. Aber das war anscheinend schon zu viel verlangt.

8 (Seite 279) Hierher paßt eine Glosse von Finis (Die Zeit, 16. 11. 1990), die auszugsweise so lautet:

> In der guten alten Zeit war es so: Man kam, wieder arg zu spät, an den Fahrkartenschalter, keuchte: „Einmal Bremen und zurück!", sah den Eisenbahner ein daumengroßes Pappstückchen stempeln, legte Geld auf den Drehteller, stürmte auf den Bahnsteig, erreichte den letzten Wagen des Zugs und fiel dankbar erschöpft auf seinen Sitzplatz.
> Heute? Wenn mal keine Schlange vor dem einzig geöffneten Verschlag in der „Reisezentrum" genannten Schalterhalle wartet, nimmt ein an unserer Eile überhaupt nicht teilnehmender Roboter in Menschengestalt den Auftrag entgegen. Ungerührt wendet er sich dem flimmernden Sichtgerät zu und hackt – endlos, wie es dem gehetzten Zahlgast scheint – Daten und Ziffern in den Computer.

Dann kommt's: das Warten auf beiden Seiten der Sicherheitsscheibe. Warten? Folter. Qual für die Ohren: Zirpend, schnarrend setzt sich der Druck-Apparat in Gang. Das dauert. Und dauert. Endlich spuckt das Gerät, häßlich ratternd, die Fahrkarte aus. Fahrkarte? Einen handtellergroßen Schein – wenn nicht ein oder zwei rötlich lange Lappen.

Der Computer schenke uns Zeit? I wo. Die Beamten der tief in roten Zahlen steckenden Bahn verbringen schon während der Arbeit ganze Jahre in einem auf Sekunden zerhackten Ruhe- und Warte-Stand vor tuckernden Rechnern. Mit ihnen warten, nicht ganz so ruhig, gestreßte Fahrgäste, jeden Tag Millionen.

9 (Seite 283) Zu diesem Abschnitt paßt die Aussage des Neurobiologen H. Rahmann [Rahmann], der schreibt:

Nun ist aber in jüngster Zeit zu beobachten, daß die Menschheit in den Hochzivilisations-nationen die Mehrheit ihrer Bevölkerung aus der Verpflichtung zu einem intensiven Hirn-training als Grundvoraussetzung für die Erbringung höherer rationaler Hirnleistungen ent-läßt, indem sie wichtige geistige Funktionen immer mehr delegiert an *extracerebrale Asso-ziationsspeicher* wie die diversen Datenträger, künstlichen Intelligenzsysteme oder multimedialen Informationsträger. Es steht zu befürchten, daß sich die Masse der zivilisier-ten Menschen infolge von geistig-intellektueller *Unterforderung* degenerativ fortentwik-keln wird. Im Falle einer Störung oder gar Zerstörung ihrer künstlichen Datenträger würde es dann aufgrund inzwischen verloren gegangener Eigenerfahrungen und mangelhaften Hirntrainings der Bevölkerung zu einer *Regression* auf dem gesamten kulturellen und in-tellektuellen Niveau kommen.

10 (Seite 283) Es gibt Untersuchungen amerikanischer Psychologen, denen zufolge das Surfen im Inter-net süchtig machen kann. Die erste deutsche Untersuchung der Berliner Humboldt-Universität zu die-sem Problem (www.internetsucht.de) stellt fest, daß drei Prozent von 8000 Befragten als internetsüchtig zu bezeichnen sind. Surfen ist für sie Hauptbeschäftigung, sie sind davon abhängig, das heißt, sie zeigen Entzugserscheinungen beim Wegfall der Möglichkeit zu surfen, sie kapseln sich von der Außenwelt ab. Wegen der hohen Telefonkosten geraten sie in finanzielle Schwierigkeiten; Ehen und Familien sollen daran oft zerbrechen. Es hat sich auch bereits eine Selbsthilfegruppe gebil-det (www.onlinesucht.de), an die man sich wenden kann, wenn man Hilfe braucht.

11 (Seite 291) Hierzu schreibt der namhafte Mathematiker H. Hermes [Hermes]:

Ein Algorithmus ist ein generelles Verfahren, mit dem man die Antwort auf jede einschlä-gige Frage durch eine simple Rechnung nach einer vorgeschriebenen Methode erhält. ... Für die Betätigung der schöpferischen Phantasie des Ausführenden bleibt dabei kein Platz. ... Die schematische Durchführung eines vorgegebenen allgemeinen Verfahrens bietet (nach einigen Proben) offenbar einem Mathematiker kein besonderes Interesse. Wir können also die bemerkenswerte Tatsache feststellen, daß ein schöpferischer Mathematiker durch die spezifisch mathematische Leistung der Entwicklung einer allgemeinen Methode den durch diese Methode beherrschten Bereich gewissermaßen mathematisch entwertet.

12 (Seite 292) Zwei Zitate über die Verwendung von Computern im Unterricht sollen meine Aussagen unterstützen:

In [Rath 98] heißt es:

Als zeitweise Quelle der Motivation bietet sich der Einsatz des Internets wegen dessen Neuartigkeit und Faszination an – auf die Dauer kann ein Unterricht aber nicht sinnvoll von einem Medium ausgehen. Vergleichbar wäre dies der Idee, im Unterricht Folien oder ein Video einsetzen zu müssen, egal, wozu. Letztlich muß im Zentrum eine inhaltliche oder methodische Frage stehen, zu deren Klärung man in der Folge geeignete Medien einsetzt. [...] „Suche" ist im Zusammenhang mit dem Internet ein leicht irreführender Begriff – oft gleichen die Aktivitäten eher einer Abwehr, einem verzweifelten Filtern, um in den Bergen von Heu die wenigen goldenen Nadeln zu finden. Man „surft" von einer Seite zur nächsten, sieht da etwas Schönes, dort etwas Interessantes und hat zuletzt nichts außer Kopfweh. Eine Suche nach *irgendetwas* Brauchbarem für den Unterricht ist wie ein Gang durch einen rie-sigen Supermarkt – eigentlich braucht man nichts, aber man findet etwas, was man zuletzt nicht braucht. [...] Computer waren noch Werkzeuge zur Schulung des Denkens, als sie hauptsächlich für das Programmieren eingesetzt wurden. Mit zunehmender Multimedialität und Bedienerfreundlichkeit rücken sie in die Nähe von z.B. Videorecordern, die übrigens oft schwieriger zu bedienen sind.

In der Tageszeitung Oberösterreichische Nachrichten vom 10. 10. 1998 steht unter dem Titel „Schummeln mit dem Schul-Computer" folgendes:

Im Auftrag des auf Leistungsprüfung spezialisierten „Educational Testing Service" in New Jersey wurden fast 14000 Schüler der vierten und achten Klassen miteinander verglichen. Das manche verblüffende Resultat: Wer länger vor dem Computer saß, schnitt in Mathematik eindeutig schlechter ab als diejenigen, die weniger auf diese elektronische Hilfe setzten. [...] Computer in Kinderhand hätten zu einer „Generation von oberflächlichen Knopfdrükkern geführt, die nicht mit Tiefgang denken können."

13 (Seite 294) Hierher gehört auch folgender Ausspruch [Eentig 84]:

Die neuen Informationstechniken vermehren weder unser Wissen überhaupt, noch steigern sie durch sich allein die Entscheidungsfähigkeit. Es ist von größter Wichtigkeit, daß wir uns dies klarmachen: Es gibt in der Menschheit immer nur soviel Wissen, wie in ihrem Bewußtsein aktiviert werden kann – ganz gleich, wieviel mehr wir in unseren Computern gespeichert haben. [...] Wissen ist nicht wie das Wasser in der Wasserleitung. Wissen ist nur, was man sich angeeignet hat.

Der Nobelpreisträger Leo Esaki sagt [Esaki]:

Nicht benötigte Information ist Ballast. Die Speicherkapazität und Verarbeitungsmöglichkeit des menschlichen Gehirns haben sich in der letzten Million Jahre kaum verändert. Der riesige Strom von Information, der ständig auf uns niederprasselt, muß aussortiert werden. Nur das wirklich Relevante und Notwendige sollte aufbewahrt werden.

Erwin Chargaff, der Chemiker, Fast-Nobelpreisträger und Kulturkritiker, hat es in einem fingierten Gespräch [Chargaff] folgendermaßen ausgedrückt:

Primus (alter Wissenschaftler): Der Computer ist ja doch dazu da, den Leuten das Wissen abzunehmen. Ich denke, wir leben jetzt inmitten der von Wissen unbeschwertesten Generationen, die die Ignoranz geradezu als Fach betreiben. Solang sie die Knöpfchen erkennen, auf die sie drücken müssen.

Tertia (Studentin): Dabei sagt man mir immer, daß wir mitten in einer Informationsexplosion leben.

Primus: Wissen und Information sind eher Gegensätze. Jenes geht in das Innere des Menschen und kommt aus ihm, während diese, die Information, an ihm vorbeigleitet als zitternde Bildschirmfigur. Denn er weiß nur was er abliest, während er es abliest.

Secundus (im besten Alter): Es ist typisch für abgelebte alte Leute, daß sie dem Computer fremd gegenüberstehn.

Primus: Das ist nicht einmal wahr. Als Rechenmaschine lasse ich den Computer durchaus gelten. Nur soll er einem das Denken nicht abzunehmen vorgeben.

14 (Seite 296) Hier sind einige Zitate aus einem Zeitungsbericht über die Messe CeBit in Hannover (Oberösterreichische Nachrichten vom 28.2.00):

Im E-Commerce von Firma zu Firma (Business-to-Business oder kurz B2B) ist das Internet längst Standard und verspricht weiterhin hohe Wachstumsraten. [...] Großkonzerne wie General Motors gestalten ihre Beschaffung via virtuellen Marktplatz im Internet. Auf diesen elektronischen Märkten können Anbieter, Zulieferer und Käufer in Echtzeit miteinander in Verbindung treten und vollelektronisch Geschäfte abwickeln. [...] Die automatisierten Beschaffungsprozesse sparen Zeit und Kosten und bringen zusätzliche Transparenz. Die durchschnittlichen Kosten pro Einkaufs- oder Verkaufsprozess, so deutsche Studien, lassen sich auf ein Zehntel reduzieren. Und statt bisher in sieben Tagen lassen sich Beschaffungsvorgänge nun in durchschnittlich zwei Tagen abwickeln. [...] Die wirtschaftlichen Auswirkungen dieser Technologie sind derzeit noch gar nicht abschätzbar. Fachleute sprechen von einem Strukturwandel, vergleichbar nur mit der industriellen Revolution des 19. Jahrhunderts.

15 (Seite 300) Einigen Informatikern, Soziologen und Philosophen, besonders in Deutschland, liegen die Auswirkungen der Informatik auf den Menschen so sehr am Herzen, daß sie von einer „Neubestimmung des Faches" sprechen. Aus dieser Perspektive ist in [Capurro] Informatik „als hermeneutische Disziplin" definiert, „mit der Aufgabe der technischen Gestaltung menschlicher Interaktionen mit der Welt." Gegenstand der Informatik ist hiernach der Mensch.

Noch weiter entfernt sich [Coy] vom üblichen Informatik-Verständnis, wenn er schreibt:

Gegenstand der Informatik ist vor allem anderen:

• Analyse und (Re-)Organisation der Arbeit mit Hilfe informationstechnischer Mittel, ihre maschinelle Unterstützung oder ihre Ersetzung durch Maschinen und

• die Entwicklung der Informationstechnik zu diesen Zwecken, insbesondere die Entwicklung des methodisch begründeten Entwurfs von Software und Hardware und der Integration informationstechnischer Komponenten zu Systemen.

Informatik ist somit die Wissenschaft des instrumentalen Gebrauchs der Informationstechnik: einer Sammlung von Instrumenten, mit denen ein soziales Verhältnis, nämlich das der Menschen zu ihrer Arbeit, bestimmt wird.

Aufgabe der Informatik ist also die Analyse von Arbeitsprozessen und ihre konstruktive, maschinelle Unterstützung. Nicht die Maschine, sondern die Organisation und Gestaltung von Arbeitsplätzen steht als wesentliche Aufgabe im Mittelpunkt der Informatik. Die Gestaltung der Maschinen, der Hardware und der Software ist dieser primären Aufgabe untergeordnet. Informatik ist also nicht ‚Computerwissenschaft'.

Hier wackelt der (ideologische) Schwanz mit dem Hund!

Kleines Begriffswörterbuch

Hier sind die meisten der im Text vorkommenden Fachbegriffe mit ihren englischen Übersetzungen (sofern sie nicht selbst englische Bezeichnungen sind), alfabetisch zusammengestellt und mehr oder weniger ausführlich und vollständig erklärt. Die Seiten, auf denen sie im Text behandelt werden, findet man im Stichwortverzeichnis. Das Zeichen ↓ steht vor Wörtern, die selbst als Begriffe erklärt sind. Einige der Begriffe sind auch in der Norm DIN 44 300 definiert.

Ablaufdiagramm (*flow chart*). Halbgrafische Darstellung von Algorithmen durch Aktionen, Verzweigungen und Verbindungspfeile zwischen ihnen.

Adresse (*address*). Laufende Nummer einer Speicherzelle.

Akkumulator (*accumulator*). Ein ↓Register des Rechenwerks, das an der Ausführung arithmetischer und logischer Operationen beteiligt ist. Es enthält vor der Operation einen der Operanden und nach der Operation das Ergebnis.

Aktueller Parameter (*actual parameter*, *argument*). ↓Parameter.

Alfabet (*alphabet*). Endliche Menge unterscheidbarer Symbole.

Algorithmenbeschreibungssprache (*algorithm description language*), auch Pseudocode (*pseudocode*). Darstellung von Algorithmen in programmiersprachenähnlicher Form.

analog (*analog*, *analogue*). Darstellung einer physikalischen oder mathematischen Größe durch eine ihr analoge (d. h. entsprechende) Größe. Eine Datendarstellung ist analog, wenn sie ein direktes Abbild der dargestellten Größe ist. Gegensatz: ↓digital.

Anweisung (*statement*). Grundbestandteil eines Quellprogramms zur Beschreibung einer Aktion. Wichtigste Anweisungarten sind Zuweisung, Verzweigungsanweisungen, Schleifenanweisungen, Prozeduraufruf, Ein-Ausgabe-Anweisungen. Gegensatz: ↓Deklaration.

Arbeitsspeicher (*random access storage*). Der Speicher mit wahlfreiem Zugriff, aus dem der ↓Prozessor die ↓Befehle und ↓Operanden während eines Programmablaufes holt.

Assembler. Ein Programm, das eine maschinenorientierte Sprache (aus symbolischen ↓Befehlen) in eine ↓Maschinensprache (aus Befehlen in Form von Bitmustern) übersetzt.

Axiom (*axiom*). Eine als wahr angenommene Aussage, die nicht aus anderen Aussagen abgeleitet, sondern als Grundtatsache angesehen wird. Axiome dürfen einander nicht widersprechen.

Baum (*tree*). In der Praktischen Informatik meist eine hierarchische ↓Datenstruktur mit einem ausgezeichneten Knoten, der Wurzel, und $m \geq 0$ elementefremden Knotenmengen, die selbst wieder Bäume sind. In der Mathematik (Graphentheorie) allgemeiner definiert.

Befehl (*instruction*). Kleinste Einheit eines maschinenorientierten Programms. Bewirkt die Ausführung eines elementaren Programmschritts, wie Laden oder Speichern eines Datenwertes, Ausführen einer Operation oder eines Sprunges.

Befehlsregister (*instruction register*). Ein ↓Register des Steuerwerks zur Aufnahme des gerade ausgeführten Befehls.

Befehlszählregister, **Befehlszähler** (*instruction counter*, *program counter*). Ein ↓Register des Steuerwerks, das die ↓Adresse des Befehls enthält, der als nächster ausgeführt werden soll.

Betriebsmittel (*resource*). Physikalischer oder logischer Teil eines Rechnersystems, der von Programmen benötigt wird, insbesondere ↓Arbeitsspeicher, ↓Externspeicher (↓Dateien), Ein-Ausgabe-Geräte, Rechenzeit.

Betriebssystem (*operating system*). Sammlung von Programmen zur geregelten Verwaltung und Benutzung von ↓Betriebsmitteln.

Bilderkennung (*vision*). Zweig der künstlichen Intelligenz, der sich mit dem künstlichen Sehen befaßt. Das ist die Technik, aus einem zweidimensionalen Bild auf die Objekte, die das Bild darstellt, zu schließen.

Binärcodierung (*binary encoding*). Die Darstellung irgendwelcher Daten durch Folgen von ↓Binärzeichen.

Binärzeichen (*binary symbol*). Element eines zweiwertigen ↓Alfabets, z. B. 0/1; *true/false*.

Bit. ↓Binärzeichen.

Block (*block*). Bei der Datenübertragung die Menge von ↓Bytes, die mit einem Ein-Ausgabe-Vorgang zwischen ↓Arbeitsspeicher und Peripheriegerät transportiert wird.

Boolesche Funktion (*boolean function*). Auch logische Funktion oder Schaltfunktion. Eine Funktion, deren Ergebnis ein binärer Wert (true oder false) ist. Charakteristische boolesche Funktionen sind die logischen Verknüpfungen Und, Oder, Nicht und die arithmetischen ↓Relationen Gleich, Größer als, usw. und Kombinationen aus ihnen.

Briefkasten (*mailbox*). ↓Pufferspeicher eines parallelen ↓Prozesses zur Zwischenspeicherung ankommender Nachrichten.

Bus (*bus*). 1. Elektronische Sammelschiene zur Verbindung verschiedener Teile eines Rechners. Man unterscheidet Datenbus, Adreßbus und Steuerbus. 2. Die Verbindung zweier Rechner eines Rechnernetzes bestimmter Topologie.

Byte. Gruppe von 8 binären Zeichen.

Cache. Für den Programmierer unsichtbarer Schnellspeicher, der logisch zwischen den ↓Registern und dem ↓Arbeitsspeicher liegt. Man unterscheidet Befehls-Cache und Daten-Cache. Der Name wird auch für andere unsichtbare ↓Pufferspeicher benutzt.

CD-ROM (*compact disc read only memory*). Magnetoptischer Plattenspeicher, der vom Hersteller durch mechanische Prägung beschrieben wird und vom Benutzer nur gelesen werden kann.

Churchsche These (*Church's thesis*). Die Aussage, daß ↓Turingmaschinen formale Modelle von Algorithmen sind und kein Berechnungsverfahren „algorithmisch" genannt werden kann, das nicht von einer Turingmaschine ausgeführt werden kann. (Gleichsetzung des mit Turingmaschinen und mit Algorithmen Berechenbaren.)

CISC (*complex instruction set computer*). Rechner mit umfangreichem Befehlsvorrat, unterschiedlicher Ausführungsdauer der Befehle und Mikroprogrammsteuerung. Gegensatz: ↓RISC.

Client-Server-Modell (*client server model*). Oft verwendete Organisationsform der Rechner oder Prozesse in einem Rechnernetz, bei der zwischen Auftraggebern (clients) und Auftragsnehmern (servers) unterschieden wird.

Clipping. Abschneiden der über den Fenster- oder Bildrand hinausragenden Teile einer Computergrafik.

Code (*code*). Zuordnung einer Menge von Zeichenfolgen zu einer anderen Menge von Zeichenfolgen. Meist umkehrbar eindeutig.

Codierungstheorie (*coding theory*). Mathematische Theorie der Codierungsverfahren; hauptsächlich zur Auffindung von minimalen (= kürzesten), ↓fehlererkennenden und ↓fehlerkorrigierenden Codes.

Compiler. Ein Programm, das eine Quellsprache in eine Zielsprache übersetzt.

Cursor. Symbol zur Markierung einer Stelle auf dem Bildschirm. Bei Texteditoren speziell die Schreibmarke zur Bezeichnung der Stelle auf dem Bildschirm, an die das nächste eingegebene Zeichen geschrieben wird.

Cyberspace. ↓Virtuelle Realität.

Datei (*file*). Organisatorische Einheit von Daten auf externen Speichermedien. Man unterscheidet sequentielle und ↓Direktzugriffsdateien.

Dateifortschreibung (*file update*). Die Aktualisierung einer sequentiellen ↓Datei durch Hinzufügen, Löschen und Ändern von ↓Sätzen.

Datenanzug (*data suit*). Ein mit Sensoren ausgestatteter Anzug, meist ergänzt durch Datenhandschuhe (*data gloves*) und Datenhelm (*head mounted display*) zur Bewegung in einer ↓virtuellen Welt.

Datenbanksystem (*data base system*). Ein Programmsystem, das einen großen Datenbestand (die Datenbank) verwaltet und die Auswertung der Daten nach vielfältigen Gesichtspunkten gestattet.

Datenmodell (*data model*). Ein logisches oder programmierungstechnisches Modell der Organisation des Inhalts einer Datenbank. Man unterscheidet das hierarchische, das Netzwerk-, das relationale und weitere Datenmodelle.

Datenstruktur (*data structure*). Die Zusammenfassung von Daten zu einer höheren Einheit. Die wichtigsten Datenstrukturen sind das Feld (*array*), der Verbund (*record*) und durch ↓Zeiger verbundene Knoten (↓Graphen).

Datentyp (*data type*). Zusammenfassende Bezeichnung für alle Daten, die gleiche Struktur haben, deren Werte demselben Wertebereich angehören und mit denen die gleichen Operationen ausgeführt werden können. Trotz scheinbarer Einfachheit ein schwieriger Begriff, der sich in vielen Variationen definieren läßt und über den keine Einhelligkeit herrscht.

Deduktion (*deduction*). Schlußweise der Logik, bei der sich aus der Gültigkeit zweier oder mehrerer gegebener Sätze (der Prämissen) die Gültigkeit eines weiteren Satzes (der Konklusion) ergibt.

Deklaration (*declaration*). Teil eines ↓Quellprogramms, in dem die Daten- und Programmstrukturen, mit denen das Programm arbeitet, festgelegt werden. Gegensatz: Anweisung.

Dialogverarbeitung (*dialog oriented processing*). Betriebsart von Rechnern, bei denen der Ablauf eines Programms durch Eingriffe des Benutzers gesteuert wird.

digital (*digital*). Darstellung einer physikalischen oder mathematischen Größe durch eine symbolische Beschreibung, insbesondere durch eine Zahl. Gegensatz ↓analog.

Direktzugriffsdatei (*random access file*). ↓Datei, auf deren ↓Sätze direkt unter Angabe ihrer ↓Adresse oder ihres ↓Schlüssels zugegriffen werden kann.

Disjunktion (*disjunction*). Elementare ↓boolesche Funktion $f(x,y)$, liefert true falls $x = true$ oder $y = true$ ist, sonst *false* (einschließendes *oder*).

Diskettenspeicher (*floppy disk storage*). Scheibenförmiger magnetischer ↓Externspeicher, billig und leicht transportierbar.

diskret (*discrete*). Unstetig, getrennt. Gegensatz: stetig, kontinuierlich.

Diskretisierung (*discretisation*). Ersetzung des unendlichen (stetigen) Wertebereichs einer Größe durch einen endlichen (diskreten).

Duales Zahlensystem (*dual number system*). Zahlensystem mit der Basis 2. Seine Ziffern sind die ↓Binärzeichen 0 und 1.

DVD (*digital versatile disk*). Magnetoptischer Plattenspeicher großer Kapazität, zur Aufzeichnung von Videofilmen geeignet. Weiterentwicklung der Compact Disk.

Dynamische Bindung (*dynamic binding*). Spezialbegriff der objektorientierten Programmierung. Der Aufruf einer Methode (= Prozedur) wird erst zur Laufzeit an den Code der Methode gebunden, d.h. erst zur Laufzeit wird ermittelt, wo der Code der aufgerufenen Methode steht. Gegensatz: Statische Bindung.

Editor (*editor*). Ein Programm zur Eingabe von Daten in den Rechner und zur Änderung von zuvor eingegebenen Daten. Man unterscheidet Texteditoren für die Texteingabe und grafische Editoren für Bilder.

Effizienz (*efficiency*). Allgemein: Wirksamkeit, Leistungsfähigkeit, Wirtschaftlichkeit. In der Informatik speziell als Qualitätsbezeichnung benutzt. Ein Programm ist effizient, wenn es sich hinsichtlich Laufzeit, Speicherplatzverbrauch und eventuell der Benutzung weiterer Mittel günstig verhält.

Einadreßbefehl (*one-address instruction*). Befehl mit einem Adreßteil für einen ↓Operanden.

Elektronische Post (*electronic mail*). Die elektronische Übermittlung von Briefen (Texte und Bilder) von einem Rechner an einen anderen über ein Rechnernetz.

Elektronischer Handel (*electronic commerce*). Die Abwicklung von Geschäften über das Internet.

E-Mail (*e-mail*). Abkürzung von ↓Elektronische Post.

Evolutionärer Algorithmus (*evolutionary algorithm, genetic algorithm*). Algorithmus zur Lösung von Optimierungsaufgaben nach dem Vorbild der biologischen Evolution (Auffindung immer besserer Lösungen durch Reproduktion, Mutation und Selektion).

Expertensystem (*expert system*). Ein Programm zur Beantwortung von Fragen eines bestimmten Wissengebietes mit Hilfe gespeicherter Tatsachen und Regeln, das sich ähnlich einem menschlichen Experten verhalten soll.

Externspeicher (*external storage*). Alle Speicher außer dem ↓Arbeitsspeicher und den ↓Registern. Hauptvertreter: ↓Diskettenspeicher, Magnetplattenspeicher, Magnetbandspeicher.

Fehlererkennender Code (*error detecting code*). Ein Code, der bei fehlerhafter Datenübertragung gewisse Fehler zu erkennen (aber nicht zu korrigieren) gestattet.

Fehlerkorrigierender Code (*error correcting code*). Ein Code, der bei fehlerhafter Datenübertragung gewisse Fehler zu korrigieren gestattet.

Fenstertechnik (*window technique*). Die Einteilung des Bildschirms in mehrere voneinander unabhängige Teil-Bildschirme (Fenster).

Firmware. ↓Mikroprogrammierung.

Fließbandverarbeitung (*pipeline processing*). Die Ausführung eines Befehls in mehreren Abschnitten an mehreren Orten, wie auf einem Fließband. Dadurch können mehrere Befehle zeitlich überlappend ausgeführt werden.

Flipflop. Gatterschaltung mit Rückkopplung zur Speicherung von einem ↓Bit.

Formaler Parameter (*formal parameter*). ↓Parameter.

Formale Semantik (*formal semantics*). Die Gesamtheit aller Methoden, die Bedeutung von programmiersprachlichen Konstruktionen formal und dadurch exakt und eindeutig zu beschreiben.

Formale Sprache (*formal language*). Die Menge aller Ketten aus Zeichen eines ↓Alfabets, die bestimmten Regeln genügen. Die Regeln werden meist durch eine Grammatik beschrieben.

Funktionales Programmieren (*functional programming*). Eine Programmierungstechnik (mit funktionalen Programmiersprachen), bei der Algorithmen als mathematische Funktionen aufgefaßt werden. Rein funktionale Programme enthalten keine ↓Variablen und keine ↓Zuweisungen.

Gatter (*gate*). Schaltung zur Verknüpfung binärer Signale. Die wichtigsten Gatter sind das ↓Nicht–, das ↓Und- und das ↓Oder-Gatter.

Gegenseitiger Ausschluß (*mutual exclusion*). Maßnahme bei der Parallelprogrammierung, um sicherzustellen, daß ein ↓Prozeß einen bestimmten Abschnitt nur dann durchläuft, wenn ihn kein anderer Prozeß durchläuft.

Genetische Programmierung (*genetic programming*). Der Versuch, mit ↓evolutionären Algorithmen Programme für bestimmte einfache Aufgaben automatisch zu erzeugen.

Gleitpunktzahl (*floating point number*). Halblogarithmische Zahlendarstellung durch Mantisse (Signifikand) und Exponent. Wird für gebrochene Zahlen und große Zahlenbereiche benutzt.

Graph (*graph*). 1. Eine ↓Datenstruktur aus Verbunden, die durch ↓Zeiger miteinander verknüpft sind. 2. Die Abstraktion einer solchen Datenstruktur, bestehend aus Knoten (Objekten) und Kanten (Beziehungen) zwischen ihnen. 3. Die zeichnerische Darstellung einer Funktion (z. B. eine Sinuskurve).

Halbaddierer (*half adder*). Gatterschaltung zur Addition zweier einstelliger Dualzahlen ohne einlaufenden Übertrag.

Halteproblem (*halting problem*). Das Problem, ein Programm anzugeben, das von jedem Programm feststellt, ob es anhält oder nicht. (Es gibt kein solches Programm.)

HTML (*hypertext markup language*). Seitenbeschreibungssprache für WWW-Seiten.

Hypermedia. Die gemeinsame Verarbeitung von Text, Ton und Bild mit Rechnerprogrammen in nichtlinearer Weise.

Hypertext. Eine bestimmte Art der nichtlinearen Anordnung von Textabschnitten.

Implikation (*implication*). ↓Boolesche Funktion $f(x,y)$, liefert false falls $x = true$ und $y = false$ ist, sonst *true* (entspricht mit einer Einschränkung der sprachlichen Formulierung „wenn x dann y").

Integrität (*integrity*). Die Sicherheit einer Datenbank gegen Verfälschung und Zerstörung des Datenbestandes.

Internet (*internet*). Das weltumspannende Rechnernetz mit der größten Bedeutung und dem schnellsten Wachstum aller Netze.

Interpretation (*interpretation*). Allgemein: Deutung. In der Informatik besonders die Deutung einer Zeichenfolge als Anweisung, verbunden mit der Ausführung der Anweisung.

Iterationsverfahren (*iterative method*). Rechenverfahren, bei dem das Ergebnis in mehreren gleichartigen Schritten durch immer bessere Annäherung an den wahren Wert berechnet wird.

Klasse (*class*). Spezialbegriff der objektorientierten Programmierung. Eine Klasse ist die Zusammenfassung von Daten und Methoden zu einem höheren Ganzen.

Komplexität (*complexity*). In verschiedenen Bedeutungen verwendeter Begriff. Allgemeine Bedeutung: „Kompliziertheit". In der Theoretischen und Praktischen Informatik speziell die Abhängigkeit eines bestimmten Merkmals eines Algorithmus von den Eingabedaten oder der Algorithmusstruktur. *Zeitkomplexität*: Abhängigkeit der Laufzeit eines Programms vom Umfang der Eingabedaten; *Speicherkomplexität*: Abhängigkeit des Datenspeicherbedarfs eines Programms in Abhängigkeit vom Umfang der Eingabedaten; *Strukturkomplexität*: die Kompliziertheit des strukturellen Aufbaus eines Programms; *asymptotische Komplexität*: Eine von den Eingabegrößen abhängige Komplexität für gegen unendlich strebenden Umfang der Eingabedaten, bezogen auf gewisse einfache Funktionen.

Konjunktion (*conjunction*). Elementare ↓boolesche Funktion $f(x,y)$, liefert true für $x = true$ und $y = true$, sonst *false* (logisches *und*).

Konvertierung (*conversion*). Transformation der Darstellungsart von Daten, z. B. von Dezimalzahlen in Dualzahlen, von ganzen Zahlen in ↓Gleitpunktzahlen.

Kryptologie (*cryptology*). Die Gesamtheit der Methoden, einerseits Daten so zu verschlüsseln, daß sie Unbefugte nicht verstehen oder verfälschen können (Kryptografie); andererseits verschlüsselte Daten zu entschlüsseln (Kryptoanalyse).

Lader (*loader*). Ein Programm, das Objektprogramme, die in ↓Dateien stehen, zur Ausführung in den ↓Arbeitsspeicher lädt.

ld = logarithmus dualis. Dualer Logarithmus, Logarithmus mit der Basis 2. Für jede reelle Zahl x ist $x = 2^{\text{ld}x}$.

Lebenszyklus (*life cycle*). ↓Software-Lebenszyklus.

Lesespeicher (*read only memory – ROM*). Ein Speicher, der einmal (bei der Herstellung oder durch den Käufer) beschrieben wird und dann nur noch gelesen werden kann.

Logikschaltung (*logic circuit*). Schaltung aus ↓Gattern zur Erzielung einer logischen (booleschen) Funktion.

Logisches Programmieren (*logical programming*). Eine Programmierungstechnik (mit logischen Programmiersprachen), bei der Programme durch logische Aussagen und Schlußregeln spezifiziert werden. Rein logische Programme enthalten keine Ablaufsteuerung.

Mantisse (*mantissa*). (1) Mathematik: der gebrochene (= hinter dem Komma stehende) Teil eines Logarithmus. (2) Informatik: der gebrochene Teil einer Gleitpunktzahl.

Maschinenorientierte Programmiersprache (*machine-oriented language*). Niedrige Programmiersprache für eine bestimmte Maschine. Ein Programm in ↓Maschinensprache besteht aus symbolischen (d.h. codierten) Befehlen.

Maschinensprache (*machine language*). Niedrigste Form einer ↓maschinenorientierten Programmiersprache. Ein Programm in Maschinensprache besteht aus den Bitmustern der Befehle.

Maschinenwort (*machine word*). Eine Gruppe von n ↓Binärzeichen, die auf Grund der Architektur eines Rechners Transport- und Operationseinheit ist. Typisch ist $n = 16, 32$.

Mensch-Maschine-Kommunikation (*human-computer interaction*). Die Gesamtheit der Verfahren zur Kommunikation zwischen Mensch und Rechner. Dazu gehören Dateneingabe, Datenausgabe, Programmunterbrechung, Dialogführung.

Menütechnik (*menu technique*). Bestandteil der Mensch-Maschine-Kommunikation, bei der das Programm dem Benutzer auf dem Bildschirm eine Liste von Auswahlmöglichkeiten (das Menü) anzeigt und der Benutzer aus ihr etwas auswählt.

Methode (*method*). Spezialbegriff der objektorientierten Programmierung. Fast gleichbedeutend mit ↓Prozedur.

Mikroprogrammierung (*micro programming*). Die Programmierung mit Mikrobefehlen, die unter der Ebene der Maschinenbefehle liegen. Mikroprogramme bilden eine Verbindung zwischen Hardware und Software und werden auch als Firmware bezeichnet.

Mikroprozessor (*microprocessor*). Rechenwerk und Steuerwerk eines Rechners in Form einer integrierten Schaltung auf einem Chip.

Mischen (*merge*). Die Vereinigung zweier sequentieller ↓Dateien zu einer, wobei sortierte Abschnitte in den beiden Quelldateien zu längeren sortierten Abschnitten in der Zieldatei verschmolzen werden.

Modul (*module*). Im weiteren Sinn jede in sich abgeschlossene Programmeinheit (insbesondere ↓Prozedur), die bausteinartiger Bestandteil eines Programmsystems ist. Im engeren Sinn eine bestimmte Konstruktion einiger Programmiersprachen, die mehrere Daten und Prozeduren zu einem Baustein zusammenfaßt (im Buch nicht behandelt). Dieser Modulbegriff der Informatik unterscheidet sich von dem der Mathematik (Zahlentheorie). Der Duden unterscheidet *das* Mod<u>u</u>l, *die* Mod<u>u</u>le (Modul im Sinne von Baustein) und *der* M<u>o</u>dul, die M<u>o</u>duln (Modul im Sinne der Mathematik).

Multicomputersystem (*multi-computer system*). Parallelrechnersystem mit mehreren zusammenarbeitenden vollständigen Rechnern (die alle ihre eigenen ↓Arbeitsspeicher besitzen).

Multimedia (*multimedia*). Die gemeinsame Verarbeitung von Text, Ton und Bild mit Rechnerprogrammen.

Multiprozessorsystem (*multi-processor system*). Parallelrechnersystem mit mehreren zusammenarbeitenden ↓Prozessoren, aber meist nur einem, allen gemeinsamen ↓Arbeitsspeicher.

Nebenwirkung (*side effect*). Die unsichtbare Veränderung des ↓Zustands eines Programms, bewirkt durch die Ausführung einer Operation (meist einer ↓Prozedur).

Negation (*negation*). Elementare ↓boolesche Funktion $f(x)$, liefert *true* für $x = false$ und *false* für $x = true$ (logisches *nicht*).

Neuronales Netz (*neural network*). Ein Netz von Schaltelementen oder sehr elementaren Rechnern, dessen Verhalten dem (vermuteten) Verhalten des Gehirns nachgebildet ist.

Nicht-Gatter (*not gate*). Schaltung zur Bildung der ↓Negation.

Objektorientiertes Programmieren (*object-oriented programming*). Eine Programmierungstechnik (mit objektorientierten Programmiersprachen), bei der Daten und die auf sie zugreifenden Operationen zusammen als miteinander kommunizierende Objekte angesehen werden.

Objektprogramm (*object program*). Ein vom Rechner ohne weitere Übersetzung ausführbares Programm. Gegensatz: ↓Quellprogramm.

Oder-Gatter (*or gate*). Schaltung zur Bildung der ↓Disjunktion.

Operand (*operand*). Teil eines mathematischen oder programmiersprachlichen Ausdrucks. In dem Ausdruck $a + b - c$ sind a, b und c Operanden, + und − sind ↓Operatoren.

Operator (*operator*). ↓Symbol für eine (mathematische) Operation. In dem Ausdruck $a + b - c$ sind + und − Operatoren, a, b und c sind ↓Operanden.

OSI-Referenzmodell (*OSI reference model*). Ein durch Normung festgelegtes, aus 7 Schichten bestehendes Modell der Datenübertragung in Rechnernetzen.

Paketvermittlung (*packet switching*). Datenübertragungstechnik in Rechnernetzen, bei der die zu übertragenden Daten portionsweise (in kleinen Paketen) verschickt werden.

Paralleles Programm (*parallel program*). Ein Programm, das Abschnitte enthält, die gleichzeitig auf mehreren ↓Prozessoren oder verzahnt auf einem Prozessor ausgeführt werden können.

Parameter (*parameter*). Aus algorithmischer Sicht: eine Eingangs-, Ausgangs- oder Übergangsgröße eines Algorithmus. Aus programmiersprachlicher Sicht: eine Größe, die eine ↓Prozedur mit ihrem Rufer austauscht. Aktueller Parameter: Parameter, mit dem die Prozedur tatsächlich ausgeführt wird. Formaler Parameter: Platzhalter für einen aktuellen Parameter in der Prozedurdeklaration.

Periphere Geräte (*peripheral devices*). Zusammenfassende Bezeichnung für alle Teile des Rechners außer ↓Prozessor und ↓Arbeitsspeicher. Insbesondere die externen Speicher und die Ein-Ausgabe-Geräte.

Pixel (*pixel = picture element*). Ein einzelner Bildpunkt in einer Rastergrafik.

Plattenspeicher (*disk storage*). Externer Speicher. Magnetplattenspeicher bestehen aus einer oder mehreren übereinanderliegenden magnetisch beschichteten Platten, optische Plattenspeicher aus einer Platte, die mit einem Laserstrahl abgetastet wird.

Polling (*polling*). Die vom Programmierer veranlaßte periodische Abfrage in einem Programm, ob ein Programmunterbrechungswunsch vorliegt.

Prädikatenlogik (*predicate logic*). Zweig der mathematischen Logik, in dem logische Aussagen über Gegenstände und die Beziehungen zwischen ihnen mit Hilfe bestimmter Operationen in einer formalisierten Sprache beschrieben werden.

Programmierumgebung (*programming environment*). Eine Sammlung von aufeinander abgestimmten Software-Werkzeugen, die das Herstellen von Programmen unterstützt.

Programmtest (*program test*). ↓Testen.

Programmunterbrechung (*program interrupt*). Die Unterbrechung des laufenden Programms durch rechnerinterne Ursachen (Fehler, Betriebssystem) oder rechnerexterne Ursachen (Ein-/Ausgabegeräte, Unterbrechungsleitungen). Rechnerinterne Unterbrechungen werden auch *Traps* genannt.

Programmverifikation (*program verification*). Beweis der Korrektheit eines Algorithmus oder Programms bezüglich gegebener Eingabe- und Ausgabespezifikationen.

Protokoll (*protocol*), genauer Kommunikationsprotokoll (*communication protocol*). Menge von Regeln über den Ablauf einer Nachrichtenübertragung zwischen Kommunikationspartnern (insbesondere Rechnern). Bestimmt auch die Struktur der Nachrichten, die übertragen werden.

Prozedur (*procedure*), auch Unterprogramm genannt. Ein in sich abgeschlossener Programmteil, der von anderen Programmteilen aus aufgerufen und ausgeführt werden kann. Eine Prozedur hat meist eigene (lokale) ↓Variablen und tauscht mit ihrem Rufer Daten über ↓Parameter aus.

Prozeß (*process, task*). Ein in Ausführung befindliches ↓sequentielles Programm oder sequentielles Stück eines ↓parallelen Programms.

Prozessor (*processor*). Zentrale Hardware-Einheit eines Rechners, bestehend aus Rechen- und Steuerwerk.

Prozeßrechner (*process computer*). Ein Rechner zur Steuerung und Regelung technischer Prozesse. Charakteristika: angeschlossene Meß- und Steuergeräte, schnelle Reaktion auf Anforderungen des technischen Prozesses (Echtzeitverhalten).

Pseudocode (*pseudocode*). ↓Algorithmenbeschreibungssprache.

Pufferspeicher (*buffer store*). Ein Speicher zur kurzzeitigen Zwischenlagerung von Daten. Meist zum Auffangen von Geschwindigkeitsunterschieden eines Datenerzeugers und eines Datenverbrauchers oder zum Umformatieren von Daten.

Quellprogramm (*source program*). In einer Programmiersprache formuliertes Programm. Gegensätze: ↓Objektprogramm, ↓Zielprogramm.

RAM (*random access memory*). Speicher mit wahlfreiem Zugriff (d.h. zu allen Speicherzellen etwa gleich schnell), der gelesen und beschrieben werden kann. Gegensatz: ↓ROM.

Rasterung (*rastering*). ↓Diskretisierung.

Rechnerfamilie (*computer family*). Mehrere in ihrer Leistungsfähigkeit abgestufte Rechner, die sich aus der Sicht des Programmierers gleich verhalten.

Rechnernetz (*computer network*). Zusammenschluß mehrerer autonomer Rechner über Datenleitungen. Man unterscheidet lokale und Weitverkehrsnetze.

Referenz (*reference*). ↓Zeiger.

Register (*register*). Schneller Kurzzeitspeicher für einen Datenwert.

rekursiv (*recursive*). In sich selbst zurücklaufend. Ein rekursiver Algorithmus (eine rekursive ↓Prozedur) ruft sich direkt oder indirekt selbst auf. Eine rekursive Definition greift bei der Definition auf sich selbst zurück (siehe z. B. die Definition von ↓Baum).

Relation (*relation*). 1. Allgemein: Beziehung zwischen zwei oder mehr Größen, die wahr oder falsch sein kann. 2. In Programmiersprachen speziell die Beziehungen $<, \leq, =, \neq, \geq, >$ zwischen arithmetischen

Größen. 3. Bei Datenbanken und in der Mengenlehre eine Teilmenge r des kartesischen Produkts $M \times N$ zweier Mengen M und N, also $r \subseteq M \times N$. Die Relation wird hier als Tabelle dargestellt.

RISC (*reduced instruction set computer*). Rechner mit beschränktem Befehlsvorrat, Befehlspipeline, Befehls-Cache und ohne Mikroprogrammsteuerung, bei dem in jedem Takt ein neuer Befehl ausgeführt wird. Gegensatz: ↓CISC.

ROM (*read only memory*). ↓Lesespeicher. Gegensatz: ↓RAM.

Satz 1. (*logical record*). In der Dateiverarbeitung: Softwareorientierte Einheit der Daten auf externen Speichern (↓Dateien). 2. (*sentence*). In den Formalen Sprachen: Eine aus dem Satzsymbol ableitbare terminale Zeichenkette.

Schaltnetz (*combinatorial switching circuit*). Zusammensetzung von Verknüpfungsschaltungen ohne Speicherverhalten.

Schaltwerk (*sequential switching circuit*). Zusammensetzung von Verknüpfungsschaltungen und Speichern zu einer Schaltung mit Speicherverhalten.

Schlüssel (*key*). Teil eines ↓Satzes einer ↓Datei, der den Satz eindeutig charakterisiert. Die Schlüssel aller Sätze einer Datei müssen deshalb verschieden sein.

Schreibtischmodell (*desktop metaphor*). Art der Mensch-Maschine-Kommunikation mit ↓Fenstertechnik und verschieblichen Sinnbildern, die die Handhabung von Schriftstücken auf dem Schreibtisch nachbildet.

Schrittweise Verfeinerung (*stepwise refinement*). Eine Methode der Programmentwicklung durch Fortschreiten vom Gröberen zum Feineren (von außen nach innen).

Schwellwertlogik (*threshold logic*). Eine Verknüpfungstechnik von Eingangssignalen, bei der sich ein Ausgangssignal dann ergibt, wenn die Summe aller Eingangssignale eine bestimmte Schwelle überschreitet.

Sekundärspeicher (*secondary storage*). ↓Externspeicher.

Semantik (*semantics*). Die Bedeutung von Zeichen und Zeichenketten. Semantische Eigenschaften von Zeichenketten sind solche, die ihre Bedeutung betreffen, d. h. ihren Sinn, das was sie für einen menschlichen Leser oder für den Rechner, der sie übersetzen oder ausführen soll, bezeichnen. Gegensatz: ↓Syntax.

Semaphor (*semaphore*). Ein ↓Datentyp, dessen ↓Variablen zur Steuerung paralleler Programme benutzt werden.

Sequentielle Datei (*sequential file*). ↓Datei, deren ↓Sätze, ihrer sequentiellen Anordnung auf dem Speichermedium entsprechend, nur einer nach dem anderen verarbeitet werden können.

Sequentielles Programm (*sequential program*). Ein Programm, dessen Schritte sämtlich nacheinander ausgeführt werden. Gegensatz: ↓paralleles Programm.

Server. Rechner oder Prozeß in einem Netz, der Dienstleistungen für andere Rechner oder Prozesse (seine Klienten) ausführt.

Simulation (*simulation*). Nachbildung. In der Informatik speziell die Nachbildung physikalischer und technischer Vorgänge durch mathematische Modelle mit dem Rechner.

Software-Lebenszyklus (*software life cycle*). Die Gesamtheit der Abschnitte der Herstellung und Wartung eines Software-Produkts.

Softwaretechnik (*software engineering*). Die Technik der Herstellung großer Programme, die von mehreren Programmierern für viele Benutzer geschrieben werden.

Software-Werkzeug (*software tool*). Ein Programm, das die Herstellung anderer Programme unterstützt.

Sprachdefinition (*language definition*). Das Dokument, das die ↓Syntax und ↓Semantik einer Programmiersprache genau beschreibt.

Sprachverstehen 1. (*language perception*). Zweig der künstlichen Intelligenz, in dem versucht wird, Programme zu schreiben, die die Bedeutung (↓Semantik) von Texten einer natürlichen Sprache verstehen (besonders zur Übersetzung). 2. (*speech recognition*). Erkennung gesprochener Sprache (und evt. auch des Sprecheres) durch Analyse der akustischen Signale.

Stapelverarbeitung (*batch processing*). Betriebsart von Rechenzentren, bei denen die Benutzer ihre Rechenaufträge abgeben und die Ergebnisse zu einem späteren Zeitpunkt zurückbekommen, also nicht in ein laufendes Programm eingreifen können. Gegensatz: ↓Dialogverarbeitung.

Suchmaschine (*search engine*). Programmsystem zur Informationssuche im Internet. Gesucht wird meist nach Stichwörtern, manche Suchmaschinen gestatten aber auch die hierarchische Suche nach Sachgebieten.

Supercomputer (*supercomputer*). Rechner der obersten Leistungsklasse mit starker Parallelverarbeitung, meist für einen eingeschränkten Aufgabenbereich (mathematisch-naturwissenschaftliche Aufgaben).

Symbol (*symbol*). Zeichen im Sinne eines Elements aus einem ↓Alfabet.

Syntax (*syntax*). Der strukturelle Aufbau von Zeichenketten. Syntaktische Eigenschaften von Zeichenketten sind solche, die allein ihren strukturellen Aufbau betreffen, ohne ihre Bedeutung zu berücksichtigen. Gegensatz: ↓Semantik.

Teilnehmer-Betriebssystem (*time sharing operating system*). Ein ↓Betriebssystem, das viele quasi gleichzeitig ablaufende Programme verschiedener Benutzer verwaltet.

Takt (*clock*). Periodische Impulsfolge zur Steuerung von Abläufen im Rechner.

Testen (*testing*). Das Suchen nach noch unbekannten Fehlern in einem Programm.

Transistor (*transistor*). Dreipoliges elektronisches Halbleiter-Bauelement. In der Rechnertechnik hauptsächlich als elektronischer Schalter eingesetzt.

Turingmaschine (Turing machine). Einfachstes mathematisches Modell zur Ausführung von Algorithmen. Besteht aus einem unendlichen Band und einer Steuereinheit, die in jedem Schritt ein Zeichen auf dem Band liest, das Zeichen ersetzt und das Band um ein Feld bewegt.

Übersetzer (*translator*). ↓Compiler.

Und-Gatter (*and gate*). Schaltung zur Bildung der logischen ↓Konjunktion.

Variable (*variable*). 1. In der Mathematik ein ↓Symbol für ein Element aus einer gegebenen Menge (d. h. für einen Wert). 2. In algorithmischen Programmiersprachen das Tripel aus Name, ↓Adresse und augenblicklichem Inhalt (Wert) eines Speicherbereichs. 3. In funktionalen und logischen Programmierprachen ähnlich wie in der Mathematik, aber mit feinen Unterschieden zu dort.

Verarbeitungsbreite (*processing width*). Die Anzahl der Bits, die parallel im Rechner transportiert und verarbeitet werden, meist das ↓Maschinenwort.

Vererbung (*inheritance*). Spezialbegriff der objektorientierten Programmierung. Eine ↓Klasse kann ihre Variablen und ↓Methoden ganz oder teilweise an eine andere, von ihr abgeleitete Klasse vererben, so daß die vererbten Daten und Methoden dort nicht neu definiert werden müssen.

Verifikation (*verification*). ↓Programmverifikation.

Verklemmung (*deadlock*). Situation beim Ablauf paralleler Programme, in der sich zwei ↓Prozesse gegenseitig blockieren.

Verteiltes System (*distributed system*). Auf die Knoten eines Rechnernetzes verteiltes Datenverarbeitungssystem.

Virtuelle Realität (*virtual reality*). Eine durch Rechner für den menschlichen Betrachter erzeugte scheinbare Welt, die er sehen, in der er sich bewegen und die er unter Umständen verändern kann.

Virtuelle Rechnerarchitektur (*virtual computer architecture*). Vom Programmierer gesehener, gedachter Rechner, dessen Eigenschaften durch Hardware, ↓Firmware und Software auf den realen Rechner abgebildet werden.

Virtueller Speicher (*virtual storage*). Vom Programmierer gesehener, fiktiver ↓Arbeitsspeicher mit einem Adreßraum, der größer ist als der des realen Arbeitsspeichers.

Visibilitätsproblem (*visibility problem*). Das Problem, die dem Auge des Betrachters unsichtbaren Kanten einer dreidimensionalen Computergrafik durch ein Programm zu erkennen und im Bild zu unterdrücken.

Volladdierer (*full adder*). Gatterschaltung zu Addition zweier einstelliger Dualzahlen mit Berücksichtigung eines einlaufenden Übertrags.

Von-Neumann-Rechner (*von Neumann computer*). Architektur der konventionellen Rechenanlage, wie sie im Prinzip von John v. Neumann beschrieben wurde, mit Rechenwerk, Speicherwerk und Steuerwerk.

Werkzeug (*tool*). ↓Software-Werkzeug.

WORM (*write once read may*). Magnetoptischer Plattenspeicher, der vom Benutzer einmal beschrieben und dann nur noch (beliebig oft) gelesen werden kann.

World Wide Web (WWW). Primär die Gesamtheit der durch Verweise (*links*) miteinander verbundenen speziellen Dokumente (Web-Seiten) des Internets. Sekundär auch die Internetdienste, die das Herstellen und Anzeigen von Web-Seiten und das Navigieren in dem Netz aus Web-Seiten ermöglichen.

Wort (*word*). ↓Maschinenwort.

Zeiger (*pointer*). Ein Datenelement, das auf ein anderes Datenobjekt verweist (man benutzt als Zeiger die ↓Adresse des anderen Datenobjekts). Auch Referenz genannt.

Zielprogramm (*target program*). Das Ergebnis der Übersetzung eines ↓Quellprogramms durch einen ↓Compiler. Meist, aber nicht immer, ein Programm in Maschinensprache. Gegensatz: Quellprogramm.

Zufälligkeitstest (*random number test*). Prüfung einer Zahlenfolge daraufhin, ob sie als zufällig angesehen werden kann.

Zufallszahlengenerator (*random number generator*). Prozedur, die Zufallszahlen (wie sie beim Würfeln oder Roulettespielen entstehen) erzeugt.

Zustand (*state*). Elementarer, nicht auf einfacheres zurückführbarer Begriff. Eine Schaltung oder ein Programm mit Speicherverhalten befindet sich in jedem Augenblick in einem von mehreren Zuständen, die durch die augenblicklichen Inhalte der Speicherelemente bestimmt sind.

Zuweisung (*assignment*). Algorithmische Aktion, mit der ein neuer Wert in die Speicherzelle einer ↓Variablen geschrieben (und dadurch der Variablen „zugewiesen") wird. Geschrieben meist mit dem Zuweisungsoperator „:=" in der Form *Variable := Ausdruck* mit der Bedeutung „Berechne den Wert des Ausdrucks und weise ihn der Variablen zu".

Zweiadreßbefehl (*two address instruction*). Befehl mit zwei Adreßteilen für zwei ↓Operanden.

Literaturhinweise

Es ist noch nicht lange her, da kam die meiste Informatik-Literatur aus Amerika. Im Zuge des Ausbaus der Informatik an den Universitäten der deutschsprachigen Länder hat sich dieses Bild geändert. Viele Informatik-Professoren schreiben ein Buch über ihr Lehrgebiet, und die Verlage nehmen es ihnen ab. Die Folge davon ist eine schon jetzt unübersehbare und noch weiter anschwellende Informatik-Literatur in deutscher Sprache, die nicht immer einem hohen Qualitätsstandard genügt. Zusätzlich werden Werke aus dem Englischen ins Deutsche übersetzt – leider oft mangelhaft, weshalb man demjenigen, der das Fach-Englisch der Informatik versteht (und das ist nicht schwer zu erlernen), in manchen Fällen raten muß, lieber die amerikanischen Originale statt der deutschen Übersetzungen zu lesen.

Wenn man sich orientieren will, lasse man sich in einer guten Buchhandlung die neuesten Verzeichnisse der Verlage Springer, Hanser, Teubner, Oldenbourg, Spektrum Akademischer Verlag, d-punkt.Verlag geben, und man wird über die Reichhaltigkeit des Angebots staunen. Einige Verlage bringen auch Buchreihen über Informatik heraus. Die folgenden kurzen Hinweise sollen beim Zurechtfinden in dieser Fülle helfen. Sie enthalten fast nur deutschsprachige und leicht zugängliche Literatur.

An einführenden Übersichten, die wie das vorliegende Buch für Laien geschrieben sind, kenne ich nur

> E. v. Puttkamer (Hrsg.): Wie funktioniert das? Der Computer. Meyers Lexikon-Verlag, Mannheim 1990.
>
> L. Goldschlager, A. Lister: Informatik. Eine moderne Einführung. 3. Aufl. München: Hanser 1989

Puttkamer ist in Stil und Niveau vermutlich die einfachste Fortsetzung für den, der mehr über die Informatik wissen möchte. Goldschlager/Lister gibt ebenfalls einen breiten Überblick, betont die Algorithmen stark und behandelt einige Bereiche detaillierter. Trotz mancher Vorbehalte ist dieses Buch sicherlich keine schlechte Wahl für denjenigen, der ohne große Mühe etwas tiefer in einige Teile der Informatik eindringen will.

Andere Übersichten sind für Informatik-Studenten geschrieben und dementsprechend detaillierter und schwieriger. Ich nenne:

> F. L. Bauer, G. Goos: Informatik – Eine einführende Übersicht.
> Erster Teil 4. Aufl. 1991, zweiter Teil 4. Aufl. 1992. Berlin: Springer
>
> U. Rembold (Hrsg.): Einführung in die Informatik für Naturwissenschaftler und Ingenieure. 2. Aufl. München: Hanser 1991
>
> W. Coy: Aufbau und Arbeitsweise von Rechenanlagen. 2. Aufl., Braunschweig/Wiesbaden: Vieweg 1992

Bauer/Goos ist ein gutes und zuverlässiges Werk mit dem Schwerpunkt Praktische und Theoretische Informatik, aber recht abstrakt und mathematisch gehalten und daher nicht leicht lesbar. Der zweite Band enthält einen allgemeinverständlichen Anhang „Zur Geschichte der Informatik". Rembold ist technischer orientiert und behandelt große Teile der Informatik. Coy behandelt große Teile der Technischen und Praktischen Informatik, wobei der Computer, nicht der Algorithmus, im Mittelpunkt steht.

Eine Fülle von Daten und Einzelheiten kann man einigen Lehrbüchern entnehmen, die für Studenten der Wirtschaftsinformatik geschrieben wurden. Sie sind mehr auf die Breite als auf die Tiefe ausgerichtet. Ich empfehle:

H. R. Hansen: Wirtschaftsinformatik I. 7. Aufl. Stuttgart: Uni-Taschenbücher 1998

Nützlich, gerade für Neulinge, die die Nomenklatur noch nicht kennen, sind Nachschlagewerke, von denen ich zwei nenne:

Duden Informatik. 2. Aufl. Mannheim: Duden-Verlag 1993

H. H. Schulze: Computer Enzyklopädie. 6 Bde. Reinbek: Rowohlt 1989, Neuauflage in 3 Bänden für Herbst 2000 angekündigt.

Der Duden ist wegen seiner Kompaktheit und Zuverlässigkeit sehr empfehlenswert. Er behandelt die einzelnen Teilgebiete der Informatik jedoch ungleichmäßig: die theoretischen und programmierungstechnischen ausführlich, die technischen stiefmütterlich. Das sechsbändige Werk von Schulze imponiert durch Umfang und Preiswürdigkeit (rororo). Es war allerdings in seiner letzten Auflage von 1989 mehr für Wirtschaftsinformatiker als für Informatiker geschrieben und enthielt – zumindest bei den Stichworten, die theoretische Fragen betreffen – grobe Fehler.

Das umfassendste und modernste Werk, das die ganze Informatik behandelt, ist

P. Rechenberg, G. Pomberger (Hrsg.): Informatik-Handbuch. 2. Aufl., München: Hanser 1999

In ihm werden auf 1150 Seiten fast alle Teilgebiete der Informatik von 47 Autoren auf Universitätsniveau dargestellt. Es ist allerdings keine Einführung, sondern ein enzyklopädisches Kompendium für Fachleute.

Nun zu den einzelnen Teilgebieten. Hier gibt es kaum allgemeinverständliche Literatur, sondern fast alles ist für Studenten der Informatik oder Fachleute geschrieben. Das Angebot ist so reich, daß es schwer ist, etwas auszuwählen, ohne ein schlechtes Gewissen darüber, was man alles an Gleichwertigem ausgelassen hat.

Eine ausführliche Einführung in die gesamte Technische Informatik ist

W. Schiffmann, R. Schmitz: Technische Informatik 1 und 2. 2. Aufl. Berlin: Springer 1999

Der erste Band ist den elektrotechnischen Grundlagen bis hin zu Schaltnetzen und Schaltwerken, der zweite Teil der Rechnerorganisation gewidmet. Die unteren Ebenen der Technischen Informatik, also Schaltkreise, Schaltnetze, Schaltwerke werden auch in dem Buch

K. Lagemann: Rechnerstrukturen. Berlin: Springer 1994

für Leser mit Kenntnissen der Nachrichtentechnik ausführlich dargestellt (der Titel ist irreführend, denn Rechnerarchitekturfragen kommen kaum vor). Ein umfangreiches, viele Details enthaltendes Buch über Rechnerorganisation ist

H. Liebig, Th. Flik: Rechnerorganisation. 2. Aufl. Berlin: Springer 1993

Über Mikroprozessoren gibt es von denselben Verfassern folgendes detaillierte und aktuelle Buch:

Th. Flik, H. Liebig: Mikroprozessortechnik. 5. Aufl. Berlin: Springer 1998

Eine Übersicht über die Technische Informatik und Teile der Praktischen Informatik findet man in dem Abschnitt über Technische Informatik (140 Seiten) des technischen Standardwerks

H. Czichos (Hrsg.): Hütte – Die Grundlagen der Ingenieurwissenschaften. 31. Aufl. Berlin: Springer 2000

Jetzt zur Praktischen Informatik. Zwei Bücher, die sich auf Algorithmen konzentrieren, sind (aus dem Englischen übersetzt):

R. Sedgewick: Algorithmen. Bonn: Addison-Wesley 1992

E. Horowitz, S. Sahni: Algorithmen. Springer 1981

Besonders Sedgewick bietet eine knappe, aber qualitätvolle Übersicht über Algorithmen vieler Gebiete, die auch für Neulinge halbwegs geeignet ist. An deutschen Originalen ähnlicher Art kann ich nur ein Buch empfehlen:

T. Ottmann, P. Widmayer: Algorithmen und Datenstrukturen. 3. Aufl. Mannheim: Bibliographisches Institut 1996

Dafür sei hier ausnahmsweise auf ein amerikanisches Buch hingewiesen:

Knuth D. E.: The Art of Computer Programming. 3 Bde. Reading: Addison-Wesley Longman 1997–1998

Es ist *das* wissenschaftliche Standardwerk über Algorithmen, im Endausbau auf 7 Bände berechnet. Zwar entschieden zu schwierig für Anfänger, teilweise auch in der Darstellung veraltet, soll es wegen seiner alles überragenden Qualität hier erwähnt werden.

Lehrbücher der Algorithmen- und Programmentwicklung, also der Programmierungstechnik gibt es in großer Anzahl, aber fast immer sind sie an eine bestimmte Programmiersprache geknüpft. Eines der besten ist

N. Wirth: Algorithmen und Datenstrukturen mit Modula-2. 5. Aufl. Stuttgart: Teubner 1996

das in einer älteren Auflage Pascal als Programmiersprache benutzt.

Hiervon zu unterscheiden sind die Lehrbücher einzelner Programmiersprachen, in denen nicht das Programmieren an sich, sondern die Ausdrucksmöglichkeiten der betreffenden Sprache im Vordergrund stehen. Vor der Fülle der Sprachen und der Fülle der Bücher zu jeder Sprache kapituliere ich und nenne lieber gar nichts.

Über Compilerbau, Betriebssysteme und parallele Algorithmen ist mir nichts gutes Elementares bekannt. Das sind Gebiete für Fachleute, und alle Versuche, ihre Probleme vereinfacht darzustellen, scheinen mir nicht gelungen zu sein. Noch mehr betrifft das die Theoretische Informatik, in die man nur mit Kenntnissen der diskreten Mathematik eindringen kann.

Die Probleme, Methoden und Werkzeuge der Softwaretechnik werden kompetent dargestellt in

H. Balzert: Lehrbuch der Software-Technik. 2 Bde. Heidelberg: Spektrum Akademischer Verlag 1996 (Neuauflage für Herbst 2000 angekündigt)

G. Pomberger, G. Blaschek: Software Engineering. Prototyping und objektorientierte Software-Entwicklung. 2. Aufl. München: Hanser 1996

Beide Bücher sind aber wiederum für Informatik-Fachleute gedacht.

Die Angewandte Informatik gesamthaft darzustellen, ist meines Wissens nirgendwo versucht worden. Die Teilgebiete sind auch zu unterschiedlich und hängen kaum zusammen. Über Computergrafik gibt es neben vielen anderen ein (relativ) leicht lesbares Buch:

W. Purgathofer: Graphische Datenverarbeitung. 2. Aufl. Wien: Springer 1986

und ein umfangreicheres und schwierigeres (trotz seines englischen Titels in deutsch):

J. Encarnacao, W. Straßer: Computer Graphics. 3. Aufl. München: Oldenbourg 1988

Einen Einblick in die Vielfalt der Computer-Aided-Techniken bietet das reichhaltige Buch

O. Abeln: Die CA...-Techniken in der industriellen Praxis. München: Hanser 1990

Die kommerzielle Datenverarbeitung wird in den Lehrbüchern der Wirtschaftsinformatik behandelt, ohne daß eines davon besonders hervorzuheben wäre. Datenbanktechniken sind wieder ein Spezialgebiet, über das ich mir die Nennung von Titeln ersparen möchte. Über den Datenschutz, seine Gesetze und seine Probleme orientiert in leicht lesbarer Weise

H. P. Bull: Datenschutz oder die Angst vor dem Computer. München: Piper 1984

Die Themen der letzten beiden Kapitel, Künstliche Intelligenz und Philosophie der Informatik, hängen eng zusammen. Zu den hier behandelten Fragen empfehle ich nur die der Künstlichen Intelligenz kritisch gegenüberstehenden Bücher:

Th. Roszak: Der Verlust des Denkens. Über die Mythen des Computer-Zeitalters. München: Droemer-Knaur 1986

H. L. Dreyfus: Die Grenzen künstlicher Intelligenz. Königstein: Athenäum 1985

H. L. Dreyfus, S. E. Dreyfus: Künstliche Intelligenz. Von den Grenzen der Denkmaschine und dem Wert der Intuition. Hamburg 1987

J. Weizenbaum: Die Macht der Computer und die Ohnmacht der Vernunft. 10. Aufl. Frankfurt: Suhrkamp 2000

Über die Kontroverse, ob Searle mit seiner Meinung recht hat, Computer können nur Symbole verarbeiten, ohne ihre Bedeutung zu verstehen, gibt es zwei lesenswerte Gegenpositionen in der Zeitschrift Spektrum der Wissenschaft:

J. R. Searle: Ist der menschliche Geist ein Computerprogramm? Spektrum der Wissenschaft, 1990, 3, 40–47.

P. M. Churchland, P. Smith Churchland: Ist eine denkende Maschine möglich? Spektrum der Wissenschaft, 1990, 3, 47–54.

Eine gute Beschreibung des Aufbaus und der Wirkungsweise von Nervenzellen vermittelt der Aufsatz

Ch. F. Stevens: Die Nervenzelle. Spektrum der Wissenschaft 1979, 11, 47–56

Als lesenswerte Beiträge zum Problemkreis „Philosophie der Informatik" sind mir nur die Werke des österreichischen Computerpioniers Heinz Zemanek bekannt, in denen eine Fülle von Einsichten, Ideen und Anregungen für die Zukunft enthalten ist. Zemanek sieht die Informatik immer im Zusammenhang mit der Geschichte, der Informationsverarbeitung im weitesten Sinn, der Technik und den Geisteswissenschaften.

H. Zemanek: Weltmacht Computer – Weltreich der Information. Esslingen, München: Bechtle Verlag 1991

H. Zemanek: Das geistige Umfeld der Informationstechnik. Berlin: Springer 1992

Neben den zahllosen unkritischen Zeitungsartikeln und Fachaufsätzen über die Segnungen des Internets ist mir nur ein einziges Werk bekannt, das dem Internet kritisch gegenübersteht. Es ist der sehr lesenswerte Erfahrungsbericht

C. Stoll: Die Wüste Internet. 6. Aufl. Frankfurt: Fischer 1998

den ich jedem Internet-Gläubigen zum aufmerksamen Studium empfehle.

Für Biografien ist unsere Wissenschaft noch zu jung. Die meisten Informatiker leben noch, und Biografien von Wissenschaftlern sind ohnehin selten. *Ein* Buch kann man jedoch empfehlen: die Autobiografie von Konrad Zuse, dem Erfinder des Computers und Pioniers der Computerwissenschaft:

K. Zuse: Der Computer mein Lebenswerk. 3. Aufl. Berlin: Springer 1993

Auch die Biografie von Turing mag manchen interessieren:

A. Hodges: Alan Turing, Enigma. 2. Aufl. Wien: Springer 1994

Leider ist sie sehr lang geraten, und die Informatik spielt nur eine kleine Rolle in ihr.

Für den Fachmann sind die Zeitschriften am wertvollsten, weil hier die neuesten Forschungsergebnisse veröffentlicht werden. Aber auch für den Laien kann der Blick in eine solche Zeitschrift interessant sein, darum seien die wichtigsten deutschsprachigen Informatik-Zeitschriften hier genannt:

Informatik-Spektrum (Springer)

Informatik Forschung und Entwicklung (Springer)

it+ti – Informationstechnik und Technische Informatik (Oldenbourg)

Im Text zitierte Literatur

[Abeln] O. Abeln: Die CA...-Techniken in der industriellen Praxis. München: Hanser 1994

[Ackermann] Ph. Ackermann: Computer und Musik. Wien: Springer 1991

[Anderson] J. A. Anderson, E. Rosenfeld (Hrsg.): Neurocomputing. MIT Press 1988.

[Bauer] F. L. Bauer, G. Goos: Informatik – Eine einführende Übersicht. Erster Teil 4. Aufl. 1991, zweiter Teil 4. Aufl. 1992. Berlin: Springer

[Baumann] R. Baumann in Informatik-Spektrum 11 (1988) 6, 327

[Bull] H. P. Bull: Datenschutz oder die Angst vor dem Computer. München: Piper 1984

[Capurro] R. Capurro: Ethik und Informatik. Informatik-Spektrum 13 (1990) 6, 311–320

[Chargaff] E. Chargaff: Vorläufiges Ende. Ein Dreiergespräch. Stuttgart: Klett-Cotta 1990

[Charniak] E. Charniak, D. McDermott: Introduction to Artificial Intelligence. Reading: Addison-Wesley 1985

[Claus] V. Claus: Computer als was? GMD-Spiegel 4/88.

[Computer-Anwendungen] Computer-Anwendungen. Sonderheft des Verlages Spektrum der Wissenschaft, Heidelberg 1989

[Coy] W. Coy: Brauchen wir eine Theorie der Informatik? Informatik-Spektrum 12 (1989) 5, 256–266

[Davis] L. Davis (Hrsg.): Handbook of Genetic Algorithms. Van Nostrand Reinhold 1991

[Dreyfus] H. L. Dreyfus: Die Grenzen künstlicher Intelligenz. Königstein: Athenäum 1985

[Duden] Duden Informatik. Mannheim: Duden-Verlag 1993

[Esaki] http://www.kombu.de/-kombucha/nobel-pr.htm

[Flik] Th. Flik, H. Liebig: Mikroprozessortechnik. 5. Aufl. Berlin: Springer 1998

[Forsythe] G. F. Forsythe: What to do till the computer scientist comes. American Mathematical Monthly 75 (1968), 454–462. Zitiert nach [Knuth74]

[Goldschlager] L. Goldschlager, A. Lister: Informatik. Eine moderne Einführung. 3. Aufl. München: Hanser 1990

[Hayes] J. P. Hayes: Computer architecture and organization. 3. Aufl. New York: McGraw-Hill 1998

[Hentig] H. v. Hentig: Das allmähliche Verschwinden der Wirklichkeit. München: Hanser 1984

[Hermes] H. Hermes: Aufzählbarkeit, Entscheidbarkeit, Berechenbarkeit. Springer 1971

[Hilbert] D. Hilbert, W. Ackermann: Grundzüge der theoretischen Logik. 6. Aufl. Berlin: Springer 1972

[Hofstadter] D. R. Hofstadter: Gödel, Escher, Bach. 6. Aufl. München: Dt. Taschenbuch-Verlag 1999

[Hütte] H. Czichos (Hrsg.): Hütte: Die Grundlagen der Ingenieurwissenschaften. 31. Aufl. Berlin: Springer 2000

[Informatik-Handbuch] P. Rechenberg, G. Pomberger (Hrsg.): Informatik-Handbuch. 2. Aufl. München: Hanser 1999

[Jaspers] K. Japsers: Die Idee der Universität. Berlin: Springer 1980, S.12

[Knuth74] D. E. Knuth: Computer Science and its Relation to Mathematics. American Mathematical Monthly 1974, 323–343

[Knuth81] D. E. Knuth: Algorithms in Modern Mathematics and Computer Science. In: A. P. Ershow, D. E. Knuth (Hrsg.): Lecture Notes in Computer Science. Band 122, Springer, 1981, 82–99

[Liebig] H. Liebig, Th. Flik: Rechnerorganisation. 2. Aufl. Berlin: Springer 1993

[Moravec] H. Moravec: Mind Children. Der Wettlauf zwischen menschlicher und künstlicher Intelligenz. Hamburg: Hoffmann und Campe 1990

[Nauta] W. J. Nauta, M. Feirtag: Neuroanatomie – Eine Einführung. Heidelberg: Spektrum Akademischer Verlag 1990

[Nievergelt] J. Nievergelt: Informatik-Spektrum 9 (1986), 188

[Olsson] G. Olsson, G. Piani: Steuern, Regeln, Automatisieren. München: Hanser 1993

[Postman] N. Postman: Wir amüsieren uns zu Tode. Frankfurt a. M.: Fischer-Taschenbuch-Verlag 1997

[Rahmann] H. Rahmann: Evolution der Menschheit aus der Perspektive der Neurobiologie. In P. R. Sahm, G. Thiele (Hrsg.): Der Mensch im Kosmos II. Aachen: Shaker-Verlag 2000

[Rath 95] G. Rath: Computer im Physikunterricht – pro und contra. plus lucis 3/95, S.10 ff

[Rath 98] G. Rath: Das Internet im Physikunterricht. plus lucis 3/98, S. 17–20

[Rechenberg] P. Rechenberg, H. Mössenböck: Ein Compiler-Generator für Mikrocomputer. 2. Aufl. München: Hanser 1988

[Rojas] R. Rojas: Neural Networks. Berlin: Springer 1996

[Roszak] Th. Roszak: Der Verlust des Denkens. Über die Mythen des Computer-Zeitalters. München: Droemer-Knaur 1988

[Schaumann] F. Schaumann: Informatik-Spektrum 13 (1990) 1, 1–5

[Schiffer] S. Schiffer, J. Templ: Internetdienste. In [Informatik-Handbuch]

[Schlageter] G. Schlageter, W. Stucky: Datenbanksysteme: Konzepte und Modelle. 3. Aufl. Stuttgart: Teubner 1992

[Schneider] Wolf Scheider: Unsere tägliche Desinformation. 5. Aufl. Hamburg: Gruner u. Jahr 1992

[Schulze] H. H. Schulze: Computer-Enzyklopädie. 6 Bde. Reinbeck: Rowohlt 1989 (vergriffen; Neuauflage in 3 Bänden für Oktober 2000 angekündigt)

[Searle] J. R. Searle: Ist der menschliche Geist ein Computerprogramm. Spektrum der Wissenschaft, März (1990), 40–47.

[Sloman] M. Sloman, J. Kramer: Verteilte Systeme und Rechnernetze. München: Hanser 1989

[Steinbuch] K. Steinbuch: Maßlos informiert. 2. Aufl. München: Herbig 1978

[Stoll] Stoll C.: Die Wüste Internet. 6. Aufl. Frankfurt: Fischer 1998

[Studienführer] W. Brauer (Hrsg.): Studien- und Forschungsführer Informatik. 3. Aufl. Berlin: Springer 1996

[Swade] D. D. Swade: Der mechanische Computer des Charles Babbage. Spektrum der Wissenschaft 4/1993, 78–84

[Tanenbaum] A. Tanenbaum: Moderne Betriebssysteme. 2. Aufl. München: Hanser 1995

[Tatar] D. G. Tatar: A Programmer's Guide to Common Lisp. Digital Press 1987

[van der Poel] W. L. Van der Poel: The essential types of operations in an automatic computer. Nachrichtentechnische Fachberichte (NTF) 4 (1956), 144–145

[Wettstein] H. Wettstein: Architektur von Betriebssystemen. 3. Aufl. München: Hanser 1987

[Weizenbaum 78] J. Weizenbaum: Die Macht der Computer und die Ohnmacht der Vernunft. 10. Aufl. Frankfurt: Suhrkamp 2000

[Weizenbaum 84] J. Weizenbaum: Kurs auf den Eisberg. 3. Aufl. München: Piper 1991

[Wittgenstein] L. Wittgenstein: Tractatus logico-philosophicus. Frankfurt: Suhrkamp 1999

[Zehnder] C. A. Zehnder: Informationssysteme und Datenbanken. 6. Aufl. Stuttgart: Teubner 1998

[Zeit] Die Zeit, 19. 9. 1997, S. 50

[Zemanek] H. Zemanek: Weltmacht Computer – Weltreich der Information. Esslingen, München: Bechtle Verlag 1991

Stichwortverzeichnis

Fettgedruckte Nummern bezeichnen die Seite, auf der ein Begriff eingeführt, definiert oder anderweitig erklärt wird. Personennamen sind kursiv geschrieben. Einige Stichwörter sind durch die eingeklammerte Angabe des Teilgebiets, zu dem sie gehören, näher bezeichnet.